O PARTIDO DA FÉ CAPITALISTA

da vinci

EDITOR
Daniel Louzada

PREPARAÇÃO
Ana Clara Werneck
Cássio Yamamura

REVISÃO
Da Vinci Livros

CAPA
Maikon Nery

IMAGEM DA CAPA
Entre o Sagrado e o Profano, de Gabriela Fero

PROJETO GRÁFICO E DIAGRAMAÇÃO
Victor Prado

O PARTIDO DA FÉ CAPITALISTA

Imperialismo religioso e dominação de classe no Brasil

Rodrigo de Sá Netto

da vinci

RIO DE JANEIRO, 2024.

© Rodrigo de Sá Netto, 2024.
© Da Vinci Livros, 2024.

É vedada a reprodução total ou parcial deste livro sem a autorização da editora.

Primeira edição, dezembro de 2024.
Rio de Janeiro, Brasil.

Dados Internacionais de Catalogação na Publicação (CIP)
Odilio Hilario Moreira Junior CRB — 8/9949

S111p   Sá Netto, Rodrigo de
O Partido da Fé Capitalista: imperialismo religioso
    e dominação de classe no Brasil / Rodrigo
    de Sá Netto. — Rio de Janeiro: Da Vinci
    Livros, 2024. 584 p.; 16cm x 23cm.

Inclui bibliografia e índice.
ISBN 978-65-8497-211-7

1. História do Brasil. 2. História da religião – Brasil.
3. Século XX. 4. Evangélicos. I. Título.

                                    CDD 981
2024-4039   CDU 94(81)

Índice para catálogo sistemático:
1. História do Brasil 981
2. História do Brasil 94(81)

DA VINCI LIVROS
Livraria Leonardo da Vinci
Av. Rio Branco, 185 – subsolo – lojas 2-4
Centro – Rio de Janeiro – RJ – 20040-007
davincilivros@leonardodavinci.com.br
www.davincilivros.com.br
www.leonardodavinci.com.br

Aos meus pais

Nós somos um império agora e, quando agimos, nós criamos a nossa própria realidade.

ASSESSOR ANÔNIMO DE GEORGE W. BUSH

INTRODUÇÃO 19

I RELIGIÃO E IMPERIALISMO

1 VERTENTES RELIGIOSAS CONSERVADORAS ORIGINÁRIAS DOS ESTADOS UNIDOS 29

Protestantes ou evangélicos? 29

Organizações religiosas e políticas 31

O fundamentalismo cristão 32

A GUINADA PARTIDÁRIA FUNDAMENTALISTA 39

FUNDAMENTALISMO E ELEIÇÕES NO BRASIL 44

Os pentecostais 47

PENTECOSTALISMO E IMPERIALISMO 54

UM NOVO PENTECOSTALISMO 56

Agências missionárias baseadas nos Estados Unidos 57

Outras organizações conservadoras de destaque em tempos recentes 60

Uma coligação religiosa internacional, ecumênica, conservadora e imperialista 61

2 TEORIA E TEOLOGIA 67

Marx, Weber, a religião e o capitalismo 67

O olhar de Marx sobre a religião 71

Engels, teórico da fé 72

A atualidade das reflexões de Marx e Engels sobre a religião 73

As organizações religiosas conservadoras contemporâneas segundo um prisma marxista 74

Entidades religiosas como aparelhos privados de hegemonia 77

Decisores, formuladores e gerentes 81

Por que falar em Partido da Fé Capitalista?   83
  O Partido da Fé Capitalista no reino do capital   83
  A Bíblia do reino do capital   87
  Multinacionais da fé   90
  Oligopólios religiosos   95

O Partido da Fé Capitalista na sociedade civil: o proselitismo hegemônico capitalista   97
  Anos 1950 e 1960: desorganizar e preservar   98
  Anos 1970 em diante: um credo popular para o capital   102

O Partido da Fé Capitalista no Estado restrito   109
  Santinhos evangélicos   113
  Política, religião e os novos tempos   119

II O PARTIDO DA FÉ CAPITALISTA NOS ESTADOS UNIDOS E NO MUNDO

3 AS RAÍZES ESTADUNIDENSES DA RELIGIÃO POLITICAMENTE ORGANIZADA 123

Organizações hegemônicas estadunidenses laicas e religiosas 123

Guerra religiosa, psicológica e de propaganda 124

O alvorecer da Guerra Fria e o embrião do Partido da Fé Capitalista 127

A Fundação para a Ação Religiosa na Ordem Civil e Social 127

O lançamento de uma "arma do espírito" 133

O Programa para uma Política Ofensiva Contra o Comunismo Mundial 137

A reconfiguração da direita religiosa 139

A consolidação de um "neofundamentalismo" e o Council for National Policy 143

A CAUSA Internacional: unificando intelectuais, religiosos e empresários 146

O clube de empresários cristãos Laymen's National Bible Association 150

Reagan reforça o foco nas associações ideológicas 152

O Grupo de Trabalho para Assistência da América Central 153

4 OS BRAÇOS EXECUTIVOS DO PARTIDO DA FÉ CAPITALISTA NOS ESTADOS UNIDOS E NO MUNDO 157

Planejamento e realização 157

As metamorfoses do Partido da Fé Capitalista 158

As igrejas 160

A Assembleia de Deus 161

A Igreja do Evangelho Quadrangular 172

A Igreja da Unificação 175

A Convenção Batista do Sul 176

A Igreja Presbiteriana 178

A Igreja Católica e sua Renovação Carismática 178

Organizações interdenominacionais nos Estados Unidos 181

"Alternativa conservadora": a National Association of Evangelicals 182

Organizações religiosas dedicadas à política partidária 184

A Moral Majority 194

A Christian Coalition 197

    Focus on the Family (Foco na Família) e Family Research Council (Conselho de Pesquisa da Família)   205

Organizações missionárias interdenominacionais   210

    O Instituto Linguístico de Verão   211

    A Christian and Missionary Alliance   218

    A Campus Crusade for Christ   221

Outras agências missionárias auxiliares da hegemonia capital-imperialista estadunidense   223

Laboratórios de ideias: O Institute on Religion and Democracy   225

5   O DEPARTAMENTO DE ESTADO DOS ESTADOS UNIDOS E OS USOS POLÍTICOS DA LIBERDADE RELIGIOSA   229

Mais "liberdade religiosa" para quem?   229

    O caso soviético   233

    Malawi: liberdade religiosa como índice de alinhamento político   239

    Países europeus socialistas   241

    Romênia: dólares e bíblias contra os soviéticos   242

    Polônia, a terra natal do Papa   247

    Checoslováquia: a Carta 77   249

    Coreia do Sul: fundamentalistas contra o Norte   250

6   QUEM BANCA O PARTIDO DA FÉ CAPITALISTA?   255

Um consórcio empresarial-religioso   255

    Indivíduos de destaque   256

    Empresas mais interessadas na ação político-religiosa global   265

Elos com a indústria armamentista   276

Laços do complexo empresarial e religioso por trás do Partido da Fé Capitalista com outras organizações globais da hegemonia estadunidense   280

A conexão brasileira   286

III A SUCURSAL BRASILEIRA DO CONSÓRCIO IMPERIALISTA EMPRESARIAL-RELIGIOSO

7 CONTEXTO SOCIAL BRASILEIRO E AVANÇO DO PARTIDO DA FÉ CAPITALISTA 293

Capitalismo periférico e pentecostalização 293

O Brasil na segunda metade do século XX 294

Problemas sociais e expansão das igrejas pentecostais e neopentecostais 297

A ASSEMBLEIA DE DEUS 302

A CONGREGAÇÃO CRISTÃ DO BRASIL 305

A IGREJA DO EVANGELHO QUADRANGULAR 305

A IGREJA PENTECOSTAL O BRASIL PARA CRISTO 309

A IGREJA PENTECOSTAL DEUS É AMOR 310

A IGREJA PENTECOSTAL DE NOVA VIDA 312

A IGREJA UNIVERSAL DO REINO DE DEUS 313

A RENOVAÇÃO CARISMÁTICA CATÓLICA 316

Outros indutores sociais da expansão reiigiosa conservadora 318

EMBATES COM AS RELIGIÕES AFRO-BRASILEIRAS, O CATOLICISMO E O ESPIRITISMO 319

ASPECTOS DA RELIGIOSIDADE POPULAR BRASILEIRA 321

8 O GOVERNO BRASILEIRO ABRE AS PORTAS PARA O PARTIDO DA FÉ CAPITALISTA 323

Pastores, missionários e burocratas 323

O clero progressista e a teologia da libertação sob a mira estatal 325

Organizações religiosas conservadoras e o Estado brasileiro na segunda metade do século XX 334

A ASSEMBLEIA DE DEUS 335

A IGREJA DO EVANGELHO QUADRANGULAR 342

A IGREJA PENTECOSTAL BRASIL PARA CRISTO 344

A IGREJA PENTECOSTAL DEUS É AMOR 345

A IGREJA PENTECOSTAL DE NOVA VIDA 347

A IGREJA UNIVERSAL DO REINO DE DEUS 349

A IGREJA DA UNIFICAÇÃO (SEITA MOON) 353

A RENOVAÇÃO CARISMÁTICA CATÓLICA 361

Agências missionárias estrangeiras na Amazônia 365

O INSTITUTO LINGUÍSTICO DE VERÃO 368

A SOCIEDADE ASAS DE SOCORRO E A MISSÃO NOVAS TRIBOS DO BRASIL 370

9 OS FÓRUNS NACIONAIS DO PARTIDO DA FÉ CAPITALISTA 381

A Internacional Capitalista e as igrejas no Brasil 381

Os unificacionistas descem do norte 384

A Igreja da Unificação aporta no Brasil 388

Ações de doutrinação estudantil da Igreja da Unificação 392

Incursões midiáticas da Igreja da Unificação 395

A CAUSA no Brasil 396

A Associação do Movimento da Unificação para a Salvação da Pátria 409

Brasileiros em encontros unificacionistas fora da América 410

A Associação Brasileira de Defesa da Democracia 411

O Institute on Religion and Democracy no Brasil 421

Principais articuladores brasileiros da aliança religiosa conservadora pró-capitalista 423

10 OS EXECUTORES BRASILEIROS DO PARTIDO DA FÉ CAPITALISTA 431

Padres, pastores e missionários 431

A Assembleia de Deus 432

A Igreja do Evangelho Quadrangular 436

A Igreja Universal do Reino de Deus 437

A Igreja Batista 443

A Igreja Presbiteriana 445

A Renovação Carismática Católica 446

Organizações missionárias interdenominacionais 449

Evangelismo sem Fronteiras 450

Missão A Voz dos Mártires 450

A Sociedade Evangélica do Brasil 453

Aliança Bíblica Universitária 455

A Campus Crusade for Christ 458

Outros grêmios religiosos conservadores em contato com estudantes 462

O missionarismo entre os povos originários 462

      A Assembleia de Deus 466

      O Instituto Linguístico de Verão 469

      A Missão Novas Tribos do Brasil 471

      A Sociedade Asas de Socorro 475

      A Missão Evangélica da Amazônia 476

      A Missão Informadora do Brasil 477

      A Visão Mundial 478

Visitas de evangelistas estadunidenses ao Brasil 481

Elos empresariais 483

11 DAS CÂMARAS MUNICIPAIS À CONSTITUINTE: "IRMÃO VOTA EM IRMÃO" 489

Muito além do mero fisiologismo 489

Anos 1960 e 1970: a gestação de um Partido da Fé Capitalista também em sentido literal 494

Sai de cena a ditadura, cresce o PMDB e amplia-se o protagonismo pentecostal 497

Surge a bancada evangélica 501

    A bancada evangélica na Constituinte 503

    O voto dos constituintes evangélicos 516

    Um "apoio irrestrito" ao governo Sarney 517

12 O RETORNO DO VOTO DIRETO E A CONSOLIDAÇÃO DA PRESENÇA DO PARTIDO DA FÉ CAPITALISTA NO ESTADO 519

Proselitistas e privatistas 519

As eleições municipais de 1988 520

As eleições presidenciais de 1989 523

O primeiro ano do governo Collor e a bancada evangélica 526

Eleições gerais de 1990 528

A bancada evangélica empossada na Câmara dos Deputados em 1991 530

A renovada bancada evangélica e o governo Collor 536

As eleições municipais de 1992 539

As eleições de 1994 540

A bancada evangélica e o primeiro mandato de Fernando Henrique Cardoso 542

Principais votações na Câmara dos Deputados   547

As eleições municipais de 1996   552

As eleições de 1998   553

A bancada evangélica e o segundo mandato de
Fernando Henrique Cardoso   555

A bancada evangélica e os principais debates na Câmara dos Deputados entre 1999 e 2002   561

O voto evangélico e os trabalhadores no segundo mandato de Fernando Henrique Cardoso   566

As eleições municipais de 2000   567

As eleições de 2002   568

Principais financiadores da bancada evangélica   570

CONCLUSÃO 575

REFERÊNCIAS BIBLIOGRÁFICAS E FONTES 581

INTRODUÇÃO

Segundo Antonio Gramsci,[1] a ideia de um Estado laico retrocede ao final do século XVIII, tendo como um de seus primeiros reflexos, durante a Revolução Francesa, a separação entre o Estado e a Igreja Católica e a proposição de cultos à Razão e a um Ser Supremo, genérico e independente de qualquer instituição religiosa. A observação está no verbete "armas e religião" de seu caderno carcerário número seis, no qual Gramsci reflete sobre o que considerava os dois principais sustentáculos dos Estados modernos: o consenso e a força. De acordo com ele, essas seriam metades indissociáveis de um "Estado ampliado" que se prolongaria para além das estruturas burocráticas, englobando também organizações particulares. Tal ideia é simbolizada por um centauro, cujas metades animalesca e humana se referem às dimensões em que o poder de dominação classista é produzido: o aparelho propriamente estatal e o universo das associações voluntárias. Ao tentar substituir por uma religião estatal a Igreja Católica, a mais influente associação daquele momento, Robespierre e companhia procurariam acumular todo o poder político no aparelho governamental, forjando uma total "identidade entre Estado e sociedade civil".

A reflexão gramsciana ilustra a importância da religião no estabelecimento do consenso, desde quando as igrejas se confundiam quase totalmente com a sociedade civil, como na França pré-revolucionária, até a Itália de princípios do século XX, que conservava grande poder e por isso

---

1 GRAMSCI, Antonio. *Cadernos do cárcere. v. 3: Maquiavel, notas sobre o Estado e a política.* 2ª ed. Rio de Janeiro: Civilização Brasileira, 2001, p. 244.

era objeto de atenção do intelectual. De maneira semelhante, no Brasil contemporâneo uma crescente parcela dessa importância se mantém. Falo não apenas da religião católica, pedra nos sapatos jacobinos e do teórico italiano, mas também e principalmente do evangelicalismo estadunidense, intensamente abraçado pelos trabalhadores após a segunda metade do século XX – fato simultâneo à complexificação de nossa sociedade civil, com o surgimento de influentes grêmios associativos, muitos dos quais religiosos, destacando-se os pentecostais.

O sociólogo Paul Freston[2] distingue a trajetória do pentecostalismo no Brasil em três fases. A primeira, circunscrita ao mundo agrário do norte e nordeste, retrocede à década de 1910, com a fundação por missionários estrangeiros da Congregação Cristã do Brasil e da Assembleia de Deus. O pentecostalismo se torna um movimento urbano em expansão apenas em sua segunda fase, entre 1950 e 1977, quando outros estrangeiros trazem a Igreja do Evangelho Quadrangular (1951), ex-membros da Assembleia de Deus fundam a Brasil para Cristo (1955) e é inaugurada a Igreja Pentecostal Deus é Amor (1962), todas na cidade de São Paulo. Em contínua ascendência, o pentecostalismo se metamorfoseia nos anos 1970, somando ao seu repertório as teologias do Domínio e da Prosperidade e dando início, assim, a uma terceira fase. Cabe frisar que todas essas etapas sofrem impulsos do exterior, relacionando-se as duas primeiras a fluxos do missionarismo estrangeiro, o segundo mais intenso que o primeiro, e a terceira a novidades doutrinárias vindas dos Estados Unidos.

Dado o relativamente pequeno avanço do evangelicalismo no Brasil durante a primeira dessas fases, o marco inicial deste livro é a década de 1950, momento de expansão do pentecostalismo, concomitante à intensificação do missionarismo de fundamentalistas e seus simpatizantes, fato relacionado com as disputas entre as potências que travaram a Guerra Fria.

O fenômeno aqui estudado, ao qual chamarei de Partido da Fé Capitalista, entretanto, não se limita ao grupo pentecostal, apesar de seu predomínio no mundo capitalista periférico. Falo de um consórcio religioso conservador ecumênico que envolve porções das diversas igrejas evangélicas, mas também católicos, mórmons, Testemunhas de Jeová

---

2   FRESTON, Paul. *Protestantes e política no Brasil: da Constituinte ao impeachment*. Campinas: Unicamp, 1993. Tese (Doutorado em Sociologia).

e unificacionistas, por exemplo. Surgido nos Estados Unidos, ele se desenrola em um quadro histórico de reorientação da política externa estadunidense para a América Latina e de deslanche daquilo que a historiadora Virgínia Fontes[3] chamou de capital-imperialismo. Por via de um proselitismo hegemônico capitalista e de um engajamento político que em muito antecede a formação da bancada evangélica no Congresso Nacional, agremiações religiosas atuaram no Brasil de modo a assegurar a expansão da lógica capital-imperialista, assim reforçando o domínio da burguesia estadunidense e de seus sócios minoritários locais sobre a economia brasileira. Isso se deu por meio de ações inseridas em um projeto hegemônico global, formulado conjuntamente pelo empresariado, a intelectualidade e funcionários estatais norte-americanos, sendo múltiplas organizações de fé chamadas a dele participar.

Tal iniciativa, lançada na década de 1950, consiste em um programa permanente, organizado e patrocinado em sua maior parte pela classe dominante estadunidense e seu Estado, articulado ao deslanche de uma sistemática guerra psicológica e de propaganda, idealizada para manter a influência econômica e ideológica dos Estados Unidos sobre a América Latina. Tal como expresso com lucidez por um comitê do Senado norte-americano que em 1976 investigou os excessos dos órgãos de inteligência do país, como a cooperação entre missionários e a CIA, o Partido da Fé Capitalista também não foi "produto de um único partido, administração ou homem, mas se desenvolveu enquanto a América se erguia para se tornar uma superpotência durante uma Guerra Fria Global".[4] Falo, então, de ações contínuas, que transcendem governos, desempenhadas por um Estado ampliado desde muito frequentado pelo empresariado e suas associações, que nele imprimem determinações ligadas à expansão mundial de seus interesses.

Sustento que a progressiva presença de religiosos conservadores em países pobres se conecta com esse programa hegemônico, também

---

3   FONTES, Virgínia. *O Brasil e o capital-imperialismo: teoria e história*. Rio de Janeiro: EdUFRJ, 2010.
4   "SENATE Select Committee to Study Governmental Operations with Respect to Intelligence Activities". *United States Senate*, [s. d.]. Disponível em: <https://www.senate.gov/about/powers-procedures/investigations/church-committee.htm#Origins>. Acesso em: 08 dez. 2020.

facilitado pelos Estados periféricos no contexto de sua inserção subalterna na economia capitalista global. Esse programa tem como uma de suas principais marcas o fato de se desdobrar, complementando-se, tanto no âmbito da sociedade civil quanto no do governo. Sofrendo metamorfoses ao longo da segunda metade do século XX, ajustando seu corpo doutrinário e forma de atuação aos diferentes momentos das lutas de classes no Brasil e no mundo, a militância de agremiações religiosas conservadoras incidiria sobre esses dois níveis, sociedade civil e aparelho estatal.

Na sociedade civil, aquilo que chamo de proselitismo hegemônico capitalista instilaria o consentimento das relações de exploração entre os trabalhadores, obstando a organização autônoma em ações que viessem a desafiá-la. Nos países capitalistas subalternos, esse fenômeno assume as formas de um arraigado anticomunismo, desdobrado em generalizada repulsa às esquerdas; de incentivo à obediência às autoridades, mesmo em estados repressivos, como o Brasil ditatorial; de desestímulo a iniciativas que busquem alterar o quadro socioeconômico vigente; e de rituais que transportam para o plano extraterreno a solução de problemas sociais.

Sucintamente, o que esse proselitismo procura é obscurecer a percepção dos fatores determinantes para as condições de vida da classe trabalhadora, operação que, cabe observar, ainda que seja realizada muitas vezes indiretamente, como o fazem todas as religiões – cujas cosmovisões se veem às voltas com a contingência de explicar e, ao fazê-lo, justificar a posição social de seus seguidores –, nesse caso ocorreu predominantemente de maneira deliberada. Esse fato é bem ilustrado pela recente Teologia da Prosperidade, 100% *made in USA*, que desloca retoricamente os conflitos de classes para a dimensão divina, na qual forças demoníacas travariam a satisfação de necessidades materiais. A produção de força de trabalho disciplinada e precarizada seria o resultado dessa campanha ideológica, que só obtém sucesso na medida em que consegue minar as possibilidades organizativas dos trabalhadores, fechando as portas para a construção de formas de ver o mundo desafiadoras do arranjo social vigente.

Já no segundo nível, o aparelho estatal, instância em que esse programa hegemônico se completa, vemos o universo da política estritamente estatal progressivamente frequentado por religiosos interessados na impulsão dos interesses da camada empresarial liderada por setores econômicos estadunidenses e na inserção de forma subalterna da classe trabalhadora no aparelho governamental. Amistosos com a ditadura de 1964, que aprofundou a internacionalização da economia brasileira, e participantes das reformas de cunho neoliberal após a redemocratização, nossos políticos evangélicos, a exemplo de seus pares norte-americanos, têm emprestado influência a programas econômicos desejados pelo empresariado estadunidense e por seus sócios brasileiros.

Partindo de tais pressupostos, contarei a história do Partido da Fé Capitalista no Brasil e nos Estados Unidos desde o final da Segunda Guerra Mundial, quando, no alvorecer da Guerra Fria, iniciam-se no país do norte os primeiros planos para combinar ações religiosas à mais ampla campanha ideológica de consolidação de seu domínio planetário – fato sentido no Brasil em princípios da década de 1950 com a expansão de organizações religiosas evangélicas vindas dos Estados Unidos.

Ao longo destes capítulos abordarei, assim, a cooperação entre grêmios religiosos, empresários e as máquinas estatais estadunidense e brasileira, bem como a atuação dessas organizações religiosas no interior das sociedades civis de ambos os países, buscando consolidar um programa de poder em favor da hegemonia da burguesia dos Estados Unidos e de seus sócios brasileiros por toda a segunda metade do século XX. No Brasil, o trabalho dará ênfase maior à porção pentecostal do Partido, de longe o grupo evangélico mais numeroso por aqui, mas sem deixar de examinar a participação de outras igrejas, inclusive de setores católicos. Nos Estados Unidos, esse foco recuará um pouco, inexistindo semelhante predominância pentecostal.

Os grêmios religiosos não serão tratados como estruturas monolíticas e simples aparatos ideológicos disfarçados de igrejas, mas como espaços nos quais também aflora o sentimento religioso legítimo, como no caso do ex-pastor da Igreja Universal do Reino de Deus Mário Justino, que, ainda menor de idade, abandonou a família em São Gonçalo (RJ) para se dedicar integralmente à evangelização, inicialmente recebendo em troca não mais que um teto e um prato de comida.[5] As associações são atravessadas também por contradições e tensões entre as posições de suas cúpulas e a prática de parcelas de suas bases, como fica evidente na participação de membros da Assembleia de Deus em lutas populares pela posse de terra.

---

5   JUSTINO, Mário. *Nos bastidores do Reino*: a vida secreta da igreja Universal do Reino de Deus. 2ª ed. São Paulo: Geração Editorial, 2021.

A documentação, entretanto, não deixa dúvida de que o sentido dominante das ações políticas e ideológicas de tais organizações é desenhado por suas lideranças, que se mostram capazes de hegemonizar, informando ideologicamente grande parte de seus seguidores.

Ao mesmo tempo, cabe ressaltar que, ao falar em um Partido da Fé Capitalista, não me refiro à totalidade do campo religioso, mas sim a setores específicos desse campo, embora capilarizados em diversas denominações. Sendo assim, não se pode perder de vista que, da mesma forma como a coligação ecumênica conservadora aqui descrita contribui para o reforço da hegemonia mundial estadunidense e para a consecução dos interesses capitalistas em detrimento daqueles da classe trabalhadora, outras porções religiosas almejaram justamente o contrário. Falo, por exemplo, de católicos e evangélicos reunidos em torno de propostas de organização dos trabalhadores dedicadas à superação da estrutura de classes em vigor, como aquelas condensadas na Teologia da Libertação.

Em termos formais, este livro está dividido em três partes. A Parte I é dedicada à necessária reflexão teórica, na qual tratarei de apresentar pressupostos que sustentarão as conclusões tecidas nas etapas seguintes, também trazendo de forma resumida fatos fundamentais sobre as organizações pertencentes ao Partido da Fé Capitalista no Brasil e no mundo. Serão apresentadas as ideias de Karl Marx, Friedrich Engels, Max Weber, Antonio Gramsci, Virgínia Fontes e Nicos Poulantzas que embasarão o exame do fenômeno em seus desdobramentos políticos e culturais no recente contexto histórico e geográfico do Brasil e dos Estados Unidos.

A Parte II vai demonstrar, com o suporte de fontes arquivísticas, a linha interpretativa esboçada na Parte I, e se voltará para a análise dos processos de concepção e consolidação do Partido da Fé Capitalista nos Estados Unidos. Serão explorados seus propósitos e raízes, identificando os principais atores envolvidos em sua construção e consolidação, procurando compreender o feitio de sua atuação naquele território e na interface internacional. Abordarei os fóruns de discussão que lhe deram origem, as principais organizações que o representam, seus elos empresariais e as ações do Departamento de Estado dos Estados Unidos para abrir em todo o mundo espaços para a penetração das associações componentes do Partido. Além de bibliografia recente, minha narrativa se baseará em fontes documentais produzidas pelo governo dos Estados Unidos e suas agências de inteligência, disponíveis nos bancos de dados da Central Intelligence Agency (CIA), com papéis sobre atividades de inteligência e espionagem; WikiLeaks, com documentos diplomáticos; e do National Archives and Records Administration (Nara), o Arquivo Nacional norte-americano, trazendo documentos do Poder Executivo.

A Parte III, por sua vez, abordará o processo de penetração e enraizamento do Partido da Fé Capitalista no Brasil, a articulação entre organizações religiosas dentro e fora do país, sua aproximação com camadas empresariais e intelectuais, as principais entidades que o representam e suas relações com a dimensão estritamente estatal. Para tanto, além da bibliografia, recorrerei aos documentos dos serviços de inteligência do Estado brasileiro e de outras instâncias do Poder Executivo, todos reunidos na base unificada do Arquivo Nacional denominada Sian. Os papéis mais úteis para esta pesquisa serão aqueles acumulados pelo Serviço Nacional de Informações (SNI) e pela Secretaria de Assuntos Estratégicos da Presidência da República (SAE), que, juntos, abrangem quase toda a segunda metade do século XX. Além deles, será usada a documentação produzida pela Assessoria de Segurança e Informações da Fundação Nacional do Índio, pelo Centro de Informações de Segurança da Aeronáutica, pela Comissão Geral de Investigações, pelo Conselho de Segurança Nacional, pela Delegacia de Polícia Federal em Juiz de Fora, pela Divisão de Inteligência do Departamento de Polícia Federal, pela Divisão de Segurança e Informações (DSI) do Ministério da Justiça e das Relações Exteriores, pelo Estado-Maior das Forças Armadas, pela Telecomunicações Brasileiras Sociedade Anônima (Telebras) e pelo gabinete pessoal do Presidente da República.

A escolha de fontes pertencentes a órgãos administrativos oficiais se dá em virtude da interpenetração, que nelas aparece com frequência, de iniciativas religiosas com setores empresariais e o aparelho estatal, no bojo daquilo que Gramsci chamou de Estado ampliado, habitat da efetivação de projetos hegemônicos planejados pelas frações preponderantes da classe dominante em parceria com prepostos do campo intelectual e burocrático. Sendo o Partido da Fé Capitalista iniciativa desse feitio, e diante da dificuldade de acesso aos arquivos das múltiplas organizações religiosas, os papéis governamentais brasileiros e estadunidenses parecem o melhor caminho para captar o fenômeno.

I

RELIGIÃO E IMPERIALISMO

1

VERTENTES RELIGIOSAS CONSERVADORAS ORIGINÁRIAS DOS ESTADOS UNIDOS

Protestantes ou evangélicos?

Nos Estados Unidos, durante as primeiras décadas do século XX, frente a divisão do campo protestante entre liberais e fundamentalistas, setores desse último grupo renunciaram à identidade de protestantes, supondo que, diante da gravidade do desvio teológico que atribuíam aos liberais, o termo não mais serviria para se referir de maneira inequívoca aos verdadeiros cristãos, passando, assim, a se denominar *evangelicals* ou *born again christians* (cristãos renascidos).

No Brasil, haveria um consenso entre os cristãos não católicos em torno da nomenclatura *evangélico*,[1] abraçada de maneira ainda mais abrangente, inclusive por religiosos progressistas. As razões para tanto têm raízes históricas, ligando-se à maneira como se viam os missionários estadunidenses que introduziram a fé protestante no Brasil. Inicialmente se autodenominando "crentes", acumulavam, contudo, a identidade de *evangelicals*, proveniente de sua filiação ao conservadorismo protestante. Diante da dificuldade encontrada para se popularizar o termo "crente", ocorre, então, um processo de fixação do termo evangélico, favorecido, ainda, pelo crescimento dos pentecostais, que com ele se identificam fortemente.

Visando evitar confusões conceituais e partindo do pressuposto de que, tanto no Brasil como nos Estados Unidos, a maior parte dos religiosos conservadores cristãos e não católicos membros de igrejas cuja genealogia retroceda à Reforma Protestante se reconhecem como evangélicos, esse será o termo usado para a referência a esse grupo. A palavra *protestante*, então, será deixada de lado, exceto nos casos em que ela aparece em citações bibliográficas e documentais se referindo a períodos históricos mais remotos.

Não são evangélicas, no entanto, um punhado de igrejas cristãs não católicas importantes nestas páginas. A principal delas é a Igreja da Unificação, também conhecida como Seita Moon, erguida sobre uma interpretação bastante heterodoxa da Bíblia, os escritos do empresário coreano Sun Myung Moon. Além dela, também não podem ser caracterizados como evangélicos os Testemunhas de Jeová e os integrantes da Igreja de Jesus Cristo dos Santos dos Últimos Dias, ou Igreja Mórmon. Enquanto os primeiros seguem sua própria versão do Novo Testamento, a *Tradução do Novo Mundo das Escrituras Sagradas*, publicada em 1950, os últimos não têm como referência principal a Bíblia, mas o *Livro de Mórmon*, lançado nos Estados Unidos em 1830 por Joseph Smith, que traria escritos de profetas da antiguidade judaico-romana supostamente desembarcados na América do Norte ainda em tempos pré-colombianos.

---

[1] CUNHA, Magali do Nascimento. "Sobre crentes, protestantes, evangélicos e Rubem Alves". *Carta Capital*, São Paulo, 19 fev. 2020. Disponível em: <https://www.cartacapital.com.br/blogs/sobre-crentes-protestantes-evangelicos-e-rubem-alves/>. Acesso em: 22 mar. 2022.

Organizações religiosas e políticas

Acreditava Antonio Gramsci[2] que uma nação rica e poderosa traduz sua influência internacional na exportação de ideologias e associações germinadas naquilo que comumente compreendemos como sociedade civil, ou seja, fora de suas estruturas administrativas oficiais, como o Rotary Club, a maçonaria e agremiações religiosas. A reflexão quase secular parece resistir ao levarmos em conta a vertiginosa marcha de organizações cristãs estadunidenses para a América Latina, onde a multidão de adeptos é crescente, sobretudo entre a população mais pobre. Fenômeno ligado, conforme veremos, à execução de uma guerra psicológica e de propaganda, pensada por intelectuais e agentes governamentais norte-americanos, que, no contexto da Guerra Fria, procurou incluir a religião em um rol de empreendimentos ideológicos para disputar com os soviéticos a simpatia global.

Passarei a ver alguns dos principais atores envolvidos nesse programa político-religioso, presentes nos Estados Unidos e no mundo capitalista periférico. No Brasil, ele é impulsionado sobretudo por grandes organizações pentecostais, que arrebanham a maioria do público evangélico, ainda que outras associações religiosas, sobretudo as sediadas nos Estados Unidos, também desempenhem papel importante, sem menosprezar ainda a participação de setores conservadores católicos. Frequentando todos esses grupos, fundamentalistas e seus simpatizantes constituem importante amálgama desse bloco ecumênico, que, apesar de heterogêneo, não deixa de se orientar por um conjunto de pressupostos comuns.

Tal consórcio, que passa a atuar com força crescente a partir da década de 1950, faz crescentes esforços proselitistas nos quatro cantos do mundo, enquanto se aproxima do aparelho estatal – onde quer que esteja instalado –, em uma ação em duas frentes que parece voltada para a produção de determinados efeitos sociais: o adestramento das camadas populares frente às necessidades do capital, a contenção do movimento socialista e a alavancagem de políticas públicas interessantes ao empresariado.

---

2 GRAMSCI, *op. cit.*, p. 42

O fundamentalismo cristão

O final do século XIX e início do XX, período que viu o nascimento do fundamentalismo cristão estadunidense – fornecedor de boa parte dos quadros e do arcabouço ideológico para o conservadorismo religioso politicamente organizado nos Estados Unidos e no Brasil –, coincide exatamente com a fatia cronológica investigada pelo historiador britânico Eric Hobsbawm no seu célebre *A era dos impérios*. Não é fortuita, portanto, a ressalva ali feita pelo autor, que, ao notar o recuo da religião nos núcleos urbanos dos principais países capitalistas do mundo, acrescenta que possivelmente isso não se aplicaria aos Estados Unidos.[3]

Não restrito a uma denominação, o movimento fundamentalista alastra-se transversalmente por diversas agremiações que compõem a paisagem evangélica norte-americana, ainda que em seus primórdios tenha contado com um número maior de batistas e presbiterianos. Apesar de surgido no norte, no Seminário Teológico de Princeton, em Nova Jersey, obteve sucesso especialmente no sul, onde, desde a Guerra Civil, associava-se a modernidade e suas manifestações teológicas com a cultura nortista.

Esse movimento surge, então, como uma oposição às mudanças culturais que marcaram a passagem do século, pregando a infalibilidade do texto bíblico em sua literalidade, e não apenas em questões circunscritas ao universo teológico, mas inclusive em matérias históricas e científicas. Tais noções foram consolidadas na publicação *The Fundamentals: A Testimony to the Truth* (Os fundamentos: um testemunho da verdade), coleção de textos redigidos entre 1910 e 1915,[4] de onde o movimento tira sua nomenclatura. A obra foi produzida por teólogos conservadores bancados por grandes empresários, como Lyman Stewart, dono da Union Oil Company.[5] Outros importantes traços seus são a disposição em travar uma guerra cultural contra o processo de secularização iniciado nos Estados Unidos entre o final do século XIX e início do XX, a aversão ao socialismo,

---

[3] HOBSBAWM, Eric. *A era dos impérios*. São Paulo: Paz e Terra, 2001, p. 367.
[4] Conforme Karen Armstrong (2009, posição 3442-3443), por volta de 3 milhões de exemplares foram enviados gratuitamente para "todos os pastores, professores e estudantes de teologia dos Estados Unidos".
[5] GALINDO, Florencio. C.M.. *O fenômeno das seitas fundamentalistas*. Petrópolis: Vozes, 1995, p. 168.

a resistência à liberalização dos costumes, aspectos dessa modernidade laicizante, e a visão dos Estados Unidos como a nação escolhida por Deus para a liderança do mundo, sobretudo em questões espirituais.

Historiadores caracterizam, então, o fundamentalismo como uma reação contra a modernidade que se impunha em ritmo célere nos Estados Unidos, repercutindo nos costumes, sobretudo nas grandes cidades, e diluindo a centralidade da religião nas práticas sociais e na produção intelectual.[6] Essa secularização ganhava ímpeto, também, com a urbanização do país e a chegada de contingentes não protestantes aos Estados Unidos, contribuindo para a redução da influência do protestantismo sobre os assuntos nacionais.[7]

A reação a este estado de coisas a princípio tomou a forma de disputas entre teólogos modernos e conservadores. Considerando a possibilidade de haver erros na Bíblia, os primeiros propunham uma nova abordagem, questionando a precisão histórica dos eventos ali descritos, agora interpretados sob o prisma da mitologia, e sugerindo o abandono de dogmas arraigados, diante da necessidade de compatibilização do texto com as últimas descobertas científicas. Falo, sobretudo, do darwinismo, teoria que ameaçava princípios religiosos ao pôr em xeque a precisão bíblica – ao indicar, por exemplo, que a idade da Terra seria muito maior do que aquela atribuída pelas escrituras, e ao inverter a relação entre fé e ciência, colocando esta última como parâmetro fundamental ao qual a primeira precisaria se adequar. Assim, se os avanços científicos do século XVIII e de princípios do XIX sugeriam que uma tão complexa ordem natural não poderia dispensar um arquiteto racional,[8] o darwinismo propunha, ao contrário, que o acaso, fundamento das mudanças evolutivas, melhor explicaria a organização do mundo material.

Por outro lado, teólogos conservadores trataram de reafirmar a validade literal do texto bíblico, "tal como originalmente inspirado pelo

---

6   ROCHA, Daniel. "Da 'minoria silenciosa' à Maioria Moral: transformações nas relações entre religião e política no fundamentalismo norte-americano na década de 1970". *Religião e Sociedade,* Rio de Janeiro, v. 40, n. 1, pp. 91-113, 2020, p. 94.

7   MARSDEN, George. *Understanding Fundamentalism and Evangelicalism.* Grand Rapids: Wm. B. Eerdmans Publishing Co, 1991. Arquivo Kindle, pp. 15-16.

8   *Ibid.*, p. 36.

Espírito Santo".⁹ Amargurados com as recentes e profundas mudanças sociais nos Estados Unidos, convencidos de que a nação escolhida por Deus renegava suas santificadas fundações culturais, preparavam uma guerra contra a modernidade e o que entendiam como sua influência corrosiva sobre os valores nacionais.

É aqui que, por exemplo, o anticomunismo fundamentalista ganha fôlego, na segunda década do século XX, diante da Primeira Guerra Mundial, para muitos teólogos conservadores sintoma da degenerescência civilizacional de um Ocidente onde a tradição se esvaía rápido – decadência que também teria trazido a Revolução Russa, espalhando o medo da generalização de sistemas políticos francamente ateístas.¹⁰

Tratamos, portanto, de um esforço que presumia recuperar a identidade religiosa dos Estados Unidos, idealizando aquele país como o espaço onde os verdadeiros valores cristãos puderam se reproduzir e, por isso, como nação divinamente eleita para liderar a humanidade. No fundo, talvez isso consista em uma "versão protestante do ideal medieval de 'Cristandade'",¹¹ consubstanciada na crença de que valores cristãos fossem o amálgama da sociedade norte-americana, fornecendo suas bases morais e políticas, princípios sem os quais se punha em risco a própria democracia.

Já em termos econômicos, um nexo entre o fundamentalismo e o liberalismo teria sido forjado em dois momentos-chave da história estadunidense, as décadas de 1910 e 1920 e as de 1970 e 1980. No primeiro, a convergência do conservadorismo religioso com o econômico se deu em muito pela atração causada pela doutrina do Evangelho Social¹² sobre a porção teológica liberal, impelindo o polo conservador a ir em movimento contrário, aproximando-se do conservadorismo político e econômico.

---

9   *Ibid.*, p. 37.
10 *Ibid.*, p. 59.
11 *Ibid.*, p. 10.
12 Surgido em princípios do século XX, o Evangelho Social tinha como algumas de suas características a "rejeição explícita ao individualismo e o *laissez-faire* econômico" (MARSDEN, 1991, p. 29) que prevalecera na história recente do país, desejando, ao contrário, que o governo agisse para "aliviar os efeitos mais duros de um incontido sistema de livre empresa", preocupações que, simultaneamente, formavam o núcleo da sua intepretação bíblica. Tais propostas coincidiam, essencialmente, com as pretensões dos atores políticos daquele momento tidos como progressistas, induzindo uma aproximação.

Outro estreitamento de relações entre fundamentalistas e religiosos conservadores de um modo geral com conservadores econômicos se deu entre os anos 1970 e 1980, originando nos Estados Unidos um movimento frequentemente referido como neoconservador. Além influência dos pensadores liberais clássicos orientados em matéria econômica pela crítica de Friedrich Hayek ao socialismo e pela ênfase de Russell Kirk nos valores tradicionais e na "prudência" diante das propostas de mudanças sociais,[13] esses novos conservadores passam a se organizar politicamente a partir da eleição presidencial de 1964, aglutinados pela candidatura do republicano Barry Goldwater. Apresentando uma plataforma econômica ultraliberal, intenso anticomunismo e oposição às lutas pelos direitos civis, a campanha terminou atraindo, também, lideranças religiosas conservadoras, sobretudo fundamentalistas do sul, facilitando sua integração com o grupo neoconservador – articulação favorecida ainda pela convicção sobre a importância do papel da religião na construção da sociedade desejada por esses últimos.

Após 1925, o movimento entra em fase de descenso diante da forte reação pública contra a condenação do professor John Thomas Scopes, acusado de violar a lei estadual do Tennessee ao ensinar a teoria da evolução em uma escola pública. Apesar da vitória legal do criacionismo, a cobertura midiática sobre o caso adquiriu tamanha repercussão que acabou induzindo a aversão popular aos seus defensores, sobretudo os fundamentalistas. Na esfera teológica, a derrota dos fundamentalistas também foi contundente, seu descrédito influ o polo liberal a ponto de torná-los minoria nas duas principais denominações onde florescera, a Batista e a Presbiteriana. A partir desse ponto, acontece uma cisão no movimento, com alguns de seus expoentes se recusando a abandonar as igrejas de origem e formando uma "resistência conservadora",[14] enquanto o ramo dito separatista parte para formar suas próprias organizações.[15]

---

13   ROCHA, *op. cit.*, pp. 101-102.
14   *Ibid.*, p. 97.
15   George Marsden (1991, pp. 62, 68 e 73) se refere àqueles que se mantiveram em contato com as grandes denominações como "fundamentalistas positivos". Já os integrantes do segundo grupo, que virou as costas para estas, fundando suas próprias igrejas, seminários, agências missionaristas etc., foram chamados de "fundamentalistas separatistas" ou "fundamentalistas estritos". O maior

Após a década de 1940, contudo, a influência social fundamentalista volta a ser sentida sobretudo pelas mãos do grupo positivo, liderado por Billy Graham, que procurou dialogar com as várias igrejas no interior de organizações interdenominacionais, como a National Association of Evangelicals. Dessa forma, apesar de certo pessimismo de setores fundamentalistas com a realidade social estadunidense, não se pode dizer, pelo menos desde a década de 1950, conforme mostra a documentação governamental dos Estados Unidos, que os fundamentalistas tenham se mantido ausentes dos grandes debates nacionais. Esses participam dos esforços desenvolvidos pelo Estado ampliado norte-americano para assegurar sua hegemonia sobre o Ocidente desde os primeiros dias da Guerra Fria, sobretudo o grupo positivo. Empreendem ações tanto externas, combatendo o comunismo ateu, quanto internas, consolidando sua predominância ideológica ao perseguir os opositores de seus dogmas e os simpatizantes do socialismo. Há, portanto, uma grande participação fundamentalista nas perseguições macartistas, enquanto sua atividade geopolítica não se resume à retórica, compreendendo, por exemplo, ajuda monetária a governos centro-americanos.[16]

Segundo o jornalista Chris Hedges,[17] sua ala mais radical mantém elos históricos com organizações racistas como a Ku Klux Klan e se aproximou do nazifascismo durante a Grande Depressão, ao lado de parte do empresariado norte-americano. Naquele momento, pregadores como Gerald B. Winrod e Gerald L. K. Smith, fundindo o cristianismo com formas exacerbadas de nacionalismo e reunidos na Christian Nationalist

---

representante da primeira facção foi o batista Billy Graham, enquanto filia-se à segunda o presbiteriano Carl McIntire.

16   ROCHA, Daniel. "'Ganhando o Brasil para Jesus': alguns apontamentos sobre a influência do movimento fundamentalista norte-americano sobre as práticas políticas do pentecostalismo brasileiro". *Horizonte – Revista de Estudos de Teologia e Ciências da Religião*, Belo Horizonte, v. 9, n. 22, pp. 583-604, jul./set. 2011.

17   HEDGES, Chris. *American Fascists, the Christian Right and the War on America*. Nova York: Free Press, 2006, p. 140.

Crusade,[18] teriam concebido um protótipo de "cristofascismo"[19] encenado de forma mais bem acabada pela direita religiosa no presente.

Em fins dos anos 1950 esses fundamentalistas extremados se transferiram para a associação anticomunista e ultraliberal John Birch Society, fundada em 1958 por capitalistas como o empresário do ramo alimentício Robert Henry Winborne Welch Jr. Frequentava a Society, por exemplo, o pastor da Convenção Batista do Sul Timothy LaHaye, um dos autores religiosos mais lidos nos Estados Unidos que, ao lado de sua esposa, Berverly, conduziu as primeiras campanhas contra livros didáticos seculares. Ao lado do magnata petrolífero Nelson Bunker Hunt, também membro da Society, LaHaye foi um dos fundadores[20] de uma importante organização secular concebida para assegurar a hegemonia mundial estadunidense, o Council for National Policy (CNP). Juntamente com outros líderes fundamentalistas, como Jerry Falwell e Pat Robertson, foi ainda um dos grandes responsáveis pela nova inflexão que o movimento veio a sofrer na década de 1970, para alguns vindo a constituir um "neofundamentalismo",[21] revigorado pelo debute partidário e equipado com modernos meios de comunicação, que multiplicam o alcance de sermões, proferidos agora por famosos televangelistas.

Nesse momento, de maneira semelhante à que Billy Graham fizera após os anos 1940, aglutinando fundamentalistas e outros cristãos conservadores, Falwell, apesar de identificado com os fundamentalistas estritos no passado, forjou uma aliança religiosa conservadora ainda mais ampla, admitindo até mesmo mórmons, judeus e católicos, por exemplo. Assim, ao lado de intelectuais religiosos economicamente liberais

---

18   Ativa entre princípios da década de 1940 e finais da de 1970, a organização mantinha uma plataforma política antissemita, anticomunista, racista e xenofóbica.
19   O termo foi cunhado pela teóloga alemã Dorothee Sölle, que buscou recuperar a relação promíscua entre as igrejas alemãs e o Partido Nazista, fundamental para pavimentar a popularidade de Hitler. Adaptado para o contexto estadunidense, o conceito foi apresentado a Hedges por James Luther Adams, professor de Ética no curso de Teologia de Harvard, que em princípios dos anos 1980 identificava similaridades entre as organizações da direita cristã estadunidense e os grêmios religiosos que sustentaram o nazismo.
20   HEDGES, *op. cit.*, p. 188.
21   ORO, Ivo Pedro. *O outro é o demônio: uma análise sociológica do fundamentalismo.* São Paulo: Paulus, 1996, p. 75.

como Paul Weyrich, fundou, em 1979,[22] a Moral Majority, primeira grande organização partidária da direita cristã que tornava a ação política fundamentalista mais explícita e sistematizada, tendo papel de destaque na eleição de Ronald Reagan em 1980.

Pretensamente dona de uma autoridade moral em falta, essa direita cristã se opôs aos difusores de inovações vistas como contrárias aos valores e às instituições de sua preferência, como a família monogâmica e heteronormativa. Declararam-se, portanto, dedicados a confrontar forças sociais supostamente desagregadoras em uma guerra cultural que passou a se desdobrar também na arena partidária. Assim, a Moral Majority e as organizações que lhe sucederam, por via de campanhas públicas, atividades lobistas e apoio a candidaturas, impulsionaram uma dupla pauta, moral-econômica, oposta à legalização do aborto e aos direitos dos homossexuais, por exemplo, e favorável a demandas de interesses empresariais, englobando a ampla desregulamentação da economia e a saída do Estado de setores lucrativos, como a educação e a saúde.

Importa notar, contudo, que a direita religiosa não deve ser vista como mera repetidora de um programa político-econômico das porções superiores do empresariado, havendo, ao contrário, uma parceria derivada de uma coincidência de interesses, já que o fundamentalismo é capaz de prestar contribuições originais à política, "compreendida a partir de um universo sacralizante de referência".[23] Assim, a direita religiosa teve função destacada na reabilitação do conservadorismo que, após anos de desprestígio, voltou ao centro do debate político.

---

22 Marsden (1991, p. 95) nota, contudo, que já desde 1976 estava claro que uma ampla porção de votantes "evangélicos, fundamentalistas, e pentecostais-carismáticos" podia ser mobilizada em torno das principais demandas trazidas pela Moral Majority: o anticomunismo, o americanismo exacerbado e a defesa de uma pauta moral conservadora e da liberdade para a realização de orações em escolas públicas.

23 ROCHA, Daniel. "Da 'minoria silenciosa' à Maioria Moral: transformações nas relações entre religião e política no fundamentalismo norte-americano na década de 1970". *Religião e Sociedade*, Rio de Janeiro, v. 40, n. 1, pp. 91-113, 2020, pp. 93 e 101.

A GUINADA PARTIDÁRIA FUNDAMENTALISTA

Retirando das sombras vastas porções do movimento antes resignadas em aguardar o Juízo Final e mantidas à margem das disputas partidárias, essa inflexão do fundamentalismo que deu origem a organizações como a Moral Majority se refere em grande parte à eclosão de inovações teológicas introduzidas ao longo da década de 1970 sob a forma do dominionismo. Seu marco teórico principal é a obra *The Institutes of Biblical Law* [As instituições da lei bíblica], criada em 1973 pelo teólogo estadunidense Rousas John Rushdoony.[24] Calvinista, Rushdoony teria retirado inspiração do *Institutas da religião cristã*, publicado por João Calvino em princípios do século XVI e cuja proposta principal é a criação de uma "sociedade teocrática e repressiva".[25] Pintando o pensamento do teólogo francês com a bandeira estadunidense, Rushdoony indica os norte-americanos como o povo escolhido por Deus para fundar tal Estado divino que submeteria o resto do mundo. Como neste país desejado as autoridades laicas não teriam lugar, seria necessário, portanto, reduzir o governo federal ao papel de zelar pela segurança nacional, transferindo as demais atribuições para as igrejas.

Influenciando a maioria fundamentalista e alcançando até mesmo religiosos conservadores não diretamente ligados ao movimento, coube ao dominionismo renovar o interesse desses grupos sobre as questões terrenas, passando eles a desejar construir com as próprias mãos um reino divino na Terra. De maneira sintomática, portanto, entre os maiores divulgadores desse conjunto de ideias estão os pastores Jerry Falwell e Pat Robertson, respectivamente fundadores de duas das mais importantes organizações partidárias cristãs nos Estados Unidos, a Moral Majority, ativa na década de 1980, e a Christian Coalition, dos anos 1990. Na ótica dominionista, não passavam de representantes de Satanás os adversários desse projeto, os mesmos agentes da modernidade com os quais os fundamentalistas sempre brigaram, como os que propõem a liberalização dos costumes e a laicidade do Estado, os socialistas, as feministas e a população

---

24 Seria injusto, entretanto, colocar a edificação do dominionismo toda na conta de Rushdoony. De acordo com Hedges (2006, p. 140), muito do arcabouço teórico consolidado na nova teologia foi inspirado na John Birch Society do pastor Timothy LaHaye.

25 HEDGES, *op. cit.*, p. 12.

LGBTQIAPN+. Não surpreende, portanto, que a pauta moral tenha sido alçada a importante eixo da mobilização política fundamentalista, traduzindo-se os esforços para projetá-la na política estatal em campanhas contra a legalização do aborto, o uso de anticoncepcionais, o reconhecimento dos direitos dos homossexuais e a igualdade jurídica das mulheres.

O dominionismo, contudo, não foi o único estímulo para a invasão da arena política por grupos religiosos conservadores. O teólogo Florêncio Galindo,[26] por exemplo, atribui função de destaque na gênese da Nova Direita Cristã à Teologia da Libertação, lançada em princípios dos anos 1960 por setores progressistas católicos e protestantes. Tendo como traço principal o uso do arcabouço teórico marxista para a compreensão da pobreza, a Teologia da Libertação encontrou grande acolhida em toda a América do Sul, causado um grande desconforto na direita dessa região e levando o fundamentalismo a se definir como um movimento político e teológico contrário.

Já a socióloga da religião Danièle Hervieu-Léger[27] detecta no conturbado ambiente social estadunidense dos anos 1970 as razões para essa guinada. Ali uma profunda crise social teria sido aberta pela conjugação dos efeitos políticos e éticos de problemas que punham em xeque os valores formadores da identidade coletiva estadunidense, como o dilema insolúvel trazido pela Guerra do Vietnã, o agravamento da crise econômica, aprofundando por sua vez contradições sociais, e o aumento das tensões próprias daquela sociedade multicultural. Ao mesmo tempo, a crise que levou à renúncia do presidente Richard Nixon trazia à tona de maneira pungente as relações entre a moral e a vida pública, completando um quadro de "desutopização" da América e agravando o sentimento de insegurança coletiva. Nesse panorama de crise global, passaria o antimodernismo fundamentalista a ser um remédio viável não apenas para as camadas sociais inferiores, seu público tradicional, mas para grupos muito mais amplos, desestabilizados pelo descrédito dos ideais de democracia e progresso.

---

26 GALINDO, *op. cit.*, p. 323.
27 HERVIEU-LÉGER, Danièle. *Les Fundamentalistes américaines em politique. Lumiere et Vie*, Lyon, tomo 37, n. 186, pp. 19-30, mar. 1988, pp. 27-28.

De forma mais sucinta, Antonio Gouvêa Mendonça[28] enumera fatores – como o desgaste decorrente da Guerra Fria e o acúmulo de fracassos tanto em conflitos armados como na política externa na década de 1960 e nos anos iniciais da de 1970 – como gatilhos para o surgimento de "iniciativas restauradoras" da então abalada crença no papel especial na Terra reservado aos Estados Unidos. Tratava-se, em um contexto conturbado, de recuperar o projeto original dos Pais Fundadores, a edificação de uma nação especial, projetada segundo o texto bíblico para ser um "luzeiro para o mundo em trevas".[29]

Por sua vez, Oro[30] acompanha o diagnóstico de Mendonça e Hervieu-Léger sobre a crise política, econômica e social dos anos 1960 e 1970 como deflagradora da crise de valores que favoreceu o renascimento fundamentalista. O autor dá atenção especial, contudo, à insuficiência do protestantismo não fundamentalista em prover respostas às inquietações coletivas, privando o país de um importante cimento social, sua "religião civil", agente de uma integração grandemente fundada na partilhada crença na vocação messiânica dos Estados Unidos. Indo além, supõe que o processo que chama de "mundialização", em vigor após a segunda metade dos anos 1970, produziu e agudizou desigualdades sociais, operando, junto aos fatores destacados, em prol da crise de valores que favoreceu a irrupção neofundamentalista, agora pensada não apenas em termos norte-americanos, mas mundiais. Para ele, os efeitos psicológicos das mazelas trazidas por essa "mundialização", como o desemprego, a pauperização e a precarização das relações de trabalho, enfim, a exacerbação de um materialismo frio e excludente, teriam demolido vínculos de solidariedade, esfarelado identidades sociais, debilitado culturas, crenças e valores e erigido novas relações nascidas sob o signo do interesse e da superficialidade.

---

[28] MENDONÇA, Antonio Gouvêa. *O celeste porvir: a inserção do protestantismo no Brasil*. São Paulo: Paulinas, 1984, p. 14.

[29] ROCHA, Daniel. "'Ganhando o Brasil para Jesus': alguns apontamentos sobre a influência do movimento fundamentalista norte-americano sobre as práticas políticas do pentecostalismo brasileiro". *Horizonte – Revista de Estudos de Teologia e Ciências da Religião*, Belo Horizonte, v. 9, n. 22, jul./set. 2011, pp. 583-604.

[30] ORO, *op. cit.*, p. 103-104.

Daniel Rocha[31] atribui a partidarização fundamentalista à crença em uma "dissociação entre moralidade e política", implicando na retirada do favor divino aos Estados Unidos, tida pelas porções religiosas conservadoras como a raiz dos problemas vividos desde finais da década de 1960. Como castigo, multiplicavam-se problemas, como protestos violentos, o aumento da criminalidade e a "desagregação das famílias", supondo-se haver uma subida vertiginosa nos divórcios e no número de mães solteiras; questões econômicas, com os efeitos da crise do petróleo; e mesmo geopolíticas, com a derrota no Vietnã. Nesse quadro, urgia "colocar Deus novamente nas discussões políticas". Em termos concretos, trata-se do rompimento da "estabilidade da conservadora década de 1950"[32] e dos anos de crescimento econômico pós-Segunda Guerra, que conteve as rachaduras daquela sociedade, alargadas pela crise dos anos 1960.

Outro fator determinante para a partidarização fundamentalista se refere às disputas sobre a política educacional, especificamente no que tange ao interesse das instituições de ensino confessionais. Dessa forma, ao longo da década de 1970, consolidou-se entre as lideranças religiosas o temor de que o governo buscasse controlar as estruturas educacionais e midiáticas pertencentes a organizações religiosas,[33] o que punha em risco não apenas uma grande fonte de receita para as igrejas, mas também a autonomia desses espaços onde o cristianismo conservador pôde historicamente se reproduzir.

Por último, George Marsden[34] credita o sucesso da partidarização de grupos religiosos conservadores à derrocada, em finais dos anos 1960, de duas importantes estruturas que ordenavam o funcionamento da sociedade estadunidense: o consenso liberal em torno do New Deal, com o ressurgimento de propostas para aprofundar a liberalização da economia, conforme ilustrado pela vitoriosa campanha de Richard Nixon em 1968, e a harmonia "liberal-protestante-católica-judaica-secular",

---

31 ROCHA, Daniel. "*Da 'minoria silenciosa' à Maioria Moral*: transformações nas relações entre religião e política no fundamentalismo norte-americano na década de 1970". *Religião e Sociedade*, Rio de Janeiro, v. 40, n. 1, pp. 91-113, 2020, p. 104.
32 *Ibid.*, p. 99.
33 *Ibid.*, p. 105.
34 MARSDEN, *op. cit.*, p. 94.

desfeita pela Guerra do Vietnã, pelas revoltas negras e pelo movimento de contracultura.

Admitindo a contribuição dos processos acima na deflagração desse fenômeno, prefiro, porém, buscar suas razões fundamentais associando a gênese do fundamentalismo partidário a mudanças ocorridas no plano econômico em finais da década de 1970 e início da de 1980. Assim, apoiando-me no pensamento da historiadora Virgínia Fontes, relaciono a maior partidarização religiosa com a consolidação de um novo tipo de imperialismo, calcado na pressão dos interesses urgentes e mundiais do capital, demandando um reforço nas ações voltadas para o consenso social, por sua vez praticadas por órgãos associativos diversos, entre os quais incluo os religiosos. Interpretação essa que não contradiz o que supõe o teólogo Hugo Assmann,[35] que atribui o fenômeno à "crise de legitimidade do capitalismo em sua fase de definitiva transnacionalização", demandando um reforço da hegemonia empresarial diante do aumento da exploração da classe trabalhadora. Concordo também com Marsden, entendendo que o fenômeno foi impulsionado pela ressurgência, no contexto acima descrito, do liberalismo ortodoxo, frequentemente chamado de "neoliberalismo", deixado temporariamente de lado nas décadas após o New Deal e a reconstrução do mundo capitalista pós-guerra que teve que lidar com a atração exercida pelo polo socialista sobre um mundo empobrecido. Reforça essa percepção, conforme veremos, o fato de o consórcio político, ideológico e religioso ser financiado em grande parte pelas indústrias do tabaco, do álcool e das armas, muito tributadas nos Estados Unidos, portanto interessando sobremaneira a este setor a ampla liberalização da economia. Da mesma forma, não por acaso uma das primeiras medidas do governo Reagan, eleito com importante apoio do cristianismo partidarizado, foi a proposição de uma emenda constitucional para limitar os gastos governamentais, apresentada como uma correção à "hipertrofia estatal" iniciada nos anos de Franklin Roosevelt. Conectadas às grandes corporações multinacionais, as organizações cristãs estadunidenses em ação global passam a somar à sua militância anticomunista, consolidada na década de 1950, uma maior defesa da liberalização econômica e redução

---

35 ASSMANN, Hugo. *A igreja eletrônica e seu impacto na América Latina*. Petrópolis: Vozes, 1986, pp. 22-27.

do aparelho estatal. Fazem isso muitas vezes de maneira dissimulada, relacionando uma alegada decadência moral e religiosa com problemas originados sobretudo na exploração do trabalho, assim desviando olhares das causas reais desses males, ou levantando bandeiras religiosas a fim de reduzir a presença do Estado laico na educação e na saúde. Para tanto, essas organizações demandam a extinção das escolas públicas, onde livros religiosos e preces ruidosas são proibidas, e movem campanhas contra o aborto, tencionando brecar propostas de maior participação estatal na saúde, que incluem a prestação de serviços abortivos em circunstâncias especiais. Em outros casos, ainda, as organizações cristãs não hesitam em propagandear o livre empreendedorismo como o único mecanismo capaz de zelar pelo correto funcionamento social.

FUNDAMENTALISMO E ELEIÇÕES NO BRASIL

No Brasil, o debute partidário fundamentalista não deixou de se fazer sentir. Muitos dos traços da atuação política da Nova Direita Cristã norte-americana – como a defesa de uma pauta moral rígida, a ambição de alçar à categoria de lei seus princípios religiosos e a plena liberalização dos mercados – são reproduzidos por grupos religiosos envolvidos em nossa política partidária, como a bancada evangélica em Brasília, surgida poucos anos após a fundação da Moral Majority.

Essa coincidência programática e cronológica assombrou os sociólogos Antônio Flávio Pierucci e Reginaldo Prandi, que julgam haver entre o conservadorismo religioso estadunidense e o brasileiro um parentesco e semelhanças "mais que evidentes".[36] Partilhando das preocupações de Pierucci e Prandi, vejamos o que dizem alguns dos principais pesquisadores do tema, a maioria deles teólogos, que identificam ligações, se não institucionais, certamente ideológicas entre organizações religiosas nos dois países.

Sobre as relações entre o fundamentalismo e a Igreja Batista, importante pilar do conservadorismo religioso no Brasil e grande fornecedora

---

36   PIERUCCI, Antônio Flávio & PRANDI, Reginaldo. *A realidade social das religiões no Brasil*. São Paulo: Hucitec, 1996, p. 166.

de quadros para a bancada evangélica, Alexandre de Carvalho Castro,[37] preocupado com o domínio da facção fundamentalista Founders Conference na estadunidense Convenção Batista do Sul e sua influência sobre os batistas brasileiros, acusa a cúpula da Igreja de manipulação ideológica. De acordo com Castro, essa manipulação se reflete na publicação seletiva de trabalhos teológicos e na deliberada reprodução de clichês a fim de naturalizar um ideário que busca atrelar artificialmente a fé evangélica atual ao calvinismo, com sua concepção de predestinação, e ao conceito de "destino manifesto", segundo o qual Deus elegera os protestantes norte-americanos para a conquista religiosa do mundo.

Antonio Gouvêa Mendonça[38] destaca o acoplamento político-ideológico de setores evangélicos do Brasil e dos Estados Unidos. Para ele, a pregação de alguns pastores brasileiros, ao repetir a retórica fundamentalista estadunidense, descola-se completamente de nossa realidade social, remetendo-se ao entrelaçamento da religião com a história específica daquele país. Circularia entre agremiações pentecostais, por exemplo, a ideia do retorno a um modelo de civilização cristã que nunca existiu aqui, posto que se refere àquela dos Pais Peregrinos norte-americanos.

Já o cientista da religião Daniel Rocha e o sociólogo Mauro Passos sustentam que o elo doutrinário entre o fundamentalismo e o pentecostalismo, de onde parte a maioria dos pastores políticos brasileiros desde as duas últimas décadas do século XX, retrocede à gênese de ambos.[39] Nessa visão, o pentecostalismo desembarcado no Brasil na década de 1910, quase simultâneo ao nascimento do fundamentalismo, traria em seu DNA muito da conjuntura que forjou os dois movimentos, imprimindo-lhes aspectos comuns.

---

37 CASTRO, Alexandre de Carvalho. *A sedução da imaginação terminal: uma análise das práticas discursivas do fundamentalismo americano*. Rio de Janeiro: Iersal, Horizontal Editora e Consultoria LTDA, 2003.

38 MENDONÇA, Antonio Gouvêa. "Evolução histórica e configuração atual do protestantismo no Brasil". In: MENDONÇA, Antonio Gouvêa; VELASQUES FILHO, Prócoro. *Introdução ao protestantismo no Brasil*. 2ª ed. São Paulo: Loyola, 2002, p. 13.

39 PASSOS, Mauro; ROCHA, Daniel. "Em tempos de pós-pentecostalismo: repensando a contribuição de Paulo Siepierski para o estudo do pentecostalismo brasileiro". *Revista Angelus Novus*, São Paulo, Ano III, n. 3, pp. 261-290, jul. 2012, p. 266.

Para Florencio Galindo[40] tal aproximação ideológica foi reforçada durante a Grande Depressão, unindo pentecostais e fundamentalistas no alívio dos problemas trazidos pela pobreza, o que favoreceu a absorção pelos primeiros de princípios emanados pelos últimos. Ideias que passam a ser propaladas em sermões e manuais, como aqueles publicados pela Gospel Publishing House, da Assembleia de Deus, que lançou nos Estados Unidos imenso número de obras fundamentalistas entre 1924 e 1928.

Assim, tanto o pentecostalismo como o fundamentalismo partilhariam um dogmatismo teológico, traduzido em uma leitura literalista da Bíblia, que se desdobraria no cultivo à obediência inquestionável das prescrições ali gravadas, tidas como infalíveis.

Não apenas ideológica, mas também institucional, nesse âmbito a ligação entre pentecostais e fundamentalistas também remonta ao passado estadunidense. Marsden[41] indica que, mesmo que durante os primeiros anos do fundamentalismo os pentecostais tenham se mantido nas rebarbas do movimento fundamentalista, uma maior aproximação teve lugar durante a década de 1940, quando se associaram aos fundamentalistas positivos liderados por Billy Graham. Na década de 1960 os pentecostais chegam mesmo a adquirir preponderância dentro do amplo concerto evangélico que compunha o missionarismo fundamentalista na América Latina. Tal protagonismo ocorreria no seio de uma "estratégia de evangelização a fundo",[42] lançada em 1961 pela Missão Latino-Americana, organização interdenominacional norte-americana com sede na Costa Rica e que teria como meta a conversão religiosa da população em geral e, sobretudo, da classe dominante.

Ironicamente, outra importante facilitadora do nexo entre fundamentalistas norte-americanos e porções evangélicas brasileiras foi a demonizada modernidade. Trata-se da massificação eletrônica da pregação religiosa, recurso habilmente instrumentalizado por pastores estadunidenses desde a década de 1920, quando organizações como a Igreja do Evangelho Quadrangular passam a frequentar as ondas do rádio. Dada a grande influência cultural dos Estados Unidos, foi uma questão de

---

40 GALINDO, *op. cit.*, p. 400.
41 MARSDEN, *op. cit.*, pp. 70-71.
42 GALINDO, *op. cit.*, p. 340.

tempo para que programas de rádio e TV desse feitio chegassem ao Brasil, colocando os nossos evangélicos em contato com o arcabouço ideológico fundamentalista.[43] Não surpreende, portanto, terem sido erguidas sobre intensa programação de rádio e televisão as maiores instituições religiosas conservadoras no Brasil atual – caso, por exemplo, da Igreja Universal do Reino de Deus.

Haveria, então, uma coincidência de valores e crenças, expressa, por exemplo, na intensa oposição à liberalização dos costumes, bandeira comum entre fundamentalistas e pentecostais brasileiros. Sob o mesmo pretexto brandido pelos fundamentalistas estadunidenses, a "defesa da família", pastores brasileiros atacam o direito ao aborto, o sexo fora do casamento, a pornografia, as drogas, a secularização do Estado, o ensino do evolucionismo e os homossexuais. Abraçam, enfim, a "pauta moral" da direita cristã norte-americana, também prestando apoio a programas economicamente liberais, como o executado sobretudo pelos governos de Fernando Collor de Mello, Fernando Henrique Cardoso e Jair Bolsonaro.

Por último, é necessário observar que a influência fundamentalista no Brasil não se resume aos batistas e pentecostais, destacados devido a seu grande número de seguidores e poder partidário. Setores presbiterianos, por exemplo, são profundamente influenciados por ideias fundamentalistas que, devo lembrar, foram lançadas por teólogos norte-americanos dessa denominação. Falo sobretudo da Igreja Presbiteriana Fundamentalista do Brasil, cujo pastor Israel Gueiros, próximo ao líder fundamentalista ultrarradical Carl McIntire, defendeu energicamente o golpe de Estado de 1964.

Os pentecostais

Maior vertente evangélica no Brasil, a despeito da proposição central deste livro, que enxerga o pentecostalismo das grandes igrejas atuais como um aparato de poder conectado à lógica do capital em sua dimensão imperialista, as origens do movimento pentecostal são francamente populares.

---

43   ROCHA, Daniel. "'Ganhando o Brasil para Jesus': alguns apontamentos sobre a influência do movimento fundamentalista norte-americano sobre as práticas políticas do pentecostalismo brasileiro". *Horizonte – Revista de Estudos de Teologia e Ciências da Religião*, Belo Horizonte, v. 9, n. 22, jul./set. 2011, pp. 583-604.

Sua descaracterização reflete a voracidade capitalista em consumir até mesmo o que floresce em suas margens, buscando converter manifestações originais e espontâneas da classe trabalhadora em ferramentas para sua manutenção.

A gênese do pentecostalismo corresponde a um longo processo de ebulição do campo religioso norte-americano, marcado por surtos de renovação religiosa conhecidos como reavivalismos. O reavivalismo protestante, denominado nos Estados Unidos de Primeiro Grande Despertar, por exemplo, ocorreu entre as décadas de 1730 e 1740 na Inglaterra e em suas colônias, e teve John Wesley, o pai do metodismo, como um dos principais atores. Restritos aos Estados Unidos, aconteceram outros fenômenos semelhantes, por lá referidos como Segundo e Terceiro Grande Despertar, desdobrando-se este último por toda a segunda metade do século XIX e originando o movimento conhecido como Santidade, precursor do pentecostalismo. Assim, ainda que muitos de seus elementos tenham se sedimentado durante toda a história dos Estados Unidos, e em particular ao longo do Terceiro Grande Despertar, o formato básico pentecostal foi fixado entre 1901 e 1906 por Charles Fox Parham, no Kansas, e William Joseph Seymour, na Califórnia. Remete a esses tempos a formação de seus pilares teológicos e litúrgicos: a ideia de batismo no Espírito Santo, rito de iniciação manifestado no dom de falar em línguas estranhas, e a adaptação de diversos elementos culturais africanos, como coreografias, acompanhamentos musicais, testemunhos orais, visões e êxtases.

Parham foi um pastor que abandonara o metodismo por acreditar na então heterodoxa prática da cura espiritual, que viria a se tornar central na teologia pentecostal. Teria sido ele o primeiro a conectar os transes e manifestações extáticas comuns nos encontros pentecostais com a ideia do batismo no Espírito Santo. Pouco depois, coube ao filho de ex-escravizados educado na religião Batista William Joseph Seymour – que aprendeu sobre o batismo no Espírito Santo na escola bíblica de Parham em Topeka, Kansas – dar uma forma mais acabada aos elementos africanos já presentes no movimento. Palco das suas pregações, a Azuza Street, em Los Angeles, foi um laboratório no qual aspectos da cultura negra eram impressos na nascente religião. Esse é um fato bastante significativo se considerarmos o contexto social estadunidense de princípios do século, quando ritmos africanos eram vistos como impróprios para embalar cerimônias cristãs.[44]

Vejamos então no que consiste a base ritualística e teológica pentecostal, recorrendo às palavras dos próprios. Segundo o teólogo da Assembleia de Deus Gary B. McGee,[45] nela é central a ideia de que os dons concedidos pelo Espírito Santo, como a habilidade de falar em outras línguas, fazer profecias, receber revelações e praticar a cura espiritual, permaneceriam sendo distribuídos no presente, não se circunscrevendo ao cristianismo primitivo, como postulam outras correntes cristãs. Seriam experiências interpretadas como semelhantes àquelas dos apóstolos de Cristo, segundo a Bíblia tocados pelo Espírito Santo durante a festa de Pentecostes. Tais fenômenos teriam sido testemunhados, por exemplo, em movimentos reavivalistas cristãos ocorridos em diferentes épocas e lugares, como na Índia da década de 1860.

Condição para a manifestação desses dons, o batismo no Espírito Santo é, portanto, uma das bases da teologia pentecostal. A origem do conceito retrocede ao reavivalismo estadunidense do século XIX, tirando inspiração da obra *A Short Account of Christian Perfection* (Um breve relato da perfeição cristã), do metodista John Wesley. Ali, fala-se sobre a necessidade da busca de uma "segunda benção"[46] posterior à conversão, a fim de evitar a natural inclinação humana ao pecado. Circulando entre os partícipes do Movimento de Santidade a partir de círculos metodistas que dele tomaram parte, a ideia acabou acolhida por outros grupos, com o tempo assumindo sua forma final.

De pouca aceitação entre a maioria dos membros da Santidade, o acréscimo do dom de falar em línguas estranhas ao batismo no Espírito Santo faria o pentecostalismo se descolar do movimento, passando a ser uma linha teológica independente nos últimos anos do século XIX e princípios do XX. Nesse momento, Charles Fox Parham define como pedra angular do pentecostalismo a ideia de que a primeira manifestação do batismo

---

44 DREHER, Martin Norberto. *História do povo de Jesus: uma leitura latino-americana*. São Leopoldo: Sinodal, 2017, p. 473.

45 MCGEE. Gary B. "Panorama histórico". In: HORTON, Stanley M. (ed.). *Teologia sistemática: uma perspectiva pentecostal*. Rio de Janeiro: CPAD, 1996, p. 12.

46 *Ibid.*, p. 12.

no Espírito Santo seria a habilidade de falar em outras línguas, após ter recebido a dádiva na Escola Bíblica Bethel, em Topeka, Kansas.[47]

Esse ritual, em que os iniciantes entram em transe com fervorosas orações coletivas, definiria os moldes da comunicação pentecostal com a divindade (Espírito Santo), fundada não na leitura e interpretação bíblica, mas na experiência extática e emocional.[48] Outra importante característica impressa ao movimento por esse preceito e confirmada pelo intelectual pentecostal Gary B. McGee[49] seria sua predisposição expansionista, uma vez que muitos dos primeiros pregadores pentecostais se convenceram de que a concessão da habilidade em falar em outras línguas exprimiria a vontade divina de "equipá-los com idiomas humanos identificáveis (xenolalia) para que pudessem anunciar o Evangelho noutros países".

Além de falar em línguas, outros dons presenteados pelo Espírito Santo seriam as visões, profecias, exorcismos e, sobretudo, a cura espiritual. A habilidade de remediar pela fé os problemas do corpo e da alma foi, pelo menos até o advento da Teologia da Prosperidade, em finais dos anos 1970, a característica pentecostal mais atrativa aos socialmente desassistidos. Não à toa, o início do arranque dessa religião no Brasil, nos anos 1950, acontece em paralelo ao multiplicar de tendas nas quais curandeiros bíblicos ofereciam seus préstimos. Ao mesmo tempo, o próprio formato da liturgia pentecostal, acompanhada de música, dança, palmas, louvores, transes, êxtases e testemunhos, oferece amplas oportunidades catárticas aos mais deprimidos pelas dificuldades da vida.

Há relativo consenso, então, sobre o fato de ser o pentecostalismo uma manifestação religiosa preferida sobretudo pelos trabalhadores mais pauperizados,[50] atração que se deve, em muito, à eficiência em aliviar mazelas sentidas especialmente por esses setores sociais. Aqui, o contexto

---

47   Ibid., p. 16-17.
48   ROLIM, Francisco Cartaxo. *Pentecostalismo: Brasil e América Latina*. Petrópolis: Vozes, 1994, p. 23.
49   MCGEE. *op. cit.*, p. 16.
50   A atração de certas religiões sobre determinados grupos é notada também por análises marxistas. A preferência dos mais pobres pelo pentecostalismo é compatível, por exemplo, com o teorizado por Otto Maduro (1980, p. 100), para quem a posição do indivíduo na sociedade de classes "implica necessidades, interesses, expectativas, costumes, esquemas perceptuais, formas tradicionais de expressões e padrões comportamentais que divergem dos de qualquer outra

formativo do embrião do que viria a ser o pentecostalismo, o problemático século XIX estadunidense, certamente contribuiu para que a religião assim se conformasse. Atravessando o torvelinho social do contexto pós-Guerra de Secessão, agitado pelas tensões raciais exacerbadas pelo fim da escravidão, pela crise na agricultura do sul, pelas grandes migrações para o norte industrializado e pela imigração de trabalhadores brancos pobres europeus, os movimentos religiosos populares que precederam o pentecostalismo e que lhe emprestariam muitas características tiveram que se haver com questões prementes da vida prática, originado rituais concentrados nos problemas do dia a dia e regras sociais seguras e inflexíveis.[51]

Assim, também em seus princípios estadunidenses o pentecostalismo arrebatou especialmente os trabalhadores mais desfavorecidos. Ali partilhavam dessa fé prática, acessível, alegre, catártica e focada na solução dos problemas humanos mais básicos sobretudo operários, agricultores, imigrantes e negros, a quem o pentecostalismo fornecia conforto e disposição para o enfrentamento das dificuldades cotidianas.[52] Nesse momento, era ainda um movimento integralmente popular, no qual não se diferenciavam socialmente os próprios líderes, quase todos trabalhadores de parcos recursos materiais, realidade que mudaria radicalmente ao longo do século, ao menos no que diz respeito ao pentecostalismo dos brancos, havendo uma cisão racial do movimento.

Durante seus primeiros tempos, entretanto, as expectativas de muitos participantes eram radicalmente opostas, sendo um traço relevante das reuniões do afro-americano William Joseph Seymour em Los Angeles a composição multirracial, "comunhão étnica"[53] que, projetavam os seguidores negros, seria mantida e expandida. Essa aproximação é confirmada pelo historiador estadunidense George Marsden,[54] que a relaciona a aspectos do Movimento de Santidade, no qual a responsabilidade para com os

---

posição de classe no seio da mesma sociedade". Assim, o sucesso de uma religião vai "variar significativamente de uma classe social para outra".

51   CAMPOS, Leonildo Silveira. "As origens norte-americanas do pentecostalismo brasileiro: observações sobre uma relação ainda pouco avaliada." *Revista USP*, São Paulo, n. 67, pp. 100-115, set./nov. 2005, pp. 105-106.
52   GALINDO, *op. cit.*, p. 191.
53   ROLIM, *op. cit.*, p. 23.
54   MARSDEN, *op. cit.*, pp. 42-43.

pobres seria um valor central. Características ainda mais pronunciadas no pentecostalismo, "única porção do protestantismo racialmente integrada", atraindo a população pobre sem fazer distinção de cor. O teólogo Martin Dreher,[55] por sua vez, comenta que na Igreja de Seymour, em Los Angeles, buscava-se "a igualdade entre bispos brancos e operários negros, entre professores brancos e lavadeiras negras, aos quais se acrescentavam asiáticos e mexicanos", havendo "algo de subversivo" na infância do pentecostalismo, que desafiava a segregação onde quer que ela fosse institucionalizada, promovendo contatos interraciais sem se preocupar com a "lei humana".

Não obstante, tensões raciais não deixaram de pulsar no interior da nova religião desde o início, implícitas nas relações de seus fundadores. Em sua condição de homem negro, Seymour apenas pôde assistir às preleções de Parham, um simpatizante da Ku Klux Klan preocupado em justificar teologicamente a hierarquia racial que grassava no sul dos Estados Unidos, "através da porta entreaberta".[56]

Diante de pressões sociais e do preconceito das igrejas mais antigas, a experiência interracial inaugurada em Los Angeles foi obstaculizada e a expectativa de abolir a segregação pelo caminho religioso não se confirmou. Assim, já a partir de 1908 os pentecostais se separariam, organizando-se em torno de igrejas exclusivamente negras e brancas, essas últimas "adaptadas às leis raciais do sul dos Estados Unidos".[57] Essa divisão não levou mais que uma década, e teve como um de seus marcos a saída de pastores brancos da Church of God in Christ, predominantemente negra, para fundar a Assembleia de Deus, então quase toda composta por brancos.[58]

A partir daí, passaram os pentecostais *americanos* a se concentrar nos ensinamentos do caucasiano Parham, enquanto os *afro-americanos* se reportavam sobretudo às reuniões de Seymour.[59] Separação que, portanto, não foi apenas racial, mas também teológica, embora tenham restado

---

55 DREHER, *op. cit.*, pp. 473-475.
56 *Ibid.*, pp. 473-474.
57 *Ibid.*, p. 475.
58 FRESTON, Paul. *Protestantes e política no Brasil: da Constituinte ao impeachment*. Campinas: Unicamp, 1993, p. 67. Tese (Doutorado em Sociologia).
59 MCGEE. *op. cit.*, p. 18.

pontos em comum, permanecendo entre os negros uma leitura de que a luta racial se mesclaria com a boa-nova do batismo no Espírito Santo, originando a interpretação de um Jesus Cristo negro, herói dos oprimidos, tornando-se as agremiações pentecostais negras espaços de gestação de líderes raciais.[60]

Um desses líderes foi Arthur Brazier, adversário incansável do mito da supremacia branca que nos anos 1960 apontava o indicador para o governo dos Estados Unidos denunciado a opressão racial.[61] De forma coerente, entre os tradicionais carismas pentecostais, como a cura divina e o falar em outras línguas, Brazier arrolava também os dons da demonstração, da organização e da publicação, cuja importância para movimentos contestatórios é evidente. Brazier seria, enfim, fonte de inspiração para outros pastores vinculados ao movimento negro, sugerindo a negritude de muitos personagens bíblicos, inclusive o próprio Jesus Cristo. Pastores que também rejeitavam figuras como o maior líder fundamentalista do século XX, Billy Graham, cheio de palavras vazias do ponto de vista dos anseios dos negros pobres, e que se distanciavam também do pré-milenarismo,[62] comum entre grande parte dos evangélicos em meados do século XX, assim rejeitando a espera passiva da volta de Jesus Cristo à Terra, preceito que em nada contribuía para a resolução dos problemas dos mais pobres.

A divisão racial do pentecostalismo persiste no presente, havendo agremiações formadas quase que exclusivamente por negros, como a Church of Our Lord Jesus Christ of the Apostolic Faith, fundada em Nova York em 1919, e a Church of God in Christ, que retrocede ao ano de 1907 e à cidade de Memphis, no Tennessee. Sendo assim, conforme atestado inclusive

---

60 ROLIM, *op. cit.*, p. 23.
61 DREHER, *op. cit.*, p. 474.
62 Conforme Marsden (1991, p. 40) o pré-milenarismo dispensacionalista, crença baseada na leitura literal da Bíblia, foi a escatologia preferida de muitos dos primeiros fundamentalistas, vindo a influenciar outros setores evangélicos. Segundo essa crença, a história humana é dividida em sete eras em que a humanidade foi testada, terminando cada uma com um catastrófico juízo divino, como a expulsão de Adão e Eva do Paraíso, o Grande Dilúvio e a queda da Torre de Babel. Atualmente viveríamos a sexta era, também fadada a terminar mal, com um ciclo de guerras e desastres após o qual Jesus Cristo voltaria para instalar em Jerusalém um reino de mil anos (daí o termo milenarismo).

por intelectuais ligados à Assembleia de Deus, como Gary B. McGee,[63] foram os estadunidenses de pele clara, armados dos postulados de Parham sobre a iminência do Juízo Final e do poder evangelístico pentecostal, os que empreenderiam agressivos esforços para levar seu evangelho "até os confins da Terra". Da mesma forma, Rolim[64] indicou que a modalidade de pentecostalismo que germinou no Brasil e no restante da América Latina, importada por missionários brancos, foi a cultivada nos Estados Unidos por fiéis de pele clara, que teria retido da experiência fundadora apenas preceitos teológicos básicos e aspectos formais, como a maneira de realizar os cultos e as orações, e pouco do teor sociopolítico. Como decorrência, nosso pentecostalismo, já nas primeiras décadas do século XX, reproduziria quase exclusivamente apenas esses aspectos sacrais.

De fato, foram estrangeiros de pele clara que introduziram o pentecostalismo no Brasil, fundando a Assembleia de Deus em Belém do Pará em princípios do século XX. A religião, entretanto, teria que esperar até a década de 1950 para ganhar vulto, popularizando-se pelas ondas do rádio no embalo de nossa urbanização. Desde então, fez enorme sucesso, sobretudo entre os pobres urbanos, rodeados de mazelas que esta religião, surgida entre pessoas com problemas semelhantes, terá facilidade em confortar.

PENTECOSTALISMO E IMPERIALISMO

A popularização do rádio, porém, se ajudou, não foi o mais importante motor da expansão pentecostal e fundamentalista no Brasil que, não por acaso, aconteceu a partir da década de 1950. O fenômeno foi impulsionado pelo surgimento da Guerra Fria, pelo lançamento, a partir do território norte-americano, de uma ofensiva ideológica internacional no bojo de uma guerra psicológica e de propaganda, e por uma série de mudanças nas relações de nosso país com os Estados Unidos. Essas mudanças compreenderam a abertura ao capital estrangeiro, imaginada como solução para a crise econômica de princípios da década de 1950, levando ao

---

63 MCGEE. *op. cit.*, p. 18.
64 ROLIM, *op. cit.*, p. 24.

aprofundamento de nossa dependência externa[65] – aproximação que ganharia novo fôlego em 1959, com a Revolução Cubana, cujo impacto forçaria uma reorientação da política estadunidense para a América Latina, ocorrendo então um "estreitamento das relações entre os governos do hemisfério, entre as empresas transnacionais e o grande capital local"[66] em busca da integração econômica e do combate às esquerdas.

O pentecostalismo se institucionaliza velozmente, portanto, sob várias igrejas, que a partir dos Estados Unidos lançavam sementes em todo o mundo por intrépidos missionários, sendo a mais importante em termos numéricos a Assembleia de Deus, seguida pela Church of God, grande nos Estados Unidos e em alguns países africanos, mas inexpressiva no Brasil. Organizações que se mantiveram "relativamente pobres até a segunda metade do século XX, quando seus esforços missionários floresceram num movimento mundial majoritário".[67] Assim, desde então passam a aparecer frequentemente na documentação dos Estado Unidos, ocupando por todo o planeta espaços abertos por gigantes organizações missionárias interdenominacionais e explorando uma política de liberdade religiosa seletiva patrocinada pelo Departamento de Estado.

Grande parte delas desenvolve programas filantrópicos para aliviar os efeitos da pobreza sem cuidar de suas causas sociais e verbaliza um proselitismo moldado pelo universo político e cultural do país que lhe deu origem. Não apenas isso, mas vemos também pentecostais envolvidos em inúmeras iniciativas dedicadas a firmar globalmente a hegemonia capitalista conduzida pela classe dominante norte-americana. Fazem isso associados ao movimento religioso de maior importância política no mundo, o fundamentalismo, sendo o Brasil uma das áreas privilegiadas pelos Estados Unidos na tática de "instrumentalizar em seu favor organizações evangélicas" (Rolim, 1994, p. 142).

---

65 MENDONÇA, Sonia Regina de. *Estado e economia no Brasil: opções de desenvolvimento*. Rio de Janeiro: Graal, 2003, p. 51.
66 DREIFUSS, René. *A Internacional Capitalista*. Rio de Janeiro: Editora Espaço e Tempo, 1986, p. 108.
67 MARSDEN, *op. cit.*, p. 43.

UM NOVO PENTECOSTALISMO

Os anos 1970 foram marcados por um forte revigoramento do cristianismo conservador militante em âmbito planetário. No que diz respeito ao avanço pentecostal, no Brasil ocorre uma terceira e arrebatadora fase com a eclosão do chamado "neopentecostalismo", que importa inovações teológicas dos Estados Unidos, as teologias da Prosperidade e do Domínio. Ambas lhe forneceriam alguns de seus traços principais: o lançamento de uma guerra espiritual, também desdobrada no plano terreno, a ênfase na possibilidade de acesso a riquezas por via da fé, a adoção de uma organização institucional em moldes empresariais e uma relativamente maior liberalidade em relação aos costumes.

A primeira dessas inovações teológicas, a Teologia da Prosperidade, idealizada por intelectuais evangélicos como Kenneth Hagin,[68] sustenta que as benesses divinas devidas ao homem incluem a satisfação material, que deve ser reivindicada nos altares através de doações monetárias. Um dos mais importantes pastores pentecostais estadunidenses, o conservador Rod Parsley, por exemplo, sustentando que a grande causa da pobreza é o desconhecimento da palavra divina, recomenda que seus seguidores não descuidem do dízimo, a ser recompensado "cem vezes mais".[69]

Produz-se, assim, uma camuflagem das causas sociais da pobreza, remetendo-as para o plano divino. Mas os efeitos pró-capitalistas da Teologia da Prosperidade não se esgotam aí, pois ela teria ainda o efeito de estimular ideologicamente o projeto ultraliberal de encolhimento do Estado para o qual se empenham as organizações religiosas dedicadas à luta partidária. Isso porque, combinada com outros pressupostos teológicos pentecostais, como a cura espiritual e os exorcismos, a Teologia da Prosperidade se propõe a tratar as necessidades humanas integralmente, sobrando pouco espaço para as ações sociais do Estado.[70]

---

[68] Com passagem pela Assembleia de Deus, o pastor carismático Kenneth Hagin protagonizou o lançamento de várias organizações evangelizadoras de alcance mundial, como o Movimento Palavra de Fé, o Kenneth Hagin Ministries e o Centro de Treinamento Rhema.
[69] HEDGES, *op. cit.*, p. 166.
[70] *Ibid.*, p. 182.

Também a crise climática é apagada retoricamente pelos teólogos da prosperidade, concentrados no campo pentecostal, mas não limitados a ele. Um dos mais populares livros entre evangélicos norte-americanos, *America's Providential History* (A história providencial da América), publicado em 1989 pelos religiosos não denominacionais Mark A. Beliles e Stephen McDowell, projeta um Deus ilimitado em sua capacidade de dispensar recursos naturais suficientes para todos. Também conhecida por fundir a Bíblia com princípios ultraliberais, a obra ensina que a principal meta terrena dos cristãos é a obtenção de riquezas, enquanto compara os impostos à idolatria, as taxas sobre propriedade ao roubo e defende a extinção de taxas sobre heranças.[71]

Já a Teologia do Domínio, como vimos, prega que o conflito entre Deus e o Diabo se daria inclusive no plano material e na arena partidária. Chegando aos púlpitos pentecostais, passou a ser reproduzida com entusiasmo por organizações religiosas a fim de disputar o campo partidário e aniquilar a laicidade do Estado.

No Brasil, a mais importante seguidora desses preceitos é a Igreja Universal do Reino de Deus (Iurd), fundada em 1977. Ali abundam promessas de riquezas dependentes de crescentes contribuições financeiras, seguindo de perto os pressupostos da Teologia da Prosperidade, enquanto exorcismos e a partidarização de pastores encarnam os ideais da Teologia do Domínio. Assim, a Iurd será um caso exemplar, também, da intensificação do interesse evangélico em disputar eleições nos anos 1980. A despeito do pouco tempo de vida, a igreja de Edir Macedo elegeu um deputado federal já na legislatura de 1987, passando para quatro em 1991, seis em 1995 e quatorze em 1999.

Agências missionárias baseadas nos Estados Unidos

Em termos práticos, a difusão do pentecostalismo no Brasil, bem como da fé evangélica de maneira geral, coube em grande parte a missionários estrangeiros, que assomaram em contingentes crescentes após meados do século xx, algumas vezes bancados por suas próprias igrejas e outras

---

71   *Ibid.*, p. 183.

vinculados a agências missionárias dos Estados Unidos, reunindo membros de diferentes igrejas. Financiadas também por empresas e fundos estatais norte-americanos, essas agências terão perfil usualmente fundamentalista, embora integradas por grande número de pentecostais.

Ponto de inflexão na intensidade do fluxo evangélico em direção ao Brasil e à América Latina, a década de 1950 viu uma grande ampliação no financiamento dessas atividades. Sobretudo no que diz respeito aos pentecostais, que em seus modestos primórdios bancavam com recursos próprios as aventuras ultramarinas, diferentemente dos evangélicos tradicionais, já então bancados por organizações interessadas na expansão do cristianismo estadunidense.[72] De todo modo, o enraizamento desses grupos religiosos mistos foi extremamente bem-sucedido, contabilizando o jornalista Delcio Monteiro de Lima[73] 59 organizações interdenominacionais vindas dos Estados Unidos em funcionamento no Brasil no final de 1986.

Muitos desses organismos vão se aplicar na conversão de grupos sociais específicos, como estudantes – caso da Cruzada Estudantil e Profissional para Cristo (CEPC) e da Aliança Bíblica Universitária (ABU) – e indígenas, alvos sobretudo da missão Novas Tribos do Brasil (New Tribes Mission) e do Instituto Linguístico de Verão (SIL, na sigla em inglês). Outros, contudo, buscarão atrair a população em geral, como a Sociedade Evangélica do Brasil, a missão A Voz dos Mártires e a Evangelismo sem Fronteiras. Todos eles se notabilizam pela grande influência fundamentalista, reproduzindo muitos traços desse movimento, como o anticomunismo, desdobrado na aproximação com a classe dominante local e no apoio mais ou menos aberto a ditaduras.

Sobre este último ponto, o Chile e a Guatemala seriam exemplares de um fenômeno que se replicou por toda a América Latina na segunda metade do século passado. No primeiro caso, há evidências da associação entre Augusto Pinochet e a Igreja Pentecostal Metodista, presenteada com vantagens materiais antes reservadas aos católicos, após boa parte destes passarem à oposição ao ditador. De fato, a agência de notícias EFE revelou em 2011 que o então presidente da Igreja Metodista Pentecostal, Roberto

---

72 CAMPOS, Leonildo Silveira. *op. cit.*, p. 105.
73 LIMA, *op. cit.*, pp. 138-139.

López Rojas, atuou como agente da Central Nacional de Informaciones (CNI), órgão de inteligência, repressão e tortura da ditadura chilena.[74] A descoberta se sustenta em pesquisa em papéis da Marinha e em entrevista com o próprio religioso, que não apenas confirmou a acusação, como também declarou se orgulhar de seu trabalho.

Já na Guatemala, mesmo antes de subir ao poder pelo golpe militar de 1982, o general Ríos Montt, primeiro governante evangélico da América Latina, passou a articular um discurso fundamentalista crítico à Teologia da Libertação, sobretudo após a vitória sandinista na Nicarágua.[75] Com efeito, documento secreto produzido pela CIA em 26 de novembro de 1982 conta que o "renascido"[76] Ríos Montt, agora um ministro da igreja carismática[77] Church of the Complete Word,[78] seria um dos muitos nativos que "através da conversão ao protestantismo carismático" teria encontrado inspiração para melhorar as condições sociais do país, "reflexo de um amplo desenvolvimento social que ocorreu na Guatemala nas duas últimas décadas". É sublinhado que, em pronunciamentos públicos, Ríos Montt rechaçou a influência de Estados marxistas como Cuba, Nicarágua

---

74 "PRESIDENTE de iglesia evangélica chilena fue agente de la CNI". *Cooperativa.cl*. Santiago, 11 abr. de 2011. Disponível em: <https://www.cooperativa.cl/noticias/pais/religiones/iglesias-evangelicas/presidente-de-iglesia-evangelica-chilena--fue-agente-de-la-cni/2011-04-11/120128.html>. Acesso em: 15 dez. 2020

75 CORTEN, André. *Os pobres e o Espírito Santo: o pentecostalismo no Brasil*. Petrópolis: Vozes, 1996, p. 171.

76 CENTRAL INTELLIGENCE AGENCY. FOIA Collection. *President Jose Efrain Ríos Montt and the Spiritual Rebirth of Guatemala*. Document Number (FOIA) /ESDN (CREST): 0000720638.

77 Cristãos carismáticos são todos aqueles que, tal como os pentecostais, acreditam na atualidade dos dons, *charismata* em grego, concedidos pelo Espírito Santo, conforme descritos no Novo Testamento, como a cura espiritual e a fala em línguas estranhas.

78 Denominação evangélica proveniente da Califórnia e presente na Guatemala desde 1976, a CIA rotulava a Church of the Complete Word como um movimento "político e social". O papel acrescenta ainda que ela "juntou-se a muitas outras igrejas cristãs fundamentalistas" ativas no interior rural guatemalteco. A CIA creditava o sucesso dessas organizações ao "auxílio ao campesinato guatemalteco em aprimorar suas condições sociais ao ensinar-lhe o Espanhol e habilidades voltadas para o mercado". CENTRAL INTELLIGENCE AGENCY. FOIA Collection. *President Jose Efrain Ríos Montt and the Spiritual Rebirth of Guatemala*. Document Number (FOIA) /ESDN (CREST): 0000720638.

e União Soviética, enquanto "recebe apoio de igrejas norte-americanas" e "está ciente da influência dos Estados Unidos". No papel da CIA, enfim, transparece a percepção de que a ditadura do "renascido" Ríos Montt se inseriria em um amplo movimento de conversão e "renascimento" do próprio país, com 22% da população convertida para diversas fés evangélicas, fato registrado com indisfarçado entusiasmo.

Outras organizações conservadoras de destaque em tempos recentes

Além dos novos pentecostais, a década de 1970 viu a entrada no Brasil e em todo o mundo capitalista periférico de duas outras importantes organizações religiosas conservadoras, profundamente comprometidas com o programa imperialista tema deste livro, a Renovação Carismática Católica e a Igreja da Unificação.

A primeira se trata de uma nova corrente católica iniciada em 1967 nos Estados Unidos que tem como traços teológicos principais a fé nos dons do Espírito Santo, tal como fazem os pentecostais, daí ser muitas vezes referida como "pentecostalismo católico". Muito cedo o catolicismo carismático chega ao Brasil, pelas mãos de padres norte-americanos que por aqui o espalham já em princípios da década de 1970, ao longo do tempo minando a atuação da linha católica progressista que, naqueles anos, adquiriu certa influência na Conferência Nacional dos Bispos do Brasil (CNBB).

Já a Igreja da Unificação, fundada pelo empresário sul-coreano Sun Myung Moon em 1954, se lança com ímpeto por toda a América do Sul em finais da década de 1970. Apoiou abertamente ditaduras no continente, também empreendendo ações anticomunistas e pró-capitalistas, organizando encontros entre empresários, intelectuais, mandatários e líderes religiosos, a fim de formar uma rede político-ideológica, e desenvolvendo projetos de doutrinação entre estudantes (com núcleos de atuação em universidades) e a população em geral por meio de publicações.

Uma coligação religiosa internacional, ecumênica, conservadora e imperialista

Tema deste livro, as organizações religiosas acima são a espinha dorsal daquilo que chamarei de Partido da Fé Capitalista, uma iniciativa mundial disposta a envolver diferentes organizações religiosas em torno de um projeto político conservador e pró-capitalista desenhado em linhas gerais nos Estados Unidos. O peso de cada um desses grupos nas diferentes partes do mundo, no entanto, é variável. Se nos Estados Unidos, ainda que os pentecostais conservem certa importância, a liderança do movimento é dividida entre as maiores organizações evangélicas, em menor grau agregando católicos, mórmons e até judeus, no mundo periférico não é bem assim.

No Brasil, as associações pentecostais, há décadas em crescimento acelerado, são as mais relevantes em termos doutrinários e partidários, formando, portanto, a base da nossa sucursal do Partido da Fé Capitalista. Em número de seguidores, as primeiras informações oficiais sobre os grêmios pentecostais constam no censo do IBGE de 2010.[79] O maior deles era a Assembleia de Deus, com 12.314.410 membros; seguida pela Congregação Cristã no Brasil, com 2.289.634; pela Igreja Universal do Reino de Deus, com 1.873.243; Igreja do Evangelho Quadrangular, com 1.808.389; Igreja Deus é Amor, com 845.383; Igreja Pentecostal Maranata, com 356.021; O Brasil para Cristo, com 196.665; Comunidade Evangélica, com 180.130; Casa da Benção, com 125.550; e Igreja de Nova Vida, com

---

79 "NOTÍCIAS – Censo 2010: número de católicos cai e aumenta o de evangélicos, espíritas e sem religião" *IBGE*, 2012. Disponível em: <https://censo2010.ibge.gov.br/noticias-censo?id=3&idnoticia=2170&view=noticia>. Acesso em: 13 fev. 2021. *Embora um tanto desatualizados, os dados estatísticos mais completos e confiáveis sobre as preferências religiosas dos brasileiros são aqueles disponibilizados pelo censo do IBGE de 2010. Até o fechamento deste livro, dados similares coletados pelo censo de 2022 ainda não haviam sido divulgados. Informações publicadas em fevereiro de 2024 sobre a composição dos domicílios brasileiros, contudo, mostram que em 579.798 deles funcionam estabelecimentos religiosos. Apesar de não ser possível tecer considerações acerca do crescimento de nenhuma organização religiosa a partir desses dados, uma vez que a vinculação denominacional dos estabelecimentos não foi informada, chamou a atenção de alguns observadores o fato de que tal número supera a soma do total de escolas e hospitais no país.

90.568. Tais números, acrescidos de 5.267.029 seguidores pentecostais distribuídos em inúmeras outras pequenas igrejas, somavam 25.370.484 de brasileiros, ou 60% de todo o público religioso protestante/evangélico.

Partidariamente, no entanto, a coisa muda um pouco de figura. Ainda que o predomínio da Assembleia de Deus se confirme, entre as grandes pentecostais apenas três têm presença de peso: a Igreja Universal do Reino de Deus, cujo crescimento no legislativo federal se aproxima e mesmo ultrapassa a Assembleia (na legislatura iniciada em 1999), e a Igreja do Evangelho Quadrangular, mesmo que a Congregação Cristã do Brasil (1995 a 1999) e a Igreja Pentecostal Maranata (1999 a 2003) também tenham elegido pequeno número de representantes. Em anos posteriores, há uma maior concentração de eleitos provenientes da Assembleia de Deus e da Igreja Universal do Reino de Deus que, nas eleições de 2022, fizeram 25 e 14 deputados federais, respectivamente. Há também um aumento da presença de outras igrejas pentecostais mais recentes, como a Igreja Internacional da Graça de Deus, que, no mesmo pleito, elegeu três deputados, e a Igreja Mundial do Poder de Deus, que elegeu dois deputados.

Outros membros de destaque do Partido são as igrejas da Unificação, Batista, Presbiteriana e Católica, esta última por meio de uma de suas mais recentes subdivisões conservadoras, a Renovação Carismática. Cabe assinalar, ainda, a participação de outros grêmios religiosos menores, como os adventistas, mórmons, Testemunhas de Jeová e grupos judaicos, que aparecerão pontualmente nestas páginas, em maior grau no caso estadunidense e em menor no brasileiro.

Enquanto nos Estados Unidos a articulação ecumênica necessária para o funcionamento do Partido da Fé Capitalista se inicia em princípios dos anos 1950, no Brasil a integração entre essas múltiplas igrejas tem sido institucionalizada em data mais recente. Na década de 1950, o que havia por aqui era a Confederação Evangélica do Brasil (CEB), que pretendia consolidar uma identidade evangélica brasileira e estimular debates sobre a atuação social desse segmento religioso. Após 1955, a organização foi espaço de importantes reflexões sobre os problemas estruturais do país. A CEB, porém, foi esvaziada nos anos 1960, ao entrar em atrito com a ditadura instalada em 1964. Voltou em 1986, porém bastante diferente, servindo de espaço de articulação evangélica sobretudo nas questões partidárias, tendo entre seus dirigentes inúmeros membros da bancada evangélica.

Em 1993, há a fundação de outro órgão representativo das organizações evangélicas hegemônicas, o Conselho Nacional de Pastores do Brasil, presidido pelo bispo da Assembleia de Deus Manoel Ferreira e com grande participação da Igreja Universal do Reino de Deus.

Mais recentemente, em 2018, fundou-se na cidade de São Paulo a União Nacional das Igrejas e Pastores Evangélicos (Unigrejas) com a finalidade de "trabalhar para o crescimento evangélico no Brasil e no mundo",[80] e que tem como presidente o bispo Eduardo Bravo, da Igreja Universal do Reino de Deus. Por muito tempo acusada de isolacionismo, a Iurd passou, assim, a promover essa integração, realizando também congressos com bispos de diferentes denominações no faraônico Templo de Salomão.

Um dos principais pontos de integração entre as porções religiosas conservadoras no Brasil, entretanto, foi patrocinado por uma organização estrangeira, a Igreja da Unificação, que, após princípios da década de 1980, promoveu inúmeros encontros entre essas frações religiosas, membros da intelectualidade e do empresariado brasileiro.

Por sua vez, a integração entre a intelectualidade fundamentalista cristã estadunidense e a brasileira, além da convivência em igrejas, programas missionários e fóruns internacionais, se dá por intermédio de entidades como o Ministério Verbo da Vida, conectado ao Kenneth Hagin Ministries (órgão estadunidense fundado pelo pai da Teologia da Prosperidade), que coordena inúmeras instituições para a educação de pastores e missionários de várias denominações por todo o Brasil. Entre elas, destacam-se colégios teológicos ligados à Rhema, "escola bíblica de caráter interdenominacional que já formou mais de cinquenta mil alunos ao redor do mundo",[81] fundada em 1974 em Tulsa, Oklahoma, também por Kenneth Hagin. Há o Centro de Treinamento Bíblico Rhema, a Escola de Ministros Rhema e a Escola de Missões Rhema.

Outra instituição congênere é a Faculdade Teológica Sul Americana (FTSA), fundada em 1994 em Londrina (PR) e reconhecida pelo MEC em

---

80   "SOBRE a Unigrejas". *Unigrejas*, [s.d.]. Disponível em: <https://www.unigrejas.com/pg/3/sobre-o-unigrejas.html>. Acesso em: 01 dez. 2019.

81   "O que é o Rhema?" *Ministério Verbo da Vida*, [s.d.]. Disponível em: <https://verbodavida.org.br/rhema/o-que-e-o-rhema/>. Acesso em: 19 nov. 2021.

2000, escola evangélica associada ao norte-americano Fuller Theological Seminary, aberto em 1947 pelo pastor batista fundamentalista Charles E. Fuller e, segundo Mariano,[82] com importantes contribuições para a Teologia do Domínio. A FTSA recebe estudantes de diferentes grêmios religiosos – pentecostais, como João Vitor Oliveira, "líder dos adolescentes da igreja Evangélica Assembleia de Deus em Palmeira das Missões-RS",[83] mas também presbiterianos e batistas, entre outros.

As informações acima sugerem um projeto de integração e homogeneização político-ideológica do campo evangélico estadunidense e brasileiro, consolidando a presença do Partido da Fé Capitalista em nosso país. Essa homogeneização, como veremos, se dá de acordo com diretrizes emanadas de organizações político-religiosas dos Estados Unidos conectadas a igrejas, organizações missionárias ativas em nosso país e às instituições acima. Também facilitaria essa integração a presença nessas instituições, tanto na qualidade de professores como de alunos, de intelectuais religiosos não denominacionais, mas que realizam pregações, palestras e atividades missionárias em parceria com diversas denominações evangélicas. Um deles é Antonio Carlos Barro, fundador da Faculdade Teológica Sul Americana, que em seu blog expressa repúdio ao vínculo exclusivo a instituições religiosas específicas.

O cristianismo não denominacional, contudo, não é novidade, existindo desde tempos remotos. Mas é notável que grande parte dos intelectuais evangélicos, formuladores e disseminadores de novas doutrinas, sobretudo norte-americanos, são não denominacionais, o que facilitaria o contato com todo o campo. Da mesma forma, o desprezo do pastor Antonio Carlos pelas denominações não o impede de receber em sua faculdade estudantes de várias delas, como as pentecostais.

A integração do campo cristão conservador brasileiro, sob a liderança das principais organizações constituintes do Partido da Fé Capitalista, não tem se dado, contudo, sem lutas e disputas. Exemplar disso foi a tentativa de fundação de um órgão representativo dos evangélicos não alinhado à

---

82 MARIANO, Ricardo. *Neopentecostais: sociologia do novo pentecostalismo no Brasil*. 5ª ed. São Paulo: Loyola, 2014, p. 40.
83 JOÃO Vitor Oliveira. *Faculdade Teológica Sul Americana*. Londrina, 2019. Disponível em: <https://ftsa.edu.br/index.php/estudantes-em-destaque/613-joao-vitor-oliveira-da-silva>. Acesso em: 19 nov. 2021.

liderança das grandes organizações: a Associação Evangélica Brasileira (AEVB). A instituição, cujos estatutos exprimiam a vontade de melhorar a imagem pública dos evangélicos,[84] foi perdendo importância por questões internas e pelo embate com a Igreja de Edir Macedo, a despeito de certo sucesso inicial, impulsionado pela prisão preventiva do "bispo" e pelo impeachment de Fernando Collor,[85] presidente apoiado pela Universal.

A própria história das nossas grandes organizações pentecostais é pontuada de cismas e conflitos. A fundação da Igreja Universal do Reino de Deus se deve a um caso desses, o rompimento de Edir Macedo com a Igreja de Nova Vida, do missionário canadense Robert McAlister. Adepto de primeira hora, Edir Macedo decide em 1975 se afastar em favor de um projeto evangelístico próprio, considerado agressivo demais pelos antigos companheiros.[86] Pouco depois, foi a vez de a Iurd ter seu próprio cisma. Em 1980, um dos seus fundadores, Romildo Ribeiro Soares, separa-se para fundar sua Igreja Internacional da Graça de Deus. A Igreja de Nova Vida sofreria ainda uma segunda e mais grave ruptura em 1993, dividida entre o Conselho de Ministros das Igrejas de Nova Vida do Brasil e a União das Igrejas Nova Vida.

A disputa de espaço com os católicos também rendeu encarniçadas lutas entre os grandes grêmios pentecostais e a Igreja romana. A Congregação Cristã no Brasil, segunda maior organização pentecostal dos dias atuais, por exemplo, aparece em 1964 em papéis do Departamento de Ordem Política e Social (Dops) de Minas Gerais, um dos principais braços repressivos da ditadura, solicitando auxílio policial para a promoção de batismos na cidade de Paraisópolis, de onde alega ter sido expulsa por católicos.[87]

---

84   FRESTON, *op. cit.*, p. 133.
85   *Ibid.*, p. 134.
86   MARIANO, *op. cit.*, p. 55.
87   ARQUIVO PÚBLICO DO ESTADO DE MINAS GERAIS. Delegacia de Ordem Política e Social. Código de referência: BR MGAPM,XX DMG.0.0.1603.

2

TEORIA E TEOLOGIA

Marx, Weber, a religião e o capitalismo

Propulsora da história, a luta de classes também se desdobra no plano religioso, que, conforme Marx e Engels, refletiria as condições práticas da vida humana. Em "A ideologia alemã",[88] por exemplo, ambos tratam a religião como uma "produção intelectual". Já nas "Teses sobre Feuerbach" é dito que "o próprio 'espírito religioso' é um produto social".[89] No contexto da filosofia marxista não é possível falar, então, do fenômeno religioso enquanto uma dimensão destacada da realidade material, da sociedade particular na qual vigora um sistema de crenças. No mundo

---

88   MARX, Karl; ENGELS, Friedrich. "A ideologia alemã". In: MARX, Karl; ENGELS, Friedrich. *Sobre a religião*. (G. Badia, P. Bange, E. Bottigelli, orgs.). Lisboa: Edições 70, 1976, p. 84.
89   MARX, Karl. "Teses sobre Feuerbach". In: MARX, Karl; ENGELS, Friedrich. *Sobre a religião*. (G. Badia, P. Bange, E. Bottigelli, orgs.). Lisboa: Edições 70, 1976, p. 80.

atual, portanto, qualquer reflexão sobre a religião deve levar em conta suas relações com o modo de produção capitalista.

Sobre tais conexões, entretanto, o mais lembrado é o sociólogo Max Weber, que em seu *A ética protestante e o "espírito" do capitalismo*[90] sugeriu a relação direta entre certas formas de protestantismo ascético e o deslanche do capitalismo nos séculos XVI e XVII. Para ele, teria cabido sobretudo ao calvinismo, ao metodismo, ao pietismo e a parcelas do movimento anabatista o papel de incutir comportamentos desligados do gozo mundano e, por isso, favoráveis à acumulação de capital como um fim em si mesma, à retenção de riqueza em sua forma puramente monetária. O lucro como finalidade de vida, sem relação com a satisfação de necessidades naturais, seria um traço em comum entre essa ética ascética e o capitalismo, precisando de um processo educativo induzido pela religião para se insinuar e se consolidar no universo das práticas humanas, posto que se trataria de um comportamento contrário à disposição natural da espécie: trabalhar apenas o necessário para a fruição da vida. Esse traço teria permanecido em vigor na sociedade contemporânea, agora prescindindo da motivação religiosa, uma vez que, consolidada a ordem capitalista e suas regras, perpetua-se naturalmente.

Karl Marx, por outro lado, relacionou a eclosão capitalista ao fenômeno que chamou de "acumulação primitiva",[91] ao qual dedicou um capítulo inteiro do primeiro volume de *O Capital*, onde procurou demonstrar que houve, na fase histórica imediatamente anterior ao capitalismo, um processo de acumulação de riquezas por meios ainda não capitalistas e que criara as bases para a economia de mercado. De maior importância para essa concentração seria a expropriação colonial e a subtração dos meios de subsistência dos pequenos produtores, frequentemente impostas pela violência, particular ou estatal, formando, na ótica marxista, um contingente trabalhador separado dos meios de produção, e por isso sem outra opção de sobrevivência senão a venda de sua força de trabalho – condição para o início do sistema capitalista. Assim, escorando-se em vasta pesquisa bibliográfica e documental, Marx concluiu que seria artificiosa

---

90   WEBER, Max. *A ética protestante e o "espírito" do capitalismo*. São Paulo: Companhia das Letras, 2004.
91   MARX, Karl. *O Capital: crítica da economia política – Livro 1: o processo de produção do capital*. São Paulo: Boitempo, 2015.

a explicação corrente para a gênese do modo de produção capitalista, segundo a qual a origem da classe proprietária e de sua contraparte remeteria à formação pretérita e espontânea de uma elite esforçada, inteligente e provida de senso de poupança ao lado de uma ampla massa despossuída porque carente dessas qualidades.

Marx, contudo, não deixou de especular sobre a conexão entre a autodisciplina protestante e o capitalismo, mesmo que não tenha ido tão longe a ponto de concluir se essa seria uma relação de causa ou consequência.[92] O pensador chegou mesmo a registrar nas páginas dos *Grundrisse* a impressão de que o espírito acumulador, com sua dimensão de renúncia à fruição dos prazeres terrenos e dissipadores, estaria ligado de perto ao puritanismo inglês e ao protestantismo holandês. Indo além, agora em *O Capital*, Marx também assinala o papel do protestantismo na produção do capital ao transformar antigos feriados católicos em dias de trabalho e, voltando à hipótese de uma "acumulação primitiva" como motor principal da gênese capitalista, repara no impulso fornecido pela conversão protestante da Inglaterra a esse processo. O confisco das propriedades da Igreja Católica teria como efeito colateral a espoliação de milhares de pessoas que subsistiam às suas margens, rebaixadas à condição de proletários.

A despeito da discordância sobre as origens do arranque capitalista, conforme expôs em seu *A jaula de aço*,[93] o cientista social Michael Löwy sublinha uma série de convergências entre o pensamento marxista e o weberiano, inclusive no que concerne à relação entre o protestantismo e o capitalismo, discernindo os contornos até mesmo de uma espécie de "marxismo weberiano". Sustenta-se, assim, que Weber não teria se furtado de analisar criticamente o capitalismo, ainda que o tenha feito de maneira menos direta e mais ambivalente, despojada também de qualquer possibilidade de superação desse modo de produção, que a Weber parece incontornável.

A ética protestante, portanto, a exemplo de boa parte do pensamento weberiano, ambíguo em sua apreciação do sistema capitalista, não traria apenas a tão propalada dimensão apologética desse modo de produção,

---

92   LÖWY, Michael. *Marx e Engels como sociólogos da religião. Lua Nova*, São Paulo, n. 43, pp. 157-170, 1998, p. 161.
93   LÖWY, Michael. *A jaula de aço: Max Weber e o marxismo weberiano*. São Paulo: Boitempo, 2014.

também tecendo críticas contundentes, como à legitimação da distribuição desigual das riquezas possibilitada pelo calvinismo. Nas linhas de *A ética protestante*, é possível entrever, também, apreciações negativas sobre a exploração do operariado – despojado de todo o prazer no trabalho e por isso cabendo a ele se convencer de que o labor industrial era um desígnio divino –, e sobre a irracionalidade inerente ao capitalismo, que transforma a aquisição monetária em fim da existência humana. A obra exprimiria, ainda, um amargor pessoal para com a incontornável impossibilidade de o capitalismo promover a liberdade individual, valor caro ao sociólogo alemão.

Assim, a recorrente interpretação do pensamento weberiano como uma refutação cabal da obra marxista, para Löwy,[94] se deveria mais a uma "necessidade premente de uma 'refutação científica' do materialismo histórico por parte de certo setor da Academia" do que a uma incompatibilidade entre os pressupostos teóricos de ambos.

Precisaria ser matizada, ainda, a compreensão segundo a qual *A ética protestante* estipularia de modo inflexível o fenômeno religioso como fundamento da instalação do modo de produção capitalista, fazendo o próprio Weber ressalvas quanto à compreensão de seu *A ética protestante* como uma "interpretação causal 'espiritualista' da história",[95] admitindo que a Reforma poderia ser apenas um componente de um conjunto mais amplo de causas que trabalharam para o advento do capitalismo, entre as quais poderiam figurar as estritamente econômicas, cabendo estudos futuros para sua verificação. Finalmente, antes de uma relação de causa e efeito, a dinâmica entre religião e capitalismo seria mais bem compreendida em *A ética protestante* como uma espécie de interação de mão dupla condensada no termo "afinidade eletiva", carregado do sentido de "seleção, escolha ativa, da atração recíproca" e "reforço mútuo".[96]

Seja como for, importa concluir que a contribuição weberiana mais relevante para este estudo também não se choca com os pressupostos marxistas aqui tomados como referência principal: o reconhecimento das

---

94   *Ibid.*, p. 24.
95   *Ibid.*, p. 23.
96   *Ibid.*, pp. 71-72.

formidáveis possibilidades de reforço do modo de produção capitalista trazidas pela religião.

O olhar de Marx sobre a religião

O interesse do pai do socialismo científico sobre o fenômeno religioso, ainda que nunca extensamente desenvolvido, retrocede aos seus primeiros escritos. Conforme nota o filósofo Mauro Castelo Branco de Moura,[97] já a partir de 1843 Marx dedica certa atenção à religião, procurando entendê-la como derivada das ações humanas, influenciado pelo filósofo materialista Ludwig Feuerbach, para quem não seria ela mais que a projeção do que entendia como a "essência humana". Para o jovem Marx, como também para Feuerbach, a crítica da religião formaria a base de toda a crítica, pois nela estariam contidos elementos retirados, alienados do Homem e atribuídos a outra dimensão, extra-humana, ilusoriamente autônoma, dependendo da restituição desses elementos ao seu repositório original, por meio da crítica teológica, a compreensão *integral* do ser humano. Desse ponto de partida filosófico, e partilhando da conclusão de Feuerbach, para quem caberia a homens e mulheres a concepção da divindade, e não o contrário, Marx interpreta a religião como um fenômeno derivado da realidade social. Contudo, ainda que Marx inicie sua busca pelo significado dos fenômenos religiosos na antropologia de Feuerbach, ele vai além, tomando dela emprestado o conceito de alienação, mas transportando-o para a crítica à economia política burguesa, ou seja, às condições que conformam o meio social, essas sim fontes primevas de múltiplas alienações no mundo contemporâneo, no olhar de um Marx mais amadurecido.[98]

Para Michael Löwy,[99] em *A ideologia alemã*, de 1846, texto que teve a parceria de Engels, já estaria completo esse "giro teórico". Ali, Marx deixaria de ser meramente um discípulo de Feuerbach ao ancorar sua análise religiosa não mais em uma "essência humana", mas sim na História,

---

97   MOURA, Mauro Castelo Branco de. "Marx e a crítica da religião". *Verinotio – Revista on-line de Filosofia e Ciências Humanas*, Rio das Ostras, v. 24, n. 2, nov. 2018, pp. 115-127.
98   *Ibid.*, pp. 123-124.
99   LÖWY, 1998, *op. cit.*, p. 158.

inaugurando uma maneira de analisar a religião que busca compreendê-la ao lado de outras manifestações ideológicas conformadas pelas relações sociais, como o direito, a moral ou as ideias políticas. A maior contribuição de Marx a esse campo seria, então, inserir a religiosidade no universo da produção humana, soldando a sua história àquela dos processos econômicos e sociais.

Engels, teórico da fé

Em busca de subsídios para a melhor compreensão do fenômeno religioso a partir dos parâmetros materialistas históricos, podemos nos voltar para a mais abrangente contribuição de Engels. Ilustrativo do seu grande interesse pelo assunto é o livro *Sobre a religião*, coletânea de textos a respeito do tema assinados pelo pensador e seu parceiro, originalmente publicado na França em 1972. Ali, não bastasse a predominância dos escritos de Engels sobre aqueles de autoria apenas de Marx ou de ambos conjuntamente – dez contra oito e cinco, respectivamente –, os textos do primeiro têm uma densidade muito maior, somando 210 páginas contra noventa do punho solitário do autor de *O Capital*.

Suas reflexões religiosas compreendem, assim, uma grande variedade de textos, como *A guerra dos camponeses*, *Do socialismo utópico ao socialismo científico* e *Contribuição à história do cristianismo primitivo*. Esses são trabalhos construídos sobre uma compreensão da religião como um fenômeno cultural socialmente produzido, ou seja, conectado aos contextos históricos, aparecendo o divino invariavelmente como a criação de uma dada coletividade. Segundo a historiadora Elizete da Silva,[100] a asserção convergente com a avaliação de Marx, segundo a qual a crítica teológica é também uma crítica política, ou seja, das relações sociais de determinado grupo de homens no tempo e no espaço. Partindo de debates com Marx, tais reflexões tenderam, assim, a enxergar a religião também como uma instância dinâmica afetada pela luta de classes.

---

100 SILVA, Elizete da. "Engels e a abordagem científica da religião". In: FERREIRA, Muniz; MORENO, Ricardo; CASTELO BRANCO, Mauro (orgs). *Friedrich Engels e a ciência contemporânea*. Salvador: EDUFBA, 2007, p. 175.

Através dessas lentes, Engels vislumbrou nas manifestações religiosas a capacidade tanto de legitimar a ordem social como de a ela se contrapor, às vezes até de maneira revolucionária, embora se limitando ao passado remoto. Duvidando da permanência da força contestatória da religião, em seu *Ludwig Feuerbach e o fim da filosofia clássica alemã* (1976, p. 291), disse ele que o cristianismo após o Iluminismo se tornou "propriedade exclusiva das classes dominantes, que o utilizam como simples meio de governo para manterem em idade infantil as classes inferiores".

A convicção sobre as possibilidades desafiadoras da religião aparece, por exemplo, em análises sobre o Império Romano, usado para traçar paralelos entre o cristianismo primitivo e o socialismo, ambos movimentos contestatórios dos subjugados e submetidos a sanções pela ordem dominante. De forma semelhante, Engels descreve o teólogo Thomas Münzer, revolucionário que se desentendera com o outrora amigo Martinho Lutero, como um líder popular com um programa bastante radical, semelhante ao dos comunistas do século XIX e talvez até "mais maduro em sua racionalidade e nas transformações sociais que reivindicava".[101]

A atualidade das reflexões de Marx e Engels sobre a religião

Muitos dos preceitos delineados pelos dois pensadores acerca da religião, sobretudo sua caracterização como acontecimento social, permanecem válidos entre analistas atuais identificados com a escola de pensamento inaugurada por ambos. Olhando para o contexto religioso latino-americano de finais do século XX, Otto Maduro,[102] por exemplo, compreende a religião não como uma dimensão isolada, mas como "uma realidade *socialmente situada* num contexto peculiar", e disso decorre que o meio social em que uma religião é praticada conforma em certa medida os seus rumos.

Da mesma forma, a conexão entre a esfera religiosa e a preservação do capitalismo continua fazendo parte da constelação teórica à qual recorrem marxistas contemporâneos. Sugerido pelo duo de pensadores novecentistas, o pressuposto permite que se veja, nos dias de hoje,

---

101   *Ibid.*, p. 179.
102   MADURO, Otto. *Religião e luta de classes*. Petrópolis: Vozes, 1980, p. 71.

vínculos inquebráveis entre a fé cristã e a manutenção do modo de produção capitalista, mesmo onde ele permaneceu apenas de forma residual,[103] como em Cuba.

O fim da religião, contudo, era projetado por Marx e Engels para um futuro que se imaginava expurgado de vestígios capitalistas, quando, livre da exploração econômica, o indivíduo poderia, enfim, abandonar tratamentos imaginários para problemas concretos. O século XX, todavia, não viu tal previsão se materializar, havendo uma revalorização do papel revolucionário a que a religião pode se prestar. Elizete da Silva,[104] por exemplo, acredita que a Teologia da Libertação comprovaria a permanência dessas possibilidades ao dialogar com o marxismo de maneira "consequente e criativa", tomando-lhe emprestadas ferramentas para a análise social.

Assim, não cabe tratar qualquer formação religiosa como um todo monolítico, mas sim como uma relação dinâmica na qual também palpitam lutas sociais. Reflexos da sobrevivência dessas ideias encontramos, novamente, na obra de Otto Maduro,[105] para quem as balizas da atividade religiosa seriam dispostas pelas lutas classistas, daí decorrendo que toda religião é "*atravessada, limitada e orientada* por tais conflitos".

As organizações religiosas conservadoras contemporâneas segundo um prisma marxista

Diante do exposto, podemos abordar as organizações religiosas contemporâneas como espaços em que a luta de classes se desenrola. Assim, ainda que o pentecostalismo hegemônico no Brasil, por exemplo, seja predominantemente conservador, divisões e disputas também ocorrem. Sobre nossa maior agremiação desse feitio, a Assembleia de Deus, o cientista da religião Gedeon Freire de Alencar[106] alega que não é possível

---

103   MOURA, *op. cit.*, pp. 119-120.
104   SILVA, *op. cit.*, p. 184.
105   MADURO, *op. cit.*, p. 99.
106   ALENCAR, Gedeon Freire de. "A Teologia da Prosperidade e o neoliberalismo são irmãos siameses". (Entrevista concedida a Graziela Wolfart). *IHU On-Line – Revista do Instituto Humanitas Unisinos*. São Leopoldo (RS), Edição 329, maio 2019, pp. 15-17.

falar em uma única Igreja, mas em várias, coligadas, porém guardando entre si diferenças e mesmo rivalidades. Ao mesmo tempo, conforme veremos, são comuns divergências de fundo político entre suas cúpulas e porções da base.

No Congresso Nacional a situação se repetiu, ao menos durante a constituinte de 1987, dada a progressiva coesão do movimento partidário evangélico. Naquela altura, houve sensíveis divergências entre parlamentares religiosos durante a fundação da bancada evangélica. Ali, a assembleiana Benedita da Silva, os batistas Lysâneas Maciel e Nelson Aguiar e o presbiteriano Celso Dourado destoaram a tal ponto do restante da bancada que se chegou mesmo a falar em "esquerda evangélica" em Brasília.[107]

Outros dados sugestivos da adesão de setores pentecostais à esquerda são levantados pelo sociólogo Paul Freston.[108] Em artigo refletindo sobre a então difícil relação do Partido dos Trabalhadores com o campo evangélico e procurando demonstrar a possibilidade de a esquerda travar parcerias com os pentecostais, o intelectual sustenta que no Chile a maioria dos pentecostais eram favoráveis a Salvador Allende, ainda que os dirigentes dessas igrejas não fossem, e que na Nicarágua um terço dos pastores pentecostais seriam simpáticos à revolução sandinista, adicionando que nada leva a crer que a religião tenha atrapalhado o processo revolucionário.[109]

Não dispondo de dados para validar ou não as estimativas de Freston, limito-me a notar, porém, que as informações colhidas junto à documentação brasileira sugerem que tais fatos não tenham se reproduzido por aqui ao longo dos anos ditatoriais. O que a documentação mostra, de fato, é a permanência das lutas de classe no interior de algumas organizações pentecostais, revelando um relativo dissenso entre as orientações políticas emanadas da maioria das cúpulas dirigentes,

---

107 PIERUCCI, PRANDI, *op. cit.*, p. 165.
108 FRESTON, Paul. "Os trabalhadores e os evangélicos". *Teoria & Debate*. São Paulo, edição 25, jun. 1994.
109 Freston, contudo, baseia-se nas conclusões de terceiros, referindo-se, no que diz respeito ao papel dos pentecostais no Chile de Salvador Allende, ao livro de Juan Tennekes, *El movimento pentecostal em la sociedade chilena* (Iquique: Ciren, p. 53) e, no que trata dos pentecostais na Nicarágua, à obra de Roger Lancaster, *Thanks to God and the Revolution* (Nova York: Columbia University Press, 1988).

inequivocamente conservadoras, e parcelas da membresia, eventualmente inclinadas à esquerda.

Sendo assim, não perdendo de vista a diversidade, o dinamismo e os conflitos do campo religioso, evitarei interpretações simplistas e unidimensionais, ainda que certa generalização seja incontornável pela necessidade de isolar forças dominantes no interior das organizações abordadas e nas suas articulações. Darei, ainda, especial atenção às forças sociais que contribuem para a formatação das manifestações religiosas: as relações capitalistas de produção e seus traços específicos locais. Partindo desses pressupostos, e concordando com os autores do *Manifesto do Partido Comunista*, para quem as ideias dominantes em uma época são sempre aquelas da classe dominante,[110] enfocarei a religião estritamente em sua condição de fenômeno social. Ela será entendida, portanto, como ligada aos processos históricos que marcaram o curso do século XX, uma vez que as transformações nesta dimensão provocam, necessariamente, uma "alteração das concepções e das representações religiosas".[111]

Cabe sublinhar, ainda, que não me concentrarei em *todo* o campo religioso, mas apenas nas instituições religiosas hegemônicas, com ênfase naquelas sediadas nos Estados Unidos ou que de lá extraiam muito do seu substrato teológico/ideológico. Chamo de instituições religiosas hegemônicas as grandes agremiações, que concentram imenso número de seguidores, recursos materiais, influência social e representação político-partidária. Estas fornecem os principais quadros do consórcio político-religioso fundado nos Estados Unidos que chamo de Partido da Fé Capitalista. Na tentativa de evitar resvalar na teleologia, me esforçarei, ainda, por observar este Partido não como um plano acabado e com fins predeterminados, mas como um fenômeno permanentemente ajustado e atualizado ao longo de um momento histórico que vejo caracterizado pela integração econômica desigual do mundo periférico, incluindo o Brasil,

---

110   MARX, Karl; ENGELS, Friedrich. "Manifesto do Partido Comunista" (extratos dos capítulos II e III). In: MARX, Karl; ENGELS, Friedrich. *Sobre a religião*. (G. Badia, P. Bange, E. Bottigelli, orgs.). Lisboa: Edições 70, 1976, p. 101.

111   MARX, Karl; ENGELS, Friedrich. "Notícia do livro de G. F. Daumer 'A Religião da Nova Era. ensaio de fundamento combinatório e aforístico' (3 volumes, Hamburgo, 1850)". In: MARX, Karl; ENGELS, Friedrich. *Sobre a religião*. (G. Badia, P. Bange, E. Bottigelli, orgs.). Lisboa: Edições 70, 1976, p. 110.

sob a regência do capital estadunidense. Assim, a forma de atuação e a composição desse complexo religioso mudam ao longo das décadas a fim de responder a novas necessidades do capital, ainda que uma base programática comum seja mantida desde a década de 1950.

Entidades religiosas como aparelhos privados de hegemonia

Para Antonio Gramsci,[112] um dos principais impactos da religião é a produção de uma rigorosa união doutrinária. Complementando essa constatação, e coerentemente à proposta de seus escritos, analisar as relações humanas no plano social e não especular sobre pulsões místicas, conclui o italiano ser de pouca serventia distinguir conceitualmente "religião" de "ideologia" ou mesmo "política". Na mesma linha, Otto Maduro[113] pensa que a produção de uma visão de mundo relativamente homogênea é o principal fator que torna a religião uma força social apreciável – cosmovisão essa que daria muitos dos parâmetros segundo os quais as relações sociais são conformadas por todos os que partilham determinada fé.

Sendo assim, e considerando os preceitos teóricos até aqui discutidos, ou seja, que a religião é produzida pelo meio social, mas que também atua sobre ele, examinar a religião em seu aspecto social e histórico na segunda metade do século XX em lugares como o Brasil implica conectá-la a relevantes processos em curso neste contexto temporal e geográfico. Partindo do pressuposto de que a conexão dos países periféricos com a consolidação global da hegemonia estadunidense foi um fato da mais elevada importância na história brasileira deste momento, urge investigar o papel que a religião ali desempenhou.

Cabendo refletir, ainda, sobre a função dos Estados nesse processo histórico, me afastarei da perspectiva segundo a qual há a nítida e contraposta divisão entre Estado e sociedade civil, visível na obra de teóricos como

---

112   GRAMSCI, Antonio. *Cadernos do cárcere. V. 2. Os intelectuais, o princípio educativo, jornalismo.* 2ª ed. Rio de Janeiro: Civilização Brasileira, 2001, pp.96-99.
113   MADURO, *op. cit.*, pp. 152-154.

Thomas Hobbes, fonte de inspiração do pensamento liberal. Ao contrário, Gramsci sugere haver uma continuidade complementar entre ambos, que imbricados originam o que o italiano chamou de Estado ampliado. Considera-se, assim, que o espaço de produção da dominação classista no âmbito superestrutural, abrangendo a cultura e a política, não compreende apenas o aparelho governamental propriamente dito, ou o Estado restrito. Também no plano composto por organizações voluntárias e particulares se desdobram relações de poder que travam com a burocracia estatal uma relação de reforço mútuo, daí a continuidade das duas dimensões.

Esse Estado ampliado, para Gramsci instância indispensável do poder classista nas democracias modernas, é sustentado sobre doses calculadas de consenso e força, cada qual se remetendo em maior grau a uma de suas metades. Assim, caberia o desempenho da violência sobretudo aos órgãos oficiais do governo. Mas como esse domínio não prescinde de legitimação ideológica, precisa ser ministrado em porções mais ou menos equivalentes a intervenções dedicadas ao convencimento, à produção do consenso social, realizadas ao nível dos "chamados órgãos da opinião pública",[114] como jornais e associações diversas, inclusive as igrejas.

Falo aqui da hegemonia, mecanismo de poder fundado na persuasão e que, quando exercido pela classe dominante, busca a justificação das relações sociais correntes, contando para isso com o suporte de órgãos associativos diversos – entidades capazes de conformar e disseminar uma determinada visão de mundo relativamente padronizada e frequentemente sustentada por uma lógica contraditória com as realidades práticas particulares dos grupos dominados. No caso específico da dominação burguesa, verificável no mundo ocidental em todo o período temporal aqui coberto, a finalidade desses aparelhos privados de hegemonia é, portanto, estimular a adesão *voluntária* dos trabalhadores às diretrizes sociais formuladas pela porção mais poderosa e organizada do empresariado, ou seja, ao modelo de sociedade cuja perpetuação se faz necessária para a continuidade do domínio social e econômico da grande burguesia estadunidense e, no caso brasileiro, da classe empresarial a ela associada e subordinada.

---

114 GRAMSCI, Antonio. *Cadernos do cárcere. V. 3. Maquiavel, notas sobre o Estado e a política.* 2ª ed. Rio de Janeiro: Civilização Brasileira, 2001, p. 94.

Nestas páginas, as relações de poder que se desenvolvem no interior das instituições religiosas serão analisadas seguindo o conceito de hegemonia em seu feitio de dominação burguesa, ou seja, o domínio e a direção política e cultural praticados por essa classe social ou parte dela sobre seus iguais e sobre a classe trabalhadora, a fim de assegurar as bases para a consecução de seus interesses.

As potencialidades hegemônicas da religião foram notadas pelo próprio Gramsci, que estudou os elos da Igreja Católica com o fascismo. Inspirados pelo intelectual italiano, pensadores temporalmente mais próximos se mantiveram atentos à possível simbiose entre as organizações de fé e os processos de dominação ideológica. Também para Otto Maduro,[115] o campo religioso seria objeto privilegiado da atenção burguesa, sobretudo onde sua influência social é mais forte. Assim, a aproximação entre a classe dominante e organizações religiosas almejaria "a produção de práticas e discursos que legitimem, sacralizem, apresentem como desejada pelas forças sobrenaturais e metassociais essa mesma dominação", fazendo o contrário com movimentos de contestação.

Em vista do que foi dito, tratarei as organizações religiosas conservadoras atuais como aparelhos privados de hegemonia por sua militância político-partidária e por reproduzirem uma ideologia, embutida no proselitismo religioso, com efeitos sociais. Sua ação se desenrola, portanto, no Estado ampliado, ou seja, em duas frentes complementares: no interior da burocracia estatal, com a inserção de líderes religiosos no universo partidário, e na esfera da sociedade civil, com pregações religiosas atravessadas de artefatos ideológicos e discursos que buscam orientar politicamente seus seguidores.

Cabem aqui, porém, algumas ressalvas. É necessário frisar que a grande afluência dos grupos populares para associações hegemônicas desse tipo se deve em grande parte a benefícios materiais e psicológicos por elas fornecidos. Uma das razões[116] enumeradas pelo historiador norte-

---

115 MADURO, *op. cit.*, p. 162.
116 As outras razões seriam a coesão ideológica do campo evangélico, facilitando a articulação política; o processo de formação das lideranças religiosas, marcado pela não exigência de maiores qualificações acadêmicas e pela permissão do casamento; a adoção por essas igrejas, em seus ritos, de práticas mais condizentes com a cultura local; e, por fim, a identificação de parcelas das classes médias e

-americano Andrew Chesnut para o grande sucesso dos empreendimentos pentecostais na América Latina seria o auxílio prestado a comunidades carentes sob a forma de redes de apoio para problemas como o alcoolismo, a criminalidade e a dependência química.[117] Na mesma toada, a socióloga Wania Mesquita[118] destaca o papel de grêmios pentecostais na redução da violência de traficantes contra a população local em favelas, negociada por pastores respeitados por criminosos. Já a mais célebre organização pentecostal do presente, a Igreja Universal do Reino de Deus, sustenta orfanatos, asilos, cursos de alfabetização, distribui alimentos e agasalhos, além de financiar instituições beneficentes.

Portanto, não é realista enxergar as organizações religiosas, ou qualquer outro aparato ideológico de poder empresarial, *apenas* como "lavanderias cerebrais" para onde a classe trabalhadora acorreria acriticamente. Tal adesão também não se dá sem negociações e conflitos, como o ocorrido em 1988, quando um grupo de ex-seguidores da Igreja Universal do Reino de Deus entrou na justiça após ter transferido para a organização grande parte dos seus bens, sem receber nenhum dos milagres prometidos.

Outra observação pertinente se refere ao dinamismo do campo religioso, sobretudo o contemporâneo. Procurarei, portanto, capturar as principais transformações que o Partido da Fé Capitalista sofreu em sua composição, doutrina e forma de ação, ajustando-se às diferentes etapas da luta de classes na segunda metade do século XX, no Brasil e no mundo. Exemplo desse dinamismo foi a emergência do pentecostalismo, após os anos 1970, como uma das principais forças religiosas na América Latina, por muito tempo quase que exclusivamente católica – fato impulsionado pelo aprofundamento da inserção desigual dessa porção do planeta no capitalismo internacionalizado.

---

altas, nos Estados Unidos e no Brasil, com a agenda moral dessas igrejas, como a condenação do aborto, das aulas de educação sexual nas escolas e do reconhecimento estatal das uniões homoafetivas (PASSARINHO, 2019).

117 PASSARINHO, Nathalia. "Por que igrejas evangélicas ganharam tanto peso na política da América Latina? Especialista aponta 5 fatores". *BBC*, Londres, 22 nov. 2019.

118 MESQUITA, Wania. "Os pentecostais e a vida em favela no Rio de Janeiro – A batalha espiritual na ordem violenta na periferia de Campos dos Goytacazes". In: *Estudos de Religião*, São Paulo, v. 23, n. 37, pp. 89-103, jul./dez. 2009, p. 99.

Decisores, formuladores e gerentes

Nenhum aparelho privado de hegemonia subsiste sem os que cumprem a *função social* de intelectuais. Aqueles que, conectados a todos os grupos sociais, mas sobretudo ao dominante, trabalham no plano da ideologia para viabilizar o consenso, reportando-se a fins delineados não por eles, mas pelos dirigentes e dominantes.[119] No que diz respeito ao Partido da Fé Capitalista, seus principais intelectuais orgânicos estão nos Estados Unidos, formuladores da doutrina ventilada pelas organizações que o constituem. Os líderes brasileiros são intelectuais "subalternos", responsáveis pela sua adaptação local, operadores de uma franquia com alto nível de estandardização, aspecto exemplificado pela importância basilar da norte-americana Teologia da Prosperidade entre as nossas organizações evangélicas. Frequentemente, tais ideólogos são desligados de agremiações específicas, assim influenciando diferentes igrejas.

Tais intelectuais, como o escritor e pregador carismático Kenneth Hagin – um dos principais idealizadores da Teologia da Prosperidade –, Edir Macedo – maior adaptador brasileiro dessa doutrina – e os membros da bancada evangélica, preencheriam as funções de representantes da classe dominante encarregados das funções subalternas de governo político e concretização de sua hegemonia ideológica.

No que tange a cooptação de líderes religiosos para projetos hegemônicos da burguesia, são também úteis as análises de Otto Maduro,[120] que enumerou cinco estratégias usadas para a sua integração ao programa ideológico dos dominantes.

Em primeiro lugar estão as estratégias econômicas, onde se tenta criar ligações desse tipo com as cúpulas eclesiásticas a fim de incorporá-las ao modelo de organização econômica pretendido pelos dominantes. Assim, não seria meramente acidental a formação de uma camada de religiosos conservadores que são também empresários, como muitos televangelistas estadunidenses e líderes de grandes igrejas evangélicas brasileiras, como Edir Macedo, Silas Malafaia e Nilson Fanini. Refere-se a essas

---

119   GRAMSCI, Antonio. *Cadernos do cárcere. V. 2. Os intelectuais, o princípio educativo, jornalismo*. 2ª ed. Rio de Janeiro: Civilização Brasileira, 2001, pp. 18 e 21.
120   MADURO, *op. cit.*, pp. 162-163.

estratégias, da mesma forma, o perdão de dívidas tributárias outorgado pelo governo brasileiro a igrejas que, ademais, desde 1946 são beneficiárias de imunidade fiscal.

Existem, também, estratégias de cunho jurídico-político, pelas quais se procura produzir condições legais para o desenvolvimento de expressões religiosas favoráveis à estratégia de hegemonia em curso. Nesse caso, podemos arrolar como exemplo as facilidades conferidas pelo Estado brasileiro à penetração de entidades missionárias norte-americanas entre os indígenas, cujo acesso a aldeias indígenas é franqueado desde pelo menos os anos 1950, por via de convênios com órgãos governamentais; a recusa, durante o governo Fernando Henrique Cardoso, de se regular os ruídos provocados por templos religiosos; e a aprovação de emenda constitucional proposta pelo deputado federal Laprovita Vieira e posteriormente reapresentada e aprovada por lideranças do PSDB e mesmo do PT para permitir a entrada de capital estrangeiro em órgãos de comunicação.[121]

Lança-se mão, ainda, de estratégias educativas e culturais, preocupadas em disseminar movimentos e instituições que propiciem a divulgação de ideias afinadas com seus interesses, procurando transmiti-las ao clero e convidá-lo a participar da direção de tais instituições. Nesse ponto, como veremos, é ilustrativa a participação de empresários e religiosos conservadores nas publicações da Associação Brasileira de Defesa da Democracia; as frequentes concessões de verbas a instituições educativas religiosas pelo Estado brasileiro; e o avanço do ensino religioso nas escolas públicas.

Recorre-se, também, a estratégias puramente repressivas que, pela violência, almejam esvaziar certos movimentos religiosos, fazendo o contrário com aqueles mais bem integrados à ordem vigente. Aqui, insiro a repressão estatal ao cristianismo progressista, incidente sobretudo sobre os adeptos da Teologia da Libertação, enquanto organizações de fé conservadoras contaram com a simpatia de um Estado que, sobretudo entre 1964 e 1985, chegou a desviar os olhos de indícios de atividades ilícitas por elas praticadas.

---

121 Veremos, por exemplo, que o interdito imposto pela carta de 1988 quase impediu os projetos midiáticos de organizações religiosas como a Igreja da Unificação, e que o SNI acreditava haver a presença de capital empresarial estadunidense por trás da compra de emissoras de rádio por igrejas desde finais dos anos 1980.

Por que falar em Partido da Fé Capitalista?

Em um entendimento mais abrangente e não literal do que seria um partido político, podemos observar a abundância de associações privadas ideologicamente relevantes que povoam as sociedades modernas, enxergando muitas delas como tal. O plano não estritamente estatal é, assim, habitat de grande número organizações, muitas de adesão voluntária, entre as quais se destaca um número reduzido, de maior influência e capacidade aglutinadora, que constitui a máquina ideológica a serviço dos setores sociais dominantes, frequentemente conseguindo transportar demandas e projetos para o interior do Estado burocrático. Como consequência dessa potencialidade de engajar vastos contingentes ao redor das ideias que ventila e inseri-las em programas de governo, muitos aparelhos privados de hegemonia funcionariam, na prática, como verdadeiros partidos.

Pelo que foi dito, e em face da relativamente grande homogeneidade ideológica e teológica[122] e do formidável poderio acumulado pelas organizações religiosas ligadas ao ambiente cultural estadunidense traduzido na capacidade de organizar ideologicamente multidões e de catapultar representantes para o Estado restrito, onde a função hegemônica iniciada no plano do proselitismo religioso se completa, tratarei essa rede de associações religiosas como um partido, o Partido da Fé Capitalista.

O Partido da Fé Capitalista no reino do capital

Segundo Gramsci,[123] a condição de grande potência é expressa "pela possibilidade de imprimir à atividade estatal uma direção autônoma, que influa e repercuta sobre outros Estados: a grande potência é potência hegemônica,

---

122 Desde o princípio, os diversos grêmios pentecostais mantinham pontos doutrinários em comum, como a prática da fala em línguas estranhas, a cura espiritual e o afastamento dos problemas terrenos, traduzido na tendência à conservação das estruturas políticas e sociais em vigor. Após os anos 1970, Mariano (2014, p. 166) relata uma certa homogeneização pentecostal sob o mais recente formato "neopentecostal", que teria se infiltrado até nas organizações mais antigas, como a Igreja Quadrangular, a Brasil para Cristo e a Assembleia de Deus.

123 GRAMSCI, Antonio. *Cadernos do cárcere. V. 3. Maquiavel, notas sobre o Estado e a política.* 2ª ed. Rio de Janeiro: Civilização Brasileira, 2001, p. 55.

líder e guia de um sistema de alianças e de pactos". Tal reflexão descreve com precisão a posição dos Estados Unidos no concerto mundial pós-Segunda Guerra. É possível dizer que o Estado restrito norte-americano é dotado de uma "direção autônoma", ou seja, relativamente homogênea e independente dos indivíduos e grupos que se alternam em seus postos mais elevados, e representando de maneira regular os interesses dos setores dominantes, alçados à categoria de prioridades nacionais, e que suas ações repercutem fortemente por todo o globo. O processo foi observado pelo historiador e cientista político René Dreifuss,[124] que reparou como as porções hegemônicas daquele país, visando a própria expansão, por dentro e por fora do Estado restrito, projetaram seus planos mundiais de organização econômica, por exemplo ensejando a formação de uma rede global de associações patronais. Isso foi possível com a emergência do país como potência ocidental vitoriosa da Segunda Guerra Mundial, líder, portanto, de um sistema de pactos e habilitado a impor a aliados e derrotados um novo arranjo econômico e político que, mesmo acomodando em certa medida os interesses de alguns deles, tinha como fim a consecução dos seus próprios.

Veremos agora as características contemporâneas do imperialismo e como o Partido da Fé Capitalista pode cumprir função acessória no seu reforço.

Ao longo da segunda metade do século passado, Virgínia Fontes[125] visualiza modificações no feitio do imperialismo, que precisará se adequar a um novo arranjo mundial marcado pela necessária convivência entre antigos concorrentes sob um sistema de alianças político-econômicas, liderado pelos Estados Unidos, que se propunha a contrapor-se ao também emergente bloco soviético e aos múltiplos movimentos revolucionários. Tudo isso sobre o pano de fundo, em um primeiro momento, da consolidação mundial do capital monopolista, atuante por todo o planeta via multinacionais sediadas nos países centrais, mas com participação de capitais de variadas nacionalidades, e mais tarde em um contexto de uma concentração de capitais ainda maior.

---

124 DREIFUSS, *op. cit.* 1986.
125 FONTES, *op. cit.*, pp. 156-157.

Surge, nesse cenário, um "capital-imperialismo" que terá como uma de suas metas garantir a inédita intensidade de expansão de capitais que transitam aceleradamente por todo o globo. Um capital multinacional, mas principalmente controlado pelos países centrais, e que, ao adquirir um aspecto financeiro, "etéreo" e onipresente, provoca o desligamento da propriedade capitalista de bases materiais fixas e uma galopante demanda por valorizações, acarretando enorme pressão sobre o trabalho e expropriações de variados tipos. O capital-imperialismo é viabilizado sobretudo pela pressão econômica e por estratégias de persuasão das camadas inferiores, ao passo que sua ação política é levada adiante por instituições governamentais e grandes organizações privadas, montadas de acordo com um desenho esboçado nos Estados Unidos, conectadas em nível capilar à sociedade civil, ou seja, a outras entidades ideológicas direcionadas para a organização e direção tanto dos setores burgueses como dos populares – malhas associativas internacionalmente conectadas que se esforçam para convencer a classe trabalhadora das vantagens do capitalismo.

No Brasil, a presença de tais entidades é sentida com maior ímpeto a partir do golpe de 1964, que favorece uma expansão da sociedade civil concentrada nos aparelhos ligados aos interesses patronais, por outro lado inibindo a organização autônoma dos trabalhadores. Mas, de forma distinta dos países capitalistas centrais, onde tais aparelhos hegemônicos se reproduziam com rapidez já nesse momento, no Brasil ditatorial o processo tem ritmo mais lento, sendo apenas a partir da década de 1980 que nossa sociedade civil se expande de forma acelerada e, mais importante, seletiva, sendo as organizações arquitetadas pela burguesia aquelas multiplicadas de maneira exponencial. No contexto da redemocratização, os mecanismos de convencimento têm importância revigorada, com a redução da coerção estatal, e avançam sobre todo o espaço social, manifestando-se a partir de variadas organizações, como sindicatos, escolas, órgãos de mídia e igrejas. Eles agem incidindo sobre incipientes organizações populares, buscando neutralizar manifestações das lutas de classes já em sua origem, e conformando todo o universo associativo de acordo com a lógica do capital, ao mesmo tempo expandindo geometricamente possibilidades de aplicações lucrativas.[126]

A expansão de organizações cristãs conservadoras vindas dos Estados Unidos, ou inspiradas pelo contexto religioso daquele país, relaciona-se com esse processo mundial de difusão e aprofundamento do capital-imperialismo. O grande afluxo de religiosos estrangeiros para o Brasil após 1950 se insere, portanto, na renovação do interesse estadunidense pela região, procurando integrar subalternamente as economias do mundo periférico e afastá-las do bloco socialista. Essa, contudo, foi apenas a etapa inicial da contínua e acelerada expansão evangélica por aqui, permanecendo esta uma religião minoritária, ainda que crescente, até os anos 1980. Nesse ínterim, porém, ela não teria deixado de funcionar de maneira semelhante a outros aparelhos privados da hegemonia burguesa que começam a surgir, procurando, dentro de suas ainda pequenas possibilidades, desarticular as lutas populares e produzir trabalhadores mais propensos a acatar a exploração patronal por via de um proselitismo que desencorajava a ação social direta e oferecia curas espirituais para males terrenos. Crescendo em paralelo ao ascenso das lutas dos trabalhadores, mas sem sofrer a mesma repressão que as organizações ligadas a elas, tais aparelhos ideológicos/religiosos encontrarão terreno propício para florescer, atraindo crescente público, que ali encontra alívio para um acúmulo de descontentamentos, mostrando-se formidável ferramenta para o desvio dessa energia de ações para a emancipação da classe dominada. Não se furtaram tais organizações religiosas de se aproximar do Estado restrito brasileiro, em parcerias que favoreceram o seu crescimento, também endossando mudanças sociais e econômicas como as postas em marcha pela ditadura de 1964, com quem colaboraram.

Concluída a instalação do capitalismo monopolista no Brasil, sob o pano de fundo da redemocratização e da disseminação acelerada dos aparelhos privados da hegemonia burguesa, a onda evangélica sofreu um novo e ainda mais intenso impulso, representado sobretudo pelo surgimento do pentecostalismo das teologias da Prosperidade e do Domínio e de novas agremiações de crescimento sem precedentes. A atualização do proselitismo pentecostal, com a ênfase na resolução espiritual de problemas

---

126   *Ibid.*

financeiros, e a mudança de comportamento com relação ao mundo social e partidário, revalorizado como espaço de intervenção do "povo de Deus", também estariam atreladas ao novo momento do capitalismo. Nessa etapa de maior amadurecimento das relações capital-imperialistas, os grêmios pentecostais brasileiros continuaram a estimular a desarticulação da classe trabalhadora, assumindo sua pregação feições mais condizentes com o novo momento social e econômico, assim abarcando novos problemas trazidos pela plena instalação de uma sociedade tecnologicamente modernizada e devotada ao consumo. Ao mesmo tempo, essas igrejas se inserem com maior ímpeto no Estado restrito, reproduzindo o que fizera a direita religiosa norte-americana, fazendo avançar pautas econômicas de interesse de um capitalismo multinacionalizado, porém hegemonizado pelos Estados Unidos. Em paralelo, as igrejas produzem nas duas partes do Estado ampliado, e de maneira ainda mais eficiente, uma força de trabalho docilizada. Elas o fazem equipadas com uma teologia que parece transportar a própria lógica capitalista para a esfera religiosa e lotando câmaras legislativas, fóruns e palácios de governo.

A Bíblia do reino do capital

Chegando em números redobrados no Brasil desde princípios da década de 1950, evangélicos conservadores não experimentaram grande resistência do Estado restrito ou da classe dominante para se fixar. Trajetória embalada pela integração acima descrita, iniciando-se simultaneamente a um processo de instalação de multinacionais com as quais o empresariado nativo forma elos societários, ainda que subordinados.

O golpe de 1964 altera o quadro político nacional, privilegiando porções desse empresariado, cujos interesses estão entrelaçados com o capital estrangeiro. Nesse contexto, a ditadura favorece a ampliação seletiva das associações representativas dos interesses dessas porções burguesas, fazendo o mesmo com instituições religiosas conservadoras, comprometidas com a ordem. Em paralelo, opera-se a repressão das organizações populares e religiosas não alinhadas, com rigorosa vigilância sobre os praticantes da Teologia da Libertação.

Durante esse período, a dominação burguesa não deixou de se valer de intervenções ideológicas, desempenhadas por organizações como o complexo formado pelo Instituto de Pesquisas e Estudos Sociais e pelo Instituto Brasileiro de Ação Democrática (Ipes/Ibad). Porém, falhando tais aparelhos privados de hegemonia em forçar o caminho para a plena abertura da economia brasileira apenas na base do convencimento, tornou-se imprescindível o reforço da coerção estatal após 1964. Teriam tais aparatos ideológicos, portanto, um papel secundário, nas décadas de 1950 e em princípios da de 1960, o que também pode ser dito sobre as incipientes organizações evangélicas conservadoras.

Nesse primeiro momento, a função hegemônica delas seria, assim, desmobilizar, com sucesso relativo, face às suas forças ainda modestas, uma classe trabalhadora que, além de razoavelmente organizada, era "tendencialmente anti-imperialista, e que identificava de maneira direta o imperialismo à atuação avassaladora dos Estados Unidos",[127] país pintado em cores muito mais agradáveis pelos grupos religiosos vindos de lá. Concluso o processo de atrelamento brasileiro ao capital-imperialismo, na segunda metade da década de 1960 e na primeira da de 1970, combinado à repressão ditatorial, o proselitismo ventilado por essas porções religiosas em expansão contribuiu para a abertura de um ambiente social favorável ao incremento da acumulação demandado pela nova conformação global do capitalismo, incutindo a obediência às autoridades e contendo tensões sociais com a oferta de alívio espiritual para males decorrentes do aumento da exploração da classe trabalhadora.

O segundo momento do proselitismo de conservadores religiosos no Brasil, encarnado sobretudo pelo pentecostalismo armado das teologias da Prosperidade e do Domínio, por sua vez, combina-se com a situação de plena consolidação do capital-imperialismo no final da década de 1980,[128] quando um número redobrado de aparelhos privados de hegemonia busca disponibilizar crescentes contingentes, docilizados e despojados de direitos e de entidades organizativas, para uma aprofundada extração de mais-valia. Aparelhos, enfim, dedicados a instilar o consentimento das

---

127 *Ibid.*, p. 207.
128 Essas teologias fazem parte do repertório pentecostal desde meados dos anos 1970. Porém, ganham impulso apenas na década seguinte, com a ascensão da Igreja Universal do Reino de Deus.

relações de dominação vigentes ao "interiorizar relações sociais existentes como necessárias e legítimas",[129] sendo este um dos efeitos da Teologia da Prosperidade, que projeta a pobreza e sua superação na dimensão dos desígnios divinos.

A relação próxima entre a fase atual do capitalismo e a Teologia da Prosperidade é percebida até mesmo por intelectuais pentecostais. Sociólogo e presbítero da Assembleia de Deus, Gedeon Freire de Alencar[130] não hesita em declarar que a Teologia da Prosperidade seria irmã siamesa do neoliberalismo. Ele supõe ainda que setores do pentecostalismo atual não apenas reproduzam como também intensifiquem os desníveis sociais dando-lhes uma "marca espiritual",[131] agindo de maneira deletéria também ao impulsionar uma pauta moral que incentiva o machismo e discriminações sexuais e ao estimular o distanciamento das lutas sociais e o individualismo, fixando-se na resolução de problemas pessoais e não coletivos.

Momento maior da expansão evangélica no Brasil, Fontes[132] enxerga nos anos 1990 um esforço redobrado dos mecanismos de convencimento na sociedade civil em franca multiplicação em apartar a pobreza de suas causas estruturais. O fim dessa operação seria ocultar as desigualdades sociais e as causas estruturais da miséria, tratada como um fato pontual e passível de também pontual correção. Aqui, a sinergia entre as organizações religiosas que abordo e os amplos movimentos do capital parece se mostrar novamente. Afinal, não oferecem, por exemplo, as organizações pentecostais adeptas da Teologia da Prosperidade todo um receituário acabado para a superação da pobreza, mero acidente espiritualmente retificável?

Outro cruzamento das práticas contemporâneas de amplificação de extração de mais-valia com a religião pode ser ainda notado na grande vulgarização da "forma da autoexploração traduzida pelo empreendedorismo".[133] Terminologia batida em especializações universitárias e socialmente naturalizada, esse é um item frequente dos cultos pentecostais contemporâneos. No púlpito, o tino negocial é apresentado como

---

129 FONTES, *op. cit.*, p. 137.
130 ALENCAR, *op. cit.*, p. 16.
131 *Ibid.*, p. 15.
132 FONTES, *op. cit.*
133 *Ibid.*, p. 293.

virtude a ser cultivada para a plena recepção da prosperidade divina, e os crentes são incentivados a se transformarem em seus próprios patrões.[134] Complementarmente, as principais igrejas pentecostais no Brasil realizam cultos e reuniões concentrados na orientação de um público de empresários e pretendentes a tal.

Multinacionais da fé

Outra característica desse novo capitalismo intimamente ligada aos processos aqui descritos consiste na potencialidade de induzir a formação e o fortalecimento de burguesias nativas nos países periféricos. Resultado da nova organização global da produção, que pressupõe a disponibilização e o gerenciamento de trabalhadores despossuídos em nível local pelos Estados e burguesias subalternos, e do processo correlato de exportação de capital que permite a participação do empresariado local – na qualidade de sócios minoritários – nas multinacionais que passam a funcionar por aqui. Integradas aos fluxos mundiais de valorização de capitais, essas burguesias operacionalizam, com o apoio dos seus Estados, o necessário processo expropriatório e de intensificação da exploração de mais-valia das populações locais e até mesmo de outras e mais fracas burguesias periféricas. Fundamental, contudo, na caracterização dessas burguesias capital-imperialistas periféricas é a associação subordinada ao capital dos países centrais, no referido processo de entrelaçamento da propriedade em estado puro, decorrendo daí o fato de que a expansão econômica de determinada burguesia periférica sobre outros países trará necessariamente nela acoplada interesses dos países capitalistas centrais.[135] Tal seria a natureza da inserção capitalista presente do Brasil que procuraria em décadas recentes atingir a condição de país capital-imperialista subordinado.

É claro que essa formulação se refere sobretudo a atividades econômicas no sentido mais comum da palavra, como, por exemplo a presença de empresas de capital misto em países periféricos, mas sediadas em outros países periféricos, como fez a empreiteira Odebrecht no continente

---

134 MARIANO, *op. cit.*, p. 163.
135 FONTES, *op. cit.*, p. 209.

africano. Contudo, acredito que podemos espraiar a lógica central desse raciocínio para o caso das organizações religiosas vinculadas ao espaço estadunidense em ação no Brasil. Afinal, parece evidente que o cinquentenário florescer pentecostal, induzido por pessoas e organismos estrangeiros, terminou recentemente por estimular o surgimento local de uma camada burguesa ligada a esse tipo de aparelho hegemônico: sua milionária liderança.

Sobre essa liderança, matéria publicada pela revista Forbes em 2013[136] relaciona os cinco líderes evangélicos mais ricos do Brasil. Encabeçando a lista está Edir Macedo, líder máximo da Igreja Universal do Reino de Deus, que acumulava naquela data 950 milhões de dólares, colocando-o na 39ª posição no ranking composto por todos os empresários brasileiros, também publicado pela Forbes naquele ano.[137] No ranking de pastores, atrás de Macedo vem Valdemiro Santiago, com 220 milhões; Silas Malafaia, com 150 milhões; Romildo Ribeiro Soares, com 125 milhões; e o casal Estevam Hernandes Filho e Sônia Haddad Morais Hernandes, acumulando 65 milhões. Mais recentemente, levantamento de 2023 do site Money Inc[138] mostra que, enquanto a fortuna de R. R. Soares ficou no mesmo patamar, Valdemiro Santiago alcançou a cifra de 350 milhões de dólares e Edir Macedo, tido como o mais rico líder religioso do mundo, detém a assombrosa quantia de 1,2 bilhão de dólares.

Uma observação, porém, é pertinente. Entre 1950 e 1977, com raras exceções – como os pastores David Miranda, da Igreja Pentecostal Deus é Amor, e Manoel de Mello e Silva, da Brasil para Cristo –, não é possível falar em grandes empresários pentecostais brasileiros. A instalação e manutenção de aparelhos privados de hegemonia pentecostais nesse período coube quase que inteiramente à burguesia e às igrejas norte-americanas, às quais esses aparelhos se ligavam em termos ideológicos e

---

136   ANTUNES, Anderson. "The Richest Pastors in Brazil". *Forbes*. Jersey City, 14 jan. 2013. Disponível em: <https://www.forbes.com/sites/andersonantunes/2013/01/17/the-richest-pastors-in-brazil/>. Acesso em: 21 dez. 2019.

137   VAZ, Tatiana. "Os bilionários brasileiros na Lista da Forbes em 2013". *Exame*, São Paulo, 13 set. 2016. Disponível em: <https://exame.abril.com.br/negocios/os-bilionarios-brasileiros-na-lista-da-forbes-em-2013/>. Acesso em: 21 dez. 2019.

138   HANSON, Dana. "Top 20 Richest Pastors in the World (Updated 2023)". *Money Inc*. 10 nov. 2023. Disponível em: <https://moneyinc.com/richest-pastors-in-the-world/>. Acesso em: 18 jul. 2024.

financeiros, uma vez que sua expansão mundial se deu sobretudo por doações individuais e corporativas daquele país. Seu crescimento se sustentou principalmente pelo apoio externo, complementado progressivamente pela extração do dízimo, na medida em que essas organizações criavam raízes. Se enquadra nesse caso a Igreja do Evangelho Quadrangular, sediada na Califórnia e trazida para o Brasil por Harold Edwin Williams.

Já após 1977, essa burguesia pentecostal nativa aparece de forma inequívoca, com a rápida formação das fortunas de líderes do pentecostalismo recente, como os acima listados. Nesse momento, o dízimo assume importância cada vez maior, vindo nas últimas décadas do século XX a se constituir no grosso da arrecadação das igrejas,[139] vencida a etapa inicial de transplante dessa planta estrangeira.

O funcionamento dessas organizações autóctones como aparelhos privados hegemônicos burgueses não foi idealizado nem mantido diretamente pelo empresariado brasileiro, sendo a totalidade da burguesia pentecostal brasileira formada a partir de indivíduos provindos da nossa classe trabalhadora que responderam a impulsos ideológicos vindos de fora, no rastro da integração cultural e econômica brasileira ao capitalismo multinacional hegemonizado pelos Estados Unidos. Sua presença e disseminação no território nacional, entretanto, foi desde o princípio tolerada pelo empresariado nativo e estimulada pelo Estado brasileiro.

Diante do enorme sucesso de líderes pentecostais brasileiros, sem paralelo em outras partes da América Latina, salta aos olhos que, embora essa burguesia pentecostal nativa nada tenha produzido de novo, foi a mais competente na adaptação à realidade da periferia do *kit* teológico e ideológico importado dos Estados Unidos, daí serem as organizações brasileiras pentecostais algumas das maiores do mundo.

---

139   As fortunas desses dirigentes religiosos, erguidas com o dízimo, passam a ser aplicadas também em outros ramos produtivos. David Miranda foi um dos precursores na compra de emissoras de rádio, movimento que, contudo, obedece ao imperativo de atrair fiéis para os templos, assim incrementando a arrecadação dizimista. Posteriormente se daria a chegada dessa burguesia pentecostal a negócios sem relação direta com a religião. Edir Macedo, por exemplo, dono de emissoras de rádio e TV desde os anos 1980, em 2009 teria comprado 49% do Banco Renner (VAZ, 2016).

Quando comparadas àquelas em atividade nos Estados Unidos, sua pujança se mostra diferenciada e impressionante. Já vimos que as três maiores igrejas desse tipo em funcionamento em nosso país por volta de 2013 eram a Assembleia de Deus, a Congregação Cristã no Brasil e a Igreja Universal do Reino de Deus, que, juntas, somam 16.477.287 seguidores – número esmagadoramente superior ao das três principais instituições pentecostais norte-americanas, a Church of God in Christ, com 5.500.000 membros; a Assembleia de Deus, com 2.900.000; e a Pentecostal Assemblies of the World, com 1.500.000, contabilizando um total de 9.900.000 seguidores.[140]

Além dos dados numéricos, outras duas especificidades brasileiras têm destaque. Em primeiro lugar, o fato de a Assembleia de Deus, uma das mais tradicionais pentecostais estadunidenses, ter mais que o dobro de adeptos no Brasil em relação a sua terra de origem. Em segundo lugar, o fato de que a principal dessas igrejas nos Estados Unidos, a Church of God in Christ, faz parte do "pentecostalismo negro", sem representação no Brasil, confirmando a predominância do pentecostalismo de matriz racial branca em nosso país.

E por que as organizações pentecostais brasileiras seriam maiores que suas congêneres e matrizes norte-americanas? A razão para tanto se prende a fatores internos e externos. Em primeiro lugar, se deve ao fato de o pentecostalismo ser uma corrente religiosa muito presente no missionarismo fundamentalista norte-americano, maior propulsor do movimento evangélico brasileiro após meados do século XX. Em segundo lugar, muitas grandes organizações evangélicas estadunidenses, distintamente das brasileiras, são não denominacionais, referidas apenas como "evangélicas". Por último, teríamos aspectos intrínsecos à sociedade brasileira, cuja pobreza urbana, ambiente propício para a expansão do pentecostalismo, é estrutural e muito maior que a norte-americana. Assim, o tamanho das organizações pentecostais brasileiras se refere, além de outros fatores endógenos e exógenos que serão vistos em capítulos futuros, também ao tamanho da nossa miséria, recentemente inflada pelo aprofundamento das

---

140   RAINER, Thom S. "The 15 Largest Protestant Denominations in the United States". *The Christian Post*, Washington, 27 mar. 2013. Disponível em: <https://www.christianpost.com/news/the-15-largest-protestant-denominations-in-the-united-states.html>. Acesso em: 21 dez. 2019.

expropriações de direitos e patrimônios ao qual a população vem sendo submetida. Sobretudo em tempos da Teologia da Prosperidade, que, com seu Deus dispensador de riquezas, atrai multidões provenientes em sua maior parte das camadas mais pobres, muitos desempregados, alguns pertencentes à classe média pauperizada, todos na luta pela sobrevivência. Na mesma direção vão as palavras de Marcelo Crivella, sobrinho de Edir Macedo e um dos grandes responsáveis pelo sucesso da Igreja Universal do Reino de Deus na África. Justificando sua longa e exitosa estadia naquele continente, disse o pastor: "Nós vamos aonde há sofrimento. Crescemos mais nos países pobres, onde sobra gente sofrendo."[141]

Imensas organizações pentecostais brasileiras reproduzem a lógica capital-imperialista, desempenhando papel subimperialista, semelhante ao que fizeram empresas brasileiras, com filiais por toda a América Latina e boa parte da África, sendo a periferia, portanto, o habitat de sua incontida reprodução. Um exemplo ilustrativo dessa relação é o caso do Ministério Verbo da Vida, ligado à Rhema, escola bíblica de Kenneth Hagin. Sediado em Campina Grande (PB), cabe a ele a supervisão das atividades do Rhema em Angola, Argentina, Chile, Japão e Portugal, sugerindo a importância dos intelectuais religiosos brasileiros, associados aos estadunidenses, na exportação da ideologia religiosa daquele país para o resto do mundo. Para constatar a associação subordinada de brasileiros ao Ministério, basta atentar para a formação da sua diretoria, que tem dois norte-americanos nas posições mais elevadas, o presidente Guto Emery e a vice-presidente Jan Wright, e brasileiros em todas as demais, como Renato Gaudard e João Roberto Albuquerque, diretor e vice-diretor-executivo, respectivamente.[142]

A relação desse fenômeno com os interesses dos países centrais, além da evidente disseminação mundial de uma ideologia formulada nos Estados Unidos e em contato com os valores e interesses ali hegemônicos, consiste na capacidade dessas organizações em interferir no cenário social desses países, abrindo caminho para a melhor consecução dos interesses cada vez mais globais de um capital a ser valorizado em regime urgente. Elas

---

141   PAIXÃO, Roberta. "O sucessor de Edir Macedo". *Veja*, São Paulo, 03 nov. 1999. Disponível em: <https://acervo.veja.abril.com.br/#/edition/32906?page=46&section=1>. Acesso em: 17 jan. 2020.

142   "Quem somos". *Ministério Verbo da Vida*, [s.d.]. Disponível em: <https://verbodavida.org.br/ministerio/>. Acesso em: 19 nov. 2021.

fazem isso ao desorganizar a classe trabalhadora, reforçar seus laços de dominação e ao impulsionar os interesses empresariais, tanto por via do proselitismo como promovendo a penetração, no Estado restrito das repúblicas periféricas, das diretrizes propagadas pela porção norte do Partido da Fé Capitalista, intimamente ligada à classe dominante norte-americana.

Oligopólios religiosos

Outra notável característica do evangelicalismo de cunho pentecostal é o fato de ele se expandir "pela negação e assimilação do universo simbólico das religiões afro-brasileiras",[143] reduzindo-as à figura do Diabo. Exemplar disso são as chamadas "sessões de descarrego", que ocorrem semanalmente em templos da Igreja Universal do Reino de Deus e que se referem à antiga prática católica do exorcismo, mantendo também grande similaridade com os rituais de "desobsessão" típicos da umbanda.[144]

Podemos aproximar as noções de "cultura popular" e "senso comum", quer dizer, o pensamento acrítico e fragmentado, composto por elementos culturais ligados a distintos contextos históricos e sedimentados em uma forma amplamente partilhada e mais ou menos espontânea de compreender a realidade que, apesar de relativamente incoerente, não deixa de preservar algo daquilo que, grosso modo, consistiria em uma "sabedoria popular".[145] Ou seja, um conjunto de disposições finamente conectado à satisfação das questões sociais práticas.

Partindo desses pressupostos, vemos que os cultos afro-brasileiros certamente conservam algo dessa "religiosidade popular", podendo talvez inclusive serem interpretados como formulações populares mais bem acabadas, consequentes e de feitio contra-hegemônico. A apropriação e

---

143 ALMEIDA, Ronaldo. "A expansão pentecostal: circulação e flexibilidade". In: TEIXEIRA, Faustino; MENEZES, Renata (orgs.). *As religiões no Brasil: continuidades e rupturas*. Petrópolis: Vozes, 2006, p. 112.

144 NASCIMENTO, Gilberto. *O Reino: a história de Edir Macedo e uma radiografia da Igreja Universal*. São Paulo: Companhia das Letras, 2019. Arquivo Kindle. posição 4.733-4.737.

145 GRAMSCI, Antonio. *Cadernos do cárcere. V.1. Introdução ao estudo da filosofia, a filosofia de Benedetto Croce*. 2ª ed. Rio de Janeiro: Civilização Brasileira, 1999.

a deturpação pentecostal do ideário religioso afro-brasileiro consistem, assim, em uma tentativa de reforçar a hegemonia do setor capitalista aqui dominante, trazendo para o interior das organizações religiosas hegemônicas moldadas a partir dos Estados Unidos e submetendo à lógica capitalista essa manifestação cultural que se mantinha marginal em relação a ela.

Aqui é oportuna a comparação com o caso do próprio pentecostalismo original, com o passar do tempo reelaborado no contato com a ideologia hegemônica em seu país de origem, embora em seus primórdios fosse uma religiosidade produzida por e para a população empobrecida. Não obstante, o pentecostalismo se embranqueceu, travou contatos cada vez mais intensos com o fundamentalismo e com a classe dominante, passou a tratar a aquisição monetária como objeto privilegiado de interação com o Divino e adentrou a esfera da política partidária portando uma cartilha de valores ferrenhamente conservadores e trabalhando para garantir o atendimento dos interesses econômicos empresariais. Sendo a religião também ideologia, e notando que o espaço social em que ela é produzida é cruzado pelas lutas sociais, trata-se aqui apenas de constatar que, como qualquer outra manifestação cultural, ela sofre a infiltração de interesses capitalistas, podendo ser manipulada de modo a afetar as disposições interiores de seus seguidores de acordo com fins predeterminados.

Em outras palavras, as organizações pentecostais, em sua intolerância para com outras manifestações religiosas, cujos rituais e práticas não deixam de absorver, buscam sequestrar esses elementos úteis e saudáveis da cultura popular, consolidados nas religiões de matriz africana, conferindo-lhes uma nova formulação que os violenta e adultera. Essa assimilação procura não apenas neutralizar as manifestações religiosas populares, mas também subverter seu sentido, submetê-las aos princípios da lucratividade e enquadrá-las no interior de uma visão de mundo que naturaliza e reforça o modo de produção em vigor e a dominação que o garante. O culto pentecostal contemporâneo extrai, então, elementos de diversas práticas religiosas brasileiras, às quais se sobrepõe em um processo semelhante à concentração empresarial monopolística, para traduzir e melhor comunicar seu teor importado em um jogo de expropriação simbólica.

A erosão da popularidade das religiões afro-brasileiras, bem como de setores progressistas católicos e evangélicos, em paralelo à acelerada pentecostalização e multiplicação de outras organizações religiosas conservadoras, está inequivocamente ligada, portanto, ao processo de consolidação da hegemonia do setor empresarial brasileiro associado ao capital estadunidense, iniciado nos anos JK e aprofundado na ditadura, momentos-chave na penetração e no alastramento dessas religiões.

O Partido da Fé Capitalista na sociedade civil: o proselitismo hegemônico capitalista

Vejamos mais a fundo como as ações de organismos religiosos conservadores no Brasil redundam em reforço à hegemonia capital-imperialista de setores empresariais estadunidenses e de seus sócios brasileiros, iniciando com a dimensão essencialmente cultural das intervenções hegemônicas das agremiações cristãs abordadas, ou seja, suas ações exteriores ao Estado restrito, que compreendem sermões, eventos religiosos, publicações e declarações públicas, entre outras iniciativas semelhantes – aquilo, enfim, que chamo de proselitismo hegemônico capitalista. Incidindo sobre uma das metades do Estado ampliado, a sociedade civil, a ação hegemônica do Partido da Fé Capitalista, aqui iniciada, se completará na segunda metade, o interior da máquina burocrática governamental, por via de sua crescente participação na política partidária, conforme veremos em um segundo momento. No plano da sociedade civil, entretanto, a ação doutrinária das organizações religiosas membros do Partido adquire feições distintas em dois momentos-chave da sua trajetória brasileira: o período de implantação, entre as décadas de 1950 e 1960; e o de consolidação, da década de 1970 em diante.

Anos 1950 e 1960: *desorganizar e preservar*

O intervalo que assiste ao início[146] da expansão evangélica no Brasil, as décadas de 1950 e 1960, foi uma época em que a organização da classe trabalhadora experimentava crescente incremento. No plano ideológico, o nacionalismo econômico, frequentemente resvalando em antiamericanismo, compunha variados projetos para os problemas do país, vendo no imperialismo a principal barreira ao desenvolvimento e animando a classe média e boa parte dos trabalhadores de baixa renda. Entre o proletariado urbano, manifestações dessa espiral organizativa foram o crescente poder de pressão dos sindicatos operários, o vigor do movimento estudantil e da produção cultural de cunho contestatório e mesmo um maior interesse pela política partidária. Já no campo, as Ligas Camponesas e a Confederação Nacional dos Trabalhadores na Agricultura (Contag) procuravam avançar em pautas ligadas ao mundo do trabalho rural, como a reforma agrária e a extensão de direitos já conquistados pelos trabalhadores urbanos.

Ativas no mundo rural e nas periferias urbanas, tiveram grande destaque as Comunidades Eclesiais de Base (CEBs), associações da Igreja Católica que, aproximando-se das camadas sociais inferiores, buscavam conjugar o proselitismo bíblico com ações e reflexões para atender questões materiais urgentes, ponto de vista consolidado pela doutrina da Teologia da Libertação. Surgidas em meados dos anos 1960, elas tiveram relativamente largo alcance entre as populações mais pobres ao longo dessa década e a de 1970. Articuladas com a Comissão Pastoral da Terra (CPT), tais organizações – católicas, porém investidas de uma perspectiva ecumênica – favoreceram a organização do campesinato facilitando ações como, por exemplo, ocupações de terra a fim de pressionar o avanço do

---

146   Ainda que as primeiras organizações pentecostais tenham sido implantadas no país na década de 1910, o movimento se mantém pouco significativo até a década de 1950, quando a crescente vinda de missionários estrangeiros e a popularização do rádio – que prolonga o alcance dos discursos de lideranças que souberam usar essa inovação para atingir novos públicos – tornam o pentecostalismo um fenômeno nacional.

debate público acerca dos latifúndios improdutivos,[147] fatos que ilustram o desenrolar da luta de classes também no interior do campo religioso.

Tal como setores católicos latino-americanos procuraram imprimir à instituição romana uma direção mais afinada com os interesses dos mais pobres – ainda que muitas vezes sem sucesso –, o mesmo ocorreu com parcelas de outros grêmios cristãos, inclusive os mais envolvidos com o projeto de hegemonia burguesa tema deste trabalho. Não surpreende, portanto, ter o sociólogo Fabio Alves[148] ouvido do coordenador do Movimento dos Trabalhadores Rurais Sem Terra (MST), Jaime Amorim que sem a ajuda de companheiros pentecostais muitas ocupações não seriam possíveis e que a cientista social e antropóloga Regina Reyes Novaes[149] sublinhe a participação de evangélicos em movimentos de trabalhadores rurais na década de 1960, inclusive na direção das Ligas Camponesas.

Não se pode perder de vista que qualquer análise científica dos fenômenos sociais deve considerar sua natureza multifacetada. Isso não quer dizer, porém, que não seja possível extrair conclusões gerais sobre as instituições humanas, supondo que o efeito *predominante* de suas ações seja o resultado de um somatório de forças, frequentemente opostas, que se debatem em seu interior. Sendo assim, a correlação desigual de forças vigente, por exemplo, nas grandes organizações pentecostais, em grande parte hierarquizadas e dirigidas por bispos milionários conectados ao empresariado brasileiro e ao estadunidense, termina por conferir a elas uma direção mais favorável aos interesses da classe patronal que dos trabalhadores. Com bases formadas sobretudo pela classe trabalhadora, entretanto, contradições continuarão pulsando em seu interior. Transbordando ocasionalmente em ações desafiadoras do arranjo social vigente que entram em choque com a orientação emanada das cúpulas, a contenção

---

147 ALMEIDA, Fábio Py Murta de; PEDLOWSKI, Marcos Antônio. "Atuação de religiosos luteranos nos movimentos sociais rurais no Brasil (1975-1985)". *Revista Tempo*, Niterói, vol. 24, n. 2, pp. 233-252, maio/ago. 2018, pp. 239-240.

148 FERREIRA, Fabio Alves. "O teoricamente produzido e o empiricamente recorrente: hipóteses, experiências e sugestões sobre a população pentecostal (sem-terra)". *Revista de Teologia e Ciências da Religião da Universidade Católica de Pernambuco*, Recife, V. 6, n. 1, pp. 217-243, jan./jun. 2016, p. 236.

149 NOVAES, Regina Reyes. "A divina política – notas sobre as relações delicadas entre religião e política". *Revista USP*, São Paulo, n. 49, pp. 60-81, mar./maio 2001, p. 70.

das demandas sociais dessa classe será manejada com contínua dificuldade pelas lideranças.

Voltando ao contexto social brasileiro dos anos 1950 e 1960, é possível dizer que o surto da organização popular progressista se chocou com uma intensificação do avanço evangélico, iniciado nos anos 1950, quando artefatos ideológicos importados dos Estados Unidos e componentes do movimento pentecostal, por exemplo, passaram com velocidade crescente a se misturar com a cultura brasileira.[150] Esse avanço incidiu mormente sobre o cenário urbano, em um quadro de crescente êxodo rural em face do processo de industrialização, mas sem deixar de se fazer sentir no interior, onde pastores e missionários passaram a atuar até mesmo junto às populações indígenas isoladas.

Ao lado da chegada de inúmeras organizações missionárias interdenominacionais, como a Missão Novas Tribos do Brasil, aberta em 1953; a ABU, iniciada em 1957; e o Instituto Linguístico de Verão, que aqui desembarca em 1959, acontece nesse momento aquilo que Freston[151] chamou de "segunda onda" da expansão pentecostal no Brasil. Esse fenômeno foi possibilitado por intensas mudanças no panorama sociogeográfico, que favoreceram tanto o missionarismo estrangeiro, exemplificado pela vinda da norte-americana Igreja do Evangelho Quadrangular (1951), como alguns empreendimentos pentecostais autóctones, como a Brasil para Cristo (1955). Trata-se, ainda segundo Freston,[152] do processo de urbanização e formação de uma "sociedade de massas", possibilitando um novo modelo de expansão pentecostal, concentrado nas cidades e pregando para multidões de trabalhadores urbanos empobrecidos para cujos problemas o pentecostalismo oferecia grande alívio.

Teria havido, porém, uma desaceleração do crescimento pentecostal em princípios dos anos 1960, momento de efervescência dos movimentos sociais reivindicatórios, invertida após 1964. Desde então, e de maneira ainda velada, seria intensificada a ação política dos pentecostais na sociedade civil, que passaram a cobrar de seus membros submissão à ditadura. Teriam eles, ainda, infiltrado-se entre as camadas inferiores para sufocar

---

150   MARIANO, *op. cit.*, p. 39.
151   FRESTON, *op. cit.*
152   *Ibid.*, p. 66.

discussões sobre os problemas sociais e/ou lhes conferir um direcionamento inofensivo à preservação dos interesses da classe dominante.[153]

Delcio Monteiro de Lima[154] também acusou os pentecostais de desencorajarem reivindicações sociais no contexto brasileiro pós-1964, sublinhando, por exemplo, que a obediência às autoridades está prevista inclusive nos estatutos da Igreja do Evangelho Quadrangular. O jornalista afirmou, ainda, que a aproximação da elite pentecostal com o regime teria começado já em 1964, quando alguns de seus membros passaram a concorrer a cargos eletivos "encorajados por setores militares hostis à Igreja Católica".[155]

Já as missões interdenominacionais, espaço amplamente frequentado por pentecostais e em afluxo crescente para o Brasil no período, esmeraram-se em influenciar a juventude, alimentando o anticomunismo e sabotando projetos sociais do ramo evangélico tradicional, como aquele ensaiado pela Confederação Evangélica do Brasil.[156] Disseminaram, assim, princípios fundamentalistas entre a população, com destaque para seu trabalho junto a estudantes e indígenas. No que tange à sua presença entre esses últimos, sua linha de atuação se caracteriza pela assimilação cultural e contraposição aos projetos missionários de setores religiosos progressistas, cujo trabalho junto aos povos originários incluía o auxílio às lutas pela posse da terra. Tanto com estudantes quanto com indígenas, os organismos missionários tinham como meta primordial enraizar o evangelicalismo conservador no seio da população brasileira, transformando-o em um movimento de bases.

Interessados sobretudo nos problemas imediatos do homem e agindo nas questões práticas da vida, o dom de curar males do corpo e da alma foi o componente mais sedutor da teologia dos pentecostais, principal grupo religioso conservador transferido para o Brasil nos anos 1950 e 1960. O ascetismo, a desvalorização do mundo terreno, a expectativa de satisfação dos anseios humanos apenas após a morte e o respeito

---

153 ROLIM, *op. cit.*, p. 174.
154 LIMA, *op. cit.*, p. 93.
155 *Ibid.*, p. 92.
156 MENDONÇA, Antonio Gouvêa. "Evangélicos e pentecostais: um campo religioso em ebulição". In: TEIXEIRA, Faustino; MENEZES, Renata (orgs.). *As religiões no Brasil: continuidades e rupturas*. Petrópolis: Vozes, 2006, p. 107.

dogmáticos às autoridades, levando a um afastamento das disputas sociais, eram outros eixos da pregação pentecostal nesse momento, muitos deles partilhados também pelos contingentes fundamentalistas para cá transferidos na época.

Sendo assim, e incidindo sobre um quadro inédito de mobilização dos trabalhadores, foi uma meta dos evangélicos conservadores vindos para o Brasil a desorganização dessa classe, ao desencorajar ações coletivas para a modificação da realidade social. Tal objetivo seria atingido pela transferência retórica do atendimento de desejos e necessidades humanas para o plano do além-vida, pela disseminação de artefatos ideológicos concebidos no interior do fundamentalismo estadunidense, pela oposição a setores religiosos progressistas e por discursos de preservação da ordem.

Este último ponto é transparente, por exemplo, em carta[157] de 1979, de Aroldo Pereira dos Santos, presidente estadual da Igreja do Evangelho Quadrangular, convidando o delegado Adão Rosa, da Delegacia Especializada de Ordem Política e Social (Deops), para uma "concentração de fé". Realizado em junho do mesmo ano, o evento era dedicado aos capixabas, mas especialmente a "todos os governos e autoridades civis e militares", enfatizando o pastor que "todas as autoridades na Terra são ministros de Deus".

Anos 1970 em diante: um credo popular para o capital

O feitio e a forma de atuação do fundamentalismo, do pentecostalismo e do cristianismo conservador de modo geral sofrem uma inflexão ao longo dos anos 1970. Embora não haja consenso acadêmico sobre as razões desse fenômeno, este livro sustenta que ele se refira principalmente à consolidação de uma nova forma de imperialismo, o capital-imperialismo, e à dinâmica das lutas de classes que, em finais da década de 1960, têm como importante componente um aumento ainda maior na organização dos campos populares, crescentemente desafiadores da

---

157   ARQUIVO PÚBLICO DO ESTADO DO ESPÍRITO SANTO. Delegacia de Ordem Política e Social do Espírito Santo (DES). *Eventos Religiosos*. Código de referência: BR ESAPEES DES.0.MR.12.

hegemonia burguesa, requerendo um incremento nos mecanismos produtores de consenso social.

As mudanças na esfera religiosa se articulariam, portanto, diante desse cenário, com um movimento reacionário mais amplo, partido da classe dominante. Neste ponto, parecem elucidativas as palavras de Otto Maduro,[158] para quem transformações na dinâmica do conflito classista, quando a correlação de forças entre os dois polos sociais passa por alterações, "hão de impor novas limitações e orientações às religiões operantes no seio de tais classes, obrigando tais religiões a se transformarem" sob o risco de estagnarem ou mesmo de deixarem de existir. Aqui, a trajetória do movimento fundamentalista é ilustrativa. Conforme veremos adiante, após sofrer um relativo refluxo durante boa parte da primeira metade do século XX,[159] o fundamentalismo se revigora na década de 1950, no contexto da Guerra Fria, ao participar da campanha anticomunista junto aos Estados Unidos, ganhando novo impulso nos anos 1970 em resposta às convulsões sociais e crises econômicas e políticas que abalaram o país na década anterior. O mesmo Maduro[160] nota, ainda, que o usual papel conservador desempenhado de forma velada pelas organizações religiosas durante períodos de estabilidade hegemônica se torna explícito em momentos de crise, quando o consenso se vê na iminência de se esfacelar. A maior agressividade do discurso e da prática de algumas instituições religiosas na década de 1970, portanto, liga-se a esse eventual desempenho ostensivo de sua função conservadora, passando elas, então, a apresentar um discurso francamente oposto aos movimentos emancipatórios.[161]

No caso do fundamentalismo, a década de 1970 viu não apenas um maior engajamento político-partidário, como também uma importante inovação teológica que influenciaria todo o evangelicalismo conservador, redefinindo sua forma de atuação: a Teologia do Domínio. Já entre os

---

158 MADURO, *op. cit.*, p. 105.
159 A hipótese segundo a qual o fundamentalismo teria entrado em decadência nos anos 1920 tem sido questionada por pesquisas recentes. Ela é, todavia, sustentada por uma das mais importantes referências sobre o tema, o historiador George Marsden. Seja como for, é seguro afirmar que, durante a Guerra Fria, a retórica anticomunista fundamentalista redobrou sua projeção, dando maior exposição pública ao grupo.
160 MADURO, *op. cit.*, p. 173.
161 *Ibid.*, p. 173.

pentecostais e carismáticos, onde o dominionismo também terá grande impacto, temos ainda o advento da Teologia da Prosperidade, favorecendo, no Brasil, o surgimento daquilo que Freston[162] batizou de "terceira onda".

Traduzida no surgimento de organizações religiosas partidárias como a Moral Majority e em maior agressividade na conquista de adeptos, fatos que não deixaram de se refletir ao sul do continente, há nos Estados Unidos, assim, uma redefinição na interface entre o conservadorismo cristão e o mundo social mais amplo. Para o teólogo católico Hugo Assmann,[163] o fenômeno se inscreve no contexto da "crise de legitimidade do capitalismo em sua fase de definitiva transnacionalização", servindo para camuflar mecanismos de exploração então intensificados e apaziguar tensões próprias do período. Tratava-se de preservar a sensação popular de segurança, ameaçada pela crise econômica e de valores, esta última trazida pelos movimentos contestatórios dos anos 1960, ambas ameaçando a legitimação do sistema capitalista.

Tal campanha chegaria à América Latina disseminada sobretudo por instituições privadas, mas com estreitos laços com o governo norte-americano. Da mesma forma que ocorrera no norte, o proselitismo por elas ventilado procuraria dialogar com as inseguranças provocadas pela crise capitalista, aqui agudizadas pela miséria. Em ambos os casos, porém, essa pregação contribuiria para a fetichização dos fenômenos sociais, banalizando explicações mágico-religiosas para problemas mundanos.[164] Isso se aplica sobretudo ao mais recente pentecostalismo, que, ao prometer o êxito material pela adesão aos seus preceitos, desconectando assim a pobreza de causas terrenas, reforçaria a crença, cara ao pensamento liberal, na igualdade de oportunidades de sucesso financeiro.[165]

Nessa conjuntura, e absorvendo inovações ideológicas provindas de organizações religiosas estadunidenses, que nos anos 1970 se voltavam para a política partidária e para uma campanha mais agressiva pela liberalização dos mercados, também se atualizou o proselitismo hegemônico capitalista, sobretudo aquele verbalizado pelos pentecostais. Tomando fôlego principalmente no final da década, em um quadro de conclusão

---

162 FRESTON, Paul. *Op. cit.*, p. 66.
163 ASSMANN, *op. cit.*, pp. 22-27.
164 *Ibid.*, pp. 169-172.
165 *Ibid.*, p. 96.

de um processo que alguns autores[166] denominam de modernização conservadora, ou seja, o da consolidação do capitalismo monopolístico no país, deixará esse proselitismo de se ocupar apenas em desviar os olhos populares dos problemas sociais. Procurará, agora, também incutir valores interessantes aos imperativos de expansão do capital, cuja ascendência inquestionável sobre a sociedade brasileira fora garantida pelos anos ditatoriais. Haverá, assim, uma mudança de estratégia, passando o desestímulo ao afastamento da classe trabalhadora de suas organizações autônomas a se efetuar não mais pela renúncia ao universo terreno, mas popularizando um discurso que naturaliza dogmaticamente as relações de exploração por via da inovadora Teologia da Prosperidade.

Essa inflexão do proselitismo hegemônico capitalista pentecostal no Brasil, o pentecostalismo da prosperidade e do embate partidário, que se infiltrará em maior ou menor grau entre todas as grandes organizações pentecostais e até em outras fés evangélicas, significaria em relação à fase anterior uma troca do sectarismo e do ascetismo por um revigorado interesse pelo mundo material.[167] Deixa então o movimento pentecostal de ver a experiência terrena apenas como etapa de expiação e preparo para o além-vida, reinterpretada como campo privilegiado de uma ação religiosa a partir de então interessada até mesmo na política partidária. Despe-se ele, assim, da escatologia pentecostal tradicional, fundada em uma espera conformada pelo retorno do messias e que tendia a levar à renúncia ao mundo social e ao afastamento da política – transição essa que se prende à adaptação ao Brasil de um novo arcabouço ideológico formulado no meio evangélico estadunidense e trazido por pregadores estrangeiros e brasileiros com passagem em seminários e faculdades teológicas dos Estados Unidos. A Graça Editorial, pertencente a R. R. Soares, dono da Igreja Internacional da Graça de Deus, por exemplo, teria publicado até

---

166 Segundo Francisco de Oliveira (2003), no contexto da ditadura de 1964, a burguesia nacional teria optado por um modelo de modernização conservador e desigual, recusando a superação de limites estruturais dependente da aniquilação do patriarcado rural e o incremento da renda das camadas sociais inferiores, possibilitando o financiamento interno da expansão do capital. Inversamente, foram mantidas a concentração da propriedade rural e o estrangulamento da renda dos trabalhadores, optando-se pelo financiamento externo, com a abertura do Brasil ao capital estrangeiro.

167 MARIANO, *op. cit.*, pp. 8-9.

o final do século passado 61 livros de teólogos da prosperidade norte-americanos, como Kenneth Hagin, T. L. Osborn, Gordon Lindsay, Ken Jr. e Fred Price.[168]

Tendo delineado seu impacto no meio religioso brasileiro, cabe agora ver o que vem a ser, exatamente, essa nova teologia. Seu cerne é a releitura do sentido da existência humana sobre a Terra, agora vista como momento de os verdadeiros cristãos desfrutarem, como Deus lhes prometera, de felicidade e fartura. Tais benesses, incluída a riqueza monetária, apenas seriam entregues quando cobradas por via de procedimentos prescritos no púlpito pentecostal: não vacilar na fé, assiduamente frequentar os cultos e pagar dízimos proporcionais ao tamanho da devoção. Esses retornos, contudo, não são garantidos, dependendo muito do empenho pessoal, obstados também pela ação corriqueira do Diabo, fundador de toda a miséria. De forma resumida, na ótica da Teologia da Prosperidade a causa solitária da pobreza é a dificuldade de reivindicação das bênçãos divinas, que podem ser negadas pela incompetência em fazê-lo, fraqueza devocional ou sabotagem diabólica. A subjetividade de tais critérios, abrindo vasto espaço para a justificação das benesses não alcançadas, mesmo quando solicitadas com os maiores investimentos monetários, é crucial para a fórmula pentecostal contemporânea, por exemplo munindo as agremiações de argumentos contra as desilusões de seus fiéis, que, não obstante, às vezes transbordam em acusações de estelionato.

O papel central do Diabo na Teologia da Prosperidade é reeditado em outra importante contribuição doutrinária estadunidense para a conformação do pentecostalismo e do movimento evangélico conservador como um todo: a Teologia do Domínio. Supõe ela haver um estado de guerra entre as forças divinas e diabólicas em disputa pelo senhorio da humanidade, de modo que o plano material é o teatro de operações. Assim, ao lado de um Deus que intercede de perto no cotidiano humano, teríamos um demônio igualmente próximo. Além de complementar a função alienante da Teologia da Prosperidade, ao encarregar o Diabo de produzir a pobreza, outro desdobramento da Teologia do Domínio é justificar a participação de organizações religiosas no jogo político-partidário, espaço

---

168 *Ibid.*, p. 40.

em que essa batalha mística também se desenrolaria, estando embutida, portanto, nessa teologia uma doutrina de conquista social e política.[169]

Pelo que foi dito, considero que o efeito imediato de pregações como as feitas em templos pentecostais atuais é instilar a ideia de que a pobreza pode ser completamente erradicada pela observação de um receituário religioso. Aplacando impulsos de consumo insatisfeitos e justificando a opulência de uma minoria, essas pregações terminam circunscrevendo as mazelas sociais à esfera espiritual, obra do Diabo e sintoma de pouca fé.[170] Despontaria a pobreza como a falta de diligência no cumprimento de prescrições espirituais, cujas explicações acabadas para problemas urgentes terminam conferindo sentido à posição social do adepto e aos obstáculos que enfrenta.

Uma das mais completas formulações sobre o problema coube a Assmann,[171] que, munido de um olhar materialista, toca no ponto que me parece ser o principal para melhor entender a função hegemônica do discurso pentecostal contemporâneo: a constatação de que a transferência para o plano místico da compreensão e solução de problemas sociais acaba ensejando um ocultamento dos mecanismos capitalistas de exploração. Indo além, afirmo que a amputação das raízes históricas e da dinâmica do embate classista dessas causas, ao lado do incentivo ao trabalho, à iniciativa privada e ao "empreendedorismo", também presente no culto pentecostal de Prosperidade, procura produzir a propensão a aceitar como naturais as relações de exploração e as formas precarizadas de trabalho. Tais pregações parecem querer estimular, ao mesmo tempo, o desinteresse pelas redes de proteção legal aos trabalhadores e pelos movimentos coletivos de pressão para a melhoria das condições de vida, que seriam ineficazes, uma vez que a única instância capaz de prover as necessidades humanas seria a divindade dadivosa.

O proselitismo hegemônico capitalista terminaria, assim, esmaecendo a compreensão do equilíbrio mediado pelo trabalho que existe entre a ordem social e a natural, entendimento que viabilizaria "uma intuição do

---

169   *Ibid.*, p. 44.
170   *Ibid.*, pp. 149-159.
171   ASSMANN, *op. cit.*, p. 23.

mundo liberta de toda magia ou bruxaria",[172] condição para uma consequente e crítica ação teórico-prática.

Cabe notar, ainda, que a inserção da Teologia da Prosperidade aprofundou a desfiguração do pentecostalismo original, que interesse algum trazia sobre a dimensão material da vida e que tampouco se prestava à justificação, seja velada ou acidental, do modo de produção em vigor, não tendo seus praticantes, em nenhuma ocasião, associado a riqueza material à elevação espiritual.

Já foi dito que as teologias que caracterizam o pentecostalismo atual influenciam ainda parcelas de todo o campo evangélico e até mesmo do católico, sendo dispensável acrescentar, portanto, que religiosos não pentecostais também articulam o proselitismo hegemônico capitalista. Esse proselitismo, entretanto, não se efetiva apenas através do afastamento das questões sociais; é propugnado, por exemplo, pela Renovação Carismática Católica, por grupos pré-milenaristas em atividade no Brasil antes da década de 1970 e pelas pregações que exprimem os princípios das teologias da Prosperidade e do Domínio. Há também um conjunto de outras organizações religiosas cujo conteúdo pró-capitalista das pregações é mais explícito.

A principal delas é a Igreja da Unificação, que em todo o mundo – e no Brasil após o início da década de 1980 – empreenderá consideráveis esforços para a popularização de princípios amistosos ao capital. Ela o fará em contato com grupos populares, como os estudantes, mas também articulando e instruindo grupos sociais influentes em torno de um projeto anticomunista e economicamente liberal. Entre estes últimos terão destaque líderes religiosos de múltiplas denominações, chamados a participar dos eventos que a organização patrocinou, sobretudo na década de 1980, como evangélicos de diversos tipos, até mesmo pentecostais e católicos.

Agirão de forma semelhante outras associações chegadas ao Brasil nos anos 1970, como uma série de organismos missionários interdenominacionais com pregações de cariz fundamentalista transbordantes de anticomunismo e apologéticas do capitalismo. Algumas das mais importantes são o Evangelismo sem Fronteiras, a missão A Voz dos Mártires, a Sociedade Evangélica do Brasil, a CEPC e a Missão Informadora do Brasil (MIB).

---

172 GRAMSCI, Antonio. *Cadernos do cárcere. V. 2. Os intelectuais, o princípio educativo, jornalismo.* 2ª ed. Rio de Janeiro: Civilização Brasileira, 2001, p. 43.

O Partido da Fé Capitalista no Estado restrito

Nas unidades da Igreja Universal do Reino de Deus, que divide com a Assembleia de Deus e a Igreja Batista a liderança numérica de representantes em cargos eletivos no Brasil, é corriqueiro em épocas eleitorais a presença de faixas com nomes de candidatos, pedidos de votos, a distribuição de panfletos e propaganda nas suas emissoras televisivas e de rádio, nas quais candidatos-pastores frequentam programas de entrevistas.[173] Se a igreja de Macedo é um dos melhores exemplos de organização religiosa com formidáveis esforços para catapultar membros para o Estado restrito, outras seguem caminho semelhante, mantendo a Assembleia de Deus e a Igreja Batista, por exemplo, expressivo número de representantes nos Três Poderes da República.

Tanto nos Estados Unidos como no Brasil, um dos mais óbvios efeitos da partidarização de religiosos conservadores é a impulsão de políticas interessantes ao empresariado. Há, entretanto, outra consequência menos visível: a inserção subordinada dos trabalhadores no aparelho estatal oficial, também vantajosa do ponto de vista da manutenção da hegemonia empresarial.

Nicos Poulantzas[174] apresenta uma concepção de Estado que se pretende equidistante daquela inerente ao pensamento liberal – que o vê como uma entidade independente, à parte das relações sociais, frequentemente dono de uma vontade imanente e com grande autonomia –, assim como de outra concepção, comum entre o marxismo mais dogmático, para quem o Estado é vazio de qualquer independência, mero artefato a serviço da dominação classista. O aparelho estatal existiria, em ambos os casos, em um plano separado, inalcançável pela luta de classes, propondo o intelectual grego, ao contrário, entendê-lo como uma materialização dessa luta, que também nele se desdobra. Visto assim, como espaço de disputa, o Estado teria alguma autonomia, temperada pela presença em seu interior de diferentes grupos em atrito, ainda que a classe hegemônica disponha de

---

173 MARIANO, *op. cit.*, p. 91.
174 POULANTZAS, Nicos. *O Estado, o poder, o socialismo.* Rio de Janeiro: Edições Graal, 1981.

expedientes para manipular em seu favor o jogo de poder burocrático.[175] Lançando mão desses expedientes, essa classe se vê, então, na condição de perpetuar seu domínio também por via desse Estado, que, ao acolher frequentemente de forma apenas subordinada representantes da classe dominada, termina por reforçar essa dominação fora dele.

Esse "Estado-relação" teria como função precípua, por um lado, organizar a classe dominante, possibilitando o desempenho da hegemonia social pela sua fração mais forte. Domínio que se abate, assim, predominantemente sobre a classe trabalhadora, mas também sobre as porções mais fracas do próprio empresariado. Por outro lado, o Estado-relação almeja desorganizar os subalternos, principalmente estimulando divisões, impedindo a mútua identificação, para que não ajam em bloco na abordagem de problemas e interesses comuns, ou seja, obstaculizando sua ação enquanto classe.

Mas como exatamente se daria essa assimilação e neutralização das lutas de classe dentro do Estado? Por meio da instalação na burocracia estatal de núcleos que, apesar de representativos das demandas das porções sociais dominadas, apresentando-se publicamente como "focos de oposição ao poder das classes dominantes",[176] o são apenas nominalmente. A participação dos dominados nesses núcleos e a sensação de representatividade por eles transmitida teriam, então, o efeito de canalizar as lutas sociais para o jogo burocrático, onde a classe hegemônica tem um poder de manobra muito maior, afastando os dominados da participação em outros organismos e iniciativas que poderiam encaminhar de maneira mais efetiva, inclusiva e coerente seus interesses.

Trazendo tais reflexões para a presente discussão, considero que a partidarização de religiosos conservadores tem como uma de suas consequências a continuidade e o aprofundamento, agora no Estado restrito, do mesmo efeito produzido pelas grandes organizações cristãs de matriz

---

175 Segundo Poulantzas (1981, p. 164), a classe dominante tem artifícios para manter sua supremacia no Estado. Teria facilidade, por exemplo, em deslocar o núcleo decisório de uma instância burocrática para outra, na eventualidade de este núcleo se ver ocupado pelos dominados. Além disso, a própria burocracia estatal contaria com "mecanismos internos" projetados para a reprodução das relações sociais de dominação.

176 POULANTZAS, *op. cit.*, p. 164.

norte-americana no âmbito da sociedade civil: o impedimento da organização autônoma dos dominados. Assim, a política partidária evangélica também funcionaria de acordo com a lógica identificada por Poulantzas, inscrevendo a classe trabalhadora no Estado restrito em posição subordinada, perpetuando a dominação social.

Em vista do que foi dito, diante da maciça presença evangélica no Estado restrito, e levando em conta o alto percentual de identificação entre esses políticos e seus eleitores,[177] resta verificar como essa "representação" dos dominados se mostraria como um foco de oposição às classes dominantes. Julgando que tal ligação é feita, sobretudo, no plano discursivo, vejamos os argumentos dos dirigentes pentecostais, ramo religioso preponderante na política partidária, para justificar sua presença eleitoral.

Em primeiro lugar, temos as pautas conservadoras no universo dos costumes, mostradas como bandeiras de oposição a políticos avessos àquilo que no discurso político-religioso pentecostal seria o modo de vida preferido pela população mais pobre. Ao apontar a predominância de políticos desse tipo na esquerda do espectro político, atitude comum entre líderes religiosos politicamente engajados, procede-se a uma separação retórica entre a esquerda e os interesses dos trabalhadores, operação facilitada pelo ocultamento da luta de classes levado adiante pelo proselitismo hegemônico capitalista. Converge com o que foi dito a tese recente do cientista político Victor Augusto Araújo da Silva,[178] intitulada *A religião distrai os pobres?: pentecostalismo e voto redistributivo no Brasil*. Comparando os votos nas últimas eleições presidenciais de católicos e protestantes históricos (luteranos, presbiterianos e metodistas, por exemplo) com os de pentecostais, o pesquisador constatou que, para estes últimos, determinações de ordem moral têm peso muito maior na escolha do candidato do que propostas para uma mais equânime distribuição da renda, por exemplo.

---

177   Pesquisa do Instituto de Estudos da Religião em 1994 indica que para os membros da Iurd o fato de um candidato pertencer à Igreja é a principal razão de voto, sendo a segunda para os da Assembleia de Deus e de "outras pentecostais". Para estas, a primeira é ter "boas ideias políticas", vencendo, porém, apenas por margem estreita (FERNANDES; SANCHIS; VELHO; PIQUET; MARIZ; MAFRA, 1998, p. 125).

178   SILVA. Victor Augusto Araújo. *A religião distrai os pobres?: pentecostalismo e voto redistributivo no Brasil*. São Paulo: USP, 2019. Tese (Doutorado em Ciência Política).

Em segundo lugar aparece a defesa da supostamente ameaçada liberdade religiosa, sob ataque da esquerda e dos católicos, ressentidos com o crescimento evangélico.

Aqui, cabe constatar que o conceito de "classe dominante" não é autoevidente, repousando sua compreensão sobre um processo histórico e social que tem no alcance de consciência de classe etapa indispensável. Considerando, portanto, que os seguidores dos grêmios religiosos aqui abordados têm sua organização enquanto classe estorvada pela ação dos aparelhos hegemônicos cristãos, não é cabível esperar que reconheçam na classe empresarial o polo social dominante. Assim, é plausível imaginar que, para boa parte do eleitorado evangélico, a imagem de sua "classe" antagônica é moldada pelo discurso de líderes político-religiosos que indica como principais adversários a Igreja Católica, grupos políticos laicos tradicionais manchados pela corrupção, a esquerda partidária e todos os defensores da liberalização dos costumes e laicização da sociedade. Nesse quadro, a presença de religiosos conservadores no Estado restrito é vista como representativa do modo de vida e da religiosidade de grupos sociais inferiores, ameaçados por políticos corruptos, que buscam se intrometer na esfera íntima, e pela Igreja Católica, ainda poderosa e hostil às "seitas", ambos frequentemente vistos pelas camadas pobres em posição de domínio, impressão que o proselitismo hegemônico capitalista trata de aprofundar e perpetuar. De maneira exemplar, um dos principais líderes pentecostais do presente, Edir Macedo, declarou em evento para arrecadação de alimentos promovido por sua igreja em São Paulo no ano de 1995 que os católicos seriam "a desgraça do Terceiro Mundo", os principais causadores do aumento da miséria, ao se oporem ao uso de contraceptivos e ao planejamento familiar, desdenhando também da efetividade das campanhas de combate à fome desenvolvidas pela igreja rival.[179]

Foge do escopo deste livro averiguar o grau de aceitação dos postulados ideológicos dessas instituições religiosas por seus seguidores, mas é inquestionável que foram abraçados por um número significativo deles. O fato é ilustrado pelas palavras de Edilson Dias de Jesus, que em 1982 escrevia para o ditador João Figueiredo externando sua desconfiança da Igreja Católica. Para o evangélico, ela seria a principal fonte do atraso

---

179 NASCIMENTO, *op. cit.*, posição 2.886-2.895.

nacional, causadora da dívida externa, da inflação, da violência urbana e do subdesenvolvimento. Ao contrário, "se nós fizéssemos como os Estados Unidos da América do Norte, pregássemos o verdadeiro Evangelho de Nosso Senhor e Salvador Jesus Cristo, hoje seríamos uma grande Nação"[180] dizia ele. Isso porque, naquele país, "onde 95% da População são de origem Evangélica, lá não há o que em nosso País, muitos julgam um bicho de 7 cabeças como por exemplo: Doenças, Crimes" (sic). Prosseguia atacando a insossa pregação católica, "uma pedra de gelo", e sua falta de foco em questões espirituais, dedicada que estaria em incitar politicamente o povo, empurrando a juventude para "grandes Revoluções, Crimes e Manifestações Estudantis". Por outro lado, elogiava as igrejas Assembleia de Deus, Batista e Presbiteriana, elas sim pregadoras da "grande Mensagem" de Jesus Cristo. Encerrava recomendando os escritos do principal pastor fundamentalista estadunidense, o batista Billy Graham.

Sendo assim, além de facilitadora de medidas governamentais interessantes ao empresariado, a presença de religiosos conservadores na política partidária é um mecanismo para a inserção subordinada da classe trabalhadora no Estado, modelando suas demandas junto ao aparato burocrático oficial segundo parâmetros inócuos do ponto de vista do atendimento de suas necessidades materiais. Responde ela também ao propósito de desorganização dessa classe, afastando-a de outras formas associativas que poderiam reivindicar a melhoria de suas condições de vida.

Santinhos evangélicos

Os primórdios da partidarização em massa de religiosos conservadores retrocedem pelo menos aos dias da ditadura empresarial-militar de 1964, momento em que teria havido uma cisão do campo evangélico, com majoritária adesão ao regime, a exemplo de batistas e presbiterianos que o apoiaram oficialmente. Em paralelo, muitas denominações religiosas passaram a apresentar candidatos, sobretudo para as eleições legislativas locais, já desde princípios da década de 1960 – movimento esse que se

---

180 ARQUIVO NACIONAL. Gabinete Pessoal do Presidente da República. *Sem título*. Código de referência: BR DFANBSB JF.JBF.0.158.

consolida com a formação da bancada evangélica em Brasília ao longo da Nova República, grupo composto por religiosos de variadas procedências, como batistas, presbiterianos e luteranos, havendo, contudo, um progressivo predomínio pentecostal. Além das destacadas, outras duas importantes organizações religiosas conservadoras envolvidas nesse programa, ainda que não emprestassem membros para o Congresso, foram a Igreja da Unificação e a Renovação Carismática Católica, grandes financiadoras de candidaturas.

Mas os mais importantes atores religiosos partidários são mesmo os pentecostais, cujo despontar também remete a antes dos anos ditatoriais, elegendo membros para legislativos municipais e estaduais pelo menos desde os anos 1960. Em 1962, Antônio Teixeira, membro da Assembleia de Deus de Belém, é eleito deputado estadual no Pará. Pouco depois, em 1963, a igreja O Brasil para Cristo elege o pastor Levy Tavares para deputado federal – primeiramente pelo PSD e depois pela ARENA (1971), indo em seguida para o MDB. Já a Igreja do Evangelho Quadrangular elegeria, agora para o legislativo de São Paulo, o pastor Geraldino dos Santos, vereador em 1963 pelo PSD e deputado estadual em 1966 pelo MDB, logo transferido para a ARENA.

Após o fim da ditadura, há um acentuado aumento da participação eleitoral de evangélicos, sobretudo pentecostais, fenômeno que analistas como Paul Freston[181] atribuem à consciência da sua recém-adquirida força numérica, à preocupação com o "prestígio político" da Igreja Católica na Nova República e a uma visão da Constituinte como momento de redefinição do país, não podendo os evangélicos se furtar de ali inscrever seus valores; além de uma "releitura bíblica", materializada em publicações como *Irmão vota em irmão*, do punho do assembleiano Josué Sylvestre, que os dotou da crença de ter um "destino político manifesto".

O teólogo Paulo Donizéti Siepierski,[182] por outro lado, vincula o maior engajamento partidário pentecostal a inovações teológicas provenientes dos Estados Unidos, como a Teologia do Domínio. No cerne desse fenômeno estaria uma mudança na escatologia pentecostal, que, após a década

---

181 FRESTON, *op. cit.*, pp. 212-218.
182 SIEPIERSKI, Paulo D. "Contribuições para uma tipologia do pentecostalismo brasileiro". In: GUERRIERO, Silas (org.). *O estudo das religiões: desafios contemporâneos*. São Paulo: Paulinas, 2008.

de 1970, deixa de ser tradicionalmente pré-milenarista, ou seja, apegada à crença do retorno próximo de Jesus Cristo para governar a Terra, levando ao afastamento das questões mundanas, passando o pentecostalismo e outras parcelas evangélicas fundamentalistas a funcionar segundo uma lógica pós-milenarista, ou seja, a revalorizar a vida terrena. Isso porque no pós-milenarismo o reino de Deus já teria sido inaugurado com a primeira vinda de Jesus Cristo, no ano zero do nosso calendário, sendo os séculos seguintes etapas de expansão gradual em direção a um período pleno de paz, justiça e prosperidade, quando, aí sim, Cristo retornaria. Essa volta do messias se daria, então, em futuro distante e incerto, condicionada ao aprimoramento da sociedade humana, partindo daí a nova disposição em intervir nos assuntos desse mundo, como a política partidária.

Essa alternância entre uma e outra escatologia é uma característica constante do cristianismo, referida a determinados contextos históricos. Assim, quando surge o pentecostalismo nos Estados Unidos, abalados pela crise social aberta pela Guerra de Secessão, o campo protestante/evangélico aderia de forma predominante à escatologia pré-milenarista, típica de períodos de crise social e econômica. Contudo, acompanhando mudanças na conjuntura social, grandes porções evangélicas daquele país, aqui incluído o pentecostalismo, passam a abraçar o pós-milenarismo, característico de "períodos de paz social e progresso econômico".[183] Portanto, a própria longevidade da religião pentecostal acabou provocando uma reavaliação da crença na iminência do retorno do messias. Nesse ínterim, os pentecostais terminariam se adaptando à vida na Terra, aprofundando vínculos com o mundo material e reformulando sua escatologia, mudança que se prenderia também ao grande sucesso do missionarismo internacional, aos poucos introduzindo a noção de que se estaria, de fato, aprimorando o mundo.

Formulador do embrião daquilo que viria a se tornar a Teologia do Domínio ou da Guerra Espiritual, Rousas John Rushdoony teria na década de 1970 lançado as bases teóricas para essa volta ao pós-milenarismo. O núcleo de sua escatologia consistiria na concepção segundo a qual o "reino milenar terrestre", já instalado, seria caracterizado pela

---

183   *Ibid.*, p. 80.

disseminação do evangelho e pela vigência de "sanções civis e culturais"[184] descritas pela Bíblia, ideias que parte do movimento pentecostal não tardou a absorver. Tais punições, contudo, aplicadas de forma diligente por um Deus interventor ao longo da história humana, valeriam apenas àqueles que não observassem as prescrições de conduta do Antigo Testamento. Por outro lado, os "verdadeiros cristãos" seriam presenteados com bênçãos, como poder e riquezas, negadas aos infiéis.

É dispensável sublinhar o quanto tal visão de mundo se presta à justificação não apenas da proeminência da classe dominante, mas também, no plano geopolítico, da grande potência ocidental norte-americana. De todo modo, o ideário de Rushdoony é ainda complementado pela ideia de que a expansão do reino divino terreno requer não apenas o avanço do evangelho, mas também o embate com entidades demoníacas encarnadas sobretudo nas manifestações religiosas distintas das estadunidenses. Seria nesse ponto que se encontraria a raiz da Teologia do Domínio, posteriormente aprofundada por teóricos mais de perto relacionados com o pentecostalismo atual, como John Wimber e Peter Wagner. Levando isso em conta e olhando para esse novo pentecostalismo brasileiro, é significativo, portanto, que a maior organização deste feitio, a Igreja Universal do Reino de Deus, tenha trazido em seu nome a ideia de um reino divino terreno já em vigor, sendo a guerra espiritual também de importância central para essa instituição, plenamente pós-milenarista, que tem nas sessões de exorcismo outro alicerce.[185]

Em vista do que foi dito, é interessante relacionar os distintos momentos históricos do Brasil e da América Latina com a predominância de cada uma dessas escatologias. Assim, no quadro das intensas crises sociais que levaram à instalação de ditaduras no Cone Sul, respondendo à necessidade de plena implantação do capitalismo monopolista e à integração subalterna do continente aos ditames de uma economia crescentemente mundializada sob a hegemonia norte-americana, temos uma predominância da escatologia pré-milenarista, operando de modo a desmobilizar a classe trabalhadora, nela incutindo o desapreço pelas questões mundanas. Ao contrário, em finais dos anos 1970, com a consolidação dessa forma

---

184   *Ibid.*, p. 84.
185   *Ibid.*, p. 85.

de capitalismo, ou seja, um momento de maior "paz social e progresso econômico", do ponto de vista do capital, consolidando-se as relações capital-imperialistas, tem-se a reversão pós-milenarista, incentivando por todo o mundo um aprofundamento da participação partidária de agremiações pentecostais, assim desempenhando papel contundente na preservação e aprofundamento desse capitalismo.

Este livro, contudo, vê as mudanças no plano teológico como uma causa apenas acessória para a guinada partidária de religiosos conservadores. Sendo assim, conforme já exposto, devemos procurar na economia e na mudança das práticas imperialistas o motor principal desse fenômeno. Mudanças que, no plano partidário, implicaram em revigoramento do liberalismo econômico sem freios, que se tornou progressivamente política de Estado em todo o mundo, demandando um reforço na atuação hegemônica dessas igrejas também no Estado restrito.

No Brasil, contribuiriam para a maior partidarização de religiosos as ligações com a porções estadunidenses do Partido da Fé Capitalista, especialmente com a direita cristã emergente nos Estados Unidos na década de 1970. A hipótese da conexão entre as direitas religiosas partidárias norte-americana e brasileira, entretanto, não é aceita por muitos teóricos. Freston,[186] por exemplo, evita atribuir grande peso à influência da direita religiosa estadunidense no deslanche partidário das igrejas brasileiras, chegando mesmo a alegar que a ligação entre os grêmios pentecostais brasileiros e suas sedes e organizações do mesmo feitio no norte seria fraca demais para tal correspondência.

Essa conexão, porém, existe e não é tão frouxa como imaginou Freston, embora também não seja uma ligação férrea e automática, havendo espaços para eventuais descompassos e desacordos entre as cúpulas brasileiras dessas organizações e seus compartes norte-americanos, dentro dos limites da ação individual dos membros daquelas, irmanadas com estas por elos de interesse e até subordinação, mas dotadas de certa autonomia, podendo assim exibir agendas pontualmente dissonantes.

Em muitos casos, porém, a reprodução desse comportamento dispensa qualquer coordenação, sendo o atrelamento teológico/ideológico forte o suficiente para levar o pentecostalismo brasileiro a agir de forma

---

186 FRESTON, *op. cit.*, pp. 218-219.

semelhante à direita religiosa estadunidense. Daniel Rocha[187] relacionou algumas das conexões ideológicas entre pentecostais brasileiros e norte-americanos que podem ter tido essa função indutora.

Em primeiro lugar, tem relevo o aumento da importância da "mídia religiosa" nos Estados Unidos, cujas mensagens logo adquirem um tom político, sobretudo entre os fundamentalistas. Em face do imenso peso cultural daquele país, esse proselitismo eletrônico politizado passa a influenciar grupos evangélicos em outros lugares. Não seria por acaso, assim, que o uso dos modernos meios de comunicação teria papel fundamental no sucesso político dos pentecostais brasileiros.

Outro elemento de aproximação seria o compartilhamento de valores entre o pentecostalismo e o evangelicalismo de maneira geral com o movimento fundamentalista. Neste caso em específico, a pesquisa *Spirit and Power – a 10 Country Survey of Pentecostal*, publicada em 2006 pelo Pew Research Center, laboratório de ideias baseado em Washington sem fins lucrativos e alegadamente apartidário, mostra que, ao serem interpelados se a Bíblia exprimiria de maneira literal a vontade de Deus, 81% dos pentecostais responderam que sim. Nota-se, também, a intercessão de pautas entre os pentecostais brasileiros e o movimento fundamentalista, como a repetição de um discurso alarmista, alegadamente em defesa da família e com posicionamento contrário às mesmas questões às quais os fundamentalistas estadunidenses se opõem: o aborto, os homossexuais, o sexo fora do casamento, as drogas e a secularização da ciência e da vida.

Seria também coincidente a justificativa para o maior interesse partidário usada por fundamentalistas estadunidenses e pelas nossas organizações pentecostais. Assim, nas eleições constituintes de 1986, à maneira do que fizeram os evangélicos políticos do norte, falou-se muito na "necessidade de se defender os valores cristãos e da presença do exemplo ético e moral em meio à corrupção reinante na esfera política".[188]

Por último, tal como os fundamentalistas, engajados após os anos 1970 em um programa de "recristianização" do povo norte-americano, projeto

---

187 ROCHA, Daniel. "'Ganhando o Brasil para Jesus': alguns apontamentos sobre a influência do movimento fundamentalista norte-americano sobre as práticas políticas do pentecostalismo brasileiro". *Horizonte – Revista de Estudos de Teologia e Ciências da Religião*, Belo Horizonte, v. 9, n. 22, pp. 583-604, jul./set. 2011.

188 *Ibid.*, p. 597.

que incluía a conquista da política, os pentecostais brasileiros passaram a elaborar um programa semelhante de conquista evangelizadora da população e de todos os poderes da República.[189]

Política, religião e os novos tempos

A expansão recente de entidades evangélicas provindas dos Estados Unidos no Brasil representou um reforço da hegemonia burguesa, satisfazendo o crescente ímpeto expropriador e extrator de mais-valia capital-imperialista ao produzir uma multidão de trabalhadores organizados em torno dessas associações, que são não apenas nulas do ponto de vista do enfrentamento das desigualdades econômicas, mas também capazes de incutir um respeito literalmente religioso pelos fundamentos do modo de produção capitalista. Isso contribuiu para o esvaziamento de órgãos representativos dos interesses concretos da classe trabalhadora e para a produção de vasto estoque de força de trabalho precarizada e adestrada para servir à crescente demanda de valorização do capital no quadro global delineado no pós-Segunda Guerra. Tudo para a glória do reino do capital, que se quer crescentemente sem barreiras e de fato universal.

Esse processo histórico de aprofundamento da influência evangélica na sociedade civil e sua simbiose com o nosso Estado restrito desafia, ainda, a conclusão gramsciana sobre a progressiva irrelevância da religião nas sociedades modernas. Ao contrário, a meteórica expansão de agremiações como as pentecostais, aqui e alhures, aproximar-se-ia, *mutatis mutandis*, com outra situação descrita também pelo pensador italiano, que visualizou no passado um "Estado-Igreja"[190] organizado de tal modo que entidades religiosas se confundiam com a própria estrutura estatal a fim de robustecer a posição do grupo detentor do poder governamental. Contudo, se para o italiano as fricções entre Estado e Igreja são historicamente incontornáveis, significando sempre um embate no qual a segunda representaria ideias cristalizadas, coerentes apenas com etapas históricas

---

189   *Ibid.*, p. 598.
190   GRAMSCI, Antonio. *Cadernos do cárcere. V. 3. Maquiavel, notas sobre o Estado e a política.* 2ª ed. Rio de Janeiro: Civilização Brasileira, 2001, p. 235.

passadas e incompatíveis com "as necessidades práticas atuais",[191] o evangelicalismo moderno, sobretudo da forma como ele se apresenta no caso brasileiro, desafia tal conclusão. Cabe refletir, afinal, se o que busca o pentecostalismo, por exemplo, não seria resolver tal dilema ao se constituir como uma igreja moldada pelas contradições e características principais do capitalismo contemporâneo, plenamente alinhada com a racionalidade e as necessidades desse modo de produção em sua fase capital-imperialista. Contradições essas que aparecem sob a forma da manutenção da miséria, sufocando lutas sociais e delas desviando suas bases, ao mesmo tempo em que oferecem o acesso a riquezas, "atestado" pelas fortunas angariadas pelas lideranças; e também de um conservadorismo arraigado, evidente na afinidade com os preceitos teológicos e anticientíficos extraídos do arcabouço fundamentalista, convivendo lado a lado com a moderna estruturação empresarial dessas igrejas, que passam a se configurar como espaços de formação de novas burguesias.

Nesse contexto, em que o "conjunto da existência social é impelido a crer, como nos fetiches, que aquilo que a própria humanidade construiu a ela se impõe, de maneira inumana, como leis eternas",[192] a prática pentecostal não faz mais que gravar na pedra das inscrições bíblicas formas de ver o mundo muito atuais e interessantes a grupos circunscritos, fazendo, assim, formidável reforço à dominação de classe no Estado ampliado, função inviável para o fossilizado catolicismo, religiosidade que Gramsci tinha em seu horizonte.

---

191   *Ibid.*, p. 256.
192   FONTES, *op. cit.*, p. 17.

II

O PARTIDO DA FÉ CAPITALISTA NOS ESTADOS UNIDOS E NO MUNDO

3

AS RAÍZES ESTADUNIDENSES DA RELIGIÃO POLITICAMENTE ORGANIZADA

Organizações hegemônicas estadunidenses laicas e religiosas

O historiador e cientista político René Dreifuss[1] demostrou como uma parcela organizada da burguesia estadunidense estabeleceu globalmente sua direção econômica e ideológica após a Segunda Guerra Mundial contando com uma rede planetária de aliados, sócios minoritários de um modelo econômico e social traçado em linhas gerais por essa fração da burguesia. Isso se deu construindo uma malha de organizações – como o Council on

---

1   DREIFUSS, *op. cit.*, 1986.

Foreign Relations – especializadas em conferir direcionamento e coesão a esta rede, em projetar políticas de seu interesse no seu Estado restrito e nos dos países estrangeiros e em colocar em contato o empresariado mundial, fixando objetivos conjuntos e coordenando ações econômicas e correspondentes intervenções ideológicas. A elas se somaram outras organizações que buscaram conferir à prática religiosa, sobretudo à dos grêmios evangélicos sediados nos Estados Unidos, função auxiliar na promoção dos ditames estipulados no interior das associações citadas acima.

O florescer e a consolidação de um projeto de manejo da prática religiosa nascido nos Estados Unidos na segunda metade do século XX é um processo registrado pelos arquivos da CIA e do Nara, que revelam que empresários daquele país travaram contatos frequentes em fóruns e associações com sacerdotes, intelectuais laicos e membros do Estado restrito. Almejando erigir dentro e fora de suas fronteiras mecanismos de intervenção política por via da ideologia religiosa, eles edificaram, nos marcos da Guerra Fria – conflito travado menos em campos de batalhas que no universo ideológico – um Partido da Fé Capitalista de alcance global.

Guerra religiosa, psicológica e de propaganda

Em tese que examinou a campanha contrarrevolucionária preventiva dos Estados Unidos para a América Latina e o Brasil, o historiador Vicente Gil da Silva[2] verificou a execução, a partir dos primórdios da Guerra Fria, de uma política externa que frequentemente assumiu a forma de uma campanha de guerra psicológica e de propaganda. Embora em tempos ainda mais recuados tais práticas já norteassem a lida daquele país com o restante do mundo, segundo funcionários estatais de alto escalão, como o diretor da CIA Allen W. Dulles e o secretário de Estado John F. Dulles, na década de 1950 urgia melhor coordenar e sistematizar essas ações a fim de conter o avanço ideológico comunista entre os latino-americanos. Frequentando o léxico de estrategistas norte-americanos desde finais da

---

2   SILVA, Vicente Gil da. *Planejamento e organização da contrarrevolução preventiva no Brasil: atores e articulações transnacionais (1936-1964)*. Rio de Janeiro: Universidade Federal do Rio de Janeiro, 2020. Tese (Doutorado em História).

década de 1910, o termo *guerra psicológica e de propaganda* teve, assim, seu sentido mais bem definido, fixando-se como "qualquer tipo de ação não militar com o objetivo de influenciar a opinião pública de acordo com os interesses da política externa norte-americana".[3]

A construção de estruturas mais complexas para o planejamento e a aplicação dessa política remete à administração Harry Truman e à criação do Psychological Strategy Board (PSB), que em 1952 formulou um Programa Doutrinário dos Estados Unidos, prevendo a organização de ações para o contra-ataque doutrinário à União Soviética. Conforme o documento, tratava-se da "defesa positiva da 'filosofia básica' norte-americana"[4] a partir de um programa direcionado para esferas superiores do governo, membros da imprensa, professores, estudantes, empresários e todos aqueles capazes de assimilar e reproduzir conceitos doutrinários.

Tampouco Dwight Eisenhower poupou esforços para o prosseguimento do programa, instituindo em 1953 um comitê a fim de avaliar as possibilidades estadunidenses para efetivar uma guerra de propaganda e fornecer as bases teóricas para futuros programas desse tipo.[5] Concluindo haver uma deficiência na formulação e execução de práticas para atingir as metas geopolíticas do país, o comitê sugeriu a substituição do PSB por um Conselho Coordenador de Operações, ligado ao Conselho de Segurança Nacional – que, após 1954, contou em sua estrutura com um Grupo de Trabalho para a América Latina, região que passou a receber atenção privilegiada.[6]

Nos dois anos seguintes, ao lado de outras instâncias do Estado restrito dedicadas à interface internacional, o Conselho contribuiu para a formulação de um programa político coordenado consolidado no Plano Básico de Operações contra o Comunismo na América Latina.[7] Segundo ele, caberia aos agentes governamentais estimularem a associação entre comunismo e subversão no ambiente ideológico desses países e convencer suas administrações de que tal ameaça punha em risco toda a região, incentivando, ainda, pontos de vista favoráveis aos valores estadunidenses,

---

3   *Ibid.*, p. 42.
4   *Ibid.*, p. 42.
5   *Ibid.*, p. 44.
6   *Ibid.*, pp. 44-45.
7   *Ibid.*, p. 47.

sobretudo no que concerne a seus altos padrões morais e avançado nível democrático e tecnológico.[8]

Mas a intervenção ideológica junto a integrantes dos Estados restritos latino-americanos era apenas uma das faces da moeda. A segunda, de igual importância, trataria de influenciar "grupos da sociedade civil",[9] como partidos, sindicatos, estudantes, intelectuais, professores, empresários, trabalhadores rurais e a Igreja. Sobre esta última, cabe destacar que, na versão do plano a que Vicente Gil da Silva teve acesso, comentada pelo subsecretário de Estado Herbert Hoover Jr., a palavra "Igreja" se encontra sublinhada e acompanhada da anotação "fortalecer",[10] sugerindo o crescente interesse dos círculos dominantes em incluir o mundo religioso em seus planos. As igrejas, como os demais grupos selecionados, seriam alvo de ações abertas e/ou camufladas, apoiadas pelos serviços de inteligência, e que visariam convencer sobre a "natureza subversiva, conspirativa, fraudulenta e brutal da ação comunista",[11] esperando-se que, uma vez introjetadas tais noções, esses grupos as reproduzissem no ambiente ideológico latino-americano. A consecução dessas ações caberia a um punhado de agências: a United States Information Agency (Usia),[12] o Departamento de Estado, a International Cooperation Agency e os departamentos de Defesa, Trabalho, Comércio e de Tesouro, sempre com o auxílio da CIA. Entre elas, a Usia parece ter tido importância destacada, cabendo-lhe, com a ajuda da CIA e dos departamentos citados, estimular "tendências, grupos ou ações espontâneas"[13] convergentes com os propósitos do plano.

Como veremos, tanto a Usia como Eisenhower foram protagonistas da primeira grande iniciativa disposta a integrar o mundo religioso à estratégia geopolítica expressa pelo Plano Básico de Operações contra o Comunismo na América Latina, a Foundation for Religious Action in the Social and Civil Order (Frasco).

---

8   *Ibid.*, p. 48.
9   *Ibid.*, p. 49.
10   *Ibid.*, p. 49.
11   *Ibid.*, p. 49.
12   A Usia, posteriormente absorvida pelo Departamento de Estado, foi fundada em 1983 por Eisenhower. Tinha como função "compreender, informar e influenciar públicos estrangeiros na promoção dos interesses nacionais". (THE U.S. Department of State: Structure and Organization, 1995)
13   *Ibid.*, pp. 49-50.

O alvorecer da Guerra Fria e o embrião do Partido da Fé Capitalista

De acordo com a documentação da burocracia estadunidense, deram-se ainda em 1948 as primeiras aproximações entre religiosos e membros da Casa Branca para debater ações anticomunistas internacionais. Em maio daquele ano, o presidente Harry Truman, cuja doutrina aparece como o marco inicial da Guerra Fria, recebeu líderes da organização fundamentalista American Council of Christian Churches, entre eles o presbiteriano Carl McIntire. Ali, o presidente tomou conhecimento sobre o último encontro do Council, no qual se esboçara um "programa para 'liberdade e paz'"[14] clamando pela "preparação militar adequada e uma atitude realista com relação à Rússia". Mais tarde, McIntire exortaria Truman a tomar duras medidas na Guerra da Coreia, se necessário com armas nucleares, contando com o "apoio do povo temente a Deus".[15]

É dispensável dizer que tão drástica solução nunca tomou forma, preferindo os norte-americanos administrar a disputa de outra maneira. Assim, o caminho foi aberto para mais elaboradas tratativas que, antes de artefatos atômicos, detonariam "armas do espírito" sobre os soviéticos e seus simpatizantes.

A Fundação para a Ação Religiosa na Ordem Civil e Social

Em novembro de 1954, membros do alto escalão do governo estadunidense, acadêmicos, empresários e líderes religiosos se reuniram no hotel Sheraton Carlton em Washington D.C. para dar os passos iniciais de uma força-tarefa multinacional para a articulação da prática religiosa com metas geopolíticas e econômicas. Tratava-se da conferência inaugural da Frasco, com o propósito explícito de constituir uma "contraofensiva

---

14 NATIONAL ARCHIVES AND RECORDS ADMINISTRATION. Coleção Matthew J. Connelly White House Files (Truman Administration), 1945-1952. *Daily Appointment Sheet for President Harry S. Truman, 5/13/1948.*

15 NATIONAL ARCHIVES AND RECORDS ADMINISTRATION. Coleção White House Public Opinion Mail Files (Truman Administration), 1945-1953. *Korea – Telegrams.*

ideológica e espiritual",[16] "unindo americanos com pensamento religioso, independentemente de credos e denominações, num programa construtivo de oposição ao comunismo e de afirmação dos ideais verdadeiramente democráticos". Metas gravadas em seus estatutos, que falam de "propósitos e fins declarados de promover a confiança das pessoas de todos os lugares na verdade religiosa como sustentáculo principal da liberdade humana; de promover e encorajar a resistência a todas as tentativas de destruir a confiança na religião". Esses fins seriam atingidos estimulando os membros do movimento "a fazer da verdade religiosa uma força para a promoção da paz ordeira e do bem comum em todas as nações e na família das nações", empregando para tanto "todos os meios educativos e informativos".

O documento, distribuído com a programação da conferência, apresentava a organização e definia sua "área de operação": os Estados Unidos e o mundo. No espaço nacional, propunha-se a "reviver em nosso povo a consciência das fundações espirituais de nossa democracia", enfatizando "a importância da religião nas questões sociais e civis". Ao mesmo tempo, procurava sensibilizar corações e mentes sobre a "natureza do comunismo mundial", "um projeto para conquistar e escravizar". A esse mal seria contraposta uma "vigorosa cruzada, baseada na primazia de Deus" e voltada "para capturar a iniciativa ideológica". Sobre as mencionadas "questões sociais e civis", o documento se propunha a repelir o que se entendia como a estrutura social e econômica dos países socialistas, reafirmando a indissociabilidade entre capitalismo e liberdade humana, sendo a religião parcela inalienável dessa. O grupo projetava, para tanto, ações de valorização da liberdade e de "um sistema econômico ordeiro capaz de proporcionar sustento material", "sem cair nos erros do estatismo e do coletivismo".

Alhures, pretendia-se "alistar o apoio de todos os crentes" "contra a tirania do ateísta e desumano comunismo" e a favor dos "ideais derivados da crença em Deus". Sendo assim, esforços seriam feitos para "consolidar alianças que estão sendo rapidamente perdidas em virtude da eficiência da

---

16 CENTRAL INTELLIGENCE AGENCY. General CIA Records. *National Conference on the Spiritual Foundations of American Democracy*. Document Number (FOIA) /ESDN (CREST): CIA-RDP80R01731R001200070075-4.

propaganda comunista e de nossa própria cegueira à importância transcendental da guerra pelas mentes dos homens".

Os métodos para atingir tais propósitos também estão manifestos na "certidão de nascimento" da fundação. A conferência inaugural seria o ponto de partida de um abrangente trabalho ideológico compreendendo "palestras e programas de rádio e televisão para explicar a real natureza da ameaça comunista, para aprofundar os ideais espirituais em nossa democracia e para angariar apoio para um esforço internacional" e a produção de uma "literatura a fim de influenciar seus membros e demais pessoas". Esse material seria enviado para o grande público e para editores de jornais religiosos, publicações laicas selecionadas, comentaristas de programas de rádio e televisão, colunistas, bibliotecas e escolas. Ilustrando a importante finalidade de recrutar e organizar porções da intelectualidade mundial, previa-se a circulação global desses escritos. Ao mesmo tempo, aproximações seriam feitas com "líderes religiosos e laicos com inclinações religiosas em outros países, buscando reuni-los em torno da causa comum de preservar a liberdade e lutar contra a ameaça ideológica do comunismo".

O texto ainda reconhece a função política do movimento, ao mencionar a impossibilidade de ele ser executado pelo aparelho estatal, assim demandando a participação de associações privadas. Da mesma forma, a relação de continuidade entre organizações como a Frasco – situada em plano não formalmente político – e a burocracia estadunidense se revela na proposta de operar em uma área que, apesar de importante, "não pode ser objeto da ação e da propaganda governamental". Tudo isso ocorreu na presença de funcionários de alto escalão do governo, entre eles o próprio presidente Eisenhower e o diretor da CIA, Allen W. Dulles, que estavam na conferência. O convite[17] ao chefe da agência de espionagem enviado pelo presidente da Frasco, o pastor da Igreja Episcopal e professor de teologia no Virginia Theological Seminary Charles W. Lowry, revela que Eisenhower foi inclusive um dos idealizadores da fundação.

---

17   CENTRAL INTELLIGENCE AGENCY. General CIA Records. *Letter to the Honorable Allen Dulles from Charles W. Lowry*. Document Number (FOIA) /ESDN (CREST): CIA-RDP80R01731R001200070073-6.

De fato, a composição dos convidados para a conferência e do quadro de dirigentes da Frasco não deixa dúvida sobre a intenção de reunir em torno de uma pauta comum, que contemplasse a relativamente heterogênea plateia, diferentes porções da classe dominante norte-americana. Seu conselho era composto por treze líderes religiosos, entre católicos, metodistas, presbiterianos, episcopais e até mesmo judeus, com destaque para o batista Billy Graham, maior liderança fundamentalista do período; cinco ex-funcionários do governo dos Estados Unidos, como o ex-presidente Herbert Hoover e o ex-subsecretário de Estado William R. Castle; oito dirigentes universitários, como Theodore H. Hesburgh, presidente da Universidade Notre Dame, e Gordon Gray, presidente da Universidade da Carolina do Norte; e um membro da imprensa, Henry R. Luce, fundador das revistas *Time, Life, Fortune* e *Sports Illustrated*. Entre eles, merece atenção especial Elton Trueblood, diretor de Política Religiosa na Usia. Único membro da Frasco em exercício no Executivo, sua presença, além de reforçar a relação de interpenetração entre a associação e a administração estadunidense, revela ainda a existência de um setor do governo devotado a pensar e executar uma política religiosa de projeção internacional. Merecem destaque, ainda, Charles Edward Wilson, ex-presidente da General Electric, representando o nexo empresarial, ao lado do presidente da Manhattan Refrigerating, John Quincy Adams, embora este não fosse um dirigente, apenas um dos convidados.

Passando à programação, ocorreram as sessões plenárias "A base bíblica da democracia americana", apresentada pelo estudioso da sociologia da religião, teólogo e ex-comunista convertido ao pensamento liberal Will Herberg; "A necessidade da fé numa democracia viva", com o reverendo Theodore M. Hesburgh, da Universidade Notre Dame; e "A alternativa democrática à dialética marxista", apresentada pelo presidente da Frasco, Charles Wesley Lowry. A documentação não traz transcrições desses debates, mas seus títulos permitem que concluamos que eles giraram em torno dos binômios religião-liberdade versus ateísmo-autoritarismo.

A composição das sessões do evento permite, ainda, outras conclusões. A exemplo do quadro de membros da Frasco, ela representa outro aspecto basilar da iniciativa: a formação de uma frente ampla com intelectuais laicos e religiosos de variadas denominações, irmanados pelo propósito de combater o comunismo no plano das ideias dentro e fora dos Estados

Unidos, simultaneamente alavancando objetivos geopolíticos formulados pela classe dominante daquele país e encampados pelo governo.

Quatro anos depois, os arquivos da CIA mostram que o presidente da Frasco, Charles Wesley Lowry, não apenas manteve contato com a direção da Agência como também acumulava a vice-presidência de outra organização ideológica internacional, o Free World Forum, nas palavras de Lowry, "uma organização educacional e sem fins lucrativos estabelecida para promover o melhor entendimento entre as nações livres, analisar a política externa americana e para aprofundar a causa da liberdade para todos os povos".[18] O fórum mantinha uma publicação quadrimestral, a *Free World Review*, distribuída mundialmente, com editores em Londres, Munique e Buenos Aires. Seu volume IV, número 2, lançado no verão de 1958, chegou às mãos do diretor da CIA, Allen W. Dulles, que achou a publicação "interessante e informativa". A revista, diz Lowry, seria fundada e editada pelo húngaro naturalizado estadunidense Stephen Sisa, com contatos por todo o mundo e capaz de articular "uma rede internacional de indivíduos talentosos provenientes 'de trás da cortina de ferro'".

Em novembro de 1960, o diretor da Agência foi novamente convidado, dessa vez para a quinta conferência nacional, a ser realizada em janeiro do ano seguinte. Allen W. Dulles, contudo, precisou declinar, apesar da recomendação do secretário Stan Grogan, que sublinhou ser a Frasco uma organização "que merece sua aceitação",[19] e informou, ainda, que estaria presente o diretor do FBI, J. Edgar Hoover. O convite, entretanto, confirmava a intenção da Frasco de "reunir as lideranças, bem como os membros laicos, de todas as maiores fés" em torno de um movimento de oposição ao comunismo, pretendendo trazer para o evento "entre mil e mil e duzentos padres, rabinos e clérigos".

A programação previa discussões sobre temas como "Faça nosso sistema capitalista mais criativo", "Redescubra nossas fundações espirituais", "Mobilizar os recursos para a liberdade" e "A nossa arma potente:

---

18 CENTRAL INTELLIGENCE AGENCY. General CIA Records. *Proposed Acknowledgment of Receipt of the Free World Review*. Document Number (FOIA) /ESDN (CREST): CIA-RDP80B01676R003800120023-5.

19 CENTRAL INTELLIGENCE AGENCY. General CIA Records. *Letter to Dr. H. Paul Guhse from Allen W. Dulles*. Document Number (FOIA) /ESDN (CREST): CIA-RDP80B01676R004100010021-5.

comunicações em massa", conduzidas por um painel de palestrantes bastante incrementado em comparação ao evento inaugural. Somando-se a um colorido mosaico de líderes religiosos, falariam prefeitos, governadores, juízes, generais, dois ex-presidentes (Herbert Hoover e Harry Truman), além de Eisenhower e do diretor do FBI.

A lista de membros do Conselho Consultivo e do Comitê de Política Permanente da Frasco também foi ampliada. Nela figuravam, além de religiosos de vários credos, membros dos Três Poderes, acadêmicos e capitalistas. Alguns desses últimos também eram ativos em outras associações para a organização do empresariado internacional, como o Council on Foreign Relations e o Council for Latin America. Um deles, o conselheiro Joseph Peter Grace, presidente da multinacional W. R. Grace e na década de 1960 também dirigente da empresa de fornecimento de energia elétrica para o Rio de Janeiro, Rio Light, financiou a seção carioca do Ipes, em contato com seus membros Antônio Sánchez Galdeano e Antônio Gallotti.[20]

Por último, a carta remetida a Dulles traz um exemplar do *The Blessings of Liberty*, folhetim publicado pela Frasco e que no final de 1960 já estava em seu volume V, número 4. O panfleto trazia os artigos "O que homens livres devem fazer!", conclamando os amantes da liberdade por todo o mundo a "superar no pensamento, na vontade, na luta e perseverar sobre os desumanizados que, em nome de uma sociedade totalmente nova, declararam guerra a Deus, à espiritualidade humana, à liberdade, à consciência, à caridade, e à irmandade dos homens"; e "Uma mensagem àqueles ainda livres", carta supostamente escrita por um húngaro fugitivo que, em nome dos "membros das nações da Europa Oriental mantidos cativos", pedia ajuda aos países ocidentais, implorando "em nome do Criador" que os libertassem da "escravidão". Encerrando em tom alarmante, o texto advertia que "já bateu a hora final em que a paz mundial pode ser salva sem uma conflagração universal", pedindo ações sistemáticas, necessárias não apenas para o bem dos submetidos ao jugo soviético, como para assegurar a prosperidade pacífica do próprio mundo livre. Mantido anônimo, prosseguem os editores, o autor da súplica seria um engenheiro então empregado em Washington D.C. que teria pedido que cópias do

---

20   DREIFUSS, René. *1964: a conquista do Estado – ação política, poder e golpe de classe*. Petrópolis: Vozes, 1981, p. 527.

"comovente documento" fossem enviadas a líderes religiosos de todas as denominações, requerendo ainda que fossem solicitadas campanhas de orações para converter agnósticos e envolvê-los na causa da libertação dos crentes do mundo socialista.

Os arquivos da CIA e do Nara não exibem mais documentos sobre a Frasco. Outras reuniões e instituições ao longo da segunda metade do século XX, contudo, debruçaram-se sobre idênticos objetivos.

O lançamento de uma "arma do espírito"

Ainda em 1958, o diretor da CIA Allen W. Dulles recebeu um relato pormenorizado do empresário Eric Allen Johnston, presidente da Câmara de Comércio dos Estados Unidos e membro da Igreja Episcopal, sobre outro encontro com o objetivo de firmar princípios para uma ação religiosa internacional com fins políticos. Foi a conferência "Aspectos Estrangeiros da Segurança Nacional dos Estados Unidos", organizada pelo Comitê para o Crescimento Econômico Internacional do Congresso norte-americano, novamente a pedido do presidente Eisenhower, e chefiada por Johnston.

O painel de conferencistas foi composto em sua maioria por membros do governo estadunidense, como o próprio Eisenhower, o secretário de Estado, John Foster Dulles, o de Defesa, Neil H. McElroy, e o diretor da CIA, Allen W. Dulles. Em geral, as falas propunham novos critérios para a concessão de auxílio militar e econômico, pretendendo-se que este funcionasse como barreira ao comunismo, sobretudo nos países pobres. A ideia seria sistematizada mais tarde, por exemplo, em programas como os Corpos da Paz, estruturado durante o governo Kennedy, que objetivava aprimorar os mecanismos indutores de consenso em torno da hegemonia mundial norte-americana, buscando construir "uma política de assistência internacional, conciliando objetivos ou interesses socioeconômicos com os militares e geopolíticos".[21]

Em sintonia com o projeto, cujas linhas gerais se delineavam já nos anos 1950, uma inovação foi proposta por três líderes religiosos também

---

21   AZEVEDO, Cecília. *Em nome da América*: os Corpos da Paz no Brasil. São Paulo: Alameda, 2007, p. 33.

chamados a participar da conferência: o presidente do National Council of the Churches of Christ, pastor Edwin T. Dahlberg; o presidente da Synagogue Council of America, rabino Theodore L. Adams; e o bispo católico Fulton J. Sheen. Tratava-se de embutir a religião nas políticas assistencialistas globais, partindo do pressuposto de que a mera ajuda econômica e militar, também oferecida pelos soviéticos, não poderia desempatar o jogo. Por outro lado, a oferta de conforto religioso e o apoio aos fiéis ao redor do planeta, artifícios dos quais não dispunham os comunistas, eram propostos como meios capazes de dar aos Estados Unidos a dianteira na batalha por mentes e almas. Tudo ocorria em um novo cenário, no qual o foco do auxílio norte-americano se movia, segundo o relatório enviado a Allan Dulles, "das emergências do pós-guerra para a construção de uma base duradoura para a paz",[22] deslocando-se "da rápida recuperação das economias europeias destruídas pela guerra para a lenta, difícil tarefa do desenvolvimento econômico". Manter os países pobres dentro da influência capitalista despontava, assim, como prioridade.

Nesse espírito, o batista Edwin T. Dahlberg, que se apresentou como líder de uma organização ecumênica composta de dezenas de denominações, pediu às autoridades "respostas ousadas e criativas" em ações pela paz para lidar com a ameaça vermelha, a exemplo do que já era feito no campo militar. Sem precisar no que consistiriam tais ações, o pastor, entretanto, dizia-se convencido de que elas deveriam privilegiar a religião, propondo o lançamento de uma "arma do espírito". Esse petardo místico seria materializado com recursos públicos e privados para a concessão de auxílios internacionais, e nesse momento o pastor se dirigia não apenas aos membros da máquina estatal, mas também à plateia de grandes empresários. Persuasivo, enfatizou que tais gastos aliviariam as despesas militares do país, revelando-se um "sólido, duradouro investimento" para assegurar a "paz, segurança e real prosperidade". Essa arma espiritual surtiria efeito onde o chumbo era incapaz de fazer qualquer estrago: a miséria, "solo fértil" para a "semente revolucionária", causadora de um "clima global" favorável a tempestades revolucionárias. Imbuída desse espírito, a

---

22 CENTRAL INTELLIGENCE AGENCY. General CIA Records. *Letter to the Honorable Eric Johnston from Allen W. Dulles*. Document Number (FOIA) /ESDN (CREST): CIA-RDP80B01676R003800100021-9.

divisão de missões estrangeiras de sua organização contaria com "mais de dez mil trabalhadores em mais de cinquenta países, cooperando com nativos treinados", distribuindo literatura em "1.100 línguas e dialetos" e recebendo contribuições de aproximadamente 44 milhões de dólares.

O rabino Theodore L. Adams, por sua vez, exortou o Congresso a aprovar leis para "resgatar os pobres e necessitados" retirando-os das "mãos dos malignos". Mas a fala mais incisiva coube ao bispo católico Fulton J. Sheen, que colocou o problema em termos ainda mais explícitos. Associando sem rodeios a ajuda financeira ao imperativo de "combater o comunismo mantendo as nações desprivilegiadas sob a órbita do Mundo Livre", pensava que esse auxílio seria ineficaz enquanto se mantivesse puramente econômico, pois nivelaria os Estados Unidos com seus rivais na adesão ao "princípio básico marxista da determinação econômica da história". O bispo propunha, assim, que na ajuda deveriam estar embutidos os valores superiores da sociedade norte-americana, como "a crença em Deus". Afinal, apenas a religião seria capaz de unir ao "Mundo Livre" muçulmanos, hindus e cristãos, irmanados na repulsa ao ateísmo. Fazia-se necessária, assim, a utilização das "grandes forças da ajuda e da caridade espalhadas no presente por todo o mundo", das "milhares de agências de melhoramento social de missionários cristãos e em alguns casos judeus que vivem com as pessoas desprivilegiadas".

Proferidas juntamente com as de altos membros do Executivo (sete dos 26 conferencistas eram religiosos e dezenove eram membros do governo), tais falas mostram que a religião em fins da década de 1950 passava a ser considerada mais seriamente pela classe dominante estadunidense como artifício para apaziguar miseráveis e mantê-los sob sua influência. De lambuja, a econômica "arma do espírito" renderia uma grande economia militar, além da garantir mercados estáveis para investimentos.

O relatório enviado a Dulles continua ainda uma lista com os mais de 1.400 participantes do evento, distribuídos entre integrantes dos Três Poderes, acadêmicos, chefes sindicais, jornalistas, líderes religiosos, empresários e membros de associações empresariais para a formulação de políticas de seu interesse, como o Council on Foreign Relations, a Câmara de Comércio e o Committee for Economic Development.

Entre os membros da administração pública, além dos mencionados, destacavam-se George V. Allen, diretor da Usia; Neil H. McElroy, secretário de Defesa; Richard Nixon, vice-presidente; e Thomas D. White, chefe da Força Aérea. No campo acadêmico, compareceram cientistas, reitores e presidentes de importantes universidades do país, como Milton S. Eisenhower, presidente da Universidade Johns Hopkins; e Nathan M. Pusey, presidente da Universidade de Harvard. No ramo sindical, havia sobretudo integrantes da controversa organização AFL-CIO, sobre a qual recaem denúncias de ligações com a CIA e mesmo com as organizações ideológicas brasileiras Ipes e Ibad. Além de jornalistas de inúmeros veículos, apareceram os chefes de algumas das maiores organizações de comunicação do país, como William Dwight, presidente da American Newspaper Publishers Association; Harold E. Fellows, presidente da National Association of Radio & TV Broadcasters; Melville Bell Grosvenor, presidente e editor da revista *National Geographic*; e Frank W. Stanton, presidente da Columbia Broadcasting.

A plateia religiosa foi das mais variadas, com representantes de praticamente todas as organizações de fé mais importantes do país. Estavam lá diversos líderes judaicos, membros das igrejas Católica, Ciência Cristã, Presbiteriana, Unitariana, Mórmon, Menonita e Protestante Episcopal, e de associações ecumênicas como a Young Women's Christian Association (YWCA); a Society for Propagation of Faith; a National Association of Evangelicals e o Exército da Salvação. Além dos três conferencistas, outros importantes líderes compareceram, como o presidente da Frasco, Charles W. Lowry; o secretário-geral da Confederação dos Adventistas do Sétimo Dia, W. R. Beach; o presidente do Sínodo da Igreja Luterana no estado de Missouri, J. W. Behnken; o secretário-geral do Board of World Peace da Igreja Metodista, Charles F. Boss Jr.; o presidente da National Catholic Education Association, Henry M. Hald; o secretário-executivo da Convenção Batista do Sul, Porter Routh; e G. Kinderman,[23] líder nova-iorquino da maior organização pentecostal do mundo, a Assembleia de Deus.

A conferência teve também presença maciça de grandes industriais e banqueiros, denotando a expressiva participação de empresários na

---

23   Kinderman foi um missionário na Europa Oriental que retornou ao Estados Unidos em 1939. Lamentando não receber fazia tempo "uma única carta de alguém na Polônia sob o governo russo", trazia estarrecedores relatos sobre os pentecostais na Polônia, Alemanha e Rússia. Pedia para seus companheiros, assim, mobilização para destruir "o trabalho do demônio" (OBERG, 2018).

formulação e execução do projeto ali apresentado. Entre as muitas dezenas de empresas representadas, havia chefes de grandes multinacionais, como Boeing, General Tire & Rubber, Bank of Boston, Chrysler, Coty Internacional, Ford, Olin Mathieson, General Electric, BFGoodrich, Westinghouse Electric International, United Fruit, W. R. Grace, South American Gold & Platinum, Gulf Oil Corporation, United States Steel, Coca-Cola, Gillette, Monsanto e Goodyear.

O Programa para uma Política Ofensiva Contra o Comunismo Mundial

Mais um documento da CIA traz um indicativo da crescente convicção da classe dominante estadunidense acerca da potencialidade propagandística da religião. Dessa vez, trata-se de relatório de um subcomitê do Senado dedicado a desenvolver uma "Ciência de Contra-Ataque à Conspiração Comunista Mundial".[24] Em um ciclo de reuniões corrido em junho de 1959, foi apresentado pelo conselheiro-geral do comitê, J. G. Sourwine, um memorando do punho de David Sarnoff, diretor da Radio Corp. of America, apresentado ao presidente Eisenhower em 1955. Sarnoff foi um dos destaques da quinta conferência da Frasco, para a qual levou seu *know-how* de empresário radiofônico participando da mesa-redonda "Nossa potente arma: comunicações em massa". Novamente enfatizando a função estratégica da ideologia, seu memorando intitulado *Programa para uma política ofensiva contra o comunismo mundial* propunha agressivas ações de propaganda para agudizar os problemas do mundo socialista. Clamava o texto por "contramedidas" e "métodos" "inovadores, não convencionais, ousados e flexíveis", a serem empregados tanto pelo governo como por grupos privados para "tornar a nossa verdade tão efetiva e mais produtiva que a mentira de Moscou". O memorando propunha, enfim, o recrutamento de uma vasta rede de dissidentes atrás da cortina de ferro à qual deveria ser fornecida "coesão" e "direção", provendo-lhe "ajuda moral e material, incluindo treinamento de lideranças, para movimentos

---

24   CENTRAL INTELLIGENCE AGENCY. General CIA Records. *Hearings before the Subcomitee to Investigate the Administration of the Internal Security Act and Other Internal Security Laws of the Comittee on the Judiciary United States Senate.* Document Number (FOIA) /ESDN (CREST): CIA-RDP64B00346R000500030098-1.

clandestinos de oposição". A principal arma desses grupos seria a "mensagem de liberdade" contra o "ateísmo coercitivo".

Tratava-se, enfim, de cercar o mundo socialista com instituições ideológicas oficiais, como a Radio Free Europe, e extraoficiais, entre elas as igrejas. Convinha, portanto, desenvolver programas "de caráter espiritual e religioso" a fim de "pregar a fé no divino, a repulsa ao comunismo e à falta de Deus", pois "uma grande fome por conforto espiritual, pela religião, é relatada na Rússia soviética e seus satélites". Adicionalmente, tais programas deveriam "oferecer conselhos práticos aos espiritualmente desviados – por exemplo, como observar ocasiões religiosas nas quais não há ministros e padres ordenados". Também preocupado em se contrapor à influência soviética sobre os trabalhadores dos países não comunistas, como a França, eram recomendadas campanhas políticas partindo de "outros grupos não oficiais e populares", cabendo, por exemplo, às "grandes igrejas" pregar sobre "os aspectos imorais e ateístas do comunismo na teoria e na prática".

Com efeito, quatro anos depois, o chefe do Conselho de Planejamento Político do Departamento de Estado, Walt Whitman Rostow, relatou o grande avanço na participação de organizações não formalmente ligadas ao Estado norte-americano no combate ao comunismo. Destacando a contínua "necessidade de treinamento do setor privado para a Guerra Fria",[25] aí incluindo "organizações de igrejas", Rostow notou ainda que, quando se deram os primeiros passos para a criação da Comissão da Liberdade, nos princípios da década de 1950, "tais atividades privadas não eram tão extensivas ou competentes como são agora". Portanto, já em 1963 as instituições privadas estadunidenses estavam "comprometidas a trabalhar no exterior numa escala muito grande, em todas as partes do globo".

---

25   CENTRAL INTELLIGENCE AGENCY. General CIA Records. *H.R. 13177 – Freedom Commission Extension of Remarks of Hon. Burt L. Talcott of California in the House of Representatives Thursday, March 10, 1966*. Document Number (FOIA) /ESDN (CREST): CIA-RDP67B00446R000600080001-7.

A reconfiguração da direita religiosa

Ainda na década de 1960, o campo evangélico conservador ganha impulso capitalizando as reações contrárias aos movimentos por mudanças culturais e comportamentais que chocaram os setores sociais menos progressistas, forçando um "declínio de prestígio do establishment liberal-científico-secular".[26] Assim embalados, mantiveram sua expansão ao longo dos inseguros anos 1970, oferecendo respostas para problemas que se acumulavam. No rastro de graves crises, como a derrota no Vietnã, o caso de corrupção que levou à renúncia de Nixon e problemas econômicos, os últimos anos daquela década presenciaram uma redefinição do fundamentalismo norte-americano, cuja importância política e numérica não cessou de crescer. O fenômeno redundou em uma importante reconfiguração do Partido da Fé Capitalista, que passará a se organizar em torno de novos e mais agressivos aparelhos ideológicos, sobretudo após princípios dos anos 1980, passando também a frequentar a arena partidária.

A documentação emanada das instituições estatais estadunidenses, todavia, sugere uma diminuição, na década de 1970, nos contatos entre membros do governo, empresários e líderes religiosos em torno da pauta ideológica anticomunista, talvez em função do afrouxamento das tensões entre os Estados Unidos e a União Soviética ao longo do decênio. A mesma documentação, porém, mostra que não apenas tais contatos continuaram ocorrendo, como a militância ideológica do trabalho religioso fora do país persistiu nos moldes definidos nas décadas anteriores.

Presidentes como Richard Nixon e Gerald Ford, sobretudo o primeiro, mantiveram durante os anos 1970 contato frequente com indivíduos e instituições de fé, reafirmando as raízes religiosas da Constituição dos Estados Unidos e a vocação cristã do país, além de se valerem dos conselhos e da popularidade de líderes fundamentalistas. A ideia de uma América cristã, vinculada aos princípios de liberdade e democracia, continuou, portanto, com destacado papel político dentro e fora das fronteiras.

Confirmando o prosseguimento das articulações entre setores influentes e membros do governo, em agosto de 1971 o secretário de Estado de Nixon, Henry Kissinger, recebeu um grupo de grandes empresários, líderes

---

26 MARSDEN, *op. cit.*, pp. 103-104.

religiosos, membros da mídia, acadêmicos e profissionais liberais para uma reunião sobre "política externa".²⁷ Arranjada pelo pastor Billy Graham, não sabemos o teor da reunião, mas pode-se supor pela presença de W. Stanley Mooneyham – presidente da organização religiosa caritativa internacional World Vision, descrito como "especialista do extremo oriente" – que ela se referisse ao Vietnã, onde os Estados Unidos travavam um conflito armado.

Bastante ativa ali e no Laos durante esse período, a World Vision realizaria mais tarde esforços para o resgate marinho de milhares de refugiados que após 1978 deixariam a península da Indochina em grandes levas. Em maio de 1975, porém, um telegrama partido do consulado estadunidense na capital Vientiane relatou a expulsão e nacionalização de ativos da World Vision pelo governo de inspiração socialista que assumiu o controle do Laos. Em comunicado emitido pelo serviço de rádio oficial, a Rádio Pathet Lao, a medida foi justificada pelo fato de ser a World Vision "uma das muitas organizações implantadas pelos imperialistas dos Estados Unidos e seus lacaios como ferramentas para a CIA servir aos planos de guerra dos Estados Unidos".²⁸ No contexto da "pressão esquerdista" ali disseminada, concluía o consulado ser esperado que todas as outras agências voluntárias fossem obrigadas a parar de funcionar, como a Christian and Missionary Alliance²⁹ que ajudara a World Vision a se fixar no país, seis anos antes.

Mas voltando à reunião de 1971, dos trinta presentes, a maioria era formada por líderes religiosos conservadores (13) e empresários (8). Entre os primeiros, além de Graham, compareceram Roy Gustafson, evangelista próximo a ele e com ampla experiência missionária no Oriente Médio; Porter Routh, secretário-executivo da Convenção Batista do Sul; Ben Hayden, ex-agente da CIA e pastor presbiteriano conhecido mundialmente pelo seu programa de rádio e TV *Changed Lives* (Vidas Mudadas); W. A. Criswell, por duas vezes presidente da Convenção Batista do Sul; Theodore Epp,

---

27   NATIONAL ARCHIVES AND RECORDS ADMINISTRATION. Coleção Records of the Office of Presidential Papers, 1969-1974. *057 August 25/1/1971.*
28   WIKILEAKS. Public Library of US Diplomacy. *World Vision Terminates Activities in Laos; Other VOLAGS Come under Pressure.* Canonical ID: 1975VIENTI03469_b.
29   Coordenada pela Alliance World Fellowship, fundada nos Estados Unidos na década de 1880 e cuja sede se encontra atualmente em São Paulo, a CMA é uma organização missionária internacional vinculada ao movimento de Santidade do qual saíram várias organizações religiosas, como as pentecostais, sobre as quais a Alliance exerceu grande influência, também impactando o metodismo.

evangelista radiofônico de alcance mundial com seu programa *Back to the Bible* (De Volta à Bíblia); Pat Zondervan, proprietário da editora cristã direitista Conservative Religious Publishing House; Bill Bright, presidente da organização missionarista internacional Campus Crusade for Christ; Robert Denny, secretário-executivo da Aliança Batista Mundial; T. W. Wilson, assistente de Billy Graham; James Jeffrey, presidente da Irmandade de Atletas Cristãos; e Harold Lindsell, editor da *Christianity Today*, revista cristã conservadora fundada por Billy Graham. Outros líderes convidados, mas que não puderam comparecer, foram o pentecostal Oral Roberts, o presidente da Convenção Batista do Sul, Carl Bates, e o diretor de missões fundamentalistas nos Estados Unidos Clyde Taylor. O ramo empresarial contou com Tom Phillips, presidente da corporação bélica Raytheon; Bill Mead, membro diretor da empresa alimentícia Campbell Taggert; Ed Johnson, presidente do banco Federal Savings and Loan; Thomas H. Lake, presidente da farmacêutica Eli Lilly; Allan Bell, representante da família Pew, dona da Sun Oil, empresa do ramo químico e petrolífero; Bill Walton, presidente da cadeia de hotéis Holiday Inn; e Maxey Jarman, dono da rede de lojas de departamentos Bonwit Teller.

Cinco anos depois, um discurso do presidente Gerald Ford na convenção nacional da organização de comunicação eletrônica evangélica National Religious Broadcasters atestou a consolidação do papel ideológico/político da religião, sobretudo a de cunho evangélico, dentro e fora dos Estados Unidos. Em atividade até o presente, a NRB é o braço midiático da National Association of Evangelicals, organização interdenominacional e conservadora fundada em 1942 e descrita pela assessoria de Ronald Reagan, alguns anos depois, como "a principal alternativa"[30] ao "mais liberal" National Council of Churches. A organização conservadora, notava ainda a equipe de Reagan, teria apoiado a eleição do ex-ator, oferecendo-lhe também suporte no Congresso. Os assessores de Reagan destacavam que entre seus membros proeminentes, um dos mais "úteis à Casa Branca" era o diretor de relações públicas Bob Dugan, que teria defendido publicamente o governo em 1981, durante a controversa venda à

---

30   NATIONAL ARCHIVES AND RECORDS ADMINISTRATION. Coleção Presidential Briefing Papers, 20/01/1981 – 18/01/1989. Records of the Office of the President (Reagan Administration), *20/01/1981 – 20/01/1989*.

muçulmana Arábia Saudita de um sistema de vigilância aérea. Dugan seria muito prestativo também na composição de "listas de líderes religiosos a serem convidados para cargos na Casa Branca".

Voltando aos tempos de Ford, o presidente abriu seu discurso congratulando tanto a NRB como a NAE pelo trabalho de pregar o evangelho pelo mundo, "seguindo a "grande comissão",[31] ou seja, as últimas instruções proferidas por Jesus Cristo: espalhar sua fé pelos quatro cantos do planeta. Vibrando as cordas do excepcionalismo estadunidense,[32] aqui articulado à crença, cara aos grupos fundamentalistas, no destino santificado dos Estados Unidos, uma nação escolhida por Deus para concretizar a derradeira ordem de Jesus. Ford prosseguiu expressando a convicção de governar uma "nação abençoada de maneira única", com um "papel especial a desempenhar nos assuntos humanos".

Proferido no calor da crise econômica dos anos 1970, causada entre outras razões pela aguda subida do preço do petróleo, o discurso de Ford prenunciava ainda o surto fundamentalista que se aproximaria com o novo incremento dos usos políticos da religião, em resposta à decorrente crise de legitimação ideológica do capitalismo. Chamada a prestar importante papel na reabilitação capitalista, a religião compareceria, pelas mãos fundamentalistas, simulando "certezas na incerteza, segurança na insegurança".[33] Assim, mencionando um sentimento disseminado de "muita falta de confiança" nas "instituições básicas da sociedade",[34] Ford ofereceu como tábua de salvação à sua audiência a certeza de que "nós podemos acreditar em Deus. Nós podemos acreditar na fé de nossos pais".

---

31 NATIONAL ARCHIVES AND RECORDS ADMINISTRATION. Coleção President's Speeches and Statements Reading Copies (Ford Administration), 1974-1977. *22/02/76 – Remarks at a Meeting with Members and Guests of the National Religious Broadcasters Association and the National Association of Evangelicals.*

32 Crença segundo a qual a virtuosa trajetória dos Estados Unidos não encontraria paralelo em qualquer outro lugar do mundo, conferindo ao país um papel especial sobre a Terra.

33 ASSMANN, *op. cit.*, pp. 26-27.

34 NATIONAL ARCHIVES AND RECORDS ADMINISTRATION. Coleção President's Speeches and Statements Reading Copies (Ford Administration), 1974-1977. *22/02/76 – Remarks at a Meeting with Members and Guests of the National Religious Broadcasters Association and the National Association of Evangelicals.* National Archives and Records Administration.

A consolidação de um "neofundamentalismo" e o Council for National Policy

Os anos 1980 se iniciaram, portanto, com renovado dinamismo nos contatos entre empresários e líderes religiosos em torno de uma recrudescida pauta conservadora, associados em novas organizações voluntárias, sempre em contato com a esfera estatal oficial. Uma das organizações mais importantes é o CNP, entidade ultraconservadora que desde 1981 congrega religiosos, como o pai da Teologia do Domínio, Rousas John Rushdoony, alguns dos seus maiores propagadores – como Tim LaHaye, Jerry Falwell e Pat Robertson –, além de grandes capitalistas e agentes governamentais.

Um dos primeiros registros sobre o CNP é um memorando remetido ao diretor da CIA sobre o convite para uma reunião com a organização em janeiro de 1985 feito pelo diretor-executivo Louis Elwood Jenkins Jr., congressista na Louisiana. Ali o CNP é descrito como uma "fundação educacional"[35] conservadora, sem fins lucrativos, formada por "líderes corporativos, governamentais e religiosos", irmanados pela crença no livre empreendedorismo, no fortalecimento da defesa nacional e no anseio por um renascimento moral do país, propósitos que persegue reunindo indivíduos "capazes de influenciar a direção do nosso país e o curso da história". Alguns de seus diretores foram os empresários Nelson Bunker Hunt, um dos donos da petrolífera Hunt Oil; Joseph Coors, presidente da empresa de bebidas Adolph Coors; Frank Shakespeare, presidente do grupo midiático RKO General; Joseph Peter Grace, da W. R. Grace; e congressistas republicanos como Jack Kemp e Jeremiah Denton. Teve destaque, também, o fundador do conglomerado Amway, Richard DeVos Sr., um dos principais financiadores do CNP.[36] Curiosamente, pesquisa do historiador Andrew Chesnut[37] sobre a explosão pentecostal em Belém (PA) concluiu que muitas mulheres que atendem a essas igrejas trabalham como vendedoras informais de produtos da Amway e da Avon.

O memorando da CIA prossegue mencionando matéria da revista *Newsweek* que caracterizou o CNP como uma coalizão de militantes da nova direita, dedicada a atividades de inteligência, que busca pôr em

---

35   CENTRAL INTELLIGENCE AGENCY. General CIA Records. *Invitation to Address the Council for National Policy*. Document Number (FOIA) /ESDN (CREST): CIA-RDP87M00539R002904740044-5.
36   HEDGES, *op. cit.*, p. 138.
37   CHESNUT, *op. cit.*, p. 20.

contato grandes empresários conservadores, pregadores fundamentalistas, "estrategistas políticos direitistas, senadores e membros da Casa Branca". Esse fato traduziria a intenção inequívoca do CNP de se constituir em foro para a formulação de projetos de parcelas da classe empresarial, a serem inseridos na pauta estatal oficial, frequentado por intelectuais religiosos por sua vez dispostos a impulsionar esses projetos no plano ideológico. Encerrando, o documento recomendava que o chefe da CIA participasse do encontro, sugerindo que seria de seu interesse ouvir o que o "influente grupo de conservadores" teria a dizer.

Também nos arquivos da CIA, encontra-se o recorte[38] de uma matéria de fevereiro de 1985 do jornal *The Nation* intitulada "Beat the Devil" (Vencer o Demônio). O artigo versava sobre pessoas e organizações que a partir dos Estados Unidos remetiam recursos às milícias armadas *Contras*, de oposição ao governo sandinista da Nicarágua. O texto se concentrava no general aposentado John Singlaub, que fora chefe das forças estadunidenses na Guerra da Coreia e que àquela altura presidia a organização direitista internacional World Anti-Communist League (WACL), "envolvida com esquadrões da morte nas Américas Central e Latina", sendo ainda membro do CNP. Singlaub, juntamente com outros ex-militares e agentes de inteligência – e este trecho se encontra sublinhado –, coletava aproximadamente quinhentos mil dólares mensais em doações através do braço estadunidense da WACL, o U.S. Council of World Freedom. Em outra matéria sobre o mesmo tema guardada pela CIA, agora do *Washington Post*, mais detalhes são entregues sobre as operações de Singlaub e seus laços internacionais. É dito que o general estava ativamente engajado em conseguir apoio militar e financeiro para os braços sul-americanos da WACL, gabando-se de que suas seções "no Brasil e na Argentina são grandes e ativas".[39] Tal suporte Singlaub encontrava em doações arrecadadas nos encontros do CNP, com quatrocentos convidados entre "líderes empresariais, religiosos e políticos". Havia ainda um trecho afirmando que a WACL mantinha laços com outra organização anticomunista, a Confederation of de Association for

---

38   CENTRAL INTELLIGENCE AGENCY. General CIA Records. *Who's Funding the 'Contras'?*. Document Number (FOIA) /ESDN (CREST): CIA-RDP90-00806R000201090033-3.
39   CENTRAL INTELLIGENCE AGENCY. General CIA Records. *Private Groups Step up Aid to 'Contras'*. Document Number (FOIA) /ESDN (CREST): CIA-RDP90-00552R000606200007-2.

the Unification of the Societies of the Americas International (CAUSA), fundada pela Igreja da Unificação.

Voltando ao CNP, a mais interessante informação constante no artigo do *The Nation* refere-se à sua composição. Além dos membros já mencionados, nos idos de 1985 o CNP contava com o cantor, escritor e palestrante motivacional da Igreja do Evangelho Quadrangular Pat Boone, e com os líderes fundamentalistas Jerry Falwell e Pat Robertson, ambos da Convenção Batista do Sul, ainda que este último, à moda pentecostal, acrescentasse toques carismáticos às suas pregações. Além deles, foram citados os senadores republicanos Jesse Helms e John East.

O CNP volta a aparecer nos arquivos federais norte-americanos muito mais tarde, durante o governo de George W. Bush. Em maio de 2001, o presidente recebeu um memorando[40] de seu conselheiro-chefe Karl Rove sobre um convite para atender à comemoração dos vinte anos do grupo, e era esperado que o presidente fizesse um levantamento das realizações de seus cem dias de governo. Segundo Rove, no começo do século XXI o CNP contabilizava quinhentos membros, reunidos para "escutar e discutir a respeito das melhores informações disponíveis sobre problemas nacionais e mundiais, conhecer pessoalmente uns aos outros, e colaborar no atingimento de suas metas comuns". Além de Bush, foram convidados também o pastor Tim LaHaye; Paul Weyrich, que junto com o também membro Jerry Falwell fundou a Moral Majority; e o ex-assessor de Ronald Reagan Morton Blackwell, entre outros.

Mais dados sobre a organização constam em carta assinada pelo diretor-executivo do CNP, Steve Baldwin, deputado californiano, e remetida a Karl Rove, dessa vez convidando o conselheiro de Bush para o encontro de março de 2003, quando mais de "450 líderes das principais organizações conservadoras e seus maiores doadores"[41] iriam se reunir no luxuoso Loews Coronado Bay Resort, em San Diego. Rove era chamado a participar de um seleto evento no qual estariam apenas o Comitê Executivo e os membros do

---

40   NATIONAL ARCHIVES AND RECORDS ADMINISTRATION. Coleção Records of the White House Office of Records Management (George W. Bush Administration), 20/01/2001 – 20/01/2009. *05/03/2001* [*460583*].

41   NATIONAL ARCHIVES AND RECORDS ADMINISTRATION. Coleção Records of the White House Office of Records Management (George W. Bush Administration), 20/01/2001 – 20/01/2009. *536140* [*2*].

Círculo de Ouro do CNP, franqueado aos que contribuíssem com a quantia mínima de dez mil dólares anuais. Contava Baldwin que desfilaram ali figuras como o economista ultraliberal Milton Friedman; o congressista e também economista Phil Gramm; o então procurador-geral John Ashcroft; o senador Jesse Helms; o diretor do Escritório de Administração e Orçamento dos Estados Unidos Mitch Daniels, também ex-vice-presidente da multinacional Eli Lilly; o ex-secretário de Estado Henry Kissinger; e o ex-procurador-geral e juiz da Corte de Apelações de Columbia Robert Bork.

A CAUSA Internacional: unificando intelectuais, religiosos e empresários

Outra proposta para reunir o empresariado estadunidense, seus sócios minoritários de todo o mundo, líderes religiosos e intelectuais foi encaminhada por organizações ligadas à Igreja da Unificação. Entre elas se destaca a CAUSA Internacional, inaugurada em 1980 em Nova York, que realizou inúmeros congressos em todo o mundo.

O primeiro vestígio documental das ações da CAUSA é novamente um convite[42] ao diretor-adjunto da CIA, John N. McMahon. Assinado pelo secretário-geral Antonio Betancourt, o documento convidava McMahon para o vindouro seminário O Equilíbrio Nuclear: Desafios e Respostas, em dezembro de 1984. Apresentando a CAUSA como "uma organização educacional que examina alternativas à ideologia marxista", o documento revela pouco sobre o teor da reunião e seus participantes, mas registra que alguns conferencistas foram intelectuais como Robert Jastrow, do Goddard Institute for Space Studies; William Van Cleave, diretor do Programa de Estudos em Defesa e Estratégia da Universidade do Sul da Califórnia; e Joseph Curb, presidente do Center for International Security, núcleo de estudos estratégicos da Universidade de Stanford.

Não sabemos se McMahon compareceu ao seminário, mas o convite[43] foi repetido em março de 1985, quando uma organização batizada

---

[42] CENTRAL INTELLIGENCE AGENCY. General CIA Records. *You are Cordially Invited to Attend a Sunday Brunch and Seminar on December 9.* Document Number (FOIA) / ESDN (CREST): CIA-RDP86M00886R002600010006-0.

[43] CENTRAL INTELLIGENCE AGENCY. General CIA Records. *Letter to John H. McMahon from Antonio Betancourt.* Document Number (FOIA) /ESDN (CREST):

Conselho de Segurança Internacional, outro "projeto da CAUSA Internacional", realizou a mesa-redonda "Negociando com marxistas na América Central". Novamente, o papel informa pouco sobre o evento, mas confirma a grande atração da CAUSA sobre membros da intelectualidade estadunidense e de outros países, muitos dos quais integrantes de associações político-ideológicas internacionais, sugerindo que tais reuniões tivessem considerável repercussão entre a classe dominante mundial. Pronunciaram-se ali o ex-secretário-geral da Organização dos Estados Americanos (OEA), Alejandro Orfila; o ex-embaixador de El Salvador nos Estados Unidos, Ernesto Rivas-Gallont; e o general aposentado Gordon Summer Jr., outrora chefe da Junta Interamericana de Defesa.

Mais informações sobre o International Security Council aparecem em carta[44] de agosto de 1988 endereçada à CIA, para onde eram enviados exemplares da publicação quadrimestral da CAUSA, a revista *Global Affairs*, cujos dois últimos números, tratando de "importantes aspectos da ameaça soviética" e baseados nas conferências organizadas pelo ISC em 1987, foram distribuídos para diversos "líderes de opinião" nos Estados Unidos e possivelmente no resto do mundo. Na carta consta lista de membros de seu Conselho Consultivo Internacional, mostrando que a associação reunia indivíduos influentes de todo o mundo, mas com participação proporcionalmente maior de nativos das Américas do Sul e Central. Além dos estadunidenses, em sua maioria membros de altas patentes das Forças Armadas, aparecem o ex-presidente da Costa Rica Mario Echandi Jiménez; o ex-ditador peruano Francisco Morales Bermúdez; o almirante chileno R. McIntyre; o diplomata colombiano José Maria Chaves e o ex-comandante do exército colombiano general Álvaro Valencia Tovar; o general equatoriano aposentado Carlos A. Gudiño e o diplomata brasileiro José Osvaldo de Meira Penna. Entre os europeus, destaque para Joseph Luns, ex-secretário-geral da Otan, estando representadas também a França e a Espanha. Participaram ainda indivíduos de Israel, Japão, Coreia do Sul, Filipinas e Tailândia.

---

44   CIA-RDP87M00539R002904770010-9.
CENTRAL INTELLIGENCE AGENCY. General CIA Records. *The International Security Council, a Washington and New York Based Public Policy Institution, Is Concerned Exclusively with the Character and Scope of the Soviet Threat to the Security of Free Nations.* Document Number (FOIA) /ESDN (CREST): CIA-RDP90M01364R000700140052-9.

Além do fato de o próprio fundador da Igreja da Unificação ser um grande empresário,[45] a documentação estadunidense não evidencia o nexo entre seus empreendimentos e a classe burguesa. Os arquivos brasileiros, contudo, guardam uma carta enviada pela organização para o cônsul-geral Carlos Eduardo Alves de Souza, convidado a participar de conferência em Denver, Colorado, em 1983. Ali é dito que as atividades da CAUSA eram "fundeadas por interesses empresariais conectados com a Igreja da Unificação".[46] Papéis brasileiros nesse mesmo dossiê mostram também seus elos com outras organizações do Partido da Fé Capitalista, evidenciados pela presença de Terry Dolan, um dos fundadores da Moral Majority, na Primeira Conferência Norte-Americana da CAUSA, ocorrida em Montego Bay, Jamaica, em março de 1983, com "cento e oitenta participantes dos Estados Unidos e Canadá". Coube a Dolan moderar um painel que discutiu "as várias maneiras de ajudar imigrantes recentes em nosso país a aprender nossa língua e encontrar empregos para sustentar suas famílias, ao invés de tornarem-se dependentes de programas públicos de bem-estar".

A CAUSA Internacional, entretanto, é apenas um entre centenas de braços executores das ações ideológicas da Igreja da Unificação. Mais informações são trazidas pela documentação concernente a outro aparelho ideológico sob seu controle, a International Cultural Foundation, que realizou um grande evento internacional em Seul em 1981, a décima Conferência Internacional sobre a Unidade das Ciências, que teve em sua plateia empresários e líderes religiosos, apesar de versar mormente sobre temas científicos. Sabemos dos detalhes graças aos papéis produzidos pelo SNI, órgão de inteligência da ditadura brasileira, em virtude do grande interesse que este tinha com relação às atividades da Igreja e do fato de alguns brasileiros terem comparecido ao evento. Estiveram ali cientistas e acadêmicos de alguma projeção, muitos dos quais teólogos e dirigentes de organizações educativas religiosas, atestando, segundo o SNI, "a grande penetração que desfruta a

---

45   O reverendo Moon foi dono do Tongil Group, conglomerado sul-coreano com subsidiárias nos ramos de turismo, farmácia, bélico e editorial, e da corporação de mídia News World Communications.

46   ARQUIVO NACIONAL. Divisão de Segurança e Informações do Ministério das Relações Exteriores. *Sem título*. Código de referência: BR DFANBSB Z4.DPN.PES, PFI.235.

'International Cultural Foundation' no mundo".[47] Participaram também empresários como o brasileiro Mário de Mari, empreiteiro e ex-presidente da Federação das Indústrias do Estado do Paraná (Fiep); o estadunidense Leslie W. Ayres, presidente da Variflex Corporation; o suíço Eugene E. Galantay, diretor da farmacêutica Sandoz; o estadunidense Alvin Yudoff, presidente da Silvermine Films; o guatemalteco Francisco Javier, diretor do Instituto Centroamericano de Investigación y Tecnologia Industrial; e o venezuelano Alberto Cisneros-Lavaller, diretor do neoliberal centro de pesquisa e ensino Instituto de Estudios Superiores de Administración. Do âmbito religioso, compareceram Carlos Tapia-Ruano, pastor da Igreja Metodista Unida em Chicago, e o metodista Thomas C. Oden, teólogo e membro diretor do laboratório de ideias Institute on Religion and Democracy.

Sob o patrocínio da News World Communication, controlada pelo reverendo Moon, em outubro de 1982 aconteceu a V World Media Conference, também em Seul. Contando com 270 pessoas de 74 países, o evento teve a presença de um jornalista brasileiro, um membro da Escola Superior de Guerra (ESG)[48] e um integrante do Dops. Segundo matéria do *The Korea Herald*, constante em um dossiê[49] da Divisão de Segurança e Informações[50] do Ministério das Relações Exteriores (MRE) sobre a Igreja da Unificação, o tema da conferência foi Problemas Sociais e Valores na Mídia, vistos sob um prisma anticomunista, atendendo jornalistas, acadêmicos e autoridades do mundo ocidental. Alguns dos presentes foram o ex-embaixador dos Estados Unidos no Japão, Douglas MacArthur II; o francês Jean-François Revel, ex-editor da revista *L'Express*; Enrique Altamirano, editor do jornal *Diario de Hoy* e fundador do Instituto de Estudos

---

47   ARQUIVO NACIONAL. Serviço Nacional de Informações. *Associação do Espírito Santo para a Unificação do Cristianismo Mundial*. Código de referência: BR DFANBSB V8.MIC, GNC.NNN.81001953 – Dossiê.

48   A ESG foi criada em 1949, vinculada ao Ministério da Defesa, com a cooperação de militares dos Estados Unidos e inspirada no National War College, que treinava militares de alta patente daquele país. Uma das questões mais debatidas em seu interior foi o combate ao comunismo no Brasil.

49   ARQUIVO NACIONAL. Divisão de Segurança e Informações do Ministério das Relações Exteriores. *Sem título*. Código de referência: BR DFANBSB Z4.DPN.PES, PFI.235.

50   As Divisões de Segurança e Informações (DSIs) eram órgãos de inteligência instalados em todos os ministérios e conectados ao SNI.

Sociais e Econômicos Salvadorenho; Ron Ben-Yishai, âncora de jornal israelense; Kiyoshi Nasu, ex-cônsul-geral do Japão em Nova York; o escritor peruano Mario Vargas Llosa; Lloyd M. Bucher, capitão aposentado da Marinha; o general John K. Singlaub; o ex-vice-presidente do Vietnã do Sul Nguyen Cao Ky; Misael Pastrana Borrero, ex-presidente da Colômbia, e Lucía Pinochet de Garcia, filha do ditador chileno Augusto Pinochet.

O clube de empresários cristãos Laymen's National Bible Association

Outro fórum para religiosos, empresários e funcionários do Estado foi a associação religiosa para empresários Laymen's National Bible Association (LNBA). Fundada em 1940, ela foi parar nos arquivos da CIA ao convidar o diretor da agência, William H. Webster, para substituir o presidente Ronald Reagan em almoço de 18 de novembro de 1988, em comemoração à Semana Bíblica Nacional. No convite, a LNBA é descrita como uma "organização interfé"[51] independente e que trabalha com todas as denominações. Embora fosse dirigida por leigos, a associação contava com diversos líderes religiosos em seu rol de "copresidentes honorários", como o fundamentalista Billy Graham e o arcebispo católico John F. Whealon.

Assinava o convite o empresário e ex-diplomata Gilbert A. Robinson, dono de uma firma de consultoria para empresas sobre comércio internacional, relações com governos e comunicação. Poucos estadunidenses encarnaram como Robinson o nexo entre o mundo empresarial, o religioso e os aparelhos estritamente estatais voltados para as relações exteriores do país. Foi ele embaixador e conselheiro especial sobre diplomacia pública do Departamento de Estado, além de diretor-adjunto da Usia, conselheiro de assuntos públicos na Comissão sobre Estratégia de Defesa de Longo Prazo e presidente do Comitê de Informação Internacional do governo norte-americano no National Security Council. Robinson também chefiou um punhado de associações como a Corporations to End World Hunger Foundation e a

---

51 CENTRAL INTELLIGENCE AGENCY. General CIA Records. *Letter to Gilbert A. Robinson from William H. Webster.* Document Number (FOIA) /ESDN (CREST): CIA-RDP90G01353R002000010007-6.

National Bible Association[52] e ainda esteve presente na conferência Aspectos Estrangeiros da Segurança dos Estados Unidos de 1958, quando era assistente especial para tratados comerciais no Departamento de Comércio.

O propósito da reunião para a qual Webster fora convidado, para a qual esperava-se a presença de "por volta de 450 líderes religiosos e de negócios de todo o país", seria "motivar a leitura e o estudo da Bíblia, e reafirmar os princípios fundadores dos Estados Unidos". Paralelamente, planejava-se para a Semana Bíblica o lançamento de uma campanha de mídia, criada voluntariamente pela empresa WernerChepelsky & Partners sobre o tema "Para saber aonde você está indo, leia a Bíblia", além de eventos realizados por 7.500 "grupos cívicos, escolas, bibliotecas, lojas de livros, igrejas e sinagogas" por todo o país, com material fornecido gratuitamente pela LNBA.

O documento traz uma lista dos diretores da organização, quase todos empresários. Estavam ali, por exemplo, o presidente nacional da LNBA, William Smith Kanaga, chefe do conselho consultivo da Arthur Young – que em 1989 se funde com a Ernst & Whinney, tornando-se Ernst & Young, uma das maiores empresas de contabilidade do mundo. Abaixo dele vemos Thomas L. Phillips, secretário, presidente da Raytheon; Thomas A. Murphy, conselheiro, membro da General Motors; James E. Lee, conselheiro, membro da Chevron; Howard C. Kauffmann, conselheiro, membro da Exxon; Donald E. Precknow, conselheiro, membro da AT&T; e John J. Riccardo, conselheiro, membro da Chrysler. Muitos dos membros da LNBA participaram também de algumas iniciativas anteriormente abordadas, interpenetração que tratarei adiante. Noto por ora que Joseph Peter Grace, presidente da W. R. Grace – como vimos, ligado ao Ipes do Rio de Janeiro – foi secretário da Laymen's National Bible Association.

Por último, cabe acrescentar que algumas associações laicas também aparecem como parceiras. É o caso das Câmaras de Comércio dos Estados Unidos e da American Federation of Labor, que foi fundida com o Congress of Industrial Organizations, formando a AFL-CIO.

---

52   GILBERT A. Robinson. *Council of American Ambassadors*, [s.d.]. Disponível em: <https://www.americanambassadors.org/members/gilbert-a-robinson>. Acesso em: 01 out. 2020.

Reagan reforça o foco nas associações ideológicas

Eleito por uma coalizão conservadora sustentada por líderes religiosos e suas várias organizações, Ronald Reagan procurou aprofundar o papel de instituições associativas privadas na batalha ideológica contra o socialismo. Para tanto, patrocinou encontros entre os representantes dessas organizações, empresários e membros de sua equipe, buscando uni-los em uma pauta geopolítica comum e coordenar suas ações globais.

Uma das primeiras iniciativas dessa natureza surge em memorando secreto de 30 de julho de 1982 do Departamento de Estado, que contém um esboço de reunião "sobre ação política",[53] restrita a funcionários do governo, entre eles o diretor da CIA, William J. Casey, a fim traçar um plano para tomar a dianteira da "ofensiva política internacional". Procurava-se, principalmente, produzir um "consenso doméstico sobre a política externa", que a política de direitos humanos da administração Carter teria falhado em atingir. Pretendia-se, assim, firmar novas bases para a construção desse consenso, dessa vez alicerçado nos "valores tradicionais americanos". Tratava-se novamente de tentar capturar corações insatisfeitos, uma vez que "aqueles no instável Terceiro Mundo dispostos a arriscar suas vidas por objetivos políticos tendem a ser marxista-leninistas". Imaginava-se que a vitória estadunidense nesta "competição política" apenas poderia ser atingida "apelando-se ao senso de justiça das pessoas, aos seus medos e esperanças". Concretamente, propunha-se a concessão de auxílios financeiros, além de "oferecer às pessoas um programa político e praticar ações concretas para organizá-las", prestando "ajuda política, treinamento e organização às forças democráticas lutando por influência tanto nos países comunistas como naqueles não comunistas". Sugeria-se, enfim, a execução de "campanhas políticas, usando recursos confidenciais e não confidenciais e combinar esforços governamentais e privados, aqui e por todo o mundo". Tal "mobilização de forças privadas" envolveria "sindicatos, partidos, organizações para a juventude, igrejas e negócios" em ação

---

53 CENTRAL INTELLIGENCE AGENCY. General CIA Records. *Agenda for Meeting on Political Action August 5 1982*. Document Number (FOIA) /ESDN (CREST): CIA-RDP84B00049R001102750018-2.

articulada seguindo uma pauta de ação política baseada nos conceitos de "democracia, crescimento econômico, segurança e paz".

Entre os grupos privados, era observado que apenas a AFL-CIO estava conseguindo satisfatoriamente minar a influência soviética entre os trabalhadores. Sobre as igrejas, os membros da Casa Branca acreditavam que a vantagem também nesse front era dos soviéticos, que organizavam "conferências sobre religião e paz", enquanto carecia ao governo estadunidense estabelecer contatos mais sistemáticos com "a maioria dos líderes das principais religiões do mundo". Por último, são relatados gastos públicos projetados para 1983 em quinhentos mil dólares para a realização de "estudos de programas de contrapartida" para energizar as organizações associativas mencionadas, incluídas as religiosas, com a intenção de estimular um "significativo financiamento privado".

O Grupo de Trabalho para Assistência da América Central

Tudo indica que o plano foi posto em prática, uma vez que já em princípios de 1983 a administração Reagan lançou um Grupo de Trabalho para Assistência da América Central cuja composição, bem como os debates que promoveu, reverberaram as diretrizes acima. As exposições couberam a altos funcionários do governo, congressistas, membros de associações privadas dos Estados Unidos e da América Central e dissidentes políticos. Aos agentes governamentais coube sensibilizar a plateia sobre a importância das ingerências estadunidenses na região. Assim o fizeram o assistente do secretário de Estado Richard McCormack, com a fala "As implicações econômicas da América Central para os Estados Unidos";[54] o membro do Conselho de Segurança Nacional John Lenczowski, com "O esforço soviético na América Central"; o assistente especial do presidente Walter Raymond, com "O esforço cubano na Nicarágua"; e o secretário da Marinha John F. Lehman, com "A importância estratégica do mar do Caribe".

---

54 CENTRAL INTELLIGENCE AGENCY. General CIA Records. *Speakers for the White House Outreach Working Group on Central America*. Document Number (FOIA) /ESDN (CREST): CIA-RDP85M00364R001803590011-7.

Os dissidentes têm uma tarja em seus nomes, mas são legíveis suas filiações e o teor de suas falas. Ali havia um membro do grupo *contra* Força Democrática Nicaraguense, que falou sobre a realidade sob o regime comunista; um nativo misquito, que discursou sobre o tratamento dado ao seu povo pelos sandinistas; um ex-oficial de inteligência nicaraguense abordou o treinamento militar sandinista; e um refugiado judeu, cuja fala se intitulava "Os sandinistas contra os judeus". Já entre as organizações associativas e empresariais, cujos nomes dos participantes também estão censurados, havia um membro da judaica Liga de Antidifamação, abordando a perseguição aos judeus na América Central; o diretor-executivo da Associação Nacional para o Empreendimento Privado em El Salvador, com a palestra "A América Central sob o ponto de vista do homem de negócios", e o diretor da empresa de iluminação New World Dynamics, que falou sobre a realidade corrente de El Salvador.

O documento traz, ainda, uma relação das organizações que frequentaram o Grupo de Trabalho, como empresas multinacionais e associações privadas, abrangendo as categorias às quais o documento de 1982 procurava conferir apoio, organização e parcerias, como a Associação Americana das Câmaras de Comércio na América Latina; a organização indígena dissidente Miskitos Sumos Ramas Indian Organization; a American Society for the Defense of Tradition, Family and Property;[55] e a associação de jovens Young Americans for Freedom; além, é claro, de diversas organizações religiosas. Entre os empresários, perfilavam representantes de multinacionais como a Dow Chemical, a Exxon, a Fink Bank, a General Electric, a Goodrich, a Goodyear, a International Banana Association e a United States Steel. Já os religiosos estavam representados por diversas associações judaicas, a católica Catholic Writers & Artists Group e vários grêmios evangélicos e ecumênicos, como o laboratório de ideias religioso Institute on Religion and Democracy; a organização pentecostal Maranata Campus Ministries; a Moral Majority; e a também partidária National Christian Action Coalition.

---

55 Representação estadunidense, fundada em 1973, da organização ultraconservadora católica Tradição, Família e Propriedade, idealizada em 1960 pelo brasileiro Plinio Corrêa de Oliveira.

Coordenado pela assistente de relações-públicas de Reagan, Faith Ryan Whittlesey, os arquivos da CIA guardam ainda a transcrição[56] de outra reunião do GT, agora em maio de 1984. Dessa vez, a vontade de envolver associações religiosas na desestabilização do governo nicaraguense é ainda mais clara, girando o discurso de abertura proferido por Faith em torno do ateísmo autoritário do governo nicaraguense e das agruras sofridas por pessoas de fé naquele país. As demais falas versaram sobre o mesmo tema, cabendo-as à freira católica Geraldine O'Leary-Macías; ao pastor pentecostal Prudencio de Jesus Baltodano; a Wycliffe Diego, respectivamente fundador e coordenador de duas associações de indígenas dissidentes, a Alpromisu e a Misura; e Humberto Belli, antigo editor do jornal nicaraguense de oposição *La Prensa* – que, no ano seguinte, lançaria o libelo *Breaking Faith: The Sandinista Revolution and Its Impact on Freedom and the Christian Faith in Nicaragua* (Destruindo a fé: a revolução sandinista e seu impacto na liberdade e na fé cristã na Nicarágua). Expulso do país em 1982, Belli geria a organização Instituto La Puebla, formuladora de "respostas cristãs aos problemas das mudanças sociais" e opositora da Teologia da Libertação.

Faith apresentou seu entendimento sobre a incompatibilidade entre o marxismo e a religião, uma vez que "a aliança com Deus impede a total aliança e a subjugação pelo Estado, que, de acordo com Marx, é o veículo para a transformação secular do homem em Deus", destacando a virulência dos regimes socialistas contra os homens de fé. Assim, o cerco aos religiosos nicaraguenses se fecharia enquanto os sandinistas se consolidavam no poder, cabendo especial hostilidade aos evangélicos, "assediados, presos e mesmo torturados". Convidado a confirmar as palavras de Faith, o pastor Prudencio Baltodano relatou torturas que teria sofrido ao ser confundido com um membro das forças *Contra*, por preconceito de sua condição de pentecostal, acrescentando que semelhante perseguição ocorreria de maneira generalizada contra evangélicos de diversos tipos.

Também pelo viés da religião, a assessora de Reagan enquadrou o conflito entre o povo misquito e o governo, que estaria implementando uma "política de etnocídio indígena", sendo aquele povo em sua maioria católico e evangélico. Esse quadro foi confirmado por Wycliffe Diego, líder

---

56 CENTRAL INTELLIGENCE AGENCY. General CIA Records. *Transcript on Central America*. Document Number (FOIA) /ESDN (CREST): CIA-RDP86M00886R001200340008-7.

de organizações com propósito declarado de proteger os interesses dos misquitos, acrescentando que os sandinistas teriam queimado cinco mil habitações e 57 igrejas. Humberto Belli, por sua vez, denunciou a "aliança" entre sandinistas e parte do clero católico nicaraguense filiada à Teologia da Libertação, julgando que uma das "melhores armas dos sandinistas para legitimar sua repressão aos cristãos nicaraguenses" seria a "cumplicidade" dos cristãos por todo o mundo, simpáticos a essa linha teológica. De maneira complementar, a freira Geraldine Macías pintou a Teologia da Libertação como uma tentativa de infiltração cubana nas igrejas, que, imitando a linguagem cristã, consegue "confundir os cristãos com facilidade".

4

OS BRAÇOS EXECUTIVOS DO PARTIDO DA FÉ CAPITALISTA NOS ESTADOS UNIDOS E NO MUNDO

Planejamento e realização

Tendo visto os fóruns de discussão e planejamento nos quais o empresariado delineou um plano ideológico transatlântico acoplado a interesses econômicos, criado juntamente com intelectuais leigos, religiosos e funcionários governamentais, cabe agora ver as mais importantes instâncias executoras dessas diretrizes no espaço geográfico norte-americano e demais partes do mundo – excetuando-se o Brasil, que será visto na Parte III. Essas instâncias estão conectadas de perto com as organizações descritas no capítulo anterior, conforme comprova a sobreposição de componentes entre elas.

Sendo uma coligação heterogênea, o Partido da Fé Capitalista procura envolver em um projeto político comum religiosos de todos os tipos, estendendo a mão até mesmo para ramos do catolicismo e do judaísmo. Sua liderança e maioria numérica, entretanto, cabe às organizações evangélicas, sobretudo àquelas sediadas nos Estados Unidos. Entre elas, têm papel de destaque os fundamentalistas e seus simpatizantes, como os pentecostais.

Tais organizações executoras se dividem em grupos associativos de pressão política, laboratórios de ideias, organizações interdenominacionais voluntárias dedicadas à pregação religiosa em âmbito mundial e igrejas. Se, no que tange a esses três primeiros tipos de organizações, é possível dizer que sua prática converge completamente com os parâmetros acima, no caso das igrejas a situação é mais complexa. É preciso ressalvar que nem todos os seus membros aderem ao projeto hegemônico que procurou envolvê-los, sendo que muitos até mesmo se opõem a ele, enquanto outros contribuem de maneira involuntária, reproduzindo artefatos ideológicos de maneira acrítica.

As metamorfoses do Partido da Fé Capitalista

Primeiramente, é preciso atentar para as transformações históricas deste movimento lançado há mais de meio século. O Partido da Fé Capitalista não é monolítico, mas um conjunto de organizações que se transformam e se sucedem, adquirindo novos traços ideológicos e métodos, mas sempre representando um projeto de dominação capitalista arquitetado sobretudo nos Estados Unidos. Suas linhas gerais são o anticomunismo e a apologia ao livre mercado, através da aproximação retórica entre a democracia burguesa e as liberdades de empreendimento e de culto – negadas pelo planejamento econômico socialista e sua cultura ateísta –, e o ocultamento da exploração do trabalho como origem das mazelas sociais, para elas prescrevendo soluções espirituais e caritativas. A inflexão mais recente colocou em pauta a defesa de um liberalismo extremado, procurando reduzir a presença governamental às suas funções mais elementares, reproduzida pelas múltiplas ramificações atuais do Partido da Fé Capitalista. Redundando na intensificação mundial da partidarização de organizações religiosas, nos Estados Unidos essa inflexão fez o movimento se chocar com propostas governamentais de extensão da participação estatal em setores econômicos como a saúde e a educação. A unidade na direção do projeto religioso-ideológico, mais facilmente conseguida nos tempos nervosos da Guerra Fria, se esgarça, portanto, nas últimas décadas do século XX em função de disputas para a redefinição do espectro de atuação estatal no contexto da derrocada soviética e do revigoramento do liberalismo ortodoxo.

Como um sintoma desse racha, as organizações político-religiosas nos Estados Unidos voltam suas armas atualmente inclusive para grupos que desempenham função destacada na projeção mundial de interesses enraizados no respectivo país e com os quais colaboraram no passado, como a Comissão Trilateral e fundações como a Rockefeller, a Carnegie e a Ford. Os comunistas deixam, assim, de ser os bodes expiatórios preferenciais no decorrer das metamorfoses do fundamentalismo. Os novos alvos são todos os partidários da secularização social, como os defensores da laicidade do Estado e da educação e os que propõem uma rede de saúde pública que em casos especiais oferte serviços abortivos.

Tudo isso acontece enquanto o fundamentalismo adquire tons bélicos, com o lançamento do dominionismo na década de 1970. Passaram os evangélicos politicamente conservadores, então, a reproduzir uma "retórica da guerra",[57] revelando seu nexo com a indústria armamentista. Assim, o Partido da Fé Capitalista se torna ponta de lança na garantia dos interesses das empresas estadunidenses em face das questões mais sensíveis do presente, como a crise ambiental, desacreditada em púlpitos, publicações e programas de TV, e as demandas por novas fontes de petróleo, demonizando muçulmanos e todos os que se interponham à hegemonia global do capital estadunidense.

O dominionismo imprimiu ainda outra característica ao movimento: um nada frugal apetite pela política partidária, motivando o lançamento de organizações eleitorais como a Moral Majority e a Christian Coalition, erguidas sobre a convicção de que a batalha contra o Diabo requeria a entrada do cristianismo conservador nessa arena. Enfatizo aqui o termo "partidária", pois parto do pressuposto de que o conservadorismo religioso

---

57   HEDGES, *op. cit.*, p. 145.

norte-americano organizado sempre fez política por meio de suas intervenções ideológicas. Essa nova etapa apenas viu um prolongamento do seu espectro de atuação, que passou a abranger as estruturas partidárias nos Estados Unidos e no mundo.

Mais uma novidade foi a celebração da riqueza sob a Teologia da Prosperidade. Através dela o escamoteamento das causas sociais da pobreza passa a ser feito de forma mais explícita e eficiente, facilitando também a negação dos prognósticos sobre o esgotamento ambiental, apresentando soluções espirituais para a pobreza e cultuando um Deus provedor, garantidor do ilimitado usufruto das dádivas naturais por seus adoradores.

As igrejas

Entre as igrejas, cabe observar de perto a Assembleia de Deus, maior organização pentecostal do planeta, e a Igreja do Evangelho Quadrangular, pouco expressiva nos Estados Unidos, porém com presença significativa no Brasil e no resto do mundo. A Igreja da Unificação, apesar de numericamente minúscula, merece semelhante tratamento, em função de sua grande influência ideológica. Da mesma forma, são dignas de especial atenção a Convenção Batista do Sul, importante reduto fundamentalista nos Estados Unidos, intimamente ligada à Igreja Batista no Brasil; a Igreja Presbiteriana, berço do fundamentalismo; e a Renovação Carismática, importante ala conservadora católica.

Em termos quantitativos, uma pesquisa do Pew Research Center[58] indica que, no panorama diversificado do protestantismo/evangelicalismo estadunidense, a Assembleia de Deus é a sexta maior igreja, abraçada por 1,4% da população. Bem menor, a Igreja do Evangelho Quadrangular conta com a preferência de menos de 0,3%. Já a Convenção Batista do Sul é a maior igreja evangélica do país, reunindo 5,3% da população, enquanto as duas mais importantes igrejas presbiterianas conservadoras nos Estados

---

58 RELIGIOUS Landscape Study. *Pew Research Center*, [s.d.]. Disponível em: <https://www.pewforum.org/religious-landscape-study/>. Acesso em: 22 jun. 2021.

Unidos,⁵⁹ a Igreja Presbiteriana Bíblica e a Igreja Presbiteriana Ortodoxa, além da Igreja da Unificação, nem aparecem na pesquisa. A exemplo do resto do continente, a Igreja Católica é o maior grêmio religioso no país, com aproximadamente 20% da população.

O consórcio religioso conservador capitaneado a partir dos Estados Unidos não se resume a essas igrejas, envolvendo também parcelas de todas as denominações evangélicas e de organizações de fé de outros tipos, sendo especialmente atuantes adventistas, metodistas, Testemunhas de Jeová e mórmons. Elas, entretanto, não receberão aqui a mesma atenção em virtude do seu papel reduzido no mundo periférico.

A Assembleia de Deus

Em documento que toca brevemente o histórico das principais organizações pentecostais do país, o Departamento do Interior relata que, à moda fundamentalista, os "pais fundadores"⁶⁰ da Assembleia – fundada em princípios da década de 1910 em Hot Springs, Arkansas – protestavam "contra a moderna rejeição de Deus baseada na razão e na ciência". As origens dessas igrejas se localizam, portanto, no sul, especificamente da parte sudeste do Tennessee, a norte da Georgia e a oeste da Carolina do Norte, onde desde as décadas finais do século XIX populações "social e economicamente isoladas" partilhavam uma abordagem bíblica "entusiástica", "otimista" e emotiva. Tais contingentes fundaram inúmeras associações pentecostais que permaneceram interraciais apenas até a década de 1910, não sendo este, portanto, o caso da Assembleia de Deus, frequentada sobretudo por brancos. O fato é confirmado por pesquisa do Pew Research Institute, que contou serem 66% os assembleianos de cor branca, 25% de

---

59   O presbiterianismo se divide em muitas igrejas independentes. A primeira delas foi a Igreja Presbiteriana nos Estados Unidos, fundada em 1789. Dali saiu a Igreja Presbiteriana Ortodoxa, para onde migraram porções fundamentalistas da igreja original em 1936.

60   NATIONAL ARCHIVES AND RECORDS ADMINISTRATION. Coleção Records of the National Park Service, 1785–2006. *Tennessee MPS Rural African-American Churches in Tennessee MPS*.

latinos e apenas 3% de negros, percentual muito inferior à população negra estadunidense total, estimada em 14,2% no censo de 2020.[61]

Atualmente, a sede da Igreja funciona a algumas centenas de quilômetros ao norte, em Springfield, sul do Missouri. Conforme informações trazidas por publicação acumulada nos arquivos presidenciais pelo assessor de Bill Clinton Michael Waldman, a região é contemporaneamente um dos bastiões mais conservadores dos Estados Unidos, com grande predominância do Partido Republicano – conservadorismo esse que se refletiria "nas suas organizações religiosas politicamente ativas".[62]

Tal conservadorismo é atestado também pela pesquisa do Pew Research Institute sobre as inclinações religiosas dos norte-americanos. Ali, 57% dos assembleianos se declaram alinhados com o Partido Republicano, enquanto 27% penderiam para o Democrata. Um número ainda maior, 60%, se diz politicamente conservador, outros 24% moderados e apenas 11% se identificam como liberais. Em matérias estritamente econômicas, 59% são a favor da redução do Estado e seus serviços e 53% acreditam que a ajuda governamental aos pobres causa mais danos que benefícios. Ilustrando a grande influência fundamentalista entre os pentecostais, nada menos que 72% dos membros da Assembleia de Deus consideram que a Bíblia deve ser tomada de maneira literal como a palavra de Deus.[63] Esse dado sugere que o fundamentalismo é ainda maior na Assembleia de Deus do que na Convenção Batista do Sul, uma das primeiras organizações religiosas a abraçá-lo, e na qual 61% dos membros postulam a interpretação literal do texto religioso.

A exemplo de outras partes do mundo, o crescimento da Assembleia de Deus nos Estados Unidos foi concentrado nas últimas décadas do

---

61   RACE AND ETHNICITY IN THE UNITED STATES: 2012 CENSUS AND 2020 CENSUS. United States Census Bureau, [2021]. Disponível em: <https://www.census.gov/library/visualizations/interactive/race-and-ethnicity-in-the-united-state-2010--and-2020-census.html>. Acesso em: 17 jul. 2024.

62   NATIONAL ARCHIVES AND RECORDS ADMINISTRATION. Coleção Records of the Office of Speechwriting (Clinton Administration), 1993–2001. REA [*Reemployment Act*] *Congressional Committee Member Profiles* [*Binder*] [*4*].

63   "MEMBERS of the Assemblies of God". *Pew Research Center*, [s.d.]. Disponível em: <https://www.pewforum.org/religious-landscape-study/religious-denomination/assemblies-of-god/>. Acesso em: 22 jun. 2021.

século XX. Segundo matéria[64] de 21 de junho de 1998 do jornal *Los Angeles Times* que consta no acervo da assessoria de Clinton, esta foi a congregação religiosa com maior expansão nos últimos trinta anos do século XX, incrementando em 267% seus números. Outrora a "igreja dos pobres rurais" (noto que a Assembleia de Deus fez o mesmo percurso no Brasil, partindo do mundo rural para os subúrbios das grandes cidades em espaço de tempo semelhante) a Assembleia de Deus passou a ser vista ao longo dessas décadas como uma "tábua de salvação" para a classe média empobrecida, encontrando grande acolhida também entre "imigrantes latinos".

Poucos anos após sua fundação, a Assembleia de Deus iniciou um longo e bem-sucedido processo de mundialização. Já em 1911 missionários estrangeiros trouxeram a agremiação para o Brasil e, em 1915, já era possível encontrá-la em lugares tão distantes como o Japão, onde um certo senhor "Gray",[65] que vivia nos subúrbios de Tóquio e fazia parte de uma "missão de fé" norte-americana, lamentava jocosamente que seus dons divinos de falar em outras línguas em nada o ajudavam a aprender o idioma local.

Em princípios dos anos 1950, a Assembleia de Deus apareceu embalada pelo mesmo sentimento anticomunista emanado dos eventos e associações do capítulo anterior, ou pelo menos é o que comunicava seu semanário, *The Pentecostal Evangel*. Lamentando a precariedade da paz mundial na Guerra Fria apesar dos múltiplos esforços movidos pelos Estados Unidos para fazer do mundo um lugar melhor, como os "sacrifícios"[66] da Segunda Guerra, o estabelecimento da ONU e os "bilhões de dólares" em ajuda a países estrangeiros, o *Evangel* colocava tal estado de coisas na conta daqueles que "mantêm Deus fora de suas vidas". Repetia ainda trechos de discursos do presidente Truman sobre a "negação de todos os direitos humanos por trás de uma impenetrável cortina de ferro". Como remédio,

---

64   NATIONAL ARCHIVES AND RECORDS ADMINISTRATION. Coleção Records of the Office of Speechwriting (Clinton Administration), 1993–2001. *Arts and Humanities Medals 11/5/98* [*3*].

65   NATIONAL ARCHIVES AND RECORDS ADMINISTRATION. Coleção Records of the Foreign Service Posts of the Department of State, 1788 – ca. 1991. *Correspondence American Consulate In Yokohama 1932 Vol. 3 File Number 125.5-200*.

66   NATIONAL ARCHIVES AND RECORDS ADMINISTRATION. Coleção White House Public Opinion Mail Files (Truman Administration), 1945–1953. *National Day of Prayer, Requests For* [*2 of 3*].

prescrevia um "Dia Nacional de Humilhação e Reza", no qual bençãos seriam pedidas para "os missionários, pastores, evangelistas e todas as agências através das quais o evangelho está sendo espalhado", pois "um renascer espiritual é o único caminho para a paz", arregimentando para Deus multidões pelo planeta.

Já estabelecida por todo o mundo, nas décadas posteriores a Assembleia de Deus encontrou problemas semelhantes aos da World Vision, sendo também acusada de cooperação com operações de inteligência e insurgência em países politicamente desalinhados com os Estados Unidos. No começo de 1963, por exemplo, o missionário californiano e líder assembleiano Floyd C. Woodworth foi preso e deportado de Cuba sob a acusação de "espionagem para a Central Intelligence Agency".[67] Mais tarde, em 1973, a Assembleia, juntamente com outras oito organizações religiosas, foi expulsa de Uganda, novamente sob a alegação de "acolher espiões".[68] Entre os grupos banidos, outros dois eram pentecostais, a Elim Pentecostal Evangelistic Fellowship of Uganda e a United Pentecostal Churches. Foram convidadas a deixar o país também as igrejas Uganda Church of Christ, Testemunhas de Jeová e Quaker, ao lado das associações – a maioria de proveniência norte-americana – Campus Crusade For Christ, International Bible Students Association, The Navigators of Colorado, Child Evangelism Fellowship of Uganda, Emmaus Bible School e Legio Maria of African Church Mission.

A despeito das atrocidades cometidas pela ditadura de Idi Amin, as acusações certamente não careciam de fundamento, uma vez que a Assembleia de Deus é parte importante de um esforço internacional de evangelização e missionarismo empreendido por inúmeras organizações religiosas, sobretudo em países pobres e/ou rebeldes. Na convulsionada Guatemala, por exemplo, disputada em sangrenta guerra civil por forças fundeadas pelos Estados Unidos e grupos insurgentes diversos, alguns de inspiração socialista, a Assembleia e outras organizações evangélicas mantinham vigoroso trabalho de enraizamento. Segundo relatório da CIA de 1973, as igrejas pentecostais ali instaladas, "trabalhando em

---

[67] CENTRAL INTELLIGENCE AGENCY. General CIA Records. *(Untitled).* Document Number (FOIA) /ESDN (CREST): CIA-RDP75-00001R000100370074-6.

[68] WIKILEAKS. Public Library of US Diplomacy. *GOU Bans Certain Religious Organizations.* Canonical ID: 1973KAMPAL01904_b.

áreas urbanas pobres",[69] eram as que experimentavam mais rápido crescimento, "sobretudo em função do seu agressivo evangelismo". Entre as igrejas evangélicas em atividade na Guatemala alguns anos antes, quase todas "associadas e financiadas por uma organização parente nos Estados Unidos ou no Reino Unido", a Assembleia de Deus era a que contava com maior número de membros, somando 27.700, seguida da Evangelical Church, com 22 mil; da Igreja Presbiteriana, com 21.500; dos adventistas do sétimo dia, com 15.800; da Friends Church (Quaker), com doze mil, e da também pentecostal Church of God, com onze mil. É importante notar que tais números se referem a uma etapa ainda relativamente incipiente da penetração dessas organizações no país e em toda a América Latina, somando os evangélicos apenas 3% dos guatemaltecos, número que dispararia nas décadas seguintes.

Também na vizinha Honduras, um relatório[70] de 1973 mostra que a Assembleia de Deus se destacava entre as iniciativas religiosas estadunidense. Fundada em 1940, quase três décadas depois era a quarta maior igreja evangélica do país, com o maior número de unidades de "adoração regular". Entre as outras pentecostais, a Church of God, ali estabelecida dezenove anos antes, mantinha maior número de membros, surgindo a Igreja do Evangelho Quadrangular, aberta apenas em 1952, ainda com modesto rebanho, apesar de já conseguir manter uma "escola bíblica". Mas a informação mais interessante presente no relatório concerne à distribuição geográfica das organizações religiosas norte-americanas, sugerindo uma partilha combinada. Assim, a Assembleia de Deus centrava suas atividades no oeste e no sul; os batistas trabalhavam entre populações falantes do inglês na costa norte e suas ilhas; a missão interdenominacional Central American Mission cobria as terras altas do oeste e do centro; a Church of God atuava na costa do Caribe e na porção leste do departamento de Gracias a Diós; a Igreja Evangélica Luterana, na capital Tegucigalpa; e a Igreja Metodista ficava na costa norte e suas ilhas.

Ainda que refute a formalização de uma ação coordenada naquelas partes da América Central, a partilha é notada pela própria CIA em outro

---

69 CENTRAL INTELLIGENCE AGENCY. NIS. *National Intelligence Survey 71; Guatemala; The Society*. Document Number (FOIA) /ESDN (CREST): CIA-RDP01-00707R000200110050-8.

70 CENTRAL INTELLIGENCE AGENCY. NIS. *National Intelligence Survey 73; Honduras; The Society*. Document Number (FOIA) /ESDN (CREST): CIA-RDP01-00707R000200070018-9.

relatório,[71] dessa vez sobre o Panamá. Examinando a distribuição geográfica das iniciativas religiosas, o documento nota que "apesar dos vários grupos tenderem a concentrar seus recursos em regiões específicas, não há um acordo formal para tanto, como é o caso em outros lugares da América Latina". O documento sobre Honduras também lança luz sobre outro procedimento comum a essas organizações: a formação de bases dirigentes nativas. Assim, a despeito de haver "duzentos missionários protestantes dos Estados Unidos",[72] muitas igrejas "estão treinando hondurenhos para assumir papéis de liderança nos assuntos da igreja e estão gradualmente se transformando em igrejas 'nacionais' autossuficientes sob a liderança indígena". E aqui chamo atenção para as aspas apostas à palavra "nacionais" pelos técnicos da CIA. Mas voltando ao caso panamenho, embora relate o documento que àquela altura 93% da população aderia à fé católica, a Assembleia de Deus aparecia novamente entre os mais importantes grupos religiosos estadunidenses no estratégico país, atravessado por um canal que em muito facilitou o trabalho dos navios norte-americanos. Não obstante, em 1973 encontramos quinze denominações em ação ali, a maioria "patrocinada por juntas missionárias e sociedades sediadas nos Estados Unidos", semente que deu frutos, pois em 2014 os panamenhos evangélicos eram 19%, recuando os católicos para 70%.[73]

Em seu apetite por novos adeptos sobretudo em territórios ainda não desbravados, como os países não alinhados aos Estados Unidos, os pentecostais colocam-se em posição de igualdade com as mais engajadas igrejas e associações missionárias internacionais. Assim, vemos a sua entrada com ímpeto redobrado na ex-União Soviética nos primeiros anos subsequentes ao seu fim. Ali, diz matéria[74] do *New York Times* acumulada

---

71 CENTRAL INTELLIGENCE AGENCY. NIS. *National Intelligence Survey 77; Panama; The Society.* Document Number (FOIA) /ESDN (CREST): CIA-RDP01-00707R000200080046-7.

72 CENTRAL INTELLIGENCE AGENCY. NIS. *National Intelligence Survey 73; Honduras; The Society.* Document Number (FOIA) /ESDN (CREST): CIA-RDP01-00707R000200070018-9.

73 "RELIGIÓN en América Latina: Cambio Generalizado en una región históricamente católica". *Pew Research Center*, 2014. Disponível em: <https://www.pewresearch.org/wp-content/uploads/sites/7/2014/11/PEW-RESEARCH-CENTER-Religion-in-Latin-America-Overview-SPANISH-TRANSLATION-for-publication-11-13.pdf>. Acesso em: 05 out. 2020.

74 NATIONAL ARCHIVES AND RECORDS ADMINISTRATION. Coleção Records of the First Lady's Office (Clinton Administration), 1993–2001. *HRC Health Care Press.*

pelos assessores da então primeira-dama Hillary Clinton, o mais notório pregador pentecostal norte-americano da época, o televangelista Jimmy Swaggart, ao lado de líderes fundamentalistas como Billy Graham e da Igreja da Unificação, havia "recrutado centenas de milhares de seguidores" ainda em 1994.

A propósito, a Assembleia de Deus, como outras organizações religiosas estadunidenses, contribuiu para a erosão do bloco soviético. As possibilidades de fazê-lo foram em muito intensificadas com a criação de uma rede mundial de emissões radiofônicas, algumas delas lançando suas ondas para o interior dos países socialistas. Foi o caso, por exemplo, da Far East Broadcasting, fundada nas Filipinas em 1948 por três norte-americanos, John C. Borger, Robert Bowman e William J. Roberts, e dedicada a "espalhar a voz do cristianismo ao redor do mundo e através da cortina de ferro da Rússia soviética e da China Vermelha".[75] Armada de potentes transmissores, a FEBC gabava-se de atingir 25 países, com transmissões que, embora predominantemente religiosas, não descuidavam da política, procurando estimular a dissidência.

Declarava-se a rádio uma organização sem fins lucrativos, aberta a missionários e evangélicos de todos os tipos e que se mantinha exclusivamente com doações, apesar de em 1953 seu patrimônio atingir a cifra de 250 mil dólares. Seu relativo ecumenismo era atestado pelo rol de parceiros, composto por 21 associações missionárias interdenominacionais e 36 igrejas, a maioria esmagadora sediada nos Estados Unidos, como a Assembleia de Deus, que disponibilizava três membros para a produção e distribuição de conteúdo na Indonésia, nas Filipinas e em Singapura.

Quase três décadas depois ainda era possível ver a Assembleia envolvida no proselitismo radiofônico com fundo político, agora junto à National Religious Broadcasters. No encontro da organização em 1983 compareceu Ronald Reagan, cuja assessora, Elizabeth H. Dole, lembrou em relatório que a NRB "tem apoiado abertamente"[76] os programas do presidente, que seria recebido por alguns dirigentes, "pessoas que você

---

75   CENTRAL INTELLIGENCE AGENCY. General CIA Records. *Dear Staff Member*. Document Number (FOIA) /ESDN (CREST): CIA-RDP83-00423R000201040001-3.

76   NATIONAL ARCHIVES AND RECORDS ADMINISTRATION. Coleção Records of the Office of the President (Reagan Administration), 20/1/1981 – 20/1/1989. *31/01/1983 (case file 117231)*.

conhece", como os líderes fundamentalistas Bill Bright, Pat Robertson e Billy Graham, além de Thomas F. Zimmerman, superintendente-geral da Assembleia de Deus. Em seu discurso, Reagan não se limitou a abordar temas domésticos, como a campanha antiaborto, falando também sobre a responsabilidade dos religiosos estadunidenses para com os "companheiros crentes" perseguidos mundo afora. Sobre a NRB repousaria o "dever de fazer transmissões", abraçado agora também pelo governo, anunciando o presidente que a estatal Voice of America transmitiria para o mundo pela primeira vez uma cerimônia religiosa, filmada na véspera de Natal na National Presbyterian Church de Washington D.C. O reconhecimento da importância política da religião transparece em suas últimas palavras, assegurando que, graças aos esforços dos presentes, o exército vermelho estaria sendo vencido por Jesus Cristo, referindo-se ao ressurgimento cristão na União Soviética.

Como no exemplo acima, os elos da Assembleia de Deus com funcionários do governo dos Estados Unidos ganharam relevo na documentação do Poder Executivo daquele país – sendo mais intensos com líderes republicanos, que conseguiram aglutinar em torno de si a direita cristã, como Ronald Reagan e George Bush. Conforme matéria[77] do *Washington Post* de fevereiro de 1981, comentando o livro *The Election of 1980* (A eleição de 1980), organizado pelo professor de Ciência Política da Universidade Rutgers Gerald Pomper, a contribuição do círculo religioso que trabalhou na eleição de Reagan foi retribuída inclusive com a nomeação em cargos oficiais. Assim, notava o texto acumulado pela CIA (cujo diretor aparecia mencionado como católico) que a Secretaria do Interior, por exemplo, fora ocupada pelo membro da Assembleia de Deus James Watt; a de Educação, por um mórmon; a de Agricultura, por um luterano; e a de Comércio, por um integrante da United Church of Christ.

Tal cooperação, contudo, ia muito além da participação nos quadros oficiais. Em julho de 1981, por exemplo, o assessor presidencial Morton Blackwell organizou um encontro para informar líderes religiosos sobre assuntos bastante laicos: as políticas orçamentárias, regulatórias e fiscais do governo. O evento atestava o crescente entrelaçamento entre

---

77   CENTRAL INTELLIGENCE AGENCY. General CIA Records. *Reagan's Cabinet: It's Got Religion*. Document Number (FOIA) /ESDN (CREST): CIA-RDP90-00552R000302430011-9.

associações religiosas e a esfera estritamente estatal, nesse momento começando a penetrar em questões concernentes à administração interna do país, embora nas décadas precedentes tal relação tivesse se concentrado no âmbito da política externa, após a eclosão das organizações partidárias neofundamentalistas, como a Moral Majority. Entre os participantes do encontro, no qual a "direita cristã estava desproporcionalmente representada",[78] estava o pastor Thomas Gulbronson da Assembleia de Deus.

Também causou comoção no início dos anos 1980 a tentativa de Reagan de aprovar uma emenda constitucional, posteriormente barrada pelo Senado, permitindo orações em escolas públicas. Aqui, novamente, a opinião de líderes religiosos conservadores, como o pastor da Assembleia de Deus Jimmy Swaggart, pesou na decisão de apresentar a emenda. Em relatório dos assessores Morton Blackwell e Stephen H. Galebach em maio de 1983 estão arroladas as opiniões de diversos líderes religiosos a respeito do projeto, constando que para Swaggart a alternativa de se propor orações silenciosas era "muito fraca"[79] e que apenas iria apoiar o projeto se ele permitisse as manifestações em voz alta.

Mais adiante, já nos anos Clinton, a Assembleia, assim como outras organizações da direita cristã, reunidas ao redor de uma pauta culturalmente conservadora e economicamente liberal, uniram-se na oposição ao governo Democrata, mais resistente a demandas que punham em xeque a laicidade do Estado. Foi nesse contexto que os ativistas religiosos assembleianos Robert e Paul Schenk presentearam o então candidato Clinton com um feto morto,[80] prometendo após sua eleição a inauguração de um templo da Assembleia de Deus nos arredores do Congresso dos Estados Unidos, um "'megafone nacional" dos evangélicos para o Congresso".

Ao lado, por exemplo, da aversão ao avanço dos direitos dos homossexuais, essa virulenta posição antiaborto compunha um pacote ideológico,

---

78 NATIONAL ARCHIVES AND RECORDS ADMINISTRATION. Coleção Records of the White House Office of Public Liaison (Reagan Administration), 20/01/1981 – 20/01/1989. *Briefings Book (2 of 4)*.

79 NATIONAL ARCHIVES AND RECORDS ADMINISTRATION. Coleção Records of the White House Office of Policy Development (Reagan Administration), 20/01/1981 – 20/01/1989. *Chron File, 16/05/1983-13/06/1983*.

80 NATIONAL ARCHIVES AND RECORDS ADMINISTRATION. Coleção Records of the Task Force on National Health Care (Clinton Administration), 1993–1994. *Abortion: General News Articles*.

consubstanciado na dita "pauta moral", que não era abraçada apenas pontualmente e por membros mais extremados da Assembleia. Era, ao contrário, formada por preceitos emanados da própria direção da igreja que, apesar da relativa autonomia de suas diferentes unidades, através de seu presbitério geral, moveu campanhas nacionais de feitio conservador no âmbito dos costumes. Assim aconteceu em 1996, quando a Assembleia conclamou seus membros – 1,4 milhão de pessoas – a boicotarem os produtos da Disney em protesto à publicação do livro *Growing Up Gay* (Crescendo Gay), pela Hyperion Press, pertencente a ela; ao filme *Priest*, sobre um clérigo homossexual, lançado pela Miramax, também parte da Disney; e ao fato de o parque Walt Disney World ter recebido pelo sétimo ano seguido o Gay and Lesbian Day, organizado por ativistas da Flórida.[81]

Voltando à política externa, no calor da campanha contra o governo sandinista, que contava com uma frente ideológica-religiosa, como no caso do Grupo de Trabalho liderado por Faith Whittlesey, líderes da Assembleia de Deus, como Jimmy Swaggart, e outros conservadores pentecostais, como Oral Roberts e Rex Humbard – todos membros da organização política neofundamentalista Coalition for Religious Freedom –, frequentavam a Casa Branca a convite do assessor Morton Blackwell[82] para debater sobre a perseguição a cristãos nos países não alinhados.

Por tudo o que foi dito, não causa surpresa o fato de a Assembleia de Deus manter linha direta com o Departamento de Estado. Em 13 de janeiro de 1976, por exemplo, o reverendo Wesley Hurst, secretário para o extremo oriente da Assembleia de Deus, escreveu da sede da organização em Springfield para o secretário Henry Kissinger[83] pedindo que o Departamento solicitasse ao governo de Singapura uma explicação escrita para a expulsão do missionário Robert Ferguson. Mas, apesar das diligências, o governo de Singapura não aquiesceu ao pedido, limitando-se a prestar

---

81 NATIONAL ARCHIVES AND RECORDS ADMINISTRATION. Coleção Presidential Electronic Mail from the Automated Records Management System (ARMS), 20/01/1993 – 20/01/2001. [*13/07/1996 – 09/04/1996*].

82 NATIONAL ARCHIVES AND RECORDS ADMINISTRATION. Coleção Records of the Office of the Chief of Staff (Reagan Administration), 20/01/1981 – 20/01/1989. [*Religious Groups*].

83 WIKILEAKS. Public Library of US Diplomacy. *Expulsion of Reverend Robert Ferguson from Singapore*. Canonical ID: 1976STATE020608_b.

satisfações verbais ao embaixador John H. Holdridge, informado que a expulsão acontecera por um engano.[84]

Os elos entre a organização religiosa e o Departamento de Estado podem ser percebidos também em uma carta[85] do embaixador dos Estados Unidos na capital egípcia, Hermann Eilts, em agosto de 1977. O diplomata informava Kissinger sobre contatos com o missionário assembleiano Dale Barnett para discutir a situação da organização no país, bem como a das demais igrejas estrangeiras. Segundo Barnett, a Assembleia enfrentava menores dificuldades em construir templos desde a subida de Anwar Al Sadat ao poder (o governo Al Sadat marca o afastamento do país da influência soviética), prometendo remeter à embaixada uma lista com a localização dos que estavam em construção. Ao comentar sobre obstáculos remanescentes para a total liberdade de ação das igrejas ocidentais, Eilts menciona uma lei editada pelo Império Otomano em 1856, proibindo-as de se instalar perto de mesquitas. Informava o diplomata, entretanto, que pouco poderia ser feito no Congresso, onde haveria grande resistência para a revogação, enfatizando, por outro lado, a boa vontade do Executivo, que contornava o problema de "maneira prática e informal".

De maneira reveladora, a maioria da correspondência diplomática constante no banco de dados WikiLeaks concernente à Assembleia de Deus se refere a países fora da órbita de influência dos Estados Unidos, como o Vietnã. Ali, após sua expulsão em 1975, a Igreja labutou com afinco para cravar novas raízes, sendo essa a razão do contato de abril de 2002 do pastor Duong Thanh Lam com a cônsul-geral norte-americana na cidade de Ho Chi Minh, Emi Lynn Yamauchi. Queixando-se da persistente perseguição à Assembleia, que ali permanecia clandestina, rotulada como "uma religião contrarrevolucionária dos Estados Unidos",[86] Lam apresentava à estadunidense um levantamento da reduzida liberdade usufruída por sua organização em diversas partes do país, mas comemorava o fato de que, a despeito de ela estar entre as menores igrejas evangélicas

---

84   WIKILEAKS. Public Library of US Diplomacy. *Expulsion of Reverend Robert Ferguson from Singapore*. WikiLeaks. Canonical ID: 1976SINGAP00560_b.

85   WIKILEAKS. Public Library of US Diplomacy. *Muslim-Coptic Conflict in Assuit*. Canonical ID: 1977CAIRO14314_c.

86   WIKILEAKS. Public Library of US Diplomacy. *Assemblies of God in Vietnam: Still an "Underground Organization"*. Canonical ID: 02HOCHIMINHCITY400_a.

da região, vinha "crescendo rapidamente" após sua reorganização em 1989. De fato, o telegrama enviado ao Departamento de Estado notava o "vigor" dos assembleianos na conquista de novos seguidores, razão pela qual formavam "o segmento de mais rápido crescimento na comunidade protestante vietnamita".

A Igreja do Evangelho Quadrangular

As origens da Igreja do Evangelho Quadrangular (IEQ) retrocedem ao princípio do século XX, quando a pastora Aimee Semple McPherson percorreu os Estados Unidos oferecendo sessões de cura espiritual. Em 1923, ela abriu as portas de sua própria igreja em Los Angeles, Califórnia, a primeira de uma rede religiosa internacional que presidiria até 1944, quando seu filho, Rolf McPherson, assumiu, ficando à frente da igreja até 1988. O termo "Quadrangular" refere-se aos "quatro papéis de Jesus segundo as escrituras como salvador, batista no Espírito Santo, curandeiro e rei vindouro",[87] e exprime alguns dos pontos centrais da teologia pentecostal: o batismo no Espírito Santo, a prática da cura espiritual e a crença no retorno iminente do messias.

O pioneirismo da IEQ no evangelismo radiofônico é ilustrado pelo fato de McPherson ter se tornado a primeira norte-americana a controlar uma estação de rádio, a KSFG – comunicação eletrônica que foi importante motor de uma expansão mundial iniciada na Índia, em 1924. No que toca a América Latina, os quadrangulares iniciam sua expansão no Panamá, em 1928, atingindo todo o continente nas décadas seguintes.

A IEQ conta nos dias de hoje com quase dois mil templos nos Estados Unidos e noventa mil em outros 146 países, conforme sua página na internet, somando quase nove milhões de seguidores. Sua coordenação internacional é feita por meio de um Conselho Global, com os líderes nas nações onde a IEQ penetrou, "alguém, frequentemente nativo, que supervisiona o trabalho de todas as igrejas Quadrangulares no país em

---

87 "BELIEFS". *The Foursquare Church*, [s.d.]. Disponível em: <https://www.foursquare.org/about/beliefs/>. Acesso em: 09 out. 2020.

que vive".[88] No entanto, a documentação estatal brasileira sugere que há uma significativa ascendência da direção estadunidense sobre suas filiais internacionais.

Embora menor que a Assembleia de Deus dentro e fora dos Estados Unidos, tal como a primeira, a IEQ possui expressiva presença nos países pobres. Segundo dados de seu portal, contaria no Brasil com uma quantidade de templos quase seis vezes maior que em seu país de origem, somando onze mil unidades.[89] Na América Latina, apesar de ser global desde o princípio do século passado, sua expansão se acelera intensamente na década de 1950, de modo concomitante à agudização da Guerra Fria. Assim, documentação da CIA[90] preocupada com a política na América Central na década de 1970 registra que a IEQ se infiltrou em Honduras em 1952, fazendo parte da força-tarefa evangélica que ali dava os primeiros passos para corroer a influência católica e cubana. De fato, a exemplo do restante do continente, a população evangélica hondurenha explodiu nas décadas seguintes. Conforme a CIA, se em 1973 apenas 2,5% do país era evangélico, dados atuais do Departamento de Estado[91] se referem a 48% da população. No Panamá, onde a trajetória ascendente do evangelicalismo se repetiu, a IEQ, que concentrava seu proselitismo na região habitada pelos povos Choco, é listada pela CIA[92] como um dos maiores grupos evangélicos em 1973, com a ainda modesta soma de dez mil seguidores. Nota-se, ainda, que perto de duzentos pastores pregavam por ali, "quase a metade estrangeiros, muitos dos quais dos Estados Unidos".

As inclinações direitistas da IEQ afloram, por exemplo, em carta de congratulação a George W. Bush, em fevereiro de 2004, enviada por sua autoridade máxima, Paul Risser, ao lado das principais lideranças

---

88   "MEET Our Leaders". *The Foursquare Church*, [s.d.]. Disponível em: <https://www.foursquare.org/about/leadership/>. Acesso em: 09 out. 2020.
89   "FUNDAÇÃO da Igreja". *Portal da Igreja do Evangelho Quadrangular*, [s.d.]. Disponível em: <http://portalbr4.com.br/materias/5>. Acesso em: 09 out. 2020.
90   CENTRAL INTELLIGENCE AGENCY. NIS. *National Intelligence Survey 73; Honduras; The Society*. Document Number (FOIA) /ESDN (CREST): CIA-RDP01-00707R000200070018-9.
91   "2018 Report on International Religious Freedom: Honduras". *U. S. Department of State*, [2018]. Disponível em: <https://www.state.gov/reports/2018-report-on-international-religious-freedom/honduras/>. Acesso em: 09 out. 2020.
92   CENTRAL INTELLIGENCE AGENCY. NIS. *National Intelligence Survey 77; Panama; The Society*. Document Number (FOIA) /ESDN (CREST): CIA-RDP01-00707R000200080046-7.

religiosas conservadoras do país. O documento declarava apoio à emenda constitucional proposta por Bush para vetar o casamento entre pessoas do mesmo sexo, prometendo os signatários "informar e educar nossos constituintes sobre a importância e urgência dessa questão".[93]

Já a relevância da IEQ entre a malha de organizações religiosas que consolidam a influência norte-americana pelo mundo é visível nas palavras[94] da encarregada de negócios no consulado dos Estados Unidos na Birmânia, Shari Villarosa, sobre a visita em 2007 de delegação da ONU ao oeste do país, da qual tomou parte. Conta Villarosa sobre a boa recepção no norte do estado de Chin, região "muito pró-americana em função da influência passada de missionários americanos". Ali, quase todos manifestaram seu desejo de trabalhar nos Estados Unidos, havendo algumas solicitações de asilo político. Sem poupar críticas ao incompetente e repressivo governo birmanês, Villarosa comemorou a presença de ONGs religiosas que proviam serviços básicos, transparecendo que o Estado norte-americano visualizava suas igrejas como espaços para a organização das populações empobrecidas, frequentemente à revelia de seus próprios governos, acrescentando que aquela população "conseguiu se organizar para melhorar a situação da desprivilegiada Chin", no que "as igrejas merecem a maior parte do crédito". E elas se multiplicavam, apesar do governo que, diziam os pastores locais, apenas permitia novas construções à base de subornos, ironizando a diplomata que "baseado no número de igrejas que vimos em construção, os subornos não devem ser muito caros". Apesar de situadas no coração da Ásia, Villarosa notava que a maior parte dos frequentadores dessas igrejas era cristã. Nesse caso, malgrado a omissão, devemos ler *predominantemente evangélica de matriz norte-americana*, uma vez que as organizações mencionadas como mais comuns são a Batista, a Assembleia de Deus, a Testemunhas de Jeová, a Adventistas do Sétimo Dia e a Igreja do Evangelho Quadrangular.

---

93   NATIONAL ARCHIVES AND RECORDS ADMINISTRATION. Coleção Records of the White House Office of Records Management (George W. Bush Administration), 20/01/2001 – 20/01/2009. *751221 [1]*.
94   WIKILEAKS. Public Library of US Diplomacy. *Chin State: Where There Is Will, There Is a Way*. Canonical ID: 07RANGOON33_a.

A Igreja da Unificação

Conforme o advogado e ativista Danny Levitas, do Center for Democratic Renewal, associação progressista fundada para combater a Ku Klux Klan, apesar de contar com poucos milhares de seguidores nos Estados Unidos, a Igreja da Unificação exerceria uma "profunda influência"[95] social ali e no mundo, tendo "comprado muito da máquina política e intelectual e dos recursos da direita cristã".

Atualmente conhecida como Associação das Famílias para Unificação e Paz Mundial, a Igreja da Unificação foi fundada em 1954 pelo empresário Sun Myung Moon na Coreia do Sul. Teve ele a ajuda do coronel Bo Hi Pak, atuante nas forças dos Estados Unidos na Guerra da Coreia, e da teóloga Young Oon Kim. Teologicamente, assenta-se sobre os escritos de Moon, autointitulado messias, que escreveu o livro *Princípio divino*. Em termos ideológicos, ostenta um pronunciado anticomunismo, materializado em campanhas globais reunindo empresários, políticos, intelectuais e religiosos.

Campanhas foram realizadas por uma malha de organizações a ela vinculadas, entre as quais a mais importante seria a CAUSA International, comandada por toda a segunda metade do século XX pelo coronel Bo Hi Pak e que teve grande penetração entre a classe dominante do Brasil, da Argentina, da Bolívia e do Uruguai. A entidade manteve, ainda, elos próximos com as ditaduras do Cone Sul, por meio de contatos de Bo Hi Pak, assessorado pelo argentino Antonio Rodrigues Carmona, com os líderes desses regimes.

Mas a área de influência da Igreja da Unificação não se resume à América Latina; ela é um empreendimento mundial. Sabemos por matéria do *New York Times*, por exemplo, que já em 1994 os "moonitas", como são chamados seus seguidores, roíam o cadáver do bloco socialista, espalhando-se "por toda a antiga União Soviética".[96] Relatório a respeito da Rússia elaborado pela Comissão sobre a Liberdade Religiosa Internacional, constituída em maio de 2003 pelo governo dos Estados Unidos, traz

---

95 NATIONAL ARCHIVES AND RECORDS ADMINISTRATION. Coleção Records of the First Lady's Office (Clinton Administration), 1993–2001. *Nathan Cummings*.

96 NATIONAL ARCHIVES AND RECORDS ADMINISTRATION. Coleção Records of the Office of Speechwriting (Clinton Administration), 1993–2001. [*Press Clips*] *Monday, October 25, 1993* [1].

informações mais recentes. Segundo o documento, circulara na imprensa russa em finais de 2002 um relatório governamental intitulado "Sobre o melhoramento das medidas para responder ao extremismo religioso na Federação Russa".[97] Traduzindo a preocupação da administração Putin com a ação de grupos de fé estrangeiros, incomodava a comissão norte-americana o fato de várias organizações estarem ali arroladas como ameaças à segurança nacional por seu "extremismo religioso". Além de denunciar que grupos evangélicos estariam "usando a ajuda humanitária como um meio para desviar as pessoas (especialmente os jovens) do "Estado Russo, tradições nacionais, e cultura"', o papel responsabilizava tanto os Estados Unidos como a Coreia do Sul pelo financiamento dessas ações. Especificamente, os Testemunhas de Jeová e a Igreja da Unificação eram acusados de infiltração nas Forças Armadas e policiais a fim de colherem informações e espalharem sua ideologia. Com efeito, há comprovação documental sobre os esforços feitos pelo complexo CAUSA/Igreja da Unificação no Brasil com o fito de atrair para sua órbita membros do governo e das Forças Armadas, como se verá na Parte III.

A Convenção Batista do Sul

Com raízes em 1845, quando os batistas sulistas romperam com a porção norte, a Convenção Batista do Sul é, numérica e ideologicamente, a mais importante denominação evangélica nos Estados Unidos. Com perto de quinze milhões de seguidores, sua relevância doutrinária é ilustrada pelo fato de serem a ela afiliados os três líderes fundamentalistas mais importantes do século XX: Pat Robertson, Jerry Falwell e Billy Graham.

Em tempos mais recentes, os batistas do sul se viram dominados pela encarnação contemporânea da facção fundamentalista, que deslocou da direção os seus membros mais liberais, segundo revela o teólogo Alexandre de Carvalho Castro. O processo foi deflagrado pelo movimento conservador surgido nos anos 1980, Founders Conference, cuja meta

---

[97] NATIONAL ARCHIVES AND RECORDS ADMINISTRATION. Coleção Records of the White House Office of Records Management (George W. Bush Administration), 20/01/2001 – 20/01/2009. *574156* [*3*].

expressa seria religar a membresia com o que entendem ser a fé dos fundadores batistas. Fundadores tidos como afeitos à doutrina do destino manifesto dos Estados Unidos, cuidadosamente cultivada pelos fundamentalistas batistas atuais.[98]

A expansão desses novos fundamentalistas foi rápida, organizada e apoiada em conferências, publicações e material eletrônico. Valeram-se também de um órgão dedicado a promover reuniões ministeriais, o Founders Fraternals, para atrair batistas de diversas partes e estimular e alterar a doutrina das igrejas locais.[99] Resulta dessa campanha a preeminência no meio batista angariada pelo movimento nas últimas décadas, fato traduzido em um domínio ideológico fundado na construção de uma narrativa baseada na seleção e disseminação oportunista de certas concepções históricas e teológicas. Essas ideias podem ser vistas nas obras *By His Grace and For His Glory*, de Thomas Nettles, e *A Verdadeira Saga Batista*, de Chris Traffanstedt, que sugerem uma ligação do movimento batista contemporâneo com o calvinismo e advogam que seus fundadores foram puritanos ingleses e holandeses do início do século XVII – construção artificial, uma vez que o movimento de avivamento norte-americano do século XIX teria introduzido modificações na religião batista que tornou definitiva a sua separação da tradição europeia.[100] De todo modo, essa versão dos fatos serviria para legitimar a própria hegemonia fundamentalista na Convenção Batista do Sul, empreendida pelo Founders Conference, baseada em um "calvinismo reacionário",[101] semelhante ao abraçado pelos fundamentalistas adeptos da Teologia do Domínio.

Em termos políticos, 64% dos batistas do sul seriam simpatizantes do Partido Republicano, contra 26% mais afeitos ao Democrata. Também 64% se declaram como politicamente conservadores, ao lado de apenas 9% de liberais e 23% de moderados. 69% preferem a redução do Estado e dos seus serviços, e 62% creem que o auxílio governamental aos pobres mais atrapalha que ajuda. No que diz respeito à postura dos batistas diante da

---

98 CASTRO, *op. cit.*, p. 57.
99 *Ibid.*, p. 36.
100 *Ibid.*, p. 73.
101 *Ibid.*, p. 68.

Bíblia, confirma-se a pronunciada disposição fundamentalista de interpretá-la literalmente, alcançando 61% dos seus membros.[102]

Longe de circunscrever-se ao território norte-americano, o aprofundamento do fundamentalismo na Convenção avança por todas as partes do mundo tocadas pelos batistas. Com evidentes propósitos políticos, vide a sua ligação com o conceito de "destino manifesto", a doutrinação por ela praticada é atualmente importante componente do Partido da Fé Capitalista, sendo reproduzida com dedicação em países como o Brasil.

A Igreja Presbiteriana

O movimento fundamentalista foi iniciado no seio da Igreja Presbiteriana. Assim, não causa surpresa o fato de membros desta denominação aparecerem com frequência nas organizações que vertebram o Partido da Fé Capitalista, desde a FRASCO nos anos 1950 até recentes organizações partidárias, como a Christian Coalition.

Durante a maior parte do século XX, as igrejas presbiterianas conservadoras ideologicamente mais importantes, apesar de pequenas, foram a Igreja Presbiteriana Ortodoxa e a Igreja Presbiteriana Bíblica, fundadas em 1936 e 1937. A primeira delas foi constituída por fundamentalistas egressos da Igreja Presbiteriana nos Estados Unidos, como John Gresham Machen, um dos mais importantes teóricos deste movimento. Já a Igreja Presbiteriana Bíblica também deve suas origens a teólogos fundamentalistas, como James Oliver Buswell, Allan MacRae, Francis Schaeffer e Carl McIntire.

A Igreja Católica e sua Renovação Carismática

O ecumênico Partido da Fé Capitalista, ainda que tenha no setor evangélico sua ala mais atuante, obteve desde o início expressivo auxílio de setores conservadores da Igreja Católica. Assim, em princípios dos anos

---

102 "RELIGIOUS Landscape Study – Members of the Southern Baptist Convention". *Pew Research Center* [s.d.]. Disponível em: <https://www.pewforum.org/religious--landscape-study/religious-denomination/southern-baptist-convention/>. Acesso em: 22 jun. 2021.

1950 vimos os bispos católicos Michael J. Ready e John J. Wright, ao lado do vice-presidente da Catholic Association for International Peace, Thomas Mahoney, envolvidos com a FRASCO; cabendo a outro bispo, Fulton J. Sheen, uma das mais virulentas declarações anticomunistas na conferência Aspectos Estrangeiros da Segurança Nacional dos Estados Unidos de 1958. Essa cooperação prosseguiu em momentos mais recentes, como ilustrado pela presença em 1988 do arcebispo John F. Whealon nos quadros da Laymen's National Bible Association, ao lado de líderes fundamentalistas como Billy Graham.

Uma dificuldade em estudar o conservadorismo católico, no entanto, é o fato de que, mesmo que frequentemente ele se apresente concentrado em facções, como a Opus Dei ou a Renovação Carismática, aparece também difuso ao longo da imensa estrutura católica. Igreja atravessada por disputas internas que abriga religiosos dos mais diferentes matizes políticos, panorama confirmado também para o caso estadunidense, havendo atualmente ali um equilíbrio entre disposições conservadoras e progressistas, com uma leve vantagem para as primeiras. Partidariamente, há um predomínio Democrata, com 44% contra 37% de católicos republicanos, enquanto um número significativo, 19%, não se identifica com nenhum dos dois partidos. O conservadorismo, entretanto, é a posição política manifesta por uma maioria de 37%, ao lado de 36% que se dizem moderados e 22% liberais. Quanto ao papel do Estado, novamente predomina o equilíbrio, com 48% mostrando-se a favor da sua redução e 47% pleiteando a expansão dos serviços fornecidos. Equilíbrio que persiste na percepção sobre o benefício da função social do Estado, com 48% julgando ser útil o auxílio aos pobres e 46% advogando a sua nocividade. Em termos da influência teológica fundamentalista, ela parece ser bem pequena, uma vez que apenas 26% entendem a Bíblia como tradução literal da palavra divina, 36% acreditam que nem todas as suas partes devam ser lidas literalmente e 28% creem que a Bíblia não deve nem mesmo ser interpretada como a palavra de Deus.[103]

---

103 "RELIGIOUS Landscape Study – Catholics". *Pew Research Center*, [s.d.]. Disponível em: <https://www.pewforum.org/religious-landscape-study/religious-tradition/catholic/>. Acesso em: 22 jun. 2021.

Em termos globais, é possível, contudo, que ao longo das décadas de 1970 e 1980 a balança católica tenha ameaçado pender mais para o lado progressista, com o grande sucesso atingido pela progressista Teologia da Libertação entre seus clérigos. A fim de neutralizar o surto esquerdista, surgiram, porém, novas facções conservadoras, como a Renovação Carismática Católica, concebida em finais dos anos 1960 nos Estados Unidos.

Conforme a página na internet do National Service Committee, órgão formado por líderes carismáticos nos Estados Unidos, a Renovação Carismática Católica tem suas raízes em um retiro espiritual realizado em fevereiro de 1967 por universitários da católica Universidade de Duquesne, em Pittsburgh. Na ocasião, muitos teriam experimentado o batismo no Espírito Santo, ritual comum aos cultos pentecostais, sendo essa fusão um dos traços teológicos da Renovação. Pouco depois, o movimento se espalha primeiramente entre outras universidades norte-americanas e, em seguida, por todo o planeta, atingindo atualmente 238 países. O aval papal também não demoraria, tendo Paulo VI em 1975 saudado os carismáticos durante a Nona Conferência Internacional da Renovação.[104] João Paulo II, por sua vez, travou frequentes encontros com seus líderes.

Vale notar que a Renovação Carismática Católica se insere no mais amplo movimento carismático, iniciado na década de 1950 nos Estados Unidos. Um de seus principais difusores foi o pastor da Assembleia de Deus David Du Plessis, fundador do Full Gospel Business Men's Fellowship International, nascida em 1951, que reúne homens de negócios cristãos de todo mundo em torno de um projeto evangelizador que tem como alguns de seus princípios a unidade mundial dos cristãos e o batismo no Espírito Santo. Nas décadas seguintes, Du Plessis se esforçou para levar a mensagem pentecostal para outras denominações. Como resultado, já em princípios dos anos 1960 movimentos carismáticos ocorreram nas igrejas Episcopal, Presbiteriana, Luterana e Católica.[105]

Sua rápida expansão, bem como o caráter conservador e aliado à hegemonia norte-americana, transparece em documento de novembro de 2005 formulado pelo encarregado de negócios da embaixada dos Estados Unidos

---

104 "ABOUT Catholic Charismatic Renewal". *Catholic Charismatic Renewal National Service Comittee*, [s.d.]. Disponível em: <https://www.nsc-chariscenter.org/about-ccr/>. Acesso em: 23 jun. 2021.

105 MARSDEN, *op. cit.*, p. 77.

em Manila, Filipinas, Paul W. Jones. Com entre três e quatro milhões de seguidores, os carismáticos se apresentavam no país desde 1984 sob a forma do movimento El Shaddai (Deus todo poderoso em hebraico), fundado por Mariano Zuniega Velarde, também conhecido como Mike Velarde, dono da empresa de rádio e televisão Delta Broadcasting System e da desenvolvedora de ativos Amvel Land Development Corporation.[106] Divagando sobre a influência política de grupos religiosos no país, o documento atentava para o fato de que os carismáticos, ao lado de outras organizações religiosas, desde 1986 buscavam influenciar as eleições locais. Teriam sucesso sobretudo por serem seus seguidores "mais propensos que outros grupos a votarem em bloco",[107] sendo portanto decisivos em eleições apertadas. Foi este o caso do pleito presidencial de 2004, quando Gloria Macapagal-Arroyo venceu com margem estreita, para tanto contando com o apoio do El Shaddai. Formada nos Estados Unidos e pessoalmente relacionada com o ex-presidente Bill Clinton, Arroyo tratou de aproximar seu país da nação capitalista hegemônica, fato expresso, por exemplo, no apoio conferido pelas Filipinas à invasão do Iraque ordenada por George W. Bush.

Organizações interdenominacionais nos Estados Unidos

Nos Estados Unidos, coligações reunindo porções de diferentes igrejas exprimem uma grande divisão do campo religioso que remete frequentemente às disputas entre o conservadorismo fundamentalista e os partidários do modernismo teológico. Não há espaço aqui para abordar todas essas coligações, mas tanto observadores deste panorama como a documentação estatal norte-americana indicam que a fração conservadora vem se expandindo na segunda metade do século XX, especialmente após a década de 1970, quando já exerce considerável influência sobre a

---

106   A extração social do líder filipino é outro indicativo de que o movimento foi mundialmente cultivado por empresários, como aqueles envolvidos no Full Gospel Business Men's Fellowship International.

107   WIKILEAKS. Public Library of US Diplomacy. *The INC and El Shaddai*: Two Philippine Religious Groups with Political Clout. Canonical ID: 05MANILA5130_a.

maioria do público religioso estadunidense. É dessa fração hegemônica que virão os principais quadros do Partido da Fé Capitalista, razão pela qual irei me concentrar na maior associação por ela frequentada, a National Association of Evangelicals.

"Alternativa conservadora": a *National Association of Evangelicals*

Como vimos, a associação evangélica interdenominacional National Association of Evangelicals (NAE) caracteriza-se como uma alternativa conservadora à outra liga de igrejas estadunidenses, a mais liberal National Council of Churches (NCC). Essa diferença, contudo, precisa ser matizada, uma vez que em 1958 coube a um líder da NCC, o reverendo Edwin T. Dahlberg, sugerir uma "arma espiritual" para o combate internacional ao comunismo. Além de Dahlberg, outros cinco membros da NCC ali estavam como ouvintes, contra apenas um da NAE. O fato sugere que nas décadas formadoras do Partido da Fé Capitalista não houve grande diferenciação entre ambas as organizações, o que passa a acontecer pelo menos desde o final dos anos 1970, com um maior entrosamento entre a NAE e os grupos ultraconservadores, que no embalo do renascimento fundamentalista tomam a dianteira do movimento político-religioso.

Fundada em 1942 em Saint Louis, no Missouri, a NAE define-se como uma "agência cooperativa" devotada à reorganização do evangelicalismo conservador e fundamentalista, desarticulado em 1925 após o julgamento do professor John T. Scopes. A nova organização responderia também aos anseios de uma "maior cooperação nas missões e para a representação frente às autoridades civis".[108] Assim, a primeira iniciativa da NAE foi a abertura em 1943 de um escritório em Washington D.C. para auxiliar os contatos entre as agências missionárias e o Departamento de Estado e as transmissões evangélicas diante da Comissão Federal de Comunicação. De fato, a NAE viria a controlar uma das maiores[109] associações evangéli-

---

108 "OUR History". *NAE – National Association of Evangelicals*. [s.d.]. Disponível em: <https://www.nae.net/about-nae/history/>. Acesso em: 10 out. 2020.

109 Segundo Chris Hedges (2006, p. 175), a maior transmissora evangélica do mundo é a Trinity Broadcast Network, fundada em 1973, que em 2006 alcançava 75 países, transmitida por mais de seis mil estações. Comandada pelo pastor da

cas de emissoras de rádio e TV, a National Religious Broadcasters, fundada em 1944. Já no ano seguinte, a NAE abriu a Evangelical Foreign Missions Association, atualmente Missio Nexus, segundo suas palavras a "maior associação missionária do mundo". Em 1958 foi a vez dos pentecostais se juntarem ao grupo, com a entrada da Assembleia de Deus, da Church of God, da Igreja do Evangelho Quadrangular, da Pentecostal Church of God e da Pentecostal Holiness Church, que perfaziam, então, "quase dois terços dos membros da NAE".

Ainda nos anos 1950, uma de suas principais realizações foi contribuir com a rearticulação do movimento evangélico internacional por meio da World Evangelical Fellowship, fundada em 1951. Com o revigoramento fundamentalista dos anos 1970, obteve "crescimento quase recorde", passando a interessar-se pela política partidária em resposta à decisão de 1973 da Suprema Corte em endossar o direito ao aborto. Cerra fileiras, assim, com o Partido Republicano, compondo a coligação evangélica que levou Ronald Reagan ao poder. Significativamente, hoje sua sede fica em Washington D.C.

A filiação republicana, contudo, é apenas uma preferência. Representando "50 mil igrejas e oitenta denominações, bem como centenas de escolas e seminários",[110] a NAE é uma força presente em qualquer administração norte-americana, reunindo-se bianualmente com membros do Executivo para receber informes sobre política pública. Não foi diferente no governo do democrata Bill Clinton, apesar de seus assessores notarem que a organização movia juntamente com a Igreja Católica campanha contra o seu projeto de reforma do sistema de saúde, derrotado no Congresso pouco depois. Desse modo, em 1994 a NAE enviou uma comissão para passar quatro dias na capital, sondando "questões políticas de interesse dos seus membros". Não bastasse, desde 1954 alunos com tendências "moderadas a conservadoras",[111] matriculados em seminário da NAE com

---

Assembleia de Deus Paul Crouch e sua esposa Jan, a rede traz às telas alguns dos mais reacionários pregadores estadunidenses e de outras nacionalidades.

[110] NATIONAL ARCHIVES AND RECORDS ADMINISTRATION. Coleção Records of the Domestic Policy Council (Clinton Administration), ca. 1992 – 20/01/2001. *Chron. File, April 1994.*

[111] NATIONAL ARCHIVES AND RECORDS ADMINISTRATION. Coleção Records of the Office of the Public Liaison (Clinton Administration), 1993–2001. *Invitations for*

a Universidade Olivet Nazarene, são recebidos anualmente na Casa Branca para conhecerem as "iniciativas legislativas da Administração".

O entrelaçamento da NAE com o governo, remontando aos tempos de Eisenhower, novamente vem à tona em parcerias para programas assistencialistas realizados por seu braço filantrópico fundado em 1944, a World Relief. Além de figurar no seleto grupo de dez agências autorizadas pelo Departamento de Estado para o reassentamento de refugiados, o "governo dos Estados Unidos confia à World Relief a tarefa de realizar programas de combate à pobreza orientados para resultados ao redor do mundo em nome do povo americano",[112] conforme panfleto distribuído pela organização nos anos 1990 e acumulado pelos assessores de Clinton.

Mas é entre os governos republicanos que a NAE se sente mais à vontade. O entusiasmo que devotou à administração Bush transbordou em convites para a sua participação na Convenção Nacional da NAE de 2004. O dirigente Ted Haggard, não satisfeito em fazer chegar o convite ao presidente, escreveu para o assessor Karl Rove, na esperança de que este convencesse Bush a aparecer. Indo direto ao ponto, Haggard coloca na mesa o fato de sua organização representar 48 milhões de cristãos norte-americanos, lembra Rove da participação de Reagan na edição de 1983, onde o ex-presidente se referiu à União Soviética como "Império do Mal", e termina acenando com a oportunidade de Bush, da mesma forma, servir-se da próxima convenção como palanque.[113]

Organizações religiosas dedicadas à política partidária

Em um dos muitos discursos proferidos por Gerald Ford diante da NRB, transparece de maneira incisiva a compreensão, partilhada por grande

---

Alexis Herman Regretted, December 1994-January 1995 [1].

112   NATIONAL ARCHIVES AND RECORDS ADMINISTRATION. Coleção Records of the National AIDS Policy Office (Clinton Administration), 1993–2001. *World Relief.*

113   NATIONAL ARCHIVES AND RECORDS ADMINISTRATION. Coleção Records of the White House Office of Records Management (George W. Bush Administration), 20/01/2001 – 20/01/2009. *563076.*

parte dos homens religiosos dos Estados Unidos de que haveria uma saudável e mesmo inquebrável sinergia entre religião e política. Há muito presente entre setores mais conservadores daquela sociedade, que viam sua Constituição inspirada em princípios divinos, tal compreensão parece avançar em largos passos ao longo da década de 1970 com o surgimento de organizações religiosas dedicadas à política partidária. Falando para essa plateia, disse Ford em janeiro de 1975 que, quando prestou seu juramento como presidente, mantinha consigo a Bíblia aberta no seguinte provérbio: "Confie no Senhor de todo o seu coração e não se apoie em seu próprio entendimento; reconheça o Senhor em todos os seus caminhos, e ele endireitará as suas veredas".[114] Concluiu acrescentando supor que a recomendação dessas palavras não atentaria contra a separação entre Estado e Igreja e que, se este fosse o caso, George Washington teria feito o mesmo.

Ronald Reagan foi mais um a colocar lenha nessa fogueira, repelindo os que pedem uma mais nítida separação entre Igreja e Estado em outra reunião da NRB. Redarguiu que, novamente, George Washington teria beijado a Bíblia no lançamento da Constituição estadunidense e que John Adams, convencido de que "Deus governa os assuntos humanos",[115] a via como "o melhor livro do mundo". Passagens que mostram que a interpenetração entre Igreja e Estado não é um fenômeno recente nos Estados Unidos. Ocorre ao longo dos anos 1970, entretanto, uma reorganização das associações religiosas norte-americanas, que passam a intervir mais diretamente na política partidária dentro e fora dos Estados Unidos, embaladas pela nova Teologia do Domínio.

Inclinadas para o Partido Republicano, tais associações foram providenciais na eleição de Reagan e dos dois Bush e por pouco não impediram a vitória de Clinton, uma vez que, segundo dados do *USA Today*,[116] George Bush conseguira 61% dos votos de eleitores protestantes e evangélicos,

---

114   NATIONAL ARCHIVES AND RECORDS ADMINISTRATION. Coleção President's Speeches and Statements Reading Copies (Ford Administration), 1974-1977. *28/01/75 – National Religious Broadcasters' 32nd Annual Congressional Breakfast.*

115   NATIONAL ARCHIVES AND RECORDS ADMINISTRATION. Coleção Records of the Office of the President (Reagan Administration), 20/01/1981 – 20/01/1989. *31/01/1983 (case file 117231).*

116   NATIONAL ARCHIVES AND RECORDS ADMINISTRATION. Coleção Records of the Office of Speechwriting (Clinton Administration), 1993-2001. [*Press Clips*] *Monday, July 19, 1993.*

enquanto Clinton ficara com 23%. Tal predileção, contudo, é um fenômeno recente. A empresa de consultoria National Journal[117] constatou a progressiva migração para o Partido Republicano do voto protestante e evangélico, que se em finais dos anos 1970 e início dos 1980 ainda pertencia majoritariamente aos democratas, em 1994 comporia por volta de 30% a 40% de todo o eleitorado rival.

Ao lado da chamada "pauta moral", compreendendo a campanha antiaborto, contrária à extensão do direito de casamento aos gays e à laicidade do Estado, figuram uma série de bandeiras economicamente ultraliberais entre as principais reivindicações das organizações cristãs organizadas. Voltam-se elas contra a presença estatal em diversas esferas, como a educação e a saúde, demandam cortes orçamentários e reduções de impostos e dissimuladamente defendem os interesses da indústria armamentista. Dois dos seus principais líderes, Pat Robertson e Jerry Falwell, por exemplo, já manifestaram publicamente repúdio à educação pública, dizendo o primeiro que "dinheiro de impostos gasto na educação pública injeta ateísmo em nossa sociedade",[118] enquanto o segundo espera ver o dia em que "não teremos nenhuma escola pública".

Importante espaço de arrecadação e reprodução ideológica, as escolas religiosas multiplicavam-se rapidamente nas décadas de 1960 e 1970, sobretudo em função de decisões da Suprema Corte vedando orações e leituras da Bíblia em escolas públicas.[119] Desde princípios da década de 1970, entretanto, o governo federal movimenta-se para assegurar que o processo de dessegregação das escolas, em vias de se completar nas escolas públicas, atingisse também as particulares. Ainda que tais políticas tenham sido iniciadas por Nixon e prosseguidas sob Gerald Ford, o democrata Jimmy Carter foi o maior alvo da "fúria fundamentalista" quando, em 1978, procurou estabelecer uma política de cotas raciais para que escolas privadas pudessem pleitear isenções fiscais, simultaneamente ameaçando a arrecadação dessas

---

117 NATIONAL ARCHIVES AND RECORDS ADMINISTRATION. Coleção Records of the Domestic Policy Council (Clinton Administration), ca. 1992 – 20/1/2001. *Chron. File, April 1994.*

118 NATIONAL ARCHIVES AND RECORDS ADMINISTRATION. Coleção Presidential Electronic Mail from the Automated Records Management System (ARMS), 20/01/1993 – 20/01/2001. [*12/11/1998*].

119 ROCHA, 2020, p. 105.

instituições e afrontando o arraigado racismo sulista, região que concentrava a maioria das escolas fundamentalistas. A medida, entretanto, teve pernas curtas, detida por articulações lobistas da direita cristã.[120]

Não surpreende, assim, que a redução do Estado surja como foco das organizações partidárias cristãs já nos primeiros anos de Reagan, quando buscaram aprovar sem sucesso emenda constitucional que limitasse os gastos governamentais.[121] A proposta, que acabou derrotada, foi apresentada ao Congresso em 29 de abril de 1982 como uma necessária revogação do New Deal, cujas distorções sobre o papel do Estado urgia corrigir. Redundando em progressivos déficits desde 1950, combatia-se a compreensão do orçamento governamental como ferramenta de política econômica, e um constante incremento da participação do Estado em questões de bem-estar social.

A proposta de emenda veio um ano após Reagan lançar um pacote de corte de gastos, negociado com sua base de líderes conservadores, muitos deles religiosos. Todavia, Paul Weyrich, um dos fundadores do grupo cristão de pressão política Moral Majority e membro de tantos outros clubes conservadores, opinou que os cortes não eram suficientes.[122] Correspondente contumaz de Reagan, Weyrich apresentara a si e seu grupo, em carta de fevereiro de 1981, como "envolvidos no movimento pelo governo limitado, livre iniciativa, uma forte defesa nacional e valores da família tradicional".

Na década subsequente, a campanha seguiria ganhando ímpeto, na medida em que as organizações político-religiosas evoluíam em alcance e organização. Sua mais poderosa célula nos anos 1990, a Christian Coalition, moveu vigorosa campanha contra as políticas menos liberais de Clinton. Em fevereiro de 1993, a Coalition assinou junto com outras 102 associações, entre elas a Family Research Council, um manifesto[123] contra

---

120   Ibid., p. 106.
121   NATIONAL ARCHIVES AND RECORDS ADMINISTRATION. Coleção Records of the White House Office of Public Liaison (Reagan Administration), 20/01/1981 – 20/01/1989. *Coalitions for America (2 of 2)*.
122   NATIONAL ARCHIVES AND RECORDS ADMINISTRATION. Coleção Records of the White House Office of Public Liaison (Reagan Administration), 20/01/1981 – 20/01/1989. *Coalitions for America (1 of 2)*.
123   NATIONAL ARCHIVES AND RECORDS ADMINISTRATION. Coleção Records of the National Security Council Speechwriting Office (Clinton Administration), ca. 1993 – ca. 2001. *New Direction – Kemp-Weber Briefing*.

os aumentos de taxas propostos pelo presidente. Segundo o documento, impostos mais altos, inclusive sobre o lucro corporativo, apenas fragilizariam a economia, sem reequilibrar as contas públicas. Estas "taxas contraproducentes" deveriam, na ótica dos signatários, ser abandonadas em favor de "políticas econômicas projetadas para encorajar o empreendedorismo, a criação de empregos, e o investimento no setor privado".

Assim, no que diz respeito, por exemplo, às propostas de aumento da presença estatal na Saúde, organizações religiosas conservadoras, e não o empresariado, estariam assumindo a linha de frente na oposição político-ideológica. Ou pelo menos é o que disse Gary Bauer, diretor do Family Research Council, em matéria de abril de 1994 enviada por um cidadão ao escritório da primeira-dama Hillary Clinton. Podemos supor, no entanto, que as suas palavras buscassem camuflar uma realidade sugerida pelas fontes documentais, a de que tais organização, antes de ocuparem um lugar deixado vago pelas corporações, na verdade apenas representariam publicamente seus interesses. A conclusão encontra bases nos próprios dizeres de Bauer, que alega ser o propósito de seu movimento restituir às "famílias, comunidades e associações privadas",[124] à esfera particular, enfim, o poder de gestão sobre os cuidados médicos usurpado pelo Estado. A documentação não entrega a identidade do remetente da matéria, mas seu apoio às propostas de Bauer transparece na palavra "fascismo" grafada à mão ao lado do título da matéria "Colocando o governo em primeiro lugar". Fato também indicativo da adesão do anônimo eleitor a princípios ideológicos propagados por setores ultraconservadores, que em simplificação conceitual grosseira e desonesta invariavelmente associam a maior presença estatal na vida pública com o fascismo. O inequívoco comprometimento das organizações cristãs com essa plataforma, e não com partidos ou atores estatais, aflora, por sua vez, nas duras críticas[125] que George W. Bush recebeu de sua base em 2003, em especial de Paul Weyrich, após aprovar ajuda para o fornecimento de medicamentos.

---

124   NATIONAL ARCHIVES AND RECORDS ADMINISTRATION. Coleção Records of the Task Force on National Health Care (Clinton Administration), 1993–1994. *Correspondence Non-Response Published Clippings w/Comments* [Folder 1] [1].

125   NATIONAL ARCHIVES AND RECORDS ADMINISTRATION. Coleção Records of the White House Office of Records Management (George W. Bush Administration), 20/01/2001 – 20/01/2009. *607825* [1].

Mas o abalo não foi suficiente para estremecer as ótimas relações de Weyrich e da direita cristã com Bush. Nem poderia ser diferente, uma vez que naquele governo houve acentuada transferência de recursos e atribuições do Estado para organizações privadas controladas por religiosos. Em 2003, essas entidades receberam 8,1% da verba concedida pelo governo federal a instituições de assistência social. Em 2004, esse número subiu para 10,3%, e 11% em 2005, perfazendo então mais de 2,15 bilhões de dólares.[126]

A aliança das organizações partidárias evangélicas com o empresariado traduz-se, também, no recuo na defesa usualmente intransigente da pauta moral quando ela se interpõe aos interesses corporativos. É exemplar desse caso acontecimento de junho de 1997, quando se davam as negociações entre o governo estadunidense e o chinês para firmar acordos para trocas comerciais e participação de empresas dos Estados Unidos no país asiático. Segundo matéria da empresa InsideHealthPolicy,[127] que publica informações sobre a rotina do governo norte-americano, a princípio encontrando forte oposição lobista da direita cristã, a iniciativa viu sua resistência esmorecer após manifestações favoráveis de alguns grupos cristãos, atendendo pedidos de Billy Graham, sob um pano de fundo de progressiva pressão empresarial para a sua aprovação.

Poucas semanas antes das negociações avançarem no Congresso, entretanto, Gary Bauer travava campanha pública contra a normalização do comércio com a ateísta China, declarando que o comércio não seria o mais alto valor estadunidense.[128] Também Ralph Reed, da Christian Coalition, em março de 1997 bradava contra as negociações com a China, prometendo barrá-las no Congresso. Para ele, ao contrário de beneficiá-la com acordos comerciais, os Estados Unidos deveriam punir a China por alegadas violações aos direitos humanos,[129] especificamente a perseguição aos cristãos.

---

126 HEDGES, *op. cit.*, pp. 23-24.
127 NATIONAL ARCHIVES AND RECORDS ADMINISTRATION. Coleção Records of the Office of Policy Development (Clinton Administration), 1993-2001. *Trade Publications* [*Fast Track*] [*2*].
128 NATIONAL ARCHIVES AND RECORDS ADMINISTRATION. Coleção Records of the Office of Speechwriting (Clinton Administration), 1993-2001. FEC [*Federal Election Commission*] *Soft Money/Campaign Finance*.
129 NATIONAL ARCHIVES AND RECORDS ADMINISTRATION. Coleção Tape Restoration Project (TRP) Emails, 20/1/1993 – 20/1/1993. [*17/03/1997 – 29/05/1997*].

Curiosamente, Pat Robertson, mentor da Christian Coalition, representada por Reed, não tinha as mesmas reservas para negociar com os asiáticos, lançando em 1995 empresa fornecedora de TV a cabo em território chinês.[130] O fez em parceria com a multinacional Lippo Group, da muçulmana Indonésia, e um grupo de empresários da também predominantemente muçulmana Malásia. Sendo assim, seguindo a maré dos acontecimentos, apenas três anos depois vemos a Christian Coalition proferir um discurso completamente distinto com relação à China. O sucessor de Reed na Coalition entre 1997 e 2000, Randy Tate, passou a apresentar a integração econômica, já consumada pelo empresariado e pelo Congresso, como um positivo veículo de mudança, pois uma China isolada resistiria a mudanças e estaria mais propensa a ser agressiva com os vizinhos.[131] Lacrou a discussão concluindo que "Admitir a China na OMC pode não transformar sua ditadura numa democracia. Mas é o passo correto em direção a este objetivo".

O Partido da Fé Capitalista, entretanto, não se limitou a influenciar a política partidária doméstica. Vem ele também intervindo em todos os países do mundo, seja com os braços locais de organizações religiosas sediadas nos Estados Unidos, seja inspirando ações semelhantes por organizações nativas cuja gênese e disseminação se deu sob seu patrocínio ideológico, como a brasileira Igreja Universal do Reino de Deus. Em todos os lugares, porém, seu programa é semelhante: a denúncia de uma suposta decadência moral, apresentada como raiz de variados problemas sociais, o encolhimento do Estado e o ataque à sua laicidade, a liberalização da economia e a repulsa ao socialismo "ateu", associado aos movimentos tidos como de esquerda.

Foi neste espírito que o reverendo Billy Bright, presidente da Campus Crusade for Christ, dias antes da realização de um grande congresso evangélico na Coreia do Sul, a Explo 74, indo na contramão de inúmeras denúncias de perseguições sofridas por religiosos progressistas nas

---

130 NATIONAL ARCHIVES AND RECORDS ADMINISTRATION. Coleção Records of the Office of the Counsel to the President (Clinton Administration), 1993–2001. *Thompson Committee Final Report Volume 1* [*3*].

131 NATIONAL ARCHIVES AND RECORDS ADMINISTRATION. Coleção Presidential Electronic Mail from the Automated Records Management System (ARMS), 20/01/1993 – 20/1/2001. [*08/01/2000 – 11/01/2000*].

mãos do regime sul-coreano, declarou que naquele país a liberdade religiosa seria ainda maior do que nos Estados Unidos, onde "o evangelismo nas escolas e em outros lugares públicos foi limitado pela doutrina da separação entre Igreja e Estado".[132] Prevendo receber entre seiscentas e setecentas mil pessoas, a Explo 74 teria como principais atividades oração em massa e o treinamento de evangelizadores em quatro mil salas de aula por toda a cidade de Seul.

No mesmo ano, o ditador sul-coreano Park Chung-hee convidou o reverendo fundamentalista Carl McIntire, que sugeriu a Truman o uso de armas nucleares na Coreia do Norte, para entrevistá-lo e gravar participação em programa na TV estatal coreana, a KBS-TV. A visita foi acompanhada de declarações elogiosas ao governante, "um destemido guerreiro anticomunista",[133] e de justificativas à repressão de alguns grupos cristãos "subvertidos por comunistas", legítima "à luz dos problemas de segurança da Coreia". Tão estreitas eram as relações entre os cristãos conservadores e o governo sul-coreano, que o embaixador William H. Gleysteen contou que o extremismo da campanha feita por organizações cristãs levava dissidentes coreanos, religiosos e laicos, a crer que elas buscavam facilitar as restrições aos direitos humanos no país ao "super enfatizar"[134] a ameaça do Norte. Essa oposição denunciava que eram subsidiados pelo regime grupos como a Liga Cristã Anticomunista, da qual o diplomata suspeitava fazer parte o pastor Billy James Hargis, fundamentalista muito próximo a McIntire.

Presidente da confederação internacional de evangélicos conservadores International Council of Churches, encontramos McIntire já no ano seguinte sendo expulso do Quênia. A razão para tanto residiu em dois fatos: em primeiro lugar, às críticas públicas e exigências de pedidos de desculpas feitas pelo pastor ao governo local, que vetara a vinda do dissidente soviético Alexander Soljenítsin para o país, em cuja capital uma

---

132   WIKILEAKS. Public Library of US Diplomacy. *Explo '74*. Canonical ID: 1974SEOUL05202_b.
133   WIKILEAKS. Public Library of US Diplomacy. *Rev. Carl McIntire, chairman of International Council of Churches comments on Corean Church Scene*. Canonical ID: 1974SEOUL07695_b.
134   WIKILEAKS. Public Library of US Diplomacy. *Invitation to Ruth Carter Stapleton to Visit Korea*. Canonical ID: 1978SEOUL08445_d.

conferência da ICC era realizada;[135] em segundo lugar, aos elogios que fez ao líder racista da Rodésia Ian Smith, segundo McIntire um "defensor da civilização". A despeito dos protestos da embaixada dos Estados Unidos em Nairóbi, o governo queniano firmou pé na questão, respondendo que a deportação do evangélico se deveu a "comentários hostis sobre o Quênia e os movimentos de libertação na África".[136]

Mais ao sul, a embaixada dos Estados Unidos em Pretória, África do Sul, relatou em outubro de 1978 que certo número de igrejas evangélicas na vizinha Namíbia estava somando esforços para contrapor-se à campanha movida pelas sete maiores igrejas do país contra o adiamento das eleições pretendido pelo governo segregacionista da África do Sul, da qual a Namíbia ainda não havia se emancipado. Formado predominantemente por organizações religiosas estadunidenses, além da Igreja Reformada Neerlandesa e dos metodistas, o consórcio religioso namíbio contava com a Igreja Batista; a Full Gospel Church, autorizada pela Pentecostal Protestant Church a representá-la; e as também pentecostais Apostolic Faith Mission; Assembleia de Deus; e United Apostolic Faith Mission. Em manifesto conjunto entregue aos ministros das relações exteriores da Alemanha Ocidental, Hans-Dietrich Genscher, e do Canadá, Don Jamieson, declarava-se que as suas rivais "não falam por todas as igrejas no território e que elas não necessariamente representavam a visão política de seus membros".[137] O mesmo documento exprimia o motivo da união das queixosas: a preocupação de que "uma forma de governo neomarxista e anticristã pudesse vir ao poder". Tratava-se das eleições legislativas, de fato acontecidas em dezembro de 1978, para a instituição de um Congresso semi-independente. Temiam as igrejas norte-americanas a influência da Organização do Povo do Sudoeste Africano (SWAPO), grupo guerrilheiro pela independência da Namíbia que, naquela altura, seguia linha socialista. Para alívio dos conservadores cristãos, contudo, não apenas a SWAPO foi excluída da eleição, como a Namíbia continuaria sob o jugo

---

135 WIKILEAKS. Public Library of US Diplomacy. *GOK Deports dr. Carl McIntire*. Cancnical ID: 1975NAIROB06326_b.

136 WIKILEAKS. Public Library of US Diplomacy. *Kenyan Deportation of dr. Carl McIntire*. Canonical ID: 1975NAIROB06357_b.

137 WIKILEAKS. Public Library of US Diplomacy. *Evangelical Unhappiness with Arena Could Impact Election*.

sul-africano até 1990, quando, independente, passou a ser governada por uma SWAPO não mais socialista.

Passando à América Latina, sabemos pela ocasião da visita do pastor pentecostal estadunidense Rex Humbard ao Chile de Pinochet que ali as "igrejas mais fundamentalistas"[138] proviam apoio ao regime, segundo palavras da própria representação diplomática norte-americana em Santiago. Os veículos televisivos do governo do Chile deram "extensiva cobertura" à visita de Humbard, que se dizia "feliz num país tão livre", onde mantinha "muitos seguidores evangélicos".

Na América Central, vemos o embaixador dos Estados Unidos em El Salvador, Charles L. Glazer, reportar em 2008 a crescente importância partidária das igrejas evangélicas. Segundo Glazer, lideranças religiosas teriam feito intensas críticas ao governo direitista do partido Arena, ameaçando retirar seu apoio nas eleições vindouras. A queixa referia-se à quebra de promessa do presidente Elias Antonio Saca em empossar um evangélico em comissão que promulgaria reformas para facilitar o reconhecimento de igrejas. Notando que alguns analistas descreviam os evangélicos locais como organizados e obedientes, Glazer conclui que "nenhum partido pode se dar ao luxo de perder" o apoio do grupo, somando 29% da população, dando como provável uma reconciliação. Outros dados interessantes trazidos pelo telegrama contam que a Assembleia de Deus era a maior agremiação religiosa do país, reunindo 18% de salvadorenhos, e que, ao lado das demais igrejas pentecostais, ela havia historicamente apoiado a Arena. Em outro telegrama,[139] o encarregado da embaixada norte-americana Robert Blau dizia ser a Arena um partido com fortes elos com os Estados Unidos e defensor do livre mercado.

Também na ex-União Soviética a política passou a ser espaço progressivamente frequentado por evangélicos. Em conversa de abril de 2006 com a diplomacia estadunidense em Minsk, Bielorrússia, líderes das principais organizações evangélicas no país, representando coligações de igrejas pentecostais, batistas e adventistas, entre outras, revelaram a disposição de transformar o panorama local. Muitos deles manifestaram

---

138 WIKILEAKS. Public Library of US Diplomacy. *Letelier/moffit Case: Media Attention Slackens*.

139 WIKILEAKS. Public Library of US Diplomacy. *Arena: El Salvador Right Faces Uncertain Political Future*. Canonical ID: 08SANSALVADOR1045_a.

inclusive a opinião que "a única maneira da Bielorrússia se libertar é tornando-se protestante".[140] O lançamento de um partido político próprio era aventado diante da alegada incapacidade para a mudança dos partidos tradicionais. De fato, no ano seguinte a embaixada relata a articulação das igrejas locais em uma frente político-religiosa a fim de "influenciar e mudar a sociedade".[141] Pretendiam os pastores "instilar o patriotismo e uma visão de mundo bíblica" para "encorajar o povo a assumir a responsabilidade por suas vidas e não mais fiar-se em residuais preceitos comunistas fornecidos pelo governo", não deixando dúvida sobre o tipo de mudança que queriam. Segundo palavras da embaixada, a evolução dessa frente era um "passo positivo para o fortalecimento da oposição ao regime". Desnecessário dizer que o governo de Aleksandr Lukashenko, no poder desde 1994 apesar do esforço evangélico, não é visto com bons olhos pelos Estados Unidos.

A Moral Majority

A CIA recorria a uma *Encyclopedia of Associations* para manter seus servidores informados sobre organizações voluntárias. Segundo trecho da edição de 1984 da *Encyclopedia*, retido nos arquivos da Agência, a Moral Majority dedicava-se a "convencer os americanos moralmente conservadores que é seu dever registrar-se e votar em candidatos que concordam com seus princípios morais".[142] Sua fundação, em 1979, seria uma resposta a acontecimentos tidos como sintomáticos do declínio moral dos Estados Unidos, como a legalização do aborto, a popularização da pornografia e as campanhas pelos direitos dos homossexuais. Seu *modus operandi* não compreendia o apoio a candidatos, mas sim a organização de eventos e a publicação de material sobre a posição de políticos específicos com relação

---

140   WIKILEAKS. Public Library of US Diplomacy. *Political Protestants Want Change.* Canonical ID: 06MINSK446_a.

141   WIKILEAKS. Public Library of US Diplomacy. *Belarus, Protestants Consolidate Efforts to Promote Change.* Canonical ID: 07MINSK106_a.

142   CENTRAL INTELLIGENCE AGENCY. General CIA Records. *Letter to William J. Casey from (Sanitized).* Document Number (FOIA) /ESDN (CREST): CIA-RDP85M00364R002204230067-9.

a temas importantes para a associação. Em meados dos anos 1980, alegava manter entre seus membros 72 mil líderes religiosos e quatro milhões de laicos, distribuídos em todos os cinquenta estados.

Outras informações sobre a organização constam em matéria da *Time* de maio de 1995, examinada pela assessoria de Bill Clinton, preocupada com o crescimento de conservadores evangélicos no mundo partidário. Segundo o texto, o objetivo dos seus fundadores, o pastor batista Jerry Falwell e os intelectuais leigos Paul Weyrich, Howard Philips, Richard Viguerie e Terry Dolan, seria "mobilizar os protestantes brancos dos estados do sul e fronteiriços – muitos dos quais teriam no passado apoiado Jimmy Carter – contra as alegadas ingerências de Washington". A Majority, prossegue a matéria, ganhara legitimidade e acesso à Casa Branca sob Reagan, mas acabou substituída por grupos semelhantes ao falhar na construção de um movimento de bases.

As incursões políticas da Moral Majority, no entanto, não se limitaram à esfera dos costumes.[143] Conectada a frações da classe proprietária, tal como o fazem as suas sucessoras, a organização se empenhou na redução da estrutura governamental e na defesa dos interesses armamentistas. Foi assim, por exemplo, que junto com outras associações direitistas religiosas e laicas, como a National Christian Action Coalition, o Conservative Caucus e a organização lobista em favor dos direitos de posse de armas Gun Owners of America, enviou a assessores de Reagan uma carta[144] expressando preocupação com a "falta de uma estratégia coordenada" para a aprovação da redução do orçamento federal proposta pelo Executivo em 1981, o que "satisfaria os objetivos de muitos dos grupos subscritos". De forma semelhante, em dezembro de 1981 o pastor batista Everett Sileven, presidente da Majority no estado de Nebraska, protestava ao chefe da equipe de Reagan, Michael K. Deaver, contra a proposta do secretário de

---

143 Karen Armstrong (2009) acredita que as raízes da Moral Majority foram plantadas não pelos fundamentalistas, mas por intelectuais laicos como Richard Vignerie, Howard Phillips e Paul Weyrich, conservadores no que tange à defesa e à presença estatal na economia, que viram em Falwell e seus seguidores a oportunidade de formar uma maioria.

144 NATIONAL ARCHIVES AND RECORDS ADMINISTRATION. Coleção Records of the White House Office of Public Liaison (Reagan Administration), 20/01/1981 – 20/01/1989. *Balanced Budget Amendment (2 of 3)*.

Educação, Terrel Bell, de dar continuidade à sua pasta, sentida como uma traição a promessas da campanha de 1980. Sileven era enfático, seu grupo não se satisfaria com outra coisa além da "abolição"[145] do Departamento Federal de Educação, exigência derivada da convicção de que o seu corpo de servidores praticaria uma "extrema perseguição das Escolas Fundamentalistas Cristãs", assim violando a Constituição e chocando-se com os "melhores interesses da liberdade individual". Na mesma linha, Jerry Skirvin, diretor-executivo da Majority em Virginia, lembrava o mesmo Deaver sobre a promessa de campanha de "abolir e desmantelar"[146] o departamento, frisando ser a educação uma área onde o governo federal não deveria se meter, "melhor abordada em nível local e estadual".

Não exageram, portanto, aqueles que percebem nas ações da Moral Majority, e das demais instâncias do Partido da Fé Capitalista, motivações de origem muito mundanas. É o caso, por exemplo, do historiador Sean Wilentz, que em artigo de abril de 1995 na revista *Dissent*, desde 1954 uma voz da esquerda liberal norte-americana, acusa as organizações da direita cristã de um "populismo cultural".[147] Seu texto, que enfatiza o virulento "anti-intelectualismo" fundamentalista, insinua que a insistência em idealizar um inimigo sob a forma de uma "elite liberal, não religiosa e internacionalista", que faria de fantoches homossexuais, feministas e partidários das políticas de bem-estar social, serve para desviar olhares das injustiças econômicas. Sob um espesso manto de moralismo estaria escondido, de fato, um "ardente desejo" de presentear as grandes corporações com liberdade irrestrita, "a começar com o complexo industrial militar".

---

145   NATIONAL ARCHIVES AND RECORDS ADMINISTRATION. Coleção Records of the White House Office of the Deputy Chief of Staff (Reagan Administration), 20/01/1981 – 20/01/1989. *Correspondence – January 1982 (4)*.

146   NATIONAL ARCHIVES AND RECORDS ADMINISTRATION. Coleção Records of the White House Office of the Deputy Chief of Staff (Reagan Administration), 20/01/1981 – 20/1/1989. *Correspondence – January 1982 (2)*.

147   NATIONAL ARCHIVES AND RECORDS ADMINISTRATION. Coleção Records of the Office of Speechwriting (Clinton Administration), 1993–2001. *Michigan State Commencement [2]*.

A Christian Coalition

O vazio aberto pela morte da Moral Majority no final dos anos 1980 não tardou a ser preenchido por outra entidade que não apenas manteve todos os seus traços ideológicos mas que também soube elevar a eficiência do complexo partidário fundamentalista: a Christian Coalition. Termômetro da importância da nova organização, que moveu uma campanha virulenta contra Bill Clinton, é o fato de os arquivos presidenciais do período conterem vasto material sobre ela.

A edição da revista *Times* de maio de 1995 mensurava a sofisticação da nova organização, em comparação à Moral Majority, pela grande habilidade política de sua figura de frente, Ralph Reed, líder pentecostal "renascido" na Assembleia de Deus de Camp Springs, Maryland. Ao contrário de Jerry Falwell, Reed exibiria grande compreensão "dos mecanismos seculares da política", notável em sua exitosa estratégia de mesclar temas de grande apelo popular, como a redução dos impostos, com o antigo discurso moralista, ao mesmo tempo em que continuava a campanha contra a regulamentação estatal e os projetos de reforma da Saúde.

A fundação da Coalition, no entanto, não foi obra sua. Coube ao fundamentalista Pat Robertson, ex-pastor batista convertido ao movimento carismático, levantá-la usando como base a estrutura que mobilizou durante sua campanha presidencial em 1988. Pouco depois, passou o cetro a Reed, que, aprendendo com os erros da Moral Majority, logo procurou transformar a nova organização em um movimento de bases com ativistas atentos aos problemas locais em todos os cantos do país. Apesar de declarar-se apartidária, a Coalition na prática acoplou-se ao Partido Republicano, acrescentando a *Times* que naquela altura (meados da década de 1990), junto a outros órgãos da direita cristã, ela controlaria o partido em treze estados, mantendo forte influência em outros dezoito e exercendo um "veto virtual" nas indicações presidenciais. De fato, a comissão de 1998 do Senado estadunidense sobre organizações alegadamente apartidárias e sem fins lucrativos mencionou "indícios convincentes"[148] de que a Coali-

---

148 NATIONAL ARCHIVES AND RECORDS ADMINISTRATION. Coleção Records of the Office of the Counsel to the President (Clinton Administration), 1993–2001. *Thompson Committee Minority Report Volume 1* [7].

tion agia ilegal e informalmente como um comitê político para candidatos republicanos, tendo empregado 22 milhões de dólares na campanha eleitoral de 1996 e distribuído "45 milhões de panfletos em igrejas no domingo anterior ao dia da votação". Em termos numéricos, a matéria calculava que a entidade teria um milhão e seiscentos mil militantes, segundo o próprio Reed em sua maioria "fundamentalistas protestantes praticantes e católicos de pensamento semelhante",[149] e um orçamento anual de 25 milhões de dólares.

Segundo a chefe de Relações Públicas de Bill Clinton, Alexis Herman, a mensagem da Christian Coalition sensibilizaria sobretudo as populações brancas de baixa renda, os que recebem entre quinze e trinta mil dólares por ano, e especialmente as mulheres.[150] Tradicionalmente Democrata, segundo Herman, a migração desse grupo para o campo Republicano tem a ver com a estratégia empregada pela Coalition de diluir a mensagem moralista com temas que preocupam "o eleitor médio".[151]

Confirmando o prognóstico, tais temas seriam, conforme Reed, "impostos, crime, desperdício governamental, assistência de saúde e seguridade financeira". Questões que a Coalition buscou responder com o "Contract with the American Family",[152] publicado em 1995. Ali postulava-se dar aos norte-americanos a escolha de contribuir para projetos privados de caridade, ao invés de "falidos programas governamentais de bem-estar"; reduzir "o peso dos impostos sobre as famílias", permitindo que mulheres que trabalham apenas em tarefas domésticas pudessem contribuir com fundos de aposentadoria, a exemplo das formalmente empregadas; privatizar os serviços federais voltados para o patrocínio de

---

149   NATIONAL ARCHIVES AND RECORDS ADMINISTRATION. Coleção Records of the Task Force on National Health Care (Clinton Administration), 1993–1994. [*Morning News Summaries 7/93*] [*1*].

150   NATIONAL ARCHIVES AND RECORDS ADMINISTRATION. Coleção Records of the Office of Speechwriting (Clinton Administration), 1993–2001. *Elections:* [*Mike*] *Lux Analysis of 1994/1996 Elections*.

151   NATIONAL ARCHIVES AND RECORDS ADMINISTRATION. Coleção Records of the First Lady's Office (Clinton Administration), 1993–2001. *Health Care October 94 – December 94* [*4*].

152   NATIONAL ARCHIVES AND RECORDS ADMINISTRATION. Coleção Records of the Task Force on National Health Care (Clinton Administration), 1993–1994. [*Green Sheet Summaries of News Content – May 1995*] [*3*].

atividades culturais; conceder bolsas para o envio de crianças para escolas livremente escolhidas pelos pais, inclusive as religiosas, e repassar fundos federais para escolas locais; e punir mais severamente criminosos condenados, deles exigindo trabalho e testes regulares contra drogas, além de indenizações para as vítimas. Nesse primeiro grupo de medidas, vemos de forma mais ou menos dissimulada a apresentação de soluções economicamente liberalizantes para problemas gerados pela desigualdade social. Propunha-se, de maneira resumida, incrementar o mercado privado previdenciário e de serviços de assistência social; capitalizar as atividades culturais; transferir recursos públicos para instituições de ensino particulares (aí incluídas as paroquiais) e extrair força de trabalho compulsória da população carcerária. O documento trazia ainda outras medidas com maior foco nos costumes que, apresentadas lado a lado com as primeiras, insinuam laços de causa e efeito entre preceitos morais e religiosos e os problemas reais da população desassistida. Entre essas medidas, propunha-se a proibição do aborto, pois "dólares de impostos não deveriam ser usados para tomar vidas humanas inocentes"; garantir a liberdade total dos pais na criação de seus filhos, facilitando o ensino doméstico; proibir as transmissoras de TV de fornecer canais de pornografia a não assinantes; e uma emenda constitucional permitindo manifestações religiosas em logradouros e instituições públicas.

Acompanhava a publicação do texto uma campanha de *lobby*, segundo o *USA Today*[153] custando um milhão de dólares, para ajudar a maioria republicana no Congresso a aprovar cortes no orçamento. Mais especificamente, Reed enumerou as medidas que pretendia fazer passar: a eliminação de impostos para famílias com no mínimo quatro membros e renda anual inferior a trinta mil dólares; abolição do financiamento público das artes e de programas de mídia eletrônica; fechamento do serviço de auxílio jurídico gratuito fornecido pelo governo, "porque financia duzentos mil divórcios de pessoas pobres por ano"; extinguir o Departamento de Educação; desmantelar o sistema federal de bem-estar; além de aprovar o direito de realizar preces em escolas públicas.

---

153 NATIONAL ARCHIVES AND RECORDS ADMINISTRATION. Coleção Records of the Domestic Policy Council (Clinton Administration), ca. 1992 – 20/01/2001. *School Prayer*.

Cabe notar que o Contrato não foi o primeiro passo da campanha de liberalização econômica empreendida pela Coalition. No momento de seu lançamento, articulada com outras organizações conservadoras, a entidade acabara de enterrar o projeto de reforma do sistema de saúde, apresentado em 1993 por Bill Clinton e que previa algum nível de cobertura médica para todos os estadunidenses. A estratégia para miná-lo foi a mesma que vemos expandida para outros setores no documento de 1995: o apelo aos receios e insatisfações da classe trabalhadora, aliado ao discurso moralista-religioso, buscando apresentar a presença do Estado, inclusive no fornecimento de serviços básicos, como uma ingerência danosa à liberdade individual e aos interesses populares, mais bem administrados pelo setor privado. Ao redor desses princípios foi planejada, por exemplo, uma campanha radiofônica lançada em 1994, introduzida pelas palavras "Saibam os fatos sobre o plano de saúde de Clinton"[154] e que trazia diálogos onde um suposto repórter sensibilizava populares sobre as mazelas que adviriam da aprovação do projeto.

Ao custo de 1,4 milhões de dólares, a campanha incluiu anúncios nas mídias impressa e eletrônica, a distribuição de trinta milhões de panfletos em igrejas, além de malas diretas e contatos telefônicos para um milhão de eleitores. As razões fornecidas por Reed para a sua deflagração sintetizam com clareza a mescla retórica que aliava questões práticas com outras de cunho moral/religioso para sensibilizar o mais amplo público: o plano de Clinton "levaria ao financiamento do aborto com o dinheiro do contribuinte e ao racionamento dos serviços médicos".[155] Cabe ainda notar que a reforma esbarrava nos interesses de grandes empresas,[156] despontando como um caso clássico de desempenho da hegemonia empresarial por meio de grupos religiosos – fato evidente sobretudo nos trabalhos de

---

154 NATIONAL ARCHIVES AND RECORDS ADMINISTRATION. Coleção Records of the Task Force on National Health Care (Clinton Administration), 1993–1994. [*News Articles – Health Care Reform*] [*loose*].

155 NATIONAL ARCHIVES AND RECORDS ADMINISTRATION. Coleção Presidential Electronic Mail from the Automated Records Management System (ARMS), 20/01/1993 – 20/01/2001. [*04/02/1994 – 22/02/1994*].

156 Apresentando o projeto ao Congresso, Clinton alegou que pretendia "reverter a situação atual na qual predominam os interesses das grandes corporações" buscando travar "alianças estratégicas de saúde com pequenas empresas" (MARQUES e POSSAS, 1994, p. 45).

convencimento das camadas populares, às quais a mensagem da Coalition se dirigia, e de inserção no plano governamental – no caso o Poder Legislativo, que terminou vetando o projeto – de determinações emanadas de frações empresariais.

Sobre este ponto, há inúmeros indícios da relação entre a Christian Coalition e empresas interessadas no bloqueio ao projeto. O financiamento da direita cristã por corporações será assunto de outra parte deste livro, mas, por ora, cabe adiantar que no fim da década de 1980, Paul W. McCracken, diretor da Dow Chemical, fornecedora de empresas farmacêuticas e vendedora de produtos de saúde para o consumidor final, além de membro da Laymen's National Bible Association, frequentou as reuniões do Grupo de Trabalho para a América Central durante a administração Reagan. Como vimos, o Grupo de Trabalho congregava empresários, intelectuais, membros do governo e líderes de organismos associativos diversos, inclusive religiosos, em um projeto de domínio regional muito alicerçado na ação das igrejas norte-americanas. Ao mesmo tempo, segundo a imprensa, uma das maiores financiadoras da direita cristã em décadas recentes seria a fundação Smith Richardson, fundada e gerida pela família que detinha a marca de produtos farmacêuticos Vick, transferida mais recentemente para a Procter and Gamble. Sobre esta última, também grande vendedora de artigos de saúde e cuidado pessoal, uma carta[157] de Paul Weyrich para Ronald Reagan urgia que este agradecesse ao presidente da corporação, Owen Butler, pela grande contribuição da P&G para "o aprimoramento da América" ao retirar o patrocínio de programas de televisão por sua "violência e profanidade".

Embalada pelo sucesso na derrubada do projeto para a Saúde e elevando a direita cristã a um grau de influência partidária sem precedentes, a Coalition expande ano após ano sua estrutura de alcance ideológico. Com o fito de preparar o caminho para o aprofundamento do avanço conservador nas eleições legislativas de 1996, através de seu boletim informativo oficial, o panfleto *Christian American*,[158] anunciou uma série de novidades. Em pri-

---

157 NATIONAL ARCHIVES AND RECORDS ADMINISTRATION. Coleção Records of the White House Office of Public Liaison (Reagan Administration), 20/01/1981 – 20/01/1989. *Coalitions for America (1 of 2)*.

158 NATIONAL ARCHIVES AND RECORDS ADMINISTRATION. Coleção Records of the Office of the Chief of Staff (Clinton Administration), 1993–2001. *Talk Radio*

meiro lugar, seria lançado um novo show televisivo semanal, chamado *Christian Coalition Live*. Simultaneamente, o Partido da Fé Capitalista dava os primeiros passos na ainda desbravada internet, com a abertura de página dedicada a fornecer informações importantes para os membros da Coalition. Por último, criava-se uma rede nacional de fax e uma escola para treinar candidatos e lideranças. O trabalho rendeu ótimos dividendos, pois em 1998 vemos os assessores da primeira-dama Hilary Clinton preocupados com a possível eleição ao governo do estado de Iowa do membro da Coalition, Jim Lightfoot, o que enviaria "uma perigosa mensagem sobre o poder da Christian Coalition".[159] Entre as posições ultraconservadoras e economicamente liberais de Lightfoot, destacava a equipe de Clinton o apoio a projeto de emenda constitucional proibindo o aborto inclusive em casos de estupro e incesto; o rascunho de legislação para anular o salário mínimo federal; e votos pela extinção do Departamento de Educação e do patrocínio estatal às artes e contra o Family and Medical Leave Act. Nessa última medida, no entanto, o governo democrata obteve sucesso, garantindo ao trabalhador o direito a licenças não remuneradas em casos especiais, como doença de parente próximo e o nascimento de um filho, sem que lhe fosse retirada a cobertura médica familiar.

Naturalmente, a Coalition foi providencial na eleição de George W. Bush em 2000, momento em que as relações da organização com o Executivo estreitaram-se sensivelmente. O pastor James Robinson, adepto da Teologia do Domínio, agora enxergava um "grande líder"[160] à frente da Casa Branca, ao qual parecia ter acesso facilitado, pois solicitou ao braço direito do presidente, Karl Rove, um encontro para a gravação de um comentário sobre questões religiosas a ser ex o por emissoras cristãs. Na capital por alguns dias, onde participaria de encontro da Coalition que teve falas de lideranças como a pastora carismática e disseminadora da Teologia da Prosperidade, Joyce Meyer, Robinson contava com a

---

— *White House* [2].

159 NATIONAL ARCHIVES AND RECORDS ADMINISTRATION. Coleção Records of the First Lady's Office (Clinton Administration), 1993—2001. *HRC Speeches 09/98-12/98:* [*22/09 Vislack for Governor, Talking Points*].

160 NATIONAL ARCHIVES AND RECORDS ADMINISTRATION. Coleção Records of the White House Office of Records Management (George W. Bush Administration), 20/01/2001 — 20/01/2009. *538440*.

aquiescência do presidente, sempre "muito confortável" na sua companhia e de sua esposa, indicando contatos pregressos.

A questão do acesso aos serviços médicos continuou como um dos focos da administração federal nos anos Bush, mas agora a Christian Coalition iria apoiar as medidas oficiais que passaram a abordar o problema de maneira mais afinada com os interesses corporativos. Por exemplo, em 2003 Bush aprofundou um programa já existente para o oferecimento de contas para serviços médicos por bancos e seguradoras com contribuições de patrões e empresários, as Health Saving Accounts. Desta vez, inúmeras associações conservadoras, inclusive a Coalition, enviariam ao Congresso uma carta[161] de apoio ao presidente, argumentando que, diferentemente do auxílio médico fornecido inteiramente pelo Estado, as contas permitiriam o adequado funcionamento do livre mercado, único mecanismo capaz de conter a elevação dos custos desses serviços.

O outro lado da moeda, a pauta moralista, também viu avanços, conforme expresso em correspondência de setembro de 2003 assinada pelo diretor de assuntos legislativos da Coalition, Jim Backlin, e outros líderes de associações conservadoras cristãs e laicas. O documento rasgava elogios às declarações públicas de Bush em favor do casamento tradicional, sob ataque de "grupos lobistas de homossexuais".[162] Na ótica do religioso, além de preservar um dos pilares da sociedade estadunidense, a defesa do casamento entre um homem e uma mulher assim biologicamente nascidos, renderia imensuráveis dividendos sociais e econômicos, pois "O casamento saudável já demonstrou que reduz a violência doméstica, aumenta a expectativa de vida, reduz a pobreza e a dependência dos sistemas de bem-estar sociais, e reduz os custos dos serviços médicos". Surge aqui, mais uma vez, o atrelamento de mazelas sociais com preceitos morais e religiosos, cuja não observância seriam as causas das primeiras, assim invisibilizando o papel que nelas desempenha a exploração do trabalho.

---

161   NATIONAL ARCHIVES AND RECORDS ADMINISTRATION. Coleção Records of the White House Office of Records Management (George W. Bush Administration), 20/01/2001 – 20/01/2009. *576030* [2].

162   NATIONAL ARCHIVES AND RECORDS ADMINISTRATION. Coleção Records of the White House Office of Records Management (George W. Bush Administration), 20/01/2001 – 20/01/2009. *536140* [1].

A Christian Coalition, porém, não se valeu apenas de um discurso "macio". Ela não poupou palavras de ódio e intolerância contra minorias, aplicando-se também no cultivo de desinformação, aquilo que hoje chamamos de "fake news", para pavimentar seu caminho como uma das principais organizações ideológicas dos Estados Unidos. Já em 1995, uma matéria do *New York Times* acusava o "padrinho" e fundador da Coalition, Pat Robertson, de ser "o mais eficaz demagogo do país"[163] ao convencer seus vastos seguidores sobre a existência de uma "conspiração satânica", iniciada por banqueiros judeus na Europa, que pretenderia "esmagar os americanos sob uma "nova ordem mundial"". No mesmo ano, novamente o *New York Times*[164] alertava sobre as pregações radiofônicas de um tal Mark Koernke que reproduziriam as ideias mais perigosas de Robertson sobre a tal "nova ordem mundial". Tratava-se, nos dizeres de Koernke, da implantação de um governo global que submeteria os Estados Unidos à Organização das Nações Unidas (ONU) e podaria a população de direitos básicos, como o de portar armas.

No mais, não parece razoável que os devaneios propalados por Robertson não tenham conexão com a agenda política da Christian Coalition. Exemplo de como a campanha de ódio e desinformação conecta-se a imperativos políticos e econômicos imediatos, em fevereiro de 2003, pouco mais de um mês antes da invasão do Iraque, desejada pelas indústrias armamentista, petrolífera, empreiteira e tantas outras, a Coalition realizava na capital dos Estados Unidos uma conferência onde debatia as formas através das quais "o terrorismo é endossado pelo Corão".[165] Foi dito ali pelo intelectual cristão árabe Habib Mikhail, por exemplo, que o conflito Palestina-Israel não passaria de um pretexto para terroristas islâmicos atacarem os Estados Unidos.

---

163   NATIONAL ARCHIVES AND RECORDS ADMINISTRATION. Coleção Records of the Task Force on National Health Care (Clinton Administration), 1993–1994. [*White House News Reports – May 5 1995*].

164   NATIONAL ARCHIVES AND RECORDS ADMINISTRATION. Coleção Records of the Task Force on National Health Care (Clinton Administration), 1993–1994. [*White House News Reports – April 27 1995*].

165   NATIONAL ARCHIVES AND RECORDS ADMINISTRATION. Coleção Records of the White House Office of Records Management (George W. Bush Administration), 20/01/2001 – 20/01/2009. *508641* [2].

Focus on the Family (Foco na Família) e Family Research Council (Conselho de Pesquisa da Família)

Fundada em 1977, a organização sem alegados fins lucrativos Focus on the Family tem à sua frente uma das figuras centrais da direta religiosa recente, o intelectual evangélico e fundamentalista James C. Dobson. Psicólogo e outrora professor de pediatria na escola de medicina da Universidade do Sul da Califórnia, Dobson atingiu o estrelato fornecendo aconselhamento familiar com viés religioso. Sua associação, uma organização de bases presente na maioria dos estados norte-americanos e frequentada por religiosos conservadores de diversas denominações, dedica-se à produção de programas radiofônicos transmitidos dentro e fora dos Estados Unidos. Alcançava em 2003, segundo o conselheiro sênior de George W. Bush, Karl Rove,[166] um público estimado de duzentas milhões de pessoas em mais de uma centena de países, inclusive na China, além de incursões televisivas em oitenta canais estadunidenses.

Sua intimidade com o mundo partidário é ilustrada por entrevistas com Ronald Reagan, em 1985, George Bush, em 1992, e por uma proposta de agenda redigida por Rove em março de 2003 aconselhando que o presidente aceitasse o convite de Dobson para gravar um bate-papo sobre "importantes questões relativas à família". Tal como o faz a Christian Coalition, também amistosa com governos republicanos, as ações partidárias de Dobson destacam-se pela defesa virulenta do mesmo programa moralista nos costumes e liberalizante na economia. Tem em sua conta, por exemplo, o apoio a candidatos que pedem pena de morte para profissionais que fornecem serviços abortivos, a comparação da pesquisa com células tronco com "canibalismo bancado pelo Estado" e apelos para que os pais retirem seus filhos das escolas públicas.[167]

Seus elos com a administração formal dos Estados Unidos são duradouros, como o próprio Dobson fez questão de notar em minibiografia disponível em 2003 na página eletrônica oficial da Focus on the Family, acumulada na biblioteca presidencial de George W. Bush. Ali vemos que

---

166   NATIONAL ARCHIVES AND RECORDS ADMINISTRATION. Coleção Records of the Office of Public Liaison (George W. Bush Administration), 20/1/2001 – 20/01/2009. *Focus on the Family Visit (Wednesday, 28/05/2003).*

167   HEDGES, *op. cit.*, p. 85.

o religioso recebeu "comenda especial"[168] de Jimmy Carter em 1980 por sua participação no grupo de trabalho que sumariou os resultados de uma Conferência sobre a Família realizada pela Casa Branca; foi nomeado por Ronald Reagan para a Comissão Consultiva Nacional do Escritório de Justiça Juvenil e Delinquência do Departamento de Justiça; atuou como conselheiro extraoficial sobre assuntos familiares; participou de comitê para o plano de reforma tributária de Reagan; foi membro da Comissão sobre a Pornografia do procurador-geral Edwin Meese; do Conselho Consultivo sobre Crianças Desaparecidas e Exploradas e sobre Gravidez e Prevenção do Departamento de Saúde e Serviços Humanos; e das comissões do Senado sobre Bem-Estar da Criança e da Família e para o Estudo do Impacto Nacional dos Jogos de Azar.

O interesse político da organização de Dobson manifesta-se, também, por meio da associação Family Research Council, braço lobista da Focus on the Family. Lançado em 1983, o Council foi idealizado durante o ciclo de conferências sobre a família patrocinado pela Casa Branca três anos antes. Uniram-se na sua institucionalização, além de Dobson, os psiquiatras Armand Nicholoi Jr., da Universidade de Harvard, e George A. Rekers, da Universidade da Carolina do Sul, este último também um pastor batista.

Em fevereiro de 2003, George W. Bush fora convidado para a cerimônia de comemoração do 20º aniversário do Council, caracterizado por Karl Rove, como uma organização que "defende o casamento e a família como as fundações da civilização".[169] Celebrando suas pontes com o Partido da Fé Capitalista, Bush reafirmou em seu discurso o comprometimento de continuar dificultando as pesquisas com células-tronco, partilhando com todos os presentes a crença de que "a vida é uma criação" e não "produtos para serem projetados e manufaturados pela clonagem humana". Reforçou também sua determinação em pressionar o Congresso pela Faith-Based Initiative, lei que regulava a transferência de recursos estatais para organizações religiosas desenvolverem trabalhos de assistência social. Por

---

168   NATIONAL ARCHIVES AND RECORDS ADMINISTRATION. Coleção Records of the White House Office of Records Management (George W. Bush Administration), 20/01/2001 – 20/01/2009. *691460*.

169   NATIONAL ARCHIVES AND RECORDS ADMINISTRATION. Coleção Records of the White House Office of Records Management (George W. Bush Administration), 20/01/2001 – 20/1/2009. *28/02/2003* [*539668*].

último, o presidente manifestou convicção de poder contar com o apoio do Council em sua "guerra ao terror".

Bush seria requisitado novamente em outubro do mesmo ano, agora para o 13º Washington Briefing, que aconteceria em princípios do ano seguinte, tudo a portas fechadas. Ali seriam discutidas com os "principais apoiadores"[170] da organização iniciativas do Congresso e da Casa Branca relacionadas com os temas "família, fé e liberdade". A lista dos que teriam voz no evento revela tanto os "principais apoiadores" do Council como o seu grande prestígio no meio partidário. Além de Bush, discursariam o ex-assessor de Reagan e então presidente do Council, Gary Bauer; o senador republicano pelo Kansas Sam Brownback; Chuck Colson, advogado evangélico e conselheiro especial de Richard Nixon; James Dobson, do Focus on the Family; Bill Frist, senador republicano pelo Tennessee; Dennis Hastert, presidente do Congresso; Mike Huckabee, governador do Arkansas e ex-pastor da Igreja Batista do sul; o juiz Roy Moore; a deputada republicana Marilyn Musgrave; o presidente da Christian Coalition, Ralph Reed; a então conselheira de Bush, Condoleezza Rice; o general Norman Schwarzkopf, responsável pela coordenação da primeira Guerra do Golfo; Tony Snow, jornalista e futuro secretário de imprensa de Bush; Clarence Thomas, juiz da Suprema Corte; e o deputado republicano J. C. Watts.

O entrelaçamento entre o Council e o governo dos Estados Unidos também não deixou de ter repercussões externas, esmaecendo os limites sempre tênues entre a política internacional do país e o missionarismo evangélico. Dessa forma, a entidade publicou uma matéria[171] em novembro de 2001, acumulada pelos arquivos do Departamento de Iniciativas Estratégicas da Casa Branca, acusando o governo do Sudão de financiar o terrorismo e de fazer conversões forçadas ao islamismo. Palavras repetidas pelo Departamento de Estado, que desde 1993 lista o Sudão, ao lado da Coreia do Norte, do Irã e da Síria, entre os Estados financiadores do terrorismo. De forma semelhante, em fevereiro de 2003 um punhado

---

170   *601804* [2]. National Archives and Records Administration (Nara). Coleção Records of the White House Office of Records Management (George W. Bush Administration), 20/01/2001 – 20/01/2009.

171   NATIONAL ARCHIVES AND RECORDS ADMINISTRATION. Coleção Records of the White House Office of Records Management (George W. Bush Administration), 20/01/2001 – 20/01/2009. *600826* [1].

de líderes de aparelhos religiosos, como James Dobson e o presidente do Council, Ken Connor, assinou uma carta[172] conjunta ao presidente Bush, congratulando-o pela nova política para combate à AIDS nos países pobres. Segundo os signatários, o Emergency Plan for AIDS Relief erguia-se sobre bases sólidas, ou seja, "ao redor de seis princípios pró-família e pró-vida". Eram eles: ações educativas de prevenção com ênfase na abstinência; a prioridade no tratamento de grávidas com HIV; a não concessão de fundos para abortos; a exclusividade dos Estados Unidos na gestão da ajuda financeira, que não estaria sujeita às políticas da ONU; a opção por tornar as organizações religiosas em países estrangeiros "elementos-chave" de todos os programas de prevenção; e ações para combater a violência sexual. Por mais que a prioridade no tratamento às grávidas e o combate à violência sexual sejam razoáveis, a maioria dessas ações mostra, entretanto, a penetração de preceitos religiosos na política estritamente estatal, bem como a de membros de organizações religiosas na máquina estatal propriamente dita.

Já para o plano interno, a plataforma sustentada pelo Focus on the Family e pelo Family Research Council não difere daquela das organizações vistas anteriormente: o aprofundamento da desregulação do mercado e a oferta de soluções moralizantes e religiosas para problemas sociais. Faz sentido, portanto, que o perfil[173] do deputado Don Sundquist, publicado pelo Congresso dos Estados Unidos em 1993, notasse que ele, um "voto conservador nas questões econômicas e sociais", acumulava 100% de aprovação tanto por parte do Family Research Council como de organizações estritamente dedicadas à esfera dos interesses empresariais, como a Câmara de Comércio dos Estados Unidos, a National Federation of Independent Business e a National Rifle Association.

Ao mesmo tempo, o Council somava-se, por exemplo, ao esforço de demonização dos homossexuais, denunciando em nota de 1998 a organização sem fins lucrativos de tons progressistas People for the American Way.

---

172   NATIONAL ARCHIVES AND RECORDS ADMINISTRATION. Coleção Records of the White House Office of Records Management (George W. Bush Administration), 20/01/2001 – 20/01/2009. *508642* [*2*].

173   NATIONAL ARCHIVES AND RECORDS ADMINISTRATION. Coleção Records of the Task Force on National Health Care (Clinton Administration), 1993–1994. *Sundquist, Don (R-TN)*.

Dizia o texto que a campanha ganhara fôlego no ano anterior, bradando em uníssono os líderes fundamentalistas palavras de "intolerância contra gays e lésbicas".[174] Pat Robertson (Christian Coalition), Gary Bauer (Family Research Council) e Jerry Falwell (Moral Majority) teriam, a partir de suas igrejas e estruturas midiáticas, espalhado "a mensagem venenosa de que o ódio aos gays e lésbicas é não apenas aceitável, mas requerido do povo de 'Deus'". Por sua vez, a vice-presidente do Council em princípios dos anos 1990, Kay James, que tal como Dobson acumula participações no governo, tendo sido secretária de Saúde e Recursos Humanos do governo da Virginia e diretora associada da Secretaria de Controle Nacional de Drogas da Casa Branca sob George Bush (pai), argumentava que o melhor funcionamento da democracia dependia da maior participação dos cristãos na vida pública.[175]

Semelhantemente às suas organizações irmãs, o Council também se prestou ao embate com o sistema público de educação. Em fevereiro de 1995, conta o *Washington Times*[176] que o órgão cristão sabotava a reforma do currículo nacional para o ensino de História preparada pela Universidade da Califórnia. Inserido em campanha cultural mais ampla na qual toda a direita cristã se engaja, o órgão lançou um conjunto de propostas alternativas para embasar o ensino da disciplina intitulado "Deixe a Liberdade Soar: um Enfoque Básico da História Norte-Americana". Argumentava-se que o projeto da Universidade da Califórnia seguiria um padrão há muito repetido, "tendente a ampliar as falhas da América e diminuir suas realizações". Exalando anticomunismo e apologias a personagens conservadores, as propostas do Council pretendiam, por exemplo, substituir a ênfase dos livros didáticos em temas e pessoas como "avanços espaciais soviéticos", "Macarthismo", "Madonna", "Os Simpsons" e as "realizações astecas" por "pouso lunar dos Estados Unidos", "agressão

---

174 NATIONAL ARCHIVES AND RECORDS ADMINISTRATION. Coleção Tape Restoration Project (TRP) Emails, 20/1/1993 – 20/01/1993. [*06/07/1998 – 29/07/1998*].

175 NATIONAL ARCHIVES AND RECORDS ADMINISTRATION. Coleção Records of the Domestic Policy Council (Clinton Administration), ca. 1992 – 20/1/2001. *PBS Town Hall.*

176 NATIONAL ARCHIVES AND RECORDS ADMINISTRATION. Coleção Records of the Task Force on National Health Care (Clinton Administration), 1993–1994. [*White House News Reports – February 21 1995*].

soviética na Europa", "Billy Graham", o "general Colin Powell", "Thomas Edison" e o exílio do dissidente soviético Alexander Solzhenitsyn.

Resta dizer que a parceria entre a administração norte-americana, o Family Research Council e a Focus on the Family, dentro e fora dos Estados Unidos, mais uma vez ilustra um dos pressupostos centrais deste livro. Refiro-me ao fato de que tais organizações, aos olhos do senso comum situadas no plano da sociedade civil, portanto separadas do Estado, na prática são uma extensão sua. Seriam elas, assim, não apenas executoras de uma política concebida por políticos eleitos, mas também suas coautoras.

Organizações missionárias interdenominacionais

Embora o missionarismo evangélico retroceda ao século XIX, não conservando as mesmas características, na Guerra Fria a ação de missionários estadunidenses passa a se articular com a campanha mundial de hegemonia cultural e econômica do seu país.

Faz sentido, portanto, que eles tenham sido frequentes alvos de acusações de espionagem, suspeitas não sem fundamento, tendo em 1975 um comitê do Senado norte-americano concluído que até aquela data a CIA servia-se de pregadores para desenvolver ações secretas. Um relatório apresentado em abril de 1976 mostrou que desde a presidência de Franklin Roosevelt e até princípios da década de 1970, ou seja, ao longo da escalada do país ao posto de superpotência durante a Guerra Fria, a CIA e o FBI cometeram regularmente "excessos, em casa e no exterior".[177] Abordando variados tipos de abuso, concluiu a comissão, por exemplo, que pelo menos 21 missionários teriam sido usados em atividades de inteligência nas décadas de 1950 e 1960,[178] como o católico Tom Dooley, informante no

---

177   SENATE Select Committee to Study Governmental Operations with Respect to Intelligence Activities. *United States Senate*, [s.d.]. Disponível em: <https://www.senate.gov/about/powers-procedures/investigations/church-committee.htm#Origins>. Acesso em: 08 dez. 2020.
178   CENTRAL INTELLIGENCE AGENCY. General CIA Records. *The Summer Institute of Linguistics Might Seem to Be an Unlikely Target of Suspicions of CIA Involvement*. Document Number (FOIA) /ESDN (CREST): CIA-RDP99-00498R000200020098-4.

Laos e no Vietnã. Em resposta, a CIA declarou em 1976 o encerramento de relações com pregadores e missionários e em 1977 adotou regulamento proibindo o financiamento de grupos religiosos.

O Instituto Linguístico de Verão

Outrora também conhecido como Wycliffe Bible Translators e atualmente SIL International, o Instituto Linguístico de Verão é a organização missionária com o maior histórico de denúncias de colaboração com a CIA, colecionando expulsões de diversos países. Matéria do *The Nation*, datada de maio de 1981 e acumulada pela CIA, intitulada "Missionaries With a Mission?"[179] (Missionários com uma Missão?), reverberou essas denúncias no rastro da execução, sob a alegação de espionagem, do missionário norte-americano do SIL Chester A. Bitterman, por guerrilheiros colombianos.

O texto conta que a fundação do SIL retrocede a 1934, quando o vendedor de bíblias William Cameron Townsend e um punhado de parceiros iniciaram no Arkansas um projeto de ensino de línguas para tradutores do texto religioso. Já no ano seguinte, seus primeiros formados começariam a traduzir as escrituras para o idioma de povos originários do México, atividade principal da organização até hoje. Em princípios dos anos 1980, era estimado que o SIL mantivesse por volta de três mil membros ativos em "mais de 25 países", chegando a enviar uma delegação à União Soviética, trabalhando junto a "mais de 555 tribos" e concluindo a tradução bíblica em mais de duzentas línguas.

O patrocínio dessas atividades viria, prossegue o jornal, dos próprios governos dos países onde o SIL se instala, de departamentos e agências estatais norte-americanas, como a Alliance for Industrial Development (Aliança para o Desenvolvimento Industrial), e de "ricos homens de negócio fundamentalistas". Há indícios também do repasse de equipamento das Forças Armadas dos Estados Unidos para o SIL. Em 1973, por exemplo, o embaixador na Austrália, Walter L. Rice, enviava telegrama ao Departamento de Estado a fim de confirmar autorização para a transferência

---

179   CENTRAL INTELLIGENCE AGENCY. General CIA Records. *Missionaries with a Mission?* Document Number (FOIA) /ESDN (CREST): CIA-RDP90-00552R000605830018-2

de seis helicópteros para o SIL, que os usaria em missão na Papua Nova Guiné. O estranhamento do diplomata, a despeito de reconhecer "necessidade legítima"[180] para o seu uso, referia-se ao fato de desconhecer em posse do grupo estrutura para a manutenção dos aparelhos, fortalecendo a impressão sobre a natureza oculta das operações do SIL.

Ainda segundo o artigo, as acusações levantadas contra o SIL incluiriam o fornecimento de fachadas para a operação de espiões da CIA, a coleta de informações para a Agência, colaborar com governos repressivos da América Latina e facilitar a exploração ilegal de recursos do continente por empresas multinacionais.

Sobre essa aproximação com a CIA sobram indícios. Ela é sugerida, por exemplo, em exemplar da revista *Studies in Intelligence*, com artigos sobre atividades de inteligência, muitos deles confidenciais, editada em 1960 pelo Office of Training da CIA para circulação apenas interna. Um artigo[181] intitulado "Treinamento para a eficiência no exterior: uma Pesquisa" informa que havia então nos Estados Unidos um número crescente de escolas voltadas para o treinamento de agentes de empresas, igrejas e órgãos governamentais destacados para atividades no exterior, sendo os grupos missionários a vanguarda no domínio desses métodos. Argumentava-se que a comunidade de inteligência norte-americana, portanto, deveria estudar as atividades dessas organizações a fim de resolver eventuais dificuldades para "fazer seu pessoal eficiente enquanto vive e trabalha em sociedades estrangeiras". O artigo menciona, então, dois membros do SIL, os missionários e linguistas Eugene Nida e William Smalley, como exemplos de intelectuais com trabalhos de ponta nesta área, frisando que o treinamento de agentes de inteligência "pode se beneficiar com o contato continuado com esses programas privados". Concluindo, diz-se que tais centros de treinamento mantidos por organizações não governamentais no exterior "são um dos recursos mais importantes que poderia nos interessar", sugerindo que possivelmente agentes da CIA treinassem em bases ultramarinas de associações privadas como o SIL.

---

180 WIKILEAKS. Public Library of US Diplomacy. *Proposed Transfer USG Helicopters to PNG Missionary Group*. Canonical ID: 1973CANBER02655_b.

181 CENTRAL INTELLIGENCE AGENCY. General CIA Records. *Studies in Intelligence* [*Vol. 4 No. 4, Fall 1960*]. Document Number (FOIA) /ESDN (CREST): CIA-RDP78-03921A000300280001-4.

A autoria do texto está tarjada, embora fique claro que se tratava de um antropólogo cultural com serviços em programas no estrangeiro tanto do governo como de organizações privadas, que no momento trabalhava na Libéria para a International Communication Association (ICA), organização fundada em 1950 e concentrada na pesquisa da comunicação humana em âmbito internacional. Além da menção a Nida e Smally, a semelhança entre a área de interesse desta organização e do SIL, o estudo *in loco* de línguas estrangeiras, indica uma bastante provável proximidade entre o autor do artigo e o grupo missionário.

Talvez não seja fortuito, então, que os meados da década de 1970 tenham testemunhado uma torrente de denúncias de colaboração do SIL com atividades de inteligência norte-americanas, levando à sua expulsão de diversos países. Em 1975, após matérias na imprensa acusando a organização de contrabando, exploração de indígenas e de abrigar agentes da CIA,[182] o presidente da Colômbia Alfonso López Michelsen anunciou a intenção de terminar o acordo que mantinha com os missionários desde 1962 para cuidar de indígenas isolados, substituindo gradualmente o pessoal estadunidense por colombianos. Em comentário ao Departamento de Estado, o embaixador dos Estados Unidos em Bogotá, Viron P. Vaky, informava que, apesar de parecer uma decisão "unilateral", acreditava que as ações do presidente viessem a se provar, por outro lado, uma "maneira eficiente de retirar dos olhos do público o problemático assunto do SIL". Poucos meses antes, Vaky informou que o órgão havia sido objeto de críticas, tanto da esquerda como da direita, que o taxavam como "ferramenta da CIA",[183] agente do imperialismo nas partes rurais do país e contrabandista de diamantes e urânio. Acusações rebatidas pelo diretor do SIL, William Nyman, que acusava um membro "comunista" do Escritório de Assuntos Indígenas colombiano de ser a fonte de uma campanha de difamação. Preocupava o embaixador, contudo, o "pequeno apoio" usufruído localmente pelo SIL, "atraente alvo para grupos esquerdistas", a despeito de ter informado que também a direita questionava suas ações e do fato dos

---

182   WIKILEAKS. Public Library of US Diplomacy. *Lopez Announces Colombian Intention to Take over Summer Institute for Linguistics Operation.* Canonical ID: 1975BOGOTA09904_b.

183   WIKILEAKS. Public Library of US Diplomacy. *Summer Institute of Linguistics Draws Criticism.* Canonical ID: 1975BOGOTA06132_b.

colombianos terem disponibilizado uma sala no próprio Ministério del Gobierno (atual Ministério do Interior), de onde eram coordenadas suas atividades, que contavam com o auxílio de "quatro aeronaves". Apesar dos desejos de Vaky, a organização continuou sob os holofotes, sendo em 1978 a vez do embaixador Diego Asencio informar que o Departamento de Planejamento Nacional concluíra que as ações do SIL violavam uma série de leis, inclusive a Constituição.[184] As irregularidades foram detectadas tanto no acordo técnico firmado em 1962 como nas suas atividades radiodifusoras, na sua composição predominantemente estrangeira e nas isenções de impostos que usufruía. Asencio relatava que, apesar de nos dois anos anteriores os missionários terem evitado travar contato com membros do governo norte-americano, no imaginário popular permaneciam fortemente associados aos Estados Unidos. Apesar da preocupação da diplomacia, as atividades do SIL na região continuam até hoje, ainda que de maneira aparentemente mais limitada.

No mesmo período, uma série de artigos saiu na imprensa panamenha com denúncias semelhantes às que emergiram na Colômbia. Uma nota[185] no jornal *Estrella*, emitida pela Frente Reformista de Educadores Panameños (FREP), acusava os missionários de serem um braço estadunidense hostil a projetos do governo e de desempenharem trabalhos para os quais os profissionais panamenhos encontravam-se qualificados. Mais uma vez, a embaixada dos Estados Unidos colocou as queixas na conta de grupos esquerdistas, o "alvo conveniente" de sempre.

Também no Peru a década de 1970 viu o SIL sob escrutínio. Em 1975 a Confederación Nacional Agraria, grupo de trabalhadores indígenas, e a Associação Nacional de Artistas exigiram a sua expulsão, acusando-o de exploração do trabalho, causar alienação cultural, praticar experiências de controle de natalidade, abusar de crianças e explorar clandestinamente pérolas.[186] Naturalmente, o embaixador dos Estados Unidos, Robert W. Dean, tratou de rotular as denúncias como uma campanha da esquerda

---

184   WIKILEAKS. Public Library of US Diplomacy. *Summer Institute of Linguistics (SIL)*. Canonical ID: 1978BOGOTA10058_d.
185   WIKILEAKS. Public Library of US Diplomacy. *Attack in Panama Press on Summer Institute of Linguistics*. Canonical ID: 1975PANAMA06140_b.
186   WIKILEAKS. Public Library of US Diplomacy. *Attacks on SIL Continue*. Canonical ID: 1975LIMA10435_b.

para pressionar o governo a cancelar o contrato com os missionários para "trabalhos educacionais". As disputas políticas em torno do SIL envolveram inclusive o bispo auxiliar de Lima, Luis Bambarén Gastelumendi que, em contatos com a embaixada norte-americana,[187] revelou seu temor de que os ataques fossem o início de uma campanha contra religiosos estrangeiros que poderia atingir, também, a sua Igreja. Em 1976, Dean relata que uma frente com "65 prestigiosos peruanos",[188] entre eles o escritor Mario Vargas Llosa, dezenas de militares e dois padres, lançara carta pedindo que o governo mantivesse o contrato com o SIL, procurando impedir que "grupos esquerdistas de camponeses" preenchessem o espaço ocupado pelos missionários junto aos indígenas. Acreditava, contudo, que o presidente Morales Bermúdez poderia firmar posição pela permanência do SIL, diante do *lobby* de militares "como o general José del Carmen Marin e o almirante Luis Vargas Caballero". De fato, o SIL continua ativo ali nos dias de hoje, trabalhando junto a povos falantes de quéchua.[189]

No Equador, o SIL também se encontrava no meio da luta entre organizações populares e forças da conservação. Em 1978, o diplomata Edwin G. Corr escrevia da embaixada dos Estados Unidos em Quito sobre um artigo crítico à CIA e aos missionários publicado pela revista *Nueva*. Segundo Corr, os ataques estariam inseridos nas disputas entre grupos camponeses comunistas e não comunistas, predizendo a perda de espaço dos primeiros diante do surgimento de "associações geridas pelos próprios índios". O artigo, porém, acusava estas últimas de serem organizados pela CIA com o auxílio do SIL, suspeitas que não eram afastadas pelo fato de Antonio Lema, membro da etnia Otavalo e líder da Modelinde, uma dessas novas organizações, ter sido educado nos Estados Unidos. O debate público em torno das atividades do SIL no país, e da possibilidade de elas serem desempenhadas pelos próprios equatorianos, permaneceria na ordem do dia pelos próximos anos, até que o governo decidiria pela

---

187 WIKILEAKS. Public Library of US Diplomacy. *Anti-SIL Campaign and the Church*. Canonical ID: 1976LIMA00216_b.

188 WIKILEAKS. Public Library of US Diplomacy. *Reaction of SIL Friends to Contract Termination*. Canonical ID: 1976LIMA03895_b.

189 LITERACY & Education: Quechua Riddles and Reading. *SIL International*, 2013. Disponível em: <https://www.sil.org/story/quechua-riddles-and-reading>. Acesso em: 22 out. 2020.

expulsão do SIL em 1982. As queixas contra os missionários, entretanto, prosseguiriam até muito depois da sua partida, pois, em junho de 1990, uma ação[190] movida pela Confederación de Nacionalidades Indígenas de la Amazonía Ecuatoriana contra o governo equatoriano, na Comissão Interamericana de Direitos Humanos da OEA, trazia novas informações sobre as atividades do SIL e seu provável conluio com o setor empresarial. A demanda referia-se aos danos causadas por corporações petrolíferas norte-americanas, como a Texaco, ao território amazônico do país, denominado Oriente, lar de diversas etnias nativas. No texto que a embasava, é relatado que o SIL agira nas décadas de 1960 e 1970 para confinar o povo Huaorani em minúsculos assentamentos, assim despovoando áreas ricas em petróleo e facilitando a instalação de empresas que teriam inclusive cooperado na "redução e realocação destas comunidades".

O México foi outro lugar onde o SIL teve problemas. Tudo começou com a publicação, por um grupo de 23 antropólogos, de uma carta-denúncia em outubro de 1978 acusando-o de ser uma "agência pseudocientífica ligada à CIA",[191] de promover "campanhas de doutrinação com a distribuição de bíblias" e de explorar povos nativos por meio do tráfico de produtos do seu trabalho. Pouco depois, o diretor do SIL, John Alsop, refutou na imprensa o vínculo com a CIA, sem negar, contudo, a distribuição de bíblias, para "satisfazer a necessidade dos povos indígenas de uma ideologia",[192] conforme registrado por telegrama da embaixada ao secretário de Estado Henry Kissinger.

Ainda segundo a diplomacia estadunidense, no final dos anos 1970 a organização mantinha "várias centenas de cidadãos americanos trabalhando por todo o México"[193] pertencentes a "todas as religiões protestantes". Próximo à fronteira guatemalteca, os missionários administravam uma base acessível apenas pelo ar, onde eram feitos treinamentos

---

190   NATIONAL ARCHIVES AND RECORDS ADMINISTRATION. *Ecuador – Texaco Suits Climate [3]*. Coleção Records of the Council on Environmental Quality (Clinton Administration), 1993–2001.
191   WIKILEAKS. Public Library of US Diplomacy. *Summer Institute of Linguistics*. Canonical ID: 1975MEXICO09131_b.
192   WIKILEAKS. Public Library of US Diplomacy. *Summer Institute of Linguistics*. Canonical ID: 1975MEXICO05045_b.
193   WIKILEAKS. Public Library of US Diplomacy. *Post Reports on American Communities*. WikiLeaks. Canonical ID: 1979MEXICO06033_e.

de sobrevivência para futuros quadros. Desnecessário dizer que a base era objeto de suspeita da imprensa, que especulava sua utilização pela CIA, ainda que a representação diplomática estadunidense reportasse não possuir evidências sobre isso.

Mas apesar do forte enraizamento mexicano, a organização viria a ser alvo de investigação em finais de 1979 em meio a percepção de parte do governo de que "o SIL tem operado sem o adequado controle governamental e em detrimento do interesse nacional mexicano,"[194] dizia o diplomata Robert C. Perry. Aqui, mais uma vez, vemos os membros da administração estadunidense sacarem argumentos muito parecidos com os de seus colegas no resto da América Latina para desqualificar as críticas. Nas palavras de Perry, tudo não passaria de uma "cruzada" de etnólogos e antropólogos sociais, concentrada na imprensa esquerdista e "motivada principalmente por ideologia e ciúme profissional". Posição parecida era sustentada pelos líderes do SIL, para quem, prossegue o documento, o ataque seria parte de uma ação coordenada de "grupos marxistas".

O governo mexicano, não obstante, decidiu ainda em 1979 interromper o contrato com a organização. Isso não quer dizer, porém, que suas atividades fossem paralisadas, pois em março de 1984 os arquivos da CIA[195] registram a reunião de 34 lideranças nativas para emitir declaração conjunta pedindo ao governo que não apenas expulsasse o SIL, mas também confiscasse os seus ativos. Dessa vez, o Executivo mexicano pareceu ignorar, pois o SIL continua operando por ali, mesmo que não mais conveniado.

A polêmica em torno do SIL não se confinou às Américas, aparecendo também no meio do conflito entre os Estados Unidos e a República Democrática do Vietnã. Em 24 de março de 1975, pouco antes da vitória do Vietnã do Norte, a embaixada estadunidense na Cidade de Ho Chi Minh negociava o retorno de cidadãos detidos em Buon Ma Thuot, que durante a guerra servira de base para o exército invasor. Um "capitão

---

194 WIKILEAKS. Public Library of US Diplomacy. *The Summer Institute of Linguistics Come Under Investigation in Mexico*. Canonical ID: 1979MEXICO12907_e.
195 CENTRAL INTELLIGENCE AGENCY. General CIA Records. *Indian Leaders Asked the Government Thursday to Expel the U.S.-Based Summer Institute of Linguistics from Southern Mexico*. Document Number (FOIA) /ESDN (CREST): CIA-RDP90-00806R000201050003-0.

To"[196] respondeu, porém, que, caso os presos estivessem escondendo algo, seriam "tratados de acordo", estando "muito cético" sobre a autenticidade de John D. Miller, membro do SIL.

Miller, todavia, permaneceu pouco tempo prisioneiro, foi libertado em outubro de 1975. Na página eletrônica do SIL International verifica-se que em 1980 ele já desenvolvia trabalhos linguísticos na Malásia.[197] Além dele, sua mulher Carolyn e filha Lucille, outros prisioneiros cuja soltura era negociada foram dois religiosos da Christian and Missionary Alliance, um funcionário da United States Agency for International Development (USAID), um bolsista que desenvolvia atividades linguísticas para a Fundação Ford e a esposa de um funcionário da empresa Federal Electric, que na década de 1970 prestava serviços de comunicação para o exército estadunidense.

Se levarmos em conta o que escreve a socióloga Sara Diamond[198] em outra obra sobre a militância política internacional de organizações religiosas norte-americanas, não parece coincidência a prisão de um membro desta agência junto com o missionário. Diamond acusa o SIL de auxiliar a CIA no treinamento de nativos para o combate, alfabetizando-os para que compreendessem instruções escritas e fornecessem informações etnográficas ao serviço de inteligência. Para tanto, o SIL teria contado com auxílio financeiro da USAID.

A Christian and Missionary Alliance

Uma das maiores e mais antigas organizações missionárias estadunidenses, a Christian and Missionary Alliance entra em atividade no final do século XIX, permanecendo uma associação evangélica paraeclesiástica até 1974, quando se tornou uma nova denominação. De fato, edição de

---

196 WIKILEAKS. Public Library of US Diplomacy. *Request for Assistance Concerning US Citizens*. Canonical ID: 1975SAIGON03383_b.
197 LINGUISTIC Research in Sabah by the Summer Institute of Linguistics. *SIL International*, [s.d.]. Disponível em: <https://www.sil.org/resources/archives/36737>. Acesso em: 23 out. 2020.
198 DIAMOND, Sara. *Spiritual Warfare: the politics of the christian right*. Montreal – Nova York: Black Rose Books, 1990, p. 219.

junho de 1900 de seu periódico[199] sugere a proximidade teológica entre a Alliance e grupos pentecostais e carismáticos, ao mencionar o "batismo no Espírito Santo" e a "cura espiritual". Fundada em Nova York pelo presbiteriano Albert Benjamin Simpson, a Alliance deu seus primeiros passos internacionais no Congo em 1884. Atualmente chamada Alliance World Fellowship, ainda se dedica a "instalar igrejas nos Estados Unidos e no exterior",[200] com foco em populações isoladas, "treinando líderes nacionais de igrejas, fornecendo ajuda para o desenvolvimento e alívio, tratamento médico e dentário, e projetos para microempresas". Segundo dados de sua página eletrônica, ela está presente em setenta países, onde é representada por setecentos agentes norte-americanos.

O entrecruzamento entre agências religiosas e o governo dos Estados Unidos, intensificado após meados do século XX, não se circunscreveu, contudo, a esse período, conforme ilustra a trajetória da Alliance. Já em setembro de 1900, portanto, o secretário de Estado em exercício Alvey A. Adee, em contatos com o líder da Alliance, informa[201] ao presidente da Comissão de Paz norte-americana em Paris, William R. Day, sobre o prospecto favorável para uma maior liberdade religiosa no Oriente, uma vez que a Alliance se preparava para entrar nas Filipinas, representada por um missionário identificado como "senhor La Lacheur", que recebeu do Departamento carta de apresentação para as representações diplomáticas naquelas partes. Registrava também o secretário que em suas conversas com o senhor Lacheur ambos teriam manifestado satisfação sobre ações do imperador chinês para a proteção de missionários, "uma ilustração do espírito de progresso nos países orientais". Cabe notar que a carta de Adee foi redigida apenas alguns meses após a derrota chinesa na Guerra dos Boxers, quando centenas de missionários cristãos foram executados, inserindo-se a licença conferida a pregadores evangélicos no país, portanto, na execução de um projeto imperialista das potências capitalistas, imaginado

---

199 NATIONAL ARCHIVES AND RECORDS ADMINISTRATION. Coleção General Records of the Department of State, 1763–2002. *October 12-20, 1905*.

200 THEN & Now. *The Alliance*, [s.d.]. Disponível em: <https://cmalliance.org/about/history/>. Acesso em: 27 out. 2020.

201 NATIONAL ARCHIVES AND RECORDS ADMINISTRATION. Coleção General Records of the Department of State, 1763–2002. *Volume 4: Special Missions: Oct. 15, 1886 – June 20, 1906*.

como civilizador, para o mundo oriental. Com efeito, em julho de 1903, dirigentes da Christian and Missionary Alliance escrevem ao cônsul-geral, Robert McWade, para expressar gratidão pela "pronta resposta"[202] da diplomacia ao pedido de auxílio para populações da província de Kwang Sai. Sugerindo que propósitos humanitários não fossem a única motivação da ajuda, os signatários destacam que ela "fez muito para ganhar para os estrangeiros o respeito e a confiança do povo, de forma que o trabalho das missões nesta província será grandemente facilitado".

A Alliance refere-se ao período entre finais dos anos 1940 até constituir-se em denominação em 1974 como a sua "era evangélica",[203] marcada pela realização de um programa missionário para formar unidades locais "autossuficientes, autopropagadoras e autogovernadas". Ainda segundo a própria organização, o princípio por trás deste trabalho de base era a manutenção do seu funcionamento nas ocasiões em que "os missionários precisaram deixar seu trabalho nas mãos da igreja nacional em virtude de mudanças políticas". Apesar da Alliance apresentar a estratégia como uma inovação, sugere o contrário o fato de outras organizações norte-americanas terem realizado trabalho de base semelhante, rapidamente nacionalizando-se. O movimento feito pela Alliance parece derivar, portanto, de discussões amadurecidas no princípio da Guerra Fria nos Estados Unidos, afirmação que encontra amparo no memorando de 1955, em que o empresário David Sarnoff pedia a Eisenhower recursos para a organização de movimentos particulares autônomos, também religiosos, de resistência aos governos socialistas, "incluindo treinamento de lideranças".[204] Na mesma direção vai o relatório[205] de 1973 da CIA sobre Honduras, relatando que muitas organizações religiosas norte-americanas "estão

---

202 NATIONAL ARCHIVES AND RECORDS ADMINISTRATION. Coleção General Records of the Department of State, 1763–2002. *May 31, 1906.*
203 THE Evangelical Era: 1947-1974. *The Alliance*, [s.d.]. Disponível em: <https://cmalliance.org/about/history/evangelical>. Acesso em: 27 out. 2020.
204 CENTRAL INTELLIGENCE AGENCY. General CIA Records. *Hearings before the Subcomitee to Investigate the Administration of the Internal Security Act and Other Internal Security Laws of the Comittee on the Judiciary United States Senate.* Document Number (FOIA) /ESDN (CREST): CIA-RDP64B00346R000500030098-1.
205 CENTRAL INTELLIGENCE AGENCY. NIS. *National Intelligence Survey 77; Panama; The Society.* Document Number (FOIA) /ESDN (CREST): CIA-RDP01-00707R000200080046-7.

treinando hondurenhos para assumir papéis de liderança nos assuntos da igreja e estão gradualmente transformando-se em igrejas 'nacionais' autossuficientes sob a liderança indígena". Vemos exposta, assim, a intenção dessas organizações em minar politicamente países desviados da órbita de influência de seu país, onde quer que a liberdade (religiosa) de operação dessas organizações se visse cerceada.

Talvez fosse esse o trabalho dos missionários da Alliance presos em 1975 no Laos e no Vietnã junto com outros estadunidenses, entre eles um membro do SIL. Mas a interrupção das atividades da Alliance em ambos os países também pode ter tido a ver com a sua possível colaboração com a CIA durante a guerra que consumiu a península indochinesa nas duas décadas precedentes. Essa era a opinião ventilada em manifestações públicas no Laos que em maio de 1975 pediam, a exemplo do que acontecera com a World Vision, a expulsão da Christian and Missionary Alliance, acusada de ser "ferramenta da CIA".[206] Ao que parece, contudo, o trabalho de base acabou apresentando resultados também no Vietnã, pois, em dezembro de 2004, a representação diplomática dos Estados Unidos em Hanói relatava[207] a realização do primeiro congresso nacional da Evangelical Church of Vietnam, filiada à Christian and Missionary Alliance.

A Campus Crusade for Christ

O propósito declarado da agência missionária interdenominacional Campus Crusade for Christ, que passou a ser apenas CRU a partir de 2011, é "ajudar a cumprir a Grande Comissão no poder do Espírito Santo conquistando pessoas para a fé em Jesus Cristo, os instruindo e enviando para conquistar e instruir outros".[208] Fundada em 1951, a CRU inicia suas atividades na Universidade da Califórnia em Los Angeles, trabalho capitaneado até sua morte, em 2003, pelo pastor Bill Bright. Internacionaliza-se

---

206   WIKILEAKS. Public Library of US Diplomacy. *World Vision Terminates Activities in Laos; Other VOLAGS Come under Pressure.* Canonical ID: 1975VIENTI03469_b.

207   WIKILEAKS. Public Library of US Diplomacy. *Northern Protestant Church Holds Long Awaited Congress.* Canonical ID: 04HANOI3257_a.

208   "WHAT We Do". *CRU*, [s.d.]. Disponível em: <https://www.cru.org/us/en/about/what-we-do.html>. Acesso em: 28 nov. 2020.

pouco depois, firmando presença na Coreia do Sul, uma de suas mais importantes bases de operação.

Em crescimento meteórico, alcança 45 países no final da década de 1960, 114 na de 1970, 138 na de 1980 e 186 na de 1990. Sempre disseminando ideias anticomunistas, em 1982 envia uma missão clandestina para a União Soviética, fato que "destaca um influxo de atividades pregadoras camufladas na Europa Oriental, que se acelera abertamente após a queda da Cortina de Ferro".[209]

Ainda nesta década, segundo matéria da *North American Congress on Latin America* (NACLA) e assinada por Debora Huntington, reproduzida pela publicação brasileira *Cadernos do Terceiro Mundo* de agosto de 1984, armazenada nos arquivos do SNI brasileiro, a Crusade envolveu-se no esforço anticomunista estadunidense na América Central por via de milionárias campanhas de propaganda a fim de cooptar setores da classe trabalhadora. Para tanto, contou com generosas ajudas de capitalistas conterrâneos, como o dirigente do CNP, Nelson Bunker Hunt, que investira dez milhões de dólares entre 1978 e 1979 na campanha Esta é a Vida, e outros cinco milhões no filme *Jesus*. Outras contribuições "de quatro a cinco dígitos"[210] vieram do grupo hoteleiro Holiday Inn, cujo presidente Bill Walton, conforme vimos, esteve na reunião de 1971 com Henry Kissinger; da Adolph Coors, envolvida também no CNP; da Mobil; da Coca-Cola; da Pepsico e de um ex-presidente da McDonnel Douglas Aircraft.

Em 1992, a organização se une a outras do mesmo feitio para um esforço coordenado de invasão religiosa das recém-abertas ex-repúblicas soviéticas, denominado "CoMission".[211] Já consolidada mundialmente, a CRU realiza em 1997 uma primeira conferência mundial, com representantes de 171 países. Atualmente, opera em mais de 5.300 campus universitários em todo o mundo.

---

209 "1980–1989". *CRU*, [s.d.]. Disponível em: <https://www.cru.org/us/en/about/what-we-do/milestones.4.html>. Acesso em: 28 nov. 2020.

210 ARQUIVO NACIONAL. Serviço Nacional de Informações. *Seminário sobre Sindicalismo, Realizado na Sede do Jornal Hora Extra, em Volta Redonda RJ*. Código de referência: BR DFANBSB V8.MIC, GNC.AAA.86055420.

211 "1990–1999". *CRU*, [s.d.]. Disponível em: <https://www.cru.org/us/en/about/what-we-do/milestones.5.html>. Acesso em: 28 nov. 2020.

Como mostrei, o chefe da CRU, Bill Bright, teve ligações com o governo dos Estados Unidos desde pelo menos 1971, convidado por Henry Kissinger para reunião que discutiu a presença norte-americana na Ásia. Travando contatos frequentes com Ronald Reagan, prestou ainda entusiasmado apoio a George W. Bush, para quem escreveu em maio de 2003, menos de um mês após a invasão do Iraque, exprimindo sua convicção de que o "INCRÍVEL"[212] mandatário estaria fadado a "desempenhar um papel de destaque" no cumprimento da "Grande Comissão": levar o evangelho cristão para o resto do mundo.

Outras agências missionárias auxiliares da hegemonia capital-imperialista estadunidense

As organizações acima figuram entre os principais organismos político-religiosos atrelados ao projeto de dominação global do empresariado estadunidense. Não são, entretanto, as únicas, dadas as muitas lacunas da documentação do governo norte-americano, sobretudo no que diz respeito ao mundo periférico.

Exemplar disso é a quase ausência nessa documentação da New Tribes Mission, atualmente Ethnos360, apesar de os papéis do governo brasileiro indicarem o seu grande peso em território sul-americano. Fundada em 1942 na Florida, a organização dedica-se a "auxiliar o funcionamento das igrejas locais através da mobilização, equipagem e coordenação dos crentes para evangelizar grupos humanos isolados, traduzir as escrituras e estabelecer igrejas indígenas".[213] Pouco após sua fundação, já se lançava sobre a América Latina, com agressivo trabalho de integração de indígenas isolados ao modo de produção capitalista. Um relatório de 1974 da CIA

---

212   NATIONAL ARCHIVES AND RECORDS ADMINISTRATION. Coleção Records of the White House Office of Records Management (George W. Bush Administration), 20/01/2001 – 20/01/2009. *565237* [*1*].
213   "ABOUT". *Ethnos360*, [s.d.]. Disponível em: <https://ethnos360.org/abou>. Acesso em: 01 nov. 2020.

sobre a Venezuela conta que em 1948 a New Tribes[214] já funcionava ali, acrescentando que em princípios dos anos 1970 foi elogiada pelo governo local "por seus esforços para trazer à civilização os índios" por meio da alfabetização e da criação de "bases para a mudança econômica".

Outra agência missionária interdenominacional, porém fortemente fundamentalista, com vastas ramificações internacionais é a Overseas Crusade, atualmente One Challenge, fundada em Taiwan em 1951 e que atualmente controla a rede missionária OC Global Alliance em dezenas de países. A América Latina está ali representada pela organização SEPAL (anteriormente Serviço de Evangelização para a América Latina e agora Servindo aos Pastores e Líderes, no Brasil desde 1963). Presentemente, a organização relaciona-se com 160 mil pastores de cem denominações e seus missionários, 68 apenas no Brasil, e presta consultoria para 55 igrejas.[215]

Fundada em 1979 pelo empresário Ted Fletcher, a Pioneers dedica-se a apoiar a fundação de igrejas entre povos intocados. Trata-se de mais uma organização que procura doutrinar biblicamente com métodos "culturalmente compreensíveis".[216] Para tanto, conta atualmente com três mil missionários em "incansável perseguição pelos isolados".[217] Em 2019, reportou estar em 103 países e junto a 510 grupos humanos falantes de 287 línguas, coordenando e apoiando missionários de 3.600 igrejas.[218]

A World Vision International é uma agência missionária interdenominacional fundada em 1950 pelo pastor batista Robert Pierce. Atualmente, reivindica o posto de "maior organização cristã não governamental",[219] trabalhando em quase cem países. Como já vimos, foi uma das primeiras

---

214 CENTRAL INTELLIGENCE AGENCY. General CIA Records. *Regional Development in Southern Venezuela: the planners have some problems.* Document Number (FOIA) /ESDN (CREST): CIA-RDP84-00825R000300200001-8.

215 "CONHEÇA um pouco sobre nós". *SEPAL Servindo aos Pastores e Líderes*, [s.d.]. Disponível em: <https://sepal.org.br/quem-somos/>. Acesso em: 01 nov. 2020.

216 "ABOUT" Pioneers. *Pioneers*, [s.d.]. Disponível em: <https://pioneers.org/pioneers>. Acesso em: 01 nov. 2020.

217 "HOM"E. *Pioneers*, [s.d.]. Disponível em: <https://pioneers.org/#/>. Acesso em: 01 nov. 2020.

218 "CELEBRATING 40 Years of God's Faithfulness". *Pioneers*, [s.d.]. Disponível em: <https://pioneers.org/annual-report-2019>. Acesso em: 01 nov. 2020.

219 "OUR History". *World Vision*, [s.d.]. Disponível em: <https://www.wvi.org/our-history>. Acesso em: 01 nov. 2020.

associações estadunidenses expulsas do Laos e do Vietnã, suspeita de colaborar com a CIA. A organização também presta serviços humanitários em outros países, como o auxílio a crianças abandonadas e a populações atingidas por epidemias e pela fome. A despeito dessa assistência, e do declarado propósito de erradicação da pobreza, a solução prescrita não passa por alterações nas estruturas sociais, mas sim pela identificação das suas "raízes espirituais".[220]

Uma última organização bastante ativa no presente, a Evangelism Explosion International (Explosão de Evangelismo Internacional), foi fundada em 1967 na Flórida pelo fundamentalista presbiteriano Dennis James Kennedy e é dedicada ao recrutamento e treinamento de missionários. Morto em 2007, Kennedy foi um grande divulgador da Teologia do Domínio e de versões próprias de "fatos" históricos e científicos que comprovariam a inerrância bíblica. Com incursões no campo partidário, comandava um grupo lobista chamado Center for Reclaiming America e a organização de evangelização de congressistas Center for Christian Statesmanship.

Laboratórios de ideias: O Institute on Religion and Democracy

Os Estados Unidos abrigam um vasto número de laboratórios de ideias, ou "think tanks", conservadores. No meio dessa miríade de aparelhos de pesquisa e divulgação, há também laboratórios cristãos dedicados a fins semelhantes e, entre eles, um número de organizações cristãs direitistas que reservam um lugar de destaque no Partido da Fé Capitalista, provendo ideias para o cristianismo conservador organizado.

É este o caso do Institute on Religion and Democracy, um dos mais influentes laboratórios de ideias do conservadorismo cristão, fundado em 1981 por David Jessup, também membro da AFL-CIO. De fato, seu impacto é tão grande que em princípios dos anos 1980 o SNI da ditadura brasileira procurava melhorar sua compreensão sobre o Institute e suas ações no

---

220 "OUR Promise – Going further". *World Vision*, [s.d.]. Disponível em: <https://www.wvi.org/our-promise>. Acesso em: 01 nov. 2020.

país. Em relatório[221] de 1984, levantou-se que o órgão consistia em um grupo político-religioso ecumênico, porém "principalmente evangélico", criado para travar uma "ofensiva ideológica-política contra as igrejas progressistas dos EUA e da América Latina", propósito expresso na página de internet do Institute, que sintetiza sua missão como "reafirmar os ensinamentos bíblicos e históricos da igreja, reforçar e reformar seu papel na vida pública, proteger a liberdade religiosa, e renovar a democracia em casa e no exterior".[222] Desde sua origem, a organização contou com o financiamento de quatro fundações mantidas por multinacionais, a Lynde and Harry Bradley Foundation, a John M. Olin Foundation, a Smith Richardson Foundation e a Sarah Scaife Foundation. Outros contribuintes foram as fundações Earhart, inaugurada em 1929 por Harry Boyd Earhart, dono da petrolífera White Star Oil; Ingersoll, organização de pesquisa concentrada em estudos sobre os efeitos neurológicos e psiquiátricos da fé em crianças; e a fundação Shelby Cullom Davis, do banqueiro homônimo. Conforme o SNI, sua atividade ideológica resume-se a combater, com estudos e publicações, uma suposta crise moral e cultural aberta por setores progressistas dentro e fora das igrejas. Para tanto, seria indispensável controlar as instituições religiosas, instância privilegiada para disputar consciências, dali expulsando os simpatizantes da Teologia da Libertação, como os reunidos no Conselho Mundial de Igrejas (CMI).

De maneira coerente, vimos que o Institute se envolveu no Grupo de Trabalho para Assistência da América Central, organizado pelo governo Reagan em 1983. Durante os trabalhos do grupo, a coordenadora e assessora, Faith Whittlesey, chegou a distribuir uma publicação[223] do Institute com entrevista de Miguel Bolanos Hunter, suposto agente sandinista que teria sabotado o pronunciamento do Papa João Paulo II em Manágua em 1983, interrompido por gritos de "entre cristianismo e revolução não há contradição", além de ter recrutado sacerdotes para o regime. Assistimos

---

221 ARQUIVO NACIONAL. Serviço Nacional de Informações. *Instituto Sobre Religião e Democracia, IRD.* Código de referência: BR DFANBSB V8.MIC, GNC.CCC.84010468.

222 "ABOUT". *The Institute of Religion and Democracy*, [s.d.]. Disponível em: <https://theird.org/about/>. Acesso em: 29 nov. 2020.

223 NATIONAL ARCHIVES AND RECORDS ADMINISTRATION. Coleção Records of the Office of the Chief of Staff (Reagan Administration), 20/01/1981 – 20/01/1989. [*Religious Groups*].

também a um dos seus mais notórios membros, o teólogo metodista Thomas C. Oden, manter contato em 1981 com a CAUSA Internacional, bancada pela Igreja da Unificação. Outro quadro de peso do Institute foi o intelectual católico Michael Novak, influente entre os conservadores religiosos brasileiros.

5

O DEPARTAMENTO DE ESTADO DOS ESTADOS UNIDOS E OS USOS POLÍTICOS DA LIBERDADE RELIGIOSA

Mais "liberdade religiosa" para quem?

Referindo-se a 2.795 documentos, "liberdade religiosa" é expressão recorrente nos telegramas diplomáticos estadunidenses contidos na coleção Biblioteca Pública da Diplomacia Norte-americana disponibilizada pelo arquivo eletrônico WikiLeaks. De maneira aparentemente contraditória, o mesmo governo dos Estados Unidos não economizou esforços para o encarceramento de alguns dos maiores responsáveis pela publicização desses documentos, como Chelsea Manning e Julian Assange. Componente importante da imagem que o país busca projetar de si, a percepção dos Estados Unidos como campeão da liberdade precisa, portanto, ser revista, o que pressupõe, também, refletir sobre os usos políticos da sua campanha mundial por liberdade religiosa.

A análise desses telegramas mostra que o Estado norte-americano buscou proporcionar condições ótimas para a instalação de suas agremiações religiosas por todo o mundo e que elas cumprem importante papel no reforço da sua hegemonia. O papel da diplomacia estadunidense no que concerne ao tema "liberdade religiosa" foi descrito de forma lúcida ao embaixador David Hale, em agosto de 2003, pelo parlamentar jordaniano Odeh Qawwas, uma rara voz cristã no Legislativo daquele país, que sugeriu que os relatórios norte-americanos sobre a liberdade religiosa no mundo "deveriam focar-se nas condições das minorias cristãs autóctones, ao invés de em quão fácil é para grupos missionários estrangeiros ter acesso ao proselitismo". Acreditava, assim, que "a política de liberdade do governo dos Estados Unidos para o Oriente Médio fere as comunidades cristãs locais ao encorajar a imigração e ao diluir a força das igrejas estabelecidas apoiando grupos missionários estrangeiros".[224]

Mais do que abrir caminho a seletos grupos religiosos, a política religiosa do Departamento de Estado parece também servir à desestabilização interna e corrosão da imagem mundial de países não alinhados, sobretudo os que se dizem socialistas. Não é por acaso, por exemplo, que a maioria esmagadora da documentação diplomática referente ao tema "liberdade religiosa" produzida pelos Estados Unidos na década de 1970 se refira à União Soviética e ao Leste Europeu, enquanto outros Estados notoriamente cerceadores dessa liberdade, como a Arábia Saudita, são quase completamente omitidos.

Aqui, é de interessante leitura a mensagem de outubro de 2003 do embaixador dos Estados Unidos no Vaticano, Jim Nicholson, no aniversário de 25 anos do papado de João Paulo II. Trata-se de um balanço da atuação internacional do grande aliado geopolítico, o polonês Karol Wojtyła, segundo palavras do diplomata, "para atingir nossa principal meta de segurança nacional".[225] Hasteando globalmente bandeiras como

---

224 WIKILEAKS. Public Library of US Diplomacy. *Christian MP Complains about USG Religious Freedom Policy in Jordan, the Middle East*. Canonical ID: 03AMMAN5330_a.
225 WIKILEAKS. Public Library of US Diplomacy. *John Paul II: 25 Year Champion of Human Dignity*. Canonical ID: 03VATICAN4751_a.

a "liberdade religiosa", é destacada a contribuição de Wojtyła para o fim da experiência socialista no Leste Europeu, cujo engajamento "se tornou um catalizador para a mudança". O documento também aborda a visita do Papa ao Chile em 1987, quando João Paulo II se furtou a fazer semelhantes admoestações às realizadas em suas visitas à socialista Polônia, onde "exigiu liberdade para a Igreja e afirmou o direito de organização dos trabalhadores" e "censurou o primeiro-ministro pelos abusos dos direitos humanos em seu regime". Apesar disso, e do fato da visita ter sido amplamente usada como propaganda por Pinochet, a passagem é reinterpretada como mais um capítulo na sua cruzada pela liberdade. Assim, o "aparente abraço do regime Pinochet [...] na verdade fortaleceu os esforços da Igreja local pelos direitos humanos", acelerando o retorno à democracia.

Recorrente nos textos diplomáticos estadunidenses, a retórica alicerçada no dualismo "liberdade religiosa" versus comunismo, tônica também das discussões ocorridas nos fóruns político-religiosos abordados no Capítulo 2, surge nesses papéis reproduzida pelas próprias organizações religiosas daquele país ao redor do mundo. Assim, em relatório da embaixada em Caracas, Venezuela, em dezembro de 1978, sobre ação legal movida por um grupo de professores contra missionários na Amazônia, os religiosos defendem-se qualificando o processo como "uma tentativa marxista de restringir a liberdade religiosa".[226] Os antropólogos e etnólogos venezuelanos acusavam os estrangeiros de "paternalismo e de evangelização forçada", de "manter quinze aeroportos fora do controle estatal" e de controlarem "estações de rádio com emissões em inglês", pedindo a sua repatriação para proteger os silvícolas "da extinção e dominação cultural".

A elasticidade do conceito de "liberdade" é, portanto, um importante componente de uma retórica compartilhada pela coalizão político-ideológica mundial tema deste livro e participada também pelo Departamento de Estado. Exemplo de como essa elasticidade é manejada até o seu limite por organizações religiosas, dessa vez partidariamente organizadas, é encontrado em um documento de julho de 2004 da embaixada dos Estados Unidos em Bratislava, atual Eslováquia. O documento relata a irritação de membros do governo eslovaco do partido Movimento Democrata Cristão

---

226 WIKILEAKS. Public Library of US Diplomacy. *Venezuelan Press Adding to Controversy over U.S. Missionaries Work with Indians in Interior.* Canonical ID: 1978CARACA12017_d.

pela condenação na Suécia do pastor pentecostal Aake Green, que se referira aos homossexuais como um "tumor cancerígena anormal no corpo da sociedade".[227] O líder do parlamento eslovaco, Pavol Hrusovsky, frisou que a sentença era um "imperdoável precedente na violação da liberdade de expressão", palavras repetidas pelo ministro da Justiça, Daniel Lipsic, enquanto o do Interior, Vladimir Palko, queixou-se para a embaixadora sueca, Cecilia Julin, declarando que "a Europa começa a colocar pessoas na cadeia por dizerem o que pensam".

Também instrumentalizadas para fins políticos e econômicos, as diretrizes ideológicas que orientam a diplomacia norte-americana são reproduzidas por países alinhados, mesmo aqueles com um histórico de intolerância religiosa, como a Arábia Saudita. Situado na categoria "perseguição"[228] – a mais alta no ranking de restrições da liberdade de culto no *Relatório de Liberdade Religiosa*, publicado em 2016 pela Ajuda à Igreja que Sofre, organização do Vaticano dedicada a auxiliar cristãos perseguidos –, o país se disse preocupado quanto à possibilidade de cerceamento da liberdade religiosa na Somália, que poderia advir do conteúdo socialista supostamente presente no seu rascunho de Constituição em 1979. Em julho daquele ano, em conversa com o embaixador dos Estados Unidos na Somália, Donald K. Petterson, seu colega saudita, Taha Aldeghather, comentou que expressara ao presidente somali Muhammad Siad Barrem considerar o socialismo "incompatível com o islamismo",[229] preocupando-se, também, com a "inerente restrição que o socialismo coloca aos investimentos privados na Somália".

Por falar em investimentos privados, um texto formulado em 2003 pelo encarregado de negócios na embaixada norte-americana no Vaticano, Brent Hardt, expõe de forma cristalina o entrelaçamento de um projeto econômico mundial, formulado nos Estados Unidos, e a ação de grupos religiosos nos países pobres. Celebrando o atual distanciamento

---

227 WIKILEAKS. Public Library of US Diplomacy. *Slovakia Political Roundup July 19, 2004*. Canonical ID: 04BRATISLAVA684_a.
228 RELIGIOUS Freedom Report 2016. *Ajuda à Igreja que Sofre*, [s.d.]. Disponível em: <http://2016.religious-freedom-report.org/ptb/report/saudi-arabia/>. Acesso em: 06 fev. 2020.
229 WIKILEAKS. Public Library of US Diplomacy. *Siad's Visit to Saudi Arabia*. Canonical ID: 1979MOGADI02427_e.

católico da Teologia da Libertação, Hardt nota uma "posição próxima àquela do governo dos Estados Unidos"[230] na concepção em vigor na Santa Sé sobre o trabalho desenvolvido por seus membros e agências a fim de combater a pobreza. Trata-se, ainda nos termos de Hardt, de tornar os recebedores desse auxílio "protagonistas e parceiros em seu próprio desenvolvimento" – asserção que soaria um tanto vaga, não tivesse o diplomata, em seguida, exposto o conteúdo da "mudança filosófica" sofrida pela Igreja Católica: "conceitos como transparência, boa governança, responsabilidade e liberalização do mercado agora fornecem um contrapeso à culpabilização de 'estruturas injustas' ou do 'capitalismo descontrolado' pelas mazelas do mundo".

Os Estados Unidos, da mesma forma, se esforçam para inserir essa filosofia também no *modus operandi* de grupos religiosos locais. Assim, uma mensagem de 2009 do vice-chefe da missão dos Estados Unidos na Tanzânia, Larry Edward André, endereçada à CIA, ao Departamento de Estado e outras embaixadas, revela a criação de um cargo de especialista em diplomacia pública para, entre outras coisas, "implementar programas para encorajar comunidades religiosas a considerar favoravelmente políticas e programas dos Estados Unidos".[231] Esse engajamento direto, contudo, é ali focado em grupos islâmicos nativos, apesar de inúmeras organizações cristãs estarem em atividade no país, entre elas várias sediadas nos Estados Unidos, como os batistas, a missão African Inland e os pentecostais Assembleia de Deus e a Igreja de Deus em Cristo. Não é arriscado supor que a menor atenção recebida por essas últimas pela missão diplomática norte-americana relacione-se com uma coincidência prévia de propósitos e métodos.

O caso soviético

A análise quantitativa da documentação diplomática estadunidense também é esclarecedora. Ela nos mostra, por exemplo, que entre 1973 e 1979,

---

230 WIKILEAKS. Public Library of US Diplomacy. *Partners for Progress – Working with Vatican Development Agencies*. Canonical ID: 03VATICAN283_a.

231 WIKILEAKS. Public Library of US Diplomacy. *Tanzania's Religious Landscape*. Canonical ID: 09DARESSALAAM73_a.

um dos períodos abarcados pelo banco de dados WikiLeaks através do conjunto documental chamado "*Kissinger Cables*", a União Soviética reinou absoluta nos papéis dedicados ao tema "liberdade religiosa"; foi citada em 123 documentos, mais que o dobro do segundo colocado, o Malawi, com 58 menções. Número, por sua vez, ultrapassado pela soma dos países socialistas do Leste Europeu, Romênia (32), Polônia (12), Hungria (9), Checoslováquia (9), Alemanha Oriental (6), Iugoslávia (3) e Albânia (2), contabilizando 72 documentos. Enquanto isso, a Arábia Saudita aparece em apenas dois papéis.

Maior rival político e econômico dos Estados Unidos por quase toda a segunda metade do século XX, não foi coincidência o interesse obsessivo da diplomacia norte-americana nas questões relacionadas à liberdade religiosa, ou à falta dela, na União Soviética. Não obstante, os Estados Unidos tinham ao seu lado um poderoso aliado nas reivindicações desproporcionais, quando comparadas a outros países com semelhantes ou mesmo mais graves restrições, direcionadas ao Estado comunista: a Declaração Universal dos Direitos do Homem, emitida pelas Nações Unidas em 1948, porém nunca assinada pela União Soviética, e o acordo de Helsinque (1975), este sim ratificado pela URSS. Paralelamente, René Dreifuss[232] notou que ao longo dos anos 1970 uma das principais organizações idealizadoras da política externa norte-americana, o Council on Foreign Relations, delineou um plano para a década de 1980 que previa uma "campanha internacional em prol dos 'direitos humanos'" a fim de possibilitar que o país se apresentasse como régua moral planetária. Essa etapa da Guerra Fria, onde questões como a liberdade religiosa passam a contar, remete, portanto, a esse projeto.

Tanto a Declaração como o Tratado de Helsinque se referiam à liberdade religiosa como um direito humano básico, aparecendo a sua observância pelos soviéticos como uma das condições para o aprofundamento da distensão política negociada pelas duas potências. Segundo palavras do secretário de Estado Cyrus Vance, comentando a lentidão na produção pela Assembleia Geral da ONU de uma declaração voltada para a "eliminação de todas as formas de intolerância e discriminação baseada

---

232   DREIFUSS, 1986, p. 85.

na religião ou credo",²³³ o interesse de seu país nessa questão seria devido a uma "disseminada e profunda preocupação sobre o assunto liberdade religiosa da parte do público americano e de inúmeras organizações não governamentais líderes". Entre essas últimas, certamente Vance se referia também às instituições religiosas do seu próprio país com representações por todo o mundo, inclusive na União Soviética. Ainda conforme o secretário de Jimmy Carter, os lentos avanços na assinatura de um documento com este teor caberiam aos países socialistas, interessados em "adiar indefinidamente a conclusão de um rascunho".

O bloco socialista tinha boas razões para postergar a negociação. Um telegrama produzido pela embaixada de Moscou em janeiro de 1978, e direcionado a outras embaixadas, à Otan e ao Departamento de Estado, intitulado "Dissidência Soviética: reflexões sobre os prospectos futuros",²³⁴ sublinhava a capacidade de grupos dissidentes de "embaraçar internacionalmente o regime" causando "significativas repercussões na política internacional". Isso incluía grupos que continham também dissidentes religiosos, como pentecostais, batistas e católicos lituanos, que começavam "a articular mais efetivamente suas demandas". A diplomacia estadunidense admitia que tais setores, embora mantivessem uma "minúscula influência na sociedade soviética", atraíam "uma porção desproporcional da atenção e dos recursos do regime".

De fato, um relatório²³⁵ secreto produzido pela CIA em junho de 1985 indica que nos dez anos que seguiram a assinatura do Tratado de Helsinque verificou-se um "grande aumento da dissidência" no país, em grande parte pelas ações dos pentecostais e batistas, que promoveram ações coordenadas mirando o controle estatal sobre a religião.

Um relatório ultrassecreto produzido pela CIA no ano de 1983, intitulado *Dimensions of Civil Unrest in the Soviet Union*²³⁶ (Dimensões dos

---

233   WIKILEAKS. Public Library of US Diplomacy. *33rd UNGA – Third Committee: Elimination of All Forms of Religious Intolerance.* Canonical ID: 1978STATE259236_d.
234   WIKILEAKS. Public Library of US Diplomacy. *Soviet Dissidence: Thoughts on Future Prospects.* Canonical ID: 1978MOSCOW00287_d.
235   CENTRAL INTELLIGENCE AGENCY. General CIA Records. *Soviet Dissent and its Repression since the 1975 Helsinki Accords.* Document Number (FOIA) /ESDN (CREST): CIA-RDP86T00591R000300330003-3.
236   CENTRAL INTELLIGENCE AGENCY. National Intelligence Council (NIC) Collection. *Dimensions of Civil Unrest in the Soviet Union (NIC M-83-10006).* Document Number

distúrbios civis na União Soviética), por sua vez, informa que trinta mil pentecostais soviéticos organizaram uma greve de fome em novembro de 1980, enquanto outro escrito relata que em 1982 o Estado soviético organizou uma campanha para "isolar dissidentes de estrangeiros",[237] como o corte dos serviços telefônicos diretos provenientes e destinados aos países do Ocidente. Notava-se, ainda, que "a crescente popularidade da religião tem causado preocupação entre a liderança", sobretudo no meio dos mais jovens, que afluíam cada vez mais às igrejas, que angariavam multidões de jovens e trabalhadores braçais.

As convulsões prosseguiram por 1985, quando a CIA redigiu novo relatório[238] informando que as dissidências mais persistentes eram as nacionalistas, entre as populações não russas, e as religiosas, acrescentando que os engajados nesta última exibiam uma "incomum vontade de assumir grandes riscos em seus esforços para praticarem a adoração de acordo com suas consciências". Ecoando as propostas do empresário David Sarnoff, cujo memorando ao presidente Eisenhower, como vimos, pediu "ajuda moral e material, incluindo treinamento de lideranças, para movimentos clandestinos de oposição"[239] por trás da cortina de ferro, o relatório observa que tais dissidentes "desenvolveram uma extensa rede clandestina de ativistas e apoiadores a partir da qual recrutam substitutos para líderes presos". Teriam eles também formado "grupos de ação", estabelecido gráficas clandestinas e lançado publicações para "evitar a regulação estatal e protestar contra o seu tratamento". Em termos numéricos, estimava-se haver 535 mil batistas e entre duzentos e quinhentos mil pentecostais nas repúblicas soviéticas.

Certamente desempenhando importante função na dissolução da União Soviética, a crise agudizou-se ainda mais em 1986, quando temos

---

(FOIA) /ESDN (CREST): 0000273394.

237 CENTRAL INTELLIGENCE AGENCY. General CIA Records. *USSR Monthly Review.* Document Number (FOIA) /ESDN (CREST): CIA-RDP83T00853R000300030004-7.

238 CENTRAL INTELLIGENCE AGENCY. General CIA Records. *Soviet Dissent and its Repression since the 1975 Helsinki Accords.* Document Number (FOIA) /ESDN (CREST): CIA-RDP86T00591R000300330003-3.

239 CENTRAL INTELLIGENCE AGENCY. General CIA Records. *Hearings before the Subcomitee to Investigate the Administration of the Internal Security Act and Other Internal Security Laws of the Committee on the Judiciary United States Senate.* Document Number (FOIA) /ESDN (CREST): CIA-RDP64B00346R000500030098-1.

outro relatório[240] secreto dedicando muitas páginas à dissidência religiosa. Com notável honestidade, a CIA listava o fato de que "a religião abre a porta para influências externas" como uma das razões pelas quais o governo soviético deveria temer o seu crescimento, mencionando o surto da atividade religiosa nas fronteiras ocidentais provocado pela eleição do polonês Karol Józef Wojtyła ao cargo de Papa. Para a Agência, as contestações religiosas em franca expansão teriam conquistado uma ampla base nas diversas repúblicas soviéticas, inclusive a Rússia, onde o "fundamentalismo protestante está crescendo em áreas recém-industrializadas", sintomaticamente repetindo o mesmo padrão de expansão verificado nos países pobres capitalistas como o Brasil, concentrado nas periferias industriais. Voltando ao tema das redes cristãs clandestinas, a Agência registrava que o número não oficial de congregações religiosas no país parecia crescer, enquanto "muitos destes grupos desenvolveram redes de comunicação clandestinas que os possibilitam coletar milhares de assinaturas em âmbito nacional para petições e publicar regularmente literatura ilegal". Outras ações contestatórias incluíam a destruição dos passaportes internos, a recusa ao serviço militar e solicitações em massa de vistos para imigração.

Sobre a associação dos pentecostais com o movimento fundamentalista estadunidense, também é ilustrativo o caso soviético. Além da referência acima ao crescimento do "fundamentalismo protestante" no país, também a embaixada dos Estados Unidos em Moscou e os próprios pentecostais soviéticos se viam desta forma, conforme registra documento[241] confidencial enviado pela diplomacia em Moscou para a CIA em setembro de 1983. O documento relata o encontro de uma comissão do Senado estadunidense com oito dissidentes pentecostais no espaço da embaixada para discutir os "problemas particulares enfrentados pelos fundamentalistas cristãos na União Soviética". Ali, os "pentecostais sublinharam alguns dos problemas por eles encontrados enquanto cristãos fundamentalistas num Estado ateu". De maneira resumida, não se queixavam os religiosos da

---

240   CENTRAL INTELLIGENCE AGENCY. General CIA Records. *Domestic Stresses in the USSR.* Document Number (FOIA) /ESDN (CREST): CIA-RDP87T00787R000200180006-0.

241   CENTRAL INTELLIGENCE AGENCY. General CIA Records. *Ethnic German Pentecostals Plan Hunger Strike.* Document Number (FOIA) /ESDN (CREST): CIA-RDP91B00135R000500930009-7.

proibição de culto, mas sim do seu controle estatal, alegando que, em razão das pequenas dimensões da igreja a eles disponibilizada nos arredores de Moscou e da vigilância a qual ela era submetida, a "maioria das cerimônias religiosas são feitas em casas particulares". Outro documento[242] confidencial enviado à CIA pela embaixada, agora em abril de 1984, torna ainda mais clara a natureza das demandas da dissidência religiosa. Não se tratava de reivindicar o direito de possuir uma religião, mas sim de praticá-la onde quer que fosse e não apenas em casa ou em templos estatais. Dessa forma, não é excessivo fazer uma aproximação entre as demandas dos fundamentalistas soviéticos e dos estadunidenses que, também na década de 1980, passaram a promover intensas campanhas com o fito de esgarçar a laicidade do Estado norte-americano e de disputar espaços públicos, por exemplo exigindo liberdade para praticar orações em escolas públicas e para extirpá-las de livros didáticos que ferissem seus dogmas. De forma semelhante, os moscovitas pentecostais Ilya e Lydia Staskevich, Pavel Timonin e Nina Tomonina, prontos para iniciar uma greve de fome, exigiam "poder livre e abertamente praticar a adoração, viver de acordo com as escrituras e criar seus filhos no espírito cristão".

A liberdade religiosa foi, portanto, campo onde também transcorreu a disputa política e ideológica entre as potências, não se furtando os norte-americanos de instrumentalizar as dissidências fomentadas por suas organizações religiosas conterrâneas, que corroíam a estabilidade interna soviética, para também dificultar as relações internacionais do país. Assomava a *détente* da década de 1970, assim, como uma nova etapa da Guerra Fria, fornecendo oportunidades aos norte-americanos para explorarem os dilemas religiosos soviéticos, fato evidente em declaração de um membro da delegação estadunidense que passou por Moscou em 1979, frisando que a questão religiosa era um "grande impedimento no caminho de uma distensão real".[243]

---

242   CENTRAL INTELLIGENCE AGENCY. General CIA Records. *Moscow Pentecostals Annouce Hunger Strike*. Document Number (FOIA) /ESDN (CREST): CIA-RDP90B01370R000801040003-6.

243   WIKILEAKS. Public Library of US Diplomacy. *CODEL Wolff Press Conference in Moscow August 22*. Canonical ID: 1979MOSCOW20970_e.

O DEPARTAMENTO DE ESTADO DOS ESTADOS UNIDOS
E OS USOS POLÍTICOS DA LIBERDADE RELIGIOSA

Malawi: liberdade religiosa como índice de alinhamento político

Um pequeno país africano, o Malawi, foi a segunda parte do planeta a receber maior atenção do Departamento de Estado. Infelizmente, a quase totalidade dos documentos diplomáticos que trazem a expressão "liberdade religiosa" dedicados ao país durante a década de 1970 foi permanentemente perdida, estando apenas alguns de seus metadados disponíveis. Dois deles, contudo, permanecem intactos, jogando alguma luz sobre o interesse da potência capitalista nesta ex-colônia britânica.

Independente após 1964, o Malawi configurou-se como um regime constitucional autoritário, tendo Hastings Kamuzu Banda como presidente vitalício após 1971. No cargo até 1994, Banda foi um importante aliado do bloco ocidental, aproximando seu país dos Estados Unidos, encaixando-se aqui o interesse da documentação norte-americana sobre a liberdade religiosa no país. De maneira inversa ao verificado no caso soviético, quando o termo era invariavelmente acompanhado de apreciações negativas, refletindo o dissenso político, agora tal recorrência significará justamente o oposto: a convergência que se construiu nas décadas posteriores à independência do Malawi. Isto porque, em ambos os documentos, é manifestada a aprovação com o quadro da liberdade religiosa ali, referindo-se à liberdade de atuação de grupos religiosos estadunidenses. A dimensão política dessa presença aparece, portanto, sem dissimulações: a livre circulação de agentes religiosos norte-americanos surge, para a diplomacia dos Estados Unidos, como um índice do alinhamento malawiano com o Ocidente.

Assim, Robert H. Pierson, líder da Igreja Adventista do Sétimo Dia, surgida em 1963 em Battle Creek, Michigan, recebido pelo próprio Banda em dezembro de 1977, expressou sua "profunda gratidão"[244] pela liberdade concedida aos adventistas no Malawi, desejando "ao presidente vitalício saúde e uma vida longa". Liberdade que incluía "trabalhos religiosos, médicos, educacionais e de publicação".

O telegrama *Human Rights Action Plan*, emitido pela embaixada da capital Lilongwe para o Departamento de Estado, é mais esclarecedor

---

244   WIKILEAKS. Public Library of US Diplomacy. *Leader of Seventh-Day Adventist Church Praises Freedom*. Canonical ID: 1977LILONG02085_c.

sobre os interesses da potência capitalista no Malawi. Nele, conclui o embaixador Robert Ayer Stevenson que, apesar da quase nula importância estratégica e econômica, "politicamente é modestamente útil aos Estados Unidos que o Malawi fique no bloco ocidental e permaneça uma voz de moderação e não violência no cenário do sul da África e tolerante com os cidadãos americanos que ali residem e trabalham".[245] Como sintoma dos bons termos em que se encontravam as relações políticas de ambos os países, Stevenson menciona que "até agora, o Malawi tem se colocado quase sempre com o Ocidente. Missionários americanos não têm maiores dificuldades com o governo e nenhum americano residente partiu no último ano", acrescentando que "instruções e conselhos têm sido dados a banqueiros americanos em inúmeras ocasiões".

De fato, a mão de ferro de Banda, que "governa o país com um estrito autoritarismo, sem tolerar qualquer discordância ou questionamento", ao contrário do que o título do telegrama faria supor, surge nas linhas de Stevenson como um problema menor diante dos grandes avanços econômicos e da docilidade de Banda para com os Estados Unidos. Assim, ainda que registre a perseguição aos Testemunhas de Jeová, tratados com brutalidade e banidos em 1968, Stevenson não deixa de comemorar a "completa liberdade religiosa" em vigor no país. A imagem manchada pelas violações dos direitos humanos não deixava de representar, contudo, uma inconveniência, já que a melhoria desse quadro "certamente tornaria mais fácil para os Estados Unidos associarem-se com e retirarem maior utilidade do relativo sucesso econômico que a honestidade, o trabalho duro e o sistema de livre empreendimento trouxeram".

De todo modo, o embaixador oferece ao seu governo um plano para lidar com a questão, que expressa de forma patente a principal preocupação norte-americana com os direitos humanos: os obstáculos que o autoritarismo de Banda ofereciam à influência local dos Estados Unidos. Assim, alguns dos objetivos de curto prazo propostos por Stevenson foram reduzir a violência contra os Testemunhas de Jeová, que interlocutores norte-americanos e atrações culturais ganhassem maior aceitação e que essa maior influência fosse usada para "encorajar a readmissão de ex-presos

---

245 WIKILEAKS. Public Library of US Diplomacy. *Human Rights Action Plan*. Canonical ID: 1978LILONG00080_d.

políticos com ênfase especial naqueles que receberam treinamento sob os auspícios dos Estados Unidos". Já para o médio prazo, o embaixador pretendia estimular mais liberdades de expressão e de imprensa, uma "menos restritiva censura das publicações oficiais dos Estados Unidos e seus filmes; e um acesso facilitado a estudantes e funcionários públicos". Já no longo prazo, almejava-se derrubar a lei que baniu os Testemunhas de Jeová e uma maior liberalização política.

Países europeus socialistas

O telegrama *Alliance East-West Study: Italian Contribution on Religion* permite entrever em que bases a diplomacia estadunidense compreendia a questão "liberdade religiosa" nos países socialistas europeus. Emitido pela Otan em setembro de 1977, o documento secreto apresenta um texto, redigido por fonte italiana mantida oculta, intitulado "A Questão Religiosa na URSS e nos Países do Leste Europeu: Uma Visão Prospectiva". A exposição inicia estabelecendo uma "incompatibilidade fundamental entre o 'materialismo científico' e o idealismo religioso",[246] extraída do pensamento de Lenin e que informaria as diretrizes da política religiosa aplicada em maior ou menor grau em todo o bloco oriental. Mais reveladora, contudo, é a confirmação que os responsáveis pela política externa norte-americana enxergavam os problemas advindos da aplicação desses princípios como riscos à segurança nacional "para todos os países do Pacto de Varsóvia, sem exceção". Riscos relacionados a "estruturas socioeconômicas (elos entre a religião e as sociedades agrárias) ou às sociopolíticas (conexões entre o sentimento religioso e os problemas das minorias", sendo, portanto, manejados com muito zelo pelos partidos comunistas e "cuidadosamente acompanhados e influenciados pela URSS", que estabeleceria os critérios básicos da relação entre esses Estados e as organizações religiosas. Em consequência, prossegue o documento, a Igreja Ortodoxa Russa, por exemplo, "obediente, como é sabido, a Moscou", teria estendido sua autoridade por todo o Leste Europeu. É assinalado, também, o grande

---

246 WIKILEAKS. Public Library of US Diplomacy. *Alliance East-West Study: Italian Contribution on Religion*. Canonical ID: 1977NATO09220_c.

risco de a questão religiosa afetar a política externa do bloco socialista no contexto dos anos 1970, quando a opinião pública mundial teria passado a demonstrar maior interesse "no destino dos crentes onde quer que a liberdade religiosa fosse limitada", notando que após a Conferência de Helsinque a conexão entre a liberdade religiosa e os direitos humanos ganhara grande relevo. Nesse cenário, as contramedidas adotadas pela União Soviética e reproduzidas pelos países satélites contra o crescimento da hostilidade internacional, e em consonância com o processo de distensão política com o Ocidente, incluiriam, por exemplo, uma maior inclinação a estabelecer contatos com a Santa Sé.

Acreditava o Departamento de Estado estar o Leste Europeu interessado em uma "acomodação com as várias igrejas organizadas e em normalizar os seus laços com o Vaticano",[247] refletindo discussões ocorridas na Conferência dos Partidos Comunistas Europeus, realizada em junho de 1976. Ali, teria se resolvido modificar a política religiosa "da confrontação para a acomodação", almejando uma maior tolerância e cooperação com as igrejas. Para os estadunidenses, uma "tática de cada regime em busca de responder a uma variedade de pressões internas e externas", como a dissidência religiosa e a degradação da imagem internacional na questão dos direitos humanos.

De forma sintética, a documentação revela que, também aqui, o bloco ocidental manejava com astúcia a política em prol da liberdade religiosa, jogando com o potencial da dissidência no bloco socialista para desestabilizar e desmoralizar.

Romênia: dólares e bíblias contra os soviéticos

Um telegrama confidencial enviado pelo Departamento de Estado à representação diplomática em Bucareste, trazendo o rascunho de um plano de ação voltado para a influenciar a política de direitos humanos no país, permite-nos compreender melhor o sentido político da preocupação com a liberdade religiosa romena. O principal interesse norte-americano no

---

247 WIKILEAKS. Public Library of US Diplomacy. *NATO Assessment Series Contribution Pass Following Via the NATO-Wide Communications System*. Canonical ID: 1978STATE195038_d.

país, ao qual o plano responderia, é explicitamente mencionado: "maximizar a independência da Romênia para com a URSS",[248] o que se esperava conseguir encorajando o governo "a adotar políticas internas mais liberais". O caminho para tanto seria a intensificação de contatos privados de diplomatas com lideranças romenas combinada com pronunciamentos públicos do governo estadunidense reforçando o seu "profundo comprometimento com os direitos humanos" e com uma ampla cobertura pela Radio Free Europe (RFE)[249] "dos problemas relativos aos direitos humanos na Romênia e em outros lugares". À ofensiva diplomático-ideológica se somaria, ainda, uma frente econômica, notando o documento que as ajudas financeiras ao país socialista, como um auxílio de vinte milhões de dólares após o terremoto de março de 1977, fortaleceriam a posição norte-americana para "provocar a cooperação do governo nos assuntos humanitários". Sobre a necessidade dos contatos diplomáticos com esse fim manterem-se privados, reforça o documento que "uma tentativa pública pelos Estados Unidos de forçar mudanças nas políticas domésticas romenas poderia estimular a URSS a fazer o mesmo – o que não seria interessante". Assim, pensava o Departamento de Estado ser preferível agir de maneira dissimulada, "mudando os problemas relativos aos direitos humanos de um contexto puramente bilateral para um contexto internacional", o que poderia ser feito, por exemplo, no espaço das Nações Unidas e "encorajando organizações não governamentais de direitos humanos, particularmente aquelas com membros de variados países, a expressar suas preocupações diretamente ao governo romeno, ao invés de basear-se apenas na pressão do governo dos Estados Unidos".

As questões a serem focadas pelos norte-americanos seriam "restrições às viagens internacionais e à imigração, o desencorajamento à crença religiosa, disciplina interna rígida e disponibilidade limitada de bens de consumo". Sobre a liberdade religiosa, é destacado o comprometimento do governo romeno com a promoção de um "'ateísmo científico' através das escolas e da mídia" e que a prática religiosa pública "prejudicaria as

---

248 WIKILEAKS. Public Library of US Diplomacy. *Human Rights: Country Action Plans*. Canonical ID: 1977STATE127478_c.

249 A RFE foi fundada em 1950 para divulgar informações de interesse estadunidense no bloco socialista e financiada por órgãos como o Congresso e a CIA e, posteriormente, por empresas privadas.

oportunidades educacionais, profissionais e políticas individuais". Ainda que admitisse que "o governo romeno tem sido relativamente tolerante com as denominações religiosas reconhecidas, especialmente a Igreja Ortodoxa Romena", o Departamento de Estado destacava que "o Estado controla de perto os assuntos religiosos por meio do Ministério dos Cultos", e que "evangelização e proselitismo são proibidos". Ou seja, no tocante à liberdade religiosa, a preocupação estadunidense não se referia ao cristianismo ortodoxo, compartilhado por 86,8% dos romenos segundo o censo de 2002,[250] e controlado pela Igreja Ortodoxa Russa, mas sim às religiões não reconhecidas, como a dos Testemunhas de Jeová e de evangélicos dispostos a desafiar os limites impostos.

Esse último grupo, formado sobretudo por denominações sediadas nos Estados Unidos, é referido pela documentação como "neoprotestante não conformista".[251] Sobre ele, telegrama de setembro de 1978 emitido pela embaixada de Bucareste relata a visita do batista Pavel Nicolescu, articulador de um "Comitê em Defesa da Liberdade Religiosa na Romênia", e do pentecostal Aurel Popescu, ambos membros de minoritárias denominações nativas dos Estados Unidos. Na ocasião, os dois puseram os diplomatas norte-americanos a par das agruras impostas aos dissidentes evangélicos pelo governo romeno, incluindo interrogatórios, reprovações de estudantes nos obrigatórios exames marxista-leninistas, "não por falta de compreensão, mas por não acreditarem na doutrina", e multas aplicadas pela realização de encontros religiosos clandestinos.

Em junho de 1979, contudo, o Departamento de Estado registra ter recebido em Washington D.C. a visita de uma delegação de líderes religiosos romenos que desenhou um quadro completamente diferente, aconselhando os diplomatas estadunidenses a "não serem enganados por uns poucos 'aventureiros' egocêntricos".[252] Com a presença de representantes das igre-

---

250 "ROMANIA – Population: Demographic Situation, Languages and Religions". *European Comission*, 2019. Disponível em: <https://eacea.ec.europa.eu/national--policies/eurydice/content/population-demographic-situation-languages-and--religions-64_en>. Acesso em: 09 mar. 2020.
251 WIKILEAKS. Public Library of US Diplomacy. *Update on Religious Dissidents*. Canonical ID: 1978BUCHAR06434_d.
252 WIKILEAKS. Public Library of US Diplomacy. *Visit of Romanian Religious Leaders – Meeting with Nimetz and Derian*. Canonical ID: 1979STATE162159_e.

jas Ortodoxa Romena, Luterana, Unitariana, Batista, Católica Romana, Judaica e Muçulmana, a delegação procurou convencer os oficiais sobre o estado favorável do problema no país, chegando o batista Ion Bonaciu a afirmar que "nunca houve um período na história romena em que tenha havido tanta liberdade religiosa". Indo além, Bonaciu criticou a Radio Free Europe, que por anos espalhara mentiras sobre os líderes religiosos romenos, concluindo que "muitas pessoas que se declaram dissidentes simplesmente pretendem emigrar. Elas buscam abandonar a Romênia não para serem mais fiéis, mas para terem oportunidades de ganhar mais dinheiro, assim elas começam uma campanha de difamação". Diante do relatado, o conselheiro Matthew Nimetz encerrou a discussão com panos quentes, ressaltando que as relações com a Romênia estavam em um bom patamar, apesar de algumas diferenças, mas que o seu governo "se via obrigado a falar sobre os aspectos humanitários" e que o "desenvolvimento econômico é importante, mas igualmente é o espiritual".

A visita foi acertada durante discussões no âmbito da Conferência sobre a Segurança e a Cooperação na Europa, em maio do mesmo ano, onde os norte-americanos impuseram condições para o prosseguimento dos empréstimos à Romênia, como as questões relativas aos direitos humanos, destacando as ações repressivas contra o pastor Nicolescu e seu Comitê para a Defesa da Liberdade de Religião. O representante norte-americano não esqueceu de mencionar também as restrições aos grupos religiosos não reconhecidos, como os Testemunhas de Jeová, os mórmons e os nazarenos (todos sediados nos Estados Unidos). No encontro da CSCE, novamente a pressão econômica surge como instrumento para forçar o governo romeno a alterar sua política interna, afastando-se da órbita de Moscou. Assim, foram mencionados os empréstimos de seiscentos milhões de dólares conseguidos pelos Estados Unidos junto ao Banco Mundial nos últimos dois anos, acrescentando o representante, porém, que, a despeito do interesse em continuar com a ajuda, "nossa capacidade de continuar o fazendo foi limitada por rigorosas provisões legais demandando que os EUA levem em consideração os direitos humanos".[253]

---

253 WIKILEAKS. Public Library of US Diplomacy. *US-Romanian Bilateral CSCE Consultations: Discussion of Declaration of Principles and Human Rights*. Canonical ID: 1979BUCHAR02840_e.

Relatos semelhantes aos apresentados a Matthew Nimetz em Washington, entretanto, chegaram aos ouvidos dos norte-americanos. Membros de uma comissão da Conferência sobre a Segurança e a Cooperação, em contato com batistas romenos no mesmo mês de maio, relataram ter ouvido do pastor Cornel Mara que a situação do seu grêmio religioso melhorara muito em relação ao período anterior à Segunda Guerra Mundial, "quando a igreja sofria perseguição dos ortodoxos dominantes",[254] e mesmo comparada às duas últimas décadas, "quando não era possível 'pregar onde quer que quiséssemos e batizar quem quer que quiséssemos', como é hoje". Um dos membros da comitiva, Das Schneider, ao mencionar os relatos de Pavel Nicolescu, ouviu de Mara "um retrato bastante depreciador" do colega. Para ele, Nicolescu seria "um homem que sempre sustentou 'visões doentias', contrárias à doutrina da Igreja, que caluniou a liderança batista e que tentou 'fazer política no púlpito'". Não satisfeito, Mara afirmou que a liderança batista se preocupava com o dissidente apenas por ele transmitir falsas impressões para o exterior, concluindo que "nenhuma pessoa séria se tornaria um membro" do Comitê para a Defesa da Liberdade Religiosa e Espiritual de Nicolescu, constituído por "pessoas sem estatura", a maioria das quais expulsa de seus cultos.

Informações mais recentes sobre Nicolescu são esparsas, mas é sabido que ele imigrou para os Estados Unidos ainda em 1979, onde doutorou-se em Teologia, vindo a atuar como pastor na Igreja Batista Romena de Nova York por volta de 2009.[255] É de pouca relevância, de todo modo, a veracidade ou não de suas reclamações, mais importando a clara predisposição dos Estados Unidos em usá-las para pressionar o governo romeno, mesmo a despeito de sua inconsistência, expressa pela própria documentação do país.

O embaixador estadunidense em Bucareste, Orison Rudolph Aggrey, por exemplo, redigiu palavras moderadas sobre o estado da liberdade religiosa na Romênia em telegrama ao Departamento de Estado alguns meses antes da reunião da Conferência sobre a Segurança e a Cooperação na

---

254 WIKILEAKS. Public Library of US Diplomacy. *Meeting with Romanian Baptist Union Leaders*. Canonical ID: 1979BUCHAR02831_e.

255 "PAVEL Nicolescu – mesaj despre suferință la BCB 'Nădejdea' București (2009)". *Istorie Evanghelica*, 2014. Disponível em: <https://istorieevanghelica.ro/2014/07/25/pavel-nicolescu-mesaj-despre-suferinta-la-bcb-nadejdea-bucuresti-2009/>. Acesso em: 13 mar. 2020.

Europa. Comentando relatório da Anistia Internacional sobre os direitos humanos na Romênia, especificamente a questão religiosa, comunicou que as quatorze denominações reconhecidas pela Romênia gozavam de liberdade para conduzir os seus cultos nos limites dos seus lugares de adoração "sem interferência das autoridades", frisando que "são aqueles que acham essa limitação às suas atividades inaceitavelmente restritiva e insistem em desafiar a proibição das atividades religiosas fora dos edifícios religiosos reconhecidos que desacatam as autoridades".[256] Acrescentou o embaixador que esse grupo era formado quase exclusivamente por membros de "seitas proselitistas neoprotestantes". Um segundo conjunto de dissidentes religiosos, sujeito a sanções oficiais, ainda segundo o diplomata, seria também constituído por "várias seitas neoprotestantes adicionais" cujo não reconhecimento se daria em virtude do choque com a Constituição romena de alguns de seus preceitos, como a proibição de pegar em armas e de trabalhar em dias úteis oficiais. Assim, concluiu o embaixador que as sanções não recaíam sobre a religião de uma forma geral, mas "mais precisamente contra determinadas práticas religiosas".

Polônia, a terra natal do Papa

A Polônia é o segundo país da Europa Oriental com mais menções na documentação diplomática estadunidense tocante à liberdade religiosa. Ali, novamente, os papéis traduzem a expectativa de que as tensões religiosas forçassem alterações políticas capazes de afastar a influência soviética. Neste caso, entretanto, a Igreja Católica é o foco das atenções, não havendo menções a grupos neoprotestantes dissidentes, talvez por o Departamento de Estado entender ser a Polônia área de influência preferivelmente da Igreja de Roma, tendo em Karol Józef Wojtyła importante aliado.

Neste espírito, estudo formulado em junho de 1979 pelo Departamento e enviado aos países da Otan descrevia com entusiasmo a recente visita de Wojtyła, o Papa João Paulo II, ao seu país natal, dela esperando grandes modificações na política local. Conforme o documento, a visita "ofuscou

---

256 WIKILEAKS. Public Library of US Diplomacy. *Response to Amnesty International Report on Human Rights in Romania*. Canonical ID: 1979BUCHAR00425_e.

o aparelho comunista e demonstrou que o catolicismo permanece a força popular ali dominante",[257] evidenciando, ao arrastar milhões de poloneses às ruas, "que o comunismo não é páreo para uma Igreja autoconfiante capaz de evocar os sentimentos nacionais". Como possível consequência, o Departamento previa (ou, talvez, desejava) que o evento teria um impacto duradouro, "tornando a Polônia mais difícil de governar de um modo aceitável a Moscou", efeito que poderia se espraiar, ainda, por outras partes, como a também católica Lituânia. Em termos práticos, punha-se em dúvida a capacidade do governo de preservar uma coexistência com a Igreja Católica, aceitável para os soviéticos, no contexto de fragilidade política e econômica polonesa da segunda metade da década de 1970 e diante do aumentado poder católico na barganha por maior liberdade de ação. Entre as reivindicações históricas da Igreja no país, cujo avanço era esperado naquele difícil panorama, e que poderiam embaraçar as relações entre poloneses e Moscou, enumera o documento: um acesso, ainda que pequeno, à mídia oficial; o fim da censura às publicações religiosas; o fim do veto governamental à nomeação de líderes da Igreja; a rápida emissão de permissões para edificações em novas áreas urbanas; a liberalização da educação religiosa nas escolas e acesso de membros da Igreja Católica a cargos de alta importância; e o reconhecimento da Igreja como uma instituição pública.

Sem discordar do essencial, porém mais próximo dos acontecimentos, o embaixador em Varsóvia, William E. Schaufele Jr., achou conveniente moderar as expectativas de Washington. Comunica, portanto, que os efeitos projetados lhe pareciam exagerados, sublinhando que não se deveria inferir dos últimos acontecimentos que a Polônia estaria prestes a sofrer grandes mudanças, alertando o Departamento que muito provavelmente o governo apenas cederia quando estritamente necessário, diante da influência significativa dos "conservadores e linha-duras"[258] do Partido Comunista. Da parte católica, o embaixador também não previa grandes enfrentamentos com o líder polonês, Edward Gierek, secretário do Partido Operário Unificado Polaco, um interlocutor moderado em sua

---

257 WIKILEAKS. Public Library of US Diplomacy. *(C) POLADS Paper on Poland*. Canonical ID: 1979STATE165408_e.
258 WIKILEAKS. Public Library of US Diplomacy. *POLADS Paper on Poland*. Canonical ID: 1979WARSAW06414_e.

"abordagem relativamente liberal". Por último, Schaufele recomendou cautela, pois "muito do fervor das multidões foi direcionado simplesmente à pessoa do pontífice, não contra o aparelho governante do país".

Checoslováquia: a Carta 77

Em 1977, a República Socialista da Checoslováquia viu a publicação de um documento, que viria a ser clamado *Carta 77*, assinado por algumas dezenas de cidadãos proeminentes e reivindicando maior respeito aos direitos humanos em atenção aos acordos firmados na Conferência de Helsinque. Um dos signatários, o ex-político Jiri Hanzelka,[259] em contatos com oficiais da embaixada dos Estados Unidos em Praga, compartilhou impressões sobre o documento e a situação política do país. Mostrou-se satisfeito com a "ênfase"[260] da administração Carter nos direitos humanos em âmbito mundial, concluindo que "Helsinque forneceu aos países ocidentais o direito de intervir nos casos de violações dos direitos humanos". Após expressar desacordo com a relação de seu país com os soviéticos, de "total dominação ou controle", falou sobre violações em diversas esferas, inclusive a religiosa. A esse respeito, queixou-se da necessidade de consentimento estatal para a prática religiosa e denunciou obstáculos na promoção profissional, disso decorrendo que "não há representantes de alto nível do governo frequentando igrejas", cerceamentos que se deviam à influência soviética.

Independente da veracidade do relato, importa destacar que, mais uma vez, as restrições religiosas surgem atreladas à influência soviética, que tanto o ex-ministro checo como o governo norte-americano procuravam reduzir entre os países do Leste Europeu. O cabo de guerra entre o governo checo e a diplomacia norte-americana continuaria, porém, nos anos seguintes, com ambos os lados evocando o tratado de Helsinque. Um documento produzido pelo Departamento de Estado dois anos depois

---

259 Ministro das Relações Exteriores durante a "Primavera de Praga", tornou-se oposição após a ocupação soviética em 1968. Participou do Fórum Cívico, importante na derrubada do comunismo no país em 1989.
260 WIKILEAKS. Public Library of US Diplomacy. *Information for Congressman Eilberg*. Canonical ID: 1977PRAGUE02977_c.

da emissão da *Carta 77*, por exemplo, mostra o governo dos Estados Unidos contestando prisões efetuadas pelos checos, entre elas a de padres, que lhe pareciam "incongruentes com algumas provisões do Ato Final de Helsinque".[261] No mesmo tom, o embaixador checo respondeu que eram os Estados Unidos quem violavam os acordos de Helsinque ao "interferir nos assuntos internos de outrem" e que a Checoslováquia não faria mudanças apenas para melhorar sua imagem junto aos Estados Unidos. Sobre os detidos, sustentou que "a liberdade religiosa existe na Checoslováquia, as igrejas funcionam normalmente, há um cardeal em Praga, e negociações estão sendo encaminhadas com o Vaticano", finalizando que tais prisões, que ignorava, se deviam provavelmente a crimes comuns.

Coreia do Sul: fundamentalistas contra o Norte

A documentação diplomática abordando as liberdades religiosas na Coreia do Sul permite observar por um novo ângulo a ambiguidade da política externa estadunidense no âmbito dos direitos humanos. Aqui, tais preocupações, enfatizadas com tanto esmero junto aos países socialistas, parecem evaporar diante de imperativos geopolíticos.

O governo autoritário do general Park Chung-hee é o centro das atenções nesses papéis, onde desfilam denúncias de abusos, mas também manifestações de apoio. No poder de 1963 a 1979, Park foi importante aliado norte-americano, atuando junto à potência capitalista na Guerra do Vietnã e garantindo um acordo de proteção com os Estados Unidos contra eventual invasão norte-coreana.

Os escritos diplomáticos mostram disputas entre grupos religiosos locais pró e contra o governo, revelando um embate entre porções mais conservadoras, entre elas a Assembleia de Deus, e outras menos. Enquanto alguns interlocutores denunciam o cerceamento de liberdades, inclusive religiosa, outros o minimizam e mesmo justificam. Nesse contexto, o governo estadunidense, que acompanha de perto a situação, faz vista

---

261 WIKILEAKS. Public Library of US Diplomacy. *Dissident Trials and US-Czechoslovak Relations*. Canonical ID: 1979STATE274486_e.

grossa às violações do governo Park, priorizando a estabilidade do aliado, necessária para a contenção do norte comunista.

Essa postura foi duramente criticada por carta de dissidentes políticos sul-coreanos ao presidente Carter em fevereiro de 1978. Contestando o relatório anual do Departamento de Estado sobre a situação dos direitos humanos no país, acusa-se o governo norte-americano de priorizar a segurança militar, desconsiderando os problemas concernentes aos direitos humanos. Os signatários chegam mesmo a comparar a política norte-americana para a Coreia do Sul com aquela que levou à derrota no Vietnã, onde os Estados Unidos, da mesma forma, apoiaram um "regime ditatorial"[262] sem "políticas democráticas com respeito aos direitos humanos". A preocupação do Departamento com a segurança sul-coreana, "sem considerar a dimensão de um sistema ou ideal democrático", seria, dessa forma, "superficial", "errônea" e até mesmo preconceituosa. No que tange à liberdade religiosa, prossegue a carta que a despeito do que informa o comunicado do Departamento de Estado, onde se lê que "as atividades religiosas têm recebido ampla latitude",[263] o governo Park pretenderia, de maneira bastante semelhante ao que vimos sendo feito (e criticado pela diplomacia estadunidense) pelos governos socialistas, "conter o escopo das atividades religiosas aos limites da igreja". Ao final do documento, enviado pela representação diplomática norte-americana em Seul para o Departamento de Estado, consta que a carta "não recebeu atenção da mídia local", apesar de ter sido lida durante cultos religiosos e distribuída a correspondentes estrangeiros.

Apesar da complacência na descrição do panorama sul-coreano, é impossível que o Departamento de Estado desconhecesse as condições críticas dos direitos humanos e das liberdades religiosas no país. Múltiplas queixas chegaram aos ouvidos da diplomacia, muitas vezes inclusive trazidas por norte-americanos na Coreia do Sul.

Reunidos em novembro de 1973, integrantes das organizações coreanas Conselho Coreano de Direitos Humanos e do Conselho Nacional

---

262 WIKILEAKS. Public Library of US Diplomacy. *State Department Report on Human Rights in Korea*: dissidents address open letter to president Carter. Canonical ID: 1978SEOUL01413_d.

263 WIKILEAKS. Public Library of US Diplomacy. *Annual Human Rights Report – Korea*. Canonical ID: 1978STATE023816_d.

de Igrejas Cristãs redigiram declaração conjunta denunciando que, sob o regime Park, o povo "foi privado dos direitos humanos, liberdade e democracia, incluindo a liberdade religiosa".[264] Exigia o Conselho Nacional de Igrejas Cristãs que o governo pusesse um fim à repressão aos estudantes, às mulheres, aos trabalhadores e à imprensa. O documento concluía declarando que "a igreja de agora em diante não irá se preocupar apenas com o espírito individual, mas também com a salvação da sociedade".

O teor da declaração sugere que o polo opositor ao regime Park, na fratura do campo religioso coreano, mantivesse alguma afinidade ideológica com os pressupostos da Teologia da Libertação em sua ênfase na solução dos problemas sociais dos oprimidos. De fato, documento formulado pela CIA em 1986 versando sobre a Teologia da Libertação e os obstáculos que ela impõe aos interesses estadunidenses chama atenção para o surgimento, em princípios dos anos 1970, de uma variante não marxista dessa doutrina na Coreia do Sul. Embora declaradamente anticomunista, reflexo da expulsão de grande parte do clero local pela vizinha do Norte, a Teologia do Povo retiraria certa inspiração de temas marxistas, refletindo também "algumas das preocupações da Teologia da Libertação no campo dos direitos humanos e no ativismo político".[265]

A repressão, inclusive a religiosos, continuaria em 1974, ano em que o missionário presbiteriano, Stanton Wilson, ligado ao Conselho Nacional de Igrejas Cristãs, visitou sua embaixada em Seul para queixar-se de uma manifestação de apoio ao governo Park publicada pelo *New York Times* e assinada por pretensos porta-vozes da maioria das organizações religiosas locais. Segundo Wilson, o escrito, que "sustentava a existência de liberdade religiosa no país"[266] e atacava declaração anterior de outros grupos cristãos, crítica ao governo Park e publicada no mesmo jornal, cabia a religiosos que, além de não representarem a maioria dos protestantes e evangélicos coreanos, teriam redigido o manifesto "chapa-branca"

---

264   WIKILEAKS. Public Library of US Diplomacy. *Human Rights Conference Denouces ROKG*. Canonical ID: 1973SEOUL08017_b.
265   CENTRAL INTELLIGENCE AGENCY. General CIA Records. *Liberation Theology*: Religion, Reform, and Revolution. Document Number (FOIA) /ESDN (CREST): CIA-RDP97R00694R000600050001-9.
266   WIKILEAKS. Public Library of US Diplomacy. *Missionary Reaction to Pro-ROKG Statement New York Times (NYT)*. Canonical ID: 1974SEOUL04586_b.

por encomenda do ditador. Não satisfeito, o presbiteriano caracterizou as organizações signatárias, entre elas a Assembleia de Deus Coreana, como ultraconservadoras, pouco significativas e/ou apoiadoras do governo.

No mesmo ano, o jornalista do *Washington Post*, Jack Anderson, relatou ter apelado ao ditador sul-coreano para que libertasse doze líderes religiosos, detidos por "atividades antigoverno".[267] Insensível, Park respondera que a prisão não se devia a críticas, mas a violações da lei, frisando que "confrontava uma grave emergência" em face da escalada armamentista da Coreia do Norte, com "atos de subversão" e planos para assassiná-lo. Anderson mencionou ainda ouvir de religiosos coreanos que os detidos não simpatizavam com o Norte, apesar de se oporem a Park, e citou as seguintes palavras, com as quais Kim Joon Gon, presidente coreano da Campus Crusade for Christ, procurou justificar o arbítrio presidencial: "na Coreia do Sul temos 80% de liberdade religiosa. Na Coreia do Norte, eles têm percentual zero".

O embate não conheceu trégua em 1975, quando a embaixada de Seul registrou novos protestos com "considerável participação de missionários estrangeiros".[268] A luta entre o Conselho Nacional de Igrejas Cristãs e o regime também prossegue e, em princípios do ano, um representante da organização informa a embaixada dos Estados Unidos sobre uma nova onda de perseguições, a dificuldade de diálogo com o governo sul-coreano e a abertura de um processo calunioso por "mau uso de recursos da igreja".[269] Sobre este último ponto, o representante do Conselho acusava o queixoso, o pastor Chong Chin-Yang, "que tem um histórico de iniciar processos contra clérigos opositores do governo", de ser um agente do regime de Park.

Ainda no mesmo ano, as tensões entre dissidentes políticos e religiosos e o governo Park chegaram à outra margem do Pacífico. Em abril de 1975, o próprio chefe do Departamento de Estado de Nixon, Henry Kissinger, escreve à embaixada de Seul sobre queixa do embaixador coreano nos Estados Unidos. Segundo o texto, um grupo de "aproximadamente

---

267 WIKILEAKS. Public Library of US Diplomacy. *December 5 EA Press Summary*. Canonical ID: 1974STATE267253_b.

268 WIKILEAKS. Public Library of US Diplomacy. *Church Protests Resume with Missionary Participation*. Canonical ID: 1974STATE267253_b.

269 WIKILEAKS. Public Library of US Diplomacy. *NCCC-K Finances and Detention of Rev. Kim Kwan-Sok*. Canonical ID: 1975SEOUL02297_b.

vinte americanos e coreanos"[270] teria invadido a representação diplomática coreana para entregar um manifesto contra a supressão da liberdade religiosa. Não satisfeitos, dois homens retiraram um retrato do presidente Park de uma das paredes, posteriormente recuperado e devolvido por agentes estadunidenses.

A documentação permite inferir, enfim, que os Estados Unidos reagiam com muita cautela às denúncias sobre violações de direitos humanos e de liberdade religiosa na Coreia, buscando preservar boas relações com Park. Mais que isso, um documento de maio de 1976 da embaixada norte-americana no Cairo mostra que o Departamento de Estado não apenas fazia vista grossa às limitações à prática religiosa impostas pelo regime coreano, como também trabalhou ativamente para blindar a imagem internacional do país. Redigido pelo embaixador Hermann Frederick Eilts, o comunicado informava que o Egito enviaria brevemente à Coreia uma delegação da Universidade de Al-Azhar a fim de "inspecionar as circunstâncias da comunidade muçulmana sul-coreana".[271] Recomendava o embaixador ao seu colega em Seul contatar as autoridades coreanas sobre a importância dessa visita em função da grande presença norte-coreana no Egito, levando o governo do país africano a "considerar recorrer a eles para peças de reposição militares". Pretendendo podar ali a influência da Coreia comunista, concluía Eilts, portanto, que "seria de considerável utilidade à posição sul-coreana no Egito se a delegação de Al-Azhar voltasse com um brilhante relatório de como foi tratada e, ainda mais, de como a comunidade muçulmana coreana goza de liberdade religiosa e é genuinamente contente".

---

270 WIKILEAKS. Public Library of US Diplomacy. *Entry of Protestors at ROK Embassy.* Canonical ID: 1975STATE089148_b.

271 WIKILEAKS. Public Library of US Diplomacy. *Upcoming Visit of Egyptian Religious Delegation to South Korea.* Canonical ID: 1976CAIRO06710_b.

6

QUEM BANCA O PARTIDO DA FÉ CAPITALISTA?

Um consórcio empresarial-religioso

A avassaladora expansão de entidades religiosas estadunidenses pelo mundo não foi, certamente, empreendimento barato. Cabe indagar, portanto, de onde vieram os fundos necessários para tamanha ampliação de seu alcance na segunda metade do século passado, não sendo plausível que ela tenha sido efetivada apenas com os recursos próprios dessas organizações. Embora os capítulos anteriores tenham fornecido pistas sobre a aproximação entre empresários e entidades religiosas, cabe ver mais de perto os possíveis caminhos desse financiamento.

Para formar uma visão aproximada dessa rede empresarial-religiosa, veremos as ligações das corporações mais envolvidas com o Partido da Fé Capitalista e de seus membros com outros organismos privados devotados ao planejamento da política externa norte-americana e à coordenação do empresariado internacional, examinados por René Dreifuss em *A Internacional Capitalista*.[272] Por último, farei o mesmo com as organizações ideológicas laicas brasileiras conectadas ao centro decisório estadunidense, abordadas por Dreifuss no seu *1964: a conquista do Estado*.[273]

Uma grande virtude de ambos os trabalhos é a inclusão de anexos com listagens dos membros destas organizações e das empresas que representam, o que permite o cruzamento de nomes de indivíduos e corporações participantes das organizações abordadas nos capítulos anteriores, encontrados nos documentos arquivísticos do Estado restrito norte-americano, com as listas de Dreifuss. A mesma comparação foi feita entre os documentos aqui reunidos, a fim de identificar a presença recorrente de indivíduos e empresas nas iniciativas vistas até aqui. Matérias de imprensa coletadas pela assessoria dos presidentes estadunidenses no que concerne à direita cristã e suas organizações serão novamente trazidas para melhor distinguir alguns dos participantes mais frequentes do Partido da Fé Capitalista.

Indivíduos de destaque

Abarcando cinco décadas, é natural a sucessão de atores ao longo do tempo. Assim, os indivíduos (e mesmo algumas empresas) envolvidos com o projeto em seus anos iniciais, a década de 1950, transferem para outros o protagonismo em períodos mais recentes. Essa mudança acomoda-se, também, às duas fases do Partido da Fé Capitalista já indicadas: seu período de consolidação, da década de 1950 até meados da de 1970, com predomínio da ação anticomunista global visando estender a influência do bloco capitalista, conduzido pelos Estados Unidos; e seu período neofundamentalista, com um grande incremento da ação político-partidária dentro e fora dos Estados Unidos, buscando impulsionar a liberalização irrestrita dos mercados.

Para o período mais recuado, cabe observar os idealizadores do germe da ação bíblico-política, a Frasco. Seu diretor nos anos 1950 e 1960, Charles Wesley Lowry, foi pastor da Igreja Episcopal e professor de teologia no

---

272 DREIFUSS, 1986.
273 DREIFUSS, 1981.

Virginia Theological Seminary. Coerente com a proposta da Frasco, sua obra teológica reflete a preocupação em refutar o comunismo no plano político e religioso, defendendo a incompatibilidade com os princípios da liberdade e do cristianismo. Lowry aparece novamente na conferência Aspectos Estrangeiros da Segurança Nacional dos Estados Unidos, onde foi proposta a criação de uma "arma do espírito" para o combate ao comunismo internacional. Ele compareceu ao evento na condição de convidado de honra para o almoço com outros dos principais presentes, como os líderes religiosos Theodore L. Adams, presidente do Synagogue Council of America, e o bispo auxiliar de Nova York Fulton J. Sheen; membros do governo, como o ex-presidente Truman, George V. Allen, diretor da Usia, Allen W. Dulles, diretor da CIA, e o líder da maioria no Senado e futuro presidente Lyndon B. Johnson; e grandes empresários, como William C. Foster, vice-presidente-executivo da Olin Mathieson e Spyros P. Skouras, presidente da 20th Century Fox.

Mas a figura religiosa mais proeminente envolvida com a Frasco foi, sem dúvida, o pastor fundamentalista Billy Graham, grande articulador de religiosos conservadores de inúmeras procedências que convergiram para ela e outras iniciativas semelhantes. Foi ele um dos maiores líderes do Movimento Neoevangélico dos anos 1940 e 1950, termo cunhado pelo pastor congregacionista Harold J. Ockenga para caracterizar a facção que pretendia romper com o isolacionismo fundamentalista autoimposto em finais da década de 1920. Ao contrário, os neoevangélicos procuraram reatar laços com a sociedade e o mundo cultural e articular-se com outros religiosos não estritamente fundamentalistas em organizações como a National Association of Evangelicals. Além da Frasco, Graham aparece na reunião com Henry Kissinger e outros religiosos e empresários em 1971 para debater o Vietnã e questões referentes à presença estadunidense no extremo Oriente. Em 1988, ele surge, novamente, como codiretor honorário da Laymen's National Bible Association.

Há vasto material documental atestando os contatos de Graham com todos os governos norte-americanos pelo menos desde os anos 1950. Em 1952, por exemplo, vemos[274] o pastor na base aérea estadunidense em

---

274 NATIONAL ARCHIVES AND RECORDS ADMINISTRATION. Coleção Records of the Office of the Chief Signal Officer, 1860-1985. *Index to Personalities in the U.S. Army*

Busan, Coreia do Sul, cidade estratégica na contenção das forças norte-coreanas. A documentação não entrega o propósito de sua visita, mas podemos conjeturar que talvez fizesse pregações motivacionais para os soldados dos Estados Unidos. De fato, durante o governo Nixon, Graham pousava em bases norte-americanas para fazer sermões de Natal aos soldados no Vietnã.[275] Era tanta a proximidade do pastor com este presidente, em cuja campanha trabalhou com afinco, que o religioso não hesitava em fazer indicações de membros para o governo. Foi o caso do dr. Carlos Lastra, da Universidade Pan-americana de Porto Rico, indicado para o cargo de subsecretário de Estado para a América Latina, por saber "mais que qualquer um sobre a situação econômica e política"[276] da região. A participação de Graham no governo norte-americano volta à tona nas palavras do assessor de Nixon, H. R. Haldeman, que previa uma importância ainda maior do reverendo nas eleições de 1972, notando que os "fundamentalistas protestantes"[277] eram grande parte da base de apoio de Nixon. O trânsito fácil de Graham na Casa Branca, contudo, não se limitou a esse governo. Os arquivos presidenciais trazem fotografias suas com Gerald Ford, Ronald Reagan, Bill Clinton e George W. Bush. Segundo a rede de televisão ABC,[278] que em 2007 preparava a produção do programa *Pastor do Poder: Billy Graham e os Presidentes*, o religioso servira como conselheiro para nada menos que onze presidentes.

Já entre os membros laicos da Frasco, aquele que mais aparece em outras organizações religiosas da hegemonia global estadunidense é Joseph Peter Grace, presidente da multinacional química W. R. Grace, que em 2019 somou um lucro líquido de dois bilhões de dólares em operações

---

Signal Corps Photographic Files, 1940–1954: Lough – Luckcuck.
[275] NATIONAL ARCHIVES AND RECORDS ADMINISTRATION. Coleção Richard M. Nixon's Returned Materials Collection, 1969–1974. *WHSF: Returned, 7-4.*
[276] NATIONAL ARCHIVES AND RECORDS ADMINISTRATION. Coleção Richard M. Nixon's Returned Materials Collection, 1969–1974. *WHSF: Returned, 31-5.* National Archives and Records Administration.
[277] NATIONAL ARCHIVES AND RECORDS ADMINISTRATION. Coleção Richard M. Nixon's Returned Materials Collection, 1969–1974. *WHSF: Contested, 6-78.*
[278] NATIONAL ARCHIVES AND RECORDS ADMINISTRATION. Coleção Records of the White House Office of Records Management (George W. Bush Administration), 20/01/2001 – 20/01/2009. *736121.*

em trinta países, com clientes em outros sessenta.²⁷⁹ Grace não pôde aparecer na conferência Aspectos Estrangeiros da Segurança Nacional dos Estados Unidos, onde foi representado pelo seu vice-presidente, John D. J. Moore, mas surge trinta anos mais tarde como membro-diretor da Laymen's National Bible Association e do CNP. Possuía também vínculos com organizações hegemônicas não religiosas operando dentro e fora dos Estados Unidos, conforme veremos.

Outros membros não religiosos da Frasco que compareceram à conferência Aspectos Estrangeiros da Segurança Nacional dos Estados Unidos foram George C. McGhee, dono da McGhee Production; Raymond W. Miller, membro da empresa de relações públicas Public Relations Research Associates; o diretor da 20th Century Fox, Spyros Skouras; John Quincy Adams, executivo da Manhattan Refrigerating; o juiz Homer Ferguson; Albert J. Hayes, presidente da International Association of Machinists; George Meany,²⁸⁰ presidente da AFL-CIO, sobre quem pairam suspeitas de trabalhar para a CIA; o tenente-general Willard S. Paul; George N. Shuste, presidente do Hunter College de Nova York; e William R. White, presidente da texana Universidade Baykir. Já Kenneth S. Giniger, membro do National Advisory Council da Frasco e presidente da K. S. Giniger, aparece novamente em 1988 na Laymen's Bible Association, junto ao também membro da Frasco Max Chopnick, apesar de terem se ausentado da conferência Aspectos Estrangeiros da Segurança Nacional dos Estados Unidos.

Ausente da Frasco e de iniciativas posteriores, David Sarnoff, dono da RCA que enviara memorando a Eisenhower pedindo a organização de uma rede anticomunista dentro e fora da cortina de ferro, de maneira pouco surpreendente deu as caras na conferência Aspectos Estrangeiros da Segurança Nacional dos Estados Unidos. Foi um dos convidados de honra, a exemplo do presidente da Frasco Charles Wesley Lowry, dessa vez para um jantar com outras figuras eminentes, como o presidente Eisenhower e seu vice Richard Nixon; o secretário de Estado John Foster Dulles; Joseph J. Foss, governador da Dakota do Sul; o congressista Charles A. Halleck;

---

279   A Global Leader in Specialty Chemicals and Materials. *Grace*, [s.d.]. Disponível em: <https://grace.com/en-us/Pages/About-Grace.aspx>. Acesso em: 16 nov. 2020.

280   René Dreifuss (1986, p. 183) o descreve como "o grande pelego sindical americano".

o senador líder da minoria William F. Knowland; Robert F. Wagner, prefeito de Nova York; e Alexander Wiley, senador membro do Comitê para Relações Internacionais. Dividiram a mesa com ele também líderes religiosos como o rabino Theodore L. Adams, presidente da Synagogue Council of America; o arcebispo de Chicago, Samuel Cardinal Stritch, e o bispo da Igreja Episcopal, Henry Knox Sherill. Também grandes burgueses estiveram ali, como Eugene R. Black, presidente do International Bank for Reconstruction and Development; Henry Ford II, presidente da Ford; Joseph P. Spang, diretor da Gillete; Frank Stanton, presidente da Columbia Broadcasting System; e Samuel C. Waugh, presidente do Export-Import Bank. Por último, apareceram membros de organizações sem fins lucrativos e vínculos diretos com o governo estadunidense, como Ralph J. Bunche, subsecretário das Nações Unidas, e, novamente, o membro da Frasco e presidente da AFL-CIO, George Meany.

Outros presentes na conferência de 1958 que voltam a aparecer décadas depois em outras iniciativas político-religiosas são Gilbert A. Robinson e Porter Wroe Routh. Naquela altura assistente especial para tratados comerciais do Departamento de Comércio dos Estados Unidos, Robinson aparece em 1988 como diretor honorário da Laymen's National Bible Association. Sua longa ficha de serviços ao governo daquele país e amplo histórico empresarial já foram aqui abordados. Quanto a Routh, ele surge novamente na documentação reunindo-se com Kissinger e outros religiosos e empresários em 1971. Routh foi secretário sênior da Convenção Batista do Sul, entre 1945 e 1951, e tesoureiro, até 1979. Durante todo esse período, os batistas do sul comemoram um grande acréscimo de igrejas e membros, quase dobrando seus seguidores entre 1951 e 1979, além de um incremento de mais de mil por cento nas arrecadações para atividades missionárias.[281]

Observando agora a segunda etapa, após meados da década de 1970, a documentação é menos rica no que diz respeito à participação de empresários nas iniciativas, ocorrendo, entretanto, o contrário com seus líderes religiosos.

Provavelmente o mais importante é Pat Robertson, membro do CNP, da National Religious Broadcasters e fundador da Christian Coalition.

---

281 "RESOLUTION On Appreciation For Porter Wroe Routh". *SBC*, [s.d.]. Disponível em: <https://www.sbc.net/resource-library/resolutions/resolution-on-appreciation-for-porter-wroe-routh/>. Acesso em: 14 nov. 2020.

Originário da Convenção Batista do Sul, da qual desligou-se após incursões carismáticas, Robertson descrevia-se como "televangelista, filantropo, educador, líder religioso, homem de negócios e autor".[282] Controlava empresas religiosas como a rede de televisão Christian Broadcasting Network, a produtora International Family Entertainment, a Universidade Regent e a organização filantrópica Operation Blessing International Relief and Development, que recebeu milhões de dólares do governo dos Estados Unidos para ações caritativas.[283]

Robertson foi um dos mais importantes difusores do dominionismo, falando desde princípios dos anos 1980 em uma "nova religião política",[284] fato traduzido em projetos que pretendem submeter o Estado à influência fundamentalista, como a sua própria candidatura à presidência em 1988, que não passou pelo crivo das primárias republicanas, e a criação pouco depois da Christian Coalition. Ativo até sua morte em junho de 2023, Robertson previu que Donald Trump, do qual foi cabo eleitoral, seria reeleito em 2020 e que o planeta seria em breve pulverizado por um asteroide.[285] Para além da óbvia adesão ao projeto político representado por Trump, a fala de Robertson expressa dois pressupostos da sua teologia fundamentalista-carismática: o dom das visões e a crença no fim iminente da Terra, frequentemente instrumentalizada para justificar conflitos armados iniciados pelos Estados Unidos e seus aliados, sobretudo Israel, montando o cenário para o retorno de Jesus Cristo. Robertson, contudo, parece não ter chegado a uma conclusão sobre a data do Armageddon, anteriormente prevista para 1982 e para 2007.

Outra figura de proa da religião politicamente organizada foi o fundamentalista da Convenção Batista do Sul Jerry Falwell (1933-2007), fundador da Moral Majority e membro do CNP. Fundador do "neofundamentalismo",[286] tal como Billy Graham, pretendeu revitalizar o grupo

---

282 "BIOGRAPHY". *The Official Site of Pat Robertson*, [s.d.]. Disponível em: <http://patrobertson.com/Biography/index.asp>. Acesso em: 14 nov. 2020.
283 HEDGES, *op. cit.*, p. 13.
284 HEDGES, *op. cit.*, p. 197.
285 PETER, Josh. "Televangelist Pat Robertson predicts Trump win, then chaos, then the end of the world". *USA today*. 20 jun. 2019. Disponível em: <https://www.usatoday.com/story/news/2020/10/20/televangelist-pat-robertson-predicts-trump-p-win-end-world/5996435002/>. Acesso em: 14 nov. 2020.
286 MARSDEN, *op. cit.*, p. 76.

religioso sobretudo por meio da ação política, em um panorama onde o movimento neoevangélico de Graham perdera a coesão.

Falwell também foi um grande expoente do dominionismo, fato evidente no pioneirismo de sua Moral Majority, a primeira organização que pretendeu levar preceitos religiosos para o interior da política partidária estadunidense. Uma pequena biografia[287] sua nos é oferecida por Karl Rove, principal assessor de George W. Bush, cujo governo contou com a natural simpatia do reverendo. Fundador em 1956 de uma importante célula da Convenção Batista do Sul na Virginia, a Thomas Road Baptist Church, ele no mesmo ano iniciou a carreira de pregador no rádio e na televisão. Em 1967, inaugurou uma instituição de ensino pré-escolar, a Lynchburg Christian Academy, e em 1971 a Universidade Liberty, segundo Rove a maior universidade evangélica do país, com mais de dez mil estudantes.

A nota de Rove faz parte de documento planejando a realização de um encontro em novembro de 2003 entre o presidente e diversos líderes evangélicos conservadores, que teriam "apoiado intensamente suas propostas legislativas de redução de impostos e contra o aborto, e a Guerra ao Terror". Ao lado de Falwell, outros religiosos convidados foram Jack Graham, Adrian Rogers e Richard Land, também da Convenção Batista do Sul; o presidente da National Religious Broadcasters, Frank Wright; e Ted Haggard, presidente da National Association of Evangelicals. Além das instituições de ensino, Falwell também esteve à frente de outras empresas com características evangélicas, como a rede de televisão internacional PTL Satellite Network, da qual tornou-se diretor em 1987 por indicação de seu fundador, o pastor pentecostal Jim Bakker, após esse ter sua reputação arruinada pela divulgação do pagamento de 279 mil dólares, desviados da rede de TV, pelo silêncio de uma vítima de estupro.

Fundamental na eleição de Ronald Reagan, Falwell manteve grande influência sobre a política estadunidense em princípios da década de 1980. Em um telegrama[288] enviado aos mais altos assessores de Reagan

---

287 NATIONAL ARCHIVES AND RECORDS ADMINISTRATION. Coleção Records of the White House Office of Records Management (George W. Bush Administration), 20/01/2001 – 20/01/2009. *05/11/2003* [*601624*].

288 NATIONAL ARCHIVES AND RECORDS ADMINISTRATION. Coleção Records of the White House Office of Public Liaison (Reagan Administration), 20/01/1981 – 20/01/1989. *American Law Enforcement Officers Association.*

em outubro de 1981, por exemplo, vemos o pastor exigindo que o governo fizesse com que o procurador-geral William French Smith reavaliasse seu posicionamento favorável ao afrouxamento de algumas determinações penais, tidas pela Moral Majority como "complacentes com o crime".

Também o intelectual religioso Paul Weyrich (1942-2008), cofundador da Moral Majority e membro do CNP, foi outro mentor do movimento. Ainda que nunca tenha atuado como sacerdote, a religião evangélica sempre esteve no centro de seu pensamento. Além das organizações religiosas acima, Weyrich teve em seu currículo participações em inúmeras outras associações direitistas como os laboratórios de ideias Heritage Foundation[289] e Free Congress Foundation, para citar apenas alguns. A ele é atribuída a autoria do termo Moral Majority (Maioria Moral), expressão que sintetiza a ideia de que os identificados com as propostas do movimento, numericamente minoritários porém moralmente superiores, deveriam ditar os rumos do país.

Muito próximo dos governos republicanos a partir da década de 1980, seu perfil foi rascunhado pelo assessor de Ronald Reagan, Morton Blackwell, a quem coube colocar a colega de gabinete, Elizabeth Dole, a par dos fatos mais importantes da trajetória de Weyrich, que ambos encontrariam em março de 1981 para articular contatos com "lideranças conservadoras"[290] a fim de discutir o pacote econômico planejado pelo presidente. Blackwell o descreve como "o organizador-chave de um surpreendente número de organizações conservadoras e coalizões responsáveis por atividades políticas atualmente apoiando o presidente" e um "entusiasta em programas de treinamento para ativistas". Além das já mencionadas, Blackwell destaca as organizações Kingston Group, grupo de assessores de Bush e de congressistas, membros de comitês legislativos e líderes de associações conservadoras que mantinham encontros semanais; a Library Court, organização ativista "pró-família"; e o Stanton Group, que

---

289   O órgão descreve-se como uma instituição voltada para "formular e promover políticas públicas conservadoras baseadas nos princípios do livre empreendimento, governo limitado, liberdade individual, valores tradicionais americanos, e uma forte defesa nacional" (ABOUT Heritage, [s.d.]).

290   NATIONAL ARCHIVES AND RECORDS ADMINISTRATION. Coleção Records of the White House Office of Public Liaison (Reagan Administration), 20/01/1981 – 20/01/1989.

promovia discussões sobre relações exteriores e defesa nacional, naquele momento dirigido pelo próprio Weyrich.

Alianças com associações conservadoras fora dos Estados Unidos também eram costuradas pelo intelectual, caso por exemplo da inglesa The Coalition for Peace Through Security, interessada no incremento da defesa militar do Ocidente contra o bloco socialista. Seus diretores Edward Leigh e Francis L. Holinan, sendo o primeiro membro do Partido Conservador, escreveram em julho de 1982 ao chefe da Heritage Foundation, Edwin Feulner, para agradecer a "substancial soma"[291] a eles doada por Paul Weyrich para uma conferência sobre "novas técnicas americanas de formação de opinião, campanha e levantamento de fundos". Não apenas, os ingleses pediam mais verba da Heritage, esperando "construir uma relação de trabalho mais próxima".

Sem limitar-se a pessoas e gabinetes em seus laços com o Estado restrito, Weyrich também mantinha contatos com a CIA. A esse respeito, é significativa a correspondência[292] para o diretor-adjunto da Agência, Robert Gates, em maio de 1987, onde Weyrich manifestou insatisfação com Reagan sobre o tratamento conferido ao grupo guerrilheiro moçambicano pró-Ocidente RENAMO. No seu entender, o governo ignoraria uma "força insurgente nativa clamando por reformas democráticas" apenas para não prejudicar as "relações com o regime soviético". Considerado pelos "muitos grupos pró-defesa" dos quais era porta-voz como um "país-chave" para o sul da África, Weyrich demandava do diretor da CIA a realização de um encontro do Conselho de Segurança Nacional onde seria transmitida ao presidente a "importância do reconhecimento e apoio aos guerreiros da liberdade da RENAMO".

Voltando à esfera religiosa, Weyrich apresentou em artigo[293] de abril de 1996 sua visão sobre um grande e ecumênico movimento cristão que

---

291 NATIONAL ARCHIVES AND RECORDS ADMINISTRATION. Coleção Records of the White House Office of Public Liaison (Reagan Administration), 20/01/1981 – 20/01/1989. *Coalition for Peace through Security*.

292 CENTRAL INTELLIGENCE AGENCY. General CIA Records. *Letter to Robert Gates from Paul M. Weyrich*. Document Number (FOIA) /ESDN (CREST): CIA-RDP90G00152R001202420018-0.

293 NATIONAL ARCHIVES AND RECORDS ADMINISTRATION. Coleção Records of the Domestic Policy Council (Clinton Administration), ca. 1992 – 20/01/2001. *Crime Projects Bruce Reed*.

pretendia para seu país e o mundo, necessário para fornecer um norte moral aos homens, de outra forma naturalmente inclinados ao egoísmo, e para salvar os Estados Unidos do "esgoto" cultural. Sonhava Weyrich com uma "nova ordem religiosa" ecumênica, inspirada e legitimada pelas principais igrejas cristãs do mundo, assim capaz de alcançar todas as pessoas. O também ecumênico Partido da Fé Capitalista, embora capitaneado pelas organizações cristãs estadunidenses, em muito lembra o projeto de Weyrich.

Por último, James Dobson, cuja biografia foi vista em seções anteriores, é chefe da Focus on the Family e do Family Research Council, também integrando o CNP. Ainda vivo, prossegue sua carreira de escritor, conselheiro familiar e militante conservador.

Embora neste período as informações sobre indivíduos do ramo empresarial sejam mais escassas, há uma visão mais clara de empresas participantes, que veremos em seguida. Não obstante, um punhado de empresários ativos nas organizações político-religiosas do primeiro período voltam a aparecer. São eles Joseph Peter Grace, da W. R. Grace, Kenneth S. Giniger, da editora K. S. Giniger, e Gilbert A. Robinson, dono da firma de consultoria homônima.

Empresas mais interessadas na ação político-religiosa global

Vejamos agora as empresas que mais de perto acompanharam as organizações estudadas até aqui, esboçando uma imagem dos interesses econômicos por trás do Partido da Fé Capitalista. Em sua maioria são, naturalmente, multinacionais operando nas periferias capitalistas, sendo notável a presença de empresas bélicas, que aprofundam seu envolvimento com as iniciativas político-religiosas após meados da década de 1970. Tais corporações, bem como as anteriormente mencionadas, não podem ser tomadas, porém, como as únicas participantes deste projeto, resumindo-se a uma amostra extraída da limitada janela aberta pelos documentos disponibilizados pelo governo norte-americano. Tal amostra, contudo, não deixa dúvida sobre sua grande importância na sustentação das iniciativas discutidas, o mesmo valendo para os indivíduos acima listados.

Muito já foi dito sobre Joseph Peter Grace, de modo que não causa espanto que a sua W. R. Grace surja no topo da lista das empresas por trás do Partido da Fé Capitalista. Têm peso semelhante outras multinacionais como a General Electric, a General Tire and Rubber, o Mellon Group, a Olin Mathieson e a Vick.

Fundada em 1892 em Nova York por Thomas Edison, a General Electric está presente em diversos ramos produtivos, com destaque para os setores de energia, aviação, cuidados domésticos, impressão 3D, ciência dos materiais e análise de dados. Apresentando-se como uma "empresa americana com uma pegada global",[294] mantém atividades em mais de 170 países e gaba-se de ter "investido em mercados emergentes por mais de cem anos", reportando um lucro de seis bilhões de dólares em 2019. Em 1958, seu ex-presidente Charles Edward Wilson aparece como membro da Frasco. No mesmo ano, seu presidente W. R. Herod comparece à conferência Aspectos Estrangeiros da Segurança Nacional dos Estados Unidos, e, em 1983 a empresa participa do Grupo de Trabalho para Assistência da América Central estabelecido por assessores de Reagan.

Aberta em 1915, a General Tire and Rubber foi um conglomerado que além de produzir pneus detinha a RKO General, transmissora de rádio e TV. Foi uma das principais fabricantes de pneus em meados do século passado, iniciando processo de internacionalização em 1930, quando chega ao México.[295] Atua no Brasil oferecendo pneus para caminhões, carros de passeio e veículos 4×4. Seu vice-presidente em 1958, Joseph Andreoli, esteve na conferência Aspectos Estrangeiros da Segurança Nacional dos Estados Unidos, ao lado de Sol A. Schwartz, presidente da subsidiária RKO Theaters. Mais recentemente, vimos o chefe da RKO General, Frank Shakespeare, integrando o CNP. Sobre Shakespeare, sua associação com organizações conservadoras vem de longa data. Além de membro da Heritage Foundation desde 1979, é atualmente membro do conselho da fundação conservadora Lynde and Harry Bradley Foundation. Com incursões no governo, dirigiu a Usia, o Board of International Broadcast,

---

294 "FREQUENTLY Asked Questions and Answers". *GE*, [s.d.]. Disponível em: <https://www.ge.com/faq>. Acesso em: 16 nov. 2020.
295 "ANYWHERE Is Possible". *General Tire*, [s.d.]. Disponível em: <https://www.generaltire-tyres.com/car/the-brand>. Acesso em: 19 nov. 2020.

responsável pela Radio Free Europe, e serviu ainda como embaixador em Portugal e no Vaticano.²⁹⁶

A Mellon Financial, fundada em 1869 e fundida com o Bank of New York em 2007, foi uma das mais importantes organizações bancárias do século XX. Em 2019, o banco BNY Mellon reportou lucro de 4,4 bilhões de dólares, dos quais 1,9 bilhão foram provenientes de clientes de fora dos Estados Unidos,²⁹⁷ operando em países como o Brasil, onde opera desde 1980. A partir de 1955 a família Mellon, naquela altura tendo Richard Mellon Scaife à sua frente, sustenta a Scaife Foundation, atualmente Sarah Scaife Foundation. Um artigo²⁹⁸ consultado pelos assessores de Bill Clinton intitulado "Financiando a Guerra de Ideias: fundações conservadoras", publicado em 1995 pela revista *Christian Century*, indica a fundação como uma das principais financiadoras de organizações cristãs conservadoras, especificamente o Institute on Religion and Democracy (IRD). Ela fazia parte de um grupo de fundações, chamadas de "quatro irmãs", que sustentavam aparelhos ideológicos conservadores, muitos dos quais religiosos. As outras três irmãs eram a Lynde and Harry Bradley Foundation, a John M. Olin Foundation e a Smith and Richardson Foundation. Juntas, elas teriam doado em 1993 mais de dez milhões de dólares para organizações como a Heritage Foundation, o American Enterprise Institute, o Free Congress Foundation, coordenado por Paul Weyrich, e as religiosas IRD, The Ethics and Public Policy Center e Institute on Religion and Public Life. Mais importante dessas organizações religiosas, o IRD teria recebido 260 mil dólares em 1993, 79% de toda a verba que arrecadou, proporção que chegava a 89% durante os seus primeiros anos de vida. Desde aproximadamente 1965, quando Richard Mellon Scaife toma sua frente, a Sarah Scaife Foundation teria doado aproximadamente duzentos milhões de dólares para organizações ideológicas conservadoras. Mas os vínculos da Mellon

---

296 "FRANK Shakespeare". *The Heritage Foundation*, [s.d.]. Disponível em: <https://www.heritage.org/staff/the-hon-frank-shakespeare>. Acesso em: 19 nov. 2020.

297 "2019 Annual Report". *BNY Mellon*, [2019?]. Disponível em: <https://www.bnymellon.com/us/en/investor-relations/annual-report-2019.html>. Acesso em: 17 nov. 2020.

298 NATIONAL ARCHIVES AND RECORDS ADMINISTRATION. Coleção Records of the National Security Council (Clinton Administration), 1993–2001. [*02/12/1996 – 11/12/1996*] [*Beijing Women's Conference*].

com essas entidades não ficam por aí, outras grandes multinacionais envolvidas com a instrumentalização política da religião foram erguidas com o financiamento do Mellon Bank e geridas por alguns de seus membros, como, por exemplo, as empresas fixadas em Pittsburgh, sua cidade-sede, Gulf Oil, U.S. Steel, Rockwell, Westinghouse Electric e Koppers.[299]

Outra multinacional por trás das "quatro irmãs" é o conglomerado Olin, através da John M. Olin Foundation, inaugurada em 1953. Suas várias subsidiárias estão instaladas em mais de vinte países e têm clientes em mais de cem.[300] Segundo dados divulgados pela empresa, ela é a maior produtora mundial de munição, cloro e soda cáustica e a maior fornecedora global de materiais de epóxi. Presente em todos os continentes, seu quartel general na América Latina é localizado em São Paulo. Em 1958, vemos seu vice-presidente executivo, William C. Foster, ser o convidado de honra na conferência Aspectos Estrangeiros da Segurança Nacional dos Estados Unidos, provando que também se interessava por armas espirituais, além das espingardas da marca Winchester, somada ao conglomerado em 1931.

Também a Vick, famosa por suas pastilhas e pomadas que confortam crianças resfriadas, interessou-se pela luta ideológica de base religiosa. Aberta em 1890 por Lunsford Richardson, inventor do Vick VapoRub, passou a ser uma marca sob o conglomerado Procter & Gamble em 1985. Mas antes disso, segundo o artigo da *Christian Century*, a sua Smith Richardson Foundation em meados da década de 1960 passaria a financiar órgãos conservadores, incluindo os religiosos, sendo também uma das "quatro irmãs". O texto nota ainda que Heather Richardson Higgins, neta do presidente da fundação na década de 1970, R. Randolph Richardson, continua a tradição familiar de amparo a aparelhos ideológicos conservadores, financiando órgãos como o Free Congress Foundation, do nosso conhecido Paul Weyrich, por via de outra fundação, a Randolph Foundation. O que não quer dizer que a Smith Richardson tenha escapado do controle da família Richardson, ainda carregando o sobrenome o diretor atual. Também significativo do interesse deste clã e de sua empresa por iniciativas conservadoras desde meados do século XX é a presença de

---

299 COLE, Robert J. "Mellon and Girard Banks Plan to Merge". *The New York Times*, 03 ago. 1982.

300 "FROM Humble Beginnings to Global Success". *Olin Corporation*, [s.d.]. Disponível em: <https://www.olin.com/about-olin/>. Acesso em: 17 nov. 2020.

Donald B. Woodhouse, membro da Vick, na conferência Aspectos Estrangeiros da Segurança Nacional dos Estados Unidos, em 1958.

Um segundo conjunto de empresas destaca-se pela frequência na documentação, ainda que não na mesma intensidade que as acima. São elas a Chrysler, a Dow Chemical, a Exxon, a Goodyear, a Radio Corp. of America, a Raytheon e a United States Steel.

Atualmente Fiat Chrysler Automobiles, a montadora detém as marcas Abarth, Alfa Romeo, Chrysler, Dodge, Fiat, Fiat Professional, Jeep, Lancia, Ram e Maserati, está instalada em mais de quarenta países e tem vendas em mais de 130. Empregando 192 mil pessoas em mais de cem fábricas, teve lucro líquido em 2019 de 6,6 bilhões de euros.[301] No Brasil, a Chrysler atuou entre 1967 e 1981, enquanto a Fiat opera na cidade mineira de Betim desde 1976. Em 1958, a Chrysler fez-se representar na conferência Aspectos Estrangeiros da Segurança Nacional dos Estados Unidos na pessoa do seu presidente Lester L. Colbert. Em 1988, vemos outro membro da cúpula da Chrysler como conselheiro da Laymen's Bible Association, o diretor-executivo entre 1975 e 1979 John J. Riccardo, na montadora de 1959 até finais dos anos 1990. Responsável por conduzir a empresa durante os difíceis anos de alta do petróleo, sua estratégia para revitalizá-la foi opor-se ao que entendia com uma "excessiva regulamentação governamental",[302] mirando especificamente as regras referentes à segurança dos veículos e ao meio ambiente, que imporiam "um peso desnecessário a indústrias como a Chrysler".

A Dow Chemical foi criada em 1897 pelo eletroquímico e inventor Herbert Henry Dow. Tornou-se uma multinacional em rápida expansão na década de 1960, chegando a ser a mais lucrativa empresa química do mundo em 1974. Em 1986, estabelece parceria com a Eli Lilly sob a forma da DowElanco, empreendimento conjunto de produtos agrícolas.[303] Em 2019, a empresa declarou empregar 36.500 pessoas em 109 fábricas

---

301   "HISTORY". *FCA Fiat Chrysler Automobiles*, [s.d.]. Disponível em: <https://www.fcagroup.com/en-US/group/history/Pages/default.aspx>. Acesso em: 18 nov. 2020.

302   JENSEN, Christopher. "John J. Riccardo, Former Chairman of Chrysler, Dies at 91". *The New York Times*, Nova York, 16 fev. 2016. Disponível em: <https://www.nytimes.com/2016/02/17/business/john-j-riccardo-former-chairman-of-chrysler-dies-at-91.html>. Acesso em: 18 nov. 2020.

303   "VISUALIZING Our History". *DOW*, [s.d.]. Disponível em: <https://corporate.dow.com/en-us/about/company/history/timeline.html>. Acesso em: 18 nov. 2020.

distribuídas em 31 países, somando um lucro líquido de aproximadamente quatro bilhões de dólares.[304] No Brasil desde 1956, a Dow Chemical emprega cerca de duas mil pessoas nos estados de São Paulo, Pará, Bahia e Minas Gerais. A capital paulista serve ainda de base de operações para toda a América Latina. Em 1988, vemos um dos seus diretores, Paul McCracken, um economista com passagem pela Universidade de Michigan e conselheiro econômico dos governos Eisenhower e Reagan, nos quadros da Laymen's Bible Association. A Dow Chemical também aparece como membro do Grupo de Trabalho para Assistência da América Central em 1983, unindo intelectuais, líderes religiosos e empresários. Vale notar ainda a presença de Thomas H. Lake, presidente da Eli Lilly, futura parceira da Dow, na reunião de 1971 sobre política externa com o secretário de Estado Henry Kissinger e vários líderes religiosos.

Anteriormente conhecida como Standard Oil Company of New Jersey, uma das sete empresas estadunidenses que detinham o oligopólio global petrolífero durante boa parte do século XX, após 1973 denominada Exxon e desde 1999 ExxonMobil, as raízes desta multinacional remontam a 1870, quando o grupo Rockefeller fundou a Standard Oil. Desde então a empresa é um truste em constante crescimento por aquisições e fusões com outras companhias do ramo petrolífero.[305] Atuando nos mercados de extração de petróleo e gás, refino e processamento químico, a empresa comercializa seus produtos sob as marcas Esso, Exxon, Mobil e ExxonMobil Chemical, e reportou lucro líquido de 6,5 bilhões de dólares em 2019, funcionando em 45 países.[306] Entrou no Brasil em 1912, sendo aqui pioneira na exploração de petróleo e gás. Seus produtos químicos começaram a ser comercializados no país no final da década de 1950 por via da divisão brasileira da Esso. Instalada nas cidades do Rio de Janeiro, São Paulo, Paulínia e Curitiba, é atualmente a maior exploradora estrangeira de petróleo no país, operando em uma área de milhares de quilômetros

---

304 "A Compelling Investment". *DOW*, [s.d.]. Disponível em: <https://investors.dow.com/en/investors/default.aspx>. Acesso em: 18 nov. 2020.

305 "OUR History". *ExxonMobil*, 2021. Disponível em: <https://corporate.exxonmobil.com/Company/Who-we-are/Our-history>. Acesso em: 22 nov. 2021.

306 "ANUAL Reports". *ExxonMobil*, [2020?]. Disponível em: <https://corporate.exxonmobil.com/Investors/Annual-Report>. Acesso em: 18 nov. 2020.

quadrados nas bacias de Santos, Campos e Sergipe-Alagoas.[307] A exemplo da Dow Chemical, foi uma das empresas componentes do Grupo de Trabalho para Assistência da América Central de 1983. Seu ex-presidente Howard C. Kaufmann, à frente da Exxon entre 1975 e 1985, figura no quadro de conselheiros da Laymen's Bible Association em 1988.

Fundada em 1898 pelo inventor natural de Ohio, Frank Seiberling, a Goodyear tornou-se já em 1916 a maior fabricante de pneus do mundo, alcançando em 1963 a marca de um bilhão de unidades.[308] Atualmente, detém as marcas Dunlop, Kelly, Fulda, Sava e Debica, presente em 61 países e registrando o lucro líquido de 3,14 bilhões de dólares em 2019.[309] Desde 1919 no Brasil, funciona a partir das cidades de Americana, reputada como a maior fábrica de pneus da América Latina, Santa Bárbara, que faz materiais para recauchutagem, e São Paulo, de onde saem pneus para aeronaves.[310] Seu presidente em 1958, Edwin J. Thomas, participou da conferência Aspectos Estrangeiros da Segurança Nacional dos Estados Unidos. A Goodyear foi outra empresa representada no Grupo de Trabalho para Assistência da América Central de 1983.

A Radio Corporation of America (RCA), emissora de rádio e produtora de aparelhos radiofônicos, televisivos e produtos de comunicação eletrônica de modo geral, foi fundada em 1919 como uma subsidiária da General Electric, permanecendo nesta condição até 1932, quando se torna independente. Atualmente, contudo, voltou a ser uma marca sob a gestão da Technicolor SA. Foi por muitos anos a maior fabricante de rádios e televisões dos Estados Unidos, tendo também desenvolvido o principal conector para dispositivos de áudio e vídeo, que leva o seu nome, tornado padrão da indústria até recentemente. Sua figura central durante boa parte do século XX foi o empresário David Sarnoff (1891-1971), que vestiu as funções de gerente comercial, presidente e chefe da mesa de administração

---

307 "NOSSAS operações". *ExxonMobil*, 2020. Disponível em: <https://corporate.exxonmobil.com/Locations/Brazil/Our-operations-in-Brazil>. Acesso em: 18 nov. 2020.

308 "HISTORY". *Goodyear*, [s.d.]. Disponível em: <https://corporate.goodyear.com/en-US/about/history.html#>. Acesso em: 18 nov. 2020.

309 "FINANCIAL Reports". *Goodyear*, [s.d.]. Disponível em: <https://corporate.goodyear.com/en-US/investors/financial-reports.html>. Acesso em: 18 nov. 2020.

310 "AMERICAS Facilities". *Goodyear*, [s.d.]. Disponível em: <https://corporate.goodyear.com/en-US/about/global/americas.html>. Acesso em: 18 nov. de 2020.

até sua aposentadoria em 1970. É do seu punho o memorando "Program for a Political Offensive Against World Communism" apresentado ao presidente Dwight Eisenhower em 1955. Como vimos, Sarnoff foi convidado de honra também na conferência Aspectos Estrangeiros da Segurança Nacional dos Estados Unidos.

A Raytheon Technologies é uma "companhia aeroespacial e de defesa que fornece sistemas avançados e serviços para clientes comerciais, militares e governamentais em todo o mundo".[311] O conglomerado adquiriu a atual nomenclatura por via da fusão, em 2020, da Raytheon, fundada em 1922 e uma das maiores produtoras de material militar dos Estados Unidos, com a empresa aeroespacial United Technologies. Mantém sob seu controle as marcas Collins Aerospace, fabricante de estruturas e sistemas mecânicos para aviões civis e militares; Pratt & Whitney, produtora de turbinas; Raytheon Intelligence & Space, manufatureira de sensores e programas computacionais; e Raytheon Missiles & Defense, uma das maiores fabricantes mundiais de mísseis. Empregando 195 mil pessoas, o conglomerado declarou um volume de vendas total de 74 bilhões de dólares em 2019. A Raytheon é uma das maiores fornecedoras de material bélico para as Forças Armadas estadunidenses, saindo de suas fábricas o famoso míssil Patriot, liberalmente detonado na primeira Guerra do Golfo. Coerente com seu *slogan* "Nós não prevemos o futuro. Nós o criamos",[312] a Raytheon e suas subsidiárias têm um amplo histórico de contatos com organizações político-religiosas. Figura de frente da corporação entre 1964 e 1991, Thomas L. Phillips esteve presente na reunião com religiosos e Henry Kissinger sobre política externa em 1971, sendo também um dos secretários da National Laymen's Association. Sua devoção religiosa é atestada por seu amigo e conselheiro de Richard Nixon, Charles Colson, convertido ao evangelicalismo por Phillips. Condenado após o escândalo de Watergate, Colson fundaria a Prison Fellowship, organização cristã internacional direcionada ao auxílio de detentos e ex-prisioneiros.[313]

---

311 "FACT Sheet". *Raytheon Technologies*, [s.d]. Disponível em: <https://www.rtx.com/Our-Company/What-we-do>. Acesso em: 19 nov. 2020.

312 "WHAT We Do". *Raytheon Technologies*, [s.d.]. Disponível em: <https://www.rtx.com/Our-Company/What-we-do>. Acesso em: 19 nov. 2020.

313 MARQUAND, Bryan. "Thomas L. Phillips, Raytheon chief who was guided by his faith, dies at 94". *Boston Globe*, Boston, 12 jan. 2019. Disponível em: <https://

As fusões que originaram a Raytheon Technologies implicaram na absorção de outra grande empresa bélica que mantinha ligações estreitas com as iniciativas aqui estudadas: a Rockwell, também ligada ao Mellon Bank, conforme visto. Fundada como uma fábrica de caminhões militares por Willard Rockwell em 1919, foi em seu auge a maior fornecedora de veículos e espaçonaves para o programa espacial estadunidense e uma das principais fabricantes de aviões militares para as Forças Armadas desde a Segunda Guerra Mundial. Tornou-se em tempos recentes uma grande produtora de microprocessadores, componentes eletrônicos para aeronaves e sistemas de automação fabril. Foi vendida para a Boeing em 1996 e passou para as mãos da United Technologies Corporation em 2018, assim integrando-se à Raytheon Technology em 2020. A Rockwell financiou organizações político-ideológicas cristãs como o Institute on Religion and Democracy através da sua Lynde and Harry Bradley Foundation, uma das "quatro irmãs". Originalmente pertencente à empresa de automação fabril Allen-Bradley, a fundação passara a dedicar fundos a organizações conservadoras apenas em 1985, quando a Allen-Bradley foi comprada pela Rockwell International. Neste período, além de receber a injeção de 275 milhões de dólares, a fundação passou a ser gerida por Michael Joyce, até então à frente da outra "irmã", a John M. Olin Foundation.[314]

Fundada em 1901 por alguns dos principais capitalistas estadunidenses do período, como o industrial Andrew Carnegie e o banqueiro J. P. Morgan, também envolvido no nascimento da General Electric, a United States Steel foi durante boa parte do século XX a maior produtora norte-americana de aço. Também sediada em Pittsburgh, é outra grande corporação com elos com o Mellon Bank. Em 1982 a empresa passou a operar na exploração de petróleo, com a aquisição da Marathon Oil e Texas Oil & Gas, e em mineração, química, construção, imóveis e transportes. Atuando no Canadá e na Eslováquia, informou em 2019 lucro

---

www.bostonglobe.com/metro/obituaries/2019/01/12/thomas-phillips-who-led-raytheon-and-was-guided-his-faith-dies/dmt4uaV7gp1QOI5ZoPv9rL/story.html>. Acesso em: 19 nov. 2020.

314 NATIONAL ARCHIVES AND RECORDS ADMINISTRATION. Coleção Records of the National Security Council (Clinton Administration), 1993–2001. [*02/12/1996 – 11/12/1996*] [*Beijing Women's Conference*].

líquido de 2,28 bilhões de dólares.³¹⁵ Seus elos com aparelhos religiosos remontam pelo menos a 1958, figurando entre os presentes na conferência Aspectos Estrangeiros da Segurança Nacional dos Estados Unidos seu vice-presidente-executivo, Malcolm W. Reed, e o assistente da diretoria, Howard C. Johnson. Segundo o *New York Times*, Reed supervisionou o estabelecimento de áreas de exploração de minério de ferro pela empresa na Venezuela e no Canadá na década de 1950.³¹⁶ A exemplo de muitas das vistas acima, a U. S. Steel é outra empresa que fez-se representar no Grupo de Trabalho para Assistência da América Central, em1983.

Mais recentemente, outras pistas sobre o envolvimento empresarial na instrumentalização política da religião são encontradas nos arquivos presidenciais dos Estados Unidos, sobretudo os acumulados pela administração Clinton.

Uma matéria³¹⁷ divulgada em veículo de imprensa não identificado, mas cujo recorte figura na biblioteca de Clinton, e assinada por Roy Branson, possivelmente um intelectual adventista, insinua a complacência de organizações cristãs com a indústria do tabaco. Segundo Branson, enquanto o mercado doméstico para cigarros encolhia, dobrava de tamanho no resto do mundo, sobretudo em função da ajuda conferida pelo governo norte-americano, que protegia corporações como a RJR Nabisco, ameaçando com sanções países que buscassem reduzir seu mercado de tabaco. Com campanhas publicitárias na América Latina e na Ásia direcionadas para o público feminino e até mesmo infantil, o artigo questionava o silêncio de organizações cristãs, agressivas na crítica de certos costumes, mas tratando o fumo como um "vício privado". A RJR Nabisco aparece novamente em matéria³¹⁸ de 30 de maio de 1995 do *Washington Post*, assinada pelo jornalista e ativista pacifista e anarquista Colman McCarthy, intitulada "Quem Paga por Esses Campos do Senhor?". Mirando a Christian

---

315 REPORTS, Filings & Presentations. *United States Steel Corporation*, [s.d.]. Disponível em: <https://www.ussteel.com/investors/reports-filings>. Acesso em: 20 nov. 2020.

316 MALCOLM Reed, 79, Ex-U.S. Steel Aide. *The New York Times*, Nova York, 26 maio 1975.

317 NATIONAL ARCHIVES AND RECORDS ADMINISTRATION. Coleção Records of the Task Force on National Health Care (Clinton Administration), 1993–1994. *Sin Taxes 2 of 2: Tobacco* [*3*].

318 NATIONAL ARCHIVES AND RECORDS ADMINISTRATION. Coleção Records of the Task Force on National Health Care (Clinton Administration), 1993–1994. [*White House News Reports – May 30 1995*].

Coalition, naquela altura bastante enraizada no Partido Republicano, o texto sugere que, a despeito do discurso moralizante, o dinheiro que a sustentava viria de fontes "decididamente antifamília", sustentando que as indústrias do álcool, do tabaco e das armas de fogo seriam algumas das maiores doadoras do Comitê Nacional do Partido Republicano. Como vimos, apesar de declarar-se apartidária, a Coalition muito provavelmente era mantida com verba do partido, conforme desconfiava o próprio Congresso dos Estados Unidos. O artigo sublinhava que a RJR Nabisco, detentora da R. J. Reynolds Tobacco, doara, em 1994, 414 mil dólares ao partido, enquanto a também produtora de cigarros Philip Morris repassara, em princípios de 1995, 338 mil e a National Rifle Association, quarenta mil.

Informações reunidas em finais da década de 1990 por um comitê da minoria democrata no Congresso, o Thompson Committee,[319] mostram um mecanismo de financiamento de candidatos conservadores por via de empresa de fachada através da qual corporações envolvidas com o CNP transfeririam ilegalmente dinheiro para essas campanhas. Figura central no esquema seria Carolyn Malenick, proprietária da Triad Management Inc., que repassou fundos a candidatos republicanos por via de organizações sem fins lucrativos também de fachada. Tais fundos seriam transferidos para a Triad usando como laranja o empresário Robert Cone, outro membro do CNP, e um pequeno grupo de indivíduos relacionados uns com os outros e com o Council. Sobre Malenick, informações levantadas pelo comitê destacam proximidade com o pastor Jerry Falwell, sendo ambos membros do CNP. Como lembrança, as principais empresas reunidas no Council, mas de maneira alguma as únicas, são a petroleira Hunt Oil, a empresa de bebidas alcoólicas Adolph Coors, a W. R. Grace, a RKO General e a Amway, multinacional de marketing multinível. O comitê suspeitava ainda que os irmãos Charles e David Koch, proprietários de uma das maiores empresas petrolíferas dos Estados Unidos, a Koch Industries, seriam outra importante fonte de recursos para a Triad.[320]

---

319   NATIONAL ARCHIVES AND RECORDS ADMINISTRATION. Coleção Records of the Office of the Counsel to the President (Clinton Administration), 1993–2001. *Thompson Committee Minority Report Volume 1* [6].

320   NATIONAL ARCHIVES AND RECORDS ADMINISTRATION. Coleção Records of the Office of Speechwriting (Clinton Administration), 1993–2001. [*1996 Final Minority Report Volume I*] [*Binder*] [*5*].

Elos com a indústria armamentista

Vimos até aqui algumas corporações do ramo bélico associadas a organizações religiosas, como a Raytheon Technologies, a antiga Rockwell e a fabricante de espingardas Olin Mathieson, além do grupo de *lobby*, financiado pela indústria de armamentos, National Rifle Association (NRA). Também ações beneficiando este setor foram realizadas por pastores e suas organizações, legitimando diante da opinião pública as inúmeras incursões militares patrocinadas pelos Estados Unidos e seus aliados.

A Moral Majority de Jerry Falwell e Paul Weyrich assinou em julho de 1982 com outras organizações de extrema-direita uma "Declaração de Líderes Conservadores"[321] pressionando Ronald Reagan a prosseguir vendendo material bélico a Taiwan. Preocupavam-se os líderes com as "liberdade, autodeterminação e segurança" da ilha, legítima "República da China" acossada pelos comunistas, usurpadores de sua porção continental. Lamentava o documento que na presidência de Jimmy Carter "Taiwan recebeu o dobro das vendas militares durante o mesmo intervalo de tempo que na administração Reagan". Os queixosos frisavam ainda que seu governo "rejeitou ou adiou a venda de todos os sistemas de armas requeridos por Taiwan", inclusive aviões de caça. Seus dedos apontavam para o secretário de Estado Alexander Haig, que estaria recuando após negociações com a China (a continental). Por fim, ameaçavam Reagan com uma inevitável "represália política de milhões dos seus apoiadores conservadores", caso o Departamento de Estado não voltasse atrás. Vale notar que, naquele momento, a Raytheon era uma das principais fornecedoras de radares e componentes eletrônicos para aeronaves militares estadunidenses. Até o presente, a empresa equipa os principais caças do país, como os F-35, F-22 Raptor, F/A-18 Super Hornet, F-16 Fighting Falcon, EA-18G Growler e F-15 Strike Eagle.[322]

---

321 NATIONAL ARCHIVES AND RECORDS ADMINISTRATION. Coleção Records of the White House Office of Public Liaison (Reagan Administration), 20/01/1981 – 20/01/1989. *American Council for Free Asia*.

322 "BRIDGING the Generation Gap". *Raytheon Technologies*, 2019. Disponível em: <https://www.raytheon.com/uae/news/feature/generation-gap>. Acesso em: 21 nov. 2020.

Ainda no que diz respeito ao comércio de aviões, já foi exposto que o diretor de relações públicas da National Association of Evangelicals, Bob Dugan defendeu publicamente, em 1983, a venda de aviões para o governo da muçulmana Arábia Saudita, que encontrava alguma resistência doméstica. Os aparelhos em questão foram naves de vigilância e abastecimento E-3 Sentry, da Boeing. Em 1958, podemos ver seu presidente William M. Allen na plateia da conferência Aspectos Estrangeiros da Segurança Nacional dos Estados Unidos, ilustrando o interesse da empresa na política externa do país e nos possíveis dividendos ali colhidos pela ação religiosa. Compareceram também Willian E. Knox, presidente da Westinghouse Electric Corporation, fornecedora do sistema de radar dos E-3 Sentry e erguida com apoio financeiro e gerencial do Mellon Bank.

Já foi dito que o mais famoso pregador estadunidense, o fundamentalista Billy Graham, frequentou uma base militar do seu país na Coreia do Sul no calor do conflito peninsular da década de 1950. De forma semelhante, Graham concedeu sua benção à Guerra do Vietnã e às duas guerras no Iraque. Um memorando[323] do assessor de Richard Nixon, William F. Rhatican, com o tema "Guerra do Vietnã – Apoio Público", relaciona uma série de medidas tomadas pela administração em 11 de maio de 1972, preocupada em preservar sua base de apoio diante do prolongado conflito. Um dos passos para este fim aparece listado da seguinte forma: "Billy Graham concordou em pedir aos seus correligionários para rezarem pelo sucesso do presidente". Mais tarde, em 16 de janeiro de 1991, quando George Bush (pai) anunciou a Operação Tempestade no Deserto, iniciando a Primeira Guerra do Golfo, documentos[324] da Casa Branca registram que o pastor passou aquela noite ao lado do presidente. Alguns anos depois, o afagado foi o filho, George W. Bush, Escrevendo em 18 de dezembro de 2003 para assegurá-lo dos seus "contínuos apoio e rezas",[325]

---

323 NATIONAL ARCHIVES AND RECORDS ADMINISTRATION. Coleção Richard M. Nixon's Returned Materials Collection, 1969–1974. *WHSF: Contested, 7-46*.

324 NATIONAL ARCHIVES AND RECORDS ADMINISTRATION. Coleção Records of the White House Office of Records Management (George W. Bush Administration), 20/01/2001 – 20/01/2009. *562653* [2].

325 NATIONAL ARCHIVES AND RECORDS ADMINISTRATION. Coleção Records of the White House Office of Records Management (George W. Bush Administration), 20/01/2001 – 20/01/2009. *601487*.

Graham não descuidou de congratular o presidente pela prisão do ex-aliado iraquiano Saddam Hussein: "que alívio".

Graham não estava sozinho ao lado dos Bush. Em outubro de 2002, vários outros líderes evangélicos endereçaram-lhe uma carta[326] de apoio à iminente invasão do Iraque. Dizia-se ali que a posição do governo sobre Saddam Hussein e suas "armas de destruição em massa" era "compatível com o critério de guerra justa desenvolvido por teólogos cristãos". Assinavam o documento Richard D. Land, presidente da Comissão de Liberdade Religiosa e Ética da Convenção Batista do Sul; James Kennedy, presidente da rede cristã de televisão Coral Ridge Ministries Media; Carl D. Herbster, presidente da liga de escolas cristãs American Association of Christian Schools; Chuck Colson, da Prison Fellowship Ministries; e Bill Bright, da Campus Crusade for Christ.

Em outros casos tão zelosas com os gastos governamentais, as organizações religiosas vão em direção oposta quando se trata de verbas públicas para programas militares, sendo a invasão do Iraque novamente ilustrativa. Tony Perkins, do Family Research Council, por exemplo, escreveu para George W. Bush em setembro de 2003 declarando apoio para a proposta de gastos suplementares para a "guerra ao terror".[327] Falando em nome de "milhares de famílias", argumentava que tais custos consistiam, na verdade, um "investimento que irá fortalecer nossa habilidade de prover a capacidade militar necessária para a segurança de nossas famílias". Assim, sem abandonar totalmente o discurso da austeridade fiscal, pedia também que o governo equilibrasse o máximo possível seus gastos, "mas especialmente o dinheiro dedicado a gastos não militares".

Um pouco antes, em fevereiro de 2003, também a National Association of Evangelicals e o Institute on Religion and Democracy subscreveram, ao lado de um punhado de outras lideranças conservadoras laicas, uma

---

326 NATIONAL ARCHIVES AND RECORDS ADMINISTRATION. Coleção Records of the White House Office of Records Management (George W. Bush Administration), 20/01/2001 – 20/01/2009. *538440*.

327 NATIONAL ARCHIVES AND RECORDS ADMINISTRATION. Coleção Records of the White House Office of Records Management (George W. Bush Administration), 20/01/2001 – 20/01/2009. *536140* [*3*].

mensagem[328] de apoio às intenções belicosas de Bush. Logo na primeira linha, manifestavam a convicção de ser "essencial trazer brevemente o fim da ditadura de Saddam Hussein no Iraque". Queixando-se do orçamento para a guerra aprovado no Congresso, "pouco dinheiro para o substancial esforço de reconstrução que quase certamente seria necessário", os conservadores antecipavam uma permanência prolongada no país. Apresentando em linhas gerais um projeto de longo prazo, que acabaria posto em prática e envolveria as Forças Armadas e o empresariado estadunidense, indispensável para "garantir a instalação e o funcionamento de um estável regime representativo", recomendavam que Bush calasse os críticos anunciando um "plano para estabelecer a liberdade e o governo democrático e autônomo no Iraque". De fato, no final daquele ano o presidente buscou convencer a opinião pública que suas ações no Iraque e no Oriente Médio seriam uma batalha para "disseminar a democracia",[329] conforme vastamente noticiado.

Ainda sobre o interesse de organizações cristãs na guerra, chama atenção o seu envolvimento na criação de milícias privadas auxiliares da ocupação iraquiana. É o caso da Blackwater, empresa de segurança fundada pelo fundamentalista e ex-militar Erik Prince, que manteve perto de trinta mil seguranças armados no país. Operavam com grande liberdade, amparados por decreto de 2004 das autoridades norte-americanas de ocupação que conferiu imunidade processual aos prestadores de contratos civis no país. Muitos dos fundos para suas operações viriam de grandes empresas, desinteressadas em uma rápida retirada e assim bancando 40% da verba empregada na ocupação.[330]

---

328 NATIONAL ARCHIVES AND RECORDS ADMINISTRATION. Coleção Records of the White House Office of Records Management (George W. Bush Administration), 20/01/2001 – 20/01/2009. *536004* [2].
329 REYNOLDS, Maura. "Bush says U.S. must spread democracy". *The Baltimore Sun*, Baltimore, 07 nov. 2003. Disponível em: <https://www.baltimoresun.com/news/bal-te.bush07nov07-story.html>. Acesso em: 22 nov. 2020.
330 HEDGES, *op. cit.*, p. 30.

Laços do complexo empresarial e religioso por trás do Partido da Fé Capitalista com outras organizações globais da hegemonia estadunidense

René Dreifuss[331] procurou radiografar as principais organizações responsáveis pela idealização, coordenação e implementação do projeto de liderança capitalista estadunidense que ganha ímpeto após 1945. Segundo os dados que colheu, algumas das principais associações deste tipo, formalmente externas ao corpo estatal dos Estados Unidos, seriam o Council on Foreign Relations, o Committee for Economic Development, a Comissão Trilateral e o Council for Latin America (após 1981, America's Society/ Conselho das Américas). Observando a recorrente presença de membros dessas organizações em outras de feitio semelhante, Dreifuss[332] identificou uma "verdadeira pirâmide de poder global". Congregando empresários de grosso trato, intelectuais e agentes governamentais engajados em um projeto hegemônico comum, de maneira pouco surpreendente observamos muitos dos seus integrantes também transitando em iniciativas que buscaram anexar ações religiosas dentro e fora dos Estados Unidos ao rol de artifícios disponíveis para a consecução das mesmas metas. O topo desta pirâmide também esteve por trás da concretização do Partido da Fé Capitalista, embora contasse em sua base com pastores, missionários e intelectuais religiosos no lugar de economistas e diplomatas.

Lançado em 1921, o Council on Foreign Relations foi uma das primeiras associações devotadas a este fim. Aproximando empresários, intelectuais, militares e burocratas, é um fórum permanente devotado a refletir as questões político-econômicas de interesse dos Estados Unidos no contexto internacional. A partir da década de 1940, no processo de consolidação da liderança estadunidense sobre o bloco capitalista, teve papel destacado na idealização de uma nova ordem mundial onde as demandas industriais e financeiras daquele país passariam a reger o concerto político e econômico mundial. Compunha tal projeto, por exemplo, a criação de um sistema financeiro internacional a fim de estabilizar a economia planetária, entre outras coisas facilitando projetos capitalistas em áreas periféricas. Esgotada

---

331 DREIFUSS, 1986.
332 *Ibid.*, p. 93.

após duas décadas, em princípios dos anos 1970 coube novamente ao CFR planejar novas bases para essa ordem, que precisaram levar em conta a emergência política e econômica do Japão e de uma Europa reconstruída e a necessidade de conter países periféricos que esboçavam uma fuga de sua esfera de influência. Exemplos deste último caso são o aumento súbito do preço do petróleo provocado de forma coordenada por nações árabes, a vitória do Vietnã do Norte e ensaios socialistas em países latino-americanos como o Chile. Tais preocupações redundariam no "Projeto para os Anos 80",[333] desenhado pelo CFR, com regras para as relações entre as potências capitalistas e novas estratégias para a contenção do terceiro mundo, recomendando, por exemplo, limitar-lhes a aquisição de material bélico.

Instaurado em 1942, o Committee for Economic Development (CED) uniu nos Estados Unidos as "melhores mentes das corporações mais bem sucedidas e das melhores universidades",[334] articulando a classe dominante e intelectuais em torno de um "esforço conjunto de pesquisa econômica e *policy-making*" para traçar diretrizes posteriormente abraçadas pela burocracia estatal. Para tanto, os comitês de Informações e de Publicações e Educação cuidam da divulgação de estudos para a opinião pública e agentes do Estado, apresentando seus planos como representativos dos interesses de todo o empresariado e naturalizando a compreensão de que tais anseios se confundiriam com os de toda a sociedade. Tal fato é evidenciado pelo trânsito frequente de membros do CED em inúmeras administrações ao longo das últimas décadas do século XX, o que é verdade também para o CFR. Outra de suas metas precípuas foi o estímulo à criação e integração de organizações semelhantes em diferentes países. O resultado deste trabalho foi visto já durante a reconstrução europeia sob o Plano Marshall, com frequentes contatos entre empresários estadunidenses e os do continente para possibilitar uma solução de compromisso que levasse em conta os interesses dos setores produtivos dos diversos países. Já no Brasil, algumas das organizações semelhantes ligadas ao CED seriam a Sociedade de Estudos Interamericanos, a Fundação Aliança para o Progresso, o Ipes e o Ibad.[335] Tendo como uma de suas funções iniciais estabilizar a economia

---

333 *Ibid.*, p. 85.
334 *Ibid.*, p. 41.
335 *Ibid.*, p. 114.

norte-americana, o CED trabalhou em sinergia com o CFR na normalização política e econômica mundial sob o sistema de Bretton Woods, o General Agreement on Tariffs and Trade (GATT) e o Plano Marshall. Articulando sob suas diretrizes os mercados mundiais, o CED e o CFR desempenharam papel fundamental na construção das bases para a hegemonia política, militar e econômica dos Estados Unidos. Atualmente, o CED se apresenta como uma organização "apartidária, orientada aos negócios" que provê análises e soluções para importantes problemas dos Estados Unidos.[336]

A Comissão Trilateral foi criada em 1973 por empresários japoneses, estadunidenses e europeus no bojo da crise que levara o CFR a idealizar o Projeto para os Anos 80, na consecução do qual a comissão foi importante ator. Ela surge para responder à dupla necessidade de aprofundar a articulação das principais economias ocidentais, em face de sua crescente interdependência, e "cooptar o terceiro mundo".[337] O faria em grande parte fomentando uma maior transnacionalização não apenas econômica, mas também política e cultural, que enquadraria as ações das classes dominantes periféricas às regras concebidas no interior do circuito formado pelos países ricos. No presente, seu rol de participantes foi expandido, acolhendo empresários chineses, indianos, mexicanos e de países membros recentes da União Europeia.

Em atividade desde 1965, o Council for Latin America, hoje Americas Society/Conselho das Américas, substituiu o CED na articulação das organizações do empresariado latino-americano com seus parceiros do norte, no quadro da maior transnacionalização socioeconômica que não poupou o Cone Sul. Foi ele em meados da década de 1960 e por toda a de 1970, portanto, "o centro do pensamento estratégico, da coordenação e da ação doutrinária e política para a América Latina das grandes empresas e grupos transnacionais".[338] Suas funções primordiais neste período podem ser sintetizadas nos imperativos de zelar pelos interesses empresariais na América Latina; dar suporte e estimular ações do Estado restrito norte-americano e dos países latino-americanos que favorecessem esses

---

336 "ABOUT CED". *CED – Committee for Economic Development*, [s.d.]. Disponível em: <https://www.ced.org/about>. Acesso em: 24 nov. 2020.
337 DREIFUSS, 1986, p. 86.
338 *Ibid.*, p. 149.

interesses; e disseminar entre a opinião pública informações favoráveis ao sistema produtivo capitalista.

Vejamos agora o grau de envolvimento nas organizações acima das empresas listadas como algumas das mais interessadas no programa político-religioso abordado.

Entusiasta da instrumentalização religiosa, Joseph Peter Grace foi um dos "membros de destaque"[339] do CFR em 1982 e integrante do Conselho Diretor do Council for Latin America em 1969, enquanto o vice-presidente da W. R. Grace, Antonio Luis Navarro, surge em 1980 e 1981 como integrante do Conselho Assessor do mesmo órgão, agora intitulado Americas Society/Conselho das Américas. Grace foi ainda presidente do American Institute for Free Labor Development, criado em 1961 para auxiliar as ações do empresariado organizado na América Latina, dedicando-se a tarefas como o treinamento de líderes sindicais, não sendo por acaso, portanto, que em sua direção o órgão contava também como George Meany, da AFL-CIO.[340] Outros membros da W. R. Grace também figuraram em importantes organizações para a hegemonia estadunidense sobre a América Latina, como o vice-presidente John Moore, chefe do United States International Council, porção norte-americana do Conselho Interamericano de Comércio e Produção, cuja função primordial é a integração das duas Américas em torno dos pressupostos da livre iniciativa empresarial. Também integrante da W. R. Grace, Norman Carrignan frequentou em finais de 1960 reuniões onde se discutiu estratégias para zelar pelos interesses das empresas estadunidenses na América Latina.[341]

A General Electric emprestou vários membros para o Conselho Diretor do CED nos anos 1970 e 1980. Eram eles Fred J. Borch (também membro do Comitê de Pesquisas e Diretrizes do CED nos anos 1960, sucedendo Philip D. Reed) e Herman L. Weiss, diretor e vice-diretor da GE nos anos 1970; Frank P. Doyle, vice-presidente sênior de relações corporativas; e John Francis Welch Jr., seu diretor na década de 1980. Também forneceu quadros para outros comitês ligados ao CED, como o Comitê de Políticas de Comércio em Relação a Países de Baixa Renda de 1967, frequentado por

---

339 *Ibid.*, p. 302.
340 SILVA, Vicente, *op. cit.*, p. 523.
341 *Ibid.*, pp. 513-514.

Fred J. Borch; o comitê Fornecendo o Sistema Monetário Mundial de 1973, que contou com Herman L. Weiss; e o Subcomitê Relações Econômicas entre Países Industrializados e Menos Desenvolvidos, com John Francis Welch Jr. Esteve ainda na Comissão Trilateral, na pessoa dos seus diretores para os Estados Unidos e a Grã Bretanha, John Paul Austin e Sir Ray Geddes, também aparecendo no Council for Latin America nos anos 1960 e na Americas Society na década de 1980, ali representada pelo vice-presidente e gerente-geral para operações latino-americanas E. Forsyth.

A Olin Mathieson foi membro da Americas Society nos anos 1980 e compôs a direção do CED nos decênios anteriores. Seu vice-presidente, William Chapman Foster, o mesmo que atendera à conferência Aspectos Estrangeiros da Segurança dos Estados Unidos, foi não apenas dirigente da organização como também participou do Comitê de Pesquisa e Diretrizes em 1958 e do comitê Cooperação para o Progresso na América Latina em 1961. Sua subsidiária até 1989, a farmacêutica E. R. Squibb & Sons também participou da Americas Society nos anos 1980.

A Dow Chemical se fez representar no Council for Latin America nos anos 1960 e 1970 (seu presidente, Carl A. Gerstacker, foi membro do Conselho Diretor na década de 1970), permanecendo na Americas Society nos anos 1980. Robert W. Lundeen, diretor, trabalhou no conselho diretor do CED na década de 1980 e Paul W. McCracken, como já visto membro da Laymen's National Bible Association, representou os Estados Unidos na Comissão Trilateral.

A Exxon frequentou a Americas Society na década de 1980, com seu diretor e vice-presidente sênior Maurice E. I. Loughlin e o conselheiro de relações públicas Peter B. Trinkle. Fez parte do Conselho Diretor do CED com seu diretor, Clifton C. Garvin Jr., e do comitê de 1973 ligado ao CED, denominado Fornecendo o Sistema Monetário Mundial com seu vice--presidente-executivo, Emilio G. Collado, além dos subcomitês Reforma do Sistema Monetário Internacional; Relações Econômicas entre Países Industrializados e Menos Desenvolvidos, de 1981, com o vice-presidente sênior Jack F. Bennet; e Empresas Transnacionais e Países em Desenvolvimento, do mesmo ano, frequentado pelo economista chefe de seu Departamento de Planejamento Corporativo, James W. Hanson. A Exxon aparece ainda na Comissão Trilateral com Guido di Paliano, diretor na Itália, e J. K. Jamieson, representando os Estados Unidos.

A Goodyear emprestou ao Council for Latin America nos anos 1960 o seu presidente Richard V. Thomas, ali permanecendo nas décadas de 1970 e 1980. A empresa também contribuiu com o CED, fazendo parte do conselho diretor em princípios dos anos 1980 o vice-diretor Robert E. Mercer.

O presidente da Raytheon, Thomas L. Phillips, que vimos na National Bible Association e reunindo-se com Kissinger e líderes religiosos em 1971, foi membro do Conselho Diretor do CED nos anos 1970. Já a Rockwell International, absorvida pela primeira, aparece no Council for Latin America nos anos 1970, representada pelo presidente da diretoria Willard F. Rockwell Jr., e na Americas Society na década de 1980, na figura de James S. Calvo, diretor de desenvolvimento de marketing e negócios da Latin America Rockwell International. Na década de 1970, a empresa também figurou no CED, sendo o diretor James W. Coultrap integrante do seu Conselho Diretor.

A United States Steel forneceu seu diretor Edewin H. Gott para o Council for Latin America no final dos anos 1960, permanecendo ligada à organização nas duas décadas seguintes. A empresa aparece também na diretoria do CED nas décadas de 1960, 1970 e 1980, com o presidente da diretoria Roger M. Blough, o diretor Edwin H. Gott e o vice-diretor de administração e chefe do setor financeiro W. Bruce Thomas, respectivamente.

A RJR Nabisco fez-se representar na Americas Society por seu presidente, James O. Welch, membro do Conselho de assessores da organização em princípios dos anos 1980. Sua subsidiária do ramo do tabaco desde 1985, a R. J. Reynolds, esteve na Comissão Trilateral com Archibald K. Davis, membro do conselho internacional e representante dos Estados Unidos, e Shinkichi Eto, representando o Japão.

O Mellon Bank foi membro da Americas Society na década de 1980 e seu vice-presidente, Arthur B. Van Buskirk, aparece como membro diretor do CED em 1961. A General Tire and Rubber, por sua vez, foi membro do Council for Latin America na década de 1960, continuando vinculada à organização nos anos 1970 e 1980. O presidente da Chrysler, Lynn Alfred Towsend, compôs o Council for Latin America nos anos 1970 e a Americas Society nos 1980. Seu antecessor, Lester Lum Colbert, fizera parte da direção do CED da década de 1960. A RCA, de David Sarnoff, participou do CED nos anos 1960 com seu presidente John L. Burns. Já a Vick Chemical é membro da Americas Society na década de 1980

Assim, podemos dizer que pelo menos alguns dos membros do topo da "pirâmide de poder", detectada por Dreifuss pela superposição de membros nas inúmeras organizações da hegemonia estadunidense, também agiram para transformar a religião organizada na "arma do espírito" proposta pelo pastor Edwin T. Dahlberg em 1958.

A conexão brasileira

O projeto de internacionalização política, econômica e cultural do Brasil proposto pelo CED compreendia a remoção de obstáculos como o governo João Goulart e sua base de apoio, cuja concepção de desenvolvimento capitalista procurou favorecer a fração empresarial nacional não associada a empresas estrangeiras. Sendo imperativa a maior participação de multinacionais no espaço econômico latino-americano, urgia, portanto, desalojar o grupo no poder em princípios da década de 1960 e informar a intelectualidade nacional e o conjunto do empresariado sobre o novo modelo econômico pretendido para o país, convidando-os a dele participar, ainda que de forma subordinada.

Um dos mais importantes aparelhos ideológicos para estes fins foi o Ipes, ativo entre 1961 e 1973 e um dos principais articuladores das diversas porções da classe dominante brasileira em torno do programa de abertura econômica aprofundado após 1964. Sustentado por empresários brasileiros e estrangeiros, o Ipes contou com a ajuda de muitas das corporações acima, ilustrando o grande alcance das ações doutrinadoras desse grupo que, assim como nas associações religiosas, via no Instituto uma instância capaz de alavancar o projeto. Dessa forma, das pouco mais de vinte corporações examinadas, seis tiveram relações diretas com o Ipes.

Como já adiantei, Joseph Peter Grace, da W. R. Grace, mantinha ligações com o Ipes-RJ. O fazia por intermédio de Antônio Gallotti, membro da Light, empresa da qual Grace era acionista, e de Antônio Sánchez Galdeano, da Companhia Estanífera do Brasil. O advogado Antônio Gallotti, um dos diretores da Ação Integralista Brasileira na juventude, foi presidente da Light entre 1955 e 1974, autorizando em 1962 doações na ordem de duzentos mil cruzeiros mensais para o Ipes. Exemplo da associação empresarial brasileira a multinacionais estrangeiras, mais frequente ao longo da internacionalização de nossa economia acelerada em meados dos anos 1960, além da Light, Gallotti mantinha contatos com outras corporações estrangeiras como a canadense BRASCAN, da qual foi vice-presidente, e o Chase Manhattan Bank, onde compunha o Conselho Internacional. Outro ponto de conexão entre Grace o Ipes seria Antônio Sánchez Galdeano, ligado à Companhia Estanífera do Brasil, onde a W. R. Grace teria participação. Galdeano foi ainda membro da Companhia Patiz de Inversões, subsidiária do conglomerado minerador Patiño Group, e do Banco Novo Rio. Tanto a Companhia Estanífera do Brasil como a Light foram algumas das empresas que mais doaram para o Ipes.[342]

A General Electric mantinha relações com João Baylongue, por intermédio do Banco Ipiranga S.A. Investimentos, e com Herculano Borges da Fonseca, de maneira mais direta, ambos membros do Ipes do Rio de Janeiro. O Ipiranga aparece nas listas de Dreifuss como uma das organizações financeiras com doações para o Ipes. Baylongue teria ainda contatos com outras empresas do setor, como o Banco do Rio S.A. e o Banco da Capital S.A. Segundo o *Relatório Final da Comissão Nacional da Verdade*,[343] já sob a ditadura, participou da produção do anteprojeto de lei que instituiu o Fundo de Garantia por Tempo de Serviço, ao lado dos empresários José Duvivier Goulart e José Marques e dos militares Heitor de Almeida Herrera e Francisco César Cardoso Mangliano. A composição deste grupo de trabalho ilustra uma das principais funções do Ipes: articular o empresariado com militares e fornecer quadros e diretrizes econômicas para o governo instalado em 1964. Já o economista Herculano Borges da Fonseca, além da General Electric, mantinha vínculos também com o Centro das Indústrias do Estado do Rio de Janeiro e com as instituições financeiras Superintendência da Moeda e do Crédito, Fundo Monetário Internacional e Banco Internacional para Reconstrução e Desenvolvimento.

A General Tire and Rubber chegou até o Ipes do Rio através do membro de subsidiária brasileira, Pneus General, Temístocles Marcondes Ferreira. Vice-presidente da Ordem dos Advogados do Brasil de 1963

---

342 DREIFUSS, 1981, pp. 566 e 755.
343 BRASIL. *Comissão Nacional da Verdade – Relatório*. Vol. II, Textos Temáticos. Brasília: 2014, p. 323.

a 1965, onde contribuíra na oposição ao governo Goulart. Ferreira era fazendeiro, industrial e banqueiro, tendo fundado neste ramo a Atlântica Cia. Nacional de Seguros. Sua seguradora foi uma das empresas doadoras do Ipes, fazendo ele parte também do Banco Português do Brasil, da Bogward do Brasil, da Cia. de Cimento do Vale do Paraíba e do Banco Auxiliar de Comércio.[344]

As ligações do Mellon Group foram, novamente, com a seção fluminense do Ipes. Ali, a corporação teria proximidade com o general Heitor de Almeida Herrera, membro da Carborundum, onde o Mellon participava. Herrera, que se envolvera no anteprojeto do FGTS, seria o elo do Ipes com a ESG ao lado de Golbery do Couto e Silva, ajudando a consolidar a coalizão empresarial-militar à frente da ditadura.

A Olin Mathieson chegava até o Ipes de São Paulo pela subsidiária em funcionamento no Brasil E. R. Squibb & Sons. Seu representante no Instituto era Paul Norton Albright, dirigente da Squibb, que em 1964 circulava também pela Câmara de Comércio dos Estados Unidos e pelo Centro das Indústrias do Estado de São Paulo. Fundada em 1858, a E. R. Squibb & Sons foi uma das principais empresas farmacêuticas dos Estados Unidos, permanecendo sob controle da Olin Mathieson entre 1952 e 1989, quando funde-se à Bristol-Myers.

Por fim, a Rockwell se relacionava com o Ipes paulista por meio do engenheiro e empresário Gastão Mesquita Filho, membro da Cobrasma S/A Indústria e Comércio, que fornecia peças para ferrovias, e Cobrasma-Rockwell Eixos, produtora de eixos para caminhões e carros, ambas com participação acionária da Rockwell. Outras empresas nas quais Mesquita Filho participou foram o Banco Mercantil de São Paulo, a Marítima Companhia de Seguros Gerais, a Companhia Melhoramentos Norte do Paraná, a Companhia Luz e Força Santa Cruz, a Companhia Agrícola Usina Jacarezinho e a Companhia de Cimento Portland de Maringá.

Uma vez que a América Latina e o Brasil são teatros de operações privilegiados para multinacionais estadunidenses, é natural, por exemplo, que o empresário Joseph Peter Grace fizesse parte simultaneamente da Frasco, do Council for Latin America e tivesse conexões com o Ipes. Essa persistente sobreposição indica uma comunidade de propósitos entre os

---

344   DREIFUSS, 1981, pp. 523 e 628.

órgãos religiosos aqui estudados e as instâncias onde a hegemonia do capital estadunidense e associado buscava as melhores condições para se expandir. Sendo assim, não há dúvida de que muitas associações com propósitos declaradamente religiosos, organizadas a partir dos Estados Unidos e depois "nacionalizadas" por todo o mundo periférico, de maneira mais ou menos dissimulada, promovem diretrizes econômicas traçadas no centro capitalista do norte.

III

A SUCURSAL BRASILEIRA DO CONSÓRCIO IMPERIALISTA EMPRESARIAL-RELIGIOSO

7

CONTEXTO SOCIAL BRASILEIRO E AVANÇO DO PARTIDO DA FÉ CAPITALISTA

Capitalismo periférico e pentecostalização

A integração subalterna do Brasil à nova configuração global capitalista, erigida após a Segunda Guerra Mundial sob os auspícios dos Estados Unidos, desencadeando um processo de urbanização e pauperização da classe trabalhadora, foi um importante motor da expansão de organizações religiosas provenientes daquele país aqui. A precariedade de vida de vastos contingentes, apertados em periferias com insuficientes estruturas de bem-estar social, fomentou mazelas do corpo e da mente para as quais o culto pentecostal ofereceu soluções concretas, como estruturas comunitárias de apoio, o reforço da autoestima, e o redirecionamento para o domicílio de recursos antes dispensados no mundo dos prazeres. Não é fortuita, assim, a implantação das novas igrejas sobretudo em áreas metropolitanas, onde o potencial de recrutamento de adeptos era muito maior.

Seu avanço na primeira metade do século XX manteve um bom ritmo, talvez embalado pelo primeiro surto urbanizador promovido pelo Estado Novo. Mas é apenas após a Segunda Guerra que a expansão do evangelicalismo estadunidense, sobretudo pentecostal, ganha maior ímpeto, com a vinda de novas entidades religiosas, a inauguração de organizações deste feitio já completamente nativas e um incremento explosivo do número de membros.

Após meados da década de 1970, em um Brasil já majoritariamente urbano, não apenas os meios eletrônicos de divulgação passarão a ter importância incrementada, mas também germinarão no interior da classe trabalhadora novos impulsos que essas religiões procurarão abordar. Trata-se do acesso ao consumo, propagandeado fartamente pelas telas de TV mas precariamente atendido por parcas remunerações, entrando a Teologia da Prosperidade como remédio para corações aflitos pela privação.

Tendo visto os impulsos exógenos do traslado mundial de aparelhos religiosos estadunidenses, veremos agora os motores internos da penetração brasileira. Entre esses aparelhos, a análise privilegiará os pentecostais, que rapidamente projetam-se como maior grupo evangélico no país, crescendo no mesmo ritmo que a pobreza urbana.

O Brasil na segunda metade do século XX

O modelo de desenvolvimento perseguido pelo Estado brasileiro após a Segunda Guerra Mundial teve como subprodutos o desemprego, a concentração urbana e a explosão da pobreza nas áreas periféricas das cidades. As razões dessa acelerada urbanização retrocedem aos quinze anos após a chamada Revolução de 30, quando a crescentemente influente burguesia industrial consegue pôr em prática seu projeto econômico. Suas linhas mestras seriam a redução da fragilidade brasileira diante das vicissitudes do mercado internacional, evidente no declínio do café durante a Segunda Guerra Mundial, buscando-se reduzir a dependência do setor agrário-exportador; a efetivação de um programa ideológico onde a grandeza do país aparecia atrelada à industrialização; e a delegação ao Estado da implantação da onerosa indústria pesada.[1]

A industrialização e urbanização do Brasil prosseguem ganhando ímpeto na presidência de Juscelino Kubitschek (1956-1961). São introduzidas, porém, duas modificações na política econômica: uma redefinição do tipo de indústria a ser beneficiada, agora a de bens de consumo duráveis, e novas bases de financiamento, com a opção por um modelo de desenvolvimento dependente de recursos estrangeiros.[2] Os anos de ditadura significariam um aprofundamento deste esquema por via do estímulo à oligopolização da economia, facilitando a instalação de multinacionais e a absorção de empresas menores, processo acompanhado por medidas para aumentar a produtividade, como o arrocho salarial, deteriorando ainda mais as condições de subsistência dos trabalhadores.[3]

Em termos populacionais, em princípios dos anos 1950, apesar de ter atingido certo grau de urbanização, o Brasil mantinha-se majoritariamente rural, com 78,5% dos habitantes no campo e respondendo a agricultura por 59,9% das vagas de trabalho. No período subsequente, entretanto, a indústria cresceu, em média, 8,5% anuais, empurrada pelo setor de bens de consumo duráveis, intermediários e de capital,[4] saltando o percentual de domicílios urbanos de 26,3% em 1940 para 68,9% em 1980.[5]

Nas quase três décadas em que se desenrola a fase do despontar pentecostal que se convencionou chamar de "segunda onda",[6] serão os anos 1950 que apresentarão maior aumento anual de trabalhadores urbanos, na ordem de 6,3%. Número que se manterá estável, ainda que em ligeira queda, pelas duas décadas seguintes, enquanto a população dedicada à labuta rural cairá de 54% nos anos 1950 para 29,9% em 1980.[7] Em termos absolutos, contudo, o ponto de inflexão na transição do Brasil agrícola

---

1 MENDONÇA, Sonia, *op. cit.*, p. 23.
2 *Ibid.*, pp. 53-56.
3 *Ibid.*, pp. 96-97.
4 FARIA, Vilmar. "Desenvolvimento, urbanização e mudanças na estrutura do emprego: a experiência brasileira dos últimos trinta anos". In: SORJ, Bernardo; ALMEIDA, Maria Hermínia Tavares de (orgs.). *Sociedade política no Brasil pós-64*. Rio de Janeiro: Centro Edelstein de Pesquisas Sociais, 1984, pp. 182-245.
5 SANTOS, Milton. *A urbanização brasileira*. São Paulo: Edusp, 2009, p. 31.
6 FRESTON, *op. cit.*
7 FARIA, *op. cit.*, pp. 193-221.

para o urbano está na década de 1960, quando o crescimento das cidades finalmente se equipara ao do campo, ultrapassando-o na década seguinte.

As condições de vida predominantes entre a população urbana, entretanto, não eram as melhores. Os números mostram uma queda pronunciada nos salários nesses trinta anos, sobretudo a partir de 1964, chegando em 1976 a somarem 46,5% aqueles com rendimentos inferiores a um salário mínimo,[8] precisando essa população recorrer a subempregos diante da insuficiência do trabalho na indústria e no setor terciário. Estimulando a concorrência entre os trabalhadores, tal concentração urbana de contingentes empobrecidos também reforçará a tendência de queda salarial.

Apesar das novas vagas de emprego trazidas pelo surto industrializante, nos anos JK, da mesma forma, as frequentes emissões monetárias para alavancar a economia e criar poupanças forçadas reduziram o poder de compra ao estimular a inflação, que passa a ser crônica.[9] Cada vez mais organizados em sindicatos, os trabalhadores, contudo, reagirão em princípios da década de 1960 com movimentos grevistas, interrompidos pela ditadura de 1964, que manterá a tendência de arrocho.

Não bastasse a superexploração, essa população se confinará em cidades modeladas para a otimização do lucro empresarial em detrimento das estruturas voltadas para a qualidade de vida, partilhando todas as cidades, mas sobretudo as maiores aglomerações, de problemas como a insuficiência dos equipamentos públicos de transporte, habitação, lazer, água, esgoto, saúde e educação.[10]

Essa "urbanização corporativa" toma fôlego com a consolidação do capitalismo monopolista, impulsionado pela ideologia desenvolvimentista da década de 1950, justificando o direcionamento dos gastos públicos em benefício empresarial, e aprofundado sob a ditadura de 1964.[11] No rastro desse fenômeno, as cidades passarão a se organizar de modo a facilitar o curso das operações dos oligopólios em prejuízo das empresas menores e da própria população.

---

8   *Ibid.*, p. 235.
9   MENDONÇA, Sonia *op. cit.*, p. 57.
10 SANTOS, *op. cit.*, p. 105.
11 *Ibid.*, p. 114.

Em finais dos anos 1970, porém, o panorama social brasileiro passa por novas modificações, ocorrendo, também, um terceiro e último surto pentecostal, caracterizado pelo surgimento do "neopentecostalismo".[12] Simultaneamente, neste período outros importantes movimentos religiosos conservadores chegarão por aqui, como a Igreja da Unificação e a Renovação Carismática Católica.

Em termos remuneratórios e das condições de trabalho, o novo momento trouxe grande intensificação da exploração, atingindo o poder de compra do salário mínimo o seu nível histórico mais baixo em 1974, pouco mais que a metade do seu valor em 1940.[13] Conjugados ao afrouxamento da política de segurança no trabalho sob a ditadura, tais números redundaram em declínio da expectativa de vida dos menos remunerados que distava em quatorze anos do grupo social que ganhava cinco ou mais salários mínimos.[14]

Ocorre, contudo, a conclusão do processo de modernização econômica do país que, embora autoritário e excludente, provocou a atualização dos meios de comunicação em massa, com a disseminação do rádio e da televisão, meios preferidos de difusão das pregações das principais novas organizações religiosas, como a Igreja Universal do Reino de Deus (1977) e a Igreja Internacional da Graça de Deus (1980). Esse amadurecimento da industrialização brasileira origina, assim, um contexto caracterizado pelo estímulo a padrões de consumo incompatíveis com a concretude econômica da população, induzido pela revolução eletrônica nos meios de comunicação, acenando a explosão do crédito com a satisfação dessas pulsões às custas de um generalizado endividamento.

Problemas sociais e expansão das igrejas pentecostais e neopentecostais

O processo de migração interna, desencadeado nos quinze anos do governo de Getúlio Vargas e posteriormente aprofundado, forneceu as bases para o avanço do pentecostalismo no país. Pouco depois e aproveitando este

---

12   FRESTON, *op. cit.*, p. 66.
13   MENDONÇA, Sonia Regina de; FONTES, Virginia Maria. *História do Brasil recente – 1964-1992*. São Paulo: Ática, 2006, p. 67.
14   *Ibid.*, pp. 68-69.

impulso, desenrola-se a "segunda onda", quando trabalhadores urbanos empobrecidos, sobretudo por via dos remédios pentecostais, perceberam a complementaridade entre os rituais evangélicos e suas necessidades.[15] Não seria por acaso, portanto, que a membresia da Igreja O Brasil para Cristo estivesse concentrada na zona leste de São Paulo, repleta de migrantes empobrecidos.[16] Explicitando o nexo entre a adesão pentecostal e a integração capitalista dependente do país, as mazelas originadas desse processo, como problemas de saúde e exclusão do consumo, seriam catalisadores das novas formas religiosas.[17]

A hipótese da simbiose pentecostal com os problemas trazidos pelas más condições de vida nas cidades é reforçada também por registros de órgãos do Estado brasileiro, como o SNI. Em relatório[18] de abril de 1977 que discutia o encolhimento do catolicismo brasileiro, o SNI notava o rápido alastramento do pentecostalismo, sobretudo entre as "camadas mais desfavorecidas do meio urbano".

Um panorama ainda mais detalhado é oferecido pelo historiador Andrew Chesnut,[19] que, à procura das razões para o sucesso pentecostal na América Latina, entrevistou quase uma centena de seguidores desta religião na cidade de Belém, seu berço brasileiro. Os dados mostraram que a causa principal de adesão foram problemas de saúde relacionados às más condições de vida, ocorrendo a conversão religiosa predominantemente quando um processo de adoecimento atingia grau crítico.[20] A solução para essa mazela é prodigiosamente oferecida em cerimônias de cura espiritual praticadas por igrejas como a Assembleia de Deus desde a sua fundação.

---

15   CAMPOS, Leonildo Silveira. "Protestantismo e pentecostalismo no Brasil: aproximações e conflitos". In: *Na força do espírito. Os pentecostais na América Latina: um desafio às igrejas históricas*. São Paulo: Editora Associação Evangélica Literária Pendão Real, 1996, p. 85.
16   *Ibid.*, p. 88.
17   *Ibid.*, p. 93.
18   ARQUIVO NACIONAL. Serviço Nacional de Informações. *A Posição da Igreja Católica Apostólica Romana em Relação às demais Religiões ou Seitas*. Código de referência: BR DFANBSB V8.MIC, GNC.QQQ.82001191.
19   CHESNUT, *op. cit.*
20   *Ibid.*, p. 52.

Constatou-se, ainda, que o tratamento pentecostal não se dispunha a curar apenas o corpo, abordando também as "aflições sociais"[21] mais comuns na periferia urbana, como o alcoolismo e problemas conjugais, fornecendo benefícios psicológicos e práticos. Os primeiros envolveriam, por exemplo, a sensação de empoderamento pelo Espírito Santo e o apaziguamento de consciências atormentadas por via de rituais de exorcismo, enquanto os últimos consistiriam na oferta de redes de apoio comunitárias e no enquadramento em um código de conduta que espanta os "demônios" do álcool e outros excessos catárticos, redirecionando para a casa recursos financeiros e emocionais poupados pela renúncia às tentações da rua.[22]

As informações reunidas atestam, ainda, a concentração do pentecostalismo nas periferias, inchadas pela incorporação da Amazônia ao circuito capitalista internacional com a instalação de grandes empresas mineradoras e madeireiras que, após os anos 1960, empurraram para as cidades vastos contingentes rurais.[23] Provinham do interior do Pará, portanto, 60,2% dos entrevistados, enquanto a observação da disposição dos templos da Assembleia de Deus em Belém mostrou uma concentração em baixadas e "áreas invadidas em expansão desde a década de 1950".[24]

A pobreza revelou-se também nas ocupações, tirando a maioria dos entrevistados sustento da informalidade, sobretudo as mulheres, 77,4% das quais eram domésticas, babás, lavadeiras e costureiras. Frequentemente, eram também vendedoras ambulantes, sobretudo de produtos de multinacionais estadunidenses. Uma percentagem menor, porém ainda expressiva dos homens, 61,5%, também sobrevivia na informalidade.[25]

Em termos absolutos, a população evangélica total do país progrediu de 1.074.857 em 1940 para 1.741.430 em 1950, 2.824.775 em 1960 e 4.814.728 em 1970, segundo o IBGE,[26] representando um incremento de 62% nas

---

21 *Ibid.*, p. 6.
22 *Ibid.*, pp. 66, 108 e 113.
23 *Ibid.*, p. 13.
24 *Ibid.*, p. 17 e 21.
25 *Ibid.*, pp. 19-20.
26 "ESTATÍSTICAS do Séc. XX. Populacionais, sociais, políticas e culturais. Religião. População presente recenseada, segundo o estado conjugal, religião, nacionalidade e alfabetização – 1872-1970". *IBGE*, [s.d.]. Disponível em: <https://seculoxx.ibge.gov.br/images/seculoxx/arquivos_download/populacao/1977/populacao1977aeb_002.xls>. Acesso em: 16 fev. 2021

décadas de 1940 e 1950, e 70% na de 1960. Por outro lado, outras fontes estimam o crescimento pentecostal de 75% entre 1955 e 1960 e 100% de 1960 a 1970,[27] havendo, portanto, um maior ritmo de crescimento desse grupo em comparação às outras igrejas evangélicas.[28] Assim, se os primeiros cresceriam 101% entre 1960 e 1970, todo o campo evangélico aumentou em apenas 44% no mesmo espaço de tempo, indicando que a ascensão do pentecostalismo ocorreu em prejuízo de outras instituições religiosas.[29] Tais dados não entram em conflito com estimativas de 1985 da Divisão de Segurança e Informações da Secretaria de Planejamento da Presidência da República, segundo as quais, em 1930, os pentecostais eram 10% dos evangélicos brasileiros, subindo para 50% em 1958 e 64% em 1964.[30]

A partir da década de 1950 e até meados da de 1970, o avanço pentecostal terá como uma de suas bases principais a cidade de São Paulo, que nos anos 1970 atrai 17,37% de todos os migrantes do país. Deixará a religião, assim, de concentrar-se em Belém e nas regiões norte e nordeste, como na primeira metade do século, ainda que as alterações no quadro social e econômico nacional tenham lhe conferido, também ali, novo impulso.

Tais números exprimiriam um fenômeno de redistribuição nacional da população pobre, que ao longo do século XX aflui para as grandes metrópoles, em especial a capital paulista, recebendo o Rio de Janeiro apenas por volta da metade dos que para lá se dirigiram.[31] Assim, não é fortuito terem sido fundadas em São Paulo as principais organizações pentecostais do período, como a Igreja do Evangelho Quadrangular (1951), O Brasil para Cristo (1955) e a Igreja Deus é Amor (1962). Grupos especialmente capazes de se adaptar ao meio urbano por não se verem presos a tradições antiquadas, como os quadrangulares, vindos da moderna Califórnia e peritos no proselitismo radiofônico.[32]

Em sua mais recente fase, após meados dos anos 1970, a pobreza urbana permaneceu alavancando a expansão pentecostal brasileira, conforme

---

27 CORTEN, *op. cit.*, p. 138.
28 DREHER, *op. cit.*, p. 511.
29 *Ibid.*, p. 481.
30 ARQUIVO NACIONAL. Serviço Nacional de Informações. *Avaliação da Conjuntura*. Código de referência: BR DFANBSB V8.MIC, GNC.AAA.85051630.
31 SANTOS, *op. cit.*, p. 59.
32 FRESTON, *op. cit.*, pp. 66 e 82.

constatado por pesquisa do Instituto de Estudos da Religião (ISER) que mostra que 63% dos membros da Iurd sobrevivem com até dois salários mínimos,[33] dados corroborados por estudo[34] de 1992 da Polícia Militar de Minas Gerais, que caracteriza os seguidores das igrejas "neopentecostais" como de baixo poder aquisitivo e "submetidos a aflitivas doenças".

A ascensão em questão se descortina em um ambiente marcado pela estagnação econômica, seguida ao esgotamento do programa econômico da ditadura. Surgido ao lado do florescimento de um vigoroso mercado consumidor, esse novo tipo de pentecostalismo abandona o ascetismo e o afastamento do mundo, que o caracterizava até então, para exibir um interesse sem precedentes pelo mundo terreno. Trará ele pregações, inspiradas pelas teologias da Prosperidade e do Domínio, interessadas em aplacar (e estimular) desejos materiais e em combater demônios que circulariam livremente.

Em meio ao individualismo do ambiente urbano, gerador de solidão e outras angústias, agudizadas pela deficiência das estruturas sociais de amparo, suas reuniões oferecem ainda oportunidades de integração em redes de auxílio e camaradagem, suporte psicológico, reforço da autoestima e estímulos ao "impulso empreendedor"[35] exigido pela luta pela sobrevivência na cidade capitalista contemporânea.

Em termos numéricos, os anuários estatísticos do IBGE[36] indicam o contínuo avanço da população evangélica brasileira nas décadas de 1970, 1980 e sobretudo na de 1990. Partindo de 4.814.728 em 1970, chega a 7.885.846 em 1980, 13.189.284 em 1991 e 26.184.841 em 2000. Em termos percentuais, temos, portanto, um crescimento de aproximadamente 64% na década de 1970, 67% na de 1980, e 98% na de 1990.

---

33 FERNANDES, Rubem César; SANCHIS, Pierre; VELHO, Otávio G.; PIQUET, Leandro; MARIZ, Cecília; MAFRA, Clara. *Novo nascimento: os evangélicos em casa, na igreja e na política*. Rio de Janeiro: Mauad, 1998.

34 ARQUIVO NACIONAL. Secretaria de Assuntos Estratégicos da Presidência da República. *Sem título*. Código de referência: BR DFANBSB H4. MIC, GNC. MMM.920016796.

35 ALMEIDA, R, *op. cit.*, p. 118.

36 "CATÁLOGO". *IBGE*, [s.d.]. Disponível em: <https://biblioteca.ibge.gov.br/biblioteca-catalogo?view=detalhes&id=720>. Acesso em: 21 fev. 2021.

Estimativas não oficiais dão conta de um crescimento pentecostal de 80% na década de 1970 e 170% entre 1980 e 1992.[37] Não há dados sobre a população pentecostal anteriores a 1991 publicados pelo IBGE, mas o número apurado naquele ano,[38] 8.179.706, e o contabilizado em 2000, 17.975.249, confirma que este continua sendo o maior grupo evangélico, representando 62% desse universo em 1991 e 68% em 2000, crescendo aproximadamente 220% neste decênio. A vitalidade pentecostal é ainda atestada pelo poder de arrancar adeptos de outros grêmios, apurando pesquisa do ISER em 1994 que 61% dos novos convertidos vêm do catolicismo e 16% das religiões afro-brasileiras.[39]

A ASSEMBLEIA DE DEUS

A maior beneficiada pela "segunda onda" foi a Assembleia de Deus, fundada em Belém (PA) em 1911 pelos suecos Daniel Berg e Gunnar Vingren, mas cujos seguidores multiplicaram-se após os anos 1950. Embora seu crescimento nas décadas anteriores não tenha sido desprezível, partindo de quatorze mil membros em 1930 para 120 mil em 1949,[40] estima-se que no período seguinte tenha se expandido 15% anuais, tornando-se em 1964 a maior igreja evangélica da América Latina, com 950 mil seguidores.[41]

Ao longo dos anos 1950 e 1960, a Assembleia teria permanecido dominante na região amazônica e em outras áreas fora do Sudeste, enquanto as novas igrejas se faziam mais numerosas no eixo industrial.[42] Ainda que minoritários, muito cedo, porém, os assembleianos seguiram para o resto do país, também angariando trabalhadores urbanos. Assim, em princípios da década de 1930 eles já são encontrados em todos os estados, após iniciarem uma "marcha para o sul"[43] acompanhando o fluxo

---

37   CORTEN, *op. cit.*, p. 138.
38   "TABELA 137 – População residente, por religião". *IBGE*, [2010?]. Disponível em: <https://sidra.ibge.gov.br/tabela/137>. Acesso em: 19 mar. 2021.
39   FERNANDES; SANCHIS; VELHO; PIQUET; MARIZ; MAFRA, *op. cit.*, p. 36.
40   CHESNUT, *op. cit.*, p. 31.
41   DREHER, *op. cit.*, p. 510.
42   CHESNUT, *op. cit.*, p. 39.
43   DREHER, *op. cit.*, p. 510.

interno de migrações. Marcando a intensificação da presença no sudeste, abre-se nos anos 1930 uma unidade no bairro carioca de São Cristóvão, com ramificações em Belford Roxo (1931), cidade da Baixada Fluminense, e no bairro de Madureira (1953).

Como decorrência, após 1958 a Assembleia passou a ter uma sede própria no Rio, não subordinada à igreja de Belém, a Convenção Nacional de Madureira, dirigida pelo pioneiro Paulo Leivas Macalão. Tal descentralização não se resumiria, porém, à igreja de Madureira, passando as Assembleias de Deus por todo o Brasil a se reunirem em convenções independentes, em um complicado jogo de fusões e separações.

Importante pilar doutrinário da expansão, algumas das primeiras instituições de ensino teológico pentecostal foram abertas pela Assembleia neste período também no sudeste. Foi o caso do Instituto Bíblico das Assembleias de Deus, inaugurado em 1958 em Pindamonhangaba (SP) por João Kolenda Lemos e Ruth Doris Lemos, cuja história é representativa dos elos ideológicos entre a porção brasileira e a estadunidense da Igreja, que se intensificam na segunda metade do século XX em detrimento do legado nórdico. Informações sobre a instituição são escassas, mas um projeto de lei[44] aprovado pela Câmara de Pindamonhangaba em junho de 2016, batizando uma escola com o nome do casal, acompanha um pequeno dossiê sobre a sua trajetória e trabalho evangelístico. Ali, é revelado que o interesse para a construção de um centro de formação no Brasil partiu dos missionários norte-americanos John Peter Kolenda, tio de João Kolenda, e Lawrence Olson, aqui chegados nas décadas de 1930 e 1940. Pretendiam eles abrir um instituto "onde obreiros do Brasil pudessem aprender e se submeter aos ensinos teológicos, tomando como exemplo os Estados Unidos, onde os obreiros precisavam de um preparo médio de quatro anos em um instituto bíblico para ordenação". A ideia foi apresentada no Rio de Janeiro em 1943, encontrando, porém, resistência de alguns, apegados à "perspectiva escandinava". Nesse meio tempo, João Kolenda Lemos fora enviado para o Seminário de Teologia das Assembleias de Deus em Springfield, Missouri. Volta casado em 1951, ajudando Lawrence Olson a

---

44   PINDAMONHANGABA. Projeto de Lei n. 71/2016 de 27 de junho de 2016. Denomina a escola municipal localizada no bairro Araretama, de Pastor João Kolenda Lemos e Missionária Ruth Dóris Lemos.

estruturar o programa radiofônico *Voz das Assembleias de Deus*, no ar desde 1955. O casal trabalhou ainda na Casa Publicadora das Assembleias de Deus, inaugurada no Rio de Janeiro em 1940, ele como tesoureiro e a norte-americana Doris, "embora conhecesse muito pouco de português", na área de literatura infantil. Finalmente, em 1957, tomados pelo desejo de levar adiante os planos de John Kolenda para um seminário de teologia, ambos deixam a capital carioca após traduzirem vasto material para as lições do futuro instituto e pedir indicação divina sobre o local de fundação do empreendimento, a cidade de Pindamonhangaba. O dossiê conclui que foi graças a essa célula que hoje se pode ver "institutos bíblicos e faculdades de teologia espalhados por todo esse nosso Brasil". Contraditoriamente, suas últimas linhas deixam de lado a versão da designação divina, lamentando não ter sido o Instituto Bíblico das Assembleias de Deus aberto na capital paulista pela "ignorância e falta de visão dos líderes das Assembleias de Deus nos anos 1950 e 1960". A escolha de Pindamonhangaba, entretanto, pode dever-se a fatores mais mundanos. Situada entre São Paulo e Rio de Janeiro, a cidade iniciou em finais dos anos 1950 um ininterrupto período de industrialização, acumulando o tipo de proletariado urbano tão aberto à pregação pentecostal.

A Assembleia prosseguiu em rápido crescimento durante a "terceira onda", em muitas de suas unidades absorvendo o receituário teológico que caracterizou o novo pentecostalismo. Não há dados do IBGE anteriores ao Censo de 2000 sobre a membresia assembleiana, mas naquele ano a Igreja já mantinha 8.418.140 seguidores,[45] ou seja, cerca de 30% da população evangélica, calculada em perto de 28 milhões.

Amplificando com vultosos investimentos no rádio a atração sobre as camadas pobres, a Assembleia viu seu ritmo de expansão acelerar-se nas últimas décadas do século XX. A base em Belém, por exemplo, reforçou sua presença com a constante abertura de novas unidades e o envio de missionários para dentro e fora do país, alcançando o Piauí e o interior amazonense – a fim de recrutar indígenas, nesse caso.[46]

---

45   TABELA 137, *op. cit.*
46   CHESNUT, *op. cit.*, p. 135.

A CONGREGAÇÃO CRISTÃ DO BRASIL

Fundada pelo missionário estrangeiro Luigi Francescon em 1910, a Congregação Cristã do Brasil teria 30.800 membros em 1930, chegando a seiscentos mil em 1962, 56% dos quais no estado de São Paulo e 25% no Paraná.[47] Estima-se que, em princípios das décadas de 1960 e 1970, a Congregação fosse a segunda maior organização pentecostal do país,[48] reunindo, em ambos os decênios, 11,1% de todo o público evangélico, atrás apenas da Assembleia de Deus, com 21,4% em 1960 e 25,6% em 1970.[49]

Com raízes no bairro proletário do Brás, em São Paulo, reduto italiano no início do século XX, recebeu após os anos 1940 grande número de nordestinos, atraídos pelas vagas da indústria. Conforme o Centro de Informações do Exército (CIE), desde a sua fundação o bairro foi um dos principais centros difusores da Igreja, para onde seguiam sobretudo as "camadas populares urbanas", em grande parte vindas da periferia.

A IGREJA DO EVANGELHO QUADRANGULAR

A IEQ foi uma das novas pentecostais a aportar no Brasil, impulsionando a "segunda onda", trazida pelos missionários e ex-atores Harold Williams e Raymond Boatright, que em 1951 iniciam uma caravana de tendas itinerantes batizada de Cruzada Nacional de Evangelização. Antes disso, porém, já ensaiavam seu projeto, pregando em templos presbiterianos na capital paulista e interior do Paraná, contribuindo para o processo de infiltração do pentecostalismo em outras denominações não católicas.[50]

A princípio instalada no bairro operário do Cambuci em São Paulo, a IEQ se fixaria em 1954 em Santa Cecília e na cidade de São João da

---

47   DREHER, *op. cit.*, p. 510.
48   ARQUIVO NACIONAL. Serviço Nacional de Informações. *Protestantismo, progressismo e ecumenismo, SE122 AC*. Código de referência: BR DFANBSB V8.MIC, GNC. AAA.86059710.
49   Os dados não constam nos anuários do IBGE neste período, onde faltam números sobre os pentecostais.
50   CAMPOS, 1996, *op. cit.*, p. 97.

Boa Vista. Logo chegou a todo país, registrando um estudo[51] de 1961 do Conselho de Segurança Nacional que em 1959 a Cruzada Nacional de Evangelização mantinha missões amazônicas.

Seguindo de perto o modelo de evangelização e propaganda formulado nos Estados Unidos pela fundadora Aimee McPherson, a Cruzada introduziu no panorama brasileiro um componente basilar do pentecostalismo norte-americano: as reuniões extáticas em tendas improvisadas onde a cura espiritual é administrada – no caso dos quadrangulares, embaladas por hinos entoados em guitarras ao ritmo do Rock.[52] Outra inovação foi a atualização do proselitismo pentecostal, ajustado a um contexto social e tecnológico que, no Brasil, se firmava com a marcha urbanizadora, trazendo da moderna Califórnia "técnicas religiosas mais adequadas à nova sociedade de massas",[53] copiadas por outras pentecostais, inclusive as inteiramente geridas por brasileiros, em um "processo de substituição de importações"[54] semelhante ao experimentado pela nossa economia.

Numericamente, em 1970 o CIE atribuía à IEQ a marca de 36.482 membros e 279 igrejas,[55] dados compatíveis com outras fontes que para 1964 estimam os quadrangulares em trinta mil e os seus templos em trezentos.[56] Ao longo dessa década, entretanto, a IEQ começa a apresentar crescimento expressivo, quando a proporção de pastores estrangeiros teria se reduzido em comparação aos seus primeiros dias, obstáculo para a construção de pontes sólidas com o público brasileiro.[57]

Nessa época a presença da Igreja se consolida na região Norte, coordenada em 1973, desde Belém-PA, pelo missionário Josué Bengston, "paulista de origem sueca",[58] ajudado pelo colega Pedro Antipas. Chamava atenção

---

51 ARQUIVO NACIONAL. Estado-Maior das Forças Armadas. *Sem título*. Código de referência: BR DFANBSB 2M.0.0.349, v.4.
52 CHESNUT, *op. cit.*, p. 35.
53 FRESTON, *op. cit.*, p. 83.
54 *Ibid.*, p. 66.
55 ARQUIVO NACIONAL. Serviço Nacional de Informações. *Protestantismo, progressismo e ecumenismo, SE122 AC*. Código de referência: BR DFANBSB V8.MIC, GNC. AAA.86059710.
56 DREHER, *op. cit.*, p. 510.
57 CHESNUT, *op. cit.*, p. 36.
58 ARQUIVO NACIONAL. Serviço Nacional de Informações. *Atividades religiosas na área 119Z*. Código de referência: BR DFANBSB V8.MIC, GNC.AAA.78111881.

da agência belenense do SNI a grande quantidade de pessoas atraídas pela dupla para o primeiro templo da IEQ na cidade. Conforme o SNI, a Igreja mantinha ali também um programa radiofônico chamado *Prece Milagrosa*. Segundo outro documento,[59] coube a Bengston levar a IEQ para as maiores cidades da Bahia, como Serrinha, Alagoinhas, Ilhéus, Itabuna, Itapetinga, Jequié, Vitória da Conquista e Feira de Santana, onde em 1976 haveria treze templos.

Outro grande agente dessa difusão foi o ex-cabo da Marinha, Francisco Epifânio Rocha de Almeida, que ao longo da década de 1970 ofereceu pelos quatro cantos "curas milagrosas de doenças e transformações de vida".[60] Exemplo do processo de formação de quadros pentecostais nacionais, Epifânio, que chegara a cursar seminários franciscanos, abandona o catolicismo para estudar no Instituto Pentecostal do Rio de Janeiro e depois no Instituto Bíblico Quadrangular do Brasil, estagiando nos Estados Unidos antes de ser ordenado ministro da IEQ. A partir daí, "percorreu quatorze estados" angariando almas, fundando e consolidando a IEQ em Santa Catarina e no Ceará, "Deixando templos edificados em dezenas de municípios" e implantando "obras assistenciais e educacionais". Chegou a Salvador em abril de 1976, atraindo milhares de pessoas, fato notado pelo Ministério da Marinha, que acompanhava de perto as atividades do ex-membro, inclusive sua prisão no mesmo ano, "o que motivou uma enorme passeata de fiéis até a Secretaria de Segurança Pública". Ainda conforme a Marinha, o pontapé inicial do trabalho de fixação da IEQ na cidade foi um programa diário na Rádio Sociedade da Bahia. Em 1981, registrou o SNI que a Igreja já contava com 29 templos no estado, dezoito em Salvador e o restante no interior, número que "vem aumentando a cada dia".[61]

---

59 ARQUIVO NACIONAL. Serviço Nacional de Informações. *Movimento religioso*. Código de referência: BR DFANBSB V8.MIC, GNC.PPP.81001969.

60 ARQUIVO NACIONAL. Serviço Nacional de Informações. *Movimento religioso*. Código de referência: BR DFANBSB V8.MIC, GNC.PPP.81001969.

61 ARQUIVO NACIONAL. Serviço Nacional de Informações. *Igreja do Evangelho Quadrangular. Prece poderosa*. Código de referência: BR DFANBSB V8.MIC, GNC. AAA.81019991.

Conforme dossiê[62] do Centro de Informações da Polícia Federal, Epifânio, contudo, entraria em choque com seus superiores em um caso expressivo das tendências centrífugas do pastorado brasileiro, que frequentemente partia para empreendimentos próprios após atingir relativo sucesso, e da mão de ferro da direção estadunidense da IEQ na manutenção da unidade da Igreja brasileira. Pretendendo tomar o controle da seção soteropolitana da igreja, Epifânio não encontrou suporte para a manobra, acabando demitido do cargo de superintendente da região eclesiástica da Grande Salvador e Recôncavo Baiano, substituído pelo leal Eurico Fernandes dos Santos.

Anexo ao mesmo documento, os estatutos da IEQ mostram o zelo pela indivisibilidade dos negócios brasileiros, bem como a sua subordinação à direção central nos Estados Unidos (a despeito da nacionalização de seus quadros inferiores, em 1981 a direção da igreja no Brasil cabia ao norte-americano George Russel Faulkner). O 26º artigo firmava que o presidente brasileiro "será nomeado pela 'International Church of the Foursquare Gospel', como seu representante em caráter permanente". O artigo 39º, por sua vez, decidia que todos os bens móveis e imóveis "adquiridos ou ofertados" precisam ser registrados em nome da Igreja do Evangelho Quadrangular; o 43º vedava que as igrejas locais se constituíssem em pessoas jurídicas; o 44º impunha que a metade dos dízimos coletados fossem enviados mensalmente para a sede; e o 64º determinava que "no caso de haver divisão", os dissidentes perderiam o direito sobre todos os bens da organização, "sem direito a apelações judiciais".

Também a respeito do "cabresto" imposto pela direção estadunidense, afirmava o SNI[63] em outubro de 1981, enquanto investigava a tentativa de cisma na Bahia, que os pastores brasileiros seriam "subordinados aos estrangeiros". A posição hierárquica inferior da Igreja brasileira aparece

---

62   ARQUIVO NACIONAL. Serviço Nacional de Informações. *Igreja do Evangelho Quadrangular Prece poderosa BA*. Código de referência: BR DFANBSB V8.MIC, GNC. AAA.81021200.

63   ARQUIVO NACIONAL. Serviço Nacional de Informações. *Igreja do Evangelho Quadrangular. Prece poderosa*. Código de referência: BR DFANBSB V8.MIC, GNC. AAA.81019991.

também nas palavras do pastor Haroldo dos Santos que, em 1976, declarou ao Dops que sua Igreja recebia "orientação americana".[64]

A expansão Quadrangular parece não ter perdido ímpeto nas décadas seguintes. Em princípios de 1987, notava o SNI que a IEQ contava com adeptos em número crescente em todos os estados.[65] Segundo o IBGE, a Igreja chegaria ao ano 2000 com expressivos 1.318.805 seguidores, colocando-se entre as maiores pentecostais do país.

A IGREJA PENTECOSTAL O BRASIL PARA CRISTO

A Igreja O Brasil para Cristo foi fundada pelo pernambucano Manoel de Mello em São Paulo em 1956. Com passagem pelas duas maiores organizações pentecostais estadunidenses no Brasil, a trajetória do pastor joga luz sobre o processo de nacionalização dessa religião, que implica a formação de um clero local e a fusão, com elementos culturais nacionais, de uma base teológica e ideológica estrangeira.

Trabalhador da construção civil, Mello iniciou carreira religiosa nos anos 1940 como pregador da Assembleia de Deus. Segundo o CIE, tendo angariado ampla experiência em campanhas de evangelização, no começo da década de 1950 passa a colaborar com a Igreja do Evangelho Quadrangular, atuando em uma tenda em "um bairro popular da cidade de São Paulo".[66] Após passagem pelo Paraná, em 1955 desliga-se também da IEQ para fundar seu próprio empreendimento, que inicialmente também funcionava sob tendas de lona, expandindo-se sobretudo no estado de São Paulo. Já em princípios dos anos 1960, entretanto, obtivera sucesso suficiente para a construção de um grande templo no bairro paulistano da Pompeia.

---

64 ARQUIVO PÚBLICO DO ESTADO DO ESPÍRITO SANTO. DES – Delegacia de Ordem Política e Social do Espírito Santo. *Aroldo Pereira dos Santos*. Código de referência: BR ESAPEES DES.0.INV, DPES.30.

65 ARQUIVO NACIONAL. Serviço Nacional de Informações. *Igreja do Evangelho Quadrangular*. Arquivo Nacional. Código de referência: BR DFANBSB V8.MIC, GNC. III.87007665.

66 ARQUIVO NACIONAL. Serviço Nacional de Informações. *Protestantismo, progressismo e ecumenismo, SE122 AC*. Código de referência: BR DFANBSB V8.MIC, GNC. AAA.86059710.

Atento ao seu tempo e afinado com as técnicas da IEQ, investiu pesado na propaganda radiofônica mantendo o programa *A Voz do Brasil para Cristo* por décadas no ar com seu carisma e facilidade de comunicação. Sagaz, trocou o rock do culto quadrangular, que mimetizava em suas tendas, por ritmos brasileiros, de melhor aceitação. Como decorrência, conforme Freston[67] entre as novas pentecostais abertas na década de 1950, a O Brasil para Cristo seria a de maior sucesso. Sua membresia, contudo, se concentrava na zona leste de São Paulo, entre operários e imigrantes nordestinos.[68]

Nos anos 1970 e 1980 a O Brasil para Cristo obteve estrondoso sucesso radiofônico, traduzido em 280 programas diários, irradiados por 250 emissoras em meados dos anos 1980.[69] De maneira sintomática, portanto, o CIE creditava em grande parte ao rádio a expansão dessa igreja, contando que Manoel de Mello mantinha programas diários nas rádios Tupi, Rádio América e Indústria Paulista, campanha embalada também por grandes encontros em cinemas na capital paulista.[70]

Sua marcha vitoriosa, no entanto, foi estancada em finais da década de 1980, quando Mello é afastado da direção da Igreja, que entra em decadência. Segundo o IBGE a organização chegou a 2010 com relativamente modestos 196.665 membros.[71]

A IGREJA PENTECOSTAL DEUS É AMOR

Mais recente das grandes pentecostais de "segunda onda", a Deus é Amor foi fundada em 1962 por David Martins Miranda. Inicialmente funcionando na Vila Maria, logo passa para a Praça João Mendes, no Centro de São Paulo, mudando sua estratégia de atração de membros ao

---

67   FRESTON, *op. cit.*, p. 93.
68   CAMPOS, 1996, *op. cit.*, p. 88.
69   ASSMANN, *op. cit.*, p. 129.
70   ARQUIVO NACIONAL. Serviço Nacional de Informações. *Protestantismo, progressismo e ecumenismo, SE122 AC.* Código de referência: BR DFANBSB V8.MIC, GNC. AAA.86059710.
71   TABELA 137, *op. cit.*

concentrar-se em uma região movimentada e não mais em um bairro que, embora operário, ligava-se às horas de lazer e de descanso.[72]

Exibindo um rigoroso código moral, traço comum às mais antigas igrejas pentecostais, analistas como Chesnut[73] viram na Deus é Amor uma fusão de alguns dos principais elementos das três "ondas". Assim, o ascetismo da primeira vaga acompanha o entusiasmo radiofônico, típico da segunda, ao mesmo tempo em que antecipa traços de agremiações mais recentes, como a Igreja Universal do Reino de Deus, com a absorção de elementos do catolicismo, da umbanda e do candomblé. Ilustrativa desse último ponto é a ênfase nos exorcismos, expulsando de corpos extáticos Tranca Ruas e outras entidades afro-brasileiras. Assim, tal como Manoel de Mello fizera antes e Edir Macedo faria depois, Miranda teve êxito em adaptar o substrato ideológico pentecostal ao gosto dos trabalhadores brasileiros, componente importante do sucesso dessa religião.

De acordo com o SNI, em finais de 1984 a Igreja Deus é Amor já mantinha seis estúdios de gravação, uma produtora de discos, uma gráfica e uma extensa rede de emissoras de rádio, com destaque especial para programas com sessões de cura espiritual.[74] Em outro documento, o SNI sustenta que a compra das rádios se fazia com grande auxílio dos adeptos, que David Miranda "incitava"[75] a comprar carnês de 24 prestações. Alguns anos antes, em 1979, a expansão das atividades da Igreja permitiu a construção de uma grande sede, em São Paulo, com 25.726 metros quadrados, segundo Miranda o maior templo evangélico do Brasil.

Ilustrando a vitalidade do empreendimento, em 1989 a Secretaria de Assuntos Estratégicos da Presidência da República (SAE)[76] informava a

---

72   FRESTON, *op. cit.*, p. 92.
73   CHESNUT, *op. cit.*, p. 38.
74   ARQUIVO NACIONAL. Serviço Nacional de Informações. *Atuação da Igreja Pentecostal Deus é Amor no RS*. Código de referência: BR DFANBSB V8.MIC, GNC.GGG.84010489.
75   ARQUIVO NACIONAL. Serviço Nacional de Informações. *Irregularidades no Conteúdo Programático da Rádio Itaí LTDA, Porto Alegre RS*. Código de referência: BR DFANBSB V8.MIC, GNC.GGG.85012529.
76   A Secretaria de Assuntos Estratégicos da Presidência da República, criada em 1990, tinha entre suas funções como Secretaria-Executiva do Conselho de Governo: desenvolver estudos e projetos de utilização de áreas indispensáveis à segurança territorial, subsidiar as decisões do Presidente da República, cooperar no planejamento, na execução e no acompanhamento da ação governamental

realização de uma grande concentração no Mineirão. Na época o quarto maior estádio do Brasil, capaz de receber sessenta mil pessoas, ao que parece, houve superlotação, assinalando a Secretaria que, infelizmente, "um rapaz faleceu no gramado".[77]

Sua expansão prosseguiu, portanto, em bom ritmo na década 1990. Ainda que não haja informações no censo do IBGE para o ano 2000, em 2010 a organização contava com 845.383 seguidores,[78] presidida por David Miranda até sua morte em 2015.

A IGREJA PENTECOSTAL DE NOVA VIDA

A Igreja Pentecostal de Nova Vida foi aberta em 1960, no Rio de Janeiro, pelo canadense Robert McAlister, que pastoreou em igrejas norte-americanas antes de vir para o Brasil "com apoio financeiro externo".[79] A Nova Vida foi outra pioneira do proselitismo radiofônico, mantendo desde o princípio o programa "A Voz da Nova Vida". Durante muito tempo valendo-se do auditório da Associação Brasileira de Imprensa (ABI) para seus cultos, veio a inaugurar o primeiro templo apenas em 1964, no bairro carioca de Bonsucesso, e sua grande sede em 1971, em Botafogo.

Superada por organizações como a Igreja Universal do Reino de Deus, que melhor adaptaram à realidade brasileira semelhante receituário teológico, marcado pela ênfase no dízimo como caminho para a prosperidade, seu crescimento parece ter sido muito vagaroso. Em 2010 o IBGE contava em apenas 90.568 a sua membresia.[80]

---

      e coordenar e supervisionar a política nuclear. Herdou parte das atribuições do SNI, extinto em março de 1990.

77   ARQUIVO NACIONAL. Serviço Nacional de Informações. *Sem título*. Código de referência: BR DFANBSB V8 MIC PTR DIT 0513.

78   "TABELA 137", *op. cit.*

79   MARIANO, *op. cit.*, pp. 39 e 52.

80   "TABELA 137", *op. cit.*

A IGREJA UNIVERSAL DO REINO DE DEUS

Mais importante das ditas igrejas "neopentecostais", a Igreja Universal do Reino de Deus (Iurd) puxou a terceira onda pentecostal, juntamente com a Comunidade Evangélica Sara Nossa Terra, Comunidade da Graça, Igreja Internacional da Graça de Deus, Igreja Cristo Vive, Renascer em Cristo e Igreja Nacional do Senhor Jesus Cristo.[81]

Inicia seu meteórico percurso em 1977 nos subúrbios do Rio de Janeiro. Suas raízes, porém, remontam ao ano de 1963, quando Edir Macedo passa a interessar-se pelo pentecostalismo, seduzido pelo programa do pastor Robert McAlister, "A Voz da Nova Vida", em cuja igreja Macedo passou uma temporada acumulando experiência para iniciar seu empreendimento.[82] Sendo assim, com R. R. Soares, Roberto Augusto Lopes e os irmãos Samuel e Fidélis Coutinho, funda em 1975 a Cruzada do Caminho Eterno, onde permanecem os dois últimos para os outros três fundarem em 1977 a Igreja Universal do Reino de Deus, a qual Soares abandona em 1980 para montar seu próprio projeto.

Atenta aos novos tempos, a Iurd teria como algumas de suas características, além da introdução das teologias da Prosperidade e do Domínio, a fusão de elementos do pentecostalismo da primeira e da segunda onda com elementos da umbanda, adaptados ao sistema televisivo de comunicação.[83] Ainda que a cura espiritual continue importante, outras práticas dividem o protagonismo no arsenal litúrgico iurdiano, como o exorcismo, esconjurando exus afro-brasileiros. Outra inovação é o afrouxamento do código de conduta, despido de restrições comuns em outras pentecostais, como o uso de maquiagem e prescrições rígidas sobre cortes de cabelo.[84]

De modestos princípios, a Igreja inicia atividades no bairro popular da Abolição, Rio de Janeiro. Seu rápido crescimento, ao lado das inúmeras controvérsias em que se envolveu, legou um rico acervo documental para a reconstituição de sua trajetória.

---

81 MARIANO, *op. cit.*, p. 32.
82 NASCIMENTO, *op. cit.*
83 CHESNUT, *op. cit.*, p. 45.
84 *Ibid.*, p. 46.

Um relatório[85] do SNI, de agosto de 1989, relatava que naquela altura a Igreja já atingira a marca de um milhão de adeptos e 580 templos, além de quatro nos Estados Unidos e um no Uruguai. Chamava-se atenção também para seu "vasto patrimônio", como dez emissoras de rádio. No mais, é registrada a posse da empresa UNITEC Engenharia e Empreendimentos e da Gráfica Universal. O papel encontra-se anexado a documento da DSI do Ministério da Justiça, que investigava as compras de emissoras pela Igreja, que teriam sido realizadas por "testas-de-ferro" com dinheiro de procedência desconhecida.

A velocidade dessas aquisições traduz a inequívoca sinergia entre o avanço iurdiano e as comunicações eletrônicas. O *know-how* para a realização dessas produções foi adquirido nos Estados Unidos,[86] onde Edir Macedo vivera por um tempo, ilustrando a transferência de métodos e doutrinas formulados naquele país para as organizações evangélicas brasileiras, vinculadas, quando não institucionalmente, como a 100% brasileira Iurd, ao menos ideologicamente às organizações norte-americanas pertencentes ao Partido da Fé Capitalista.

A ascensão midiática evangélica, com a Iurd na dianteira, foi acompanhada pelo SNI. Um documento[87] de 1989, escrito no calor da compra da Rede Record, notava a aquisição de diversas emissoras de rádio por "seitas" e a posse de 10% da TV Rio[88] pelo pastor batista Nilson do Amaral Fanini.[89] Na mídia impressa, o SNI também via a infiltração evangélica, destacando o jornal *Folha Cristã*, com "textos de interesse das igrejas Assembleia de Deus, Batista e Universal do Reino de Deus", chamando atenção para matéria publicada em seu número 4, ilustrativa das animosidades entre os pentecostais e a Rede Globo e da leal aliança entre

---

85   ARQUIVO NACIONAL. Serviço Nacional de Informações. *Igreja Universal do Reino de Deus, Iurd. SE141 AC*. Código de referência: BR DFANBSB V8.MIC, GNC.AAA.89071864.
86   CAMPOS, 1996, *op. cit.*, p. 91.
87   ARQUIVO NACIONAL. Serviço Nacional de Informações. *Veículos de comunicação social, UCS, jornais, rádios e televisões sob influência de seitas evangélicas*. Código de referência: BR DFANBSB V8.MIC, GNC.CCC.90019323.
88   Com muitos programas religiosos em sua grade, a TV Rio operou de 1988 a 1991, quando foi vendida para a TV Record. Conforme outro documento do SNI, a participação da Igreja Batista na TV RIO deveu-se à ajuda da Billy Graham Association.
89   ARQUIVO NACIONAL. Serviço Nacional de Informações. *Movimento evangélico do PMDB*. Código de referência: BR DFANBSB V8.MIC, GNC.EEE.88020041.

os primeiros e seus intelectuais estadunidenses. Intitulado "Rede Globo Persegue Televangelistas", o texto queixava-se da cobertura de escândalos, como o do assembleiano Jim Bakker, acusado de estupro e condenado por fraude. Mais interessante, contudo, é a afirmação de que empresários evangélicos norte-americanos teriam participado da compra de veículos como a Rádio Redentor,[90] em Santo Antônio do Descoberto (GO), atualmente controlada pelo Ministério Vida Nova da Assembleia de Deus.

A rápida ascensão da Igreja Universal na década de 1980 foi concentrada, porém, nos subúrbios das grandes cidades, sem paralelo no interior do país, o que Chesnut[91] atribui à queda na renda da população urbana, atraída pela tríade teológica "exorcismo, prosperidade e cura". Essencialmente voltadas para esse grupo, as táticas de recrutamento de seguidores da Iurd, porém, não se resumiram ao espaço do culto, compreendendo programas de alfabetização, campanhas de doação de alimentos e distribuição de "sopões" para a população de rua.

Sustentado por essa agressiva campanha, na década de 1990 o crescimento da Universal seguiu firme. Confirmando a pujança do empreendimento, um informe[92] confidencial da Agência Regional de Pernambuco da SAE, de fevereiro de 1996, constatava que naquela altura a Iurd já chegara a três milhões de seguidores e sete mil pastores divididos em 2.100 templos pelo Brasil e outros 225 em 34 países, estimando seu patrimônio em oitocentos milhões de dólares. Quanto ao número de membros, no entanto, houve exagero, uma vez que o censo de 2000 apurou haver naquela altura 2.101.887 iurdianos por todo o Brasil.[93]

---

90 A documentação, no entanto, não traz mais informações sobre o caso.
91 CHESNUT, *op. cit.*, p. 47.
92 ARQUIVO NACIONAL. Secretaria de Assuntos Estratégicos da Presidência da República. *Sem título*. Código de referência: BR DFANBSB H4.MIC, GNC.III.990009747.
93 "TABELA" 137, *op. cit.*

A RENOVAÇÃO CARISMÁTICA CATÓLICA

A despeito de em sua página oficial[94] a Renovação Carismática Católica (RCC) negar que tenha se alastrado pela ação de religiosos estadunidenses, sustentando que brotou de maneira natural e simultânea em diversas partes do mundo, a sua implantação no Brasil teve como protagonistas padres norte-americanos como Harold Joseph Rahm, Edward John Dougherty e Edward Joseph Vogel, cujos nomes foram aportuguesados para Haroldo Rahm, Eduardo Dougherty e João Batista Vogel. Também pondo em dúvida a espontaneidade do movimento brasileiro, vimos como o cristianismo carismático foi mundialmente cultivado pela Full Gospel Business Men's Fellowship International, organização formada por empresários religiosos de todo o mundo fundada nos Estados Unidos em 1951 e comandada pelo pastor da Assembleia de Deus David du Plessis.

De todo modo, a RCC principia aqui pouco após a sua fundação nos Estados Unidos ainda em princípios dos anos 1970. Ainda segundo a sua página oficial no Brasil, foi em Campinas (SP) que Harold Rahm e Edward Dougherty primeiramente atuaram. Já em 1970 tem presença no Paraná, levada pelo padre Daniel Kiakarski, que dela tomara ciência em visita aos Estados Unidos no ano anterior; em Minas Gerais no ano de 1972, graças a um ciclo de retiros e formação de grupos de oração efetuados por Dougherty; em Goiás em 1973, levada pelo padre George Kosicki, participante ativo da Renovação nos Estados Unidos; e no Mato Grosso em 1973, pelas mãos do norte-americano Clemente Krug. Também em 1973, é realizado em Campinas o I Congresso Nacional da RCC no Brasil, acontecendo sua segunda edição no ano seguinte. Simultaneamente, o movimento crescia por todas as regiões, induzido no norte por Frei Paulo, da diocese de Santarém; no sul de Minas Gerais com Mauro Tommasini, da Arquidiocese de Pouso Alegre; e no centro-oeste com Edward Joseph Vogel, sobre o qual sabemos um pouco mais graças a documento[95] do SNI de janeiro de 1971. Nascido em 1920 em Bradford, Pensilvânia, Vogel veio

---

94   "HISTÓRICO da RCC". *Renovação Carismática Católica Brasil*, 2011. Disponível em: <https://rccbrasil.org.br/institucional/historico-da-rcc.html>. Acesso em: 09 mar. 2021.

95   ARQUIVO NACIONAL. Serviço Nacional de Informações. *João Batista Vogel*. Código de referência: BR DFANBSB V8.MIC, GNC.AAA.71025115.

para o Brasil em novembro de 1952. Segundo o Serviço, desde o início do movimento carismático o padre visitou os Estados Unidos duas vezes, em 1969 e em 1970, desempenhava a função de pároco na cidade goiana de Quirinópolis e era membro da ordem de São Francisco da Reconciliação.

Ainda conforme a página eletrônica da organização, a década de 1980 vê a sua consolidação institucional, com presença em todo o território nacional e grande destaque na mídia. Sintoma desse robustecimento institucional, em 1980 Edward Dougherty funda a Associação do Senhor Jesus (SDJ) para angariar verbas, com a venda de material religioso, para a realização de programas televisivos. A iniciativa é um sucesso e, no mesmo ano, é lançado o programa Anunciamos Jesus, que em 1986 atingia 60% do território nacional. Em 1990 a RCC eleva seus projetos midiáticos a outro patamar, inaugurando em Valinhos (SP) o Centro de Produções Século XXI, "que possui três grandes estúdios de TV". Outra iniciativa midiática foi a Comunidade Canção Nova, lançada em 1974 em Lorena (SP), que em 1980 adquiriu uma rádio em Cachoeira Paulista e em 1989 uma concessão de TV. A Rede Canção Nova viria a ser o maior canal católico do país, transmitido em todo o território nacional e mesmo fora dele.

A exemplo das demais organizações religiosas com crescimento explosivo neste período, portanto, as comunicações eletrônicas foram fundamentais para a expansão da RCC. Com efeito, a Polícia Militar de São Paulo frisava em relatório[96] de 1990 que nela os "meios de comunicação merecem especial atenção", sendo a organização naqueles tempos responsável por programas diários e semanais, com destaque especial para o programa Anunciamos Jesus, transmitido em 26 canais de TV.

De acordo com a página da RCC, seu maior crescimento acontece na década de 1990, quando teria atingido 3.800.000 adeptos, frisando que o número representava "o dobro dos católicos das comunidades eclesiais de base". Os dados parecem plausíveis, uma vez que ainda em 1981 o SNI estimava seus seguidores em "mais de um milhão"[97] e crescendo "de maneira vertiginosa". Já a SAE sustentava em inícios de 1998 que os

---

96   ARQUIVO NACIONAL. Secretaria de Assuntos Estratégicos da Presidência da República. *Sem título*. Código de referência: BR DFANBSB.H4.MIC.GNC.EEE 900023981.
97   ARQUIVO NACIONAL. Serviço Nacional de Informações. *Atividades de grupos religiosos*. Código de referência: BR DFANBSB V8.MIC, GNC.QQQ.82001595.

adeptos da RCC corresponderiam a 4% da população, concentrados sobretudo em cidades do interior de São Paulo, na Baixada Santista e na região da Grande São Paulo.[98]

Ao contrário de outras organizações religiosas vistas aqui, a RCC não teve como foco principal de dispersão a população de baixa renda, sendo inicialmente circunscrita à classe média, fato reconhecido, em 1991, pelo padre Edênio Valle, presidente da Conferência dos Religiosos do Brasil, que descreveu a Renovação Católica como "um movimento branco, de primeiro mundo, que atinge muito a classe média brasileira".[99] Ressalvava ele, porém, que "O desafio da Igreja no século XXI é não continuar europeia, ela tem que se tornar asiática, africana e latino-americana". Assim, em tempos recentes, a RCC procura fortalecer sua presença entre os mais explorados, anunciando em sua página que estaria chegando aos trabalhadores e bairros populares.

Outros indutores sociais da expansão religiosa conservadora

Para além dos catalizadores acima, outros dois fatores tiveram importância significativa na ascensão de novas agremiações religiosas conservadoras e vinculadas ao universo estadunidense no Brasil. Falo da virulenta campanha contra outras manifestações de fé, como o catolicismo e as religiões afro-brasileiras, e elementos do sentimento religioso popular que facilitaram a abertura de corações e mentes para expressões religiosas importadas.

---

98   ARQUIVO NACIONAL. Secretaria de Assuntos Estratégicos da Presidência da República. *Sem título*. Código de referência: BR DFANBSB H4.MIC,GNC.CCC.990021519.

99   ARQUIVO NACIONAL. Secretaria de Assuntos Estratégicos da Presidência da República. *Sem título*. Código de referência: BR DFANBSB H4.GNC.EEE.910025102.

EMBATES COM AS RELIGIÕES AFRO-BRASILEIRAS, O CATOLICISMO E O ESPIRITISMO

Em 1977, o SNI[100] identificava que, além dos pentecostais, a umbanda era a principal beneficiária do déficit de seguidores já então apresentado anualmente pela Igreja Católica, sugerindo que tanto as recentes organizações evangélicas como as já instaladas afro-brasileiras cresciam em ritmo mais ou menos comparável. Como explicar, então, a estagnação no crescimento da umbanda e do candomblé, que chegam ao ano 2000 com 397.431 e 127.582 seguidores cada,[101] número muito inferior ao conjunto de 17.975.249 evangélicos pentecostais? A estagnação parece mais acentuada no caso da umbanda, que, se tomarmos os dados do censo de 2010, acrescentou menos de dez mil seguidores no decênio, contando naquele ano 407.331 membros. Certamente pesaram as ações de organizações evangélicas contra esses grupos.

Embate que tem na Igreja de Edir Macedo o ator mais engajado, oferecendo semanalmente uma "Corrente da Libertação", ritual de exorcismo para "afastar demônios, libertar as pessoas que estão escravas dessas entidades que, na opinião dos iurdianos, são 'santos' com aspas".[102] A disputa de espaços entre evangélicos e as religiões afro-brasileiras, porém, é muito anterior à fundação da Iurd e pelo menos desde 1968 a Assembleia de Deus já participava do conflito. Naquele ano, seu presidente em Belém, Paulo Machado, intensificou a ocupação de espaços em toda a cidade, preocupado com o fato de os "seguidores de Satã estarem se expandindo".[103]

A documentação do Estado brasileiro traz relatos dessas ações, que não se resumiam aos ataques simbólicos, envolvendo também a violência física. Em julho de 1989 a Superintendência da Polícia Federal em Goiás emitiu um pedido de busca para confirmar denúncias feitas contra a Iurd.

---

100 ARQUIVO NACIONAL. Serviço Nacional de Informações. *A posição da Igreja católica Apostólica Romana em relação às demais religiões ou seitas*. Código de referência: BR DFANBSB V8.MIC, GNC.QQQ.82001191.
101 TABELA 137, *op. cit.*
102 SILVA, Elizete da. *A Igreja Universal do Reino de Deus e os reinos deste mundo*. In: I Encontro de História da Bahia (ANPUH), 2002, llhéus. Memória Eletrônica do I Encontro de História da Bahia (ANPUH). Ilhéus: UESC/ANPUH, 2002, pp. 5-6.
103 CHESNUT, *op. cit.*, p. 44.

Católicos, espíritas e umbandistas acusavam-na de desrespeito, agressão e depredação.[104] No mesmo ano, no Rio de Janeiro, o deputado estadual Átila Nunes, representando seguidores de religiões afro-brasileiras, pediu a abertura de inquérito policial para a investigação de ataques a terreiros.[105] Segundo Nunes, após o início da ação policial, tanto ele como o presidente da Confederação Nacional da Umbanda e Cultos Brasileiros teriam passado a receber ameaças de morte. Também na Bahia, berço do candomblé, a Iurd desferia golpes contra as religiões de matrizes africanas. Foi o que ocorreu, por exemplo, em Salvador em agosto de 1989, quando milhares de adeptos da Igreja de Macedo foram às ruas para denunciar um hipotético sacrifício de crianças em terreiros.[106]

A extensiva campanha iurdiana contra as religiões afro-brasileiras era constatada pelo próprio SNI que, em um dos muitos relatórios sobre a Igreja, sintetizava as suas metas gerais como "combater as drogas, o umbandismo, as magias negras em geral, o espiritismo e as idolatrias da Igreja Católica".[107] Exemplares dessas disposições, frisava o SNI, seriam a crença de que práticas como a incorporação de espíritos seriam "coisa do Diabo" e a oposição ao "uso de velas aos mortos" e aos santos católicos. Em outro lugar, o SNI destacava a intolerância de muitos iurdianos, exemplificada em fato acontecido em São Luís (MA) em março de 1989, quando pastores organizaram uma "ruidosa e violenta manifestação religiosa",[108] a fim de obstruir a procissão católica do Senhor Morto.

Outra agressão ocorreu na capital carioca, em 1999, nos festejos de São Sebastião. Durante missa na Catedral Metropolitana, um grupo infiltrou-se para "distribuir panfletos ironizando a conduta dos católicos reverenciando

---

104   ARQUIVO NACIONAL. Serviço Nacional de Informações. *Igreja Universal do Reino de Deus – dossiê*. Código de referência: BR DFANBSB V8.MIC, GNC.RRR.89012868.
105   ARQUIVO NACIONAL. Serviço Nacional de Informações. *Igreja Universal do Reino de Deus – dossiê*. Arquivo Nacional. Código de referência: BR DFANBSB V8.MIC, GNC.CCC.89017556.
106   ARQUIVO NACIONAL. Serviço Nacional de Informações. *Igreja Universal do Reino de Deus de Itinga, faz protesto contra as religiões afro brasileiras, em Salvador BA*. Código de referência: BR DFANBSB V8.MIC, GNC.PPP.89010798.
107   ARQUIVO NACIONAL. Serviço Nacional de Informações. *Atuação da Igreja Universal do Reino de Deus*. Código de referência: BR DFANBSB V8.MIC, GNC.RRR.89012965.
108   ARQUIVO NACIONAL. Serviço Nacional de Informações. *Igreja Universal do Reino de Deus – dossiê*. Código de referência: BR DFANBSB V8.MIC, GNC.QQQ.89004476.

São Sebastião, em especial condenando o uso da imagem de santos".[109] A SAE supunha que a ação coubera a membros da Iurd, lembrando que durante o Natal de 1998 publicações da Igreja traziam inúmeras ofensas às "tradições católicas", prenunciando "uma onda de provocações".

Conforme o IBGE, ainda que se mantenha como a maior Igreja no Brasil, a expansão da membresia católica entre 1991 e 2000 mal acompanhou o crescimento vegetativo da população, havendo decréscimo de números totais entre 1991 e 2010.[110]

ASPECTOS DA RELIGIOSIDADE POPULAR BRASILEIRA

Por mais que os fatores sociais, políticos e econômicos da expansão de religiões estrangeiras não possam ser desprezados, a análise desse fenômeno não pode focar-se apenas no universo laico, sob pena de se compreender somente parcialmente o que não deixa de ser um fenômeno religioso.[111] Tendo em vista o nada desprezível peso da cultura na conformação do mundo social, as subjetividades devem ser consideradas para o entendimento integral do processo de adesão da classe trabalhadora a tais formas religiosas, nascidas no exterior, porém reelaboradas e adaptadas à nossa realidade. Vejamos como elementos da religiosidade popular brasileira facilitaram essa releitura.

Haveria no Brasil uma preexistente "privatização"[112] da religião, estimulada pela devoção católica aos santos, abrindo espaços de liberdade para a adoração individual. Tal fato motivaria, por sua vez, práticas sincréticas, onde curandeiros e rezadeiras seriam procurados com maior frequência do que os próprios padres. Essa ênfase no "poder do santo", que não deixa de se relacionar também ao poder de Deus, seria, da mesma forma, facilmente traduzível na crença no poder do Espírito Santo, pilar teológico pentecostal. Com uma vantagem adicional, entretanto: agora passaria o devoto a contar com um ambiente de culto coletivo mais acolhedor, permitindo a

---

109 ARQUIVO NACIONAL. Secretaria de Assuntos Estratégicos da Presidência da República. *Sem título*. Código de referência: BR DFANBSB H4.MIC,GNC.CCC.990021611.
110 "TABELA 137", *op. cit.*
111 ROLIM, *op. cit.*, p. 147.
112 *Ibid.*, pp. 148-149.

vazão de uma "avalanche de sentimentos" represados pela relativa frieza do culto católico. Assim, o pentecostalismo ao sul do continente pode ser visto como uma "renovação da religião popular",[113] espécie de "catolicismo popular de substituição" em resposta à denegação da religiosidade do "povo simples" pelo catolicismo oficial e protestantismo histórico.

---

113 DREHER, *op. cit.*, p. 483.

8

O GOVERNO BRASILEIRO ABRE AS PORTAS PARA O PARTIDO DA FÉ CAPITALISTA

Pastores, missionários e burocratas

O papel indutor do Estado foi outro facilitador endógeno da expansão de organizações religiosas estrangeiras no Brasil. Desde os momentos iniciais da projeção dos Estados Unidos como principal potência mundial, em sua política de aproximação cultural e abertura econômica para a nação do norte, o governo brasileiro, abriu, da mesma forma, nossas fronteiras para organizações religiosas dali provenientes. A aliança econômica de nossos empresários com os Estados Unidos repercutiu, assim, no universo religioso nacional, uma vez que as organizações de fé estrangeiras se mostraram dispostas a sustentar ideológica e politicamente um

Estado hegemonizado por essa burguesia ao longo de toda a segunda metade do século XX.

Essa parceria se mostrou mais evidente nos anos ditatoriais, quando houve uma relação simbiótica entre o regime e múltiplas entidades estrangeiras. Puderam religiosos conservadores, portanto, contar com o auxílio e a complacência do Estado brasileiro, que recorreu a critérios políticos para nortear seu trato com eles. A relação cooperativa persistiu após a derrocada da ditadura, que, diga-se de passagem, teve uma sobrevida sob a forma de um "entulho autoritário" ilustrado pelo funcionamento até o final da década de 1980 do SNI, que continuou até seus últimos dias imiscuindo-se na política oficial voltada para o universo religioso. De todo modo, no contexto da redemocratização, as organizações religiosas conservadoras conseguiram reconfigurar sua forma de inserção no Estado restrito, reforçando a presença nos Três Poderes e conferindo aos governos civis a mesma legitimação e sustento que muitas delas proveram aos generais, continuando a receber desses governos dádivas para a preservação de sua expansão.

No ramo do missionarismo indígena, a postura do Estado brasileiro com relação às organizações estrangeiras não se modificou por todo o período, manifesta em uma política indigenista oficial inclinada a tratar os povos originários como bolsões populacionais desligados da sociedade brasileira, convindo incluí-los em sua concepção de civilização. Neste ponto, a preferência por grupos evangélicos, menos dispostos a contestar esse projeto, é evidente em toda a segunda metade do século. Justificativas econômicas também eram oferecidas para a abertura dos espaços indígenas aos estrangeiros, arcando os missionários com os custos de trabalhos de assistência que ao Estado não convinha suportar. Essa abertura, no mais, tem sido confessadamente descontrolada, diante da declarada incapacidade da Funai em monitorar o grande número de missões estrangeiras no país – iniciativas que contaram com o apoio de um Estado disposto inclusive a se fazer de cego para sólidos indícios de atos criminosos, sempre creditados a campanhas ideológicas da esquerda.

Assim, acusações contra religiosos conservadores foram recorrentemente minimizadas pelas instâncias governamentais superiores, que repetiram o argumento da propaganda difamatória de maneira muito semelhante ao que os Estado norte-americano fez com acusações direcionadas ao Instituto Linguístico de Verão por todo o mundo. Em meados da década de 1970, por exemplo, o embaixador estadunidense em Bogotá, Viron P. Vaky, creditava as inúmeras denúncias contra o SIL, como associação com a CIA e contrabando, à "crítica esquerdista",[114] calúnias infladas pelo "fato de que a maioria dos seus programas acontece em remotas áreas rurais", tornando fácil "acusá-los de vários malfeitos com pouca necessidade do suporte de evidências".

O clero progressista e a teologia da libertação sob a mira estatal

Porções da Igreja Católica, maior organização religiosa brasileira e onde a Teologia da Libertação se difundia com rapidez, constituíram o alvo principal da repressão do Estado brasileiro em sua indisfarçável preferência pelo setor evangélico. Um exercício interessante para dimensionar a diferença do tratamento conferido a católicos e evangélicos, sobretudo durante o regime de 1964, é a pesquisa nos arquivos do SNI, órgão central do sistema de inteligência e repressão ativo de 1964 até 1990, que mostram uma incidência muito maior do termo "católico" quando comparado a "evangélico" ou "protestante". Tal distinção é exemplificada por documento intitulado *Comportamento das Editoras e Livrarias Católicas e Protestantes*. Ali, apura-se a grande frequência de obras referidas à Teologia da Libertação nas lojas católicas, enquanto nas evangélicas a norma era "não se encontrar livros políticos ou de cunho ideológico".[115]

Isso não significa, porém, um monopólio católico do progressismo religioso. Em décadas recentes, expressivas porções evangélicas se posicionaram à esquerda do espectro político, encontrando a Teologia da Libertação guarida também entre elas. Setores luteranos, após a década de 1960, por exemplo, baseavam sua atividade política na vertente

---

114 WIKILEAKS. Public Library of US Diplomacy. *Summer Institute of Linguistics Draws Criticism*. Código de referência: 1975BOGOTA06132_b.

115 ARQUIVO NACIONAL. Serviço Nacional de Informações. *Comportamento das editoras e livrarias católicas e protestantes*. Código de referência: BR DFANBSB V8.MIC, GNC. 000.88014528.

evangélica dessa Teologia, por sua vez influenciada pela Teologia da Revolução, concebida pelo presbiteriano Richard Shaull e difundida em grande parte pelo seminário teológico de São Leopoldo, no Rio Grande do Sul.[116] Com passagens pelo Seminário Teológico da Igreja Presbiteriana do Brasil em Campinas (SP) e pela Universidade de Princeton, Shaull foi um grande teólogo no movimento da Igreja e Sociedade na América Latina (ISAL), no interior do qual aconteceram prolíficos debates sobre a Teologia da Libertação e os laços de dependência da América Latina frente aos Estados Unidos. Outros expoentes da Teologia da Libertação evangélica foram Emilio Castro, Júlio de Santa Ana, José Miguez Bonino e Rubem A. Alves.[117]

Também nas lutas campesinas os evangélicos se fizeram presentes, especialmente nas décadas de 1970 a 1990. As CEBs em partes da Região Sul, por exemplo, teriam sido organizadas sobretudo por membros da Igreja Evangélica da Confissão Luterana no Brasil (IECLB), muitos dos quais chegando a ocupar cargos na CPT, que tinha no ecumenismo um traço importante.[118] Participaram, ainda, da estruturação do MST, ajudando também na costura das inúmeras porções do movimento, dispersas pelo país.[119]

Não surpreende, portanto, que setores evangélicos também tenham sido alvo da vigilância estatal. Em 1983, por exemplo, a Superintendência Regional no Estado do Paraná do Departamento de Polícia Federal formulou o relatório[120] *Atuação das Igrejas Protestantes*, onde destacava a adesão de alguns setores "à denominada linha progressista", especialmente nas igrejas Metodista, Anglicana, Luterana e Presbiteriana Independente. Mencionava-se os sacerdotes Almir dos Santos, anglicano, e Ari Knebelkamp, luterano. O reverendo Almir patrocinava desde 1978 encontros de jovens anglicanos, enfatizando sua mais recente edição, o II Encontro de Jovens da Igreja Episcopal do Brasil, "estudos de problemas sociais brasileiros". Também sob sua supervisão, a Igreja Anglicana

---

116 ALMEIDA; PEDLOWSKI, *op. cit.*, p. 243.
117 DREHER, *op. cit.*, pp. 479-480.
118 ALMEIDA; PEDLOWSKI, *op. cit.*, pp. 234-239.
119 *Ibid.*, pp. 241-242.
120 ARQUIVO NACIONAL. Divisão de Inteligência do Departamento de Polícia Federal. *Sem título*. Código de referência: BR DFANBSB ZD.0.0.0015A.0007.d0004.

fazia "um trabalho de catequese infantil, tendo como objetivo a 'educação libertadora'". Não bastasse, ao lado do marista Teófilo Bacha Filho, Almir protagonizou ato religioso durante um Dia Nacional de Luta, realizado pelo Diretório Central de Estudantes da Fundação Universidade Estadual de Londrina (FUEL) em agosto de 1977. Em 1978, esteve na primeira reunião do Comitê em Defesa dos Estudantes e Docentes, organizada contra arbitrariedades da Reitoria da FUEL, "com a presença de vários esquerdistas locais". O sacerdote tivera a petulância, ainda, de se manifestar a favor da Constituinte em artigo da *Folha de Londrina*, dizendo que ela iria "pôr fim a este estado de transição, que por sinal já dura muito tempo – e está dando para desconfiar...". O luterano Ari Knebelkamp, por seu turno, recebeu atenção da polícia ao declarar achar desumano não avisar aos agricultores que foram levados para Rondônia em projetos de colonização do INCRA sobre "as imensas barreiras que terão de enfrentar". Reparava-se também que a Igreja Luterana da cidade de Cascavel atuava junto à CPT e ao Movimento dos Agricultores Sem Terra do Oeste do Paraná. Já quanto aos metodistas, foi registrado que uma das moções aprovadas no seu XIV Concílio Regional, referindo-se ao "problema da violência nos presídios brasileiros", seria encaminhada ao ministro da Justiça, e que outra, para a Polícia Rodoviária e o DETRAN, revelava preocupação pela precariedade do transporte de "boias frias".

Não se pode esquecer, também, a significativa adesão de setores católicos brasileiros ao programa conservador aqui descrito. É inquestionável, por exemplo, a sua contribuição para o golpe de 1964. Deve-se ressalvar, ainda, que o engajamento social do catolicismo, consubstanciado na sua versão da Teologia da Libertação e nas CEBs, na visão de alguns analistas,[121] permaneceria circunscrito à periferia da instituição, conseguindo apenas ocasionalmente atingir a cúpula.

Sintomaticamente, o cardeal Odilo Pedro Scherer comunicou ao cônsul-geral dos Estados Unidos em telefonema de 2007 que a "Teologia da Libertação perdeu alguma de sua força e significado nos recentes anos e não

---

121   LÖWY, Michael. *Teologia da Libertação*: Leonardo Boff e Frei Betto. Pravda, 2008. Disponível em: <http://port.pravda.ru/sociedade/cultura/27-10-2008/25022--teologialibertacao-0/>. Acesso em: 08 out. 2019.

causa mais um sério problema".[122] No mesmo ano, o católico aparece em documentação do Consulado Geral dos Estados Unidos em São Paulo relatando a sua promoção a arcebispo e notando que Scherer fazia parte de "uma nova geração de bispos católicos brasileiros que, sob a influência do Papa João Paulo II, ajudou a reduzir a influência da Teologia da Libertação".[123]

Cabe mencionar, também, o caso de Joseph Kiyonaga, agente da CIA destacado para recrutar membros da classe dominante brasileira para a luta anticomunista e que reservou especial importância à Igreja Católica. Um dos seus contatos seria um certo "padre 'Marco'", parlamentar na Câmara dos Deputados, que o mantinha atualizado sobre os últimos acontecimentos no Congresso,[124] mantendo relações, ainda, com um sacerdote ligado à liderança do Partido Comunista Brasileiro (PCB) em São Paulo.

Não obstante, e sintomático da influência que o grupo progressista chegou a adquirir no interior desta Igreja, a maioria da documentação dos serviços de segurança e informação da ditadura de 1964 indica os católicos como o grupo a ser vigiado. Em 1975, por exemplo, o SNI investigava o padre Renato Roque Barth, registrando em documento uma grande desconfiança da Igreja Católica, que se julgava sob controle do "clero progressista".[125] Adepto da Teologia da Libertação e "radicalmente contra o capitalismo", Barth abrira uma CEB em um bairro pobre da cidade de Diamantino (MT) que, temia-se, poderia "servir de incentivo à formação de grupos subversivos".

Em mais um documento, dessa vez de 1978, o SNI punha em comparação as porções católicas conservadoras e progressista, apresentando a primeira como mantenedora da "linha original, conforme ensinada por Jesus Cristo".[126] Os progressistas, por outro lado, dizia-se, apregoariam "soluções sociais para o mundo moderno", negligenciando, portanto, "sua

---

122   WIKILEAKS. Public Library of US Diplomacy. *Sao Paulo's Archbishop on Social Issues*. Canonical ID: 07SAOPAULO855_a.
123   WIKILEAKS. Public Library of US Diplomacy. *Sao Paulo Gets New Archbishop*. Canonical ID: 07SAOPAULO250_a.
124   SILVA, Vicente, op. cit., p. 181.
125   ARQUIVO NACIONAL. Serviço Nacional de Informações. *Renato Roque de Barth padre Comunidades Eclesiais de Base*. Código de referência: BR DFANBSB V8.MIC, GNC.MMM.81001994.
126   ARQUIVO NACIONAL. Serviço Nacional de Informações. *Atividades religiosas na área 119Z*. Código de referência: BR DFANBSB V8.MIC, GNC.AAA.7811188.

missão de salvar almas". Além do mais, ao reinterpretar o evangelho, facilitariam "a infiltração de cunho marxista, no seio do clero", não deixando de "difamar a estrutura político-econômico-social do governo, estimulando o descontentamento, a tensão social e a luta de classes".

A vigilância sobre o clero progressista, entretanto, não parou com o fim do regime. Um documento[127] do CIE, datado de 1988 e assinado pelo general de brigada Tamoyo Pereira das Neves, relata as atividades da esquerda cristã por todo o país. Falando das eleições municipais daquele ano, registrou-se a distribuição, por religiosos, de cartilhas com "claros e incontestes textos socialistas", criticando todos os partidos, "à exceção do Partido dos Trabalhadores". Destacava-se também as marchas com trabalhadores rurais, como a 3ª Romaria da Terra do Maranhão, que mostrava "o avanço do trabalho de conscientização da massa rural na região", o que teria levado a um aumento nos conflitos pela posse da terra nas redondezas. Era dito, ainda, que o Conselho Mundial de Igrejas (CMI) vinha promovendo "intensa politização do país", enquanto o Conselho Latino-Americano de Igrejas (CLAI) procurava, "em nome de um pretenso "ecumenismo"', cooptar correntes evangélicas, sobretudo "o ramo pentecostalista". Em tom alarmista, o general Tamoyo concluía que ações deste tipo se traduziram em muitas vitórias do Partido dos Trabalhadores, "braço político" dos religiosos progressistas. De maneira delirante, asseverava que estes pretendiam, em breve, chegar ao poder para implantar um "socialismo teocrático". Para seu alívio, contudo, ainda em 1988 a Renovação Carismática Católica iniciou um agressivo e milionário projeto que, este sim em curto prazo, minaria a influência esquerdista na Igreja Católica brasileira, conforme veremos.

A Teologia da Libertação e seus postulantes eram também uma grande pedra nos sapatos estadunidenses, sendo tema comum em documentos da CIA. Chama a atenção, aqui, a semelhança entre o enfoque dado pela agência norte-americana e pelos órgãos brasileiros.

Além dos múltiplos fóruns de discussão abordados na Parte I, parecem ter sido importantes norteadores da política externa estadunidense no que concerne à questão religiosa na América Latina os relatórios *Rockefeller*

---

127 ARQUIVO NACIONAL. Serviço Nacional de Informações. *Movimento religioso SE143 AC*. Código de referência: BR DFANBSB V8.MIC, GNC.AAA.89072051.

e *Santa Fé*. O primeiro deles, apresentado em 1968 a Richard Nixon pelo empresário e ex-vice-presidente norte-americano, Nelson A. Rockefeller, "constatava o perigo que o engajamento dos cristãos latino-americanos representa para os interesses dos Estados Unidos".[128] Pouco depois, em 1969, o SNI mostrara grande interesse pelo documento em uma "Apreciação"[129] confidencial que sintetizou algumas de suas principais recomendações, formulando outras. Tendo como núcleo a ideia de que a "ameaça comunista", com "potencial alarmante", era um risco para a segurança continental, a recomendação que mais interessou aos brasileiros foi a fundação "de um Conselho de Segurança do Hemisfério, sob direção civil e sediado fora dos EUA, substituindo o Comitê Especial Consultivo Sobre Segurança da OEA". Admitindo a "necessidade de coordenação e apoio mútuo entre as nações americanas", refletia o Serviço, porém, desconfiado da sedução da "propaganda comunista", que a tal "direção civil" não convinha, pelo menos em um momento inicial, pois "são os militares, na AL, os que possuem mais nítida consciência sobre o problema". Outro entrave era antecipado: os atritos que poderiam advir da escolha de sua sede, que não deveria se fiar por critérios de "projeção nacional ou liderança continental", convindo a "seleção em um país de menor desenvolvimento relativo", uma vez que o comando seria terceirizado pelos Estados Unidos, que manteriam apenas "uma política de apoio", permanecendo a "luta contra a Guerra Revolucionária comunista" um "problema interno de cada nação". O documento do SNI tem importância multiplicada se considerarmos que, de fato, um programa de "apoio mútuo e cooperação" entre ditadores latino-americanos seria implantado pouco depois, com o apoio do secretário de Estado Henry Kissinger, em um país de menor "desenvolvimento" em comparação com o Brasil ou a Argentina: falo da Operação Condor, coordenada a partir do Chile desde 1975.

---

128 ARQUIVO NACIONAL. Serviço Nacional de Informações. *Os Estados Unidos contra as Igrejas na América Latina*. Código de referência: BR DFANBSB V8.MIC, GNC. CCC.82006975.

129 ARQUIVO NACIONAL. Serviço Nacional de Informações. *Relatório Rockefeller. A subversão comunista e a segurança do hemisfério*. Código de referência: BR DFANBSB V8.MIC, GNC.AAA.69008956.

O GOVERNO BRASILEIRO ABRE AS PORTAS PARA O PARTIDO DA FÉ CAPITALISTA

Já o *Relatório Santa Fé – Uma Nova Política Interamericana para os Anos 80*, publicado em 1980 por intelectuais conservadores,[130] advogava que a política externa dos Estados Unidos "deve começar a enfrentar (e não simplesmente reagir (*a posteriori*) à Teologia da Libertação". Indicando a centralidade da religião para a manutenção da "liberdade política" ao Sul, lamentava que "as forças marxistas-leninistas têm usado a Igreja como arma política contra a propriedade privada e o sistema capitalista de produção", quadro que demandaria uma política "que promova a segurança norte-americana e ibero-americana, baseada na independência nacional mútua e na dependência interamericana, que promova o desenvolvimento econômico e político autônomos, fundados sobre nossa herança cultural e religiosa".[131]

Alguns anos depois, viria à tona o *Relatório Santa Fé II – Uma Estratégia para a América Latina nos anos 90*, traçado em 1988 pelos mesmos autores do documento precedente. Alarmado com a crescente organização da esquerda latino-americana, além de aventar para o Brasil a necessidade de uma intervenção militar a depender do resultado das eleições presidenciais de 1989, o escrito voltava à carga contra o clero progressista, peça de uma máquina ideológica que precisaria ser combatida nos meios de comunicação, nas igrejas, escolas e universidades, supostos maiores pontos de inserção da campanha comunista. Apontando Antonio Gramsci como a inspiração dessa ofensiva cultural, que tinha na Teologia da Libertação um de seus tentáculos, o texto avaliava que a esquerda sucedera em ligar artificialmente valores nacionais e regimes estatistas. Contribuindo para a submissão do corpo social a esse estatismo, a Teologia da Libertação seria componente de um esforço para reinterpretar as artes e o restante do mundo da produção simbólica, não passando de "uma doutrina política disfarçada de crença religiosa", interessada em "debilitar a independência da sociedade ante o controle estatista".[132]

---

130   Roger W. Fontaine, futuro conselheiro de Reagan para a América Latina; Gordon Summer, chefe do Conselho de Segurança Nacional; L. Francis Bouchez, David C. Jordan, Lewis Tabs e Ronald F. Docksai.

131   SANTA Fé Confidencial. Cadernos do Terceiro Mundo, n. 38, pp. 22-30, nov. 1981, p. 24.

132   ARQUIVO NACIONAL. Serviço Nacional de Informações. *Atividades de Altamiro Pires Borges, em Vitoria ES*. Código de referência: BR DFANBSB V8.MIC, GNC. CCC.90019563.

Refletindo muitas disposições presentes nesses documentos, os arquivos da CIA, malgrado a sua política de disponibilização restritiva, estão repletos de informações sobre o olhar norte-americano para os religiosos progressistas latino-americanos. O relatório *Teologia da Libertação: religião, reforma e revolução*,[133] formulado em abril de 1986, sintetiza os debates ocorridos em conferência realizada em 1985 pela Diretoria de Inteligência (atualmente Diretoria de Análises), órgão da CIA responsável por fornecer informações sobre segurança nacional aos altos escalões do governo. Propunha-se o evento a "explorar a conexão entre a Teologia da Libertação e o crescimento da instabilidade política no Terceiro Mundo", preocupando o seu uso deliberado por grupos marxistas. Mostrando-se "abertamente antiocidental", identificando "os Estados Unidos e o capitalismo como os principais responsáveis pelo empobrecimento do Terceiro Mundo", a teologia impulsionaria "movimentos reformistas radicais" em países como Nicarágua, Guatemala, El Salvador, Chile e Brasil. Tratava-se, assim, de uma "grande ameaça aos interesses dos Estados Unidos", cujo aspecto "mais ameaçador para a estabilidade política do Terceiro Mundo" seria "a orientação para o ativismo dos seus praticantes que incentivam os oprimidos a buscarem uma vida justa agora – não no além-vida". Especialmente interessante nesta passagem é a ênfase na proposta de se buscar justiça no aqui e agora e não em outra vida, justamente o contrário, como vimos, pregado por muitas organizações religiosas norte-americanas, como as pentecostais.

Sobre o Brasil, o relatório para a América Latina de outubro de 1985 bate novamente na tecla da esquerdização católica, "evidente desde que os militares tomaram o controle do país",[134] mas que estaria se acelerando no governo Sarney. De novo lançando olhos sobre as CEBs, a CIA destaca que o clero progressista, sob a liderança dos cardeais Ivo e Aloisio Lorscheider e do presidente da CNBB Paulo Evaristo Arns, tivera grande sucesso em "organizar os pobres em grupos de ação política", sobretudo no nordeste e nas zonas industriais de São Paulo, mobilizando-os no "apoio ao pequeno mas radical Partido dos Trabalhadores".

---

133 CENTRAL INTELIGENCE AGENCY – CIA. General CIA Records. *Liberation Theology: Religion, Reform, and Revolution*. Document Number (FOIA) /ESDN (CREST): CIA-RDP97R00694R000600050001-9.

134 CENTRAL INTELLIGENCE AGENCY. General CIA Records. *Latin America Review*. Document Number (FOIA) /ESDN (CREST): CIA-RDP87T00289R000200910001-7.

Ainda em 1985, outro relatório[135] secreto para a América Latina falava da aproximação de Fidel Castro com os praticantes da Teologia da Libertação, segundo a Agência uma manobra para projetar uma falsa imagem de tolerância religiosa enquanto esses últimos procurariam facilitar a penetração de interesses cubanos na América Latina. Campanha impulsionada pelo lançamento em princípios dos anos 1980 do livro *Fidel e a religião*, com entrevistas do líder cubano ao padre brasileiro Frei Betto.

O Brasil também foi assunto do relatório *Teologia da Libertação: religião, reforma e revolução*, no qual as CEBs surgem retratadas como a tradução para "ação social"[136] dos preceitos da Teologia da Libertação por meio da "Igreja Popular". No contexto da nossa redemocratização, dizia a Agência que as CEBs já se contariam entre setenta e cem mil, com grande apelo "nos subúrbios industriais", disseminadas por uma Igreja que "tornou-se crescentemente liberal, esquerdista, e politicamente ativa", redobrando sua militância com o fim da ditadura. Incomodava à CIA o crescente envolvimento católico "no apoio à reforma agrária, à agitação dos trabalhadores, e à organização política". O dado mais interessante trazido pelo documento, entretanto, é a menção aos "subúrbios industriais" como campo preferencial das CEBs, justamente as áreas mais visadas pelas organizações pentecostais

Já o relatório para a América Latina de julho de 1986 alertava que "a maioria dos membros politicamente ativos"[137] das CEBs era vinculada ao PT e ao PDT, temendo-se sobretudo a influência de facções "Marxista-Leninistas e Trotskistas" no interior do primeiro. Exercendo uma "influência desproporcional ao seu tamanho", "bem organizados, dedicados e comprometidos ideologicamente", causava preocupação o Partido Revolucionário Comunista, "a maior e mais ativa facção Marxista-leninista", então comandada pelo recém-eleito deputado federal José Genoino. Na redemocratização, alertava a CIA que os padres esquerdistas

---

135   CENTRAL INTELLIGENCE AGENCY. General CIA Records. *Latin America Review.* Document Number (FOIA) /ESDN (CREST): CIA-RDP87T00289R000200940001-4.

136   CENTRAL INTELLIGENCE AGENCY. General CIA Records. *Liberation Theology: Religion, Reform, and Revolution.* Document Number (FOIA) /ESDN (CREST): CIA-RDP97R00694R000600050001-9.

137   CENTRAL INTELLIGENCE AGENCY. General CIA Records. *Latin America Review.* Document Number (FOIA) /ESDN (CREST): CIA-RDP87T00289R000301570001-3.

começavam a estabelecer novos partidos, além do PT, em uma tentativa de "eleger candidatos em muitas cidades nas eleições majoritárias de novembro, esperando atrair o apoio de eleitores moderados".[138]

A CIA acreditava, enfim, que os esquerdistas no catolicismo brasileiro continuariam a se expandir, "pressionando para a reforma agrária enquanto também denunciam outras questões como a política dos Estados Unidos para a América Central". Os norte-americanos mostravam-se, também, descrentes quanto aos movimentos de clérigos conservadores ligados ao Vaticano surtirem grande efeito em função dos seus pequenos números. Estavam errados, pois não tardaria para movimentos reacionários católicos tomarem de assalto o meio político-religioso brasileiro, superando as CEBs e o clero progressista tanto na hierarquia católica como na esfera partidária. Partilhando dos mesmos temores, evangélicos conservadores também empreenderiam ações coordenadas para multiplicar a sua presença nos nossos meios partidários.

Organizações religiosas conservadoras e o Estado brasileiro na segunda metade do século XX

Mesmo antes do golpe de 1964 a documentação mostra a boa vontade do Estado brasileiro com organizações religiosas conservadoras estrangeiras, preferência intensificada com a ofensiva direitista destravada pelo golpe de Estado de 1964. Os momentos que o seguiram viram, assim, o fim da Confederação Evangélica do Brasil,[139] expurgos de seminários, repressão às associações leigas de juventude e perseguições em diversas

---

138 CENTRAL INTELLIGENCE AGENCY. General CIA Records. *Latin America Review*. Document Number (FOIA) /ESDN (CREST): CIA-RDP87T00289R000200910001-7.

139 Instituída em 1934 por membros das maiores denominações não católicas no Brasil, a CEB foi uma das primeiras tentativas de criação de um movimento ecumênico no país. Após 1950, tendo absorvido inovações teológicas que buscavam reinterpretar os ideais da Reforma no contexto dos problemas da atualidade, a CEB passou a promover reflexões sobre o papel social da Igreja, recebendo oposição de líderes conservadores. A crise se agudiza com a associação desses segmentos à ditadura, intensificando a perseguição e a censura à organização, que definha até ser desativada ainda na década de 1960.

denominações, sobretudo na presbiteriana, que, ao lado dos batistas e outros grupos evangélicos, aderiu abertamente ao regime.

Neste panorama, várias organizações religiosas estrangeiras se perfilaram ao lado da ditadura em relação sinérgica que envolvia de um lado a legitimação ideológica do governo e, de outro, auxílios financeiros para a expansão e consolidação dessas igrejas e a tolerância a abusos perpetrados por algumas delas. Durante a redemocratização, da mesma forma, esses grêmios atiraram-se à disputa partidária, a fim de reforçar estruturas conservadoras em risco e preservar sua influência sobre os destinos do país.

Para além das igrejas, grande número de órgãos missionários estrangeiros passou a operar aqui, também com o favor estatal. Expressando o nexo capital-imperialista entre Brasil e Estados Unidos, eles foram acolhidos sobretudo por razões referentes ao alinhamento político, econômico e ideológico entre os dois países, tais como o interesse em diluir a influência da ala religiosa progressista e a prevalência de uma concepção civilizatória que via as vastidões amazônicas como espaços a serem domados e plenamente inseridos no universo das relações de produção capitalistas.

A ASSEMBLEIA DE DEUS

O caso da Assembleia de Deus é o que melhor ilustra a intenção da nossa burocracia estatal em fortalecer a posição de igrejas conservadoras, evidente na aliança travada entre a Igreja e a ditadura de 1964. Tendo estudado os arquivos da Assembleia em Belém, Andrew Chesnut[140] atribui muito do crescimento pentecostal nos anos 1960 e 1970 à relação amistosa com o governo que, sobretudo através do ministro-coronel Jarbas Passarinho, transferiu vultosas somas para a Assembleia em troca de votos e apoio, conclusões confirmadas pela documentação do Estado ditatorial brasileiro.

O apoio da Assembleia, contudo, prestado já nos primeiros momentos do golpe de 1964, prescindia de pagamento. Em editoriais de periódicos oficiais e em mensagens à cúpula golpista, a Assembleia de Deus comemorou efusivamente o que via como a derrota do comunismo pagão, tendo pregado contra os movimentos populares no Brasil pré-golpe, vistos como

---

140   CHESNUT, *op. cit.*, pp. 40-41.

sinais de um apocalipse que se iniciaria com a tomada de poder pelo comunismo.[141] A retórica anticomunista, recorrente entre as organizações religiosas dos Estados Unidos, figurava regularmente na imprensa assembleiana, que frisava sem parar o risco socialista para a liberdade religiosa.

Mas se a postura pró-golpe da liderança da Assembleia de Deus é inequívoca, o mesmo não pode ser dito dos setores inferiores. Um documento confidencial de maio de 1976 encontrado nos arquivos do SNI, por exemplo, conta a história de Jesuíno da Silva Lima, pastor da Assembleia de Deus em de Rio Grande (RS). Jesuíno, "durante os dias da Revolução, falou em nome dos pastores e lançou um manifesto pelos jornais, de apoio ao governo deposto", tendo ainda pedido a seus colegas que "metessem fogo",[142] acionando os "Grupos de Onze'", células de militantes, distribuídas por todo o país, criadas pelo deputado federal Leonel Brizola para organizar campanhas em favor das reformas de base. O pastor teria também "mantido correspondência" com Leonel Brizola após o golpe.

De todo modo, enquanto o regime se distanciava da CNBB, que não se eximiu, por exemplo, de denunciar os crimes cometidos pelo Estado contra populações rurais amazônicas, aproximava-se de lideranças da Assembleia de Deus. Construiu-se, então, um sistema de canalização de verbas que passava pelo governador do Pará, Alacid Nunes, e pelo assembleiano e deputado federal pela ARENA Antonio Teixeira, esquema cuja figura central foi Jarbas Passarinho, que, ocupando a cadeira de ministro da Educação, não teve dificuldades para transferir recursos sob a forma de subvenção social a projetos educacionais. Por via deste circuito, a partir de 1968 e até o final do regime, a Igreja foi agraciada com verbas generosas, favores políticos e holofotes, fornecendo como contrapartida "votos, apoio ideológico, e legitimação divina ao projeto autoritário".[143]

O grande aumento de concessões de verbas públicas para a Assembleia de Deus, sobretudo endereçadas a seus projetos educacionais, é confirmado pelos papéis do Estado, não apenas na região amazônica, sem limitar-se também ao Executivo federal. Seguem apenas alguns exemplos dos muitos indícios de favorecimento ali encontrados.

---

141 *Ibid.*, p. 148.
142 ARQUIVO NACIONAL. Serviço Nacional de Informações. *Jesuino da Silva Lima*. Código de referência: BR DFANBSB V8.MIC, GNC.GGG.84009070.
143 CHESNUT, *op. cit.*, p. 150.

Relação das prestações de contas do estado de Pernambuco, até 1964 governado pelo adversário Miguel Arraes, substituído à força em abril daquele ano por Paulo Pessoa Guerra, mostra que de 1960 a 1963 não houve nenhuma transferência de valores para projetos da Assembleia de Deus. Contudo, já em 1964, vemos a quantia de quarenta mil cruzeiros novos fornecida para o "Educandário Assembleia de Deus";[144] em 1967, nova doação para a instituição, dessa vez de duzentos cruzeiros novos; em 1968, de quinhentos, e, em 1969, do mesmo valor, mas endereçado para a própria "Assembleia de Deus".

Um dossiê da Comissão Geral de Investigações[145] de 1972 apurou denúncias de perseguição à funcionária da prefeitura de Cariacica (ES), Maria do Carmo Reis da Silva, pelo prefeito Aldo Alves Prudêncio (MDB), feitas por seu marido, Lino Pinto da Silva. Em depoimento, esse último diz que uma das ameaças foi a retirada de auxílio concedido pela prefeitura para a construção de um templo da Assembleia de Deus. Segundo o depoente, à frente da obra estava seu sogro, o pastor João Januário, que "com vultosa colaboração das duas últimas administrações municipais"[146] vinha erguendo um prédio com capacidade para mil adeptos. Se nos fiarmos nas palavras do queixoso, essa ajuda partiu do ex-prefeito, Vicente Santório Fantini, da ARENA.

Em 1977, um documento do Gabinete Pessoal do Presidente da República traz carta do vereador Jailson Lopes de Moura, de Turvânia (GO), agradecendo Ernesto Geisel pela concessão de cem mil cruzeiros para a construção da "Escola "Pentecostal Assembleia de Deus".[147] Confirmando as alegações de Chesnut, válidas portanto também para o estado de Goiás, o vereador indica como origem da verba o Ministério da Educação (MEC), em 1977 já sob os cuidados de Ney Braga.

Dividida em diferentes "ministérios" autônomos, as relações amenas da Assembleia de Deus em Belém com a ditadura, portanto, parecem ter

---

144   ARQUIVO NACIONAL. Comissão Geral de Investigações. *Sem título*. Código de referência: BR DFANBSB 1M.0.0.3464.

145   A CGI foi um órgão criado em 1968 no interior do Ministério da Justiça cuja meta era a investigação de casos de corrupção em todos os níveis do Poder Executivo.

146   ARQUIVO NACIONAL. Comissão Geral de Investigações. *Sem título*. Código de referência: BR DFANBSB 1M.0.0.7185.

147   ARQUIVO NACIONAL. Gabinete Pessoal do Presidente da República. *Sem título*. Código de referência: BR DFANBSB JF.EBG.0.10.

sido compartilhadas por suas outras seções nacionais. Conclusão reforçada pelos arquivos do Gabinete Pessoal do Presidente da República, que trazem frequentes congratulações aos ditadores empossados pelo golpe de 1964. Uma série de cartas[148] destinas a Ernesto Geisel entre abril e maio de 1974, por exemplo, mostra entusiasmados votos de apoio de membros da Assembleia de Deus em todo o país.

Paulo Leivas Macalão, presidente da importante divisão de Madureira, comunicou que ministros de vários estados reunidos na convenção anual enviavam seus cumprimentos, preces e desejo de sucesso ao novo presidente. O pastor Sebastião Vieira de Souza, presidente da Assembleia de Deus na Zona da Mata de Minas Gerais, da mesma forma, pedindo que fossem aceitos os votos "deste que muito vos admira", parabenizava Geisel em nome de "toda a Igreja Evangélica Assembleia de Deus" da região, acrescentando que seus membros teriam jejuado e rezado pelo "bom êxito" do novo presidente, "certos de que Deus escolheu vossa excelência para esta importante missão". Moisés Marques da Silva, pastor em Arari (MA), por sua vez, desculpava-se por não ter escrito antes para repetir os mesmos salamaleques. Assegurando que não o fizera por "indeferência", dizia ter convocado sua igreja para "um culto em ação de graça, e interceção" (*sic*) em favor do governante.

Não circunscritas a ocasiões especiais, a troca de gentilezas prosseguiu no ano seguinte, quando Etuvino Adiers, diretor do jornal *A voz pentecostal* em Porto Alegre, vinculado à seção de Madureira, encaminhou a Geisel um exemplar do folhetim. Em sua carta, o religioso falava das incertezas que envolveram o lançamento do periódico, aliviadas pela constatação "que Deus, servindo-se do governo da Revolução de Março, do qual vossa excelência é o mais firme esteio, está abençoando nosso querido Brasil e já podemos entrever o raio glorioso dum futuro promissor".[149]

Em novembro de 1975 foi a vez de Abigail Carlos de Almeida, presidente da Assembleia de Deus em Ceres, Goiás, escrever[150] a Geisel comunicando o aniversário de um dia nacional de oração e jejum ali iniciado em 15

---

148 ARQUIVO NACIONAL. Gabinete Pessoal do Presidente da República. *Sem título*. Código de referência: BR DFANBSB JF.EBG.0.60.

149 ARQUIVO NACIONAL. Gabinete Pessoal do Presidente da República. *Sem título*. Código de referência: BR DFANBSB JF.EBG.0.172.

150 ARQUIVO NACIONAL. Gabinete Pessoal do Presidente da República. *Sem título*. Código de referência: BR DFANBSB JF.EBG.0.231.

de novembro de 1963. Dizia que, naquela data, "os evangélicos do Brasil se uniram em oração. Orando com lágrimas, derramaram sua alma diante do Senhor, clamaram ao céu para que nossa pátria não caísse em mãos comunistas, e Deus nos ouviu nossas orações com a vitória de 31 de março de 1964" (sic). Desde então, se comemorava esse dia, para "a redenção espiritual do Brasil".

Em 1979, Paulo Leivas Macalão posta outros dois telegramas, agora para João Figueiredo. Novamente, transmitia-se cumprimentos e desejos de sucesso, o primeiro de sua parte e de "ministros evangélicos"[151] de vários estados, reunidos entre abril e maio na Convenção Anual em Madureira, e o segundo dos congregados no bairro paulistano do Brás para Convenção Regional da Igreja, repetindo este último gesto em outro telegrama[152] de 1982. Tendo como hábito informar o Executivo dos eventos importantes de sua Igreja, Macalão escreve[153] novamente em abril de 1980, contando sobre a instalação da XXIII Convenção Nacional dos Ministros Evangélicos da Assembleia de Deus em Madureira e Igrejas Filiadas. Aproveitava, mais uma vez, para prestar sua solidariedade "ao governo de vossa excelência augurando benção de Deus e pleno êxito".

Também no Mato Grosso do Sul a parceria entre a Assembleia de Deus e o Estado parece ter sido proveitosa. Informação confidencial do SNI, em julho de 1982, dá conta da realização do Congresso Nacional de Mocidades das Igrejas Evangélicas Assembleias de Deus de Mato Grosso, "com a colaboração do Governo do Mato Grosso do Sul, da Assembleia Legislativa de MS e da Prefeitura Municipal de Campo Grande (MS)".[154] Mandava no estado naquele momento Pedro Pedrossian, governador biônico nomeado por João Figueiredo, sendo o prefeito de Campo Grande Heráclito de Figueiredo, também nomeado pelo ditador. De cunho moralista, o evento

---

151 ARQUIVO NACIONAL. Gabinete Pessoal do Presidente da República. *Sem título*. Código de referência: BR DFANBSB JF.JBF.0.109.

152 ARQUIVO NACIONAL. Gabinete Pessoal do Presidente da República. *Sem título*. Código de referência: BR DFANBSB JF.JBF.0.120.

153 ARQUIVO NACIONAL. Gabinete Pessoal do Presidente da República. *Sem título*. Código de referência: BR DFANBSB JF.JBF.0.256.

154 ARQUIVO NACIONAL. Serviço Nacional de Informações. *Congresso Nacional de Mocidades das Igrejas Evangélicas Assembleias de Deus de Mato Grosso*. Código de referência: BR DFANBSB V8.MIC, GNC.MMM.82002758.

pretendia remediar religiosamente problemas como "prostituição, vícios, crimes, suicídios, roubos e muitos outros males".

Em 28 de janeiro de 1983, o pastor Calé Rodrigues Gomes informou João Figueiredo sobre a eleição de Manoel Ferreira para presidente da Convenção Geral das Assembleias de Deus no Brasil. Um "fato histórico"[155] que o elevaria à condição de "'*Maxima Persona*' entre as Assembleias de Deus em todo o território nacional", conferindo alguma unidade institucional à igreja. O pastor sugeria ao ditador que seria de "bom alvitre homenageá-lo em solenidade pública, com toda cobertura publicitária", o que facilitaria o trabalho de Figueiredo "em todo o Brasil".

A afinidade de muitos líderes assembleianos com o Estado autoritário prosseguiu após a redemocratização, aflorando em atitudes como a do presidente da Assembleia em Belém, Paulo Machado, que em 1985 frequentou a ESG,[156] a exemplo do que fizeram o batista Nilson Fanini e o presbiteriano Guilhermino Cunha, além de alguns deputados evangélicos eleitos em 1986.[157]

Por muitos anos confortável sob as asas do regime, a transição para a democracia foi um momento de tensão para a Assembleia de Deus. Apreensão que transparece em carta de setembro de 1982 do pastor Valdir de Araújo, da cidade fluminense de São Gonçalo. Após alguns parágrafos apologéticos, onde declara ser o Brasil um país abençoado, "uma casa, sem guerras internas",[158] que, "como manda a lei dos homens e a lei de Deus", tem seu líder, Araújo revela a motivação do escrito. Manifestava seu medo de perder a liberdade de pregar o evangelho com a iminente realização das eleições para governadores em 15 de novembro daquele ano, a primeira pelo voto direto desde 1964. Causava intranquilidade a possibilidade de que mudasse, "direta ou indiretamente, o regime de vida e de governo", pois "os inimigos de nosso país, tentam através, da gente humilde, do povo pobre, que sabemos, é a maioria, desvirtuar a mente destas pessoas, para uma mudança completa e radical em tudo". Ciente das dificuldades

---

155 ARQUIVO NACIONAL. Gabinete Pessoal do Presidente da República. *Sem título*. Código de referência: BR DFANBSB JF.JBF.0.276.
156 CHESNUT, *op. cit.*, p. 152.
157 FRESTON, *op. cit.*, p. 158.
158 ARQUIVO NACIONAL. Gabinete Pessoal do Presidente da República. *Sem título*. Código de referência: BR DFANBSB JF.JBF.0.103.

dos trabalhadores, que ansiavam apenas por "um pedaço de pão maior", Araújo temia que "inimigos da pátria" tirassem proveito da situação, suplicando que Figueiredo estendesse "seu olhar e sua mão democrática, para a família pobre, para o operário, para o lavrador". Afinal, "Povo satisfeito, não quer mudanças, nem inovações".

A inevitável derrocada da ditadura, contudo, demandou a criação de novos pontos de conexão entre a Assembleia de Deus e o Estado, o que foi conseguido em curto tempo. Formando uma crescente representação parlamentar (a Assembleia elegeu a maioria dos deputados federais que em 1987 criaram a bancada evangélica), a Igreja não teve dificuldade em colaborar com mandatários conservadores eleitos democraticamente.

Visando preservar sua influência, decidiu uma convenção de líderes assembleianos reunidos em Brasília em abril de 1985 lançar candidatos oficiais para a eleição legislativa de 1986.[159] A campanha foi largamente anunciada pelo jornal *Estandarte Evangélico*, através de bordões como "evangélico vota em evangélico" e exortações para o voto em irmãos de fé, ao invés de "candidatos mundanos, espiritistas, homossexuais, católicos e comunistas".[160] A partir de então, a presença estatal se garantiria mais pelo grande poder assembleiano de transferência de votos, estimando-se que, em 1982, a maioria dos adeptos da Igreja em Belém depositaram seus votos no partido governista, obedecendo orientações do presidente Paulo Machado.[161]

A partir de 1987 a Assembleia de Belém viu no novo governador paraense, o presbiteriano Hélio Gueiros, do PMDB, outra importante oportunidade de conexão. As atas da igreja mostram que Gueiros foi também um grande dispensador de recursos, presenteando seus aliados com toneladas de alimentos, um piano e um órgão, além de lhes emprestar veículos da SUDAM.[162] A organização não deixou de retribuir, organizando eventos em homenagem ao governador, celebrado como o melhor de toda a história do estado. Da mesma forma, o prefeito Fernando Coutinho Jorge, do PMDB, eleito em 1985, teria fornecido fundos para a construção

---

159 CHESNUT, *op. cit.*, p. 154.
160 *Ibid.*, p. 154.
161 *Ibid.*, p. 157.
162 *Ibid.*

do Templo Central da Assembleia, ajuda arranjada pelo vereador Sebastião Bronze, presbítero da Igreja.[163]

Já com o Executivo federal, a aproximação foi possibilitada pela troca de apoio a Sarney pela direção da Secretaria da Superintendência do Desenvolvimento da Pesca. Além disso, a bancada evangélica, onde a Assembleia era maioria, foi beneficiada por concessões de rádio e verbas para a revitalização da CEB, que passou a funcionar como articuladora das candidaturas de pastores.

Nas eleições presidenciais de 1989, a Assembleia apoiou Fernando Collor de Mello em púlpitos e nas páginas do *Estandarte Evangélico*.[164] Sua queda, entretanto, não foi um grande revés para a Igreja, que recebeu de Itamar Franco novas concessões de rádio.[165] Da mesma forma, a Igreja aproximou-se de Fernando Henrique Cardoso, cuja reeleição em 1998 contou com vigoroso apoio dos deputados-pastores Benedito Domingos e Salatiel Carvalho. Já com Luiz Inácio Lula da Silva, a Assembleia apenas estreitou relações em seu segundo mandato, tendo aderido à derrotada candidatura de José Serra em 2002.

A IGREJA DO EVANGELHO QUADRANGULAR

A documentação estatal brasileira não revela muitos indícios de favorecimento da IEQ pelo regime de 1964. Tal cooperação, no entanto, parece provável em função da postura declaradamente anticomunista da Igreja, de sua presença precoce nos meios partidários e de gestos como o do pastor Aroldo Pereira dos Santos, que em maio de 1979 rendia homenagem ao governo ao convidar o delegado Adão Rosa, do Deops daquele estado, para uma "concentração de fé"[166] dedicada a "todos os governos e autoridades civis e militares". A obediência aos governantes é inclusive uma questão doutrinária prevista em seus estatutos, que a desobrigam, porém, de se

---

163   *Ibid.*, p. 158.
164   *Ibid.*
165   *Ibid.*, p. 156.
166   ARQUIVO PÚBLICO DO ESTADO DO ESPÍRITO SANTO. DES – Delegacia de Ordem Política e Social do Espírito Santo. *Delegacia de Ordem Política e Social do Espírito Santo.* Código de referência BBR ESAPEES DES.0.MR.12.

curvar a dirigentes que preguem "coisas opostas à vontade de Deus",[167] sendo a vontade divina, é claro, interpretada pelas lentes fundamentalistas e conservadoras características desta Igreja.

Sobre o delegado amigo dos quadrangulares, a documentação sugere que Adão Rosa teve algum destaque na vigilância ao clero progressista. Em relatório de 1979, o delegado informava ao capitão da Polícia Militar, Sebastião Gonçalves Pereira, sobre missa na Catedral de Vitória (ES), para onde deslocara agentes a fim de "detectar qualquer indício de agitação",[168] evento organizado "em 'desagravo'" a ações do governo do estado. Os homens de Rosa observaram "várias pessoas distribuindo panfletos e outros cartazes e faixas", notando-se na sacristia "movimentos e barulhos de máquinas", levando a crer que os impressos eram feitos no interior da catedral, onde teria sido visto, também, um cartaz em solidariedade à Nicarágua exibindo um guerrilheiro empunhando um fuzil. Após a missa, a multidão partiu para a Assembleia Legislativa acompanhada de políticos locais, que "atacaram frontalmente o Governo do Estado e o regime vigente".

A IEQ se notabilizou também em seu pioneirismo partidário, sendo uma das primeiras pentecostais a eleger representantes. O presidente da Confederação Pentecostal do Brasil, Geraldino dos Santos, foi vereador na capital paulista em 1964 e deputado estadual em 1967. Autorizando-o a concorrer no pleito municipal, a direção nacional da IEQ justificava a candidatura como um atendimento "ao insistente apelo dos pentecostais",[169] certa de que ele defenderia "a obra evangélica e a nação da tirania comunista", deixando claro em que lado a Igreja se colocava em tempos ditatoriais.

Já nos anos de redemocratização, a IEQ foi outra que empreendeu esforços eleitorais para assegurar posições no Estado, decidindo em 1985 apresentar candidatos para as vindouras eleições.[170] Elegeu para a Câmara dos Deputados, assim, dois deputados em 1986 e um em 1990, 1994 e 1998.

---

167 ARQUIVO NACIONAL. Serviço Nacional de Informações. *Igreja do Evangelho Quadrangular prece poderosa BA*. Código de referência: BR DFANBSB V8.MIC, GNC. AAA.81021200.

168 ARQUIVO PÚBLICO DO ESTADO DO ESPÍRITO SANTO. DES – Delegacia de Ordem Política e Social do Espírito Santo. *Arquidiocese de Vitória*. Código de referência: BR ESAPEES DES.0.MR.4.

169 ARQUIVO NACIONAL. Comissão Geral de Investigações. *Sem título*. Código de referência: BR DFANBSB 1M.0.0.6357.

170 FRESTON, *op. cit.*, p. 211.

Nas eleições majoritárias, a IEQ tem, invariavelmente, se aproximado de candidatos conservadores. Em 1989, por exemplo, embora não tenha apoiado ninguém no primeiro turno, recomendou que candidatos ligados ao "marxismo ateu"[171] fossem evitados, abraçando Fernando Collor de Mello no segundo turno. Alguns dos seus principais nomes com passagem pelo Estado brasileiro são os pastores Guaracy Silveira e Damares Alves.

A IGREJA PENTECOSTAL BRASIL PARA CRISTO

Ao longo das décadas de 1960 e 1970, Manoel de Mello ensaiou aproximações com o clero progressista, se apresentando também como crítico do regime de 1964. Tais ações, contudo, podem ser compreendidas como um "jogo de cena",[172] estratégia calculada para projetar a sua imagem e de sua Igreja. Essa hipótese é sustentada pela documentação em períodos mais recentes, mostrando um Manoel de Mello, nos anos 1980, simpático a João Figueiredo e alinhado com partidos conservadores.

Em outubro de 1982,[173] o deputado federal Airton Esteves Soares, líder do PT na Câmara, denunciou o pastor ao Conselho Mundial de Igrejas (CMI), órgão ecumênico naquela altura frequentado sobretudo pelo clero progressista, por mobilizar sua Igreja em favor do partido governista PDS. A exemplo de outras pentecostais, argumentava também o deputado que a Brasil para Cristo aderia à campanha de agressão à Igreja Católica.

A mão de Mello, de fato, estendeu-se para a ditadura em março de 1982, quando o religioso posta amistoso telegrama para Figueiredo. Em nome da Igreja, parabenizava o general pela "coragem e oportunidade"[174] em pronunciamento contra a obscenidade, informando a adesão de sua agremiação à "proclamada cruzada" e desejando que Deus guardasse vossa excelência, família e governo "pelos quais estamos em oração".

---

171   *Ibid.*, p. 255.
172   CAMPOS, 1996, *op. cit.*, p. 88.
173   ARQUIVO NACIONAL. Serviço Nacional de Informações. *Resenha política do interior paulista*. Código de referência: BR DFANBSB V8.MIC, GNC.EEE.82012946.
174   ARQUIVO NACIONAL. Gabinete Pessoal do Presidente da República. *Sem título*. Código de referência: BR DFANBSB JF.JBF.0.83.

O GOVERNO BRASILEIRO ABRE AS PORTAS
PARA O PARTIDO DA FÉ CAPITALISTA

A inocuidade contestatória da Brasil para Cristo foi também atestada pela agência de Curitiba do SNI em informe confidencial de 1982. A agência informava não ter detectado "vinculações de caráter político-ideológico dos membros da diretoria da Igreja", não havendo também "registros negativos à atuação da entidade e de seus membros diretores".[175] Já em 1985, Mello foi retratado pelo SNI como um crítico da Teologia da Libertação, tendo dito que ela "não é fiel às Escrituras Sagradas".[176]

Outro exemplo do alinhamento da Brasil para Cristo com o conservadorismo político foi o apoio[177] a parlamentares da bancada evangélica nas eleições de 1986, como o membro da Assembleia de Deus Matheus Iensen, eleito pelo PMDB do Paraná.

A IGREJA PENTECOSTAL DEUS É AMOR

A respeito da Igreja de David Miranda, a documentação é escassa de indícios sobre sua aproximação com o governo brasileiro. Ao mesmo tempo, a exemplo da Iurd, a Igreja sofreu constante vigilância dos órgãos de informação governamentais, que frequentemente a viam sob o prisma da "exploração da fé popular".

Há, contudo, o caso da Rádio Itaí, cuja concessão foi renovada pelo período de dez anos em decreto[178] presidencial de 9 de dezembro de 1983, permitindo que continuasse emitindo ondas médias a partir da cidade de Guaíba, no Rio Grande do Sul. Nesse momento, entretanto, a rádio ainda não pertencia à Igreja, mas ao general Edgar Salis Brasil e a Lorenzo Gabellini, tendo David Miranda a comprado de Gabellini em janeiro de 1984. De qualquer modo, a rádio permaneceu autorizada a funcionar

---

175   ARQUIVO NACIONAL. Serviço Nacional de Informações. *Igreja Evangelica Pentecostal O Brasil para Cristo*. Código de referência: BR DFANBSB V8.MIC, GNC.NNN.82002543.

176   ARQUIVO NACIONAL. Serviço Nacional de Informações. *Principais assuntos no campo psicossocial em OUT 84*. Código de referência: BR DFANBSB V8.MIC, GNC.EEE.85016674.

177   ARQUIVO NACIONAL. Serviço Nacional de Informações. *Candidatos eleitos que receberam o apoio da Igreja no Paraná, SS14 ACT*. Código de referência: BR DFANBSB V8.MIC, GNC.NNN.87006992.

178   ARQUIVO NACIONAL. Conselho de Segurança Nacional. *Sem título*. Código de referência: BR DFANBSB N8.0.AGR, LGS.270.

após a venda, conforme atesta dossiê do SNI sobre as atividades radiofônicas da agremiação.

Após os locutores profissionais da Itaí serem substituídos por pastores, o presidente do Sindicato dos Radialistas do Rio Grande do Sul, Ciro Castilhos Machado, ainda em 1984, enviou documentos ao Ministério das Comunicações indicando o "desvirtuamento acintoso dos princípios que regulam a radiodifusão",[179] sem ter recebido qualquer resposta. O sindicalista acusava o governo de facilitar as emissões da Igreja, que para ele teriam o efeito de "alienar o povo, ao mesmo tempo em que auxiliam na transferência dos problemas concretos sociais para o campo do espiritualismo". Já o presidente do Sindicato dos Médicos do Rio Grande do Sul, Flávio Moura de Agosto, por causa dos programas de cura espiritual, também prometia entrar com ação junto ao Departamento de Fiscalização do Exercício de Medicina.

O próprio Departamento Nacional de Telecomunicações (DENTEL) tinha reservas à prática radiofônica da Deus é Amor. Seu assistente jurídico em Porto Alegre, Luiz Carlos Santos Ferraz, considerava a programação da Rádio Itaí "discriminatória, por se dirigir a apenas uma parcela do público" precisando a radiodifusão se referir ao interesse de todo o público. Ferraz externava também a preocupação do DENTEL com as "soluções mágicas" oferecidas. O SNI, por sua vez, concordava haver indícios de atividades ilícitas nos programas da Deus é Amor, mas preocupava-se primeiramente com religiosos progressistas, que tentavam imputar ao governo a facilitação dessas atividades, sendo o aspecto de "maior repercussão e que atinge frontalmente o governo vigente" o fato de a autorização para a Rádio Itaí ser "assinada pelo Presidente da República", dando fôlego às denúncias de conluio. Em dezembro de 1984, em matéria do jornal *Zero Hora* anexa a outro dossiê do SNI, Luiz Carlos Ferraz lavava suas mãos sobre a aventada cassação da concessão da Rádio Itaí, declarando que ela "será decidida em Brasília".[180]

---

179   ARQUIVO NACIONAL. Serviço Nacional de Informações. *Atuação da Igreja Pentecostal Deus é Amor em Porto Alegre RS, exploração da credulidade popular*. Código de referência: BR DFANBSB V8.MIC, GNC.GGG.84010295.
180   ARQUIVO NACIONAL. Serviço Nacional de Informações. *Irregularidades no conteúdo programático da Radio Itaí LTDA, Porto Alegre RS*. Código de referência: BR DFANBSB V8.MIC, GNC.GGG.85012529.

A concessão presidencial, entretanto, não foi retirada e nem, tampouco, a Itaí se privou de irradiar programas com curas espirituais, sendo por isso multada pelas secretarias da Fazenda e da Saúde e Meio Ambiente do Rio Grande do Sul em março de 1985.[181] A última informação sobre o caso aparece em relatório de 1993 da SAE sobre os percalços legais de David Miranda. Ali é dito que o procurador do pastor contestou a multa do governo do Rio Grande do Sul, "alegando falta de competência jurídica daquela secretaria para aplicar multas", competência que seria privativa do governo federal "como concessionário dos serviços de telecomunicações".[182]

A Rádio Itaí continua em funcionamento atualmente, ainda sob a posse da Igreja, tendo modificado seu nome para Rádio Itaí Deus é Amor.

A IGREJA PENTECOSTAL DE NOVA VIDA

Um dos principais pastores da Igreja Pentecostal de Nova Vida, Herbert Otavio Pettersson, filho do missionário sueco assembleiano Aldor Petterson, tem uma história interessante registrada pelos serviços de inteligência da ditadura que mostra como ele conseguiu travar contato com altos escalões do regime a fim de resolver problemas burocráticos. Trata-se da compra da Rádio Relógio Federal pela Igreja em finais de 1967.

Documentos[183; 184] secretos da Comissão Geral de Investigações, de janeiro e março de 1968, revelam dificuldades para a regularização da concessão da rádio, brecada por funcionários do Conselho Nacional de Telecomunicações (CONTEL), que exigiam propina. O pastor Pettersson se fez chegar ao almirante Henry British Lins de Barros por intermédio de um certo Milton Parnes, que mantinha escritório em prédio no número 417-A da Avenida Presidente Vargas, mesmo endereço da Rádio Relógio,

---

181 ARQUIVO NACIONAL. Serviço Nacional de Informações. *Confirmação de multa à Radio Itaí, por Acordão do TJE*. Código de referência: BR DFANBSB V8.MIC, GNC. GGG.85012949.

182 ARQUIVO NACIONAL. Serviço Nacional de Informações. *Sem título*. Código de referência: BR DFANBSB V8 MIC PTR DIT 0513.

183 ARQUIVO NACIONAL. Comissão Geral de Investigações. *Sem título*. Código de referência: BR DFANBSB 1M.0.0.3192.

184 ARQUIVO NACIONAL. Comissão Geral de Investigações. *Sem título*. Arquivo Nacional. Código de referência: BR DFANBSB 1M.0.0.3192.

onde prestava trabalhos para a "Editora do Diário Israelita". Segundo Parnes, sua relação com o pastor começou quando ofereceu "graciosamente" uma sala para o funcionamento provisório da rádio. Um dia, o pastor, "muito indignado", lhe informara sobre as dificuldades que enfrentava com o CONTEL para revalidar um decreto presidencial concedendo aumento de potência e mudança de programação para a rádio, ao que Parnes prontamente acionou o almirante Barros, presidente da Associação Brasileira de Telecomunicações. Não há detalhes sobre a relação de Parnes e o almirante, mas o documento sugere que o segundo tinha o primeiro em alta conta pois, conforme palavras do militar, chamado a comparecer urgentemente ao escritório da Presidente Vargas, atendeu ao pedido "imediatamente". Uma vez no local e inteirado da situação, Parnes pediu ao almirante que telefonasse para seu amigo, o general Guilherme José Rodrigues Júnior, diretor da DSI do Ministério do Trabalho, pedindo orientações. Estando o general ocupado, despachando em Petrópolis (RJ) com Jarbas Passarinho e o presidente Costa e Silva, o almirante agendara uma reunião na própria DSI-MT onde, além de Parnes e o pastor, estariam os generais Guilherme José Rodrigues Júnior e Sérvulo Mota Lima, este último diretor da DSI do Ministério das Comunicações. Pettersson acabou não comparecendo, mas Parnes concordou em representá-lo, conseguindo a pronta cooperação de Mota Lima, que prometeu providências imediatas. Precisando ausentar-se do país, Parnes deixou o número do pastor com o diretor da DSI do Ministério das Comunicações e, ao voltar, "teve a satisfação de verificar que o Governo tomara as providências necessárias", abrindo um inquérito administrativo para apurar as queixas.

Embora faltem informações sobre Milton Parnes, suas relações com o alto escalão do governo sugerem que ele tenha sido um colaborador de algum destaque da ditadura. Reforçando a hipótese, a edição de 5 de junho de 1968 do jornal *Correio da Manhã* fornece pistas sobre sua identidade. Em matéria sobre a inauguração de um novo sistema telefônico para a cidade de Belo Horizonte (MG), ressalvada a possibilidade de se tratar de um homônimo, o nome de Parnes aparece entre os presentes para a solenidade, relacionado como "assessor do ministro das Comunicações"[185]

---

185 "CMGT cumpre o prometido Belo Horizonte com 30 mil telefones". *Correio da Manhã*, Rio de Janeiro, 05 jun. 1968, p. 10.

Carlos Furtado de Simas. Ainda nas páginas do Correio, Milton Parnes aparece em diferentes momentos da década de 1960 ocupando a função de radialista na Rádio Guanabara.

A despeito de nunca ter alcançado um grande público, a Igreja de Nova Vida tem importância crucial para o panorama religioso brasileiro, pois, além de conter o embrião teológico neopentecostal,[186] como a ênfase na batalha terrena contra o Diabo e a ideia de que a riqueza poderia ser conseguida através de contribuições monetárias à Igreja, saiu de seus quadros aquele que viria a ser o mais bem sucedido propagador desses preceitos: o dono da Igreja Universal do Reino de Deus, Edir Macedo.

A IGREJA UNIVERSAL DO REINO DE DEUS

As relações da Iurd com a ditadura não foram amistosas. Pentecostais tardios, inaugurando práticas proselitistas e aprofundando a monetização de outras, como as sessões de cura, a Universal começa a se expandir quando o regime dos generais se desagrega. Não foi integrada, portanto, em programas de sustentação ideológica, recebendo neste período a desconfiança do Estado restrito ao invés de afagos e benesses. Tais desentendimentos parecem em muito reportar-se à ênfase na Teologia da Prosperidade e no correspondente impulso arrecadatório dos cultos.

Um dossiê do SNI de princípios dos anos 1980 mostra a vigilância constante e o mau juízo que o regime fazia do empreendimento. Retrocedendo a maio de 1981, poucos anos desde a fundação da Igreja, o dossiê contém documento da Delegacia de Polícia Fazendária do Departamento de Polícia Federal comunicando abertura de investigação sobre denúncias de contrabando envolvendo Edir Macedo e José Cabral Vasconcelos. Ambos estariam trazendo equipamentos dos Estados Unidos "contando, para desembaraçar-se na Alfândega, com a ajuda de uma falsa funcionária".[187] Indícios materiais, de fato, foram encontrados pela polícia, reconhecendo Macedo que trouxera dos Estados Unidos algumas fitas de videocassete e

---

186   MARIANO, *op. cit.*, p. 51.
187   ARQUIVO NACIONAL. Serviço Nacional de Informações. *Igreja Universal do Reino de Deus*. Arquivo Nacional. Código de referência: BR DFANBSB V8.MIC, GNC. CCC.89017556.

microfones que passaram pela alfândega com a ajuda de uma "sra. Lúcia", de fato funcionária da Receita. Na falta de mais provas, entretanto, o inquérito não prosseguiu.

Os serviços de inteligência do Estado, porém, permaneceram de olho na Iurd, conforme revela documento confidencial de 1989, juntado ao mesmo dossiê, que discorria sobre suas agressivas campanhas dizimistas. Em função delas, julgava o SNI ser a Igreja essencialmente uma "organização comercial que usa como fachada o nome de Igreja, ficando isenta de alguns tributos e fiscalização" e que, em tempos de hiperinflação, pedia doações em dólar sob os *slogans* "Quanto vale um milagre" e "Quem não tem dólar dá cruzado". O "bispo" chegou a ser preso em 1992 por inquérito de 1989 sobre queixas de ex-seguidores que, após doarem o que tinham e não tinham, não receberam as dádivas divinas prometidas. Paralelamente, o Ministério Público Federal acompanhou as atividades da Iurd durante boa parte da década de 1990, interessado no processo de conversão do dízimo não tributável, por meio de manobras cuja licitude é suspeita, em capital investido em vasto número de atividades lucrativas.

Mas, a despeito da resistência, desde os primeiros dias de sua Igreja, Edir Macedo alimentou planos para frequentar o governo. Não é fortuito, assim, que a Igreja Universal seja uma das pentecostais cujas incursões na disputa partidária se deu em menor tempo após a fundação, já em 1982. Não demorou, dessa forma, para que a Iurd fosse acolhida pela República brasileira, sendo o marco inicial desse processo a eleição do cofundador Roberto Augusto Lopes para deputado federal em 1986.

Lopes foi um dos principais interlocutores da bancada evangélica com Sarney, conforme mostra documento[188] do SNI, contando como o pastor conseguiu o favor do presidente em troca de apoio ao seu governo. A parceria foi firmada em julho de 1987, envolvendo a nomeação de um pastor da Assembleia de Deus para a direção da Superintendência do Desenvolvimento da Pesca (SUDEPE). Selada a aliança, mesmo instado por seu partido, o PTB, a assinar documento por eleições diretas em 1988, o iurdiano declinara "em razão de compromissos já firmados com o Governo

---

188 ARQUIVO NACIONAL. Serviço Nacional de Informações. *Bloco parlamentar evangélico, apoio irrestrito ao presidente Sarney*. Código de referência: BR DFANBSB V8.MIC, GNC.AAA.87063733.

Federal". Outro documento do SNI sobre o mesmo tema deixa claro o interesse do grupo evangélico na SUDEPE. Pretendia ele contrapor-se ao trabalho da Pastoral da Pesca, "organismo progressista vinculado à CNBB",[189] buscando ali mais espaços.

Com a eleição de Fernando Collor de Mello em 1989, a Iurd avança mais alguns degraus em direção à sua integração ao governo. A amizade entre Macedo e Collor, que viu no "bispo" grande cabo eleitoral, foi costurada pelo empresário Aberto Felipe Haddad Filho, conhecido como Bebeto Haddad.[190] A triangulação continuaria ao longo do governo, com Haddad, eleito deputado federal, aproximando-se do círculo íntimo do presidente, formado pelo ex-tesoureiro de campanha Paulo César Farias e os deputados Renan Calheiros e Cleto Falcão.[191] PC Farias, inclusive, teria papel decisivo no desembaraço da complicada compra da TV Record ao conseguir para Macedo uma carta de fiança de uma instituição bancária. O próprio Collor ligara para Sílvio Santos, na época dono da Record, pedindo que a negociação fosse facilitada: "Silvio, quem está comprando a TV sou eu. É para mim que o Macedo está comprando", teria ele dito, ao que o empresário e apresentador de programas de auditório respondeu: "Presidente, por que o senhor não avisou antes?"[192]

A parceria entre a burocracia estatal e Macedo prosseguiu sob Fernando Henrique Cardoso, cuja eleição o "bispo" facilitou. A aliança foi providencial para afastar a Universal dos braços da Justiça, valendo o apoio da Iurd a José Serra para a prefeitura de São Paulo em 1996. Naquele ano, o deputado iurdiano bispo Rodrigues, o ministro das Comunicações Sérgio Motta e o vice-líder do governo, Arnaldo Madeira, teriam firmado o conluio, cujas condições seriam o encerramento das investigações da Receita, do Banco Central e do Ministério das Comunicações contra a Igreja Universal.[193]

Mas nem tudo foram flores entre Edir Macedo e Fernando Henrique Cardoso. Por multas aplicadas pela Receita Federal à Rede Record, à Igreja

---

189   Ibid.
190   NASCIMENTO, op. cit.
191   Ibid.
192   Ibid.
193   Ibid.

Universal e ao próprio Edir Macedo, a Iurd não se envolveu na sua reeleição em 1998, mantendo certa neutralidade.

De todo modo, sintomático da mudança de opinião do governo, a SAE de Fernando Henrique, em março de 1998, invertia argumentos usados pelo SNI sobre a disputa entre a Rede Globo e a Igreja. O documento falava do programa *Globo Repórter* que deixaria "transparecer suas 'tintas de imprensa marrom'[194] no serviço de interesses inconfessáveis dos proprietários". Destacava-se reportagens contra "Igreja Universal do Reino de Deus e seu bispo Edir Macedo, este grande concorrente do Grupo Roberto Marinho". A mesma SAE que, seis anos antes, sugeriu uma "devassa fiscal, objetivando conter os excessos da Iurd e o poder de influência do seu principal líder".[195]

Também em 1998, a Secretaria formulou outro documento que sugere que tanto a Iurd como a Igreja Católica podem ter tido o acesso a penitenciárias facilitado em seus trabalhos não apenas religiosos, mas também educativos e assistencialistas. Ao comentar a campanha católica naquele ano, intitulada "A Fraternidade e os encarcerados", o órgão sublinhava também a presença da Igreja de Macedo em prisões, conectando tais ações a uma alegada melhoria na administração penitenciária no país.[196]

Passou a Iurd ao longo dos anos 1990, assim, por um processo de legitimação social e integração ao Estado restrito, fenômeno que prosseguiria ao longo dos governos do PT, apesar de antigas rusgas. Sobre esse período, uma curiosidade: a permanência do interesse iurdiano sobre o setor pesqueiro, manifesta pela nomeação do sobrinho de Edir Macedo, Marcelo Crivella, como ministro da Pesca em 2012.

---

194 ARQUIVO NACIONAL. Secretaria de Assuntos Estratégicos da Presidência da República. *Sem título.* Código de referência: BR DFANBSB H4.MIC,GNC.CCC.990021497.

195 ARQUIVO NACIONAL. Secretaria de Assuntos Estratégicos da Presidência da República. *Sem título.* Código de referência: BR DFANBSB H4.MIC,GNC.DIT.920076033.

196 ARQUIVO NACIONAL. Secretaria de Assuntos Estratégicos da Presidência da República. *Sem título.* Código de referência: BR DFANBSB H4,MIC GNC.CCC.990021496.

A IGREJA DA UNIFICAÇÃO (SEITA MOON)

A Igreja da Unificação, também conhecida como Associação das Famílias para a Unificação e Paz Mundial, Associação do Espírito Santo para a Unificação do Cristianismo Mundial, ou Seita Moon, organização religiosa surgida na Coreia do Sul e capitaneada pelo empresário Sun Myung Moon, aportou no Brasil na década de 1970 e, a exemplo do caso estadunidense, manteve influência desproporcional aos seus pequenos números.

Segundo dados do SNI,[197] a sua expansão foi rápida e organizada. Em 1977 teria pouco mais de cem membros, subindo para 1.500 em 1979, concentrados em São Paulo, Porto Alegre, Curitiba e Vitória. Mas os unificacionistas procuraram fundar células por todo o território, havendo no mesmo ano um representante em cada capital do norte e nordeste, procurando formar um quadro de 120 missionários para dirigir os negócios brasileiros. Já em 1981, a sua revista oficial *Mundo Unificado* declarava haver sete mil "moonitas".[198] Cinco anos depois, o SNI[199] indicava que estes já dispunham de unidades em 41 cidades de São Paulo e penetração em dezessete outros estados.

O percurso inicial da Igreja da Unificação no Brasil foi extremamente conturbado, passando a organização a partir de 1981 a enfrentar denúncias criminais, seguidas de episódios de ira popular. Os fatos encontram-se documentados em dossiê[200] da DSI do MRE, com informações sobre a atuação da organização no Brasil e no mundo. Entre seus anexos, há uma edição da *Mundo Unificado*, chamando holofotes para depredações de que a Igreja fora vítima em seis capitais após denúncias em programas de TV e matérias de jornal em agosto de 1981. Falando em "'patrulhas ideológicas'

---

197 ARQUIVO NACIONAL. Serviço Nacional de Informações. *Atividades da Seita Igreja Unificação ou Associação do Espírito Santo para Unificação do Cristianismo Mundial 4.6.1.* Código de referência: BR DFANBSB V8/MIC/GNC/GGG/81003201.

198 ARQUIVO NACIONAL. Divisão de Segurança e Informações do Ministério das Relações Exteriores. *Dossiê*. Código de referência: BR DFANBSB Z4.DPN.PES, PFI.235.

199 ARQUIVO NACIONAL. Serviço Nacional de Informações. "Atividades da CAUSA no Brasil". Código de referência: BR DFANBSB V8.MIC, GNC.AAA.87060643.

200 ARQUIVO NACIONAL. Divisão de Segurança e Informações do Ministério das Relações Exteriores. *Sem título*. Código de referência: BR DFANBSB Z4.DPN.PES, PFI.235.

da extrema-esquerda", enraivecida com suas ações anticomunistas, a Igreja levou o problema ao ministro da Justiça, Ibrahim Abi-Ackel, que recebeu sua advogada em 20 de agosto.

Os serviços de inteligência da ditadura, contudo, tinham dúvidas sobre a improcedência das denúncias, vigiando a Igreja por boa parte dos anos 1980. O mesmo dossiê, documento secreto da DSI-MRE de agosto de 1981, arrola indícios criminosos em todo o mundo, taxando os seus métodos para angariar seguidores como "lavagem cerebral", acrescentando o SNI que o principal alvo da pregação unificacionista era a "população menos privilegiada",[201] sobretudo os jovens, "cooptados a trabalhar".

De fato, informação de 1981 da DSI do Ministério da Justiça diz que a agremiação tinha como "norma a autossustentação",[202] a partir de empresas que produziam itens comercializáveis, cujo lucro lhe era revertido, como a porto-alegrense Unificação Comércio de Vestuário e Alimentos Ltda, que chegou a ser multada por sonegação em 1979. Em São Paulo, de acordo com outro papel,[203] a Igreja da Unificação controlaria em 1986 a Unificação Confecção de Roupas Ltda., a Importadora Il-Hwa do Brasil, a Bijuterias Mundial, a Tipografia Ilrung Gráfica e Editora Ltda. e a Distribuidora SCL.

Uma das principais bases da organização, o Rio Grande do Sul parece ter sido a origem da série de denúncias. Segundo o SNI,[204] em queixas aos órgãos policiais, ex-adeptos e parentes de seguidores acusaram a Igreja de escravidão, cárcere privado, regime abusivo de trabalho, enriquecimento ilícito, remessa ilegal de dinheiro para o exterior, corrupção de menores, tráfico de mulheres, fraude e coação e exploração do lenocínio, além de pairar sobre ela uma suspeita de assassinato.

Todavia, uma enxurrada de manifestações de apoio chegou ao Ministério das Relações Exteriores vinda dos Estados Unidos. Alguns dos

---

201 ARQUIVO NACIONAL. Serviço Nacional de Informações. *Seita Moon em Belo Horizonte*. Código de referência: BR DFANBSB V8.MIC, GNC.OOO.86012256.

202 ARQUIVO NACIONAL. Divisão de Segurança e Informações do Ministério da Justiça. *Processo DICOM n. 16.618*. Código de referência: BR RJANRIO TT.0JUS, PRO.343.

203 ARQUIVO NACIONAL. Serviço Nacional de Informações. "Atividades da CAUSA no Brasil". Código de referência: BR DFANBSB V8.MIC, GNC.AAA.87060643.

204 ARQUIVO NACIONAL. Serviço Nacional de Informações. *Atividades da Seita Igreja Unificação ou Associação do Espírito Santo para Unificação do Cristianismo Mundial 4.6.1*. Código de referência: BR DFANBSB V8/MIC/GNC/GGG/81003201.

correspondentes foram o teólogo Frederick Carney, da Universidade metodista SMU em Dallas, apelando para que o governo garantisse os direitos da Igreja; Henry Finch, da Universidade de Nova York, frisando que ela merecia a mesma proteção que qualquer outro grupo religioso; William R. Jones, da Igreja Unitária, que demandou "ações diretas e imediatas" contra tamanha "violação dos direitos humanos"; o teólogo Paul W. Skarkey, solicitando medidas contra a "perseguição" sofrida pela Igreja; e Gay M. Ross, diretor associado do Departamento de Relações Públicas e Liberdade Religiosa da Conferência Geral dos Adventistas do Sétimo Dia, repudiando os "ataques arbitrários contra a Igreja da Unificação perpetrados por terroristas de esquerda no Brasil que violam perigosamente os direitos humanos e a liberdade religiosa no Brasil e pedem imediatas ações corretivas".[205]

Pressões sobre a ditadura vieram também da cúpula da Igreja, cujo presidente nos Estados Unidos, Mose Durst, procurou o embaixador da Missão do Brasil na ONU, Carlos Calero Rodrigues, em setembro de 1981, para expressar "sua preocupação ante os atos de violência popular",[206] manifestando a impressão de que o governo não havia feito o necessário para impedi-la e pedindo "alguma manifestação oficial de condenação".

Ao mesmo tempo, outra avalanche de cartas de brasileiros chegava ao Ministério da Justiça e à Presidência da República cobrando providências contra a Igreja. Um homem chamado Paulo César da Cunha, do Rio de Janeiro, escreveu para João Figueiredo em agosto de 1981 querendo saber das "garantias às famílias brasileiras dadas pela revolução de 64"[207] e "Por que o SNI, que é acima de tudo um órgão de segurança, não tomou providência? Por que o Dops, cujo nome mesmo diz é um órgão social, não fez intervenções nesses centros de lavagem cerebral, de onde evasivos já denunciaram a ocorrência de mortes?". Ousado, prosseguia com ironia e caixas altas: "Na hora de derrubarem um governo CONSTITUCIONAL, a coisa

---

205 ARQUIVO NACIONAL. Divisão de Segurança e Informações do Ministério das Relações Exteriores. *Sem título*. Código de referência: BR DFANBSB Z4.DPN.PES, PFI.235.
206 ARQUIVO NACIONAL. Divisão de Segurança e Informações do Ministério das Relações Exteriores. *Sem título*. Código de referência: BR DFANBSB Z4.DPN.PES, PFI.235.
207 ARQUIVO NACIONAL. Divisão de Segurança e Informações do Ministério da Justiça. *Processo DICOM n. 16.618*. Código de referência: BR RJANRIO TT.0.JUS, PRO.343.

foi rápida e bem feita", pedindo o fechamento da Igreja em uma semana, afinal, "o presidente João Goulart não foi deposto em apenas 24 horas?".

O Dops, todavia, se ocupou do caso. Conforme matéria do jornal *Folha da Tarde*, a Igreja da Unificação foi investigada por ordem de Romeu Tuma, diretor da divisão paulista. O delegado, entretanto, já iniciou os trabalhos alegando ter informações que, a exemplo do que acontecera com outra organização conservadora, a Tradição Família e Propriedade (TFP), a Igreja poderia estar sendo alvo da "fúria de setores esquerdistas".[208] Assim, a ditadura se fez de surda às vozes populares, motivada não apenas pela pressão norte-americana, mas por seus próprios interesses políticos, havendo, após o final de 1981, um estreitamento de laços entre a Igreja da Unificação e o Estado brasileiro.

A despeito das convulsões populares, da cobertura midiática e dos indícios criminais, a DSI do Ministério da Justiça, em papel de novembro de 1981 entregue ao ministro Ibrahim Abi-Ackel, concluía não haver "comprovação efetiva de utilização de métodos perniciosos de arregimentação de adeptos".[209] Ainda que reconhecesse "modificações substanciais" no comportamento dos recrutas, as enquadrava no domínio da "subjetividade" e da "liberdade individual". Ainda mais importante seria "o fato da "Igreja da Unificação" lutar abertamente contra o comunismo internacional", ação pela qual "se apresenta como um meio para pôr em equilíbrio a balança já há muito desnivelada pela atuação das organizações subversivas em nosso país". Outro papel, agora do SNI, relatando a realização da II Convenção Panamericana da CAUSA Internacional, entidade subsidiária da Igreja da Unificação, em São Paulo, em julho de 1985, concluía que a organização "constitui-se, efetivamente, em um dos obstáculos que se antepõem à expansão do comunismo".[210] No ano seguinte, o SNI registrou

---

208 ARQUIVO NACIONAL. Divisão de Segurança e Informações do Ministério das Relações Exteriores. *Sem título*. Código de referência: BR DFANBSB Z4.DPN.PES, PFI.235.
209 ARQUIVO NACIONAL. Divisão de Segurança e Informações do Ministério da Justiça. *Processo DICOM n. 16.618*. Código de referência: BR RJANRIO TT.0.JUS, PRO.343.
210 ARQUIVO NACIONAL. Serviço Nacional de Informações. *II Convenção Panamericana da CAUSA Internacional*. Código de referência: BR DFANBSB V8.MIC, GNC. AAA.85051420.

que a "campanha"[211] contra a Igreja da Unificação no Brasil teria amainado consideravelmente, aludindo aos fatos de 1981 como "a execução de um verdadeiro '*pogrom*'" de "setores tidos como 'esquerdistas' inseridos na direção da Rede Globo de Televisão".

Dessa forma, o Estado brasileiro toma para si a tese exposta em 1981 pela própria Igreja nas páginas de sua revista oficial, que atribuía tais eventos a "'patrulhas ideológicas' da extrema-esquerda" infiltradas nos órgãos de comunicação. Advogava ainda o SNI não existirem evidências de que a CAUSA "viole a legislação vigente". Indo além, dizia que "que a pregação desenvolvida pela CAUSA no País em muito contribui para robustecer as convicções nacionalistas, religiosas e democráticas", que a "denúncia sistemática do caráter insidioso e deletério de ideologias antidemocráticas e espúrias, como o comunismo, que faz parte do cotidiano de atividades desenvolvidas pela CAUSA" "fortalece o nível de conscientização político-ideológica da população, aprimorando, destarte, suas defesas imunológicas à propaganda marxista-leninista", pois "procura desmistificar o chamado 'socialismo científico' e, sobretudo, porque busca demonstrar, de forma lógica, que a democracia e comunismo são antípodas".

É coerente, portanto, a presença de agentes estatais e figuras próximas à ditadura nos eventos patrocinados pela Igreja. Figurando em amplo dossiê,[212] um documento de 1981 da DSI-MRE informa que os brasileiros Nuno Linhares Velloso, chefe da Divisão de Assuntos Políticos da ESG, e Antonio Aggio Junior,[213] editor do jornal *Folha da Tarde*, atenderiam à IV World Media Conference, organizada pela Igreja da Unificação em outubro daquele ano em Nova York e concentrada no papel da mídia no combate ao comunismo. O mesmo papel revela que convites foram enviados

---

211 ARQUIVO NACIONAL. Serviço Nacional de Informações. "Atividades da CAUSA no Brasil". Código de referência: BR DFANBSB V8.MIC, GNC.AAA.87060643.

212 ARQUIVO NACIONAL. Divisão de Segurança e Informações do Ministério das Relações Exteriores. *Sem título*. Código de referência: BR DFANBSB Z4.DPN.PES, PFI.235.

213 Conforme Beatriz Kushnir (2004), a *Folha da Tarde* pertencia ao grupo *Folha de S.Paulo*. Tendo mantido um corpo de redatores com tendências progressistas até 1964, durante o regime autoritário o periódico teve seus quadros expurgados pelos proprietários Octávio Frias e Carlos Caldeira, substituídos por nomes com estreitas relações com os órgãos repressivos, entre eles Antonio Aggio Junior, nomeado editor-chefe.

também para diplomatas brasileiros na embaixada de Washington e no consulado de Nova York, informando ainda que os participantes tiveram as despesas pagas pela News World Communications Inc., empresa fundada em 1976 na mesma cidade por Sun Myung Moon.

Outro texto presente no mesmo dossiê, da embaixada do Brasil em Seul, datado de novembro de 1982, fala sobre a realização ali da V World Media Conference, com a participação de 270 pessoas, entre intelectuais, jornalistas e autoridades, vindas de 74 países. É informado que o Brasil foi representado novamente por Antonio Aggio Junior e Nuno Linhares Velloso, ao lado desta vez de Carlos Antonio Guimarães, integrante do Dops de São Paulo, órgão que, como vimos, investigava a Igreja.[214]

O dossiê traz também um informe do SNI de 1982, dando conta da realização de um Seminário de Filosofia e Teologia para Professores Universitários em Canela (RS), promovido pela Associação Internacional Cultural, outra subsidiária, e tendo como "convidado especial" Clóvis Oliveira, delegado de polícia em Belém (PA) que investigou a Igreja em inquérito sobre aliciamento de menores.

Em Porto Alegre, em julho de 1981, documento não assinado, porém emitido por um "Grupo Combate à Omissão", muito provavelmente vinculado aos unificacionistas, uma vez que o papel se encontra em outro amplo dossiê do SNI sobre a Igreja, relata ações universitárias contra a influência da esquerda no meio estudantil. Dizia o escrito que, desde 1980, criara-se um grupo de universitários devotados ao estudo de teóricos ultraliberais, como "Milton Friedman, Friedrich Hayek, Von-Mises, Bhöm-Bawerk"[215] e "técnicas de enfrentamento de totalitários". A carta concluía com uma proposta de aliança, manifestando o desejo de "manter contato com vossa senhoria, pois cremos ser esta uma hora para lutarmos pela democracia". O nome do destinatário, infelizmente, permanece em branco, mas certamente tratava-se de um funcionário do SNI. É possível, ainda, que o Grupo Combate à Omissão fosse o protótipo de outra

---

214   Provavelmente Carlos Antônio Guimarães Sequeira, delegado do Dops que, ao lado de Antonio Aggio Júnior, acumulava a função de editor internacional do jornal *Folha da Tarde*.
215   ARQUIVO NACIONAL. Serviço Nacional de Informações. *CAUSA Internacional, Washington D.C. Atividades. Unificacionismo, Unification movement*. Código de referência: BR DFANBSB V8.MIC, GNC.CCC.81C05027.

organização, dedicada ao ambiente estudantil, que entraria em funcionamento poucos anos depois, o Colegiado Acadêmico para a Reflexão de Princípios (CARP).

Evidência cabal de favorecimento da Igreja da Unificação pela cúpula governista é encontrada em mais um dossiê da DSI-MRE. Ali, há um relatório descrevendo ligação telefônica de um certo coronel Thompson, membro da Agência Central do SNI, para um funcionário da DSI identificado apenas como "Adolpho",[216] em 8 de julho de 1981. Avisava o coronel sobre o envio para a DSI de informações sobre conferência da CAUSA Internacional a ser realizada em breve. Para tanto, alguns coreanos pediam visto de entrada, manifestando o coronel que a posição do SNI era "favorável", havendo interesse na concessão. Por outro lado, a mesma folha registra que a conversa abordou pedido similar de atores cubanos para a participação em um festival de teatro, pleiteado pela atriz Ruth Escobar junto ao ministro da Educação. Para este caso, no entanto, o general Newton Cruz, chefe da Agência Central do SNI entre 1977 e 1983, "pediu que telefonasse para você, declarando que o ponto-de-vista da AC é o de negar o visto para qualquer cubano".

O fim da ditadura em princípios de 1985 não encerrou a presença unificacionista no Estado brasileiro, preservada com a cooptação de políticos e o financiamento de candidaturas. Um balanço do SNI, sobre candidatos eleitos no pleito legislativo de 1986 que receberam apoio de organizações religiosas, revela que a Igreja auxiliou a eleição de 27 deputados federais, preferindo manter os seus nomes em sigilo, "pela má fama que a seita possui".[217] O fato indica a possibilidade de que a organização tenha desempenhado, de forma oculta, importante papel no financiamento de candidaturas ao longo da Nova República, contradizendo seu presidente no Brasil em 1981, César Zaduski, que dissera que, ao contrário do que a Igreja fizera nos Estados Unidos, apoiando a eleição de Ronald Reagan, no

---

216 ARQUIVO NACIONAL. Divisão de Segurança e Informações do Ministério das Relações Exteriores. *República Nacional da China*. Código de referência: BR DFANBSB Z4.REX.IPS.91.

217 ARQUIVO NACIONAL. Serviço Nacional de Informações. *Candidatos eleitos que receberam apoio da igreja*. Código de referência: BR DFANBSB V8.MIC, GNC.KKK.87005996.

Brasil a orientação seria "não defender Partidos ou políticos, mas apoiar pessoas que têm posição a favor de Deus, sempre em função da religião".[218]

Apesar do sigilo, alguns dos apoiados pela Igreja são revelados em outro papel do SNI. Foram eles Fausto Auromir Lopes Rocha, do PFL, José Maria Eymael, do PDC, Herbert Vítor Levy, do PSC e Guilherme Afif Domingos, do PL.[219] Fausto Auromir foi membro diretor da CEB, organização que, como vimos, foi expurgada após o golpe de 1964 e que voltou nos anos 1980 sob controle da bancada evangélica. Como secretário de desburocratização de São Paulo entre 1981 e 1982, formulou em abril de 1981 projeto aprovado pelo governador Paulo Maluf que reconhecia a Igreja da Unificação "como de utilidade pública".[220]

Não satisfeita em financiar campanhas, uma meta da organização para o "futuro próximo"[221] era a construção de "uma frente partidária" com agremiações menores como o PMB, PSC, PDC e o PPB, além de outros partidos que tivessem afinidade com os princípios defendidos pela Igreja, "o nacionalismo e o anticomunismo". Talvez não por acaso, portanto, algumas dessas siglas tenham sido as maiores responsáveis pela eleição de membros da bancada evangélica. O PDC, por exemplo, elegeu em 1986 dois assembleianos, em 1990 um membro da Congregação Cristã no Brasil e um mórmon. Já o PPB emplacou em 1998 dois assembleianos, um iurdiano, um membro da Congregação Cristã, um quadrangular, um batista e um luterano.

O último registro a respeito da Igreja da Unificação localizado na base de dados eletrônica do Arquivo Nacional é um relatório confidencial, intitulado "Atividades da Seita Moon em Goiás",[222] redigido pela SAE em 1996.

---

218 ARQUIVO NACIONAL. Divisão de Segurança e Informações do Ministério das Relações Exteriores. *Sem título*. Código de referência: BR DFANBSB Z4.DPN.PES, PFI.235.
219 ARQUIVO NACIONAL. Serviço Nacional de Informações. "Atividades da CAUSA no Brasil". Código de referência: BR DFANBSB V8.MIC, GNC.AAA.87060643.
220 ARQUIVO NACIONAL. Serviço Nacional de Informações. *Confederação Evangélica do Brasil, CEB*. Código de referência: BR DFANBSB V8.MIC, GNC.EEE.88020924.
221 ARQUIVO NACIONAL. Serviço Nacional de Informações. "Atividades da CAUSA no Brasil". Código de referência: BR DFANBSB V8.MIC, GNC.AAA.87060643.
222 ARQUIVO NACIONAL. Secretaria de Assuntos Estratégicos da Presidência da República. *Sem título*. Código de referência: BR DFANBSB H4 MIC.GNC.RRR 990014702.

O documento conta sobre um grande evento planejado pela organização na cidade de Goiânia na mesma data, trazendo também um diagnóstico sobre os planos da Igreja para o Brasil naquele momento. Buscavam os "moonitas" "a aproximação com grupos evangélicos" a fim de "cooptar maior número de lideranças e fiéis". Tal fato, contudo, não é novidade, uma vez que a unificação do campo religioso em torno de um projeto pró-capitalista é o propósito declarado da organização. O papel informa, porém, que também a mais nova estrela pentecostal do país se aproximava da Igreja da Unificação, tendo participado de encontro na capital uruguaia "evangélicos ligados à Igreja Universal do Reino de Deus, do bispo Edir Macedo". Ao lado do possível financiamento de candidatos da bancada evangélica, revela-se aqui um importante nexo entre as organizações religiosas conservadoras no Brasil, mesmo as mais recentes, e porções estrangeiras do Partido da Fé Capitalista.

Em princípios de 1998, a Igreja mudou seu nome para Associação das Famílias para Unificação e Paz Mundial. Ainda no final da década, o reverendo Moon, morto em 2012, teria comprado largas porções de terra no estado do Mato Grosso, fazendo ali também pesados investimentos agropecuários. As atividades atuais da organização, entretanto, mantêm-se perfeitamente sigilosas, tal como os encontros que realizou, que nos chegam em detalhes apenas por meio da documentação dos órgãos de espionagem estatais. Não é possível, por exemplo, encontrar na internet informações atualizadas sobre nenhuma das suas subsidiárias no Brasil.

A RENOVAÇÃO CARISMÁTICA CATÓLICA

O sociólogo Ricardo Mariano[223] sustenta que a Renovação Carismática Católica (RCC) é a "grande arma do Vaticano para tentar conter o crescimento pentecostal, combater a Teologia da Libertação e recuperar parte do rebanho desgarrado". De fato, em 1982 dizia o SNI que a RCC aglutinaria "pessoas que possuem problemas de toda ordem",[224] mas procurando

---

223   *Op. cit.*, p. 12.
224   ARQUIVO NACIONAL. Serviço Nacional de Informações. *Renovação Carismática Católica do Brasil*. Código de referência: BR DFANBSB V8.MIC, GNC.EEE.82011500.

"resolvê-los com base na fé", portanto à moda pentecostal, ao contrário das CEBs, que buscavam indicar causas e remédios sociais para tais problemas. A RCC aparecia como um movimento conservador também para o Comando do II Exército, que em junho de 1983 esforçava-se para distingui-la de outro movimento católico com o nome parecido, o Movimento de Renovação Cristã. Para o Exército, enquanto este ligava-se à esquerda clerical, a RCC seria "um movimento do clero conservador, originado nos Estados Unidos".[225] Na mesma direção, em 1986 o SNI dizia que a Congregação Nova Jerusalém, fundada em Fortaleza (CE) pela RCC, tinha como meta formar padres e freiras "dentro de uma linha conservadora".[226]

Os próprios católicos tinham algo a dizer sobre o conservadorismo da RCC. A esse respeito se pronunciou o arcebispo da Paraíba, José Maria Pires, na publicação *A segurança do povo: um desafio à comunicação*,[227] editada em 1984 pela União Cristã Brasileira de Comunicação Social e retida nos arquivos do SNI. Pires criticava a ausência da percepção da "dimensão política da fé" por parte de muitos religiosos, como os carismáticos. Não haveria entre eles "a consciência de que a opção preferencial pelos pobres supõe a participação na luta por mudanças de estruturas", levando-os a dialogar com a ditadura, que "não deixa de tirar o máximo de proveito dessa 'divisão'".

A RCC, contudo, permaneceu indiferente às palavras do bispo, passando como um trator sobre o projeto evangelístico formulado pela CNBB ao apresentar em 1988 seus próprios planos, denominados Evangelização 2000. Matéria publicada em maio de 1988 no boletim da Agência Ecumênica de Notícias (AGEN), também depositada nos arquivos do SNI, relata a presença do padre carismático estadunidense Tom Forrest na 26ª Assembleia Geral da CNBB. Cabia a ele a direção da iniciativa e a de sua irmã gêmea, ao Lumen 2000, desdobramento voltado para as comunicações

---

225   ARQUIVO NACIONAL. Serviço Nacional de Informações. *Levantamento dos campos militar, político, econômico, psicossocial e subversão na área do IIEX, no período de 01 a 31 MAI 83*. Código de referência: BR DFANBSB V8.MIC, GNC.EEE.83014573.
226   ARQUIVO NACIONAL. Serviço Nacional de Informações. *Congregação Nova Jerusalém*. Código de referência: BR DFANBSB V8.MIC, GNC.QQQ.86003509.
227   ARQUIVO NACIONAL. Serviço Nacional de Informações. *XIII Congresso Brasileiro de Comunicação Social UCBC*. Código de referência: BR DFANBSB V8.MIC, GNC. EEE.84016567.

em massa, "dois projetos bilionários da Igreja Católica, voltados para a 'conquista' do mundo para Jesus Cristo"[228] com o aval do papa João Paulo II. Dizia o norte-americano que o projeto poderia contar com um orçamento de quatrocentos milhões de dólares, dos quais o Brasil, maior país católico do mundo, receberia uma expressiva quantia. Notava a matéria a reserva da CNBB, que já tinha uma linha pastoral bem clara, o "compromisso objetivo com os empobrecidos". O novo programa, por outro lado, além de exibir um tom mais espiritualista, seria financiado por "grandes empresários norte-americanos e europeus", sendo o embaixador dos Estados Unidos na Santa Sé – o já mencionado Frank Shakespeare[229] – um dos seus maiores apoiadores. A despeito da indisposição da CNBB, entretanto, escolas de evangelização já estavam sendo instaladas por todo o Brasil "preparando quadros para a nova cruzada".

Um dos grupos católicos mais afetados pelo acachapante despontar da RCC foi as CEBs. Tentativas de reação foram esboçadas, contudo, a partir de julho 1997, quando ocorreu um encontro nacional de delegados das CEBs, vigiado pela SAE sob Fernando Henrique Cardoso. Tentou-se ali analisar "os métodos com os quais cristãos pentecostais, católicos e evangélicos estão conquistando cada vez mais adeptos",[230] postulando-se a necessidade de alterações na atuação das CEBs a fim de revitalizá-las e dar-lhes novo relevo na superação das injustiças. Entre as experiências apresentadas, os agentes estatais sublinharam "o envolvimento de integrantes dessas comunidades com o movimento de ocupação de terrenos nas periferias urbanas".

Em fevereiro de 1998, a mesma Secretaria frisava a diferença entre a RCC e as CEBs, resumidas sobretudo pela postura predominante entre os membros da primeira, avessos ao coletivismo, relutantes em misturar a

---

228 ARQUIVO NACIONAL. Serviço Nacional de Informações. *Boletim Agência Ecumênica de Notícias*. Código de referência: BR DFANBSB V8.MIC, GNC.CCC.88016052.

229 Como visto no Capítulo 6, além de empresário, Shakespeare participou de diversas organizações doutrinadoras, tendo ocupado, além disso, inúmeros cargos no governo norte-americano.

230 ARQUIVO NACIONAL. Secretaria de Assuntos Estratégicos da Presidência da República. *Sem título*. Código de referência: BR DFANBSB H4.MIC,GNC.GGG.980019076.

religião com questões sociais, e focados no "controle moral no âmbito da família, dos costumes, da sexualidade".[231]

A despeito do diálogo entre a RCC e o regime militar, insinuado pelo arcebispo José Maria Pires, a documentação não traz informações aprofundadas da relação entre a RCC e o regime, havendo, porém, indícios de que ela tenha sido amigável. É o que sugere, por exemplo, um telegrama[232] do padre Alírio Pedrini a Ernesto Geisel em 1974 agradecendo a escolha do senador Antônio Carlos Konder Reis, da ARENA, para governador biônico de Santa Catarina. Alírio Pedrini é listado na página oficial da RCC como um grande divulgador do movimento na década de 1970.

Em tempos mais recentes, a RCC também se lançou com afinco à disputa partidária. Para o legislativo federal, em 1990, lançou quinze candidatos pelas legendas PFL, PMDB, PSC e PSDB, entre eles Osmânio Pereira de Oliveira, um de seus líderes no Brasil. Naquele ano, durante o XII Cenáculo da Igreja Católica, Osmânio justificou a recente inserção partidária da organização atribuindo-a a um "chamado"[233] para "provocar mudanças nas estruturas da sociedade". Tais candidaturas, no entanto, ao que tudo indica se apresentavam como resposta aos setores progressistas da mesma Igreja Católica, tendo integrantes da RCC nas eleições presidenciais de 1989 protestado "contra a utilização da política partidária na Igreja Católica".[234] Uma das queixosas foi Maricy Trussardi, esposa do presidente da Associação Comercial de São Paulo, o empresário Romeu Trussardi, que reclamou do "uso do púlpito como palanque eleitoral". Cabe lembrar que, naquelas eleições, contra Fernando Collor de Mello, boa parte da Igreja Católica aderiu à candidatura do PT, partido que tinha entre seus fundadores muitos católicos progressistas, sobretudo oriundos das CEBs.

A significativa inclinação de setores católicos pelo PT foi registrada em 1988 pelo SNI, notando que "os sacerdotes optantes pela política, em

---

231   ARQUIVO NACIONAL. Secretaria de Assuntos Estratégicos da Presidência da República. *Sem título*. Código de referência: BR DFANBSB H4.MIC,GNC.CCC.990021519.
232   ARQUIVO NACIONAL. Gabinete Pessoal do Presidente da República. *Sem título*. Código de referência: BR DFANBSB JF.EBG.0.56.
233   ARQUIVO NACIONAL. Secretaria de Assuntos Estratégicos da Presidência da República. *Sem título*. Código de referência: BR DFANBSB H4.MIC,GNC.EEE.900023981.
234   ARQUIVO NACIONAL. Secretaria de Assuntos Estratégicos da Presidência da República. *Sem título*. Código de referência: BR DFANBSB H4.MIC,GNC.EEE.900023963.

sua quase totalidade, identificam-se com a 'Teologia da Libertação' consideram-se 'progressistas' e, com raras exceções, buscam o Partido dos Trabalhadores (PT) como opção partidária".²³⁵ Em outro lugar, o SNI relatava ainda que o candidato do PT contaria com a preferência de diversos líderes católicos, entre eles muitos bispos e arcebispos.²³⁶

Não parece ter demorado, entretanto, para que as porções católicas conservadoras, como a RCC, ultrapassassem os progressistas em seus esforços partidários. Enquanto clérigos esquerdistas, segundo a Secretaria de Assuntos Estratégicos da Presidência de Fernando Henrique Cardoso, começavam a se organizar para eleger representantes nas eleições de 1998, fazendo planos para pedir votos aos fiéis, conforme Amaury Castanho, da diocese de Jundiaí (SP), "parte da Renovação Carismática Católica"²³⁷ já vinha fazendo isso "de maneira não oficial e indireta". Tencionando apresentar nas eleições de outubro as candidaturas dos padres Paulo Dias e Fábio Zamberlan, da Arquidiocese de São Paulo, o grande envolvimento eleitoral carismático traduzia-se, por exemplo, no fato do movimento já dispor nesta data inclusive de uma "secretaria de estudos políticos".²³⁸

Agências missionárias estrangeiras na Amazônia

Confirmando os anos 1950 como ponto de partida de uma imensa penetração de agremiações religiosas conservadoras estrangeiras no país, um estudo²³⁹ do Conselho de Segurança Nacional (CSN) de 1961 acerca do missionarismo na Amazônia indicava a presença de grande número de organizações estadunidenses junto aos povos indígenas, sobre as quais o

---

235 ARQUIVO NACIONAL. Serviço Nacional de Informações. *Candidatura de religiosos nas eleições municipais de nov. 88*. SE142 AC. Código de referência: BR DFANBSB V8.MIC, GNC.AAA.88068868.

236 ARQUIVO NACIONAL. Serviço Nacional de Informações. *Atuação política de grupos religiosos. SE143 AC*. Código de referência: BR DFANBSB V8.MIC, GNC.AAA.90073651.

237 ARQUIVO NACIONAL. Secretaria de Assuntos Estratégicos da Presidência da República. *Sem título*. Código de referência: BR DFANBSB H4.MIC,GNC.GGG.980019214.

238 ARQUIVO NACIONAL. Secretaria de Assuntos Estratégicos da Presidência da República. *Sem título*. Código de referência: BR DFANBSB H4.MIC,GNC.CCC.990021609.

239 ARQUIVO NACIONAL. Estado-Maior das Forças Armadas. *Sem título*. Código de referência: BR DFANBSB 2M.0.0.349, v.4.

governo acumulava várias denúncias desde 1957. Embora não se soubesse a identidade de muitas delas, o Conselho concluía ser possível ter certeza sobre a presença das seguintes entidades no ano de 1959: Missão Novas Tribos do Brasil (MNTB), Cruzada de Evangelização Mundial, Asas de Socorro, Mid-Missions, Cruzada Nacional de Evangelização, Missão da Amazônia Ocidental, Missão para os Índios da América do Sul, Missão Cristã Evangélica e Missão Adventista. Apesar de algumas denúncias terem sido confirmadas pelo major Fonseca Hermes, que realizou o inquérito policial militar na região do Rio Içana, próximo à fronteira colombiana no Amazonas, e constatou a presença de missionários sem visto de entrada no Brasil e a desnacionalização de áreas fronteiriças, onde o único idioma falado, além dos indígenas, era o inglês, o Conselho preferiu minimizá-las, taxando-as de uma campanha contra evangélicos norte-americanos "não isenta de jacobinismo acanhado e por vezes suspeito". Mais que isso, sublinhava o "lado positivo do trabalho dos missionários" no povoamento da Amazônia e na "pacificação e integração do índio à civilização", recomendando apenas uma melhor orientação e fiscalização pelo Serviço de Proteção aos Índios.

A presença de missionários estrangeiros permaneceria, portanto, largamente tolerada nas décadas seguintes, fato confirmado pelo Centro de Informações do Exército, que em relatório de 1987, rebatendo acusações do bispo Ivo Lorscheiter de que o governo estaria dificultando a entrada de missionários católicos, sustentava que o país possuía "um dos maiores percentuais de missionários estrangeiros".[240] Argumentava-se que uma "falta de vocações" impeliria a vinda dos estrangeiros e que de 1981 a 1985 foram pedidos 1.705 vistos, dos quais apenas 1,3% foram negados.

Mas, a despeito da alegada não discriminação nas concessões de vistos, o governo brasileiro conservou uma explícita predileção pelos missionários evangélicos, conforme expresso em documento confidencial de 1987 da DSI do Ministério do Interior. Além de confirmar o interesse estatal no missionarismo amazônico, "insubstituível quanto à dedicação,

---

240   ARQUIVO NACIONAL. Serviço Nacional de Informações. *Atividades do movimento religioso, problemas fundiários e indígenas, SE122 AC*. Código de referência: BR DFANBSB V8.MIC, GNC.AAA.87062555.

O GOVERNO BRASILEIRO ABRE AS PORTAS
PARA O PARTIDO DA FÉ CAPITALISTA

à permanência e ao baixo custo",[241] dizia-se que as missões católicas, "normalmente sob influência da Teologia da Libertação, procuram a conscientização do índio para seus direitos", contestando frequentemente as disposições do governo e da Funai. Além disso, "Exacerbam a reivindicação pela terra indígena", conferindo "importância secundária à catequese". Indicando a "pressão ideológica e reivindicatória" como ponto negativo da presença missionária, eximia-se completamente o grupo evangélico de culpa, uma vez que a "ação contestadora só ocorre com os missionários católicos". Assim, a exemplo do que fizera o CSN 26 anos antes, propunha-se um reforço da supervisão estatal, desta vez por via de convênios com a Funai, o que não era feito "de maneira sistemática" nos últimos anos.

Segundo o documento, essa política de convênios era entravada, novamente, pelo clero progressista que, reunido no Conselho Indigenista Missionário (CIMI), "através de artifícios e oportunismos, tem explorado as dificuldades dos missionários protestantes". Seriam de autoria dos primeiros, também, teimosas acusações contra os últimos, "falsamente denunciados de trabalhar para a CIA-USA, contrabandear minérios e pedras, instalar-se em locais estratégicos", tudo não passando "de divergência religiosa explorada para conquista de espaço de poder junto às etnias". Também se acusava o clero progressista de dificultar a celebração de convênios e, ainda, de cooptar os funcionários da Funai por via da "ideologia e ação religiosa adversa ao indigenismo oficial", impondo "delongas administrativas".

Por fim, mencionava-se uma série de conclusões tiradas por grupo de trabalho de 1981 sobre os povos Yanomami, envolvendo, além da DSI do Ministério do Interior, o CSN, o SNI, a Funai e a FAB. Uma das mais importantes seria reavaliar o trabalho das missões para "julgar a conveniência da sua permanência na área, particularmente das católicas". Trazendo tais recomendações de novo à baila em 1987, advogava a DSI que elas deveriam ser estendidas a "todas as comunidades da Funai".

A orientação favorável ao missionarismo estrangeiro evangélico parece ter predominado mesmo após a restauração do Poder Executivo a mãos

---

241 ARQUIVO NACIONAL. Assessoria de Segurança e Informações da Fundação Nacional do Índio. *Seminário Funai/missões religiosas Amazonas e Roraima*. Código de referência: BR DFANBSB AA3.0.MRL 16.

civis. Em princípios dos anos 1990, a SAE expôs de maneira concisa a visão do Estado brasileiro sobre as missões católicas e evangélicas. As primeiras, simpáticas à Teologia da Libertação, compreendiam o "isolamento do índio"[242] como condição para preservá-lo física e culturalmente. Medida que garantiria também a posse da terra, "superdimensionada" aos olhos da Secretaria, mas necessária, segundo os religiosos, para o crescimento demográfico, defendendo os padres "a intocabilidade dos recursos naturais em terras indígenas". Já as missões evangélicas, por outro lado, caracterizavam-se por "não contestar a política indigenista oficial". Tal como os órgãos de inteligência da ditadura, a Secretaria situa as persistentes, porém "não confirmadas", denúncias contra missionários evangélicos na "disputa pelo espaço de atuação" – acusações como "descaracterização étnica", fomento à alienação "favorecendo a sua exploração pela sociedade envolvente" e "trabalhos de prospecção mineral, de contrabando e de espionagem".

O INSTITUTO LINGUÍSTICO DE VERÃO

Segundo relatório[243] confidencial de 1980 da DSI do Ministério da Educação e Cultura, a organização missionária interdenominacional Instituto Linguístico de Verão, vista no Capítulo 4, chega ao país em 1959, quando assinou acordo de colaboração técnico-científica com o Museu Nacional da Universidade Federal do Rio de Janeiro. O relatório de 1980 traz parecer de antropólogos do museu pleiteando ao governo término do acordo, escrito que traz muitas informações sobre as atividades brasileiras do SIL.

Motivou o tratado uma alegada carência de quadro de pessoal nacional habilitado a pesquisar as línguas indígenas. Ficava obrigado o SIL, portanto, a prover cursos para a formação de linguistas e produzir descrições gramaticais de diferentes idiomas, material a ser encaminhado para o Museu Nacional. Segundo os antropólogos, contudo, o acordo continha termos desfavoráveis, como o que vedava ao museu "qualquer direito de

---

242 ARQUIVO NACIONAL. Secretaria de Assuntos Estratégicos da Presidência da República. *Sem título*. Código de referência: BR DFANBSB H4.MIC,GNC.DIT.910075843.
243 ARQUIVO NACIONAL. Serviço Nacional de Informações. *Summer Institute of Linguistics, SIL*. Código de referência: BR DFANBSB V8.MIC, GNC.AAA.86054288.

ingerência ou controle" sobre os resultados e as ações da organização junto aos nativos. Quanto aos cursos de formação, de fato eles foram oferecidos, porém apenas até 1970, quando a pós-graduação em Linguística da UFRJ foi transferida do Museu Nacional para a Faculdade de Letras. Já sobre as gramáticas, alegava-se que, apesar de terem sido entregues estudos sobre cerca de cinquenta línguas, em muitos casos havia "uma desproporção entre o tempo de campo dos pesquisadores e a extensão e qualidade dos resultados", faltando, por exemplo, materiais sobre línguas que estariam sendo estudadas pelo SIL havia muitos anos. Sustentando haver condições presentes para que brasileiros assumissem o trabalho e denunciando o mero papel de receptor do Museu Nacional, pedia-se o cancelamento do acordo e melhores critérios para futuros tratados, que deveriam levar em conta não apenas o aspecto linguístico, "mas o conjunto da atividade" junto aos indígenas.

Em paralelo ao tratado com o Museu Nacional, o SIL travou acordos com outras universidades e com a Funai entre 1969 e 1977. Como vimos, ao longo da década de 1970 a organização foi alvo de inúmeras denúncias pelo mundo, não sendo diferente no Brasil, redundando na interrupção de vários convênios, inclusive com a própria Funai, e talvez motivando os professores da UFRJ a tentarem fazer o mesmo. Em princípios da década de 1980, contudo, se discutia a retomada das atividades do SIL no Brasil, de forma conveniada com a Funai, embora o SNI, em 1981, permanecesse atento a denúncias como destruição cultural, exploração ilegal de minérios, trabalho forçado e ligações com a CIA. De fato, o SNI era da opinião de que o convênio com a Funai deveria ser renovado, avaliando as acusações como infundadas e que "interesses contrariados",[244] "de ordem religiosa e relativos à problemática de aculturação do índio", poderiam ter concorrido para manchar a imagem do SIL, cujo trabalho "se reveste de seriedade e de significativa utilidade para o trato do problema indígena".

A boa vontade do Estado brasileiro para com os evangélicos traduziu-se, por fim, na retomada do convênio com a Funai. Conforme registrado pelo SNI, desde o cancelamento do convênio em 1977, o SIL

---

244 ARQUIVO NACIONAL. Serviço Nacional de Informações. *Summer Institute of Linguistics, SIL*. Código de referência: BR DFANBSB V8.MIC, GNC.AAA.86054288.

realizou "um trabalho de convencimento das autoridades brasileiras".[245] Obtendo sucesso em 1983, a partir de então a organização passou a enviar regularmente para o SNI e outros órgãos relatórios com suas atividades, procurando "antecipar-se a possíveis denúncias de atividades ilegais ou desconhecidas".

A SOCIEDADE ASAS DE SOCORRO E A MISSÃO NOVAS TRIBOS DO BRASIL

Outras duas grandes organizações missionárias presentes no Brasil envolvidas em problemas legais foram a Sociedade Asas de Socorro (SAS) e a Missão Novas Tribos do Brasil (MNTB). Foco de polêmicas desde princípios da década de 1960, as suspeitas de setores estatais permaneceram ao longo dos anos 1980, embora suas atividades não tenham sido obstadas, sendo a SAS inclusive reconhecida como entidade de utilidade pública pelo decreto federal 86.871 de 1982.

Ativa até hoje, a SAS, representante da organização estadunidense Mission Aviation Fellowship, baseada na Califórnia, chegou ao país em 1955 pelos missionários Harold e Elsie Berk, implantando-se em Anápolis (GO). Com o propósito de atingir indígenas isolados, fornecendo suporte aéreo para diferentes grupos missionários evangélicos, a organização inicia atividades em 1956, chegando até os Xavante, Bororo, Nambiquara e Parecis, no Mato Grosso. Em 1959 inicia parceria com a MNTB, em Roraima, e em 1969 recebe do governo licença para instalar um serviço de rádio em Boa Vista, abrindo em 1976 uma base em Manaus. No final do século, apesar dos percalços, a SAS alegou estar "mais presente na região amazônica"[246] do que nunca, valendo-se de aviões anfíbios para aumentar sua capacidade logística.

Já a Missão Novas Tribos do Brasil, subsidiária da New Tribes Mission, fundada em Chicago em 1942 pelo missionário Paul Fleming, chega ao Brasil em 1953, instalando-se em Vianópolis (GO). Também controlada por

---

245   ARQUIVO NACIONAL. Serviço Nacional de Informações. *Atuação do Summer Institute of Linguistics, SIL. SE143 AC*. Código de referência: BR DFANBSB V8.MIC, GNC. AAA.90073621.

246   "NOSSA História". *Asas de Socorro*, [s.d.]. Disponível em: <https://www.asasdesocorro.org.br/nossa-historia/>. Acesso em: 15 mar. 2021.

estrangeiros, começou trabalho de evangelização com os povos Pacaás Novos em Rondônia. Logo em seguida, atinge os Baniwa, Coripaco, Nheengatu, Kaingang, Karajá e Marubo. A organização orgulha-se de ter estabelecido 102 igrejas em áreas indígenas, mantendo atualmente 480 missionários em contato com 45 etnias. De maneira contraditória, sustenta que os povos atingidos "têm a sua identidade étnica e cultural preservada",[247] embora conheçam "a Palavra de Deus". Em tempos mais recentes, sua base foi movida para Anápolis, próximo portanto à parceira SAS. Segundo a Polícia Federal,[248] apesar de interdenominacional, a maioria dos seus membros provêm das igrejas Presbiteriana Independente e Batista.

Os arquivos estatais estão repletos de indícios da prática de ilícitos por ambas as organizações na década de 1980, levados muito a sério por alguns setores da administração pública brasileira, enquanto outros, sobretudo das esferas superiores, não davam crédito às denúncias, a exemplo do que fizera o Conselho de Segurança Nacional em 1961.

Um ano antes da SAS ser decretada de utilidade pública, o SNI dizia que, segundo informações do Departamento de Polícia Federal do Acre, haveria "possibilidades da Missão Novas Tribos do Brasil ter ligação com traficantes de drogas".[249] Suspeitava-se que campos de pouso em Cruzeiro do Sul (AC) e Eirunepé (AM), pertencentes à SAS, fossem utilizados "na rota do tráfico de cocaína".

Conforme dossiê[250] confidencial do SNI, em agosto de 1985 a Polícia Federal investigava uma quadrilha de traficantes de pedras preciosas que teria levado para os Estados Unidos gemas superando o valor de dez milhões de dólares. Alguns nomes envolvidos seriam o estadunidense Mark Lewis, filho de um dos líderes da SAS, preso na alfândega

---

247 "NOSSA História". *Asas de Socorro*, [s.d.]. Disponível em: <https://www.asasdesocorro.org.br/nossa-historia/>. Acesso em: 15 mar. 2021.

248 ARQUIVO NACIONAL. Serviço Nacional de Informações. *Missão Novas Tribos do Brasil Stanton Roy Donmoyer e outros Vianópolis GO*. Código de referência: BR DFANBSB V8.MIC, GNC.AAA.86053719.

249 ARQUIVO NACIONAL. Serviço Nacional de Informações. *Suspeita de tráfico de tóxico Missão Novas Tribos do Brasil, Asas do Socorro*. Código de referência: BR DFANBSB V8.MIC, GNC.LLL.81001241.

250 ARQUIVO NACIONAL. Serviço Nacional de Informações. *Contrabando de pedras preciosas para os Estados Unidos*. Código de referência: BR DFANBSB V8.MIC, GNC.RRR.85010198.

de Miami com as malas repletas de brilhantes; Antonio Carlos Alves de Calvares, sócio majoritário da Empresa Brasileira de Mineração, Importação e Exportação (Embraime); e seu advogado, o ex-ministro Ibrahim Abi-Ackel, como vimos uma das pontes entre o governo brasileiro e a Igreja da Unificação.

Foi encontrado na residência do dono da Embraime um cheque de Mark Lewis no valor de duzentos mil dólares e a nota fiscal da transação, além de "uma procuração de Calvares para Ibrahim Abi-Ackel, que deveria defendê-lo contra duas acusações: de estelionato e de declaração falsa para ostentação de passaporte". Além das recentes denúncias, Calvares responderia a um processo de falsidade ideológica, estando também indiciado em outros nove inquéritos por estelionato. Sua ficha criminal, porém, não parava por aí. Um informe de 1983 da Polícia Militar de Goiás, anexo ao dossiê, contava que ele fora preso em 1968 por posse ilegal de arma; em julho de 1970 por passar-se por agente da Polícia Federal; em agosto e setembro do mesmo ano por furto; e, em 1971, por "briga e arruaça".

Em depoimento de agosto de 1985, Calvares alegou ter realizado cinco vendas para Lewis entre 1984 e 1985, sempre recebendo cheques de bancos norte-americanos. Dizia desconhecer o envio clandestino do material para os Estados Unidos, uma vez que Lewis sempre dizia "que venderia as pedras no Brasil para aquisição de peças de avião para a instituição Asas de Socorro". Ainda sobre as transações, Calvares alegou ter emitido notas fiscais, embora essas fossem invariavelmente recusadas pelo comprador, e que lhe passara despercebido o fato do endereço de Lewis, constante nas notas, ser dos Estados Unidos. Tendo Lewis partido para seu país e revelando-se seus cheques sem fundo, Calvares contratara os serviços do advogado Charles See Hayes para cobrar os valores devidos. Hayes, entretanto, entrara em acordo com Lewis e ambos passaram a acusar a Embraime e seu advogado, Ibrahim Abi-Ackel, de tráfico.

Desmentindo publicamente seu envolvimento, a SAS, por via de um de seus dirigentes brasileiros, Edésio de Oliveira, declarou que suas únicas interações com Calvares aconteceram já havia algum tempo, tendo o empresário procurado os missionários para reparar seu avião. Oliveira negava também relações com Mark Lewis, "salvo aquelas que decorrem de sua condição de filho de um dos líderes da Asas de Socorro, Paul Lewis", apesar de Calvares ter declarado que Mark se apresentara como supervisor da organização. A ligação da Embraime com a SAS, no entanto, é atestada pelo próprio SNI em outro dossiê,[251] de outubro de 1985, que registra que a empresa fizera uma doação à SAS em janeiro daquele ano, portanto em data bem próxima à declaração de Edésio, de peças de aeronaves no valor de quase seis milhões de cruzeiros.

No mesmo dossiê, relatório da Divisão de Política Fazendária da Polícia Federal enumera denúncias feitas sobre a SAS desde 1962, demarcando que as "áreas em que normalmente opera estão localizadas em reservas indígenas e áreas de garimpo", sobretudo na região denominada Surucucu, em uma reserva Yanomami em Roraima. Contava-se que levantamentos sobre as ações da organização tinham sido feitos em 1984 pelo Departamento Nacional de Telecomunicações, que recomendara ao Conselho de Segurança Nacional "uma investigação mais acurada". Isso porque fora constatado um intenso movimento de aviões, a implantação de um robusto sistema de telecomunicações, um "aparente desvirtuamento das finalidades da Sociedade" e a presença de muitos estrangeiros, "dirigindo efetivamente a entidade e as atividades em locais remotos". Sobre este último ponto, chamava atenção da Polícia Federal o fato de que, apesar do seu presidente ser sempre um brasileiro, a SAS mantinha procuração com amplos poderes em nome de estrangeiros, e que o secretário-geral "sempre foi um norte-americano".

Os agentes estavam, enfim, convencidos da "associação da entidade 'Missionária' com o contrabandista Antônio Calvares", segundo eles evidente tanto pelas doações de Calvares como pelo fato de que, segundo o próprio, a SAS sempre avalizava os cheques emitidos por Lewis. Argumentava-se, ainda, que desde muito tempo a SAS "chama a atenção de funcionários das estatais que circulam pela Amazônia". Como, por exemplo, o antropólogo Terri Vale de Aquino, membro da Comissão pró-índio do Acre e coordenador de assuntos indígenas na Fundação Cultural do Estado, que "por várias vezes alertou as autoridades brasileiras para o envolvimento dos missionários com o contrabando de minérios", denunciando que os indígenas "chegam a ajudá-los, inocentemente, 'no embarque de sacos de material colhido na floresta camuflado com areia'". Terri teria

---

251   ARQUIVO NACIONAL. Serviço Nacional de Informações. *Atividades da Sociedade Asas de Socorro*. Código de referência: BR DFANBSB V8.MIC, GNC.AAA.86054790.

sugerido inclusive a intervenção do Exército e da Aeronáutica para impedir que a SAS e a MNTB "continuem contrabandeando pedras preciosas para os Estados Unidos e envolvendo os índios nessas operações criminais e nocivas ao país". Mais adiante, a polícia relata contatos mantidos com fonte anônima, um "piloto acostumado a sobrevoar a área do Surucucu", que informara que apesar da reserva indígena ser fechada aos brancos, os aviões da SAS circulavam sem problemas. Aeronaves modernas, capazes de pousar em pistas pequenas e com autonomia suficiente para deixar o Brasil. Informava o piloto, também, ter notado locais "sem vegetação natural", não aparentando ser resultado de deslizamentos e/ou queimadas, suspeitando da execução de pesquisas geológicas na área, riquíssima em cassiterita, ouro, diamantes e outros metais. Despertava a sua desconfiança, também, a vigilância do hangar da organização no aeroporto de Boa Vista, único completamente fechado em toda a região e monitorado por seguranças privados que impediriam "a aproximação de curiosos".

Anexa a outro dossiê da DSI-MRE, matéria do *Jornal de Brasília* dizia que líderes Tikuna reunidos em Brasília endossaram as acusações, sustentando que tanto a SAS como a MNTB impediam brasileiros de entrar em áreas próximas ao rio Ituí, no Amazonas, de onde saíam semanalmente aviões cheios, e que fazia anos "que eles carregam pedras lá das terras dos marubo".[252] Em outro texto, o *Jornal de Brasília* acusou o ex-ministro Ibrahim Abi-Ackel de ter facilitado a autorização para o funcionamento da SAS em terras amazônicas, apesar de parecer desfavorável do Conselho de Segurança Nacional.

Abi-Ackel terminaria, entretanto, inocentado. Já as atividades da SAS foram interrompidas pela Funai em agosto de 1985, assim permanecendo apenas até 1988.

Também a Missão Novas Tribos do Brasil estava sob a mira da Polícia Federal em finais de 1985. Informe confidencial do Centro de Informações da PF destacou a coincidência de a MNTB somente atuar "em regiões que possuem recursos naturais aproveitáveis economicamente",[253] estra-

---

252 ARQUIVO NACIONAL. Divisão de Segurança e Informações do Ministério das Relações Exteriores. *Missionários Aviadores. Asas do Socorro. Missão Novas Tribos do Brasil*. Código de referência: BR DFANBSB Z4.DPN.ENI.146.

253 ARQUIVO NACIONAL. Serviço Nacional de Informações. *Missão Novas Tribos do Brasil Stanton Roy Donmoyer e outros Vianópolis GO*. Código de referência: BR DFANBSB

nhando também o fato de a organização estar "impondo restrições à visita de estranhos às suas atividades".

Mas, a despeito dos indícios de operações ilícitas e lesivas aos interesses nacionais, os missionários conservavam a simpatia do regime. O departamento da Polícia Federal de Goiás, inquirido em dezembro de 1974 pelo SNI a respeito das ações da SAS, manifestou-se sobre os grupos por ela assistidos frisando que "todos os missionários são evangélicos, alheios aos vícios, defendem a moral social e os bons costumes, levam um estilo de vida parcimonioso, dentro do sistema nacional brasileiro, despertando o amor à pátria brasileira",[254] além de desenvolverem importantes trabalhos filantrópicos.

Era de opinião semelhante a DSI do Ministério da Justiça que, em 1986, reforçava a importância da SAS, notando que ela era "o único elo de ligação e de comunicações, no que tange ao fluxo logístico de pessoal e de material, entre as missões protestantes no Brasil",[255] e insistia na falta de provas sobre os crimes atribuídos a ela e outras organizações missionárias estadunidenses. Ignorando informações fornecidas por outros órgãos federais, as mais altas esferas do regime voltavam, aqui, à tese de que as denúncias eram produto da "disputa acirrada dos missionários católicos contra os pastores protestantes, sob a orientação e com o apoio do Conselho Indigenista Missionário". Acusava-se, novamente, a Funai de agir sob influência do CIMI, que "sensibilizou e envolveu as autoridades interessadas", levando a fundação, onde os católicos teriam infiltrado "alguns de seus quadros de maior projeção", a denunciar os convênios com várias entidades missionárias, como a SAS, a MNTB e o SIL. Mas a influência do CIMI não se restringiria ao Executivo, também no Congresso ele moveria campanha, por meio do deputado Mário Juruna, visando a "destruição gradual das missões protestantes".

Já o SNI, em documento de 1986, também rechaçava os pareceres negativos, alegando haver preconceitos, uma "ideia generalizada, comum até

V8.MIC, GNC.AAA.86053719.

254 ARQUIVO NACIONAL. Divisão de Segurança e Informações do Ministério das Relações Exteriores. *Missionários Aviadores, Asas do Socorro. Missão Novas Tribos do Brasil*. Código de referência: BR DFANBSB Z4.DPN.ENI.146.

255 ARQUIVO NACIONAL. Serviço Nacional de Informações. *Sociedade Asas do Socorro, SAS, SE132 AC*. Código de referência: BR DFANBSB V8.MIC, GNC.AAA.86060054.

a nível de órgãos de segurança",[256] contra organizações como a MNTB e a SAS, atribuindo-lhes suspeitas de contrabando, destruição da cultura indígena e "prestação camuflada de serviços de inteligência para a CIA". Se tratariam, no fundo, de mentiras difundidas por "antropólogos, indigenistas de fora e de dentro dos quadros da Funai, compromissados com o chamado 'indigenismo autêntico'". Por outro lado, destacava-se a necessidade de manutenção das atividades da MNTB e da SAS, não tendo a Funai verbas e pessoal suficiente para assumir a assistência a elas delegada. Eram mencionadas, ainda, palavras do superintendente da Funai Sebastião Amâncio da Costa, que julgava "meritório" o trabalho da MNTB, acrescendo que ela "não 'subverte o índio', como é o caso de algumas organizações de fortes condicionamentos político-ideológicos" que "procuram induzir os índios a conflitos com colonos, autoridades e até mesmo com a própria Funai".

O favor estatal para com os evangélicos estrangeiros era admitido pelo próprio Comando Militar da Amazônia, que chamava atenção para "uma complacência e até mesmo apoio das autoridades municipais, estaduais e federais com relação a estes missionários".[257] Relatório de 1974 do CMA arrolava, assim, uma série de problemas identificados em "relatórios, operações de tropa, operações de informações, buscas etc.", constatando "que a obra de missionários estrangeiros, se não é nociva, pelo menos nada de construtivo apresenta". Reconhecendo não possuir "confirmação tácita" de muitas das irregularidades, notava-se, novamente, o zelo dos missionários em "manter afastados os curiosos da região onde operam", informando que, de fato, muitos encontravam-se ilegalmente no país, figurando entre eles, ainda, vários pesquisadores que poderiam servir a operações ilegais de garimpo. O CMA lamentava também a total falta de fiscalização de suas ações, argumentando que, se o contrário ocorresse, ou seja, se missionários brasileiros procurassem realizar atividades semelhantes no exterior, "teriam naturalmente uma série de dificuldades junto às autoridades",

---

256   ARQUIVO NACIONAL. Serviço Nacional de Informações. *Comunidades indígenas assistidas pela missão religiosa Missão Novas Tribos do Brasil*. Código de referência: BR DFANBSB V8.MIC, GNC.LLL.86006629.

257   ARQUIVO NACIONAL. Serviço Nacional de Informações. *Atividades de estrangeiros em território brasileiro*. Código de referência: BR DFANBSB V8.MIC, GNC.AAA.74085577.

"no mínimo a apresentação de passaporte, além dos controles periódicos a que seriam submetidos".

Predominavam no seio do governo brasileiro, porém, disposições favoráveis à paz com esses missionários. Ela acabou sendo costurada, em finais de 1986, pela direção da Funai do Acre. Reunidos com os funcionários do governo, os religiosos Bruce Weldon Hartman e Antonio Pereira Neto externaram o temor de represálias dos setores progressistas, pois eram contrários à Comissão Pró-Índio do Acre e ao CIMI, por buscarem "dentro de um processo de convencimento, retaliativo" minar a política indigenista do governo, promovendo "a desestabilização social e emocional do índio" com pressões "de natureza político-ideológica".[258] O encontro ocorreu no âmbito de uma excursão de reconhecimento a áreas indígenas, em setembro de 1986, de representantes do SNI, da DSI do Ministério do Interior e da Assessoria de Segurança e Informações (ASI)[259] da Funai. A viagem contou com a assistência de missionários da MNTB e serviu para o SNI concluir sobre a necessidade "de se imprimir algumas correções de rumos" ao missionarismo no país, referindo-se, entretanto, apenas aos católicos, declarando que "a estratégia de ocupação de espaços que está sendo gradativamente levada a termo pelo CIMI e CPI precisa ser neutralizada".

Sendo assim, não apenas as atividades de missionários conservadores prosseguiram nos anos seguintes, como seus laços com o governo se aprofundaram. Em 1988, documento assinado pelo secretário-executivo da SAS, Eldon R. Larsen, mostra que a organização abrira outra frente de trabalho, o "projeto AMDE",[260] iniciado em 1985 para levar assistência médica e odontológica a "povos carentes em regiões de difícil acesso".

---

258 ARQUIVO NACIONAL. Serviço Nacional de Informações. *Comunidades indígenas assistidas pela missão religiosa Missão Novas Tribos do Brasil*. Código de referência: BR DFANBSB V8.MIC, GNC.LLL.86006629.

259 Durante a ditadura, as Assessorias de Segurança e Informação (ASI) eram seções instaladas em órgãos federais ligadas diretamente às divisões de Segurança e Informações de cada ministério e, a partir delas, ao SNI. Cuidavam, sobretudo, de vigiar a dissidência política nesses órgãos. Diante da desconfiança da cúpula governamental em relação a funcionários da Funai, não surpreende que tenham sido apenas os membros da ASI deste órgão a participar da expedição.

260 ARQUIVO NACIONAL. Estado-Maior das Forças Armadas. *Sem título*. Código de referência: BR DFANBSB 2M.0.0.155, V.3.

Informando a ampliação do programa ao longo de 1987, com um decorrente aumento de despesas, o grupo se encontrara com a coordenação da Secretaria Especial de Ação Comunitária, órgão da Presidência da República responsável pelo estímulo à canalização de recursos federais para trabalhos de assistência junto a órgãos governamentais, mas também empresas e organizações privadas. A SAS pretendia incluir o AMDE entre os projetos assistenciais que receberiam verba do governo.

Ainda em 1988, diversas organizações missionárias, como o SIL, a MNTB e a Missão Evangélica Amazônica (MEVA), voltaram a celebrar convênios com a Funai, agora gerida por Romero Jucá.[261] Conforme noticiado pelo *Jornal de Brasília* em matéria acumulada pela DSI-MRE, a renovação de múltiplos convênios teve como pano de fundo o lançamento de portaria da Funai trazendo novas normas para o acesso às reservas indígenas. A medida foi anunciada por Jucá como um dispositivo para aumentar o poder fiscalizador do governo junto às missões, e comemorada pelo presidente do SIL, John Michael Taylor, por colocar o SIL em uma "situação de transparência", contribuindo, inclusive para evitar "denúncias infundadas".[262] Seja como for, ficava o SIL, a partir de então, autorizado a atuar em 44 áreas indígenas com oitenta missionários.

Já o contrato firmado com a MNTB para a prestação de serviços "no campo de educação, saúde e assistência comunitária"[263] permitia a sua presença em 39 postos da Funai, atravessando nove estados, de norte a sul do país, e previa o desenvolvimento de trabalhos junto a 31 etnias. Aonde a MNTB chegava, também ia a SAS, responsável pelo transporte aéreo de missionários e equipamentos.

---

261 Presidente da Funai de 1986 a 1988, Jucá desde 1995 acumula sucessivos mandatos de senador por Roraima. Segundo o *El País*, teria autorizado os indígenas a celebrarem contratos com madeireiras "para que a mata nativa fosse explorada", também facilitando a "venda e permuta de madeiras nobres apreendidas para as próprias madeireiras". Teria, ainda, reduzido o tamanho das reservas Yanomami para patamares inferiores aos estabelecidos pela Funai no passado (ALESSI, 2016).

262 ARQUIVO NACIONAL. Divisão de Segurança e Informações do Ministério das Relações Exteriores. *Summer Institute of Linguistics*. Código de referência: BR DFANBSB Z4.DPN.ENI.210.

263 ARQUIVO NACIONAL. Assessoria de Segurança e Informações da Fundação Nacional do Índio. *Atuação em área indígena da Missões Novas Tribos do Brasil – MNTB – Volume II*. Código de referência: BR DFANBSB AA3.0.MRL.14.

O convênio e a portaria de Jucá, entretanto, não impediram que novas suspeitas recaíssem sobre a MNTB ao longo dos anos 1990. Em 1991, a Polícia Federal registrou que, alguns anos antes, "uma ex-aluna da MNTB"[264] implicara os missionários em evasões de divisas em dólares, registrando também denúncias de "atividades mineradoras nas áreas indígenas". Ainda que nada pudesse fazer, desprovida de provas, a PF sugeria que as missões evangélicas não eram as mais engajadas contra a mineração ilegal, sendo as católicas "as que mais pressionam os órgãos governamentais para a retirada dos garimpeiros" de áreas como as habitadas pelos Yanomami em Roraima.

---

264 ARQUIVO NACIONAL. Secretaria de Assuntos Estratégicos da Presidência da República. *Sem título*. Código de referência: BR DFANBSB H4,MIC GNC.DIT.910075798.

9

OS FÓRUNS NACIONAIS DO PARTIDO DA FÉ CAPITALISTA

A Internacional Capitalista e as igrejas no Brasil

Tal como acontecera nos Estados Unidos em princípios dos anos 1950, o Brasil viu a abertura de espaços de discussão a fim de integrar o empresariado, intelectuais, agentes governamentais e sacerdotes em ações ideológicas, de fundo religioso, dispostas a neutralizar as esquerdas e alavancar pautas economicamente liberais.

A guerra psicológica e de propaganda estruturada pelo Estado norte-americano também se desenrolou com vigor no Brasil, país-chave na América Latina. Campanha que ganha ímpeto no governo Eisenhower, quando passa a envolver setores religiosos. Nesse momento, um dos principais pontos de contato entre o governo estadunidense e organizações civis brasileiras, na articulação e viabilização dessa campanha, foi a Sociedade de Estudos Interamericanos (SEI).²⁶⁵

Ainda que as origens de tal organismo não estejam esclarecidas, Vicente Gil da Silva²⁶⁶ supõe que as conversas iniciais para o seu estabelecimento remontem a um encontro, em 1956, no Rio de Janeiro, entre membros do governo Kubitschek, o vice-presidente norte-americano, Richard Nixon, e o secretário-adjunto de Estado, Henry Holland. Na ocasião, este último expressou o desejo de seu governo em apoiar a fundação no Brasil de uma organização dedicada ao planejamento de ações ideológicas anticomunistas, contando com o aceite do ministro das relações exteriores, José Carlos de Macedo Soares. O general Henrique Teixeira Lott, ministro da Guerra, entretanto, teria sugerido uma segunda estrutura voltada para fins semelhantes, uma organização educativa secreta de cunho anticomunista. Gostando da ideia, Macedo Soares propôs, contudo, que em um segundo momento a nova organização precisaria vestir uma fachada pública, a fim de operar com maior facilidade. Teria nascido assim a SEI, em momento impreciso de meados da década de 1950.

Voltada para formadores de opinião, como lideranças religiosas, tal como o cardeal-arcebispo do Rio de Janeiro, dom Jaime de Barros Câmara, a SEI dialogaria com seu público-alvo, por exemplo, a partir de boletins com tiragem aproximada de três mil cópias.²⁶⁷ Em princípios dos anos 1960, o adido trabalhista do consulado estadunidense de São Paulo, Jack Liebof, confirmou o contato próximo de religiosos com a SEI, asseverando que ela desfrutava do "apoio da hierarquia da Igreja Católica".²⁶⁸

Já René Dreifuss²⁶⁹ expôs como empresários brasileiros e estadunidenses, articulados em organizações como o Ipes e o Ibad, intervieram na política brasileira pretendendo voltar a opinião pública contra o governo de João Goulart e reunir o empresariado em torno de um projeto para uma maior internacionalização da economia.

Os dados trazidos pelo pesquisador mostram ainda que ações no campo religioso figuravam no leque de manobras às quais as organizações

---

265 SILVA, Vicente, *op. cit.*, p. 387.
266 *Ibid.*, p. 388.
267 *Ibid.*, p. 398.
268 *Ibid.*, p. 594.
269 DREIFUSS, 1981.

brasileiras recorriam para influenciar mentes. Existia na estrutura do Ipes de São Paulo, portanto, um Grupo Especial de Conjuntura (GEC), que produzia estudos conjunturais sobre política, psicologia, economia e relações exteriores.[270] Tendo como função precípua a coordenação de facções conspiratórias do Exército e o fornecimento de suas análises para outros setores do Ipes, além de outras organizações com as quais o Ipes dialogava, como a SEI, o GEC procurava penetrar em sindicatos, organizações de estudantes, movimentos de camponeses, órgãos de mídia e na Igreja, valendo-se, neste último caso, de publicações propagandísticas trazendo informações deturpadas, ou mesmo sabidamente falsas, caso das *Convivium* e *Síntese*, destinadas às porções superiores católicas.[271]

Naquela conjuntura, fazia todo o sentido o foco na Igreja Católica, que arrebanhava a esmagadora maioria da população. Não obstante, o segmento evangélico, ainda pouco expressivo, experimentaria em paralelo um inédito processo de inflação, com a afluência de crescente número de missionários estrangeiros que manteriam ligações diretas com os fóruns abertos nos Estados Unidos vistos no Capítulo 3. Decorrente desse processo, outros espaços dedicados a fornecer munição ideológica, pôr em contato e articular líderes religiosos e outros grupos de influência da sociedade brasileira em torno do projeto conservador emanado do norte apenas aparecem na documentação do Estado brasileiro em princípios da década de 1980, passando os evangélicos a ter papel destacado. Surgindo com uma diferença de quase três décadas em relação aos Estados Unidos, esses espaços também foram impulsionados pela reabertura política, não sendo por acaso que em seu interior muito se discutirá a futura Constituinte e o crescimento das esquerdas.

No momento em que o Estado, que se democratizava, via seu poder de coerção relativamente desidratado, uma maior articulação entre os setores conservadores passou a ser demandada pela necessidade de incremento das instâncias produtoras de consenso. O panorama era certamente agravado pela ascendente força dos movimentos sociais e do clero progressista, sendo clérigos conservadores chamados a ampliar seus esforços na contenção de ambos e na manutenção de estruturas preservadas pelo regime

---

270   *Ibid.*, p. 189.
271   *Ibid.*, p. 236.

de 64. Assim, o SNI escreveu em 1986, a respeito da crescente influência da Igreja da Unificação, que "Com a redemocratização, em curso na América Latina, a seita passou a vislumbrar a oportunidade de se fazer influir na política dos países onde atua".[272]

As décadas finais do século XX no Brasil são caracterizadas, desse modo, por uma maior diversificação dos mecanismos de dominação burgueses que, mantendo em funcionamento boa parte das estruturas autoritárias onipresentes em nossa história, somaria ao seu repertório novas técnicas de convencimento.[273] Os eventos narrados a seguir inserem-se nesta última onda.

Os unificacionistas descem do norte

Intenção visível em seu próprio nome, a Igreja da Unificação foi um dos principais mecanismos de coesão do Partido da Fé Capitalista em âmbito planetário. Função esta expressa em convite enviado pela CAUSA Internacional ao cônsul-geral brasileiro, Carlos Eduardo Alves de Souza, para a conferência que aconteceu em 1983 em Denver, Colorado. Ali é dito que as atividades da CAUSA, "fundeadas por interesses empresariais conectados com a Igreja da Unificação",[274] dedicavam-se a disseminar uma "visão de mundo" norteada por uma "filosofia teocêntrica", "ecumênica em seu apelo". Pretendia-se, portanto, não a conversão a igrejas específicas, mas "prover a fundação para a cooperação daqueles que aceitam Deus contra o inimigo comum, o comunismo".

O programa foi posto em prática também na América Latina, sobretudo por meio dos encontros realizados pelas suas subsidiárias a partir de princípios dos anos 1980. Assim, em 1981 o SNI notava que a iniciativa

---

272   ARQUIVO NACIONAL. Serviço Nacional de Informações. *Atividades da Igreja da Unificação em Curitiba PR, SS14 ACT*. Código de referência: BR DFANBSB V8.MIC, GNC.NNN.87007026.
273   FONTES, *op. cit.*, p. 320.
274   ARQUIVO NACIONAL. Divisão de Segurança e Informações do Ministério das Relações Exteriores. *Sem título*. Código de referência: BR DFANBSB Z4.DPN.PES, PFI.235.

vinha recebendo adesões "inclusive nas Forças Armadas e nas estruturas governamentais de países considerados estratégicos",[275] mantendo "tentáculos" por todo o planeta, com um grande poderio econômico.

Essa articulação começou com contatos com as representações diplomáticas latino-americanas nos Estados Unidos, convidadas para eventos de doutrinação pró-capitalista. Em setembro de 1981, por exemplo, aconteceu na capital norte-americana o seminário "Unificacionismo: novas ideias para uma sociedade em crise", que contou com a presença de Renato Prado Guimarães, cônsul-geral-adjunto e chefe do escritório comercial do governo brasileiro em Nova York. Bastante restrito, o seminário reuniu apenas cinquenta pessoas, procurando promover "um intercâmbio dinâmico entre as novas ideias do Unificacionismo e os conhecimentos e experiências dos participantes",[276] a fim de traçar uma estratégia para os "desafios que as Américas enfrentam".

Ao mesmo tempo, a Igreja passou a estabelecer filiais "em países em que as Forças Armadas exerciam maior influência",[277] penetrando inicialmente no Chile e na Argentina, embora a aproximação com os grupos dirigentes destes países tenha sido limitada, fato que o SNI atribuía a uma possível "oposição católica" entre as Forças Armadas. Em outros lugares, todavia, o sucesso foi maior. Ainda conforme o SNI, na Bolívia "a Igreja conquistou favores do então governo do general Luís Garcia Meza, para implantação de uma estação de rádio e televisão"; no Paraguai, pôde realizar cursos de anticomunismo em diretórios do Partido Colorado; enquanto em Honduras um dos mais importantes adeptos do unificacionismo seria o chefe das Forças Armadas, o general Gustavo Álvarez Martínez. Mostrou-se especialmente acolhedora a ditadura uruguaia, onde, revela o SNI, "diversos militares" estavam envolvidos em suas atividades, sendo por isso o país escolhido para ser a base unificacionista

---

275 ARQUIVO NACIONAL. Serviço Nacional de Informações. *Associação do Espírito Santo para a Unificação do Cristianismo Mundial*. Arquivo Nacional. Código de referência: BR DFANBSB V8.MIC, GNC.NNN.81001953.

276 ARQUIVO NACIONAL. Divisão de Segurança e Informações do Ministério das Relações Exteriores. *Sem título*. Código de referência: BR DFANBSB Z4.DPN.PES, PFI.235.

277 ARQUIVO NACIONAL. Serviço Nacional de Informações. *Igreja da Unificação. objetivos e atividades nos EUA e América Latina*. Arquivo Nacional. Código de referência: BR DFANBSB V8.MIC, GNC.AAA.84041774.

latino-americana, pesando também a facilidade de remessas de lucros para o exterior concedida pelas leis locais.

Fora do Brasil, onde a organização agia desde pelo menos 1981, um dos seus primeiros encontros latino-americanos aconteceu em outubro de 1983 na República Dominicana, conforme relatado pela embaixada brasileira em São Domingos. Tratou-se de um seminário da CAUSA ocorrido em complexo turístico de propriedade da Gulf and Western Corporation, empresa que dominava um terço da produção açucareira do país. Trazendo duzentas pessoas, o evento foi presidido pelo coronel Bo Hi Pak; o secretário-geral Antonio Betancourt, colombiano; o secretário-geral Thomas Ward e o diretor William Lay, ambos estadunidenses; e o dissidente soviético Mikael Makarenko. Em ofício ao seu governo, o embaixador brasileiro Nestor Luiz F. B. dos Santos Lima repassou informações colhidas junto à imprensa local dando conta de que a Igreja procurava se instalar no país, tal como fizera em outras partes, valendo-se do seu poder econômico, no caso usando como "pretexto"[278] a compra de um hotel.

O comunicado do embaixador encontra-se em um amplo dossiê da DSI-MRE, que fala ainda de um segundo evento, dessa vez em Montevidéu, a I Convenção Panamericana da CAUSA Internacional, de fevereiro de 1984. Conforme a embaixada brasileira, em entrevista à imprensa, os organizadores tentaram camuflar sua proximidade com o governo uruguaio, refutando a participação nas atividades da CAUSA do ex-comandante em chefe do Exército, Luís Vicente Queirolo, um dos principais articuladores da Operação Condor, sobre quem "circularam rumores de que teria facilitado a entrada de capitais da seita" usados para a compra de um banco, um jornal e imóveis. Segundo matéria do *Jornal de Brasília* incluída no mesmo dossiê, o presidente da CAUSA uruguaia era Julian Safi, por muitos anos porta-voz oficial da ditadura, e o vice-presidente era sogro do ditador Gregorio Álvarez.

O Centro de Informações da Marinha (CENIMAR), que acompanhou o evento de perto, confirmava o Uruguai como base unificacionista no Cone Sul, frisando que a CAUSA pretendia irradiar-se a partir dali,

---

278   ARQUIVO NACIONAL. Divisão de Segurança e Informações do Ministério das Relações Exteriores. *Sem título*. Código de referência: BR DFANBSB Z4.DPN.PES, PFI.235.

"aproveitando a sua forte influência na área militar e na estrutura governamental".[279] Já sobre a Convenção, dizia que o Brasil levou uma "delegação" de 45 pessoas, entre religiosos, acadêmicos, funcionários estatais, militares, jornalistas e empresários. Alguns presentes foram os professores da ESG Cid de Albernaz Oliveira e Nuno Linhares Veloso; o diretor da Faculdade de Direito de Recife Hilton Guedes Alcoforado; o professor de Teoria Geral do Estado e Ciência Política em Goiás Joveny Sebastião Candido de Oliveira; o pastor presbiteriano Manoel Peres Sobrinho; os coronéis da PM-MG Aécio Falvio Silveira Coutinho e Rubem José Ferreira; o diretor do DER de Goiás Hermógenes Coelho Júnior; o major do Exército Ari de Cristian; o presidente da Ação Integralista Brasileira Anésio de Lara Campos Júnior; o jornalista Joezil dos Anjos Barros; o jornalista e assessor de imprensa do governo de Pernambuco Lino Rocha; o jornalista do *Estado de São Paulo* e do *Jornal da Tarde* Lenildo Tabosa Pessoa; o empreiteiro, ex-presidente da Federação das Indústrias do Estado do Paraná e presidente do Movimento Brasileiro de Alfabetização (Mobral)[280] em Curitiba Mário de Mari; e o empresário e professor da UFRGS Hugo di Primo Paz. O evento foi brindado também por estadunidenses como Robert Richardson II, brigadeiro-general; Philip Sanchez, presidente da Woodside e ex-subsecretário de Estado de Gerald Ford; Osborne Scott, pastor batista; Cleon Skousen, membro da John Birch Society; e Lloyd Bucher, o comandante da Marinha.[281]

No Cone Sul, as atividades da Igreja se desdobraram ainda em outras organizações paralelas, como a Asociación Pro Unidad Latinoamericana (AULA), criada em 1983, chefiada pelo diplomata colombiano José Maria Chaves[282] e tendo entre seus membros os ex-presidentes da Colômbia e

---

279 ARQUIVO NACIONAL. Serviço Nacional de Informações. *Convenção Panamericana da Organização CAUSA Internacional, Seita Moon*. Código de referência: BR DFANBSB V8.MIC, GNC.AAA.84041944.

280 Com o Mobral, inaugurado em março de 1968, a ditadura pretendia abafar outras iniciativas alfabetizadoras inspiradas nos métodos projetados por Paulo Freire, opositor do regime de 1964.

281 ARQUIVO NACIONAL. Serviço Nacional de Informações. *Uruguai participantes do Congresso da Confederação para a Associação e Unidade das Sociedades Americanas ou CAUSA Internacional*. Código de referência: BR DFANBSB V8.MIC, GNC.AAA.84043228.

282 ARQUIVO NACIONAL. Centro de Informações do Exterior. *Sem título*. Arquivo Nacional. Código de referência: BR DFANBSB IE.0.0.24.

da Venezuela, Belizário Betancourt e Luís Herrera Campins.[283] Outras entidades cuja importância foi destacada pelo SNI foram o International Security Council, visto no Capítulo 3; a CAUSA Ministerial Alliance, que congregaria "representantes de igrejas batistas, luteranas, adventistas, mórmons, católicas e outras"; e a Associação Mundial dos Meios de Comunicações, dedicada à mídia.

A Igreja da Unificação aporta no Brasil

A exemplo de outros países latino-americanos, se repetiu no Brasil a simbiose dos unificacionistas com as Forças Armadas e seu governo autoritário, destacando o SNI os esforços da CAUSA para "aproximar-se de jovens oficiais do Exército, da Polícia Militar, dos delegados da Polícia Civil e Polícia Federal, de integrantes da Comunidade de Informações, além de políticos e pessoas influentes na sociedade".[284] Com efeito, para além da complacência com a qual o regime ditatorial brasileiro tratou a Igreja, a participação de militares e funcionários do governo na articulação de uma frente ampla conservadora com viés religioso se expressa na sua presença em eventos patrocinados pelo reverendo Moon, dentro e fora do Brasil. A CAUSA não deixou de atrair, também, grande parcela da direita nacional, conforme também constatado pelo SNI, que julgava ser possível estabelecer ligações entre ela e atentados, como os realizados a bancas de jornais que vendessem publicações marxistas, tendo ouvido, por "retalhos de conversas",[285] menções inclusive à grupos neonazistas, como a Guarda Verde-Amarela.

Mesmo após a redemocratização, a Igreja não deixou de cultivar a relação com setores militares, conforme expresso pelo SNI em 1987, quando

---

283 Arquivo Nacional. Código de referência: BR DFANBSB V8.MIC, GNC.EEE.86018726.
– ARQUIVO NACIONAL. Serviço Nacional de Informações. "Atividades da CAUSA no Brasil". Código de referência: BR DFANBSB V8.MIC, GNC.EEE.86018726.
284 ARQUIVO NACIONAL. Serviço Nacional de Informações. *Seita Moon em Belo Horizonte*. Código de referência: BR DFANBSB V8.MIC, GNC.OOO.86012256.
285 ARQUIVO NACIONAL. Serviço Nacional de Informações. *Associação do Espírito Santo para a Unificação do Cristianismo Mundial*. Código de referência: BR DFANBSB V8.MIC, GNC.NNN.81001953.

representantes da Igreja foram ao Sétimo Comando Aéreo Regional (VII COMAR), em Manaus, solicitar permissão para realizar ali uma conferência da CAUSA Brasil, iniciativa entendida pelo SNI "como uma tentativa de buscar a simpatia de militares para as atividades desse movimento, já que o conhecido espírito anticomunista do contingente militar brasileiro vai ao encontro dos preceitos de oposição ao marxismo propagados pela associação".[286]

Em termos geográficos, a penetração dos unificacionistas se deu a partir do Rio Grande do Sul, devido à proximidade com Montevidéu. O estado era visto, portanto, conforme o SNI, como uma "ponte"[287] estratégica, ligando "a sede latino-americana" e São Paulo, "o maior centro industrial do continente".

Infiltração alicerçada sobretudo no mundo econômico, como atestaram os dirigentes da Igreja, em seminário no Rio de Janeiro em 1981, onde declararam que a organização estava investindo substanciais importâncias no Brasil, como em "um grande parque gráfico no interior de São Paulo".[288] Essa estratégia se manteve após as dificuldades de princípios dos anos 1980, quando empreende, em meados da década, um segundo esforço para entrar no país sob a CAUSA Brasil, cujos líderes negavam publicamente qualquer conexão com a Igreja. Ainda de acordo com o SNI, tais articulações "começaram pelo meio empresarial, após os trabalhos de prospecção de terreno para verificar a viabilidade de futuros investimentos em vários setores produtivos", com preferência para aplicações financeiras de alta rentabilidade e pouco risco, realizadas em dinheiro a fim de ocultar sua proveniência. A CAUSA penetraria no meio empresarial, ainda, investindo em atividades culturais, esportivas, veículos de imprensa, restaurantes, lojas, estaleiros e fábricas de tornos mecânicos, entre outras.

---

286 ARQUIVO NACIONAL. Serviço Nacional de Informações. *Associação Internacional CAUSA Brasil*. Arquivo Nacional. Código de referência: BR DFANBSB V8.MIC, GNC.LLL.87007278.

287 ARQUIVO NACIONAL. Serviço Nacional de Informações. *Associação do Espírito Santo para Unificação do Cristianismo Mundial AESUCM do reverendo Moon, atividades no Rio Grande do Sul*. Código de referência: BR DFANBSB V8.MIC, GNC.GGG.87014949.

288 ARQUIVO NACIONAL. Serviço Nacional de Informações. *Associação do Espírito Santo para Unificação do Cristianismo Mundial*. Código de referência: BR DFANBSB V8.MIC, GNC.NNN.81001953.

No *Manual de conferência* distribuído em 1985, a CAUSA revelava seus planos de crescimento no Brasil e no mundo. Buscava-se "conseguir o mais rápido possível o maior número de pessoas"[289] por meio de uma reação em cadeia onde caberia a cada membro recrutar pelo menos outros dois, ativando uma "bomba atômica espiritual". Mas esse expansionismo não se detinha no plano individual, querendo os unificacionistas servir de ponto de encontro para outras organizações, como "escolas, sindicatos de operários, clubes, associações, grupos de veteranos e outros grupos patriotas", apresentando-se como um "centralizador para encorajar seus trabalhos e fazê-los relacionarem-se uns com os outros", costurando, assim, uma vasta trama de aparelhos ideológicos. Tal rede, declarava-se, "está sendo construída agora e deste modo a mensagem da CAUSA tem atingido milhões de pessoas". De fato, em finais de 1987 o SNI concluiu que os unificacionistas já estariam "trabalhando entre estudantes universitários, jornalistas, sindicalistas, empresários, profissionais liberais e funcionários públicos de todos os setores das administrações estadual e federal".[290]

Para atingir tão diverso público, a Igreja contava com sua malha de organizações subsidiárias, muitas das quais já em atividade em princípios dos anos 1980. Naquele momento, a DSI-MRE[291] relatou a presença da Associação Internacional para a União das Religiões, da Associação Internacional para Liberdade e Paz (AILPA) e da Associação Mundial de Assistência e Amizade (AMASA), enquanto o SNI[292] acrescentava que a Associação Internacional Cultural também já funcionava por aqui. O Deops de São Paulo, por sua vez, observou a presença da Associação

---

289   ARQUIVO NACIONAL. Serviço Nacional de Informações. *II Convenção Panamericana da CAUSA Internacional*. Código de referência: BR DFANBSB V8.MIC, GNC. EEE.85017130.

290   ARQUIVO NACIONAL. Serviço Nacional de Informações. *Associação do Espírito Santo para Unificação do Cristianismo Mundial*. Código de referência: BR DFANBSB V8.MIC, GNC.NNN.81001953.

291   ARQUIVO NACIONAL. Divisão de Segurança e Informações do Ministério das Relações Exteriores. *Sem título*. Código de referência: BR DFANBSB Z4.DPN.PES, PFI.235.

292   ARQUIVO NACIONAL. Serviço Nacional de Informações. *CAUSA Internacional, Washington D.C. Atividades. Unificacionismo, unification movement*. Código de referência: BR DFANBSB V8.MIC, GNC.CCC.81005027.

Internacional de Vitória sobre o Comunismo (AIVICO)[293] e o Centro de Informações da Polícia Federal[294] notou a Associação do Movimento da Unificação para a Salvação da Pátria (AUSP).

Em 1981, o SNI[295] informou que essas associações atuavam em cerca de oitenta cidades em prol de um projeto anticomunista que pressupunha a criação de células em todo o continente, "com coordenação nos Estados Unidos, através da CAUSA Internacional". Relatava-se, ainda, que a Igreja coordenava "um serviço de operações com sede em Nova York" com "agentes coreanos entre as colônias radicadas em São Paulo, Rio de Janeiro e Assunção, no Paraguai".[296]

Em entrevista coletiva, resumida pelo *Correio Braziliense* em matéria[297] transcrita na edição de 1981 da revista *Mundo Unificado,* dirigentes como o estadunidense Mose Durst falaram sobre a razão de ser de algumas dessas organizações. Caberia à AMASA promover ações filantrópicas, como a distribuição de alimentos. A Associação Internacional para a União das Religiões promoveria "a cooperação entre diferentes grupos religiosos", por via de "reuniões ecumênicas". A Associação Internacional Cultural fornecia bolsas de estudo e realizava conferências para professores. Já a AILPA publicava textos críticos ao comunismo e fazia conferências sobre o seu perigo.

No mesmo ano, o SNI indicava como figura proeminente desse complexo de associações o advogado e fiscal de rendas José Francisco Squizzato. Acumulava ele os cargos de presidente da Associação

---

293 ARQUIVO NACIONAL. Centro de Informações de Segurança da Aeronáutica. *Informe No 351/A2-IV COMAR: Associação do Espírito Santo para Unificação do Cristianismo Mundial.* Código de referência: BR DFANBSB VAZ.0.0.12383.

294 ARQUIVO NACIONAL. Serviço Nacional de Informações. *Conferência da Associação do Movimento da Unificação do Povo para a Salvação da Pátria, Curitiba PR. SE143 AC.* Arquivo Nacional. Código de referência: BR DFANBSB V8.MIC, GNC.AAA.88067311.

295 ARQUIVO NACIONAL. Serviço Nacional de Informações. *CAUSA Internacional, Washington D.C. Atividades.* Unificacionismo, Unification Movement. Código de referência: BR DFANBSB V8.MIC, GNC.CCC.81005027.

296 ARQUIVO NACIONAL. Serviço Nacional de Informações. *Associação Brasileira de Cultura.* Arquivo Nacional. Código de referência: BR DFANBSB V8.MIC, GNC.EEE.82013036.

297 ARQUIVO NACIONAL. Divisão de Segurança e Informações do Ministério das Relações Exteriores. *Sem título.* Código de referência: BR DFANBSB Z4.DPN.PES, PFI.235.

Internacional Cultural, vice-presidente da AIVICO e relações públicas da AMASA e da própria Igreja da Unificação. Outros elementos centrais seriam o comerciante César Zaduski, presidente da Igreja no Brasil, da AIVICO e vice-presidente da Associação Internacional Cultural; o professor Waldir Cipriani, primeiro secretário da Igreja, presidente da AMASA e vice-presidente da Associação Internacional para a União das Religiões; e o também professor Maurício Raimundo Baldino, vice-presidente da Igreja e da AMASA e primeiro secretário da AIVICO. A César Zaduski e Osmar Costa Valentim cabia, ainda, chefiar a revista *Mundo Unificado*.[298]

Ações de doutrinação estudantil da Igreja da Unificação

Um dos focos da batalha ideológica travada pelo complexo de organizações unificacionistas foi o mundo estudantil, onde atuou sobretudo por meio do Colegiado Acadêmico para a Reflexão de Princípios (CARP). A genealogia das entidades subsidiadas pela Igreja é labiríntica, marcada por incessantes mudanças de nomenclaturas, redefinições de atribuições e sigilo,[299] daí a dificuldade em rastreá-las. A documentação, entretanto, permite-nos remontar as origens do CARP até finais dos anos 1970 ou inícios dos anos 1980, quando passa a funcionar no Brasil a Associação Internacional de Vitória sobre o Comunismo (AIVICO).

A organização mudaria seu nome em janeiro de 1981 para Associação Internacional para Liberdade e Paz (AILPA), sendo segundo o SNI[300] a principal representante brasileira da CAUSA Internacional até a fundação, por volta de 1984, da CAUSA Brasil. De acordo com os estatutos registrados naquele ano, algumas das finalidades da AILPA, que expressam o propósito de sustentar a ditadura e de aglutinar a direita brasileira, seriam

---

298 ARQUIVO NACIONAL. Divisão de Segurança e Informações do Ministério da Justiça. *Processo DICOM n. 16.618*. Arquivo Nacional. Código de referência: BR RJANRIO TT.0.JUS, PRO.343.

299 As metamorfoses e mudanças de nomenclaturas atendem a uma estratégia de dissimulação das atividades dessas organizações, dificultando também a sua associação com a Igreja da Unificação.

300 ARQUIVO NACIONAL. Serviço Nacional de Informações. *Atividades de José Francisco Squizzato, representante no Brasil da CAUSA Internacional*. Arquivo Nacional. Código de referência: BR DFANBSB V8.MIC, GNC.EEE.82011590.

"colaborar com os órgãos governamentais no sentido da manutenção e preservação da ordem pública e dos bons costumes", "promover simpósios; seminários; palestras; cursos e campanhas sobre a gravidade da ideologia comunista" e "manter o intercâmbio com outras entidades nacionais e internacionais de fins análogos". Em 1985 o organismo troca novamente de nome, vindo a chamar-se Colegiado Acadêmico para a Reflexão de Princípios (CARP)[301] e passando a focar-se no universo estudantil, podendo-se supor que fora substituído em suas funções originais pela CAUSA Brasil.

A AILPA começa sua pregação ideológica com o Primeiro Congresso de Estudantes Brasileiros para a Pesquisa de Princípios, em janeiro de 1983 em Riacho Grande (SP). Sua finalidade foi debater "as teses básicas da Igreja da Unificação",[302] "bem como as teorias políticas dos mais renomados *experts* a nível nacional, no tocante à democracia e as influências que a democracia tem sofrido" (*sic*), visando fornecer informações para que os acadêmicos brasileiros pudessem "compreender e se posicionar perante os mecanismos aos quais estão sujeitos". Guardado pelo SNI, o folheto com a programação não traz maiores detalhes, constando apenas títulos de palestras como "Infiltrações esquerdistas nas universidades".

Em junho e julho de 1984, outro seminário teve lugar, agora no Metropolitan Plaza Hotel, em São Paulo, com a participação de apenas vinte pessoas, leitores do jornal *Tribuna Universitária* que teriam manifestado interesse em conhecer melhor o movimento. O evento foi dividido em dois encontros, ilustrando a natureza dual da iniciativa, religiosa e política. No primeiro, foram apresentados os princípios unificacionistas e no segundo, conforme o Ministério da Aeronáutica "dedicado quase que exclusivamente a luta contra a subversão ideológica",[303] sobraram críticas ao marxismo, seguidas de demonstrações pretensamente científicas de

---

301 ARQUIVO NACIONAL. Serviço Nacional de Informações. *CARP, Colegiado Acadêmico para a Reflexão de Princípios*. Código de referência: BR DFANBSB V8.MIC, GNC. EEE.86017645.

302 ARQUIVO NACIONAL. Serviço Nacional de Informações. *Atividades do Movimento de Unificação do reverendo Sun Myung Moon*. Código de referência: BR DFANBSB V8.MIC, GNC.GGG.82005740.

303 ARQUIVO NACIONAL. Centro de Informações de Segurança da Aeronáutica. *Informe No 734/A-2/IV COMAR: Associação Internacional para Liberdade e Paz*. Código de referência: BR DFANBSB VAZ.0.0.17734.

que "a cooperação e a harmonia, não a contradição e a luta" são as forças que determinam o progresso humano.

Já no ano seguinte a organização veio a chamar-se CARP, fora do Brasil conhecida como Collegiate Association for the Research of Principles, entidade dedicada à organização dos estudantes em torno de ideias pró--capitalistas, principalmente por meio de publicações, simpósios, e do patrocínio a atividades culturais e esportivas.

No Brasil, o CARP publicava um folheto, o *Informativo CARP*, a *CARP Magazine*[304] e o jornal *Tribuna Universitária*. Inicialmente editado pela AILPA em algum momento de 1983, chegando à tiragem de cem mil exemplares em 1985, a *Tribuna* era presidida por Leornes Ferreira da Silva, diretor da Igreja da Unificação na Paraíba, e tinha a colaboração de Jarbas Passarinho, do padre Emir Calluf, do então membro do Ministério Público Luiz Antônio Fleury Filho e do então advogado e atual desembargador Roy Reis Friede, entre outros. Além de divulgar as ações do CARP e artigos de intelectuais conservadores, o veículo parece ter dedicado grande espaço à propaganda explicitamente política. A edição n. 3, por exemplo, refere-se à União Democrática Ruralista (UDR)[305] como "uma organização legal e composta de homens bem-intencionados"[306] que manteria o governo bem-informado "através de relatórios mensais" enviados ao SNI.

Uma das principais fornecedoras de quadros para o CARP foi a Faculdade de Teologia da Unificação, fundada pela Igreja em março de 1985, em São Bernardo do Campo, e cujos alunos, conforme o SNI,[307] participariam regularmente das atividades do colegiado. Não apenas concentrada no ensino religioso e contando com professores da Universidade de São

---

304 ARQUIVO NACIONAL. Serviço Nacional de Informações. *Colegiado Acadêmico para a Reflexão de Princípios, CARP*. Código de referência: BR DFANBSB V8.MIC, GNC. EEE.85017492.

305 Fundada em 1985, a UDR é um grupo de *lobby* favorável aos interesses dos grandes proprietários de terra. Um de seus principais feitos na Constituinte de 1987 foi a inviabilização da reforma agrária.

306 ARQUIVO NACIONAL. Serviço Nacional de Informações. *Atividades da Igreja da Unificação em Curitiba PR, SS14 ACT*. Código de referência: BR DFANBSB V8.MIC, GNC.NNN.87007026.

307 ARQUIVO NACIONAL. Serviço Nacional de Informações. *Associação do Espírito Santo para a Unificação do Cristianismo Mundial Seita Moon*. Código de referência: BR DFANBSB V8.MIC, GNC.EEE.86018091.

Paulo (USP) e da Pontifícia Universidade Católica de São Paulo (PUC-SP), a instituição mantinha também uma Faculdade de Ciências Humanas e preparava um curso de Filosofia, projetando também um de Pedagogia.

Em junho de 1986 debatia-se nos escalões superiores do governo a aprovação do curso de Filosofia, que já tinha parecer favorável da relatora Zilma Parente de Barros, do Conselho Federal de Educação. Na ocasião, a DSI do Ministério da Educação solicitou ao SNI orientações "sobre a conveniência ou não conveniência, sob aspectos de Segurança Nacional"[308] da aprovação. Arrolando denúncias feitas contra a Igreja, porém repetindo haver indícios de que "pelo seu caráter anticomunista, a seita se constitui 'alvo' de propaganda negativa por parte das esquerdas, manipulada nos meios de comunicação", o Serviço era favorável ao pleito. Afinal, "negar essa pretensão, seria discriminar a 'Unificação' em relação a outros grupos religiosos que a ela se opõem, mas que, anteriormente, foram beneficiados com idêntica concessão".

Incursões midiáticas da Igreja da Unificação

Em fevereiro de 1986 a Igreja anunciou o lançamento do *Folha do Brasil*, jornal com tiragem inicial de cinquenta mil exemplares. O caso foi debatido pelo Conselho de Segurança Nacional que, preocupado com o avanço do complexo de organizações unificacionistas, assinalava "que os extremismos são perniciosos, ainda que se trate de movimentos chamados de direita",[309] recomendando a Sarney que se opusesse à iniciativa, uma vez que "a Constituição veda a propriedade e a administração de empresas jornalísticas aos estrangeiros". Já aos "órgãos de informação", o Conselho pedia que fossem examinados "possíveis envolvimentos com grupos estrangeiros" de outros órgãos de imprensa. Não obstante, o jornal chegou a circular em 1987, tendo como editor-chefe Leornes Ferreira, responsável pelo *Tribuna Universitária* do CARP, com contribuições especiais de

---

308 ARQUIVO NACIONAL. Serviço Nacional de Informações. *Associação do Espírito Santo para a Unificação do Cristianismo Mundial Seita Moon*. Código de referência: BR DFANBSB V8.MIC, GNC.AAA.86057528.

309 ARQUIVO NACIONAL. Conselho de Segurança Nacional. *Sem título*. Código de referência: BR DFANBSB N8.0.PSN, IVT.91.

outros unificacionistas, como José Osvaldo de Meira Penna, e bancado pela empresa Notícias do Brasil Comunicações, pertencente à Igreja. Seu número 2 contava ainda com artigos de Sandra Cavalcanti, deputada federal pelo PFL, Austregésilo de Athayde, presidente da Academia Brasileira de Letras, e de jornalistas do *Estado de São Paulo*, como Waldo Claro.[310] Não está claro até quando a publicação sobreviveu, mas, curiosamente, nos dias de hoje há um jornal digital com o mesmo título e inclinações de extrema direita. Apesar de trazer uma aba intitulada "Quem Somos"[311] em sua página, a seção permanece vazia, não trazendo qualquer informação sobre o veículo, figurando ali apenas uma "página de exemplo" padrão da plataforma WordPress, na qual o site foi construído. O único dado disponível sobre seus artífices é uma inscrição no canto inferior, atribuindo sua posse a outro veículo de imprensa, a FDR, Economia Simplificada, propriedade da Gridmidia, empresa com sede em Recife e Orlando. As origens obscuras do jornal digital saltam aos olhos, ainda, ao repararmos que ele foi um dos órgãos de imprensa incentivadores de atos antidemocráticos sobre os quais o Supremo Tribunal Federal (STF) pediu dados sobre o financiamento às redes sociais em junho de 2020.

A CAUSA no Brasil

Conforme o SNI,[312] até novembro de 1981 a CAUSA Internacional já havia realizado seis seminários para "apresentar ideias e unir pessoas que se interessam no combate à expansão do comunismo internacional", na Bolívia, no Paraguai, no Uruguai, na Argentina, no Chile e no Brasil. Em nosso país, a primeira iniciativa deste tipo foi o Seminário Novas Ideias para uma Sociedade em Crise, no Rio de Janeiro, em agosto de 1981.

---

310   ARQUIVO NACIONAL. Serviço Nacional de Informações. *Circulação em São Paulo do jornal Folha do Brasil, da Associação Internacional CAUSA Brasil*. Código de referência: BR DFANBSB V8.MIC, GNC.EEE.87019444.

311   QUEM Somos. *Folha do Brasil*, [s.d.]. Disponível em: <https://folhadobrasil.com.br/pagina-exemplo/>. Acesso em: 25 mar. 2021.

312   ARQUIVO NACIONAL. Serviço Nacional de Informações. *Atividades de José Francisco Squizzato, representante no Brasil da CAUSA Internacional*. Código de referência: BR DFANBSB V8.MIC, GNC.EEE.82011590.

Uma matéria publicada pelo jornal *O Globo* em 15 de agosto de 1981 sublinhava o sigilo que circundou o evento ocorrido nos hotéis Othon Palace e Nacional, assim como a participação de alguns nomes de peso da ditadura. Estavam ali Ronald James Watters, ex-funcionário do Ministério da Agricultura investigado pelo atentado à bomba que em 1980 matou Lyda Monteiro da Silva, secretária da OAB. Teria ele sido convidado pelo general Antônio Adolfo Manta, presidente da Rede Ferroviária Federal no governo Médici e membro da extinta organização anticomunista Ação Democrática Renovadora.[313]

A matéria figura em dossiê da DSI-MRE sobre a Igreja da Unificação no Brasil. Entre outros recortes, encontramos um texto do *Jornal do Brasil* de 14 de agosto acrescentando que, além de Manta, pelo menos outros dois generais participaram. O evento era tão sigiloso que os funcionários do Othon Palace acreditavam se tratar "de um congresso de dentistas", tomando a imprensa ciência dele graças a um folheto encontrado no lixo. Falaram ali os membros da CAUSA Paul Perry e Thomas Ward; Lev Navzorov, dissidente soviético; o padre católico polonês Sebastian Matczak; o coronel Bo Hi Pak; e o brasileiro José Francisco Squizzato, discursando sobre temas como "História do comunismo", "O New York Times e a desinformação", "Materialismo histórico", "Materialismo dialético", "Estratégia do comunismo no Brasil", "Teologia da Libertação" e "Implicações práticas do unificacionismo".

O SNI, contudo, tinha total ciência do acontecimento, registrando em relatório, parte de outro dossiê, que o encontro no Othon foi precedido de mais um, em julho de 1981, no Hotel Nacional. O serviço contou os convidados em aproximadamente duzentos, colhendo relatos de dois participantes do primeiro encontro, mantidos anônimos. Um deles resumira o propósito do seminário como "lançar a semente do Movimento de Unificação a um grupo de intelectuais brasileiros"[314] e conscientizar sobre a "necessidade de uma integração indiscriminada de religiões".

---

313 ARQUIVO NACIONAL. Divisão de Segurança e Informações do Ministério das Relações Exteriores. *Sem título*. Código de referência: BR DFANBSB Z4.DPN.PES, PFI.235.

314 ARQUIVO NACIONAL. Serviço Nacional de Informações. *Associação do Espírito Santo para Unificação do Cristianismo Mundial*. Código de referência: BR DFANBSB V8.MIC, GNC.NNN.81001953.

Listada nominalmente, a audiência do encontro de julho de 1981 continha dezenas de dirigentes de instituições de ensino superior, em sua maioria chefes de departamentos de cursos de Ciências Humanas, desde muito alvo de ataques da direita organizada. Ao seu lado, apareceram alguns religiosos, empresários e funcionários da ditadura, grupos que a Igreja também pretendia imantar. Muitos convidados, entretanto, não tinham uma ideia precisa do teor do evento, acompanhando os convites apenas currículos sumários dos expositores e o título das falas. De fato, dias depois, um dos convidados, o professor Luis Alberto Peluzzo, da Universidade Mackenzie, segundo matéria de 17 de agosto de 1981 do jornal *O Globo* constante no mesmo dossiê do SNI, denunciou que a Igreja da Unificação pretenderia estabelecer no Cone Sul uma "república unificacionista", acrescentando a matéria que "quase todos" os presentes se sentiram enganados, queixando-se do nível primário das conferências. Entretanto, ainda que muitos tenham sido refratários às ideias expostas, alguns voltariam a aparecer em outras reuniões, demonstrando o sucesso dos unificacionistas em cooptar parte da intelectualidade.

Atrás dos acadêmicos, o segundo maior grupo foi o de funcionários governamentais com nove representantes, com destaque para Alcino Teixeira de Mello, membro do Conselho Superior de Censura, Paulo Alves da Silva, assessor político-legislativo do Ministério da Previdência e Assistência Social, e Saturnino Dadam, deputado estadual em Santa Catarina.

Os ramos empresarial e religioso aparecem pouco representados, indicando que a cooptação da área acadêmica fosse o objetivo primordial do seminário.

Entre os homens de negócio, apareceram apenas José Antônio de Vasconcelos Costa, presidente da empresa de Águas Minerais de Minas Gerais S. A. (Hidrominas), membro do departamento jurídico da Companhia de Distritos Industriais de Minas e político pelos partidos governistas PDS e ARENA, além de professor de Direito Internacional Público na Universidade Federal de Minas Gerais.

Já o ramo religioso foi representado por Oswaldo Dias de Lacerda, pastor da Igreja Presbiteriana de Jacareí (SP); Prócoro Velasques, diretor da Faculdade de Teologia do Instituto Metodista de Ensino Superior e pastor da Igreja Metodista; e Olavo Guimarães Feijó, pastor e conselheiro da Igreja Batista.

A eles foi distribuído material de teor anticomunista, como o texto "Introdução ao unificacionismo – CAUSA Internacional", sintetizando as contrapropostas da Igreja ao materialismo histórico. Advertindo ter chegado "o momento do mundo cristão tomar a ofensiva", apresentava-se o unificacionismo como "um sistema ideológico" capaz de acelerar o processo de bancarrota do comunismo. Exprimindo o conteúdo autoritário e teocêntrico do projeto, desdenhando da democracia, que dizia-se sofrer de uma "incapacidade básica para distinguir entre o que está bem e o que está mal", as ideias ali apresentadas, por outro lado, seriam baseadas "não somente na opinião da maioria, senão no Ser Absoluto". Assim divinamente inspirado, o escrito procurava mostrar que "a repressão, o assassinato e o caos econômico de que padecem os países comunistas são o resultado natural de 'toda tentativa' de levar a cabo os ensinamentos de Karl Marx".

Postulava-se que o unificacionismo seria o antídoto ideal para o veneno marxista, em seu ecumenismo[315] anticomunista, cuja finalidade não seria "o estabelecimento de uma nova religião, mas sim a busca de uma prática dos princípios cristãos na vida diária e em todos os níveis da existência humana". Faria isso defendendo de forma intransigente a existência de Deus, fato sobre o qual "o século XX trouxe à luz muita evidência científica", ao contrário do marxismo, pensamento ultrapassado, ancorado na ciência do século XIX; fiando-se no conceito de história de Arnold J. Toynbee,[316] para quem todas as grandes civilizações passariam pelas mesmas etapas históricas: progresso, conquista, desenvolvimento e decadência, sendo o surgimento de "uma minoria religiosa" com a qual a civilização venha a se identificar a única força capaz de evitar esta última, mostrando

---

315 Em termos de composição religiosa, a publicação editada pela Igreja em 1983, *A Igreja da Unificação e o reverendo Sun Myung Moon*, estimava que 40% dos unificacionistas seriam "protestantes", sobretudo batistas, com 7,9%, metodistas, com 7,2%, e os presbiterianos, com 5,2%. Além deles, 36% seriam católicos, 5,6% judeus, 3,4% budistas, 0,7% mórmons e 0,3% muçulmanos. ARQUIVO NACIONAL. Serviço Nacional de Informações. *Seita do reverendo Moon Manaus AM*. Código de referência: BR DFANBSB V8.MIC, GNC.LLL.86006643.

316 Prestigioso historiador britânico na primeira metade do século XX, Toynbee dava grande importância a aspectos religiosos no processo de ascensão e decadência das civilizações, recebendo muitas críticas de seus pares após os anos 1960. Em 1936, recebeu um pedido de Adolf Hitler para entrevistá-lo em Berlim. Após o encontro, Toynbee passou a defender a cooperação britânica com o regime de Hitler.

que Deus intervém historicamente para redimir a humanidade, fatos que condenariam a um fim inevitável povos ateístas; e baseando-se na impossibilidade de que a ordem universal tenha surgido ao acaso, sem a intervenção de uma causa primordial.

Já o segundo encontro,[317] de acordo com o SNI, tivera a mesma preocupação na segurança e sigilo, sendo a propaganda anticomunista novamente a tônica. Aqui não temos a lista dos presentes, mas, além dos membros do regime mencionados acima, o SNI informa que estava ali o empresário Mário de Mari, como vimos, um dos participantes da I Convenção Panamericana da CAUSA Internacional.

Ao que parece, a comunidade de informações compareceu com um agente, pois, dessa vez, os fatos são narrados em primeira pessoa. Mantido anônimo, ele relata ter se misturado aos presentes para "absorver mais informações", terminando convidado por "dois chefes coreanos" para uma estadia em São Paulo, a fim de conhecer mais a fundo os princípios do unificacionismo. Dizia ainda que a CAUSA Internacional "é a organização que serviu de pano de fundo para o golpe de Estado na Bolívia", e que "desde então sustenta o poder naquele país". Nos Estados Unidos, teria ela financiado a campanha de Ronald Reagan, amargando uma única derrota, a Revolução Sandinista.

Os esforços da Igreja da Unificação em atrair a intelectualidade brasileira prosseguiram em 1982. Mencionado no Capítulo 8, em outubro de 1982 a Associação Internacional Cultural realizou em Canela (RS) um Seminário de Filosofia e Teologia para professores universitários. Com a presença de 150 pessoas vindas de doze estados, uma das metas expressas seria "desfazer a imagem negativa"[318] adquirida pela Igreja após as convulsões populares de 1981. Com conferências, palestras e sessões de cinema, as falas versaram em sua maioria sobre temas religiosos, como "Predestinação e cristologia", "Finalidade da vinda do Messias" e "História da salvação"; pretensamente históricos, como "Paralelos da História" e "Os últimos quatrocentos anos", onde se discutiu o "Desenvolvimento

---

317 É possível que se trate do mesmo evento, cuja programação fora dividida em dias e locais diferentes.

318 ARQUIVO NACIONAL. Divisão de Segurança e Informações do Ministério das Relações Exteriores. *Sem título*. Código de referência: BR DFANBSB Z4.DPN.PES, PFI.235.

cultural, industrial e religioso para formar um mundo ideal"; e políticos, como "Crítica e contraproposta ao materialismo".

Embora a CAUSA Internacional desenvolvesse atividades no país desde 1981, apenas por volta de 1984 passa a ter uma representação local. A CAUSA Brasil, segundo o SNI, seria resultado de um trabalho de disseminação de células da Igreja da Unificação, sobretudo no Rio Grande do Sul, enquanto "foi solidificando os seus contatos entre a classe empresarial, estudantil e outros setores de relevância da sociedade gaúcha".[319]

Conforme o Centro de Informações da Aeronáutica (CISA),[320] a CAUSA Brasil apresentou-se a um público seleto em eventos como o Seminário Introdutório à CAUSA Brasil, em maio de 1985 no Hotel Ipê Amarelo em Belo Horizonte. A programação ali girou em torno dos temas habituais, a pregação anticomunista e a apresentação dos pontos básicos do unificacionismo. Com alarmismo, o encontro foi aberto pelo coronel da Polícia Militar e dirigente da CAUSA em Minas Gerais, Rubens José Ferreira, segundo o SNI[321] participante do golpe de 1964, que alertou a plateia sobre a urgência em se ampliar o combate ao comunismo em face do fim da ditadura. Alguns dos conferencistas foram a professora Maria José Gonçalves Resende, cuja fala "Marxismo – análise e crítica"[322] procurou apresentar princípios marxistas acompanhados de um juízo sobre os "erros de Marx"; José Cândido de Castro,[323] professor de filosofia e ex-padre jesuíta, que indicou o "deusismo"[324] pregado pelos unificacionistas como melhor arma contra o marxismo, capaz de agregar todo o campo religioso; Alejandro

---

319   ARQUIVO NACIONAL. Serviço Nacional de Informações. *Associação do Espírito Santo para Unificação do Cristianismo Mundial AESUCM do reverendo Moon, atividades no Rio Grande do Sul*. Código de referência: BR DFANBSB V8.MIC, GNC.GGG.87014949.

320   ARQUIVO NACIONAL. Serviço Nacional de Informações. *CAUSA Internacional, CAUSA Brasil, DV42 AC*. Código de referência: BR DFANBSB V8.MIC, GNC.AAA.86058650.

321   ARQUIVO NACIONAL. Serviço Nacional de Informações. *Seita Moon em Belo Horizonte*. Código de referência: BR DFANBSB V8.MIC, GNC.OOO.86012256.

322   ARQUIVO NACIONAL. Serviço Nacional de Informações. *CAUSA Internacional, CAUSA Brasil, DV42 AC*. Código de referência: BR DFANBSB V8.MIC, GNC.AAA.86058650.

323   Conforme o SNI, Castro participara do golpe de 1964 e recebia uma "mesada" do empresário Marcos Valle Mendes, da Construtora Mendes Júnior (ARQUIVO NACIONAL. Serviço Nacional de Informações. *Seita Moon em Belo Horizonte*. Código de referência: BR DFANBSB V8.MIC, GNC.OOO.86012256).

324   Em meados dos anos 1980, a Igreja da Unificação passou a chamar sua doutrina de "deusismo".

Mateesco Franco, professor da Faculdade João Paulo II da Arquidiocese do Rio de Janeiro, desligado do Instituto Metodista Bennet "por motivos ideológicos" e representante da CAUSA no Rio de Janeiro, discursou sobre "Aspectos do comunismo russo"; Benedito Honório da Silva, assessor chefe da ASI do MEC e assistente da Procuradoria Geral da Paraíba, proferiu a palestra "Comunismo × Mundo Livre"; Hilton Guedes Alcoforado, membro da CAUSA em Pernambuco, discorreu sobre as Constituições brasileiras, alertando para "as manipulações e influência das 'esquerdas'" na próxima Constituinte; e José Raimundo, jornalista da TV Paraná e integrante da CAUSA, que se apresentou como "ex-guerrilheiro" e fez um apanhado sobre o contexto político pré-golpe de 64. O encerramento coube ao general "linha-dura" José Lopes Bragança, que em entrevista ao *Estado de Minas* em janeiro de 1977 detalhou planos traçados por setores do Exército para assassinar João Goulart em 21 de abril de 1964 em comício em Belo Horizonte e cuja fala deteve-se no seu trabalho nos serviços de informação do regime. Não há uma listagem da plateia, mas o Centro de Informações sublinhou algumas presenças, como a do deputado federal pelo PDS Bonifácio José Tamm de Andrada, que se declarou "entusiasmado pelas propostas da 'CAUSA'".

Em julho de 1985, a organização realizou a II Convenção Panamericana da CAUSA Internacional,[325] no hotel Maksoud Plaza em São Paulo, com aproximadamente 150 pessoas. Entre os falantes, despontaram vários estrangeiros dirigentes da CAUSA, como o general estadunidense E. D. Wollner, vice-presidente para auxílios sociais internacionais, além de Miguel Rocha, coordenador da CAUSA Brasil. Conforme a documentação, funcionários estatais presentes foram Carlos Augusto Noriega, ministro colombiano; Amilcar Santamaria, secretário de Comunicações Internacionais de Honduras; Osvaldo Alvarez Paz, deputado venezuelano pelo Partido Socialista Cristão; e Edward Perry, senador norte-americano. A comunidade acadêmica estava representada por Ricardo de la Cierva, professor da Universidade de Alcalá de Henares, na Espanha; José Cândido de Castro, professor de filosofia em Minas Gerais; Hilton Guedes

---

325 ARQUIVO NACIONAL. Serviço Nacional de Informações. *II Convenção Panamericana da CAUSA Internacional*. Código de referência: BR DFANBSB V8.MIC, GNC. AAA.85051420.

Alcoforado, diretor da Faculdade de Direito de Recife; Adão Rossir Berny de Oliveira, membro da Academia de Letras de Porto Alegre; Irapuan Teixeira, professor, jornalista e radialista no Rio Grande do Sul; e o francês Cristian Langlos, membro da Academia de Ciências e Letras Europeias. No ramo religioso, falaram Agnello Bicudo, arcebispo da Igreja Ortodoxa Ocidental no Brasil; Waldir Cipriani, presidente da Igreja da Unificação no Brasil; o monsenhor Freddy Delgado Acevedo, secretário da Confederação Episcopal de El Salvador; o padre Sebastian Labo; o bispo evangélico chileno Juan Andrés Vasquez del Valle; e o teórico político-teológico Willard Cleon Skousen, membro da John Birch Society. A ala jornalística foi representada por Pedro Joaquim Chamorro, dono do jornal nicaraguense direitista *La Prensa*, sendo a oposição aos sandinistas e a outros socialistas centro-americanos encorpada por Omaida Correia, presidente do Comitê Pró-democracia do Panamá/Nicarágua. Também tiveram a palavra os terroristas membros da organização Comandos L, responsável por atentados em Cuba, Antonio Cuesta del Valle e Anthony Garnet Bryant.

Além deles, teve participação destacada o embaixador José Osvaldo de Meira Penna, como vimos contribuinte de outras iniciativas da Igreja da Unificação, e que declarou ser "preciso combater os inimigos das sociedades abertas, hostilizar os socialistas-marxistas totalitários e manter nossa terra como uma sociedade livre e aberta, segundo nossa visão moral do que deva ser uma sociedade democrática". Nos debates, lamentou a "defasagem" cultural brasileira diante de países como o Chile e a Costa Rica. Desinteressado em camuflar preconceitos, exemplificava o nosso atraso pela presença de "um cantor semianalfabeto e um índio"[326] na Câmara dos Deputados. Criticou ainda a Constituinte e os empréstimos do governo brasileiro à Polônia e à Nicarágua.

Concentradas na suposta doutrinação anticomunista e na discussão de ações contrárias, as palestras tiveram como temas "O expansionismo comunista e o Ocidente", "Ideologia marxista: visão geral e crítica", "Materialismo histórico e dialético", "Teorias econômicas marxistas", "O imperialismo e a Terceira Internacional", "Confusão no sistema de valores do Ocidente" e "Cosmovisão da CAUSA". Já as sessões de debates

---

326   Referia-se, provavelmente, a Agnaldo Timóteo e Mário Juruna, eleitos em 1983 pelo PDT.

intitularam-se "A luta pela democracia nas Américas", "A resposta dos cristãos ao comunismo" e "Caminhos para o desenvolvimento econômico".

Thomas Ward resumiu a proposta da CAUSA como um trabalho de "mudança dos homens, na sociedade e no mundo" contrapondo o "deusismo" ao comunismo, na construção de uma sociedade baseada em três pilares: Deus, família e amor altruísta. William Lay procurou destacar as falhas do pensamento marxista, prescrevendo também o "deusismo" como alternativa ao materialismo histórico e dialético. Carlos Augusto Noriega criticou a teoria da mais-valia de Marx, enfatizando a necessidade de se conferir maior importância à dimensão espiritual. Cleon Skousen falou sobre as pressões nos países comunistas, elogiando a Constituição dos Estados Unidos. Antonio Betancourt denunciou "a prática do comunismo como um crime contra a humanidade". O monsenhor Freddy Delgado lamentou o surgimento "da Igreja Popular, apoiada na Teologia da Libertação", para ele um "veículo de propaganda do comunismo" inserido em uma nova estratégia de disseminação, que compreenderia a cooptação de sacerdotes, a criação das CEBs e a formação de grupos de estudo populares para interpretar politicamente a Bíblia. Cristian Langlos queixou-se do fato de a direita não escrever, "enquanto a esquerda edita muitos livros". Osvaldo Paz destacou a pressão comunista sobre a América Latina, acusando a "Igreja Popular" de incentivar movimentos marxistas. O evangélico Juan Andrés Vasquez del Valle também apontou suas armas para a "Igreja progressista", que empurrava "para um abismo sem fundo a crença em Deus", reconhecendo a responsabilidade também do ramo evangélico, enfatizando que a "visão materialista do clero moderno", inspirada por teólogos alemães, teria desaguado na Teologia da Libertação. Aqui vemos reverberar a antiga polêmica que originou o fundamentalismo, reação às propostas de reinterpretação bíblica do modernismo protestante, deixando claro em qual lado da disputa Del Valle se situava. O padre Sebastian Labo frisou e subscreveu a posição "definida e inflexível" de sua Igreja contra o marxismo, lamentando que, todavia, "seus sacerdotes em todo mundo" caíam vítimas da "propaganda soviética". O nicaraguense Roberto Cardenal denunciou que os sandinistas estariam criando ali uma Igreja Católica paralela, queixando-se também de atividades de doutrinação infantil e da quase exclusiva alocação do orçamento nacional para a aquisição de armas. Pedia, assim, o estrangulamento econômico e um "definitivo isolamento" do "mundo livre", a fim de derrubar o governo sandinista. Ricardo de la Cierva foi outro que criticou o clero progressista, cujas bases seriam as CEBs, a Teologia da Libertação e o Movimento dos Cristãos pelo Socialismo. Esclarecedoras sobre as atividades da CAUSA no Brasil foram as palavras do coordenador local, o "professor" Miguel Rocha. Segundo ele, a organização já se prolongaria por São Paulo, Rio de Janeiro, Minas Gerais, Paraíba e Paraná, com núcleos em formação no Rio Grande do Sul, no Espírito Santo e em Santa Catarina. O trabalho de "caráter educativo" corria célere, tendo ela, em pouco mais de um ano, organizado "noventa seminários", além de palestras e cursos para mais de três mil pessoas. No mais, a CAUSA atuava junto a "lideranças sociais", e realizava em "todas as regionais" treinamento de novos líderes.

Relacionada pelo SNI, a plateia, desta vez, foi predominantemente preenchida por funcionários estatais, empresários e religiosos. Entre os primeiros, destacam-se Dario Miranda, adido comercial do consulado boliviano; Daniel Sossa Miranda, primeiro-secretário da embaixada do Peru; Adail Vettorazzo, deputado federal pelo PDS; Aluízio de Abreu Lobo, deputado estadual no Maranhão pelo PDS; Bonifácio José Tamm de Andrada, deputado federal pelo PDS; Hélio Pereira de Rezende, ex-deputado estadual pela ARENA e empresário; Jesus Trindade Barreto, deputado estadual em Minas Gerais pelo PDS; Moupir Amaral, chefe do Gabinete Superior da Polícia Federal; Rochilmer Mello da Rocha, membro do Tribunal de Contas de Rondônia; Bertolino de Oliveira Neto, delegado e presidente da Comissão de Controle e Aviação da Associação dos Diplomados da Escola Superior de Guerra (Adesg); Antônio Carlos Costa Moreira da Silva, delegado da Polícia Federal, promotor e procurador da Fazenda Nacional; Benedito Honório da Silva, assessor-chefe da ASI do MEC e assistente da Procuradoria Geral da Paraíba; Edilaudio Luna de Carvalho, professor e chefe da ASI da Universidade Federal da Paraíba; José Adalberto Targino Araújo, promotor de Justiça; e José Salles Pontes, assessor do governo federal junto à Casa Militar.

O ramo empresarial foi representado por Jorge Oscar de Melo Flores, fundador do Ipes no Rio de Janeiro, membro das organizações classistas Sindicato de Empresas de Seguros Privados e Capitalização do Rio de Janeiro, Sindicato dos Bancos do Estado da Guanabara, Federação Nacional das Empresas de Seguros Privados e Capitalização e Federação

Nacional dos Bancos, tendo sido dirigente, ainda, de grande número de grandes empresas, além de presidente da Fundação Getúlio Vargas. Apareceram também Ilídio Coelho Sobrinho, dono do jornal paranaense *Umuarama Ilustrado*; Henrique Deiss, catarinense, atualmente diretor presidente do Grupo Têxtil Oeste que usa mão de obra de detentos em Chapecó (SC)[327]; Joezil dos Anjos Barros, dirigente do jornal *Diário de Pernambuco*; Honório Tomelin, empresário do ramo rural; Luiz Guilherme Mussi, empresário radiofônico; o empreiteiro Mário de Mari; Maurício Calixto da Cruz, dono do jornal *O Estadão do Norte* e da Rádio Eldorado em Porto Velho, eleito em 1986 deputado estadual pelo PFL de Rondônia; Adão Rossir Berny de Oliveira, proprietário da Editora Alcance; Ceslau da Costa Gadelha Filho, empresário hospitalar; João Figueiredo Coutinho, empresário imobiliário; e Hsueh Ying Yin, diretor da SUCEFI Imóveis.

Ecumênico, o evento teve representantes de várias das mais importantes organizações religiosas do mundo. Alguns presentes foram Antonio Carlos de Souza Meirelles, da Igreja Mórmon; Francisco Gavenas, padre salesiano; Luiz Fernandes Castilho Mendez, bispo patriarca do Brasil; Anibal Guedys Gangana, padre patriarca; Rui José de Moraes Barbosa, pastor presbiteriano; Crisóstomos Moussa Matanos Salama, arcebispo da Igreja Síria Ortodoxa do Brasil; Ivan Dutra Moraes, bispo diocesano de Belo Horizonte; Raul Lima Neto, pastor evangélico e futuro deputado estadual em Minas Gerais; Wilton de Araújo Sampaio, secretário-executivo da Convenção Igrejas Batistas Nacionais do Estado de Minas Gerais; Dimas Alves de Souza, pastor batista; e Guaracy Batista da Silveira, primeiro pastor da Igreja do Evangelho Quadrangular no norte do Brasil, presidente da Associação Comercial do CEASA do Pará e deputado estadual pelo PDS.

Militares também apareceram nas figuras de José Leopoldino e Silva, tenente-coronel da reserva; Antonio Leite de Araújo, general da reserva; José Lopes Bragança, general de divisão; Rubens José Ferreira, coronel da reserva da Polícia Militar em Minas Gerais; Gustavo Adolpho Engelke, capitão-de-mar-e-guerra; José Farias de Souza Filho, capitão da PM da

---

327 "EMPRESÁRIOS abordam os benefícios de contratação de mão de obra prisional". *Superintendência dos Serviços Penitenciários*, 2018. Disponível em: <http://www.susepe.rs.gov.br/conteudo.php?cod_menu=4&cod_conteudo=4200>. Acesso em: 03 abr. 2021.

Paraíba; Marcílio Pio Chaves, coronel da PM no mesmo estado; e Cesar Augusto Soares de Souza, capitão de fragata e assessor empresarial.

Membros da imprensa presentes foram Antônio Eustáquio Rodrigues Cassimiro, que em 1993 fundaria o jornal *Gazeta do Oeste* em Divinópolis (MG); Carlos Danilo Costa Côrtes, do *Diário do Paraná*; Francisco das Chagas de Oliveira, diretor do *Jornal do Piauí* e do jornal *Opinião*; Antônio Barroso Pontes, escritor e jornalista no conglomerado de mídia *Diários Associados*; e Maviel Horistônio de Oliveira, jornalista paraibano agraciado em 1982 com diploma de colaborador emérito do Exército.

Os intelectuais convidados foram Cesário Morey Hossri, professor da Universidade de Taubaté e do SENAI; Fernando Menezes Xavier, do Departamento de Administração da Universidade de Fortaleza (UFC); Nelson Figueiredo, presidente da Liga da Defesa Nacional;[328] Antônio Carlos Belfort de Carvalho, professor de odontologia e suplente de vereador em Teresina (PI); e Nilson Nogueira de Melo, professor de Medicina na Universidade Federal de Campina Grande.

Estavam ali, também, alguns líderes sindicais, expressando a relativa penetração do Partido da Fé Capitalista também neste meio. Compareceram Roberto Ferreira, presidente do Sindicato dos Metalúrgicos de Goiânia, e Cyro Siqueira Filho, diretor do Sindicato dos Cirurgiões Dentistas.

Além dos acima, cidadãos de outros 22 países, sobretudo latino-americanos, afluíram ao Maksoud Plaza. Sua identificação, infelizmente, não é possível, pois seus primeiros nomes aparecem abreviados pelo SNI. O *Jornal do Brasil*, contudo, em matéria anexa em dossiê[329] da DSI-MRE, listou entre os presentes outros brasileiros não mencionados pelo Serviço. Seriam eles os deputados Herbert Levy (PFL) e Sebastião Curió de Moura (PDS), o Major Curió, responsável pela repressão à Guerrilha do Araguaia e acusado de graves violações de direitos humanos.

Em fevereiro de 1986, a CAUSA realiza no bairro carioca de Jacarepaguá um encontro restrito a vinte pessoas, entre militares, professores e

---

328   Fundada em 1916, buscava fomentar o sentimento patriótico com campanhas cívicas, vindo a ser declarada órgão de interesse público pela ditadura em novembro de 1970.

329   ARQUIVO NACIONAL. Divisão de Segurança e Informações do Ministério das Relações Exteriores. *Sem título*. Código de referência: BR DFANBSB Z4.DPN.PES, PFI.237.

assessores de congressistas. Apareceram também políticos, como Álvaro Valle, do PFL, e Heitor Furtado, do PDS, ambos, segundo o Comando Militar do Leste, membros da CAUSA Brasil.[330] Integrantes da ESG também foram convidados, embora não tenham comparecido. Novamente, as conferências focaram-se na crítica ao marxismo com viés ecumênico, não havendo, porém, mais informações no sintético papel do Exército, que nota, entretanto, que a "mensagem final" dos palestrantes foi a conclamação para "a mobilização e conscientização das elites, normalmente detentoras do capital, para que apoiem e lutem em todos os campos de atividades contra o 'comunismo ateu'", ação que, se esperava, chegasse até as "bases da sociedade".

Em setembro de 1986, em Boa Vista, a CAUSA Brasil convidava "autoridades políticas, religiosas e militares, empresários e profissionais liberais para o Congresso 'Introdução ao deusismo'".[331] Ali, vangloriava-se a organização de origem coreana sediada nos Estados Unidos de levar sua doutrina "a todos os recantos do Brasil e a todos os brasileiros patriotas, que amam sua pátria e a querem livre e próspera". Sobre esse encontro também faltam informações, constando apenas um folheto, guardado pelo SNI, com um resumo da programação, que pouco difere da de eventos anteriores.

Em julho de 1987, a organização realiza outro seminário, no Hotel São Paulo Center, com o nome "Em busca de uma nova ideologia". A abertura coube ao deputado federal Marcelino Romano Machado, do PDS, que discursou para aproximadamente oitenta pessoas, segundo o SNI "em sua maioria delegados de polícia, políticos e pastores evangélicos".[332] Tematicamente, a programação não viu nada de novo, focada na unidade religiosa contra o comunismo e na sua crítica. Entre os conferencistas, destacou-se o deputado federal pelo PDS, Paulo Osório, com a palestra "Necessidade

---

330 ARQUIVO NACIONAL. Serviço Nacional de Informações. *Ciclo de Conferencias da CAUSA Brasil*. Código de referência: BR DFANBSB V8.MIC, GNC.CCC.86012852.

331 ARQUIVO NACIONAL. Serviço Nacional de Informações. *Folheto CAUSA Brasil, Introdução ao Deusismo e Informativo CAUSA Brasil, Edição Especial*. Código de referência: BR DFANBSB V8.MIC, GNC.LLL.86006712.

332 ARQUIVO NACIONAL. Serviço Nacional de Informações. *Realização em São Paulo, SP, em JUL 87, de Seminário Promovido pela CAUSA Brasil, SE122 AC*. Código de referência: BR DFANBSB V8.MIC, GNC.AAA.87063285.

de equilíbrio ideológico e de união para salvar o Brasil", e José Osvaldo de Meira Penna, com "A ideologia do século XX". Conciso, o papel do SNI reporta que estava previsto para outubro do mesmo ano em Brasília um encontro internacional de membros do International Security Council, que, como vimos, tinha Meira Penna em seus quadros, e da Associação para a Unidade Latino-Americana (AULA).

Mais recentemente, a Igreja da Unificação aparece em relatório[333] da SAE de 1996 que fala sobre mais um encontro na capital uruguaia. É dito ainda que os unificacionistas preparavam, em Goiânia, um grande evento com o objetivo de discutir a "Família Ideal".

A Associação do Movimento da Unificação para a Salvação da Pátria

Outra subdivisão da Igreja da Unificação encarregada de costurar alianças com a classe dominante foi a Associação do Movimento da Unificação para a Salvação da Pátria (AUSP). A entidade foi responsável pelo lançamento, em 1987, no Rio Grande do Sul, de um Projeto para a Realidade Brasileira, mais um movimento antimarxista financiado pelo grupo Unificação.[334] Seguindo o padrão de expansão brasileiro, também este tentáculo unificacionista logo avançou da sede gaúcha em direção a São Paulo, no caminho lançando-se sobre Santa Catarina e Paraná, onde os esforços de cooptação compreenderam, por exemplo, jantares reunindo acadêmicos, magistrados, políticos membros do comando da Polícia Militar.[335] O fato é confirmado pelo Centro de Informações da Polícia Federal, em documento[336] de junho de 1988 sobre um jantar-conferência ocorrido em 28 de abril. Com a coordenação do presidente da AUSP no Brasil, Ubiratan Pereira de Moraes, mais ou menos 150 pessoas compareceram, como o presidente da Igreja da Unificação no Brasil, Waldir Cipriani, o coordenador

---

333   ARQUIVO NACIONAL. Secretaria de Assuntos Estratégicos da Presidência da República. *Sem título*. Código de referência: BR DFANBSB H4 MIC.GNC.RRR 990014702.
334   DREIFUSS, René. *O jogo da direita na Nova República*. Petrópolis: Vozes, 1989, p. 94.
335   *Ibid*.
336   ARQUIVO NACIONAL. Serviço Nacional de Informações. *Conferência da Associação do Movimento da Unificação do Povo para a Salvação da Pátria, Curitiba PR. SE143 AC*. Código de referência: BR DFANBSB V8.MIC, GNC.AAA.88067311.

da juventude unificacionista no Paraná, Maurício Baldini, um assessor do governador Álvaro Dias e uma representante do governo de Santa Catarina. As falas foram dominadas pela cúpula unificacionista, que se encarregou de pôr os presentes a par da história do movimento e das suas atividades no Brasil. Entre elas, o SNI destaca ter sido frisada "a existência de um grupo de aproximadamente vinte jovens que vêm fazendo um trabalho de divulgação das ideias da unificação, junto aos parlamentares que elaboram a nova Constituição". Ao fim das exposições, um cheque foi presenteado ao governo do Paraná, dinheiro, segundo Ubiratan de Moraes, "arrecadado junto a empresários paranaenses". Entretanto, poucos dias depois, o governador Álvaro Dias, talvez preocupado com a associação de sua imagem à polêmica Igreja, "mandou devolver o valor para a AUSP".

Outro encontro teria ocorrido também em Santa Catarina, brindado pelo governador Pedro Ivo. No Rio Grande do Sul, contudo, a organização não logrou sucesso, tendo o governador Pedro Simon declinado do convite.[337]

Brasileiros em encontros unificacionistas fora da América

Significativo do caráter mundial do movimento, vemos brasileiros comparecendo a eventos promovidos pela Igreja em distantes partes do mundo. Eles aconteceram em um contexto de rápida extensão das entidades unificacionistas, mantendo a CAUSA Internacional, em 1981, representações em 127 países em todos os continentes.[338]

Alguns deles foram a IV e a V World Media Conference, realizadas em Nova York e em Seul, em 1981 e 1982, e direcionadas para a imprensa. Compareceram, além do jornalista da *Folha de S.Paulo* Antonio Aggio Júnior, o dirigente da ESG Nuno Linhares Velloso, e o policial do Dops de São Paulo Carlos Antonio Guimarães. Organizado pela empresa de mídia controlada pela Igreja da Unificação, a News World Communication, as conferências discutiram as "barreiras ideológicas, éticas e políticas

---

337 DREIFUSS, 1989, *op. cit.*, p. 94.
338 ARQUIVO NACIONAL. Serviço Nacional de Informações. *Associação do Espírito Santo para Unificação do Cristianismo Mundial*. Código de referência: BR DFANBSB V8.MIC, GNC.NNN.81001953.

à liberdade de imprensa internacional",[339] podendo-se supor que o que se pretendia, de fato, era a articulação de um esforço midiático internacional anticomunista.

A Décima Conferência Internacional sobre a Unidade das Ciências, em Seul em 1981, reuniu religiosos, intelectuais e empresários, entre eles os brasileiros Mário de Mari, empreiteiro e ex-presidente da Federação das Indústrias do Estado do Paraná; Saturnino Dadam, deputado estadual em Santa Catarina pelo PDS; Cesário Morey Hossri, professor da Universidade de Taubaté e, mais tarde, do SENAI; Alfonso Trujillo Ferrari, professor de Sociologia na Unicamp; Maria Salete Zuske Trujillo, professora de Antropologia na Pontifícia Universidade Católica de Campinas; Maria Angela Pimentel Mangeon, vice-diretora da Faculdade de Filosofia, Ciências e Letras da Faculdade Nossa Senhora do Patrocínio em Itu (SP); Hilton Amaral, professor de português e assessor do secretário de Educação de Santa Catarina; e Joveny Sebastião Candido de Oliveira, professor de Teoria Geral do Estado e Ciência Política em Goiânia. Teve destaque Cesário Morey Hossri, único a apresentar conferência.[340]

Em 1984 aconteceu em Tóquio a 7ª Conferência Mundial da CAUSA. Alguns brasileiros presentes foram Joveny Sebastião Cândido de Oliveira e o professor da ESG Cid Albernaz de Oliveira, ambos tidos pelo SNI como "radicais de direita".[341]

A Associação Brasileira de Defesa da Democracia

Passando a observar agora outras iniciativas doutrinadoras semelhantes às acima, porém sem relação com a Igreja da Unificação, um importante

---

339   ARQUIVO NACIONAL. Divisão de Segurança e Informações do Ministério das Relações Exteriores. *Sem título.* Código de referência: BR DFANBSB Z4.DPN.PES, PFI.235.

340   ARQUIVO NACIONAL. Serviço Nacional de Informações. *Associação do Espírito Santo para a Unificação do Cristianismo Mundial.* Arquivo Nacional. Código de referência: BR DFANBSB V8.MIC, GNC.NNN.81001953.

341   ARQUIVO NACIONAL. Serviço Nacional de Informações. *Realização da Sétima Conferência Mundial Da CAUSA Internacional em Tóquio e Seul.* Código de referência: BR DFANBSB V8.MIC, GNC.RRR.84009632.

fórum congregando religiosos, agentes estatais e intelectuais em torno de pautas pró-capitalistas foi a Associação Brasileira de Defesa da Democracia (ABDD), umbilicalmente ligada ao jornal *Letras em Marcha*. Distribuído em quartéis e com tiragem de quinze mil exemplares, o jornal era publicado por oficiais relacionados com o Centro de Informações do Exército (CIE) e, em princípios dos anos 1980, dedicava-se a fazer oposição à candidatura de Tancredo Neves à presidência da República.[342] A campanha se articularia com um projeto delineado pela direção do CIE, batizado de Operação Bruxos, em favor do candidato do PDS, Paulo Maluf. Consumada a vitória de Tancredo, parte dos contribuintes do *Letras em Marcha* passou a se organizar em grupos de pressão política como a ABDD.

A Associação, contudo, foi fundada em Brasília em nove de janeiro de 1985, portanto alguns dias antes da eleição, talvez antecipando a derrota de Maluf. Em seus estatutos, figuravam objetivos que expressam um direcionamento conservador no âmbito dos costumes e economicamente liberal: "a defesa intransigente dos postulados do verdadeiro regime democrático",[343] "a valorização do país, através da promoção de seus valores, seus símbolos, sua tradição, seus ideais, seus objetivos, do espírito de civismo de seu povo, do amor à pátria e à nacionalidade", e "a defesa dos postulados da propriedade privada e da livre iniciativa no domínio econômico". A edição n. 16 da revista oficial, a *Ponto de Vista*, entretanto, dava ênfase ao teor religioso do movimento, apenas implícito nos estatutos. Segundo o periódico, buscava a ABDD, além das metas acima, "a defesa dos valores morais e espirituais da nação brasileira e de seus sentimentos cristãos".[344] Para tanto, se recorreria a meios como "a realização de estudos e pesquisas, divulgando-os por meios de comunicação apropriados",[345] o oferecimento

---

342 SANTOS, Eduardo Heleno de J. "Outro olhar sobre as Forças Armadas: os grupos de pressão política formados por militares da reserva". *Em Debate*, Belo Horizonte, v. 10, n. 1, pp. 39-45, abr. 2018, pp. 41-42.

343 ARQUIVO NACIONAL. Serviço Nacional de Informações. *Associação Brasileira de Defesa da Democracia, ABDD, SE122 AC*. Código de referência: BR DFANBSB V8.MIC, GNC.AAA.87064320.

344 ARQUIVO NACIONAL. Serviço Nacional de Informações. *Associação Brasileira de Defesa da Democracia, ABDD*. Código de referência: BR DFANBSB V8.MIC, GNC.AAA.85050880.

345 ARQUIVO NACIONAL. Serviço Nacional de Informações. *Associação Brasileira de Defesa da Democracia, ABDD, SE122 AC*. Código de referência: BR DFANBSB V8.MIC,

de cursos e conferências; publicações com "estudos e pesquisas realizadas, e artigos doutrinários de autoria identificada"; "o desenvolvimento de relações e a manutenção de intercâmbio com entidades congêneres" e também "com órgãos públicos, empresas privadas, universidades e entidades culturais e sociais"; a instalação de sedes regionais por todo o país; e "a criação de um centro de estudos políticos, econômicos e sociais, em caráter permanente, com vistas à propagação dos objetivos da associação".

Encabeçando a organização temos, novamente, o diplomata José Osvaldo de Meira Penna, presidente do conselho deliberativo, acompanhado dos coronéis do Exército José Augusto Silveira de Andrade Netto,[346] primeiro vice-presidente, e Arlene Cardoso Amorim,[347] segundo vice-presidente. Na diretoria nacional, a presidência coube ao coronel da reserva José Leopoldino e Silva, que tinha ao seu lado o vice-presidente Paulo Antunes de Souza e o secretário Jethro Bello Torres, engenheiro agrimensor. A direção da ABDD contava com 45 membros, em sua maioria militares,[348] ainda que alguns civis tenham participado, não deixando, da mesma forma, de atrair intelectuais religiosos, posto que uma das tarefas a que se lançava era a disputa do campo da fé.

Para o historiador Flavio Henrique Calheiros Casimiro,[349] a ABDD insere-se entre um punhado de organizações ideológicas nascidas para atualizar as estratégias burguesas de dominação diante do fim da ditadura. Suas ações exprimiriam assim o interesse de grupos ultraconservadores em "defender e difundir o seu próprio modelo de democracia", mantendo o que fosse possível das estruturas do regime anterior, sobretudo no que

---

GNC.AAA.87064320.

346 Ex-chefe do Departamento de Contrainformações e Contrapropaganda do CIE, com destacada atuação na tentativa de sabotagem da candidatura de Tancredo Neves (CASIMIRO, 2016, p. 70).
347 Era "especialista em informações com passagem pelo SNI" (CASIMIRO, 2016, p. 70).
348 Como é vedada a participação de membros da ativa das Forças Armadas em atividades políticas, muitos militares na ABDD aparecem com ocupações fictícias. Assim, os coronéis Arlene Amorim, José Augusto Netto e José Leopoldino e Silva figuravam como professor, economista e técnico em administração.
349 CASIMIRO, Flávio Henrique Calheiros. *A nova direita no Brasil: aparelhos de ação político-ideológica e atualização das estratégias de dominação burguesa (1980 – 2014)*. Niterói: Universidade Federal Fluminense, 2016, p. 73. Tese (Doutorado em História).

diz respeito ao combate ao comunismo, à defesa da propriedade privada e à contenção dos movimentos populares de contestação.

Em meados de 1985, o SNI passou a monitorar as atividades da ABDD, arquivando alguns números da revista *Ponto de Vista*. Com contribuições de intelectuais, religiosos e laicos, militares e empresários, seu número 15 teve matéria de Ingo Hering, diretor da empresa homônima, que advogava uma maior exploração das fontes energéticas, inclusive a nuclear, postulando, contudo, a desnecessidade de se perseguir a total autonomia no petróleo. O arcebispo de Sergipe, Luciano Cabral Duarte, em "Frei Leonardo Boff por ele mesmo",[350] criticava o maior expoente da Teologia da Libertação no país. No número 16, Ingo Hering reaparece para queixar-se da influência comunista sobre a cultura francesa, por sua vez grande inspiradora de intelectuais, artistas e estudantes brasileiros; Luciano Cabral Duarte procurou sustentar a incompatibilidade entre religião e política, mas apenas no que diz respeito ao clero progressista, engajado em uma "martelante conscientização política dos católicos na linha do socialismo"; Jarbas Passarinho comentava sobre o projeto Guerra nas Estrelas[351] que, esperava, tornaria vulnerável a União Soviética; José Osvaldo de Meira Penna criticava a "Esquerdigreja popular", caricaturizando o clero progressista e sobretudo Leonardo Boff; Jorge Gerdau, presidente do Grupo Gerdau, frisava a natureza antidemocrática do socialismo, que submeteria as dimensões econômica e política a um mesmo "código moral/cultural e coletivo",[352] afirmando, ainda, que "O grande fiscal do crescimento econômico é o mercado"; e o jornalista Alexandre Garcia assinou artigo onde criticava projetos para eliminar as moradias oficiais concedidas a ministros, prevendo como consequência um necessário aumento de seus salários.

---

350 ARQUIVO NACIONAL. Serviço Nacional de Informações. *Associação Brasileira de Defesa da Democracia, ABDD.* Arquivo Nacional. Código de referência: BR DFANBSB V8.MIC, GNC.GGG.85012590.

351 O projeto pretendia a construção de uma rede de interceptação de armas nucleares. Não prosperou, contudo, devido ao alto custo e indisponibilidade tecnológica.

352 Como referência, Gerdau mencionava Michael Novak, ligado ao Institute on Religion and Democracy, confirmando a penetração das ideias propagadas por esse laboratório entre a classe dominante brasileira.

Avaliando o número 18, de abril de 1985, o SNI comentava que o veículo primava por propagar "uma mensagem anticomunista e democrática".[353] A edição abria com a matéria "O plano de doutrinação marxista", escrita por Isnard A. Vieira, argumentando que, após o abandono da luta armada em 1974, a esquerda teria passado a se concentrar na propaganda, "arma prioritária" para chegar ao poder. Em seguida, Meira Penna acusava Leonardo Boff e outros teólogos da libertação de terem ajudado Fidel Castro a exportar uma "esperança utópica", falaciosa. Jarbas Passarinho, por sua vez, criticou a legalização de organizações "que nem o sr. João Goulart ousou admitir, como A União Nacional dos Estudantes (UNE) e o Comando Geral dos Trabalhadores (CGT)".

Talvez buscando conciliar-se com o governo Sarney, tranquilizada com a morte de Tancredo Neves, de quem a ultradireita não sabia ao certo o que esperar, ABDD abria o número 19 de sua revista com palavras do ex-antagonista falecido. À reflexão dos jovens brasileiros era dedicada a citação: "Não se deixe instrumentalizar por ideologias. Seja cada vez mais democrata e faça, realmente, da sua convicção democrática, o seu escudo e instrumento de luta, em favor do Brasil". Invocava-se o espírito do presidente morto, portanto, para somá-lo, sem possibilidade de réplica, ao esforço anticomunista da ABDD.

No miolo da publicação, destacavam-se o bispo Luciano Cabral Duarte que discursava sobre as agruras dos homens de fé perseguidos na União Soviética, narradas no livro *Les Martyes dans les pays de l'est* (Os mártires nos países orientais), sublinhando "os métodos satânicos que o comunismo emprega para a destruição da fé"; Amaury de Souza Mello, escritor, filósofo e advogado que acusava o clero progressista de incitar a ação de grupos criminosos; o articulista do *Estado de São Paulo*, Lenildo Tabosa Pessoa, que celebrava a derrota do clero progressista na última assembleia da CNBB, com a substituição de dom Hélder Câmara no arcebispado de Olinda e Recife; José Osvaldo de Meira Penna, que comemorava a indicação de Olavo Setúbal, presidente do Banco Itaú, para o MRE, esperando "a eliminação do social-estatismo" na política externa.

---

353   ARQUIVO NACIONAL. Serviço Nacional de Informações. *Associação Brasileira de Defesa da Democracia, ABDD*. Arquivo Nacional. Código de referência: BR DFANBSB V8.MIC, GNC.AAA.85050880.

Conforme previsto em seus estatutos, a ABDD também patrocinava encontros e conferências. Um evento deste tipo ocorreu em outubro de 1987 na antiga sede carioca do Clube da Aeronáutica, de acordo com documento do CISA. Anunciada pela ABDD como "a primeira de uma série de palestras que terão o objetivo de levar os presentes à meditação sobre os destinos políticos vividos pelo país no momento em que está sendo elaborada a nova Constituição",[354] o professor da ESG Jorge Boaventura de Souza e Silva falou para duzentas pessoas, público superior ao esperado, pois "muitos espectadores estavam de pé". O eixo da palestra foi o pensamento do teórico italiano Antonio Gramsci, que no Brasil basearia "todo trabalho político desenvolvido pela esquerda" engajada, portanto, em uma luta de longo prazo e concentrada no "domínio dos meios de comunicação". Assim, expunha Boaventura preocupação com o trabalho "desenvolvido pelos partidos comunistas" que renderia, para a esquerda brasileira, "grandes espaços na imprensa". Questionado sobre uma solução, o professor respondeu com uma inocente (ou cínica) apologia às potencialidades libertárias do livre mercado, afirmando "que somente com a organização do povo dentro de partidos políticos fortes e através do efetivo estímulo à iniciativa privada, desprovida de ganância dos lucros, é que se fortalecerá a democracia no Brasil". Foi ele ouvido por membros da imprensa e de "oficiais da reserva" das três forças, além de professores e estudantes, destacando o CISA a presença do ex-ministro da Justiça de Ernesto Geisel, Armando Falcão; do marechal Márcio de Souza e Melo; dos generais Coelho Neto, Hélio Ibiapina e Euclides Figueiredo; e dos brigadeiros Délio Jardim de Matos, João Paulo Moreira Burnier, Técio Pacciti, Luiz Felippe Carneiro de Lacerda Netto, Gustavo Leigh, Nelson de Souza Taveira, Gino Franciscutti, Ênio Russo, Márcio César Leal Coqueiro e Nelson de Souza Mendes.

A erudição do palestrante impressionou o redator do CISA, para quem o professor teria analisado com sucesso o contexto político brasileiro "dentro de uma visão estritamente científica, respaldada nos profundos conhecimentos de doutrinas políticas que detém e numa declarada

---

354   ARQUIVO NACIONAL. Centro de Informações de Segurança da Aeronáutica. *Informação N° 83/A-2/III COMAR: Debate na Associação Brasileira de Imprensa (ABI)*. Código de referência: BR DFANBSB VAZ.0.0.22859.

formação cristã", dele redigindo também um pequeno currículo. Boaventura foi professor da Universidade Federal do Rio de Janeiro, da Escola de Comando e Estado-Maior do Exército, da Escola de Guerra Naval e da Escola de Comando e Estado-Maior da Aeronáutica. Destacou-se também por ter sido chefe da Divisão de Assuntos Sociais do Colégio Interamericano de Defesa,[355] em Washington; diretor-geral do Departamento Nacional de Educação do Ministério da Educação e Cultura; presidente do Movimento Brasileiro de Alfabetização; e membro da Junta Consultiva do Comando da ESG. Assinava ainda livros como *Marxismo: alvorada ou crepúsculo* e *O processo revolucionário brasileiro*, além de colecionar mais de uma dezena de condecorações do governo brasileiro.

Pouco mais tarde, em novembro de 1987, foi organizada no Rio de Janeiro conferência com o ex-ministro do Superior Tribunal Federal (STF), Antônio Nader. O evento foi coberto pelo jornal *Última Hora* que, em matéria guardada pelos arquivos do SNI, destacava trechos da fala e punha lenha em alegações do *Jornal do Brasil* sobre o teor subversivo dos encontros da ABDD. O SNI, entretanto, discordava, não enxergando as ideias ventiladas pela ABDD como "pregação de contestação ao governo vigente, ou proselitismo para a mudança de sistema de governo".[356] Indo além, o serviço estranhava a intenção expressa pela matéria em associar os membros da ABDD com "setores ligados aos governos militares pós-Revolução de março de 64", apesar dessa ligação ser constatável no seu próprio corpo dirigente, repleto de participantes da ditadura. Fazia vistas grossas, também, ao apoio manifesto por Nader à eventual necessidade de um novo golpe de Estado ao comentar a impossibilidade de o parlamentarismo funcionar no Brasil, regime cogitado por alguns setores políticos naquele momento. Para o conferencista, caso o novo regime fosse, de fato, aprovado, "os militares, querendo ou não, teriam que intervir". Conforme escrito pelo *Última Hora*, segundo o jurista, outro "perigo"

---

355 Vinculado à OEA e instalado em território norte-americano, foi fundado em 1962, fornecendo cursos de pós-graduação a militares e funcionários governamentais de alto escalão. Visa principalmente a maior integração entre essas porções da classe dominante dos países americanos.

356 ARQUIVO NACIONAL. Serviço Nacional de Informações. *Associação Brasileira de Defesa da Democracia, ABDD, SE122 AC*. Código de referência: BR DFANBSB V8.MIC, GNC.AAA.87064151.

que poderia advir do parlamentarismo seria "a ascensão das massas", que "se tornariam mais reivindicantes, turbulentas e politizadas", escolhendo representantes sem "esclarecimento ou preparo intelectual para legislar", tarefa essa reservada "para a elite intelectual do País".

Da mesma forma, a relação de presentes à palestra, rica em contribuintes da ditadura, não deixa dúvida quanto a seu apelo autoritário. Segundo o *Última Hora* ali estavam o marechal-do-ar Márcio de Souza Melo, integrante da junta militar na transição entre o governo Costa e Silva e Médici; o brigadeiro João Paulo Burnier, acusado de planejar um atentado terrorista no Rio de Janeiro;[357] o general Luís Coelho Neto, um dos artífices dos DOI-CODIs,[358] o almirante de esquadra Átila Soares; o tenente-brigadeiro Luís Felipe de Lacerda Neto; o almirante Gualter Menezes de Magalhães, chefe do Estado Maior da Marinha do governo Geisel; o brigadeiro Honório Magalhães; o brigadeiro Márcio Coqueiro; o presidente do grupo de extermínio Scuderie Le Cocq,[359] José Guilherme Godinho Ferreira, conhecido como Sivuca; e o professor Jorge Boaventura Souza e Silva.

Esse último, também em novembro de 1987, mas desta vez em São Paulo, repetiu a palestra "A conjuntura nacional e a Constituinte" para um público de mais ou menos 350 pessoas, entre militares, religiosos, empresários e intelectuais. A exposição tratou, nas palavras do SNI, da "demonstração teórica do avanço esquerdista no país, do declínio do Ocidente cristão e democrático e, particularmente, da denúncia da deletéria atuação de uma minoria esquerdista junto à Comissão de Sistematização da Assembleia Nacional Constituinte".[360] Ouviram com atenção repre-

---

357 O Caso Para-Sar, sigla para Esquadrão Aeroterrestre de Salvamento, foi um plano concebido pelo brigadeiro em 1968 para a realização de atentados terroristas que seriam creditados à esquerda.

358 Os Destacamentos de Operação Interna – Centros de Operações e Defesa Interna (DOI-CODI) eram órgãos de repressão e tortura controlados por membros das Forças Armadas em contato estreito com instituições policiais de fins semelhantes, como os Dops, de responsabilidade das polícias civis estaduais.

359 Associação de policiais cariocas acusada de executar centenas de pessoas entre 1964 e 2000.

360 ARQUIVO NACIONAL. Serviço Nacional de Informações. *Realização em São Paulo, em 11 nov 87, de palestra proferida por Jorge Boaventura, integrante da Associação Brasileira de Defesa da Democracia, SE122 AC.* Código de referência: BR DFANBSB V8.MIC, GNC. AAA.87064324.

sentantes de variadas organizações, como a CAUSA Brasil e a Igreja da Unificação; a Sociedade Brasileira para a Defesa da Tradição, Família e Propriedade; o Partido de Ação Nacionalista (PAN);[361] a União Democrática Ruralista; a Associação dos Diplomados na ESG; a União dos Escoteiros do Brasil; o Sindicato dos Corretores de Imóveis; e a maçonaria. Estiveram ali também diretores da Bolsa de Valores de São Paulo; o secretário de Educação da prefeitura de São Paulo, Paulo Zingg; o deputado federal pelo PFL, Herbert Levy; Nelson Raso, diretor da UDR em São Paulo; Antônio Erasmo Dias, coronel do Exército e deputado estadual pelo PDS; Flávio Galvão, editorialista do *O Estado de São Paulo*; Carlos Tavares, também jornalista do "Estadão"; os brigadeiros reformados Márcio Coqueiro e Roberto Brandini; e Luis Maciel Júnior, coronel da Aeronáutica. Também conforme o SNI, a ABDD estaria perto de implantar um núcleo na capital paulista.

Em meados de 1988, a ABDD distribuiu um livreto em parceria com outras três entidades conservadoras, a União Nacional de Defesa da Democracia, a Ação Democrática Renovadora e a União Cívica Feminina. Chamada *Alerta à nação em defesa da democracia*, a publicação trazia críticas à Assembleia Nacional Constituinte, que dizia estar dominada por uma minoria interessada "em perturbar, em confundir, em desagregar e em destruir a estrutura nacional" para instaurar "o totalitarismo despótico, escravocrata e imperialista da 'esquerda'".[362] Sustentava-se que a esquerda manobraria para imprimir medidas que redundariam em sérios prejuízos para o país, como "a supressão de qualquer tipo de censura", que levaria à imoralidade, licenciosidade e "corrupção da juventude"; o direito de voto para o jovem de 16 anos, "alvo fácil da manipulação"; "a extensão irresponsável do direito de greve aos trabalhadores de serviços essenciais e aos funcionários públicos", causando "inquietação e agitação" e prejuízo para as atividades produtivas; "o aumento do prazo de licença remunerada para a gestante, acompanhada da, até ridícula, concessão de licença remunerada para o marido", uma demagogia que causaria

---

361 Projeto de partido, financiado pela Igreja da Unificação, que não teve continuidade.
362 ARQUIVO NACIONAL. Serviço Nacional de Informações. *União Nacional de Defesa da Democracia, Divulgação de Livreto. SE122 AC*. Código de referência: BR DFANBSB V8.MIC, GNC.AAA.88067393.

desemprego; o estabelecimento de regras para a exploração de recursos naturais, "posicionamento ultrachauvinista" e "em frontal prejuízo do desenvolvimento"; "a despropositada limitação dos juros bancários"; "as reformas agrária e urbana", propostas em "termos altamente polêmicos" e "geradoras de lutas de classes"; e as "insidiosas tentativas das minorias extremadas" para alterar as funções das Forças Armadas, "procurando limitar sua ação à defesa contra o inimigo externo, excluindo, portanto, sua efetiva participação no campo da segurança interna". O livreto traduzia, assim, as disposições autoritárias e pró-capitalistas da organização, que se empenhava em garantir que o Estado brasileiro prosseguisse com uma feição muito próxima daquela desenhada pela ditadura até 1985.

Sobre a postura dos órgãos de inteligência e repressão, nesta altura ainda funcionando sob o "entulho" autoritário do SNI, pode-se concluir que ela foi de simpatia e acobertamento. O serviço insistia em não enquadrar a ABDD como política, repetindo o batido argumento de que as críticas à organização se resumiam a uma campanha desonesta da esquerda. Posicionamento cristalizado em documentos como o relatório confidencial de outubro de 1987 intitulado Campanha Contra o SISNI,[363] onde era criticada a matéria "Linha-dura do Exército se une para fazer política", em que o *Jornal do Brasil* cobria a palestra de Jorge Boaventura no Clube da Aeronáutica. Ali, o Serviço novamente negava o fato, ventilado pela mídia, de que a ABDD fora criada por membros do Centro de Informações do Exército (CIE) a fim de articular a direita militar. Teimava, enfim, em reiterar a inexistência de "dados que demonstrem que os militares integrantes ou ex-integrantes do SISNI que, presumivelmente, teriam assinado a ata de criação da ABDD, tenham participado da reunião do Clube da Aeronáutica".[364] Se eles participaram dessa reunião em específico, a documentação não confirma, mas o encontro teve, como vimos, uma plateia militar, sendo também inegável que inúmeros

---

363 O Sistema Nacional de Informações e Contrainformações (SISNI) foi uma malha de órgãos de espionagem construída pela ditadura composta pelo SNI e suas agências regionais, pelas DSI, as ASI, o Centro de Informações do Exército (CIE), o Centro de Informações da Marinha (CENIMAR), o Centro de Informações da Aeronáutica (CISA) e o Centro de Informações do Exterior (CIEX).

364 ARQUIVO NACIONAL. Serviço Nacional de Informações. *Campanha contra o SISNI, SE122 AC*. Código de referência: BR DFANBSB V8.MIC, GNC.AAA.87064289.

membros do SISNI figuravam na lista de membros fundadores da ABDD, da qual o SNI tinha pleno conhecimento. Conforme apurou Casimiro,³⁶⁵ por exemplo, o coronel Agnaldo del Nero foi chefe da seção de Subversão do CIE durante o governo Figueiredo; o coronel Audir Santos serviu como assessor do general Íris Lustosa em sua gestão frente ao CIE; e o coronel José Augusto Andrade Netto assumiu o cargo de chefe do Departamento de Contrainformações e Contrapropaganda do CIE. Da mesma forma, os coronéis Antônio Garbácio, Manoel Praxedes Neto, Aníbal dos Santos Abreu Júnior, Arlene Cardoso Amorim, Renato Brilhante Ustra e Haroldo Azevedo da Rosa serviram ao CIE, fazendo o mesmo o primeiro-tenente Nelson Vieira Gomes, tendo passado pelo CENIMAR e pelo SNI o capitão-de-fragata César Soares de Souza.

Sobre o financiamento da ABDD, o SNI traz uma informação interessante. O serviço ouviu, do jornalista José Paulo Godoy Moreira, que supostamente fazia *lobby* para a Associação Brasileira da Indústria Farmacêutica, que a ABDD a procurou para "levantar recursos, em espécie, para sua 'caixinha'".³⁶⁶

O Institute on Religion and Democracy no Brasil

Ao menos segundo o SNI,³⁶⁷ em inícios dos anos 1980, o laboratório de ideias conservadoras Institute on Religion and Democracy (IRD) não possuía representante no Brasil. Isso não quer dizer, contudo, que o país tenha se mantido fora do seu alcance, chegando a receber um de seus membros mais notórios, o católico Michael Novak.

Em maio de 1985 o estadunidense palestrou no auditório da *Folha de S.Paulo*, atraindo o interesse do SNI, que registrou que um grupo com membros de organizações de direitos humanos e pastorais católicas e

---

365 CASIMIRO, *op. cit.*, pp. 70-71.
366 ARQUIVO NACIONAL. Serviço Nacional de Informações. *Associação Brasileira de Defesa da Democracia, ABDD.* Código de referência: BR DFANBSB V8.MIC, GNC. AAA.85050880.
367 ARQUIVO NACIONAL. Serviço Nacional de Informações. *Instituto Sobre Religião e Democracia, IRD.* Código de referência: BR DFANBSB V8.MIC, GNC.CCC.84010468.

evangélicas "o interrompeu constantemente com protestos contra a política externa do Governo Reagan".[368] Outras manifestações envolveram vaias, cantorias do hino brasileiro e da Frente Sandinista. Irritado, Novak chegou a perguntar se o Brasil estava, de fato, entrando em uma democracia, criticando também "o modo pejorativo" com que partes do clero tratavam o capitalismo.

Em entrevista no dia seguinte, referindo-se à Teologia da Libertação, Novak confessou certa "admiração por uma teologia que concentra sua atenção nos pobres", rebatendo, porém, que o que eles precisavam de fato era de "um ativismo econômico que os ajude a sair da pobreza". Postulou, ainda, que as Comunidades Eclesiais de Base deveriam ser transformadas em microempresas e cooperativas de crédito, aproveitando para anunciar o breve lançamento no Brasil do seu livro *O espírito do capitalismo democrático*, cuja publicação na Polônia pelo Sindicato Solidariedade comemorou. No mesmo dia, desta vez no consulado dos Estados Unidos, debateu "A Teologia da Criação na América Latina", girando sua fala em torno da aplicação na América Latina de "uma economia política libertadora, criativa e inventiva" em prol do desenvolvimento.

Mais importante que a pontual presença de membros do IRD no Brasil, entretanto, foi a reprodução de seus postulados por membros do governo e da intelectualidade.

Em julho de 1988, teólogos progressistas de todo o mundo reuniram-se em Nova York para o vigésimo aniversário da II Assembleia Geral da Conferência Episcopal Latino-Americana (CELAM). O acontecimento foi registrado pelo Centro de Informações do Exército, que fixou algumas críticas à Teologia da Libertação, muito debatida no encontro. Para tanto, foi trazido à baila Michael Novak, que interrogava "se o método de análise marxista da economia trouxe, dentro da TL, algum benefício aos pobres do Terceiro Mundo".[369] Responde o norte-americano que nenhum progresso material era observado, acrescentando o CIE, por sua vez, "que também nada no campo espiritual". Não satisfeitos, os militares sacaram

---

368 ARQUIVO NACIONAL. Serviço Nacional de Informações. *Principais acontecimentos do campo psicossocial em mai 85*. Código de referência: BR DFANBSB V8.MIC, GNC. EEE.86017584.

369 ARQUIVO NACIONAL. Estado-Maior das Forças Armadas. *Ministério do Exército*. Código de referência: BR DFANBSB 2M.0.0.44, V.I.

ainda outro autor, Ricardo Vélez Rodriguez,[370] professor da Universidade Gama Filho e autoproclamado filósofo, que, ao *Estado de São Paulo,* subscreveu as críticas de Novak, somando ainda outras.

Em julho de 1990, o professor da ESG, Jorge Boaventura de Souza e Silva, também membro da ABDD, aludiu o pensamento de Novak em fala no IV Simpósio de Estudos Estratégicos, realizado pelo Estado-Maior das Forças Armadas, recebendo intelectuais de vários países da América do Sul. Com fala intitulada "Estratégia subversiva e atividades contrárias às Forças Armadas dos países envolvidos",[371] Silva mencionava a preocupação do estrangeiro com "a prevalência das ideias sobre os fatos, mesmo quando estes as desmintam frontalmente", referindo-se à facilidade de manipulação das "maiorias", "quase sempre conduzidas, menos pelas vias do raciocínio do que pelos caminhos da emoção". Usava como exemplo "o fascínio, a verdadeira magia da propaganda dita socialista" sobre os estudantes, evitável se, ao invés de cederem aos impulsos, eles observassem os fatos, que mostram que as "sociedades mais prósperas" não estavam no bloco socialista.

Principais articuladores brasileiros da aliança religiosa conservadora pró-capitalista

As iniciativas vistas acima reuniram grande número de empresários, religiosos, intelectuais e agentes governamentais. Alguns nomes, contudo, sobressaem-se pela presença recorrente nesses fóruns.

Encabeçando a lista, pela sua importância política após 1964, temos o coronel Jarbas Passarinho, governador do Pará (1964-1966), ministro do Trabalho (1967-1969), da Educação (1969-1974), da Previdência Social (1983-1985) e da Justiça (1990-1992), além de senador (1967-1983 e 1987-1995). Opositor do clero progressista, que em princípios dos anos 1980 acusou de estimular conflitos fundiários no Pará, foi, ainda, um

---

370 Ricardo Vélez Rodriguez viria a ser o primeiro ministro da Educação sob a presidência de Jair Bolsonaro, ficando no cargo de janeiro a abril de 2019.
371 ARQUIVO NACIONAL. Estado-Maior das Forças Armadas. *IV Simpósio de Estudos Estratégicos – Meio ambiente.* Código de referência: BR DFANBSB 2M.0.0.70, v.6.

generoso dispensador de recursos para a Assembleia de Deus, além de contribuinte do jornal *Tribuna Universitária* do CARP e do periódico *Ponto de Vista* da ABDD.

Também fundamental foi o diplomata e professor do Departamento de Ciência Política e Relações Internacionais da Universidade de Brasília José Osvaldo de Meira Penna, membro do Conselho Consultivo Internacional da revista *Global Affairs*, publicada pelo International Security Council, desdobramento da CAUSA Internacional. Era também articulista do jornal *Folha do Brasil*, lançado pela Igreja da Unificação em princípios dos anos 1980, participou dos seminários da CAUSA "Novas ideias para uma sociedade em crise e "Em busca de uma nova ideologia", além de acumular o cargo de presidente do conselho deliberativo da ABDD. Mantinha ligações estreitas com o regime de 1964 e com a ESG, onde recebera um diploma *honoris causa* em dezembro de 1965 e onde era conferencista contumaz. Embaixador em Israel durante a decretação do Ato Institucional nº 5,[372] coube a ele tranquilizar o MRE, afirmando que, "graças à intervenção pessoal antecipada"[373] do adido de imprensa da embaixada, o primeiro editorial sobre os últimos acontecimentos no Brasil, publicado pelo principal jornal israelense, o *Maariv*, "saiu num tom objetivo e geralmente simpático". De volta ao Brasil, em princípios dos anos 1970 assumiu cargo no Ministério da Educação e Cultura, posteriormente voltando ao serviço diplomático até sua aposentadoria em 1981.

Mais um entusiasmado apoiador foi Mário de Mari, dono da empreiteira Técnica e Industrial de Mari. Foi também diretor do Departamento de Urbanismo e chefe da Divisão de Pavimentação da prefeitura de Curitiba; presidente da Federação das Indústrias do Estado do Paraná; e presidente do Mobral na capital paranaense. Esteve nas conferências da CAUSA Internacional nos hotéis Othon e Nacional, na Décima Conferência Internacional sobre a Unidade das Ciências, na Primeira e na Segunda Convenção Panamericana da CAUSA Internacional.

---

372 Imposto em dezembro de 1968, o AI-5 suspendia direitos individuais previstos na Constituição, facilitando abusos como torturas, prisões arbitrárias, assassinatos e desaparecimentos forçados.

373 ARQUIVO NACIONAL. Divisão de Segurança e Informações do Ministério das Relações Exteriores. *Sem título*. Código de referência: BR DFANBSB Z4.REX.IBR.2.

O professor da ESG Jorge Boaventura de Souza e Silva, seguidor do líder integralista Plínio Salgado na década de 1950, foi também professor da Faculdade Nacional de Filosofia da UFRJ e da Escola de Especialistas da Aeronáutica, presidente do Mobral e primeiro presidente da Comissão de Investigação Sumária do MEC, fundada em 1969 com o propósito de afastar das universidades federais professores tidos como esquerdistas. Vinculado à ABDD, realizou em nome desta organização a palestra "A conjuntura atual e a Constituinte"; esteve na conferência com o ex-ministro do STF, Antônio Nader, patrocinada também pela ABDD; tendo ainda proferido palestra no IV Simpósio de Estudos Estratégicos, realizado pelo Estado-Maior das Forças Armadas, onde citou o intelectual religioso Michael Novak.

Muito presente também foi Nuno Linhares Velloso, outro nome da ESG, onde foi professor de Ciências Políticas, chefe da Divisão de Assuntos Políticos, jornalista responsável e articulista da revista da mesma instituição, condecorado com a Medalha do Mérito Marechal Cordeiro de Farias e figurando nos quadros da Escola ao menos até 2004. Foi ainda assessor do Colégio Interamericano de Defesa, professor da disciplina Estudo de Problemas Brasileiros no curso de pós-graduação da Fundação Oswaldo Cruz e condecorado com a Ordem do Mérito Aeronáutico pela Força Aérea Brasileira. Participou dos encontros organizados pela Igreja da Unificação IV e V World Media Conference; das conferências da CAUSA nos hotéis Othon Palace e Nacional; e da I Convenção Panamericana da CAUSA Internacional.

O acadêmico Joveny Sebastião Cândido de Oliveira foi outro que, segundo os papéis governamentais, se envolveu profundamente com as atividades aqui descritas. Professor de Teoria Geral do Estado e Ciência Política, com passagens pelos cursos de Direito da Faculdade de Ciências Econômicas de Anápolis e da Universidade Federal de Goiás, foi também professor visitante na Universidade do Sul da Flórida e reitor da Universidade Uni-Anhanguera em Goiânia. Muito próximo da Igreja da Unificação, marcou presença na Décima Conferência Internacional sobre a Unidade das Ciências; na 7ª Conferência Mundial da CAUSA; e na I Convenção Panamericana da CAUSA Internacional. Conforme a agência goiana do SNI de 1983, juntamente com outro unificacionista, o professor Cid Albernaz de Oliveira, participaria de um grupo de indivíduos "de destaque nos meios político, econômico, social e cultural do Estado"[374] que vinha "defendendo ideias de tendência radical de extrema direita, cujo objetivo imediato seria liquidar e/ou isolar a ação esquerdista nos diversos segmentos da sociedade goiana". Outros envolvidos seriam o coronel do Exército Danilo Darcy de Sá da Cunha e Melo, o empresário Hanns Detles Richer, o funcionário aposentado do SNI Jair Pereira da Silva, o coronel do Exército e ex-chefe da agência goiana do SNI Jorge Rodrigues de Siqueira, o pecuarista e ex-prefeito de Goiânia Manoel dos Reis Silva e o deputado estadual pelo PDS Clarismar Fernandes dos Santos. Em outro documento, o SNI fez considerações pouco lisonjeiras sobre o professor, que também era proprietário do 5º Tabelionato de Notas em Goiânia. Nas palavras do SNI, Joveny teria sido em 1970 e 1973 "indiciado em inquéritos policiais e processado criminalmente por falsificação de documentos públicos e por envolvimento em transações ilegais de terras"[375] e "Como titular do Cartório do 5º Ofício, falsificou documentos para grilagem de terras".

Chefe do Departamento de Psicologia da Universidade de Taubaté, professor da Escola Internacional de Sofrologia de Barcelona e de Psicologia Industrial no SENAI, Cesário Morey Hossri foi mais um nome frequente nas reuniões da Igreja da Unificação. Foi o único brasileiro a falar na Décima Conferência Internacional sobre a Unidade das Ciências e esteve na plateia das conferências da CAUSA nos hotéis Othon e Nacional e na II Convenção Panamericana da CAUSA Internacional.

Hilton Amaral, professor de Português na Universidade para o Desenvolvimento do Estado de Santa Catarina e assessor do secretário de Educação naquele estado no governo de Jorge Bornhausen, foi outro interessado nas reuniões unificacionistas. Esteve na Décima Conferência Internacional sobre a Unidade das Ciências, nas conferências nos hotéis Nacional e Othon e na I Convenção Panamericana da CAUSA Internacional.

O ex-diretor da Faculdade de Direito de Recife, Hilton Guedes Alcoforado, líder estadual da CAUSA Brasil, foi também figura importante na

---

374 ARQUIVO NACIONAL. Serviço Nacional de Informações. *Atividades de grupo de extrema direita em Goiás Cid Albernaz de Oliveira e outros*. Código de referência: BR DFANBSB V8.MIC, GNC.RRR.83006611.

375 ARQUIVO NACIONAL. Serviço Nacional de Informações. *Realização da Sétima Conferência Mundial da CAUSA Internacional em Tóquio e Seul*. Código de referência: BR DFANBSB V8.MIC, GNC.RRR.84009632.

instrumentalização política da religião. Realizou conferência do Seminário Introdutório à CAUSA Brasil, alardeando a influência negativa das esquerdas na Constituição de 1988. Também participou, desta vez como ouvinte, da Primeira e da Segunda Convenção Panamericana da CAUSA Internacional.

Benedito Honório da Silva, assessor-chefe da ASI do MEC e assistente da Procuradoria Geral da Paraíba, foi conferencista no Seminário Introdutório à CAUSA Brasil. Esteve também na I Convenção Panamericana da CAUSA Internacional.

Dos mesmos eventos participou Bonifácio José Tamm de Andrada que, como deputado federal, acumulou desde 1979 dez mandatos por Minas Gerais. Tendo dedicado sua vida à direita partidária, passou pelas legendas ARENA, PDS, PTB, PSDB e DEM.

Outro político interessado nas atividades da Igreja da Unificação foi Saturnino Dadam, deputado estadual em Santa Catarina entre 1975 e 1978 e deputado federal entre 1986 e 1990 pelo PDS. Foi ainda assessor jurídico da empresa de engenharia Enerconsult, subsidiária da multinacional holandesa Arcadis. Dadam participou da Décima Conferência Internacional sobre a Unidade das Ciências e das conferências da CAUSA Internacional acontecidas no Rio de Janeiro.

Também de inclinações explicitamente direitistas, o empresário e jornalista Herbert Levy foi deputado federal por São Paulo com mandatos de 1947 a 1987, passando pelos partidos UDN, ARENA, PDS, PFL e PSC. Compareceu na II Convenção Panamericana da CAUSA Internacional e na conferência "A conjuntura nacional e a Constituinte", do professor Jorge Boaventura Souza e Silva, realizada pela ABDD. Com imenso currículo empresarial, foi dirigente de mais de uma dezena de grandes empresas. Foi ainda um dos fundadores dos jornais *Gazeta Mercantil* e *Notícias Populares*, professor da Escola de Sociologia e Política da Universidade de São Paulo e membro do Ipes. Conforme a documentação, sua eleição para deputado federal fora financiada pela CAUSA Brasil.

Cesar Augusto Soares de Souza, capitão de fragata e assessor empresarial, trabalhou no CENIMAR e foi chefe da Agência Central do SNI.[376] Além de participar da II Convenção Panamericana da CAUSA Internacional, foi chefe do setor de divulgação da ABDD, ao lado de José Osvaldo de Meira

---

376 CASIMIRO, *op. cit.*, p. 71.

Penna, ilustrando o intercâmbio e a cooperação entre essa organização e as vinculadas à Igreja da Unificação. Trabalho conjunto reforçado pela presença de José Leopoldino e Silva, tenente-coronel da reserva e diretor da ABDD, na mesma II Convenção Panamericana da CAUSA Internacional.

Cid Albernaz Oliveira, diretor da Faculdade de Direito da Universidade Federal de Goiás e professor da ESG, era membro destacado da Igreja da Unificação em Goiânia. Conforme vimos, segundo o SNI, formou com Joveny Sebastião Cândido de Oliveira e outros um grupo de extrema-direita naquela cidade. Seria ele um "colaborador eficiente, radical de direita"[377] que teria, inclusive, "buscado por diversas vezes" aproximar a chefia goiana do SNI "com elementos representativos dessa entidade", fornecendo constantemente "documentos da CAUSA para esta agência". Esteve na I Convenção Panamericana da CAUSA Internacional e na 7ª Conferência Mundial da CAUSA.

O professor de Filosofia, membro da CAUSA Brasil e ex-jesuíta José Cândido de Castro, conforme o SNI,[378] teve participação destacada no golpe de 1964 e receberia em meados dos anos 1980 uma "mesada" do empresário Marcos Valle Mendes, da Construtora Mendes Júnior. Foi conferencista no Seminário Introdutório à CAUSA Brasil, estando também na II Convenção Panamericana da CAUSA Internacional.

O ramo jornalístico foi representado por alguns profissionais. É o caso de Antônio Aggio Júnior, que foi editor-chefe do jornal *Folha da Tarde*, pertencente ao grupo *Folha de S.Paulo*, contratado por Octávio Frias e Carlos Caldeira para dar uma guinada à direita ao jornal. Compareceu à IV e à V World Media Conference, sob os auspícios da Igreja da Unificação. A jornalista Lílian Perosa, que estudou a cobertura da *Folha da Tarde* na morte do jornalista Vladimir Herzog, conta que Aggio era "ligado à polícia e mantinha uma arma sobre a mesa de trabalho",[379] versão refor-

---

377 ARQUIVO NACIONAL. Serviço Nacional de Informações. *Realização da Sétima Conferência Mundial da CAUSA Internacional em Tóquio e Seul*. Código de referência: BR DFANBSB V8.MIC, GNC.RRR.84009632.

378 ARQUIVO NACIONAL. Serviço Nacional de Informações. *Seita Moon em Belo Horizonte*. Código de referência: BR DFANBSB V8.MIC, GNC.OOO.86012256.

379 DIAS, Valéria. "Estudo analisa fatores que influenciaram cobertura da morte de Herzog". *Agência USP de Notícias*, São Paulo, 05 nov. 2004. Disponível em: <http://www.usp.br/agen/repgs/2004/pags/217.htm>. Acesso em: 01 abr. 2021.

çada pelo fato de que no evento de 1982 esteve ao seu lado Carlos Antônio Guimarães Sequeira, delegado do Dops investido também da função de editor internacional do *Folha da Tarde*.

O jornalista do *Diário do Paraná*, um dos fundadores do curso de Comunicação Social da Universidade Federal do Paraná e diretor do curso de Jornalismo da Escola Superior de Estudos Empresariais e Informática, Carlos Danilo Costa Côrtes, participou da Primeira e da Segunda Convenção Panamericana da CAUSA Internacional. Também compareceu a ambos os eventos Joezil dos Anjos Barros, dirigente do jornal *Diário de Pernambuco*. Na falta de mais informações sobre os dois, entretanto, é crível que estivessem ali apenas para cobrir jornalisticamente os encontros.

No âmbito religioso tiveram destaque alguns expoentes da Igreja Católica. Foi o caso de Luciano José Cabral Duarte, arcebispo de Aracaju, e Carlos José Boaventura Kloppenburg, bispo auxiliar de Salvador, contribuintes frequentes na revista *Ponto de Vista* da ABDD. Teve importância também o padre Emir Caluff, cuja proximidade com a Igreja da Unificação evidencia-se em sua contribuição ao jornal *Tribuna Universitária*, do CARP, e no comparecimento à I Convenção Panamericana da CAUSA Internacional.

Boa parte dos acadêmicos convidados para o Seminário "Novas ideias para uma sociedade em crise", realizado pela CAUSA Internacional no Rio de Janeiro em 1981 não tinha qualquer informação prévia sobre essa organização, indignando-se com a ostensiva tentativa de doutrinação conservadora. Isso não pode ser dito, no entanto, de vários outros, que, segundo a documentação, voltariam a participar de eventos semelhantes. Foi o caso de Alfonso Trujillo Ferrari, professor de Sociologia da Unicamp e da Pontifícia Universidade Católica de Campinas; Hugo di Primo Paz, professor da Universidade Federal do Rio Grande do Sul e empresário; Maria Angela Pimentel Mangeon, vice-diretora da Faculdade de Filosofia, Ciências e Letras da Faculdade Nossa Senhora do Patrocínio em Itu (SP); e Maria Salete Zuske Trujillo, antropóloga e coordenadora do Departamento de Ciências Sociais e Humanas da PUC de Campinas.

10

OS EXECUTORES BRASILEIROS DO PARTIDO DA FÉ CAPITALISTA

Padres, pastores e missionários

Tendo visto os pontos de integração ideológica e coordenação da classe dominante brasileira em torno do programa político-religioso sustentado pelo Partido da Fé Capitalista, resta ver algumas das principais organizações que trabalham para adesão da população aos seus pressupostos, atuando sobretudo em nível capilar.

Valendo-se de campanhas midiáticas de conversão, ações em presídios, aculturação de indígenas, cooptação de estudantes, conquista de adeptos das religiões afro-brasileiras etc., esses grupos conseguiram reorganizar em torno de si parcelas da classe trabalhadora, cujo universo ideológico passa a referir-se a uma certa interpretação bíblica, inspirada no fundamentalismo, e aos ditames da classe dominante estadunidense e de seus sócios locais, com os quais essas organizações têm ligações econômicas e/ou doutrinárias.

A classe dominada, porém, não assistiu a tudo passivamente. Assim, veremos, por exemplo, setores evangélicos ao lado de trabalhadores rurais nas lutas pela terra, a resistência de intelectuais, associações de moradores e movimentos negros e de trabalhadores à batalha da Igreja Universal do Reino de Deus contra as religiões afro-brasileiras e revoltas indígenas contra missionários – fatos que mostram a vitalidade da luta de classes na arena religiosa, essa fundamental instância produtora de consenso.

A Assembleia de Deus

Popular entre a classe trabalhadora, a Assembleia de Deus, maior organização pentecostal do Brasil, desempenha com progressiva intensidade importante papel executor na instrumentalização política da religião.

A conexão entre a militância pró-capitalista da Assembleia estadunidense e a da brasileira, na falta de um atrelamento institucional, é, sobretudo, de natureza ideológica, como ilustra a influência fundamentalista em muitas de suas unidades no país. Fato atestado pela CIA, que há muito tempo elaborava relatórios sobre o panorama social brasileiro, ao afirmar em 1968 haver "preceitos fundamentalistas comuns nos maiores grupos protestantes do Brasil",[380] indicando a Assembleia de Deus como um deles. Impressão que se repete no relatório de 1973, onde se lê que "Os pentecostais têm se concentrado no evangelismo direto, fundamentalista".[381]

A colaboração da Assembleia brasileira com a sua irmã norte-americana transborda também em ações anticomunistas no exterior. Em outubro de 1976, conta a DSI do Ministério das Comunicações, que o brasileiro Theophilo Normundo Karkle, servidor na Empresa Brasileira de Telecomunicações, preparava-se para visitar a União Soviética com o futuro membro da bancada evangélica, Altomires Sotero Cunha, que tinha planos

---

380 CENTRAL INTELLIGENCE AGENCY. General CIA Records. *Intelligence Handbook (Classified) BRAZIL*. Document Number (FOIA) /ESDN (CREST): CIA-RDP85-00671R000300020001-8.

381 CENTRAL INTELLIGENCE AGENCY. NIS. *National Intelligence Survey 94; Brazil; The Society*. Document Number (FOIA) /ESDN (CREST): CIA-RDP01-00707R000200080016-0.

para "ir à Inglaterra e passar por países da 'Cortina de Ferro'"[382] a fim de difundir sua religião, e o pastor Bill Burkett. Este último "possuiria uma organização clandestina na URSS, que promoveria a distribuição de bíblias e pregaria religião nos países comunistas", estando de passagem no Brasil "fazendo conferências" em locais como o grande templo da Assembleia em São Cristóvão, Rio de Janeiro, dali seguindo para Manaus. Já Theophilo Karkle conseguira visto para entrar nos Estados Unidos, de onde partiria para o país socialista com sua esposa, Ruth Alice Nelson Karkle, provavelmente encontrando com os outros dois em algum ponto do percurso.

Embora tenha se intensificado recentemente, sobre o pano de fundo da Revolução Cubana e da guerrilha contra a ditadura de 1964, o anticomunismo da Assembleia de Deus brasileira, porém, não era novidade. Desde os anos 1930, pelo menos, a Igreja apontava o dedo para os soviéticos, antecipando-se em dez anos à Guerra Fria ao publicar, em edição de 1935, o artigo "Bolchevismo batalhando contra o cristianismo".[383]

A relação da Assembleia brasileira com organizações religiosas conservadoras dos Estados Unidos vem à tona também em parcerias com entidades como a Youth with a Mission (YWAM), conhecida por aqui como Jovens com Uma Missão (JOCUM). Fundada em 1960 pelos norte-americanos vinculados à Assembleia de Deus Loren e Darlene Cunningham com o propósito de atrair jovens para o trabalho evangélico de conversão religiosa intercontinental, a YWAM chegou ao Brasil em 1975 pelos também estadunidenses Jim e Pamela Stier. Conforme a SAE,[384] em 1992, a organização, que além da evangelização desenvolve trabalhos assistencialistas, valeu-se do Templo Central da Assembleia de Deus em São Luís para uma campanha de arrecadação para desabrigados da guerra civil em Angola. Conforme a socióloga,[385] a YWAM, que em 1985 mantinha 1.741 agentes ao redor do mundo, conserva elos com a direita cristã estadunidense e se vê "como uma força terrestre contra a Teologia da Libertação", tendo o

---

382 ARQUIVO NACIONAL. Serviço Nacional de Informações. *Theopilo Normundo Karkle outros*. Código de referência: BR DFANBSB V8.MIC, GNC.AAA.76110301.
383 CHESNUT, *op. cit.*, p. 41.
384 ARQUIVO NACIONAL. Secretaria de Assuntos Estratégicos da Presidência da República. *Sem título*. Código de referência: BR DFANBSB H4.MIC,GNC.QQQ.920005184.
385 DIAMOND, *op. cit.*, p. 206.

fundador Loren Cunningham, a partir de 1988, passado a incluir elementos da Teologia do Domínio no "treinamento ideológico" de seus missionários.

Em finais dos anos 1970 e início dos 1980, a cisão do meio religioso entre conservadores e progressistas estava na ordem do dia também entre evangélicos, engendrando a criação de associações como o Conselho Latino-Americano de Igrejas (CLAI) e a Confraternidade Evangélica Latino-Americana (CONELA). Os progressistas, concentrados na CLAI, tinham como um dos principais articuladores brasileiros Roberto Vicente Themundo Lessa, secretário do sínodo de São Paulo da Igreja Presbiteriana Independente, um dos principais grêmios religiosos brasileiros vinculado à CLAI. A conservadora CONELA, por outro lado, segundo Lessa, reuniria "o que há de mais reacionário, antiecumênico, conservador e divisionista no espírito do protestantismo continental",[386] com potencial para "se tornar um covil de caça às bruxas, do macartismo latino-americano e da visão do comunismo por toda a parte". Segundo o SNI, integravam a CONELA as igrejas "Presbiteriana do BRASIL, Batista e Igreja Assembleia de Deus" – consideradas pelo órgão as três mais conservadoras igrejas brasileiras.

A militância economicamente liberal de muitos líderes da Assembleia surge de forma recorrente em suas palavras, frequentemente também grandes empresários, como Silas Malafaia. Em 1989, por exemplo, o jornal *Folha Cristã*, sob controle da Assembleia, e das igrejas Batista e Universal do Reino de Deus, trazia declarações deste tipo do pastor Luís Francisco Fortes, presidente da Igreja Matriz das Assembleias de Deus em Madureira. Dizia ele "que a saída para os problemas da nação é a privatização",[387] antecipando-se à onda liberalizante imposta pelo empresariado brasileiro e implementada por sucessivos governos na década seguinte. Outra liderança envolvida na proteção dos interesses capitalistas foi o presidente da Assembleia de Deus de Belém, Paulo Machado, que emprestou sua influência para a ditadura na tentativa de deter as greves que pululavam

---

386 ARQUIVO NACIONAL. Serviço Nacional de Informações. *Conselho Latino Americano de Igrejas*. Código de referência: BR DFANBSB V8.MIC, GNC.NNN.82002928.

387 ARQUIVO NACIONAL. Serviço Nacional de Informações. *Veículos de comunicação social, UCS, jornais, rádios e televisões sob influência de seitas evangélicas*. Código de referência: BR DFANBSB V8.MIC, GNC.CCC.90019323.

após meados da década de 1970, chegando a instar seus seguidores a não participar de movimentos ideológicos e protestos populares.[388]

A despeito das posições retrógradas e da ostensiva militância pró-capital da cúpula assembleiana, porém, parte significativa da sua base parece ter se mantido refratária. Ainda que muitos adeptos provenientes da classe trabalhadora tenham, de fato, aderido à posição dos seus líderes, não são raros casos desviantes. Em março de 1982, por exemplo, a Polícia Federal do Acre estava de olho em José Bibiano de Queiroz, seguidor da Assembleia de Deus e presidente do Sindicato dos Trabalhadores da Construção Civil na cidade de Cruzeiro do Sul, vigiado por distribuir o jornal *Tribuna da Luta Operária*.[389]

É relativamente frequente, também, a presença de seguidores da Igreja junto ao MST. Em novembro de 1981, por exemplo, a Polícia Militar de Minas Gerais acompanhou ato realizado por trabalhadores rurais em Montes Claros (MG), evento apoiado pelo "Clero progressista, partidos de oposição e outras entidades".[390] A PM registrou várias intervenções, entre elas a de um pastor não identificado da Assembleia de Deus que dizia que "o povo deve ser paciente, conforme Deus manda, mas que não deve aceitar nenhuma injustiça, como vem ocorrendo em todo o Estado". Nos anos seguintes, assembleianos continuariam lutando pela posse da terra naquele estado, conforme relatório de 1987 da Coordenação Geral de Segurança da Secretaria de Estado da Segurança Pública de Minas Gerais. O documento versa sobre queixa de pecuaristas do Triângulo Mineiro, liderados por Udelson Nunes Franco, presidente local da União Democrática Ruralista (UDR), sobre a invasão da fazenda Sertãozinho. Depois de disperso o acampamento, alguns de seus membros foram levados à delegacia para prestar depoimento. Interrogados, quatro deles disseram que ali se fixaram para "fazer pregação da palavra de Deus, pois são crentes da Igreja Assembleia de Deus"[391] e que tinham direitos sobre as terras

---

388 CHESNUT, *op. cit.*, p. 152.
389 ARQUIVO NACIONAL. Serviço Nacional de Informações. *Campanha Pró Reforma Agraria Radical PC do B*. Código de referência: BR DFANBSB V8.MIC, GNC.LLL.82002210.
390 ARQUIVO NACIONAL. Serviço Nacional de Informações. *Ato público promovido por trabalhadores rurais em Montes Claros MG*. Código de referência: BR DFANBSB V8.MIC, GNC.OOO.82005797.
391 ARQUIVO NACIONAL. Serviço Nacional de Informações. *Invasão de terras, SS13 ABH*. Código de referência: BR DFANBSB V8.MIC, GNC.OOO.87013304.

"'pois há mais de cinquenta anos seus ancestrais ocuparam aquela área' recebida 'após a libertação dos escravos'".

Em setembro de 1990, a SAE discorria sobre outro acampamento de trabalhadores rurais, desta vez despejados da gleba Piauí, em Nova Xavantina (MT). Concentrados nas margens do rio das Mortes, os trabalhadores bloquearam uma ponte na rodovia BR-158, com a ajuda da Central Única dos Trabalhadores (CUT), do Partido dos Trabalhadores e do deputado estadual José Arimatéia, membro da Assembleia de Deus local.[392]

A Igreja do Evangelho Quadrangular

A IEQ foi outra que, ao migrar para o Brasil, trouxe a militância anticomunista característica da sede estadunidense, com a qual mantém firmes laços institucionais.

A tensão entre a cúpula e parcelas de sua base, porém, assemelha-se muito ao caso da Assembleia de Deus. Em 1986, Veríssimo Teixeira da Costa, militante do PCB, anunciava-se pastor da IEQ em Curitiba e conciliava o evangelho com preceitos comunistas, declarando que "Jesus foi o primeiro revolucionário que tivemos"[393] ao libertar o povo, opondo-se aos poderosos, de forma parecida com o que o PCB pregava. O caso provocou grande mal-estar na direção Quadrangular, cujo vice-presidente nacional, Eduardo Zdrojenski, prontificou-se a informar que Veríssimo não falava pela Igreja, pois não fora ordenado pastor, não passando de "mero aspirante ao ministério, tendo sido, no entanto, já também excluído destas funções". Sobre as teses de Teixeira da Costa, Zdrojenski garantia que "a Igreja do Evangelho Quadrangular não as endossa, pois contrariam frontalmente os genuínos ensinamentos bíblicos".

Da mesma forma, em agosto de 1986, nas páginas do *Jornal Realidade Cristã*, controlado pela Igreja no Paraná, a IEQ se declarou contrária ao reatamento diplomático do Brasil com Cuba, interrompido 22 anos antes.

---

[392] ARQUIVO NACIONAL. Secretaria de Assuntos Estratégicos da Presidência da República. *Sem título*. Código de referência: BR DFANBSB H4.MIC, GNC.MMM.900009183.

[393] ARQUIVO NACIONAL. Serviço Nacional de Informações. *Entrevista de Veríssimo Teixeira da Costa ao jornal Folha de Londrina, Londrina PR, FEV 86*. Código de referência: BR DFANBSB V8.MIC, GNC.NNN.86006370.

Lamentando a decisão do primeiro presidente brasileiro pós-ditadura de 64, dizia-se que "Cuba nada tem a oferecer ao Brasil".[394] De maneira contraditória, visto a simpatia dos chefes da Igreja pelo regime que terminara no ano anterior, verbalizada, conforme veremos, por pastores como Guaracy Silveira, atacava-se a "ditadura cubana", reparando que "O Brasil nada tem de aprender desse tipo de regime, de que já teve gosto semelhante e indigesto durante vinte anos".

A Igreja Universal do Reino de Deus

A Iurd destaca-se por ser a principal introdutora das teologias da Prosperidade e do Domínio no país, ampliando as possibilidades hegemônicas pró-capitalistas do discurso religioso. Embalada pelo novo receituário, pouco mais de uma década após sua fundação, a Igreja arrastava multidões para grandes cultos, como o que teve lugar no Maracanã em dezembro de 1988, com 150 mil pessoas estimadas pelo SNI. Curas espirituais, exorcismos e promessas de fartura eram liberalmente ministradas, seguidas de reiterados pedidos de contribuições financeiras, novidade que causou perplexidade nos órgãos de vigilância e em instituições internacionais, como o Instituto Cristão de Pesquisas (ICP), baseado na Califórnia. Em finais da década, o ICP, tal como o SNI, buscava melhor compreender o fenômeno, preocupado com o "desvirtuamento da atividade religiosa"[395] por organizações "que mais se caracterizam como sociedades com fins lucrativos".

O impulso monetizador da religião sob os ventos da Teologia da Prosperidade, desdobrado em práticas novas e heterodoxas, era motivo de estranhamento para os órgãos governamentais, sobretudo em episódios que testavam os limites das regras legais, como o ocorrido em Campos dos Goytacazes (RJ) em 1989. Em maio daquele ano, a polícia detéve Jocelino Gomes da Silva, que tentara repassar uma cédula falsa de cinquenta cruzados novos, que o homem revelou ter recebido em uma filial da Iurd,

---

394　ARQUIVO NACIONAL. Serviço Nacional de Informações. *Posicionamento contrário ao reatamento de relações diplomáticas Brasil Cuba, Igreja do Evangelho Quadrangular, Curitiba PR, AGO 86.* Código de referência: BR DFANBSB V8.MIC, GNC.NNN.86006670.

395　ARQUIVO NACIONAL. Serviço Nacional de Informações. *Igreja Universal do Reino de Deus.* Código de referência: BR DFANBSB V8.MIC, GNC.CCC.89017110.

de um pastor que afirmava se tratar de "dinheiro bento",[396] esperando-se que fossem devolvidas à Igreja, em um futuro próximo, notas verdadeiras do mesmo valor.

Esses agressivos métodos arrecadatórios, com recorrentes relatos nos arquivos do SNI, bem como a inculcação dos preceitos da Teologia da Prosperidade, foram investigados também pela SAE. Observando a ação da Igreja de Macedo em 1990 na Grande Recife, registrou-se que ao final dos cultos fazia-se chegar às mãos da membresia envelopes para depósito de doações com os dizeres "honra ao teu senhor com teus bens e com as primícias de toda tua renda, e se encherão fartamente os teus celeiros".[397]

Mas a Teologia da Prosperidade faz muito mais do que apenas ampliar as receitas dizimistas, ela é uma doutrina disposta a estimular a adesão da classe trabalhadora ao capitalismo contemporâneo. Ali, o empreendedorismo individual aparece nos púlpitos como requisito para a recepção das benesses prometidas, o que, dada a origem social da maioria dos adeptos e os traços particulares do capitalismo brasileiro, pode ser um grande incentivo à informalidade do mercado de trabalho. O teólogo Hugo Assmann[398] destacou o estímulo do Estado norte-americano à multiplicação de televangelistas da prosperidade, fenômeno que ocorreu no Brasil da década de 1980. Um dos mais importantes dentre eles, o pentecostal Jimmy Swaggart, aparecia em seguida ao programa O Despertar da Fé, da Igreja Universal, ilustrando a continuidade teológica e doutrinária entre ambos os países.

O embate com as religiosidades afro-brasileiras, justificado pela Teologia do Domínio, é enquadrado por líderes populares como faceta de uma campanha ideológica, de teor conformista, que visa também arrebatar para a Iurd membros de organizações populares. Disputa que transpareceu, por exemplo, em passeata bancada pela Iurd em Salvador em 1989. Com milhares de presentes, em sua maioria "oriundos de vários bairros

---

396 ARQUIVO NACIONAL. Serviço Nacional de Informações. *Apreensão de cédulas falsas de cinquenta cruzados novos, Jocelino Gomes da Silva, Campos RJ. SE13 ARJ*. Código de referência: BR DFANBSB V8.MIC, GNC.CCC.89017930.

397 ARQUIVO NACIONAL. Secretaria de Assuntos Estratégicos da Presidência da República. *Sem título*. Código de referência: BR DFANBSB H4.MIC GNC.III.900008920.

398 ASSMANN, *op. cit.*, pp. 107, 166 e 167.

da periferia",[399] e organizado pelo pastor Gilmar Teixeira Rosas, da Iurd de Itinga (BA), o ato denunciava um suposto sacrifício de crianças em terreiros, embalado por um trio elétrico ao ritmo do reggae, lambada e afoxé.

O acontecimento teve grave repercussão, repudiado especialmente por organizações populares. A Federação Baiana do Culto Afro-Brasileiro acusou a Iurd de calúnia e difamação e de infringir a lei de imprensa, uma vez que as denúncias não comprovadas foram amplamente ventiladas pelas rádios da Igreja; o antropólogo Ordep José Trindade Serra, presidente da Fundação de Artes e ogã da Casa Branca, afirmou que a Igreja violara a garantia constitucional de liberdade de culto; Ilmaci Cruz do Carmo, membro da Organização Negra da Diáspora Africana, se referiu ao caso como "uma das manifestações mais violentas contra as religiões africanas" já feitas; a professora Valdina Pinto, ligada ao terreiro Tanuri Junsara, taxou a passeata de racista, cujo objetivo seria a "descaracterização e a divisão da comunidade negra"; Jônhatas Conceição da Silva, diretor do Movimento Negro Unificado, anunciou a preparação de mobilizações de organizações populares baianas; e Fernando Conceição, líder da Associação de Moradores do Calabar, bairro popular de Salvador, denunciou o interesse em "afastar o povo e o negro de suas lutas específicas", trazendo-os para a Igreja, onde passariam a desejar apenas o reino celestial. Impressão esta confirmada em pesquisa de campo realizada pela socióloga Roberta Bivar Campos em Recife, em meados dos anos 1990, que constatou que a taxa de participação prévia dos adeptos da Iurd em atividades políticas, sindicais e associativas chegava a 30,3%, mas caía para 9,6% após a conversão.[400]

O meio partidário também foi sacudido, tendo vereadores, sobretudo de esquerda, solicitado uma sessão de desagravo na Câmara – protestos que encontraram a oposição de Domingos Antônio Martins Bonifácio, iurdiano membro do PDC, e Álvaro Martins Santos, do PTB, que reiteraram a acusação de sacrifícios infantis.

---

399   ARQUIVO NACIONAL. Serviço Nacional de Informações. *Igreja Universal do Reino de Deus de Itinga, faz protesto contra as religiões afro brasileiras, em Salvador BA*. Código de referência: BR DFANBSB V8.MIC, GNC.PPP.89010798.

400   ARQUIVO NACIONAL. Secretaria de Assuntos Estratégicos da Presidência da República. *Sem título*. Código de referência: BR DFANBSB H4,MIC GNC.DIT.940077535.

Já o Movimento Negro Unificado anunciava a criação de um comitê em defesa das religiões afro-brasileiras para combater as campanhas da Iurd, enquanto preparava uma "passeata de desagravo". Ilustrando as dificuldades de enfrentamento da máquina hegemônica pentecostal, com a qual a classe trabalhadora tem precisado lidar com crescente intensidade, segundo o SNI[401] a "passeata não surtiu o efeito desejado", atraindo poucas pessoas além dos seus organizadores, pois nem "os diretamente acusados" apareceram.

Cabe notar que, conforme o ex-pastor Mário Justino,[402] em princípios dos anos 1980 a Bahia respondia pela "segunda receita no ranking nacional", atrás apenas do Rio de Janeiro. Ali, a Igreja repetia os ingredientes da expansão carioca: a absorção de seguidores das religiões afro-brasileiras[403] e a construção de uma malha radiofônica. Assim, tal como o Maracanã, o estádio da Fonte Nova foi palco de abarrotados festivais onde o público era exortado a caprichar nas doações "para comprar uma emissora de rádio em Salvador", tal como os cariocas fizeram para a aquisição da Rádio Copacabana.

Também interessado em criar pontos de contato e articulação do cristianismo conservador no Brasil, a exemplo do que fizera a Igreja da Unificação, Edir Macedo contribuiu com iniciativas próprias. A fim de organizar ações conjuntas de teor político-ideológico, nasceu o Conselho Nacional de Pastores do Brasil – CNPB, anunciado como um projeto de unificação de algumas das principais igrejas evangélicas "sob um só pastor".[404] Oficializado em 1993, o CNPB reunia, além da Iurd, a Assembleia de Deus e as igrejas de Nova Vida, Batista, Congregacional, Metodista Wesleyana, do Evangelho Quadrangular, da Graça e Comunidade Evangélica de São Gonçalo.

Conforme a SAE, a finalidade da associação seria firmar bases para uma maior integração evangélica contra a influência política da CNBB e para aprofundar sua presença partidária, almejando inclusive o lançamento de candidatos à presidência. Impressão confirmada pelo presidente da CNPB,

---

401 Não se pode descartar, porém, a possibilidade de que a avaliação do SNI tenha sido tendenciosa.
402 JUSTINO, *op. cit.*, p. 42.
403 Noto que os dois estados são berço da umbanda e do candomblé.
404 ARQUIVO NACIONAL. Secretaria de Assuntos Estratégicos da Presidência da República. *Sem título.* Código de referência: BR DFANBSB H4,MIC GNG.DIT.940077329.

Manoel Ferreira, líder da Convenção Nacional das Assembleias de Deus, que declarou que a bancada evangélica gostaria "de eleger um Presidente da República" ou ao menos alguém identificado com seus objetivos.

O desejo de reforçar a presença política e influência ideológica vem à tona também em outras declarações de pastores da Iurd destacadas pela Secretaria, que ilustram não apenas a finalidade do CNPB, mas a sua vinculação à Teologia do Domínio. O pastor Renato Suhett, por exemplo, dissera que "Deus está nos mostrando que o povo daqui precisa assumir a benção de Deus, tomar posse do reino de Deus e mudar essa terra, porque nós temos esse poder, nós temos essa autoridade, que nos foi dada pelo senhor Jesus" e que "em qualquer país, existem os civis e os militares. Então a gente tem que ter essa equipe de guerra, um povo de guerra. E eu penso que esse povo tem que nascer e só pode nascer na Igreja Universal, que tem sido a igreja que tem ido de frente".

Coerentemente, destacou a Secretaria que uma das primeiras ações conjuntas das igrejas reunidas no CNPB, ocorrida em 7 de setembro de 1993, em São Gonçalo (RJ), foi um desfile em comemoração ao Dia da Independência intitulado "Liberta Brasil". Sintoma da crescente articulação política de igrejas conservadoras não apenas no país, mas em todo o mundo, esclarecia o organizador, pastor Haroldo Gomes da Igreja de Nova Vida, que o ato faria parte de uma campanha reunindo igrejas evangélicas em todo o planeta em uma Marcha Internacional para Jesus.

Em junho de 1994, alguns meses antes das eleições para presidente da República, governadores e legislativos estaduais e federais, a CNPB organizou um "grande comício político",[405] conforme a SAE. Reunindo por volta de quatrocentas mil pessoas, o ato ocorreu no Rio de Janeiro, no Monumento aos Mortos da II Guerra Mundial, localização atípica para eventos religiosos (e políticos), tendo a Associação Nacional dos Veteranos da Força Expedicionária Brasileira se manifestado contrariamente à cessão do espaço, que acabou concedido pelo Comando Militar do Leste.

Com a presença de candidatos ao governo do Rio de Janeiro, o acontecimento foi prestigiado por outros atores estatais. Estavam ali Iris Rezende, ex-governador goiano e evangélico; Davi Noguchi Quindere, deputado

---

405 ARQUIVO NACIONAL. Secretaria de Assuntos Estratégicos da Presidência da República. *Sem título*. Código de referência: BR DFANBSB H4,MIC GNC.DIT.950078559.

estadual do PDT e membro da Igreja Batista; Francisco Dornelles, deputado federal candidato à reeleição e importante quadro de apoio ao governo de Fernando Henrique Cardoso; José Maria de Mello Porto, presidente do Tribunal Regional do Trabalho do Rio de Janeiro (TRT/RJ); e José Nader, presidente da Assembleia Legislativa do estado. De especial importância foi o discurso de Edir Macedo. Reverberando noções dominionistas, o líder declarou que "as próximas eleições serão disputadas por candidatos de Deus e do Diabo, cabendo aos protestantes apontarem o candidato certo". Indeciso quanto a quem apoiar no primeiro turno do pleito presidencial,[406] dizia ele não estar ali "para promover nenhum político", apesar de enfatizar "que não votaria no candidato do PT", Luiz Inácio Lula da Silva.

Segundo a SAE,[407] interessado em fortalecer seu conglomerado hegemônico frente a outros produtores de consenso, como a Rede Globo, ao mesmo tempo protegendo os interesses da classe dominante brasileira e tomando adeptos da Igreja Católica, Macedo preparava uma grande ofensiva em 1995. Alavancada pela Rede Record, pelo jornal *Hoje em dia*, propriedade da Igreja em Belo Horizonte, e pela *Folha Universal*, a campanha incluía acusações contra seus dois maiores concorrentes no ramo religioso e empresarial. Aos católicos seriam dirigidas denúncias de incentivo à invasão de terras, enquanto um amplo leque de crimes seria atribuído a Roberto Marinho. Nesse período, deve-se notar, as atividades midiáticas da Igreja Universal aprofundavam-se rapidamente, visando mais ampliar seu alcance ideológico do que obter lucros, notando a Secretaria que "este domínio crescente tem como objetivo básico a manipulação da opinião pública, pois, como empresa e em termos de negócio, todos os veículos são deficitários".[408]

Ações filantrópicas também figuravam no rol de iniciativas projetadas para ampliar a presença ideológica iurdiana, contrapondo-se a outras

---

406 Conforme a Secretaria, a CNPB cogitava apoiar o candidato do PSDB, Fernando Henrique Cardoso, ou o do PMDB, Orestes Quércia. (ARQUIVO NACIONAL. Secretaria de Assuntos Estratégicos da Presidência da República. *Sem título*. Código de referência: BR DFANBSB H4,MIC GNC.DIT.940078073).

407 ARQUIVO NACIONAL. Secretaria de Assuntos Estratégicos da Presidência da República. *Sem título*. Código de referência: BR DFANBSB H4,MIC GNC.DIT.960079049.

408 ARQUIVO NACIONAL. Secretaria de Assuntos Estratégicos da Presidência da República. *Sem título*. Código de referência: BR DFANBSB H4,MIC GNC.DIT.960079086.

organizações que capturavam a atenção da classe dominada. Tais ações tencionariam capitalizar a crescente popularidade das organizações ditas não governamentais, disputando holofotes com a Ação da Cidadania contra a Fome, a Miséria e pela Vida, a Associação Evangélica Brasileira, formulada pelo pastor rival, o presbiteriano Caio Fábio, e campanhas da CNBB contra a fome.[409] Articula-se a esse propósito a tomada de controle, em 1992, da Sociedade Pestalozzi de São Paulo, que atendia menores com necessidades psiquiátricas, e o lançamento da Associação Beneficente Cristã (ABC), em 1994, desenvolvedora de projetos educativos que também distribuía alimentos à população carente.

O mais importante traço da ABC, entretanto, era a transferência da solução dos problemas de ensino para a filantropia cristã. Constatava a SAE que o órgão mantinha desde 1994 o projeto alfabetizador Ler e Escrever, que quatro anos depois já providenciava "kits pedagógicos para serem distribuídos pelos templos".[410] No Rio de Janeiro, inclusive, seria criado um curso supletivo a fim de formar voluntários para as aulas do Ler e Escrever, em paralelo a outras iniciativas, como "cursos para empresários dos ramos de lingerie e perfumes". O papel do Estado, contudo, não era completamente negligenciado, compreensivelmente, em vista do explícito interesse iurdiano em ocupar a máquina pública. O que se propunha, porém, eram convênios entre a administração pública e a Igreja, abrindo mais espaços para a presença desta última na educação, de maneira semelhante ao tentado pela direita cristã estadunidense. Encabeçado por Paulo Souto, do PFL, o governo da Bahia, por exemplo, mantinha parcerias com a ABC traduzidas no programa Aja Bahia, "voltado para ministrar cursos de computação".

A Igreja Batista

Como vimos, os batistas norte-americanos, ao lado dos presbiterianos, foram os primeiros aderentes ao fundamentalismo teológico. São eles atualmente cindidos em duas porções, a do norte e a do sul, tendo os

---

409   NASCIMENTO, *op. cit.*
410   ARQUIVO NACIONAL. Secretaria de Assuntos Estratégicos da Presidência da República. *Sem título*. Código de referência: BR DFANBSB H4,MIC GNC.CCC.990021609.

batistas brasileiros laços estreitos com a divisão sulista, a Convenção Batista do Sul, hoje um dos principais bastiões religiosos conservadores, ao qual estão vinculados importantes líderes como Billy Graham, Jerry Falwell e Pat Robertson. Esse alinhamento traduz-se, por exemplo, na imediata e declarada adesão da Igreja Batista do Brasil ao regime de 1964, na participação de seus membros em organizações conservadoras interdenominacionais e ecumênicas aqui abordadas e na significativa frequência dos seus parlamentares na bancada evangélica.

Outro importante indicador da postura política predominante no interior dos nossos batistas é o catálogo de publicações batistas no Brasil, que explicitaria as ligações teológicas entre batistas brasileiros e norte-americanos no que diz respeito à disseminação de uma linha única de pensamento. Predominaria ali uma pobreza teológica, traduzida na repetição de um limitado número de obras estrangeiras que em nada acrescentam para a discussão do "sentido atual da fé cristã"[411] e dos problemas brasileiros, promovendo uma espécie de imperialismo teológico. As ideias naturalizadas nessas obras, cristalizadas por uma planejada repetição de jargões, desencorajariam, ainda, o pensamento crítico e reforçariam a noção da eleição divina dos Estados Unidos para a liderança mundial. Pior do que isso, ao transmitir a falácia de que tais conceitos remetem-se ao receituário ideológico formulado na Europa nos primeiros séculos da Reforma Protestante, esse imperialismo teológico termina camuflando a infiltração no Brasil do muito mais recente e nada europeu fundamentalismo religioso.[412]

Mas a vinculação dos batistas brasileiros com a Convenção Batista do Sul iria muito além da ideologia. Conforme o SNI,[413] a Billy Graham Association usou parte do seu orçamento anual de 55 bilhões de dólares para apoiar a Igreja Batista do Brasil, ajudando, por exemplo, na implantação da TV RIO em 1988.

---

411 CASTRO, Alexandre, *op. cit.*, p. 11.
412 *Ibid.*, p. 102.
413 ARQUIVO NACIONAL. Serviço Nacional de Informações. *Movimento Evangélico do PMDB*. Código de referência: BR DFANBSB V8.MIC, GNC.EEE.88020041.

A Igreja Presbiteriana

A origem do movimento fundamentalista coube aos presbiterianos, creditada a membros do Seminário Teológico de Princeton como John Gresham Machen, Benjamin Breckinridge Warfield, Geerhardus Vos e Charles Hodge. Outros fundamentalistas recentes – como vimos na Parte II, muito envolvidos com a militância político-religiosa – são Carl McIntire, um dos criadores do American Council of Christian Churches e membro destacado da instituição ecumênica conservadora internacional Council of Christian Churches,[414] Ben Hayden, ex-agente da CIA e televangelista; Albert Benjamin Simpson, fundador da agência Christian and Missionary Alliance; e Dennis James Kennedy, líder do grupo missionarista Evangelism Explosion International.

No Brasil, a adesão de presbiterianos ao Partido da Fé Capitalista aflora, por exemplo, na presença em iniciativas abordadas pelos capítulos anteriores e no apoio oficial ao regime de 1964. Para teólogos como João Dias de Araújo,[415] a Igreja Presbiteriana do Brasil "foi a mais envolvida e comprometida com o governo militar", muito em função das ligações que manteria com setores políticos e militares.

O anticomunismo também foi importante motivador da adesão presbiteriana ao regime de 1964, repetindo-se nesta igreja as perseguições havidas no meio batista, com muitas delações de companheiros de fé.[416] A aliança foi cedo selada em ações como a do pastor Israel Gueiros, que também acumulava o cargo de primeiro vice-presidente do Internacional Council of Churches, que em 31 de março foi às rádios agradecer a Deus pelos movimentos golpistas que se iniciavam, celebrando em apoio às Forças Armadas culto de ação de graças na Igreja Presbiteriana Fundamentalista de Recife.[417]

---

414 Órgão fundado na Holanda em 1948 congregando sobretudo setores fundamentalistas de diferentes igrejas. Opõe-se ao mais progressista World Council of Churches (Conselho Mundial de Igrejas).
415 ARAÚJO, João Dias de. *Inquisição sem fogueiras. A História sombria da Igreja Presbiteriana do Brasil*. 3ª ed. São Paulo: Fonte Editorial, 2010, p. 95.
416 SILVA, Elizete da. *Protestantes no Brasil: entre a omissão e o engajamento político. Esboços* (UFSC), Florianópolis, 2017, v. 24, pp. 126-148, p. 139.
417 *Ibid.*, p. 139.

Noto, porém, que o presbiterianismo se divide em diferentes igrejas, e a Igreja Presbiteriana Independente, separada desde 1903, foi inclusive listada pelo SNI, conforme vimos no Capítulo 8, como um incômodo reduto do clero progressista. No âmbito partidário, da mesma forma, vale registrar que o deputado federal Lysâneas Maciel, eleito em 1986, era um presbiteriano progressista não alinhado com a bancada evangélica.

A Renovação Carismática Católica

Como vimos, o Evangelização 2000 parece ter sido a principal carta na manga da RCC, que a partir do milionário programa expandiu-se de maneira inédita no Brasil. Dizia o SNI, em julho de 1989, que já em março daquele ano fora realizado em Brasília o seu I Congresso Nacional, com 2.500 pessoas. Naquela altura, a organização contava com um escritório em Belo Horizonte, uma Escola Nacional de Evangelização na capital federal, um Centro Juvenil em Franca (SP) e por volta de 26 escolas de evangelização em várias dioceses, além da revista *Nova Evangelização 2000*.

Aqui dirigido por Osmânio de Oliveira, o projeto desfrutava do apoio de conservadores católicos de peso, como os cardeais Eugênio de Araújo Salles, José Freire Falcão e Serafim Fernandes de Araújo. Conforme o SNI, grande parte do seu financiamento vinha da fundação holandesa Amor a Deus, tratando-se de uma "grande ofensiva"[418] da ala conservadora da Santa Sé para neutralizar "os desvios doutrinários e as práticas religiosas introduzidas pela esquerda católica na Teologia da Libertação". O Serviço reparava, porém, que a CNBB não vira o Evangelização 2000 com os melhores olhos, concluindo o Conselho Permanente da instituição em fins de 1988 que seus desdobramentos vinham "sendo conduzidos de forma paralela à ação episcopal" e sem levar em conta "a crítica situação social do Brasil, nem seus efeitos para a maioria da população". Ou seja, os carismáticos, o papa João Paulo II e o governo dos Estados Unidos[419] atropelavam os bispos brasileiros com seu projeto próprio para o catolicismo no país.

---

418   ARQUIVO NACIONAL. Serviço Nacional de Informações. *Projeto Evangelização 2000 SE143 AC*. Código de referência: BR DFANBSB V8.MIC, GNC.AAA.89071367.

419   Como visto no Capítulo 8, o empresário e embaixador dos Estados Unidos na Santa Sé, Frank Shakespeare, foi um dos principais defensores do Evangelização

Um documento da SAE sobre a realização da 32ª Assembleia Geral da CNBB, em 1994, mostra o embate entre os setores progressistas, ali derrotados, e a Renovação Carismática. Apresentaram os primeiros um documento "que tinha por objetivo limitar a atuação da RCC"[420] em questões teológicas, como "promessas de cura" à moda pentecostal, que terminou rejeitado pelos 272 bispos. Concluía a Secretaria que o grupo católico moderado era o que mais crescia, pondo termo ao "predomínio de aproximadamente vinte anos por parte dos progressistas".

O boletim[421] *Firmando pé*, Ano III, n.7, de junho e julho de 1989, publicação de circulação interna do Serviço Franciscano de Justiça, Paz e Ecologia no Brasil, que também chegou às mãos do SNI, traz outros importantes dados sobre o Evangelização 2000. Consta ali que algumas de suas iniciativas principais seriam a criação de Centros de Juventude, "para capacitar jovens e evangelizar"; de Escolas de Evangelização, "para capacitar doutrinal, pastoral e praticamente os evangelizadores"; a publicação mundial de anuários de homilias e do boletim *Evangelização 2000*, e o Lumen 2000, projeto de evangelização eletrônica "utilizando três satélites" para emissões de rádio e TV.

Segundo o boletim, alguns dos patrocinadores da ofensiva, além da fundação Amor a Deus, seriam a empresa estadunidense Global Media e a multinacional Big Ben Corporation.[422] A sua porção sul-americana, a ser conduzida pelo Conselho Episcopal Latino-Americano (CELAM), já disporia de financiamento de seis milhões de dólares, doados por "organizações da Alemanha Ocidental", pelo Lumen 2000 e pelo Grupo Empresarial Cisneros, da Venezuela. Dono de um conglomerado de mais de oitenta empresas, Gustavo Cisneros teria patrocinado em 1988 o Congresso de Teologia de Caracas, "consagrado a denunciar a Teologia da Libertação e

---

2000, que contou também com o apoio papal.

420   ARQUIVO NACIONAL. Secretaria de Assuntos Estratégicos da Presidência da República. *Sem título*. Código de referência: BR DFANBSB H4.MIC,GNC.DIT.940077867.

421   ARQUIVO NACIONAL. Serviço Nacional de Informações. *Publicações religiosas, cadernos de estudos número 04 da Pastoral Universitária, PU, e boletim número 07 do Serviço Franciscano de Justiça, Paz e Ecologia do Brasil*. Código de referência: BR DFANBSB V8.MIC, GNC.GGG.89017599.

422   O boletim não traz mais informações sobre a Global Media e a Big Ben. É possível, todavia, que esta última seja o Big Ben Group, empresa europeia de entretenimento digital.

os bispos que aderiram". Com o dinheiro, tencionava a CELAM colocar em órbita o "primeiro satélite católico latino-americano". Na sede em Bogotá supostamente já funcionava um supercomputador, a ser ligado em rede com outros dois em São Paulo e Buenos Aires, a fim de criar um "Banco Continental de Dados", alimentado, por exemplo, com "informações sobre os Teólogos da Liberdade, seus escritos, viagens e contatos internacionais".

O financiamento empresarial das atividades da RCC também parece ter se repetido no Brasil. Segundo a Polícia Militar de São Paulo, a Associação do Senhor Jesus, que produzia programas de televisão para os carismáticos, era "mantida por sócios espalhados em todo o Brasil".[423] Como vimos, a organização tinha também seguidores relacionados a círculos empresariais, como Maricy Trussardi, ligada à Associação Comercial de São Paulo.

O programa Evangelização 2000, bem como a expansão da RCC na América Latina, sustentou-se, portanto, largamente na mídia, fato reconhecido pelo próprio SNI, que o via "utilizando-se, especialmente, dos meios de comunicação social".[424] Seguia-se, portanto, uma das prescrições do Relatório Santa Fé II, que propunha o combate ao progressismo religioso sobretudo nos "meios de comunicação social",[425] além de igrejas e escolas, locais mais visados pela campanha comunista que os Estados norte-americano e brasileiro supunham estar em marcha sob os auspícios da esquerda.

Um dos reflexos do despontar carismático seria o encolhimento das CEBs e da influência dos progressistas católicos. Em 1994, na capital do Espírito Santo, dois expoentes desse último grupo, Frei Betto e Leonardo Boff, conduziram palestra acompanhada pela SAE, que constatou "significativa preocupação com o avanço da chamada Igreja Carismática",[426] acelerado entre lavradores, operários e estudantes.

---

423   ARQUIVO NACIONAL. Secretaria de Assuntos Estratégicos da Presidência da República. *Sem título*. Código de referência: BR DFANBSB H4.MIC,GNC.EEE.900023981.
424   ARQUIVO NACIONAL. Serviço Nacional de Informações. *Projeto Evangelização 2000 SE143 AC*. Arquivo Nacional. Código de referência: BR DFANBSB V8.MIC, GNC. AAA.89071367.
425   ARQUIVO NACIONAL. Serviço Nacional de Informações. *James Wright, Serviço Paz e Justiça da Amárica Latina, Santa Fé: uma estratégia para a América Latina nos anos 90*. Código de referência: BR DFANBSB V8.MIC, GNC.CCC.89018518.
426   ARQUIVO NACIONAL. Secretaria de Assuntos Estratégicos da Presidência da República. *Sem título*. Código de referência: BR DFANBSB H4,MIC GNC.DIT.940077867.

Organizações missionárias interdenominacionais

Ainda que missionários estrangeiros já circulassem pela América Latina bem antes disso, resta pouca dúvida que a sua chegada ao sul redobra seu ímpeto no panorama da Guerra Fria. Em primeiro lugar, teria havido uma explosão numérica, com um incremento de 26% da força missionária entre 1975 e 1985, distribuída em 764 agências patrocinadoras de 67.200 agentes com um orçamento anual estimado em um bilhão de dólares em 1984.[427] Uma segunda modificação se refere à procedência desses missionários que, se no passado vinham sobretudo de igrejas protestantes históricas e relativamente moderadas, como a Metodista e ramos presbiterianos, em tempos recentes seriam ligados, em sua maioria, conforme a socióloga Sara Diamond, a porções evangélicas política e teologicamente conservadoras. O trabalho missionário destes almeja "organizar movimentos sociais e desenvolver programas favoráveis às prioridades políticas e econômicas dos Estados Unidos", encaixando-se nesse propósito também ações filantrópicas, a fim de disputar adeptos com porções religiosas progressistas que há muito desenvolvem projetos para tratar das necessidades materiais dos mais pobres.

Em termos numéricos, estima-se que dos 32 mil missionários estadunidenses em ação no mundo em 1982, 2.337, aproximadamente 7,3%, atuavam no Brasil. Os estados mais contemplados eram São Paulo, com 522 missionários; Paraná, com 214; Minas Gerais, com 173; Pará, com 161; Amazonas, com 156 e Goiás, com 130. Os números constam em documento do SNI de 1988, que dizia estarem a maioria deles articulados em torno de "missões de fé",[428] ou seja, entidades interdenominacionais "que, organizadas empresarialmente, canalizam imensos recursos para os missionários".

---

427   DIAMOND, *op. cit.*, pp. 205-206.
428   ARQUIVO NACIONAL. Serviço Nacional de Informações. *Movimento Evangélico do PMDB*. Código de referência: BR DFANBSB V8.MIC, GNC.EEE.88020041.

Evangelismo sem Fronteiras

Organização político-religiosa ecumênica funcionando no Brasil pelo menos desde a década de 1970, o Movimento Evangelismo sem Fronteiras é subsidiário da Underground Evangelism, atualmente denominada Mission without Borders. Fundada em 1960, a Underground Evangelism tinha como meta contrabandear bíblias e outros materiais para a União Soviética. Passou a ostentar o nome atual após o fim da Guerra Fria, continuando a se imiscuir nas diferentes realidades nacionais a pretexto de trazer "auxílio espiritual, emocional, educacional e material para os necessitados".[429]

Na América Latina, seu secretário-executivo foi o pastor batista Roberto Maynes, cabendo ao também batista André Peticov o mesmo cargo na representação brasileira do movimento. Além da distribuição de bíblias, a organização mantinha programas de rádio com transmissões direcionadas para o bloco soviético, publicava material em português e alemão, para brasileiros e colonos alemães, "com notícias de perseguições, torturas e situação geral de cristãos na Cortina de Ferro",[430] e patrocinava conferências, palestras e exibições de filmes para "conscientizar os brasileiros do sofrimento dos cristãos nos países dominados pelo comunismo".

Missão A Voz dos Mártires

Com procedimentos e fins semelhantes ao Evangelismo sem Fronteiras (a denúncia de crimes que estariam sendo cometidos contra cristãos nos países socialistas e o contrabando de bíblias), a Missão A Voz dos Mártires foi comandada até sua morte em 2001 pelo pastor luterano romeno Richard Wurmbrand, diretor-geral da organização norte-americana Jesus to the Communist World. Além das ações voltadas para os países socialistas, no

---

[429] "OUR History". *Mission Without Borders.* [s.d.]. Disponível em: <https://www.mwbi.org/about-us/our-history>. Acesso em: 30 mar. 2021.

[430] ARQUIVO NACIONAL. Serviço Nacional de Informações. *Evangelismo sem Fronteiras.* Código de referência: BR DFANBSB V8.MIC, GNC.AAA.76106437.

resto do mundo procurava "levar esquerdistas e comunistas a Cristo"[431] e "alertar os cristãos do Ocidente sobre os perigos do comunismo".

Para lançar o movimento por aqui, Wurmbrand passou por São Paulo, Campinas e Curitiba em 1973. Delegou sua condução ao pastor alemão Erich Ostermoor, membro da Igreja Congregacional, envolvido em "violenta campanha contra a perseguição religiosa a cristãos nos países da Cortina de Ferro" a partir de palestras, sessões cinematográficas e da publicação *A Voz dos Mártires*. Conforme o CISA, Ostermoor empreendia "verdadeira cruzada anticomunista em bairros humildes do Rio de Janeiro, informando das atrocidades cometidas pelos marxistas a pobres operários e donas de casa – que poderiam ser alvo fácil do proselitismo vermelho".[432] Mas os cariocas não tinham atenção exclusiva, levando o estrangeiro a palestras por todo o Brasil e "falando, inclusive, em diversas Organizações Militares".

Em janeiro de 1983 foi realizado em Belém (PA) uma cruzada anticomunista patrocinada pela Igreja Evangélica dos Irmãos, ligada aos batistas alemães, e guiada pelo pastor Raimundo Cardoso. O acontecimento, que recebeu perto de trezentas pessoas, teve palestra da missionária Miriã Cruz, que de forma sensacionalista informou que a localização da sede da Voz dos Mártires, em São Paulo, era mantida em segredo, temendo "sofrer represálias por parte das organizações comunistas brasileiras e estrangeiras".[433] Falou também sobre os meios usados no trabalho de contrabando bíblico: "balões, equipamentos industriais comprados em países capitalistas e através dos mares" – artifícios dispendiosos que levantam interrogações sobre as origens do seu financiamento. Foi seguida de Raimundo Cardoso, que "enalteceu a liberdade brasileira, onde o povo pode escolher livremente seus representantes, fato este que não ocorre em países comunistas onde a liderança é imposta ao povo pela força", esquecendo que no momento em que falava, pela força, o povo brasileiro perdera o direito de escolher seu presidente e governadores já havia quase duas décadas. Foram distribuídos

---

431   ARQUIVO NACIONAL. Serviço Nacional de Informações. *Evangelismo sem Fronteiras*. Arquivo Nacional. Código de referência: BR DFANBSB V8.MIC, GNC.AAA.76106437.
432   ARQUIVO NACIONAL. Serviço Nacional de Informações. *Evangelismo sem Fronteiras*. Arquivo Nacional. Código de referência: BR DFANBSB V8.MIC, GNC.AAA.76106437.
433   ARQUIVO NACIONAL. Serviço Nacional de Informações. *Atividades da Igreja Evangélica dos Irmãos*. Código de referência: BR DFANBSB V8.MIC, GNC.KKK.83002813.

o jornal *A Voz dos Mártires*, publicado bimestralmente em mais de cinquenta países, panfletos anticomunistas e livretos, como *Era Karl Marx um satanista?*, no qual Wurmbrand sustentava que o pensador alemão, cristão quando jovem, passou a manifestar ódio por Deus, "chegando a escrever poemas como se estivesse possuído por Satanás".

Mas as publicações da Voz dos Mártires não circulavam apenas em igrejas. Em agosto de 1983, algumas delas chegaram à Granja do Torto, enviadas a João Figueiredo por Erich Ostermoor. Naquele "momento de grande tensão em nossa pátria",[434] talvez referindo-se à campanha Diretas Já, que contagiava a sociedade brasileira em torno da proposta de eleições diretas imediatas para presidente da República, o religioso enviava material impresso "à título de comunicação, com nossas altas autoridades". Tratava-se dos três últimos informativos da Voz dos Mártires, além dos livros *Cristo em cadeias comunistas*, *Cristo ou a bandeira vermelha* e *Era Karl Marx um satanista?*

Em janeiro de 1985, a organização emitiu um ofício circular anunciando mudança de sede para Curitiba, seu novo quartel-general continental, e a aposentadoria de Erich Ostermoor. O substituía o chileno Adam Noé Alvear Maturana, pastor pentecostal na Igreja Apostólica Unicista,[435] alçado a presidente sul-americano da Voz dos Mártires. Naquela altura, dizia-se, o órgão já atuava em sessenta países, insistindo em não ter "cor denominacional",[436] ou seja, colaborando com todas as igrejas evangélicas. Informava-se, ainda, os preparativos para a iminente realização de uma 1ª Convenção Sul-Americana, cujos convidados especiais seriam o secretário mundial, Hans Braun, e a integrante dos comitês Internacional e da Suíça, Hedi Fluri. Anunciava-se, também para breve, uma "sessão aberta a todos os pastores, presbíteros e oficiais de Igrejas" na qual seriam "apresentados e discutidos planos de trabalho da instituição em todo o território nacional". O ofício encontra-se anexo a um documento da Divisão de Inteligência do Departamento de Polícia Federal informando que Maturana adquirira "à vista" a mansão na Rua Cecília onde funcionava a Voz dos Mártires.

---

434 ARQUIVO NACIONAL. Gabinete Pessoal do Presidente da República. *Sem título*. Código de referência: BR DFANBSB JF.JBF.0.274.
435 Atualmente conhecida como Igreja de Deus no Brasil.
436 ARQUIVO NACIONAL. Divisão de Inteligência do Departamento de Polícia Federal. *Sem título*. Código de referência: BR DFANBSB ZD.0.0.0041a.0009.d001.

Outro dado interessante: o chileno, quando fiscalizado "com relação a sua situação de estrangeiro no País, forneceu panfletos sobre a atuação que exerce contra o comunismo e, colocou-se à disposição para exibir filmes relativos a essa ideologia, tanto para a Polícia Federal como para o SNI", certo de que a sua condição de pregador anticomunista seria suficiente para lhe desembaraçar de qualquer problema. Também deixando clara sua posição na disputa que dividia o campo religioso brasileiro, em outra ocasião o pastor criticara com veemência a Teologia da Libertação, apelidando-a de "Teologia da Escravidão".[437]

Atualmente, a organização continua funcionando a partir do Paraná, mas agora da cidade de Colombo, e sob o nome Missão em Apoio à Igreja Sofredora. Apesar de morto, Wurmbrand continua influenciando novas gerações de religiosos conservadores, tendo o seu livro *Marx e Satã* sido relançado em novembro de 2020. Alguns meses depois, em 14 de abril de 2021, causou certo alvoroço a videoconferência "Karl Marx era satanista?", na qual o padre Pedro Paulo, que se apresenta como exorcista da Arquidiocese de Florianópolis, e a historiadora presbiteriana e deputada estadual em Santa Catarina, Ana Caroline Campagnolo,[438] apresentaram o livro de Wurmbrand para um grande público.

A Sociedade Evangélica do Brasil

Podemos resgatar a história da Sociedade Evangélica do Brasil no país graças a um histórico enviado ao MRE, em 1977, a fim de agilizar o processo de concessão de vistos dos seus missionários. Começou ela a operar por aqui, informalmente, alguns dias após o golpe de 1º de abril de 1964,

---

437 ARQUIVO NACIONAL. Serviço Nacional de Informações. *Primeira Convenção Sul- -Americana de A Voz dos Mártires, em Curitiba PR*. Código de referência: BR DFANBSB V8.MIC, GNC.NNN.85005683.

438 Antifeminista e seguidora do ideólogo direitista Olavo de Carvalho, em 2013 Campagnolo acionou na Justiça sua orientadora de mestrado, Marlene de Fáveri, da Universidade do Estado de Santa Catarina, acusando-a de perseguição ideológica, queixa que terminou arquivada. Fáveri pediu afastamento da função de orientação e a dissertação *Virgindade e família* foi reprovada pela banca avaliadora. Eleita deputada estadual em 2018, estimulou a denúncia de docentes não alinhados com suas posições políticas.

fundada em Brasília pelos estadunidenses Richard Alan Cape e Ella Mattie Cape. Alguns anos depois, a "força missionária"[439] foi incrementada pela chegada de Eugene Nelson Bunt e Grace Anna Bunt, vindo o primeiro a ser diretor-executivo em 1977, quando sua fundação foi formalizada em cartório.

Embora interdenominacional e "autônoma", o papel enviado ao Ministério das Relações Exteriores declarava a vinculação com a organização norte-americana Gospel Fellowship Association Missions. Fundada em 1940, a Fellowship exibia nítido perfil fundamentalista, expressando que seu missionarismo, sobretudo em tempos recentes, move-se por "uma grande preocupação" a respeito da "tendência de 'neoevangelismo' e 'neo-ortodoxia'". Capitaneada pelo pastor fundamentalista Bob Jones Sr., a organização pretendia aglutinar "cristãos ortodoxos e nascidos de novo" diante do crescimento do "modernismo e liberalismo" nos Estados Unidos. Posteriormente, ex-alunos da Universidade Bob Jones "e outros amigos do fundamentalismo" manifestaram o desejo de prolongar as suas ações ao redor do mundo, o que começam a fazer em 1961.

A sociedade declarava pretender evangelizar com "rádio e filmes, revista e literatura" e uma rede de "obreiros" em contato com "as igrejas fundamentais", ou seja, identificadas com seus pressupostos ideológicos, e com todos aqueles sem "compromisso com a apostasia" (leia-se com o clero progressista). O trabalho compreendia o envio de convertidos para essas "igrejas fundamentais" e, onde não houvesse nenhuma, a fundação de "uma igreja firme, independente e local com a base bíblica".

Os estatutos da associação deixavam clara a relação pretendida com o governo ditatorial, vedando aos membros "professar ideologias" e "exercer atividades contrárias às leis e ao regime democrático brasileiro". Nas posições de mando, ao lado de Eugene Nelson Bunt, estavam os pastores brasileiros Manoel Lopes Guimarães, vice-diretor, e João Alves da Costa, secretário-tesoureiro.

---

439 ARQUIVO NACIONAL. Divisão de Segurança e Informações do Ministério das Relações Exteriores. *Igreja*. Código de referência: BR DFANBSB Z4.DPN.ENI.95.

Aliança Bíblica Universitária

Focada no meio estudantil (secundarista e universitário), importante trabalho evangelizador de bases é feito pela ABU até o presente. Apesar de em seus estatutos declarar-se um movimento autóctone, seus fundadores e muitos dos principais dirigentes foram estadunidenses. Predominância que se manifesta também nas fontes de financiamento, sendo, pelo menos até a década de 1970, proveniente do exterior a metade do capital de que dispunha, depositado pela Comunidade Internacional de Estudantes Evangélicos (CIEE).[440] Um de seus maiores expoentes, contudo, é a brasileira Neuza Itioka, grande propagadora da Teologia do Domínio, também líder da Rede Internacional de Guerra Espiritual no Brasil.[441]

Originada nos Estados Unidos em 1947, por estudantes da Universidade de Harvard, a chegada da CIEE na América Latina se dá já em princípios da década de 1950, quando os evangélicos Robert Young e René Poché excursionam pelo subcontinente, concluindo haver uma "tremenda urgência de atender países da América do Sul, pelo vácuo espiritual que havia se estabelecido nos meios intelectuais".[442] Assim, Robert Young inicia em 1957 os trabalhos de implantação de uma representação da CIEE por aqui, a ABU, neste momento encontrando resistência de outra entidade religiosa estudantil já em atividade, a Associação Cristã de Acadêmicos.

O trabalho iniciado por Young foi reforçado em 1958 com a vinda de Ruth Siemens, em cujo apartamento a primeira sede da ABU funcionaria. No mesmo ano, a organização realiza um primeiro acampamento com estudantes em Campos de Jordão (SP). Também em 1958 acontece um congresso da CIEE na Bolívia, marcando o início do processo de infiltração e conexão do movimento em âmbito latino-americano.[443]

Em paralelo, seguia a difusão da ABU, com a instalação de núcleos em Goiânia, em Belo Horizonte e no Rio de Janeiro. Em 1962, a organização é oficializada como um movimento nacional em congresso reunindo

---

440 ITIOKA, Neuza. *Encarnando a palavra libertadora*: um breve histórico da Aliança Bíblica do Brasil. São Paulo: ABU Editora S.C., 1981, p. 47.
441 MARIANO, *op. cit.*
442 ITIOKA, *op. cit.*, p. 8
443 *Ibid.*, pp. 12-13.

representações de São Paulo, Paraná, Espírito Santo, Minas Gerais e Goiás.[444] A fim de produzir publicações, em 1963 firma parceria com a Missão Batista Conservadora para a criação da Junta Editorial Cristã.[445]

O crescimento da ABU não foi afetado pelo golpe de 1964, parecendo encontrar melhores bases para se expandir com a perseguição da esquerda religiosa e do modernismo teológico. Em 1965, Hans Burki, secretário da CIEE e do movimento estudantil suíço, percorre o Brasil realizando conferências em faculdades de doze cidades e, em 1966, realiza-se o Primeiro Seminário de Capacitação de Líderes Estudantis em Lima, Peru, evento que se repetiu em 1971, quando o Brasil foi representado por Neuza Itioka.[446] Já em 1967, inicia-se a preparação de líderes estudantis em São Bernardo do Campo, nos limites do Seminário Presbiteriano Conservador, "com a presença"[447] de Paul Little, diretor de Evangelização e Missões da CIEE nos Estados Unidos, iniciativa que se repetiria em outras partes do Brasil nos anos seguintes.

O período entre 1973 e 1975 foi especialmente proveitoso para a ABU. Se em 1972 o seu número de núcleos era 26, em 1975 ela já estava presente em 120 faculdades.[448] Com franqueza, a própria Itioka[449] reconhece que esse crescimento se deu em grande parte pela ação ditatorial nos meios estudantis, abrindo um contexto de "tranquilidade do ambiente universitário sem greves, sem passeatas", tendo os "militantes de ideologias" desaparecido com a repressão deflagrada pelo Ato Institucional nº 5. Instaurava-se entre os estudantes, assim, uma "filosofia hedonista, pragmática, materialista", ao lado do "espírito desenvolvimentista do Brasil grande". Ambiente que, por outro lado, não oferecia as respostas espirituais ansiadas pelos estudantes, que a ABU se prontificava a fornecer. Sintomático desse crescimento, em 1976 a organização realiza o Primeiro Congresso Missionário em Curitiba (PR).

Outro grande congresso aconteceu em fevereiro de 1983, em Florianópolis, sendo monitorado pelo SNI, que, nada vendo de errado, se limitou

---

444   Ibid., p. 14.
445   Ibid., p. 19.
446   Ibid., p. 21.
447   Ibid., p. 23.
448   Ibid., p. 63.
449   Ibid., p. 64.

a registrá-lo, arquivando uma cópia dos estatutos da ABU. A despeito da vigilância, porém, a Aliança podia contar com a simpatia da comunidade de informação, conforme registrou em outro papel a DSI do Ministério da Aeronáutica em 1972. Avaliava-se que "o movimento, que visa atingir os universitários com a mensagem salvadora – segundo a concepção do Evangelho de Jesus Cristo – é bom",[450] nada constando contra ele também na Polícia Federal em São Paulo, Brasília e Rio Grande do Norte e tampouco no Deops de São Paulo.

Guardados pelo SNI, os estatutos em vigor em princípios dos anos 1980 oferecem outras informações sobre o funcionamento e propósitos da Aliança. Ela definia-se como "um movimento estudantil",[451] evangélico, porém "interdenominacional", cujo principal objetivo era "a evangelização dos universitários, secundaristas e profissionais de nível superior". Um de seus postulados, revelando inspirações fundamentalistas, é a "veracidade e integridade da Bíblia, tal como revelada originalmente", ou seja, nada de interpretações modernas e heterodoxas, e a "sua suprema autoridade em matéria de fé e conduta". Declarava-se ali também a convicção pré-milenarista, comum a setores evangélicos conservadores estadunidenses, com a "certeza da segunda vinda do Senhor Jesus Cristo em corpo glorificado e a consumação do Seu reino naquela manifestação", bases teológicas que seguiam de perto as orientações da CIEE. Já os métodos de conversão compreendiam "estudos bíblicos evangelísticos"; "palestras apologéticas"; "reuniões "abertas""; a realização de acampamentos; a edição de livros, folhetos e jornais, como o *Kairós*, e "apostilas de orientação estratégica e motivacional para o trabalho"; mesas redondas; eventos teatrais; e "projetos de ação social".

Apesar do perfil conservador, o historiador Zózimo Trabuco[452] supõe que a ABU foi também espaço onde se desenvolveu uma forma de

---

450 ARQUIVO NACIONAL. Centro de Informações de Segurança da Aeronáutica. *Resposta pedido de busca n. 174/DIS-COM: Aliança Bíblica Universitária do Brasil.* Código de referência: BR DFANBSB VAZ.0.0.4543.

451 ARQUIVO NACIONAL. Serviço Nacional de Informações. *Aliança Bíblica Universitária do Brasil, ABUB.* Código de referência: BR DFANBSB V8.MIC, GNC.NNN.83003823.

452 TRABUCO, Zózimo Antônio Passos. *"À direita de Deus, à esquerda do povo": protestantismos, esquerdas e minorias em tempos de ditadura e democracia (1974-1994).* Rio de Janeiro: Universidade Federal do Rio de Janeiro, 2015, pp. 346 e 367. Tese (Doutorado em História).

evangelicalismo dedicada à ação política progressista. Trata-se da Teologia da Missão Integral, ali representada sobretudo pelo sociólogo Paul Freston, que se apresentava como uma alternativa à Teologia da Libertação, reivindicando "uma identidade distinta da esquerda marxista e da esquerda ecumênica". Próximo de universitários evangélicos, o grupo de Freston uniria evangélicos teologicamente conservadores com organizações e partidos políticos progressistas, contribuindo para a construção de uma "esquerda evangélica" disposta, por exemplo, a formar uma ala socialista cristã dentro do Partido dos Trabalhadores.

A Campus Crusade for Christ

A organização missionária estudantil Campus Crusade for Christ, aberta por Bill Bright em 1951 na Universidade da Califórnia, não poupou o Brasil em suas ações doutrinadoras, aqui aportando em 1970, segundo o SNI,[453] pelas mãos de Barthimeu Vaz de Almeida e rebatizada como Cruzada Estudantil e Profissional para Cristo (CEPC). Atualmente chamada apenas CRU, a página oficial da organização no Brasil, porém, conta uma história diferente. Ali, o pioneirismo não teria cabido a Almeida, mas sim a Manuel Simões Filho, que em 1970 começa a distribuir na Universidade de São Paulo (USP) o folheto *As 4 leis espirituais*.[454] É possível que tenha sido de fato isso o que aconteceu, pois o documento do SNI não prima pela precisão, alegando, por exemplo, que o movimento fora fundado por "Bio Brás", corruptela de Bill Bright.

De qualquer maneira, o serviço informa que em 1980 a organização já chegara a todas as regiões do país, instalada no norte, pelo paulistano Rubens Macedo Coutinho. Abriu ele em Manaus um centro de treinamento para líderes, que formou em sua primeira turma "trezentos líderes comunitários",[455] mostrando a vontade da organização em enraizar-se

---

453   ARQUIVO NACIONAL. Serviço Nacional de Informações. *Cruzada Estudantil e Profissional para Cristo*. Código de referência: BR DFANBSB V8.MIC, GNC.LLL.80001019.
454   NOSSA História. *CRU*, [s.d.]. Disponível em: <https://www.cru.org/br/pt/about/vision.html>. Acesso em: 14 abr. 2021.
455   ARQUIVO NACIONAL. Serviço Nacional de Informações. *Cruzada Estudantil e Profissional para Cristo*. Código de referência: BR DFANBSB V8.MIC, GNC.LLL.80001019.

como um movimento de bases. Além do centro, sugere-se que a entidade se valesse de parcerias para ministrar cursos, "realizados nas diversas igrejas evangélicas de Manaus". Cooperação repetida em outros empreendimentos, como a campanha propagandística "Já encontrei", que em 1977, apenas na capital amazonense, "mobilizou sessenta e sete igrejas e vinte e uma mil pessoas". Da sede manauara, a organização operava, ainda, um serviço telefônico de orientação espiritual.

Traço comum às organizações aqui abordadas, a CEPC também procurava tratar de problemas sociais com ações religiosas e filantrópicas, como a campanha Vida para Manaus, de 1980, que queria contribuir para "diminuir as estatísticas de criminalidade, divórcio, roubo, suicídio, desordem, tráfico de drogas e outros". Afixado ao mesmo dossiê, as informações constam em outro relatório, agora da Superintendência Regional da Polícia Federal, que revela tentativas de contato da CEPC com a PF, a quem pediu "levantamentos estatísticos" com dados sobre esses delitos.

O recurso a grandes campanhas para atrair adeptos e holofotes não foi, contudo, exclusividade brasileira, mas sim componente principal do *modus operandi* da Crusade em toda a América Latina. Arquivada pelo SNI, uma matéria intitulada "Os 'profetas' do anticomunismo na América Central", publicada em agosto de 1984 na revista progressista *Cadernos do Terceiro Mundo*, dedicava uma dezena de páginas à campanha Esta É a Vida. Conforme veremos, as similitudes entre ela e a sua prima brasileira, a Vida para Manaus, não param no nome – partilhando inclusive do mesmo *slogan*: "Já encontrei" no Brasil e *"Ya lo econtré"* na América hispânica. Originalmente publicada na revista estadunidense *North American Congress on Latin America* e assinada por Debora Huntington, a matéria possibilita uma melhor compreensão das metas da Crusade para o subcontinente e suas estratégias para atingi-las. A campanha realizada em El Salvador é relacionada com as lutas entre a ditadura ali instituída em 1979 e a Frente Farabundo Martí de Libertação Nacional, organização popular de orientação socialista formada em grande parte por trabalhadores rurais em luta contra a exploração latifundiária. Lutas reeditadas em outras partes, como a Guatemala e a Nicarágua, também campos de atuação da Crusade que, ao lado de outras organizações religiosas conservadoras, no contexto convulsionado da América Central após finais dos anos 1970, teria firmado parcerias com o *"establishment* que controla a política externa dos EUA"[456] – vínculo facilitado pela "ideologia, a história e uma visão de mundo coincidente", que forjara um "consenso estratégico" onde o maniqueísmo fundamentalista foi facilmente traduzido na polarização "capitalismo ao estilo norte-americano *versus* comunismo". Assim, o conflito salvadorenho era descrito pela Crusade como "uma luta pela liberdade do povo com democracia, contra o domínio tirânico do comunismo".

A análise de Huntington, entretanto, não despreza a importância do envolvimento da classe dominante local, indicando que a campanha da Crusade em El Salvador foi em parte paga por engarrafadores locais do refrigerante Pepsi, um dos setores burgueses mais poderosos ali. Segundo o texto, a simpatia angariada pelos religiosos estadunidenses diante dessa classe devia-se à função de desmobilização ideológica da população; à ênfase em profecias e na vontade divina sobre os fatos terrestres, assim minimizando "a responsabilidade humana pelo violento conflito político da região"; e à sua utilidade em neutralizar parcelas religiosas resistentes à política de Reagan para a América Central, uma vez que a direita religiosa passara a propagandear sua versão do cristianismo como a única neutra, atribuindo máculas ideológicas ao progressismo teológico.

A campanha "Esta é a Vida", originada em princípios dos anos 1970 e financiada por capitalistas estadunidenses, é denunciada por Huntington como um "ambicioso plano político", formulado por Bill Bright em parceria como o membro do Partido Republicano John Conlan, unindo a ampla rede interdenominacional construída pelo primeiro com as conexões do segundo com a direita partidária. Por via dessa aliança, em El Salvador e em outros países, a Crusade procurava tornar-se um movimento de bases, convertendo os setores populacionais dominados ao seu programa e construindo condições para uma expansão autossustentável. Em El Salvador, por exemplo, entre 1978 e 1980, segundo a própria Crusade, 120 mil pessoas teriam sido recrutadas para a participação em trabalhos de evangelização porta-a-porta e em ações de conversão em massa. Segundo a autora, outra participante dessa frente político-religiosa, também dedicada às bases,

---

456   ARQUIVO NACIONAL. Serviço Nacional de Informações. *Seminário sobre sindicalismo, realizado na sede do Jornal Hora Extra, em Volta Redonda RJ*. Código de referência: BR DFANBSB V8.MIC, GNC.AAA.86055420.

seria a Assembleia de Deus, para onde afluiriam muitos dos convertidos pela Crusade.

Voltando ao Brasil, chama atenção a coincidência entre as atividades da encarnação nacional da Crusade, descritas pelo SNI, e aquelas narradas pela matéria. Falo especificamente da ênfase no trabalho de bases como eixo principal da expansão numérica e de alcance ideológico. Outro ponto de interesse é a menção da Assembleia de Deus como uma das principais agremiações parceiras da Crusade na América Central, levando a crer que fossem dos assembleianos muitas das igrejas participantes das campanhas do grupo em Manaus. Vale lembrar que a região norte foi o berço desta Igreja no Brasil, ali contando desde cedo com grande número de seguidores.

Em nosso país, o *slogan* "Já encontrei" batizou uma grande campanha nos anos 1980 em que, por uma semana, a frase foi insistentemente divulgada, desacompanhada de explicações. Findo esse intervalo de tempo, se revelou o que havia sido encontrado: "uma nova vida em Jesus Cristo, você também pode encontrá-la. Solicite seu folheto grátis".[457] Sob o formato de *teasing*,[458] a CEPC invadia o imaginário do brasileiro armada das mais modernas táticas propagandísticas.

Prosseguindo com suas atividades de base, cada vez mais amparadas em avançados recursos informacionais, a organização realizou em 1985, no interior da campanha Explo 85, uma ação na qual pessoas de várias partes do mundo, inclusive de cinco capitais brasileiras, foram treinadas "via satélite em estratégia de evangelismo e edificação".[459] Outro grande chamariz foi o filme *Jesus*, de 1979, financiado pela Crusade e pelo empresário Nelson Bunker Hunt, "exibido nas praças, cinemas, rádios e TV".

A última informação sobre sua história brasileira, contida na página nacional da organização, dá conta de que ela continua se valendo do folheto *As 4 leis espirituais*, distribuído desde 1970 e com tiragem de mais de um milhão de exemplares, para sensibilizar brasileiros a respeito da "mensagem do evangelho de Jesus Cristo".

---

457   "NOSSA História". *CRU, op. cit.*
458   Jargão publicitário, o *teasing* é uma tática propagandística que compreende a repetição de *slogans* sem que se revele, a princípio, a quem e a que eles se referem, buscando estimular a curiosidade pública, assim ampliando o alcance de uma campanha de divulgação.
459   *Ibid.*

Outros grêmios religiosos conservadores em contato com estudantes

Como vimos, a Igreja da Unificação buscava atrair estudantes em iniciativas como o CARP, que segundo relatório 1989 da Polícia Militar de São Paulo[460] atuava sobretudo na USP, na Universidade Mackenzie, na PUC-SP, no Centro Universitário FMU e na Faculdade Cásper Líbero.

Além do CARP, outras organizações religiosas ativas neste meio, apenas em São Paulo, seriam a Opus Dei, que atuaria na Escola Politécnica e no Instituto de Matemática e Estatística da USP; a Sociedade Brasileira de Defesa da Tradição, Família e Propriedade,[461] doutrinando estudantes primários e secundaristas; e a organização Meninos de Deus[462] com penetração na USP, na PUC-SP, na Fundação Armando Alvares Penteado (FAAP) e em escolas públicas. Também imiscuídas na USP estariam a Igreja de Cristo de Boston e a Maranata, enquanto na FMU os mais presentes seriam os mórmons.

O missionarismo entre os povos originários

As aldeias indígenas foram outro campo de ação do trabalho de bases de conservadores cristãos. Com ações religiosas e filantrópicas de fundo declaradamente aculturador, agências interdenominacionais e igrejas chegaram aos confins do Brasil levando bíblias e, às vezes, remédios a nativos isolados.

Conforme visto, pelo menos desde os anos 1950, um grande número de agências missionárias estrangeiras opera em áreas indígenas, com destaque para o Instituto Linguístico de Verão, a Missão Novas Tribos do Brasil,

---

460 ARQUIVO NACIONAL. Serviço Nacional de Informações. *Atividades de seitas junto ao meio estudantil. SE14 ASP.* Código de referência: BR DFANBSB V8.MIC, GNC. EEE.89022436.

461 Organização fundada por católicos leigos em 1960 com declarados fins anticomunistas.

462 Representação brasileira do The Family International (TFI), movimento fundado na Califórnia em 1968 sob a nomenclatura original de Teens for Christ e posteriormente The Children of God.

a Sociedade Asas de Socorro, a MIB e a Missão Evangélica da Amazônia. Embora menores, outras entidades do mesmo tipo também presentes são a Missão Bíblica da Amazônia e a Acre Gospel Mission. No seu interior, circulam evangélicos ligados sobretudo às igrejas Batista e Presbiteriana e àquelas do ramo pentecostal.

Já sobre o missionarismo executado diretamente por igrejas, o destaque cabe à Assembleia de Deus. Ainda que em menor grau, porém, outras agremiações instalaram-se junto a indígenas tão logo chegaram ao Brasil. Como a Igreja do Evangelho Quadrangular, cujas atividades com "silvícolas" eram previstas inclusive nos estatutos de 1958. Estudo reservado do Conselho de Segurança Nacional de 1961 observa que os quadrangulares estavam desde 1959 presentes entre indígenas amazônicos.[463]

Se o pioneirismo pentecostal coube à Assembleia e à IEQ, a Congregação Cristã do Brasil também marcou presença. Conforme a Funai, em 1984 ela mantinha contato não autorizado com populações Tikuna no Amazonas. Em dezembro daquele ano, um membro da fundação enviado aos postos Lago do Beruri e Ilha do Camaleão teria alertado o pastor Walter Goes de que a congregação necessitava de autorização para ali permanecer, ao que um dos seus auxiliares redarguiu "que antes de os Tukuna serem índios, são filhos de Deus e esse não se preocupa com a questão de quem é o dono da terra".[464] Goes, por seu turno, limitou-se a dizer que já se tratava de "índios 'civilizados'".

Quanto às pentecostais mais recentes, conforme a SAE, em princípios dos anos 1990 a Igreja Universal do Reino de Deus atingiu os guaranis em Angra dos Reis (RJ), pelo seu apêndice filantrópico, a Associação Beneficente Cristã. Contato que envolvia a doação de alimentos e auxílio para a construção de uma "casa de oração"[465] na reserva.

---

463   ARQUIVO NACIONAL. Estado-Maior das Forças Armadas. *Sem título*. Código de referência: BR DFANBSB 2M.0.0.349, v.4.

464   ARQUIVO NACIONAL. Assessoria de Segurança e Informações da Fundação Nacional do Índio. *Ações da Funai no sentido de delimitar e demarcar as áreas indígenas: Betânia, Lago do Beruri, Macarrão, Évare I, Évare II, São Leopoldo, Feijoal, Bom Intento, Santo Antônio, onde viviam os Tikuna.* Código de referência: BR DFANBSB AA3.0.DTI, DTR.73.

465   ARQUIVO NACIONAL. Secretaria de Assuntos Estratégicos da Presidência da República. *Sem título*. Código de referência: BR DFANBSB H4,MIC GNC.CCC.98002100.

Várias outras organizações pentecostais menores também aparecem na documentação, indicando a prevalência desse ramo entre as igrejas evangélicas em contato com os povos originários. Suas ações causavam especial preocupação à Funai.

Em 1981, técnicos da fundação formularam um relatório sobre os guaranis em Dourados (MS) que traz laudo da antropóloga Silvia Regina Brogiolo Tafuri. Trata-se de um estudo sobre as desventuras de Gregório Britez, de 22 anos, trabalhador rural acusado de homicídio. Ali, consta que o conselheiro da Funai, Atanásio Bertolino, da etnia Terena, informara que a derrocada de Britez começou com a conversão à Igreja Casa da Benção, ativa no "aliciamento de jovens índios", atraídos por um pastor chamado Francisco, "acusado também de aliciamento e prostituição de índias".[466]

Ainda sobre a área de Dourados, um documento de 1991 da SAE dá conta do envio da psicóloga da Funai Maria Aparecida da Costa Pereira para investigar suicídios entre os guaranis e kaiowás, levantando as causas desses atos, indicadas pelos indígenas. Quatro delas referiam-se à presença de missionários, a "proliferação de seitas evangélicas"[467] dentro da reserva, a "substituição da religião original por outras", o "feitiço" e a "falta de benzedores". A psicóloga via, portanto, "múltiplas rupturas nos níveis pessoal, familiar e cultural", estando os indígenas pressionados por fatores tanto econômicos, como a necessidade de abandonar suas terras para trabalhar como boias-frias, como sociais, uma vez que seu modo de vida e identidade eram dilacerados pela sociedade branca. No que diz respeito à aculturação religiosa, denunciava que igrejas interferiam "na organização sociocultural" dos indígenas, "com a conivência da Funai", mencionando a proibição, pelas pentecostais, da participação em rituais tradicionais, como os cantos "porahei", do consumo da bebida fermentada chicha, da prática de esportes, e a obrigação do corte de cabelo "rente à cabeça".

---

466 ARQUIVO NACIONAL. Assessoria de Segurança e Informações da Fundação Nacional do Índio. *Encaminhamento de dados, ocorrências nas delegacias e postos indígenas para ASI em resposta à solicitação ou com objetivo de disseminar informação.* Código de referência: BR DFANBSB AA3.0.DAI.84.

467 ARQUIVO NACIONAL. Secretaria de Assuntos Estratégicos da Presidência da República. *Sem título.* Código de referência: BR DF ANBSB H4,MIC GNC. III.910009447.

Em 1991, preocupada com a escalada de suicídios entre os kaiowás, a Funai voltou a enviar técnicos. Seu relatório apontou como a raiz do problema "a falta de terras", "somada a interferência, na cultura indígena, das várias igrejas presentes na área", especialmente a Presbiteriana e as pentecostais Deus é Amor, Evangélica Betel, Deus é Verdade, Casa da Benção e Igreja do Evangelho Quadrangular.

Quatro anos depois, persistia o problema, não tendo mudado o diagnóstico da Funai, conforme o relatório *Suicídio indígena no Mato Grosso do Sul*. Ali era sublinhado o "pronunciado caráter extático" das cerimônias pentecostais que, em seu "forte apelo emocional",[468] causariam "certa perturbação", havendo "indicadores isolados que sugerem uma maior incidência do suicídio entre os participantes dos cultos". É enfatizado, também, o feitio autossustentável da infiltração pentecostal, que procura "realizar sua reprodução através dos próprios índios, que constroem casas para os cultos e tornam-se, como os Terena, prosélitos da nova fé junto aos kaiowá e ñandéva".

Segundo a documentação, outras igrejas também em contato com indígenas são a Igreja Wesleyana dos Estados Unidos, por via da Missão dos Wesleyanos do Brasil, e a Pilgrim Holiness Church of New York, aqui representada pelas missões da Igreja de Peregrinos. Os batistas também não ficam de fora, tendo, por exemplo, a Confraternidade Batista Mundial do Brasil, financiada por "Igrejas Batistas dos Estados Unidos"[469] e sediada em Manaus. A denominação também se viu representada pela Sociedade Evangelizadora Baptist Mid-Missions, pela Missão Batista Conservadora do Brasil e pela Associação dos Batistas para o Evangelismo Mundial.

---

468   ARQUIVO NACIONAL. Assessoria de Segurança e Informações da Fundação Nacional do Índio. *Programa Guarani/MS – Vol. I*. Código de referência: BR DFANBSB AA3.0.DTI, DCI.42.

469   ARQUIVO NACIONAL. Divisão de Segurança e Informações do Ministério das Relações Exteriores. *Missionários Aviadores. Asas do Socorro. Missão Novas Tribos do Brasil*. Código de referência: BR DFANBSB Z4.DPN.ENI.146.

A Assembleia de Deus

A Assembleia é uma das igrejas como maior penetração em comunidades indígenas, desde pelo menos 1960 desenvolvendo de norte a sul trabalhos essencialmente religiosos. Isso põe em xeque os argumentos apresentados pelo Estado brasileiro no capítulo passado, segundo os quais a presença de religiosos junto a esses povos seria necessária para a prestação de serviços básicos. Também transparece na documentação uma estratégia regular de arregimentação de nativos para a formação de quadros locais da igreja, que assim se tornava um movimento de base.

Um dos primeiros registros da presença da Assembleia de Deus entre indígenas data de 1975, quando o padre Egydio Schwade enviou à Funai relatório sobre suas viagens a áreas indígenas no sul. Conforme Schwade, o povo xokleng, habitando um posto em Ibirama (SC), isolado até 1954, teria abandonado quase que completamente sua cultura original, "devido, entre outros motivos, à atuação da Assembleia de Deus".[470] De fato, em 1976, a Funai confirmou a existência de uma missão da Assembleia ali.[471]

Mas o missionarismo indígena assembleiano no sul não se restringia a Santa Catarina. No ano seguinte, o SNI nota a presença de uma missão dessa Igreja em Tenente Portela (RS), área de conflitos entre indígenas e posseiros.[472] O SNI registrou, ainda, que a Igreja estava também no município de Miraguaí, mantendo nas duas localidades seis capelas "dentro das áreas indígenas"[473] e "destinadas exclusivamente à formação espiritual dos índios". Quanto à tática de infiltração, era dito que membros da própria comunidade

---

470 ARQUIVO NACIONAL. Assessoria de Segurança e Informações da Fundação Nacional do Índio. *Conselho Indigenista Missionário – CIMI*. Código de referência: BR DFANBSB AA3.0.MRL.2.

471 ARQUIVO NACIONAL. Serviço Nacional de Informações. *Questão indígena: resoluções recomendações emanadas de eventos sobre comunidades indígenas e ecossistemas da Amazônia que possam afetar a política indigenista brasileira*. Código de referência: BR DFANBSB V8.MIC, GNC.AAA.86054030.

472 ARQUIVO NACIONAL. Serviço Nacional de Informações. *Áreas de tensão no Rio Grande do Sul, suscetíveis de exploração por agitadores*. Código de referência: BR DFANBSB V8.MIC, GNC.GGG.79000090.

473 ARQUIVO NACIONAL. Serviço Nacional de Informações. *Entidades de proteção ao índio*. Código de referência: BR DFANBSB V8.MIC, GNC.GGG.80001664.

eram ordenados "diáconos" pelas lideranças da Igreja que, estabelecendo bases nas aldeias, "somente as visitam por ocasião de grandes solenidades".

A Assembleia chegava também aos indígenas mato-grossenses. Em julho de 1981 o SNI fez um levantamento em postos da Funai com o fim de "detectar a atuação do Conselho Indigenista Missionário (CIMI); da Comissão Pastoral da Terra (CPT); e verificar a origem de problemas fundiários".[474] Tanto o CIMI como a CPT eram vistos com antipatia pelo Estado brasileiro por contestarem a política indigenista oficial e protegerem a posse da terra de forma considerada excessiva. De maneira contrastante, o SNI não tecia nenhuma crítica sobre a Assembleia de Deus, cuja presença era registrada no posto Buriti ao lado da também pentecostal Congregação Cristã do Brasil e da Igreja Evangélica da América do Sul, limitando-se a anotar que ali não fora "detectada a presença de elementos do CIMI, da CPT, e nem de políticos".

Em 1987, o Instituto de Planejamento Econômico e Social (IPEA), junto com outros órgãos, formulou um Plano de Proteção do Meio Ambiente e das Comunidades Indígenas (PMACI) com informações sobre o estado dos povos originários na Amazônia. Por via dele, sabemos que pelo menos desde esse momento, ao lado do Instituto Linguístico de Verão e da Missão Novas Tribos do Brasil, a Assembleia de Deus mantinha uma missão entre os Deni, no município de Itamarati (AM). Havendo posseiros ameaçando as terras indígenas, dessa vez a presença do CIMI era também confirmada.[475]

Em meados de 1988, indagado por Raimundo Nonato da Silva, diretor da Administração Regional de Boa Vista (RR) da Funai, sobre as áreas de atuação da Igreja no estado e as atividades desenvolvidas, o presidente da Assembleia em Roraima, Fernando Granjeiro de Menezes, informou que a Igreja se fixara junto a indígenas em doze diferentes localidades. Revelando a repetição do mesmo padrão de enraizamento local descrito para o Rio Grande do Sul, três dos oito religiosos atuantes nessas missões eram indígenas. Tratava-se de dois pastores e um evangelista das etnias macuxi e wapixana. Já sobre os trabalhos levados a cabo pela Igreja, novamente não se mencionava nenhum de cunho assistencial. Segundo o presidente

---

[474] ARQUIVO NACIONAL. Serviço Nacional de Informações. *Levantamento realizado sobre as comunidades indígenas de Mato Grosso do Sul*. Código de referência: BR DFANBSB V8.MIC, GNC.MMM.81001469.

[475] ARQUIVO NACIONAL. Estado-Maior das Forças Armadas. *Sem título*. Código de referência: BR DFANBSB 2M.0.0.303,v.4 dc001de0001.

assembleiano, eles consistiam em evangelismo pessoal com visitas às casas dos indígenas; cultos públicos e orações, alegadamente solicitados pelos próprios; reuniões de oração; batismos em águas; e cerimônias fúnebres. O documento figura em dossiê da ASI da Funai que contém, ainda, material sobre a presença da Assembleia no estado do Amazonas, onde atuaria junto aos tikuna.[476]

O estado do Pará, berço brasileiro da Assembleia, evidentemente também contava com missões indígenas, relatando o Estado Maior das Forças Armadas, em 1989, que a Igreja estaria instalada com nativos em municípios como Almeirim.[477]

Apesar do sucesso em se fixar como um movimento de bases, a Igreja não deixou de encontrar resistência. Em 1991, por exemplo, indígenas javaé denunciaram à Funai a presença ilegal de religiosos na aldeia Canoanã, na Ilha do Bananal, em Tocantins. Preocupada com a possibilidade de que se repetissem ali casos de suicídios coletivos, a Fundação enviou uma antropóloga. Conforme apurado, as missões na ilha haviam iniciado fazia mais ou menos oito meses, envolvendo as pentecostais Congregação Cristã do Brasil e a Assembleia de Deus, estando esta última inclusive em processo de entrada em outras aldeias do estado. De acordo com a antropóloga, a Congregação chegara a levantar um templo na localidade, pouco frequentado, em virtude da "resistência de vários membros daquela comunidade em conceder livre trânsito aos pastores não índios e seus cooperadores".[478] Não muito distante, em Barreira do Pequi, uma igreja em construção fora destruída pelos nativos. Destacando os problemas sociais, culturais e econômicos trazidos pelas missões, a profissional concluía que os javaé, porém, vinham "tentando resistir à nova cultura que lhes está sendo imposta, em uma tentativa de manter a sua cultura religiosa e resguardar a sua identidade cultural".

---

476 ARQUIVO NACIONAL. Assessoria de Segurança e Informações da Fundação Nacional do Índio. *Missões/missionários – Volume II*. Código de referência: BR DFANBSB AA3.0.MRL.20.

477 ARQUIVO NACIONAL. Estado-Maior das Forças Armadas. *Sem título*. Código de referência: BR DFANBSB 2M.0.0.273, v.1.

478 ARQUIVO NACIONAL. Secretaria de Assuntos Estratégicos da Presidência da República. *Sem título*. Código de referência: BR DFANBSB H4,MIC GNR.RRR.91001399⁸.

Mas se os técnicos da Funai não mantiveram um olhar acrítico sobre as ações da Assembleia, outras porções do Estado permaneceram nos anos 1990 alinhadas com o modelo proposto pelas missões evangélicas em oposição ao que pretendia, por exemplo, o CIMI. No que diz respeito à Assembleia de Deus, o fato transparece nas palavras do governador de Roraima, Ottomar de Sousa Pinto, ditas no interior da Comissão Parlamentar de Inquérito instalada na Câmara dos Deputados do estado em 1991 para averiguar aeroportos clandestinos e a ação de missões estrangeiras em áreas de garimpo. Comentando a mobilização de indígenas contra garimpeiros e fazendeiros estimulada por missionários, o governador elogiava igrejas evangélicas, em particular a Assembleia de Deus, que estariam "mais preocupadas com a pastoral evangélica do que com a pastoral contestatória, a pastoral política".[479]

O Instituto Linguístico de Verão

Conforme relatado por David Witner, chefe de relações governamentais do Instituto Linguístico de Verão (SIL), em visita[480] à embaixada brasileira em Washington em janeiro de 1982, naquele momento o órgão agia entre 44 grupos indígenas brasileiros com cerca de 150 missionários, conveniado com diversos órgãos estatais, como a Universidade de Campinas.[481] A informação consta em dossiê da DSI-MRE que, em 1978 reportava que todos os representantes do SIL no país eram estrangeiros.

Conveniado com outros órgãos governamentais, a interrupção do acordo com a Funai não afetou em muito as atividades do SIL, segundo documento do Ministério do Interior constante no mesmo dossiê. Esclarecia o Ministério do Interior que o SIL – "atuando junto às universidade

---

479 ARQUIVO NACIONAL. Estado-Maior das Forças Armadas. *Sem título*. Código de referência: BR DFANBSB 2M.0.0.340, v.2.
480 Pretendia-se negociar a renovação do convênio da organização com a Funai, interrompido em 1977.
481 ARQUIVO NACIONAL. Divisão de Segurança e Informações do Ministério das Relações Exteriores. *Summer Institute of Linguistics*. Código de referência: BR DFANBSB Z4.DPN.ENI.210.

e outras entidades – tem, nos convênios assinados, uma forma de burlar aquela proibição e manter-se coberto pela lei".

O dossiê traz ainda matéria do *Jornal do Brasil*, de 1981, com denúncias da antropóloga Denise Maldi Meireles sobre a destruição cultural dos karitianas, entre os quais o SIL estava desde 1972. A antropóloga refletia sobre a rígida influência ideológica do SIL junto à etnia, que não raro levaria muitos a afirmar terem deixado de ser indígenas para serem crentes. Durante visita naquele ano, Meireles dizia ter testemunhado um culto evangélico, na casa do líder karitiana, com a leitura da Bíblia no idioma indígena e a explicação dos textos por dois pastores nativos, seguida de uma oração coletiva, com êxtases e cantorias em português. Outros sintomas de doutrinação seriam a disseminação de artefatos ideológicos referentes ao universo religioso conservador estadunidense, como a crença de que os sofrimentos da vida precisam ser enfrentados com passividade, uma vez que recompensas esperariam no pós-morte; a noção de céu e inferno; de punição e premiação pelos atos praticados; e o hábito de rezar antes de todas as refeições. Nessa descaracterização cultural, teria função básica a intervenção linguística, foco da ação do SIL, sustentando a antropóloga que, longe de inofensiva, a introdução de línguas estranhas configura-se como poderoso instrumento de dominação. Era o que a antropóloga acreditava estar acontecendo com os karitianas, cujas tradições eram erodidas, mostrando-se muitos deles "reticentes sobre suas crenças, mitos e lendas".

Em outro dossiê, uma carta de 1989 do assessor da direção do SIL, James Lee Walker, ao general Ivan de Souza Mendes, chefe do SNI, pleiteava a permanência dos missionários por "um prazo de dez a quinze anos".[482] Explicitando as suas metas aculturadoras, é dito que o SIL se esforçava por retirar os indígenas do isolamento linguístico. Integração que não se daria apenas no plano da fala, mas também no das atividades produtivas, procurando os missionários transmitir "qualquer talento ou conhecimento útil", disso decorrendo que muitos indígenas "agora têm suas próprias lojas, empresas etc". A inclusão era também religiosa, sendo

---

482   ARQUIVO NACIONAL. Serviço Nacional de Informações. *Atuação do Summer Institute of Linguistics, SIL. SE143 AC*. Código de referência: BR DFANBSB V8.MIC, GNC. AAA.90073621.

a meta do SIL "traduzir e publicar o Novo Testamento da Bíblia Sagrada em cada língua alcançada".

A Missão Novas Tribos do Brasil

Segundo informações[483] apuradas em agosto de 1980 pelo embaixador Luiz Felipe Lampreia, da embaixada brasileira em Washington, a New Tribes Mission inicia suas funções internacionais em 1942, lidando com indígenas Ayore na Bolívia. Em contínua expansão e presidida por Kenneth J. Johnston, em 1980 a organização teria quase o dobro dos 701 membros declarados em 1973.

Lampreia realizou diligências para apurar a reputação da NTM nos Estados Unidos, talvez preocupado com as muitas denúncias que a organização recebia. O diplomata, no entanto, não conseguiu formar uma ideia clara, posto que seus contatos "ou evitaram qualquer apreciação sobre suas atividades ou comentaram que a entidade possuía boa reputação e desenvolveria trabalho responsável de evangelização". Não deixou, porém, de registrar que o American Council of Voluntary Agencies for Foreign Service, associação novaiorquina dedicada a formular relatórios sobre agências norte-americanas com programas de desenvolvimento em países pobres, admitiu informalmente que a NTM "seria um grupo bastante controvertido".

O documento está em amplo dossiê da DSI-MRE que traz outro papel, de 1980, revelando que as atividades da NTM no Brasil foram iniciadas em 1946, permanecendo a organização sem autorização para operar junto a indígenas até 1972, quando fez a primeira solicitação de convênio com a Funai. No mesmo dossiê, outro escrito relata que o Congresso venezuelano abrira em 1979 uma Comissão Parlamentar de Inquérito para investigar denúncias sobre a sua penetração ilegal através da fronteira brasileira, também na década de 1940, hipótese que a comunidade de informações da ditadura julgava plausível, apesar de inconclusiva. Além dessa

---

483 ARQUIVO NACIONAL. Divisão de Segurança e Informações do Ministério das Relações Exteriores. *Missionários aviadores. Asas do Socorro. Missão Novas Tribos do Brasil.* Código de referência: BR DFANBSB Z4.DPN.ENI.146.

denúncia, outras preocupavam o governo venezuelano, como a de etnocídio e conluio com empresas. Conforme noticiou o *Correio Braziliense* em fevereiro de 1980, em matéria também anexa ao dossiê, o adido militar venezuelano no Equador dissera que uma das metas dos missionários seria "avaliar e controlar, para as multinacionais, as jazidas estratégicas da Venezuela". Uma delas seria a General Dynamics, conglomerado de empresas aeroespaciais e bélicas norte-americanas, que enviaria da Califórnia dinheiro e pilotos para a NTM.

Também conforme a embaixada brasileira em Washington, os critérios para a escolha dos locais de intervenção da sua representante brasileira, a Missão Novas Tribos do Brasil, privilegiavam "a identificação de tribos que ainda não estejam, ou que estejam apenas em caráter limitado, recebendo assistência missionária e evangélica".[484] Entre os atingidos, estavam os xiriana, "que tiveram pouco contato com os não índios antes da chegada dos missionários"[485] em 1960, o mesmo ocorrendo com os xamathali, intocados antes de 1966. Essa preferência é destacada também pelo Centro de Informações da Polícia Federal em 1991, relatando, ainda, que a entidade atuaria na "assistência médica, educação, no aprendizado bilíngue e na agricultura"[486] com uma maioria de missionários estadunidenses. De fato, em 1980, o Ministério das Relações Exteriores escreveu que a MNTB mantinha 275 missionários, dos quais apenas setenta eram brasileiros.[487]

Para tanto, a MNTB dispunha "de meios materiais, pessoal com qualificação profissional e grande apoio financeiro, notadamente de fonte exterior",[488] notava a SAE. Sua vasta estrutura no Brasil contava, por exemplo, com as seguintes escolas de formação de missionários: o Instituto Missionário e

---

484 ARQUIVO NACIONAL. Divisão de Segurança e Informações do Ministério das Relações Exteriores. *Missionários aviadores. Asas do Socorro. Missão Novas Tribos do Brasil*. Código de referência: BR DFANBSB Z4.DPN.ENI.146.
485 ARQUIVO NACIONAL. Secretaria de Assuntos Estratégicos da Presidência da República. *Sem título*. Código de referência: BR DFANBSB H4,MIC GNC.DIT.910075798.
486 ARQUIVO NACIONAL. Secretaria de Assuntos Estratégicos da Presidência da República. *Sem título*. Código de referência: BR DFANBSB H4,MIC GNC.DIT.910075798.
487 ARQUIVO NACIONAL. Divisão de Segurança e Informações do Ministério das Relações Exteriores. *Missionários aviadores. Asas do Socorro. Missão Novas Tribos do Brasil*. Código de referência: BR DFANBSB Z4.DPN.ENI.146.
488 ARQUIVO NACIONAL. Secretaria de Assuntos Estratégicos da Presidência da República. *Sem título*. Código de referência: BR DFANBSB H4,MIC GNC.DIT.910075798.

Linguístico Shekinah, fundado no Mato Grosso, em 1968; o Instituto Bíblico Peniel, aberto em 1956, em Minas Gerais; e o Instituto Linguístico Ebenezer, em Vianópolis (GO), desde 1973 dedicado a treinamento linguístico.

Todas essas organizações continuam em funcionamento, trazendo mais informações a página da internet do Shekinah, transferido para Vianópolis em 2012. Ali, seu contraditório objetivo expresso é o preparo de pregadores que serão "luz para aqueles que ainda vagueiam nas trevas, respeitando o modo de viver desses povos, suas crenças, sua língua".[489] Conforme escrito de junho de 1975 da ASI da Funai, o Instituto treinava jovens de todas as igrejas do Brasil "para a catequese de índios da Amazônia".[490] Para isso valia-se de um quartel general de 150 hectares em Rio Brilhante (MT). O curso dividia-se em três etapas, sendo apenas a segunda realizada ali. A primeira ocorria na escola missionária interdenominacional Instituto Bíblico Peniel,[491] onde o missionário passaria três anos sendo "inteirado do seu futuro papel na Amazônia", recebendo "ensinamentos bíblicos e teóricos das situações que poderão encontrar". Já a terceira e última fase se desenrolava no Instituto Linguístico Ebenezer, onde o treinamento em línguas acontecia desde 1973. De acordo com a ASI da Funai, no Ebenezer são também ministradas aulas sobre "Cultura indígena e como aprender uma cultura indígena" com o propósito de "compreender a civilização da futura tribo a catequisar e, também, com o intuito final de transformar a sua linguagem para a escrita e traduzir a Bíblia neste novo dialeto".

A impressionante estrutura mantida pela MNTB encontrava paralelo em outras partes do mundo. Conforme a embaixada brasileira em Washington, na década de 1980 a New Tribes Mission possuía sete centros de treinamento nos Estados Unidos e um número menor em países como o Canadá, a Austrália e a Nova Zelândia. Sustentava, ainda, uma emissora de rádio, a Call of the Tribes Radio Broadcast; um centro médico e outro

---

489 "NOSSA História". *Centro de Treinamento Missionário Shekinah*, [s.d.]. Disponível em: <https://ctms.org.br/sobre/nossahistoria/>. Acesso em: 21 abr. 2021.

490 ARQUIVO NACIONAL. Assessoria de Segurança e Informações da Fundação Nacional do Índio. *Informações relativas às atividades do CIMI, Missão Evangélica da Amazônia, Missão Anchieta, Instituto Missionário e Linguístico Shekinah e Província Carmelitana de Santo Elias*. Código de referência: BR DFANBSB AA3.0.DAI.18.

491 Conforme o Shekinah, o Peniel foi o "primeiro instituto bíblico fundado no Brasil com a finalidade específica de preparar teologicamente missionários para evangelizar os povos transculturais menos alcançados" (NOSSOS Ministérios, [s.d.]).

de pesquisas e planejamento; uma biblioteca pública; e as publicações *Brown Gold*, *Field Papers*, *The Amazon Challenge* e *The Southern Cross*, estas duas últimas tratando "especificamente de trabalhos de catequese no Brasil",[492] além de discos e livros de teologia. Mantinha, também, escritório em Belfast, na Irlanda do Norte, e centros de treinamento nas Filipinas. Alcançava a NTM, naquele momento, mais de cem aldeias em doze países: Bolívia, Brasil, Colômbia, Índia, Indonésia, Panamá, Papua Nova Guiné, Paraguai, Filipinas, Senegal, Tailândia e Venezuela. A dispendiosa estrutura era bancada "com doações de igrejas, de organizações privadas e de indivíduos particulares", tendo o seu orçamento em 1973 atingido a marca de mais de dois milhões de dólares e perto de quatro milhões em 1976, soma quase inteiramente "gasta com missões no exterior".

Quanto aos métodos empregados, é esclarecedor o documento de janeiro de 1978 do SNI, incluído no mesmo dossiê que contém as informações acima. É dito que o trabalho missionário se valia de "cartilhas simples, adaptadas ao meio, livros de leitura, histórias e trechos do Novo Testamento na língua materna", estimulando a formação de monitores bilingues e a edição de jornais escritos pelos próprios indígenas. O papel traz outros exemplos da ação aculturadora da MNTB, descritos de maneira acrítica: "percebe-se que a aceitação dos ensinamentos da Missão tem contribuído para uma sólida agregação, mesmo em grupos não agregados em termos de moradia". Já entre os povos que tradicionalmente dividiam o mesmo teto, notava-se a mudança no feitio dessas casas, "dando-se preferência às habitações menores", acrescentando o SNI apenas que o fato ocorreria "espontaneamente, conforme a aculturação permite". Inequívoco, também, é o incentivo ao abandono das técnicas de construção tradicionais em favor de métodos europeus, como a "confecção de janelas e portas" e a "fabricação de bancos, mesas etc".

---

492   ARQUIVO NACIONAL. Divisão de Segurança e Informações do Ministério das Relações Exteriores. *Missionários aviadores. Asas do Socorro. Missão Novas Tribos do Brasil*. Código de referência: BR DFANBSB Z4.DPN.ENI.146.

A Sociedade Asas de Socorro

Como visto anteriormente, a SAS tinha como objetivo expresso, segundo a embaixada brasileira em Washington, o "uso da tecnologia"[493] no serviço de sua função religiosa. Equipada com 120 aeronaves em 1978, mantinha "mais de trezentas famílias de missionários", apoiando "150 grupos religiosos norte-americanos que atuam no exterior". Chegavam eles, naquela altura, a 21 países na América Latina, África, Ásia e Oceania, com um orçamento de quase oito milhões de dólares, proveniente sobretudo de doações particulares, seguidas de rendas auferidas em voos, doações de igrejas e outras organizações e fundações, além de empréstimos. A embaixada assinalava a grande escalada nesse valor, que aumentara quase seis vezes entre 1971 e 1977. Outro ponto sublinhado era o compromisso, firmado em publicações oficiais, de "cooperar com as autoridades" e evitar "comentários que possam ser vistos como críticas ao governo".

No Brasil, a entidade travava parcerias com a MNTB, a Acre Gospel Mission, a Baptist Mid-Missions, a Igreja Presbiteriana do Brasil, a Independent Baptist Mission, a Mennonite Mission, a Igreja Presbiteriana dos Estados Unidos e a Unevangelized Fields Mission. Para atendê-las, na década de 1980 tinha bases aéreas em Anápolis (GO), Araguacema (GO), Boa Vista (RR), Eirupené (AM) e Manaus (AM), além de nove imóveis, oito aeronaves, quatro oficinas e uma escola de aviação.

Conforme folheto distribuído pela organização, suas principais atividades seriam transportar doentes, médicos, dentistas, professores bíblicos, víveres, "missionários e evangelistas";[494] prestar serviços de manutenção de aviões a outras missões evangélicas; oferecer tratamento médico e dentário em clínicas itinerantes; fornecer noções de higiene e prevenção de doenças; e, por meio de uma rede de rádios licenciada pelo governo, coordenar as suas rotas de voo e transmitir mensagens de emergência.

---

493 ARQUIVO NACIONAL. Divisão de Segurança e Informações do Ministério das Relações Exteriores. *Missionários Aviadores. Asas do Socorro. Missão Novas Tribos do Brasil*. Código de referência: BR DFANBSB Z4.DPN.ENI.146.

494 ARQUIVO NACIONAL. Serviço Nacional de Informações. *Atividades da Sociedade Asas de Socorro*. Código de referência: BR DFANBSB V8.MIC, GNC.AAA.86054790.

A Missão Evangélica da Amazônia

Conforme a Polícia Federal, a MEVA é um dos mais antigos órgãos missionários no Brasil. Fundada por William Neil Hawkins, iniciou contatos com indígenas Macuxi em Roraima em 1944. Com metas semelhantes às organizações missionárias acima, a MEVA esforça-se para inocular sua acepção religiosa nas bases das sociedades indígenas, conforme explicitado em sua página oficial, onde consta que ela "visa estabelecer igrejas indígenas autóctones que se auto multipliquem".[495]

De 1970 a 1982 e em 1988, a organização firmou convênios com a Funai prevendo a realização de trabalhos médicos, educacionais, religiosos e linguísticos. A MEVA estava autorizada, também, a realizar intervenções declaradamente dedicadas à transformação da cultura dos povos originários, como a alfabetização "na língua nacional" e a tradução da Bíblia para idiomas indígenas, ação rotulada pela Polícia Federal como assistência "comunitária".[496] Também de maneira acrítica, o SNI enumerava em 1978 alguns dos trabalhos da MEVA, como auxílios de saúde e educação, ao lado de outros de pronunciado cunho aculturador, como a "Instrução Cívica e Moral, a conscientização de que o indígena 'é uma parte da comunhão nacional'",[497] "noções de sua posição geográfica política dentro do Brasil" e o ensinamento dos "padrões da ética cristã, visando o desenvolvimento moral e espiritual". Ações nem sempre em benefício da inserção indígena na sociedade branca brasileira, uma vez que os membros da etnia wai-wai, por exemplo, como decorrência do contato prolongado com os missionários, "só se expressam na sua língua nativa e em inglês". O documento revela ainda a remoção dessa etnia de seu local de origem, no Rio Novo, afluente do rio Anauá em Roraima, aldeada pela MEVA junto a outro grupo, os Waimiri-Atroaris.

A exemplo da MNTB, a MEVA era cliente contumaz do serviço aéreo da SAS.

---

495   "NOSSA História". *MEVA – Missão Evangélica da Amazônia*, 2018. Disponível em: <https://www.meva.org.br/historia>. Acesso em: 24 abr. 2021.
496   ARQUIVO NACIONAL. Secretaria de Assuntos Estratégicos da Presidência da República. *Sem título*. Código de referência: BR DFANBSB H4,MIC GNC.DIT.910075798.
497   ARQUIVO NACIONAL. Divisão de Segurança e Informações do Ministério das Relações Exteriores. *Missionários aviadores. Asas do Socorro. Missão Novas Tribos do Brasil*. Código de referência: BR DFANBSB Z4.DPN.ENI.146.

A Missão Informadora do Brasil

Sediada em São Paulo pelo menos desde princípios da década de 1970, a MIB entrou no radar do SNI em 1977, quando convidou o presidente Ernesto Geisel para um evento em Serra Negra (SP) com "trezentos líderes missionários".[498] A conferência teve falas de Jay Adams, fundamentalista pai da técnica de psicoterapia religiosa conhecida como *nouthetic counseling*, que, repelindo as ciências laicas psicológicas e psiquiátricas, propõe a Bíblia como fundamento para o tratamento de problemas mentais; e do pastor batista Mark Corts, adepto da Teologia do Domínio que assina obras como *The Truth about Spiritual Warfare: Your Place in the Battle Between God and Satan* (A verdade sobre a Guerra Espiritual: o seu lugar na batalha entre Deus e Satã).

Os objetivos declarados da MIB seriam "prestar serviços, sem fins lucrativos, às missões evangélicas em geral, aos pastores e missionários evangélicos, bem como às instituições e igrejas evangélicas no Brasil". Expressando claramente alianças com setores religiosos fundamentalistas, os seus estatutos de 1972 vedavam a adesão daqueles que não subscrevessem uma série de preceitos, como a leitura literal da Bíblia. O quadro de dirigentes no Brasil, constituído de quinze religiosos, tinha sete estrangeiros, dos quais quatro eram estadunidenses, dois canadenses e um inglês. O controle estrangeiro se manteria na década seguinte, mostrando os estatutos registrados de 1984 que, na época, presidia a organização Alan Gary Gordon.

Um ano depois, a MIB escreve para o Ministério das Relações Exteriores solicitando visto temporário, devidamente concedido, para o coreano David Dong Jin Cho participar de sua Conferência Anual, "com a participação de missionários de todo o mundo evangélico".[499] Pastor presbiteriano durante a conversão comunista da Coreia do Norte, Cho fugira em direção ao Sul, onde trabalhou em órgãos missionários e na organização de visitas do pastor fundamentalista Billy Graham a seu país,

---

498 ARQUIVO NACIONAL. Serviço Nacional de Informações. *Missão Informadora do Brasil*. Código de referência: BR DFANBSB V8.MIC, GNC.EEE.81005593.

499 ARQUIVO NACIONAL. Divisão de Segurança e Informações do Ministério das Relações Exteriores. *Sem título*. Código de referência: BR DFANBSB Z4.DPN.PES, VIS.289.

passando nos anos subsequentes por inúmeras organizações de ensino teológico nos Estados Unidos. Além da Conferência Anual, a carta da MIB revela que a organização tinha o hábito de realizar regulares encontros com "Executivos de Missões brasileiras e estrangeiras". Em ata de reunião realizada pela MIB em março de 1985, depositada no mesmo dossiê da DSI do Ministério das Relações Exteriores que traz a carta, é registrado que a organização fazia planos para abrir conferências também para líderes brasileiros, ao que o dirigente James Kemp observou que outra organização, a SEPAL,[500] já o fazia com eficiência, ficando combinado, assim, que Kemp estudaria "meios de promover esse trabalho de forma que complemente a ação da referida Missão".

A Visão Mundial

A SAE indica o ano de 1950[501] como marco inicial das operações brasileiras da Visão Mundial, embora a organização apenas tenha sido registrada por aqui, sob a nomenclatura Visão Mundial do Brasil, em 1975. Expulsa do Laos e do Vietnã, suspeita de colaboração com a CIA, conforme relatos, faria incursões ideológicas, pregando o anticomunismo especialmente em parceria com pentecostais na região nordeste.[502]

Ao longo das décadas de 1980 e 1990, pelo menos no que diz respeito ao Brasil, há uma inflexão na sua maneira de agir que o historiador Zózimo Trabuco atribui à ascensão de partidários da Teologia da Missão Integral, movimento de cores esquerdistas que ganhava força no meio evangélico.

Tais mudanças coincidem com a gestão do pastor, teólogo e filósofo, Manfred Grellert, que assumiu a direção brasileira de princípios da década de 1980 a 2003. A página oficial da Visão Mundial no Brasil credita a ele a

---

500 Trata-se da organização Servindo aos Pastores e Líderes ou Serviço de Evangelização para a América Latina (SEPAL). Sua representação atual no Brasil conta com dirigentes formados no fundamentalista Fuller Theological Seminary, como o presidente de seu conselho de governança, Jairton Melo.

501 ARQUIVO NACIONAL. Secretaria de Assuntos Estratégicos da Presidência da República. *Sem título*. Código de referência: BR DFANBSB H4,MIC GNC.MMM.980016967.

502 LIMA, *op. cit.*, pp. 131-136.

formação de uma "identidade nacional",[503] além de esforços para estimular o protagonismo das comunidades locais em direção a "transformações concretas da própria sociedade". Outro indicativo de um distanciamento do evangelicalismo politicamente conservador foi o ensaio de ecumenismo estimulado por Grellert, que travou "muitos diálogos com gente de dentro da CNBB". Disposição traduzida, também, no arcabouço teórico que inspiraria o trabalho da organização naqueles tempos: o pensamento da ex-freira Frances O'Gorman, autora de série de livros discutindo "as possibilidades das organizações contribuírem para o desenvolvimento de uma nova realidade, mais justa e igualitária".

Em nossa documentação, o primeiro indicador dessa renovação data de 1984, quando o SNI investigava a produção de um documentário "sobre os problemas da seca do nordeste"[504] que enfocaria, aos olhos da ditadura, "de maneira negativa e sensacionalista, os resultados da ação das intempéries climáticas junto à população". Isso em si não é surpreendente, sendo esse o tema recorrente entre uma geração de cineastas ativos no período, preocupados com os problemas do povo abandonado. A novidade, entretanto, era que a película, dizia o SNI, fora "encomendada pela World Vision".

Informações mais detalhadas são trazidas pelo jornal da Assembleia de Deus, o *Mensageiro da Paz*. Arquivado pelo SNI e datando de 1985, indicava que em meados da década de 1980 a Visão Mundial do Brasil punha em marcha "361 projetos sociais".[505] Iniciativas que pretendiam "atender às necessidades básicas" da população infantil, mas sem descuidar da "promoção dos valores cristãos". Sediada em Belo Horizonte, a VM recebeu do governo mineiro em 1976 o título de organização de utilidade pública. Em 1983, foi a vez do governo federal, por via do MEC, com

---

503   MANFRED Grellert: "O passo mais importante da Visão Mundial foi o 'fazer com' em vez de 'fazer para', aumentando o protagonismo da comunidade". *Visão Mundial*, 2020. Disponível em: <https://visaomundial.org.br/historias/manfred-grellert-o-passo-mais-importante-da-visao-mundial-foi-o-fazer-com-em-vez-de-fazer-para-aumentando-o-protagonismo-da-comunidade>. Acesso em: 15 jun. 2021.

504   ARQUIVO NACIONAL. Serviço Nacional de Informações. *Exploração dos problemas do Nordeste*. Código de referência: BR DFANBSB V8.MIC, GNC.EEE.84016436.

505   ARQUIVO NACIONAL. Serviço Nacional de Informações. *O mensageiro da paz, Casa Publicadora das Assembleias de Deus, CPAD*. Código de referência: BR DFANBSB V8.MIC, GNC.CCC.85012503.

o qual desenvolvia 253 projetos conveniados, declará-la entidade de fins filantrópicos. Um ano depois, coube ao Ministério do Trabalho nomeá-la como de utilidade pública.

Mas o proselitismo não parece ter sido o foco exclusivo naqueles anos. Em maio de 1990, por exemplo, a Visão Mundial do Brasil patrocinou em Goiânia um Congresso Nacional de Pastores e Líderes, com mais de 150 religiosos. Debatendo temas de interesse dos partidários da Teologia da Missão Integral, os ali reunidos concluíram que "A Igreja deve atuar na religião, na política, na economia, na sociedade, buscando alcançar o homem como um todo".[506] Quanto aos povos indígenas, decidia-se que com eles deveria haver uma maior aproximação. Neste caso, porém, se a Visão Mundial faria o mesmo que o restante das organizações evangélicas estrangeiras, a justificativa era formulada em termos mais próximos dos propugnados por órgãos indigenistas do clero progressista. Assim, defendia a VM que a presença evangélica precisava adquirir o "sentido de ajudá-los a defender o seu direito sobre a terra e de se preservarem como raça".

Em junho do mesmo ano, a SAE escreveu que a Visão Mundial também se interessava pelos dilemas do mundo rural, atuando como "mediadora nos conflitos pela posse da terra, que envolvem latifundiários, colonos e posseiros, apoiando os 'sem terra'".[507] Outras informações, porém, sugerem os limites dessa militância no desafio da ordem socioeconômica vigente. Em documento anexo publicado pela própria VM, observa-se que, além de sua sede norte-americana, da Igreja Presbiteriana e de pessoas físicas e jurídicas de todo mundo, a entidade recebia auxílio de sessenta e duas empresas, entre elas o Citibank, o Agrobanco, a Fundação Bradesco, a SOMA Engenharia, a Eucatex e a Klabin.

Em novembro de 1990, temos outro indicativo da nova disposição combativa da VM. Naquele momento, a SAE acumulava material sobre uma frente ampla em prol da maior participação popular na Constituinte do Distrito Federal, articulada por dezenas de organizações populares, como a CUT, a Associação Brasileira de Reforma Agrária, o Movimento Nacional

---

506 ARQUIVO NACIONAL. Secretaria de Assuntos Estratégicos da Presidência da República. *Sem título*. Código de referência: BR DFANBSB H4,MIC GNC.RRR. 900013167.

507 ARQUIVO NACIONAL. Serviço Nacional de Informações. *Atividades da "Visão Mundial"*. Código de referência: BR DFANBSB V8.MIC, GNC.OOO.90015628.

de Direitos Humanos e vários sindicatos. As fileiras da iniciativa eram engrossadas também pela Visão Mundial.[508]

Em 1995, informava a SAE que, durante seminário, Grellert não poupou críticas ao modelo econômico abraçado pelo governo, um programa neoliberal que "concentra e marginaliza ainda mais os trinta milhões de miseráveis que o País contabiliza".[509]

O último registro documental disponível sobre a Visão Mundial a mostra junto a trabalhadores rurais sem terra em passeata de abril de 1998. O caso ocorreu nos limites de Wanderlândia e Araguaína (ambas no Tocantins), em comemoração do Dia Internacional de Luta Camponesa e em recordação ao aniversário de dois anos do Massacre de Eldorado dos Carajás.[510] Com o apoio de diversos movimentos sociais, entre as faixas que emolduravam a manifestação podia-se ver uma, assinada pela Visão Mundial, dizendo: "Desemprego. O Brasil precisa acabar com esta vergonha".[511]

Visitas de evangelistas estadunidenses ao Brasil

Nomes proeminentes do conservadorismo político-religioso norte-americano de passagem pelo Brasil também atuaram no sentido de ampliar o alcance ideológico dos aparelhos religiosos aqui instalados e consolidar sua aliança com o Estado.

O batista Billy Graham, por exemplo, esteve várias vezes no país, levando multidões a estádios de futebol. Em 1974, durante uma de suas incursões, escreve para Ernesto Geisel agradecendo o "grande privilégio"[512]

---

508   ARQUIVO NACIONAL. Secretaria de Assuntos Estratégicos da Presidência da República. *Sem título*. Código de referência: BR DFANBSB H4, MIC GNC.DIT.910075075.
509   ARQUIVO NACIONAL. Secretaria de Assuntos Estratégicos da Presidência da República. *Sem título*. Código de referência: BR DFANBSB H4,MIC GNC.MMM.980016987.
510   Trata-se do assassinato pela Polícia Militar de dezenove trabalhadores rurais sem terra, ocorrido em abril de 1996 em Eldorado do Carajás, no estado do Pará, após a ocupação da fazenda Macaxeira.
511   ARQUIVO NACIONAL. Secretaria de Assuntos Estratégicos da Presidência da República. *Sem título*. Código de referência: BR DFANBSB H4,MIC GNC.RRR.990015117.
512   ARQUIVO NACIONAL. Gabinete Pessoal do Presidente da República. *Sem título*. Código de referência: BR DFANBSB JF.EBG.0.27.

de ser recebido por ele, que teria inclusive "estendido o tempo normal permitido a visitantes". Graham aproveitava para convidar o general para encontros que em breve teriam lugar no Rio de Janeiro, não deixando de comunicar "o quão encantados estão os evangélicos do Brasil por ter um deles como presidente pela primeira vez".

Simultaneamente, relatório da ASI da Empresa Brasileira de Telecomunicações (Embratel), encaminhado à ASI da Telebrás, criticava uma suposta campanha da esquerda contra a visita de Graham, veiculada em panfletos e artigos de jornais no Rio de Janeiro. Dizia-se que os órgãos de mídia pretendiam "influenciar a opinião pública" usando "antigos slogans comunistas",[513] tais como "a religião é o ópio do povo", ou "instrumento de opressão dos ricos sobre os pobres", assim golpeando "todas as religiões" enquanto aproveitavam, também, para fazer ataques velados ao governo. A Embratel se referia especialmente ao escrito de Jorge França, publicado na revista *A Crítica*, onde eram questionadas as relações íntimas do pastor com o governo dos Estados Unidos e a origem das vultosas somas empregadas na divulgação da sua passagem.

De volta ao Brasil em 1978, a nova visita era organizada por uma equipe da Billy Graham Evangelistic Association, que projetava um público de 250 mil pessoas na capital paulista. Segundo o consulado norte-americano na cidade, que teria avaliado como propícia a data sugerida pela equipe, "Logo após o Natal, antes do Carnaval, e anterior à posse do novo governo",[514] a Association contava também com membros nacionais. Tratava-se de Volney Archero Faustini, pastor e candidato a deputado pela ARENA.

Outro que deu as caras foi o ultraconservador Carl McIntire, que vimos no Capítulo 3 pedindo o uso de armas nucleares contra a Coreia do Norte. Esteve ele em excursão pela América do Sul em 1981, visitando Argentina, Bolívia, Chile, Paraguai, Peru, Uruguai e Brasil. De acordo com o SNI, o reverendo repetiu aqui declarações semelhantes às feitas no Chile, onde tecera críticas à Teologia da Libertação. Notava ainda o SNI que, em visitas a membros da ditadura Pinochet, McIntire externou opinião "favorável

---

513   ARQUIVO NACIONAL. Telecomunicações Brasileiras Sociedade Anônima. *(011. ASI-TB.1974)*. Código de referência: BR DFANBSB CZ.ASI.0.11.
514   WIKILEAKS. Public Library of US Diplomacy. *Billy Graham Crusade in São Paulo*. Canonical ID:1978SAOPA03106_d.

ao governo do Chile, em atenção à sua linha anticomunista".[515] O SNI informava também que o passeio pelo Cone Sul teve financiamento de igrejas vinculadas ao Internacional Council of Churches, como a chilena Presbiteriana Nacional Fundamentalista, sendo razoável supor, assim, que uma das igrejas que bancaram sua vinda ao Brasil foi a Presbiteriana Fundamentalista, que tinha como figura de destaque, como vimos, o pastor Israel Gueiros, também vice-presidente do ICC.

Também visitou o Brasil mais de uma vez o televangelista pentecostal Alpha Rex Emmanuel Humbard, mais conhecido como Rex Humbard. Segundo a embaixada dos Estados Unidos, em 1978, enquanto o religioso atraía multidões em aparições públicas e ganhava holofotes midiáticos, sua esposa foi acometida de uma indisposição súbita, sendo-lhe oferecido tratamento no Hospital das Forças Armadas em Brasília.[516] No ano seguinte, o "Rei Alfa" tentou participar de uma inauguração presidencial com representantes de outros países, negociada pelo embaixador Robert M. Sayre com assessores do chefe do Cerimonial do MRE. O pedido, porém, lamentava Sayre, foi declinado em função de "limitações de espaço".[517]

Elos empresariais

Conforme levantado na Parte II, o consórcio empresarial-religioso, representado no Brasil pelas organizações vistas nos últimos capítulos, recebeu o apoio de muitas grandes corporações norte-americanas. Os dados apurados nesta Parte III permitem que esse leque seja estendido, sobretudo no que diz respeito a empresas brasileiras.

Em primeiro lugar, temos a variada rede empresarial mantida pela Igreja da Unificação. Falo aqui de grandes e médias empresas, como a News World Communications Inc. e a Notícias do Brasil Comunicações

---

515 ARQUIVO NACIONAL. Serviço Nacional de Informações. *Karl Mc Intire*. Código de referência: BR DFANBSB V8.MIC, GNC.AAA.81018733.
516 WIKILEAKS. Public Library of US Diplomacy. *Hospitalization of Evangelist's Wife*. Canonical ID:1978BRASIL05783_d.
517 WIKILEAKS. Public Library of US Diplomacy. *Presidential Inauguration*. Canonical ID:1979BRASIL00875_e.

LTDA, e de pequenas, a maioria das quais de muito difícil rastreio, como o jornal *Folha do Brasil* e a Unificação Comércio de Vestuário e Alimentos. Além dos empreendimentos acima, mencionados pelos serviços de informação do Estado brasileiro, René Dreifuss[518] indicou outras atividades produtivas nas quais o unificacionismo investiu. Em finais da década de 1980, o "império Moon" no Brasil seria dono de 78 embarcações dedicadas à pesca de camarão e de lagosta para exportação; da comercializadora de pedras preciosas World Stone; da fábrica de molduras Decolar; da São Paulo-Tóquio Turismo e Passagens; da marcenaria Wan Sung; de "várias lojas de presentes"; e de "quatorze padarias e um supermercado".

Outras empresas possivelmente envolvidas com as ações da Igreja, conforme sugere a frequência de seus dirigentes em eventos patrocinados por ela, são a Woodside Inc., a Águas Minerais de Minas Gerais S. A. (Hidrominas), a SUCEFI Imóveis, o Grupo Têxtil Oeste, a Editora Alcance, a empreiteira Técnica e Industrial de Mari Ltda., e a empresa de engenharia Enerconsult.

Dois outros grandes empresários simpáticos à causa unificacionista, indicando a possibilidade da participação de algumas das empresas que fizeram parte, foram Jorge Oscar de Melo Flores e Herbert Levy. O primeiro foi membro do Sindicato de Empresas de Seguros Privados e Capitalização do Rio de Janeiro, do Sindicato dos Bancos do Estado da Guanabara, da Federação Nacional das Empresas de Seguros Privados e Capitalização e da Federação Nacional dos Bancos, além de ex-diretor da SulAmérica Seguros Terrestres, Marítimos e Acidentes, ex-diretor e vice-presidente do Banco Lar Brasileiro e gerente fundador da Sociedade Civil de Planejamento e Consultas Técnicas. Flores foi ainda dirigente das empresas Ciquine Indústrias Químicas do Nordeste S.A., Algimar S.A., Indústria Brasileira de Aço, Companhia Fiduciária do Rio de Janeiro, Luz Steárica, Moinho Santista, ITN Trading, Molas Sueden e Sulatec Participações. Já Levy foi diretor da Construtora Camargo Pacheco, diretor-Superintendente da Panameuro, fundador e diretor-superintendente do Banco da América S.A., fundador e diretor-presidente da Indústria Brasileira de Meias, fundador e diretor da Sunbeam Anticorrosivos do Brasil e da Ibratex, fundador e presidente da firma Empreendimentos de Produção, presidente do

---

518 DREIFUSS, 1989, p. 94.

Conselho de Administração do banco Itaú, vice-presidente do Conselho Administrativo da Itaúsa (Investimentos Itaú), membro do conselho fiscal da Casa Anglo-Brasileira Mappin, e diretor da Sociedade Algodoeira do Nordeste Brasileiro.

Do lado da Associação Brasileira de Defesa da Democracia, a Hering e o Grupo Gerdau participaram diretamente da iniciativa através dos seus presidentes, Ingo Hering e Jorge Gerdau, ambos articulistas regulares da revista *Ponto de Vista*. Vale lembrar aqui também que a Associação Brasileira da Indústria Farmacêutica, por meio do seu lobista, José Paulo Godoy Moreira, como visto no Capítulo 9, foi procurada pelos líderes da ABDD para a captação de recursos.[519]

No âmbito das igrejas conservadoras brasileiras ocorre fenômeno análogo ao observado com a Igreja da Unificação: a formação de conglomerados empresariais- religiosos, empreendimentos que surgem e se desenvolvem em sinergia com as demais atividades da Igreja, seja como meio de captação de recursos e portas de entrada em diferentes países, seja sustentando as atividades ideológicas e proselitistas (caso da Igreja da Unificação), seja nutrindo-se de capitais angariados com a extração dos dízimos (caso da Igreja Universal do Reino de Deus), ou ampliando o alcance ideológico do projeto religioso (caso dos jornais e rádios e TVs bancados por ambas). Assim, o SNI não estava completamente errado ao taxar a Igreja de Edir Macedo como um negócio disfarçado de Igreja, pois, ambas as atividades, empresariais e religiosas, são faces inseparáveis de uma mesma moeda. Trata-se de uma Igreja que se estrutura sob parâmetros empresariais e se orienta por uma teologia que não distingue o universo das relações econômicas do das relações divinas, a Teologia da Prosperidade, e que, coerente com os princípios que prega, faz de suas atividades empresariais uma extensão das especificamente religiosas.

Assim, a Iurd procedeu a um processo de conversão do não tributável dízimo em capital investido em vasto número de atividades lucrativas, por meio de elaboradas manobras financeiras cuja licitude o Ministério Público Federal chegou a questionar. Como produto, tem-se a formação de

---

519   ARQUIVO NACIONAL. Serviço Nacional de Informações. *Associação Brasileira de Defesa da Democracia, ABDD*. Código de referência: BR DFANBSB V8.MIC, GNC. AAA.85050880.

um conglomerado com quase uma centena de empresas, incluindo emissoras de rádio e TV, bancos, seguradoras, administradoras de cartão de crédito, jornais, hospitais, clínicas, operadoras de planos de saúde, empresas de logística em transporte, de segurança patrimonial, e de bebidas não alcoólicas. Todas elas estão conectadas por participações societárias mútuas e contratos para prestações de serviços entre si. Também fornecem serviços para a Iurd, de modo que grande parte dos lucros do sistema permanece nele contido. A joia da coroa é a Rede Record, arrematada por Edir Macedo por 45 milhões de dólares em 1989, quantia muito superior às capacidades arrecadadoras do seu empreendimento, naquele momento ainda estritamente religioso.

Investigada pelo jornalista Gilberto Nascimento,[520] essa conversão do dízimo em capital funcionaria por via de empresas *offshore*, como a Invest-holding, nas Ilhas Cayman, e a Cableinvest, na ilha de Jersey. Ambas receberiam parte dos dízimos, que voltariam sob a forma de empréstimo para empresas do Grupo Universal e pessoas físicas, "laranjas"[521] que cederiam o seu nome para aquisição de órgãos midiáticos, por exemplo.

Caso tais remessas de capital ao exterior tenham mesmo ocorrido, uma das maneiras através das quais a Iurd pode tê-las feito foi pela corretora Disk Line. Em 1998, suspeitava a SAE que a empresa estaria fazendo remessas ilegais de dólares "com a utilização de contas correntes 'fantasmas'".[522] Para isso, se valeria de contas em nome das empresas Tribo Investimentos Ltda e Sunshine International Holdings Ltda, usando como intermediários os bancos Espírito Santo Bank, em Miami, a agência de Nova York do Banco do Estado de São Paulo e o BANCRED, no Rio de Janeiro. Esse último era comandado por Venâncio Pereira Velloso, que a Secretaria dizia ser suspeito de ter "orquestrado a falência do supermercado Casas da Banha". Também conforme a Secretaria, sua irmã, Gilza Conceição

---

520 NASCIMENTO, *op. cit.*

521 Conforme a SAE, segundo apurado por auditores do Tesouro Nacional, o sobrinho de Edir Macedo, Marcelo Crivella, foi "um dos beneficiários do dinheiro da Igreja Universal para a compra da TV Record de São José do Rio Preto (SP) e de Franca (SP)". (ARQUIVO NACIONAL. Secretaria de Assuntos Estratégicos da Presidência da República. *Sem título*. Código de referência: BR DFANBSB H4,MIC GNC.DIT.920076229.).

522 ARQUIVO NACIONAL. Secretaria de Assuntos Estratégicos da Presidência da República. *Sem título*. Código de referência: BR ANBSB H4,MIC GNC.CCC.990021317.

Magacho Velloso Lage, seria dona da empresa de turismo Magna Viagens, usada pela Disk Line para "dissimular suas ilicitudes praticadas no mercado de capital". Edir Macedo seria um dos maiores clientes da empresa, mais uma vez segundo palavras da Secretaria, que acrescentava que ao lado dele, "importante parcela do empresariado carioca vem se utilizando da estrutura organizacional da Disk Line, no sentido de desviar para fora do Brasil suas reservas de capitais". Traz o documento, ainda, uma lista com os principais suspeitos de envolvimento, como integrantes da construtora Andrade Gutierrez e da SulAmérica Seguros, com a discriminação dos nomes dos depositantes e valores semanais transferidos.

Não exatamente parte do conglomerado Iurd, outras empresas têm relações destacadas com Edir Macedo. Segundo Nascimento,[523] o Banco de Crédito Metropolitano teve importante papel na construção do grupo, atuando Ricardo Arruda, seu presidente entre 1991 e 1995, como "estrategista" do bispo. Conforme a SAE, o banco seria o "braço financeiro"[524] da Iurd, mantendo-se de pé apenas graças aos depósitos da Igreja. Acrescentava-se que a Iurd controlava suas empresas midiáticas por via de uma *holding* "conhecida pela sigla 'CREMA'", que teria, em princípios dos anos 1990, pretendido comprar o *Jornal do Brasil*, no Rio de Janeiro. Para além do imenso complexo de rádios, jornais e emissoras de TVs, Macedo teria a posse de uma rede de TV a cabo nos Estados Unidos, uma rádio na Venezuela e quatro emissoras de rádio em Portugal.

Líderes da Assembleia de Deus, como o pastor Silas Malafaia, também mantêm um diversificado portfólio de empresas integradas às suas atividades proselitistas. Malafaia teria em sua conta nada menos que 116 empresas com capital total declarado de mais de dezessete milhões de reais. Algumas delas são a Central Gospel Music, produtora e comercializadora de CDs e DVDs religiosos; a Editora Central Gospel Ltda; a produtora audiovisual Talli Eventos e Produções Gospel; e a ESM investimento e Participações Ltda, voltada para a administração de outras

---

523 NASCIMENTO, *op. cit.*
524 ARQUIVO NACIONAL. Secretaria de Assuntos Estratégicos da Presidência da República. *Sem título*. Código de referência: BR DFANBSB H4,MIC GNC.DIT.960079081.

empresas, talvez "um indicativo que Malafaia esteja se preparando para ampliar seus investimentos".[525]

Como vimos, a Renovação Carismática Católica foi a principal viabilizadora na América Latina do projeto Evangelização 2000, que teve aportes empresariais milionários. Um dos seus maiores entusiastas, segundo a Agência Ecumênica de Notícias (AGEN), seria o estadunidense Frank Shakespeare, com passagem pela presidência da empresa RKO General e membro do conselho da Lynde and Harry Bradley Foundation, fundação vinculada à Allen-Bradley Company, posteriormente comprada pela Rockwell International. A RCC pôde contar com o patrocínio também do Grupo Empresarial Cisneros, conglomerado venezuelano, da Global Media, do Big Ben Group, e, no Brasil, ao que tudo indica, de membros da Associação Comercial de São Paulo.

---

525 OLIVEIRA, Cida de. "Proprietário de 116 empresas, Malafaia reclama a Bolsonaro: 'Trabalhador brasileiro tem muito privilégio'". *Rede Brasil Atual*, São Paulo, 06 fev. 2020. Disponível em: <https://www.redebrasilatual.com.br/politica/2020/02/proprietario-de-116-empresas-malafaia-reclama-a-bolsonaro-trabalhador-brasileiro-tem-muito-privilegio/>. Acesso em: 27 abr. 2021.

11

DAS CÂMARAS MUNICIPAIS À CONSTITUINTE: "IRMÃO VOTA EM IRMÃO"

Muito além do mero fisiologismo

Apesar de a eleição legislativa de 1986 ser considerada por muitos como um marco da politização evangélica, é anterior a isso a frequência partidária de religiosos conservadores vinculados às organizações de fé com raízes nos Estados Unidos. Remontando pelo menos aos anos 1960, vemos uma intensificação dessa presença ao longo das décadas, partindo das realidades locais para a nacional, acompanhando a expansão desses grupos no Brasil. Conclusão reforçada pelo fato de que alguns pentecostais eleitos em 1986 já tinham mandatos na Câmara dos Deputados em legislaturas anteriores (como Mario de Oliveira e José de Oliveira Fernandes) ou provinham dos legislativos estaduais e municipais (como Antônio da Conceição Costa Ferreira e José Viana dos Santos). Já quanto aos outros grupos evangélicos, como os batistas, um número ainda maior dos eleitos em 1986 possuía experiência política anterior.

Esse processo foi apoiado desde o princípio pelas cúpulas eclesiásticas, como expresso pelo endosso das direções brasileira e norte-americana da Igreja Quadrangular à candidatura do pastor Geraldino Campos ao legislativo estadual de São Paulo em 1966 e pela presença, nesta mesma década, de membros influentes da Assembleia de Deus nos legislativos locais. É o que se verifica, por exemplo, no estado do Pará, onde Antônio Teixeira, em contato com políticos em Brasília, agiu como "ponte" para a transferência de recursos estatais para a Igreja.[526] Outro assembleiano, José Quirino de Freitas Filho, vereador de São Lourenço da Mata (PE) por consecutivos mandatos desde 1963, atribuía seu sucesso eleitoral à vinculação com a Igreja.

Assim, embora o Brasil não seja citado sequer uma vez na documentação diplomática estadunidense da década de 1970 concernente ao tema "liberdade religiosa" abordada no Capítulo 4, religiosos conservadores brasileiros justificaram a busca de maior influência política usando retórica semelhante à do Departamento de Estado dos Estados Unidos no trato com países insubmissos.

Não deixa dúvida sobre isso o comportamento de agremiações pentecostais na Constituinte de 1987 e na eleição presidencial de 1989. Em ambos os casos, supostas ameaças à liberdade religiosa foram alardeadas para justificar o crescente número de pastores candidatos e legitimar o apoio à candidatura de Fernando Collor, preferida pelo empresariado e apresentada como necessária para o enfretamento ao comunismo, inimigo contra o qual pentecostais estadunidenses e seu governo alimentavam escaramuças havia décadas e que no Brasil seria encarnado pelo Partido dos Trabalhadores.

Ainda que a escolha de legendas partidárias tenha se devido mais a um cálculo de potencial de votos, tais parlamentares se inclinaram sobretudo para siglas conservadoras, no primeiro momento para a ARENA e o PDS, e depois para uma gama de partidos situacionistas instaurados no ambiente da redemocratização, como o PMDB, mantendo distância do PT.

---

526   CHESNUT, *op. cit.*

Embora alguns autores[527] caracterizem a ação partidária evangélica como fisiológica ou centrista, durante a Constituinte, por exemplo, antes de ater-se apenas a matérias de cunho religioso e moral, a bancada evangélica alcançou expressivo consenso em votações de interesse do capital. Além disso, o perfil individual desses parlamentares, indicando conexões com setores empresariais, impõe que seja revista a versão segundo a qual o voto evangélico em questões econômicas oscilou ao sabor de conchavos e interesses pontuais – impressão que as três legislaturas seguintes apenas reforçam.

A tese do "centrismo" evangélico supõe que o crescimento acelerado desse segmento religioso fez com que ele acabasse angariando adeptos tanto à direita como à esquerda, sendo a parlamentar petista Benedita da Silva exemplar desse último caso. Tal conclusão, entretanto, se fragiliza caso compreendamos que uma das principais distinções entre direita e esquerda é a defesa ou o repúdio da liberalização econômica sem freios. Sendo assim, é possível constatar que pentecostais como Benedita, que ao menos em certo momento de sua biografia alinhava-se com esta última tendência, são pontos fora da curva cada vez mais raros. Por outro lado, a trajetória de uma maioria de líderes, como Marco Feliciano, Marcelo Crivella e Magno Malta, ilustra cabalmente que o ativismo político evangélico pende para os interesses do mercado.

Já a hipótese do fisiologismo passa ao largo do fato de que a aproximação dos políticos evangélicos conservadores com o governo brasileiro acontece nos quadros de um Estado desde sempre hegemonizado pela classe burguesa. Tampouco o seu eventual alinhamento com o PT significa ruptura deste padrão, uma vez que na eleição de 2002 o partido promoveu um deliberado esvaziamento do conteúdo socialista em seu programa de governo, expresso pela Carta ao Povo Brasileiro[528] lançada em junho daquele ano, em grande parte visando atrair a adesão de setores antes refratários, como

---

527 FRESTON, *op. cit.*, e CHESNUT, *op. cit.*
528 Um manifesto pela conciliação de classes, ao mesmo tempo em que dizia querer levar adiante a reforma agrária, declarava a necessidade de "uma política dirigida a valorizar o agronegócio". Enquanto propunha soluções econômicas mais criativas para o país, sugerindo afastar-se da ortodoxia neoliberal, falava no "respeito aos contratos e obrigações do país". Enquanto pregava justiça social, sublinhava ser preciso tornar o país mais competitivo no mercado internacional, insinuando a necessidade de mais reformas previdenciárias e trabalhistas. Declarava, enfim, que o PT tinha um projeto de governo apoiado por uma

o evangélico. Também não se pode perder de vista que uma das principais motivações de tais religiosos em compor com esse Estado, do qual a classe trabalhadora jamais tomou parte senão subalternamente, deve-se em grande parte a um explícito anticomunismo, frequentemente desdobrado na repulsa às esquerdas, artefato ideológico historicamente construído no seio do conservadorismo religioso norte-americano, influenciado por postulados fundamentalistas segundo os quais as teses de Marx compunham uma modernidade laicizante que era preciso combater, e instrumentalizado em benefício de interesses geopolíticos dos Estados Unidos.

Assim, não se tem notícia, por exemplo, de organizações pentecostais emprestando sua legitimidade e prestígio para países não alinhados com os Estados Unidos. Já vimos o quanto era conflituosa a sua relação com a União Soviética e o Leste Europeu, não sendo mais fácil em Cuba. Como sugerido acima, a chave para compreender as ações políticas de tais grupos parece estar na sua vinculação, institucional e/ou ideológica, às congêneres em funcionamento nos Estados Unidos. O caso cubano, por exemplo, é ilustrativo do atrelamento do conservadorismo e anticomunismo pentecostal com a permanência de contatos com o ambiente ideológico norte-americano. Ali presentes desde os anos 1930, tais igrejas escreveram dois caminhos distintos após a revolução. Enquanto aquelas que ainda dependiam institucionalmente das matrizes norte-americanas reforçaram seu conservadorismo, outras, com maior independência, cujo afastamento com o país de origem se aprofundou ainda mais, abriram-se ao diálogo com as demais igrejas, flexibilizaram suas normas de conduta e o fundamentalismo recuou, dando espaço a reflexões bíblicas mais sintonizadas com o contexto social cubano.[529] No Brasil, país de trajetória inversa, que após meados do século passado aprofundou a abertura econômica e cultural aos Estados Unidos, isso simplesmente não poderia ocorrer.

"vasta coalizão", formada também por "religiosos dos mais variados matizes ideológicos" e por "Parcelas significativas do empresariado" (NUNES, 2018).

[529] CEPEDA, Rafael; CARRILLO, Elizabeth; GONZÁLEZ, Rhode; HAM, Carlos E. Causas e desafios do crescimento das Igrejas protestantes em Cuba: a influência do movimento pentecostal. In: *Na força do espírito. Os pentecostais na América Latina: um desafio às igrejas históricas*. São Paulo: Editora Associação Evangélica Literária Pendão Real, 1996, pp. 122 e 130.

Não se trata, portanto, de negar as relações de troca entre a máquina governamental brasileira e tais igrejas, mas de indicar que a constatação dessas relações não basta para abordar integralmente o problema. É também preciso notar que essa parceria não é recente e que se baseia em um projeto partilhado entre a classe dominante brasileira e conservadores cristãos em ação aqui. Assim, desde antes da Constituinte, tais líderes religiosos foram escolhidos como alguns dos parceiros preferenciais da classe burguesa por terem se mostrado inclinados a contribuir para a consolidação do programa político emanado da cúpula econômica e aplicado pela partidária. Relações assim tampouco são exclusividade brasileira, repetindo-se, por exemplo, nos Estados Unidos. Tanto aqui como lá, a troca de favores entre o Executivo e as agremiações religiosas refere-se mais a um reforço mútuo de posições do que a um simples "toma lá, dá cá".

Neste capítulo e no próximo, mostrarei que as igrejas conservadoras procedentes dos Estados Unidos, sobretudo as pentecostais, vêm guiando sua ação partidária de modo a atender interesses econômicos de empresários estadunidenses e de seus sócios brasileiros; que essa ação precede 1986, tendo sido lentamente preparada desde pelo menos a década de 1960; e que o fazem sintonizadas com o debate político ocorrido nos fóruns norte-americanos e brasileiros estudados nos Capítulos 3 e 9. Farei isso traçando um perfil desses parlamentares, com destaque para as suas ligações com o empresariado, e estudando os seus votos não em matérias de interesse religioso, mas em importantes decisões econômicas desejadas pelo capital.

Nesta seção, me deterei ao período anterior à eleição de Fernando Collor de Mello, primeiro presidente eleito pelo voto desde o golpe de 1964, abordando os primórdios da partidarização da religião conservadora de matriz estadunidense no Brasil. Por razões práticas, me concentrarei na bancada evangélica[530] na Câmara dos Deputados, observando apenas de passagem a sua simultânea expansão nos legislativos locais.

---

530 Não se deve inferir, entretanto, que a influência partidária de agremiações religiosas conservadoras se limite à bancada evangélica. Como vimos, a Igreja da Unificação esteve por trás das eleições de parlamentares laicos como Guilherme Afif Domingos e Herbert Levy, ao mesmo tempo em que a Renovação Carismática Católica também não deixou de facilitar o sufrágio de conservadores não ordenados, como Francisco Dornelles, deputado federal pelo Rio de Janeiro.

Anos 1960 e 1970: a gestação de um Partido da Fé Capitalista também em sentido literal

Embora a grande visibilidade da bancada evangélica a partir dos anos 1980 induza a percepção de que o envolvimento partidário de religiosos conservadores tenha começado nessa época, esse não foi o caso. Se nos Estados Unidos o seu marco inicial foi 1979, vimos que clérigos e intelectuais religiosos conservadores já mantinham contatos frequentes com membros do governo desde pelo menos o princípio da Guerra Fria. No Brasil, o contexto das revoluções em Cuba e na Nicarágua e o golpe de Estado de 1964 foi um importante marco na partidarização pentecostal,[531] enquanto metodistas e os dois principais grupos viabilizadores do movimento fundamentalista nos Estados Unidos, presbiterianos e batistas, já transitavam por câmaras legislativas desde, ao menos, a década de 1940.[532]

Sobre os pentecostais, a documentação sugere que se tratou de um processo, maturado com o tempo, de projeção nacional de lideranças político-religiosas regionais. Daí a escalada da presença pentecostal a partir das câmaras de vereadores, já nos anos 1960, em direção aos legislativos estaduais e federais, esse último passo consolidado apenas na década de 1980. Além das causas políticas e econômicas sublinhadas na Parte I, essa marcha em direção à administração federal provavelmente se liga à evolução natural desse processo de maturação e projeção. Embasando esta conclusão, notou retrospectivamente a SAE que as igrejas pentecostais, de crescimento explosivo nos anos 1970, e conscientes da "força política adquirida", "passaram a buscar representação própria",[533] deixando de "recorrer a políticos de Igrejas Protestantes tradicionais". Ou seja, a intensificação da partidarização pentecostal da década de 1980 reflete a simultânea consolidação do enraizamento dessas organizações, que naquela altura tinham pastores populares em número suficiente para emplacar mais candidaturas.

A Assembleia de Deus, por exemplo, apoia candidatos pelo menos desde os anos 1960, quando Antônio Teixeira é eleito deputado estadual

---

531 ROLIM, *op. cit.*, p. 153.
532 SILVA, Elizete, 2017, pp. 133-134.
533 ARQUIVO NACIONAL. Secretaria de Assuntos Estratégicos da Presidência da República. *Sem título*. Código de referência: BR DFANBSB H4,MIC GNC.EEE.900023963.

no Pará.⁵³⁴ Outro assembleiano, José Quirino de Freitas Filho, chamado a depor em São Lourenço da Mata (PE), declarou que sua vida política naquela câmara começara em 1963, reeleito em 1968 e 1972, creditando seu sucesso à condição de membro da Igreja, onde era secretário.⁵³⁵

Pelo menos desde 1963, a Igreja do Evangelho Quadrangular também fazia incursões partidárias, como no caso do pastor Geraldino dos Santos. Acumulando importantes funções na hierarquia quadrangular, Santos atuava no bairro paulistano da Barra Funda, era presidente da Confederação Pentecostal do Brasil e vice-presidente do Instituto Bíblico Quadrangular. Em carta de maio de 1963, vemos a direção nacional da IEQ endossar o lançamento de sua candidatura a vereador, cargo para o qual foi eleito. Certos de que o mandatário "defenderá a obra evangélica e a nação da tirania comunista",⁵³⁶ o presidente George Faulkner e o restante da cúpula da Igreja resolviam "emprestá-lo às atividades públicas de São Paulo, como uma contribuição daquilo que melhor temos, para que o reino de Deus seja beneficiado". A decisão de se afastar das funções dirigentes, contudo, partiu do próprio Geraldino, acreditando a liderança "que o irmão poderia concorrer ao pleito, mesmo no exercício das suas funções, sem qualquer constrangimento e teria de todo o ministério a aprovação". Feito deputado estadual em 1966, o pastor foi autorizado a permanecer na carreira política pelo próprio Rolf McPherson, presidente da IEQ nos Estados Unidos, em carta de 1964. Apesar de lamentar o afastamento de Geraldino de algumas de suas funções, agradecendo também as suas visitas de evangelização à África e à Portugal, McPherson dizia-se "especialmente animado por sua visão de levar a Bíblia às mãos de todos os Representantes", desejando sucesso no desempenho da "grande responsabilidade que Deus lhe deu".

A participação partidária pentecostal prosseguiu na década de 1970. Em documento de julho de 1976, a Comissão Executiva do Diretório Regional de São Paulo da ARENA, expunha os candidatos escolhidos para a Câmara Municipal. Seus redatores estavam "certos que cada um

---

534 CHESNUT, *op. cit.*, p. 147.
535 ARQUIVO NACIONAL. Comissão Geral de Investigações. *Sem título*. Código de referência: BR DFANBSB 1M.0.0.2819.
536 ARQUIVO NACIONAL. Comissão Geral de Investigações. *Sem título*. Código de referência: BR DFANBSB 1M.0.0.6357.

deles saberá divulgar o 'Programa da ARENA' e as obras realizadas nestes últimos doze anos",[537] tempo decorrido desde o golpe de 1964. Entre os escolhidos, figurava Alfredo Reikdal, pastor da Assembleia de Deus no bairro do Ipiranga e radialista. Sem conseguir eleger-se, Reikdal candidatou-se a deputado estadual em 1978, novamente pela ARENA, e em 1982, agora pelo PTB, também sem lograr sucesso.

Novamente desafiando a ideia de que a presença partidária dos evangélicos teria sido sistematizada apenas na redemocratização, já em princípios dos anos 1980 o SNI notava um "acréscimo de seus representantes junto aos órgãos legislativos",[538] conseguindo eleger doze parlamentares para o Congresso Nacional em 1982.[539]

Uma grande expansão era notada, ainda, nos legislativos locais, sublinhando o SNI, no mesmo ano, que das cadeiras na Câmara Municipal de São Paulo dez estavam ocupadas por evangélicos "ou pessoas de formação evangélica",[540] e que o vereador Gilberto Nascimento Silva, da Assembleia de Deus, eleito pelo MDB, foi o 11º mais votado. Já na Assembleia Legislativa, seis evangélicos se faziam presentes, três pelo PDS e três pelo MDB, representando a Presbiteriana do Brasil, a Presbiteriana Independente, a Metodista, a Batista e a Assembleia de Deus, única a eleger dois representantes.

Tal avanço foi impulsionado por campanhas ostensivas no interior de templos. Segundo informado ainda em 1982 pela Delegacia da Polícia Federal de Juiz de Fora, o líder da Igreja do Evangelho Quadrangular, Mariano Júnior, durante um culto realizou propaganda eleitoral para os candidatos a deputado federal e estadual, pelo PMDB, Mário de Oliveira e Antônio Alves. Distribuindo panfletos, o pastor dizia "Estes são irmãos, por que votar em um estranho?!".[541]

---

537   ARQUIVO NACIONAL. Serviço Nacional de Informações. *Candidatos às eleições de 15 Nov 76*. Código de referência: BR DFANBSB V8.MIC, GNC.AAA.76095368.
538   ARQUIVO NACIONAL. Serviço Nacional de Informações. *Atividades de grupos religiosos IN 4.6*. Código de referência: BR DFANBSB V8.MIC, GNC.EEE.83013846.
539   ARQUIVO NACIONAL. Serviço Nacional de Informações. *Movimento evangélico do PMDB*. Código de referência: BR DFANBSB V8.MIC, GNC.EEE.88020041.
540   ARQUIVO NACIONAL. Serviço Nacional de Informações. *Atividades de grupos religiosos IN 4.6*. Código de referência: BR DFANBSB V8.MIC, GNC.EEE.83013846.
541   ARQUIVO NACIONAL. Delegacia de Polícia Federal em Juiz de Fora (Minas Gerais). *Sem título*. Código de referência: BR DFANBSB HE.0.IVT.0071.

Anexa ao mesmo dossiê, em "carta aberta" ao povo mineiro distribuída por Mário de Oliveira, este se apresentava como confiável para o depósito do voto, afinal, "Ninguém melhor do que um homem de minha condição de pastor de almas para conhecer de perto os problemas do povo". Comprometia-se a contribuir nos "muitos muros por edificar no campo da saúde, da educação, do mercado de trabalho, da justiça social [...] e principalmente na defesa dos ideais do povo cristão evangélico do Brasil, muitas vezes marginalizados, não consultados, e desprezados na hora das grandes decisões do interesse evangélico brasileiro".

Formado em Teologia pelo Instituto Brasileiro do Evangelho Quadrangular em 1986, o pastor Oliveira acumulou sucessivos mandatos de deputado federal. Foi presidente nacional da Igreja do Evangelho Quadrangular entre 1996 e 2008; diretor e redator da *Revista Quadrangular*; secretário-executivo estadual da IEQ; e fundador das Casas de Recuperação para Mulheres e Jovens Viciados da Igreja do Evangelho Quadrangular em Belo Horizonte (MG). É também membro do Conselho Nacional de Diretores da Igreja do Evangelho Quadrangular. Em 2013, o STF abriu inquérito para apurar suspeitas de seu envolvimento em ameaça, desvio de recursos públicos, corrupção de testemunhas, sonegação fiscal e tentativa de homicídio.

Sai de cena a ditadura, cresce o PMDB e amplia-se o protagonismo pentecostal

Sucessor da ARENA, sustentáculo partidário da ditadura de 1964, o Partido Democrático Social (PDS), em princípios dos anos 1980, foi a sigla predileta de evangélicos conservadores, situação que mudaria rapidamente com a sua deterioração e a escalada do PMDB. Esse favoritismo transparece nas afiliações de muitos parlamentares religiosos destacados pelo SNI em 1982 e no total comprometimento que o partido recebeu de algumas igrejas, como a obscura Igreja Pentecostal Assembleia dos Santos, cujo líder, o "patriarca" Amantino Ribeiro Neto, chegou a pleitear o governo mineiro em 1982.

Em meio à espetacular expansão partidária de religiosos conservadores nesta década, os pentecostais assomam como o segmento evangélico mais importante, ocupando a maioria das cadeiras na bancada evangélica que se formará em 1987 na Câmara dos Deputados. Movimento que contou com a contribuição de um novo ator de peso, a Igreja Universal do Reino de Deus, fundada em 1977 e que pouco depois já aderia à marcha partidária ao lado das tradicionais Assembleia de Deus e Igreja do Evangelho Quadrangular, vindo mesmo, em tempos mais recentes, a suplantá-las.

De acordo com o ex-pastor iurdiano Mário Justino,[542] o interesse partidário da Igreja de Edir Macedo torna-se explícito já em 1982, quando, dizendo "querer salvar o Rio de Janeiro do 'comunista' Leonel Brizola", trabalhou pela candidatura de Sandra Cavalcanti, ligada ao ex-governador udenista Carlos Lacerda e posteriormente à ARENA. Mas foi às vésperas da Constituinte que a Igreja teria redobrado seus esforços neste campo, passando, após 1986, a "apoiar candidatos em vários estados",[543] além de lançar os seus próprios, como o irmão de Edir Macedo, Eraldo, naquele ano eleito deputado estadual no Rio de Janeiro, e Roberto Augusto, deputado federal pelo mesmo estado.

Em meados da década, o vínculo de muitos desses parlamentares religiosos com o PMDB, legenda originada do MDB, partido de oposição à ditadura durante o bipartidarismo, não pode ser lido como um indicativo de inclinações progressistas. Em primeiro lugar pois, com o retorno do multipartidarismo em finais de 1979, a esquerda se reorganizou sobretudo no Partido dos Trabalhadores (PT) e no Partido Democrático Trabalhista (PDT). Em segundo lugar porque, nos anos seguintes, o PMDB acabaria se configurando como esteio de uma transição democrática conservadora sob o governo José Sarney, nome egresso das legendas de sustentação da ditadura ARENA e PDS.

Outro fator a ser levado em conta na filiação de pastores a partidos políticos não explicitamente situados à direita é o puro cálculo eleitoral. Foi o caso do delegado e pastor da Assembleia de Deus, João de Deus Antunes, deputado federal mais votado pelo PDT do Rio Grande do Sul em 1986 mas que, segundo o Comando Militar do Sul, não comungaria "das mesmas ideias do presidente nacional do PDT, Leonel de Moura Brizola, tendo realizado sua campanha apoiado nas amizades que possui entre os

---

542 JUSTINO, *op. cit.*, p. 64.
543 *Ibid.*

seus colegas policiais e os adeptos da sua religião".[544] Sua filiação, portanto, devia-se à percepção de que "aquele Partido era o que se encontrava em maior ascensão, à época, e por isso lhe proporcionava melhores oportunidades à uma vitória nas urnas".

A hipótese de que, neste momento, a escolha de legendas para o lançamento de candidaturas evangélicas tenha se ligado mais a fatores estratégicos do que a coincidências programáticas também foi reforçada pelo SNI em 1987. Segundo o órgão, os parlamentares evangélicos estariam "dispersos em diversos partidos por circunstâncias eleitorais",[545] manifestando durante a Constituinte "insatisfação com suas agremiações" ao sentirem-se "afastados do processo de tomada de decisões partidárias".

Conforme a década chega ao final, houve, porém, uma flagrante predileção pelo PMDB, ao lado de uma debandada do decadente PDS e generalizada repulsa ao PT.[546] Ilustram essa preferência apurações feitas pelo SNI sobre as eleições municipais de 1988, constatando que, naquele ano, 56,52% dos candidatos evangélicos no país saíram pelo PMDB e apenas 4,38% pelo PT. O contrário do verificado junto ao montante dos católicos, dos quais 47,37% lançaram-se pelo PT.[547] No que se refere ao total de candidatos religiosos em todos os partidos, entretanto, o SNI indica já em 1988 uma prevalência evangélica, de 44,23% contra 36,54% de católicos. Notava-se também que "a maioria optou pela vereança",[548] 59,61%, enquanto 36,54% almejaram as prefeituras. Já entre os pentecostais membros da bancada evangélica em 1987, o PMDB trouxe sete deles, tendo logo atrás o

---

544   ARQUIVO NACIONAL. Serviço Nacional de Informações. *Publicações sobre o posicionamento do deputado federal João de Deus Antunes, PDT.*

545   ARQUIVO NACIONAL. Serviço Nacional de Informações. *Bloco parlamentar evangélico, apoio irrestrito ao presidente Sarney.* Código de referência: BR DFANBSB V8.MIC, GNC.AAA.87063733.

546   Com a exceção de Benedita da Silva que, embora da Assembleia de Deus, logo afastou-se da bancada evangélica. Outro "ponto fora da curva" foi o também assembleiano José Fernandes, eleito pelo PDT.

547   De fato, 69,23% de todos os candidatos religiosos do PT eram católicos, dos quais 61,54% eram padres.

548   ARQUIVO NACIONAL. Serviço Nacional de Informações. *Candidatura de religiosos nas eleições municipais de Nov 88.* SE142 AC. Código de referência: BR DFANBSB V8.MIC, GNC.AAA.88068868.

PFL e o PTB, com três cada um, e o PDC, com dois. Prevalecem, portanto, partidos de centro-direita (PMDB e PDC[549]) e direita (PFL[550] e PTB[551]).

Vindo a conformar-se como o partido governista por excelência, o vínculo de muitos políticos evangélicos ao PMDB deve ser compreendido como sintoma do interesse dessas igrejas em permanecerem em contato com as esferas governamentais. Inclinação que remete, também, ao fato de ter a legenda se tornado de longe o maior partido político do país, com amplo espaço de propaganda eleitoral gratuita no rádio e na TV.

A robusta estrutura eleitoral do PMDB contava inclusive, em estados como Goiás, com um Movimento Democrático Evangélico (MDE), que tinha como uma das finalidades, segundo o SNI, "Lutar pela valorização do evangélico dentro do quadro político partidário".[552] Na diretoria empossada em 1988, o MDE tinha como presidente o pastor assembleiano Mário de Gonzaga Jacó,[553] abrigando também as igrejas Presbiteriana, Metodista do Brasil, Igreja de Cristo e Batista. Dando a medida da importância conferida ao acontecimento, compareceram à posse dos pastores-diretores o governador Henrique Antônio Santillo, o deputado federal Antônio Jesus Dias e o governador do Distrito Federal Joaquim Roriz, nomeado por José Sarney em 1988.

O sucesso eleitoral evangélico, no entanto, era creditado pelo SNI sobretudo à publicidade no interior das igrejas, frisando que "mormente

---

549   O Partido Democrata Cristão (PDC) foi fundado em 1985 por Mauro Borges Teixeira, político goiano egresso do PMDB. Um dos seus membros mais proeminentes foi José Maria Eymael, como vimos eleito deputado federal por São Paulo em 1986 com o apoio da Igreja da Unificação. Foi extinto em 1993 quando fundiu-se ao PDS para originar o Partido Progressista Reformador (PPR).

550   O Partido da Frente Liberal (PFL) foi fundado em 1985 a partir de defecções do PDS.

551   A legenda Partido Trabalhista Brasileiro (PTB), o mais importante partido de tons populares pré-1964, foi objeto de disputa entre Leonel Brizola e Ivete Vargas. Essa última acabou se dando melhor diante da Justiça, imprimindo à recente edição do PTB uma orientação completamente diferente da pretendida por Brizola, vindo a abrigar expoentes da direita política, como Jânio Quadros e Roberto Jefferson.

552   ARQUIVO NACIONAL. Serviço Nacional de Informações. *Posse da executiva regional do Movimento Democrático Evangélico do PMDB GO*. Código de referência: BR DFANBSB V8.MIC, GNC.RRR.88011816.

553   Sobre ele há pouca informação disponível. Ainda em 2022, contudo, compartilhava nas redes sociais material de extrema direita, por exemplo pedindo um novo golpe militar e a extinção do PT.

entre os não católicos a atividade religiosa passa a se transformar em um trampolim para a carreira política, com a vantagem de não exigir grandes investimentos financeiros em campanhas eleitorais".[554] No mesmo documento, o SNI traz ainda perfis de 52 religiosos candidatos em 1988, entre os quais destacam-se os membros da Assembleia de Deus e da Igreja do Evangelho Quadrangular, reunidos sob o título "Evangélicos". Com o maior número de candidatos entre todos os grupos religiosos, totalizando 23, os evangélicos tinham treze políticos vinculados ao PMDB, três ao PDC, um ao PDS, quatro ao PFL, um ao PL e um ao PT. O grupo "Batista" apresentava dois candidatos, do PMDB e do PTB, o "Adventista" um candidato pelo PMDB, e o "Protestante", composto por igrejas mais antigas, três candidatos pelo PT e um pelo PFL. O único candidato evangélico pelo PT foi o presbítero da Assembleia de Deus Alcides Inácio dos Santos, que, segundo o serviço, iria se desligar do ministério, ilustrando as dificuldades enfrentadas pelos assembleianos progressistas.

Distribuídos entre um cada vez mais largo feixe de partidos conservadores, porém, os parlamentares evangélicos logo buscaram constituir um bloco coeso e relativamente independente, registrando o SNI que, no contexto da Constituinte, passaram eles a "formar um grupo independente em relação aos seus partidos, sem seguir as lideranças formais e participando diretamente dos entendimentos com autonomia".[555]

Surge a bancada evangélica

Nas eleições de 1986, os evangélicos fizeram inéditos 33 deputados federais, grupo que deu origem ao bloco de pressão conhecido como bancada evangélica.

Sintomático dessa renovada disposição em converter rebanhos em eleitores foi o livro *Irmão vota em irmão*, lançado no mesmo ano pelo

---

554 ARQUIVO NACIONAL. Serviço Nacional de Informações. *Candidatura de religiosos nas eleições municipais de Nov 88*. SE142 AC. Código de referência: BR DFANBSB V8.MIC, GNC.AAA.88068868.

555 ARQUIVO NACIONAL. Serviço Nacional de Informações. *Confederação Evangélica do Brasil*. Código de referência: BR DFANBSB V8.MIC, GNC.EEE.88020924.

assembleiano Josué Sylvestre, uma exortação para que os evangélicos preferissem candidatos da mesma fé. Nascido em Carpina (PE), Sylvestre tem amplo histórico partidário, ocupando inúmeros cargos em agremiações políticas desde princípios dos anos 1960. Trabalhou no Senado Federal e foi diretor e um dos fundadores do Grupo Evangélico de Ação Política, aberto em 1985 para viabilizar as candidaturas de evangélicos à Constituinte, tendo trabalhado na coordenação de mais de trinta campanhas por todo o país.[556] Seu engajamento religioso conservador transparece desde 1974, quando dirigia a Cruzada Billy Graham, entidade organizadora das turnês do batista fundamentalista, fato significativo de suas conexões com porções internacionais do Partido da Fé Capitalista, expresso também pelas muitas vezes em que representou o Brasil nas convenções internacionais da Gideões Internacionais, organização fundada nos Estados Unidos em 1899, dedicada à distribuição de bíblias em mais de duzentos países, e que apenas aceita como membros "homens de negócios cristãos e profissionais acima de 21 anos, ou homens de negócios e profissionais aposentados".[557] E por falar em negócios, de acordo com a Academia Evangélica de Letras, formado em Administração Bancária e Financeira, na PUC, e em Administração de Recursos Humanos, na FGV-RJ, Sylvestre atuara, também, como "executivo de grupos financeiros e empresariais".[558] Atualmente, é professor da Escola Bíblica Dominical do Templo Central da Assembleia de Deus em Curitiba (PR).

Papel importante na alavancagem partidária evangélica, articulando as diferentes igrejas, teve a ressurreta Confederação Evangélica do Brasil (CEB), fundada em 1934 e praticamente abandonada nos anos ditatoriais. Uma nova diretoria foi eleita em junho de 1987, composta de muitos evangélicos recém-eleitos, como Gidel Dantas, Salatiel Souza, Fausto Auromir Lopes, Daso Coimbra, José de Oliveira Fernandes, Milton Barbosa, Antônio da Conceição Costa Ferreira e Manoel Moreira de Araújo.[559] Para

---

556 "CADEIRA 40". *Academia Evangélica de Letras do Brasil – AELB*, [s.d.]. Disponível em: <https://www.aelb.org/cadeira40>. Acesso em: 10 maio 2021.
557 "FREQUENTLY Asked Questions". *The Gideons International*, [s.d.]. Disponível em: <https://www.gideons.org/faq>. Acesso em: 10 maio 2021.
558 CADEIRA 40. *op. cit.*
559 Apesar de manter em seus quadros muitos protestantes históricos, a nova CEB era hegemonizada "pelas lideranças pentecostais, principalmente da Assembleia de Deus" (TRABUCO, 2015, p. 294).

ressurgir, a CEB contou com ajuda do governo federal, por via de órgãos como a Legião Brasileira de Assistência (LBA), e dos ministérios do Planejamento e da Educação – fatos que não foram bem-vistos inclusive por alguns setores evangélicos, como a Igreja Evangélica de Confissão Luterana, que decidiu pela não filiação por não a reconhecer como representante e "por estranhar 'a natureza política' por ela assumida".[560]

Também a Igreja da Unificação atuou na eleição de políticos conservadores, sendo eles evangélicos (como Fausto Auromir) ou não (como Guilherme Afif Domingos), e financiou partidos pelos quais se lançaram muitos dos integrantes da bancada evangélica. Nas eleições majoritárias de 1986, conforme o SNI, a CAUSA Brasil apoiou candidatos da coligação "União Popular",[561] formada pelas legendas direitistas PDS, PFL, PPB, PDC, PMB e PND. A organização teria, ainda, investido pesadamente em sessenta candidatos à Constituinte, além de apoiar Jânio Quadros à prefeitura de São Paulo, em 1985, e Paulo Maluf ao governo do estado, em 1986.[562]

As incursões partidárias unificacionistas, porém, não se resumiram ao financiamento de candidaturas. Além de promover, conforme visto, encontros frequentes com mandatários de diversos partidos na década de 1980, grupos de jovens unificacionistas procuravam influenciar constituintes, segundo revelado pelos líderes de um dos tentáculos da Igreja, a Associação do Movimento da Unificação para a Salvação da Pátria, em jantar com representantes do governo do Paraná em abril de 1988.[563]

A bancada evangélica na Constituinte

O pendor economicamente liberal e anticomunista da bancada evangélica eleita em 1986, bem como as conexões de muitos de seus membros

---

560 ARQUIVO NACIONAL. Serviço Nacional de Informações. *Confederação Evangélica do Brasil, CEB Gidel Dantas Queiroz e outros*. Código de referência: BR DFANBSB V8.MIC, GNC.QQQ.88004262.
561 ARQUIVO NACIONAL. Serviço Nacional de Informações. *Atividades da CAUSA no Brasil*. Código de referência: BR DFANBSB V8.MIC, GNC.AAA.87060643.
562 DREIFUSS, 1989, p. 94.
563 ARQUIVO NACIONAL. Serviço Nacional de Informações. *Conferência da Associação do Movimento da Unificação do Povo para a Salvação da Pátria, Curitiba PR. SE143 AC*. Código de referência: BR DFANBSB V8.MIC, GNC.AAA.88067311.

com o setor empresarial, torna-se patente ao investigarmos os perfis dos deputados eleitos.

Seu número foi de 33, dos quais quase a metade, dezesseis, eram pentecostais. Entre estes destacaram-se os assembleianos, com uma maioria de quatorze eleitos. Eram eles Antônio de Jesus (PMDB-GO), Antônio da Conceição Costa Ferreira (PFL-AM), Benedita da Silva (PT-RJ), Eliel Rodrigues (PMDB-PA), João de Deus (PDT-RS), José Fernandes (PDT-AM), José Viana (PMDB-RO), Manoel Moreira (PMDB-SP), Matheus Iensen (PMDB-PR), Milton Barbosa (PMDB-BA), Orlando Pacheco (PFL-SC), Salatiel Carvalho (PFL-PE) e Altomires Sotero Cunha (PDC-RJ). Seguindo-a de longe, a Igreja do Evangelho Quadrangular elegeu dois representantes: Mário de Oliveira (PMDB-MG) e Jayme Paliarin (PTB-SP). Por último, a Igreja Universal do Reino de Deus emplacou apenas o seu cofundador, Roberto Augusto Lopes (PTB-RJ). Bastante coesos, as únicas dissidências pentecostais eram Benedita da Silva e José Fernandes.

Os não pentecostais provieram sobretudo da Igreja Batista, sendo eles Fausto Auromir Rocha (PFL-SP), Roberto Vital Ferreira (PMDB-MG), Enoch Almeida Vieira (PDS-MA), Arolde de Oliveira (PFL-RJ), Eraldo Tinoco (PFL-BA), Nelson Aguiar (PDT-ES) e Edésio Frias (PDT-RJ). A Igreja Presbiteriana contribuiu com Levy Dias (PFL-MT), Rubem Branquinho (PMDB-AC), Lézio Sathler (PMDB-MG), Lysâneas Maciel (PDT-RJ) e Celso Dourado (PMDB-BA). A Igreja Congregacional elegeu Daso Coimbra (PMDB-RJ); a Luterana, Norberto Schwantes (PMDB-RS); a Adventista, Eunice Michelis (PFL-AM); a Igreja Cristã Evangélica, Naphtali Alves de Souza (PMDB-GO); e a Igreja de Cristo, Gidel Dantas (PDC-CE).

Entre eles prevaleceria para o SNI – que, como vimos no Capítulo 9, tinha dificuldades em situar na extrema direita mesmo organizações como a ABDD – inclinações sobretudo centristas e direitistas, com predomínio das primeiras. Na segunda, enquadrariam-se Milton Barbosa, Eraldo Tinoco, Fausto Auromir Rocha, Salatiel Carvalho e Jayme Paliarin. Já as ovelhas negras, ou seja, aqueles que não votaram com o restante da bancada, foram os batistas Nelson Aguiar e Edésio Frias e os presbiterianos Celso Dourado, Lysâneas Maciel e Lézio Sathler.

Deixando de lado os cinco evangélicos progressistas não pentecostais, os pentecostais Benedita da Silva e José Fernandes e o luterano Norberto Schwantes, que morreu pouco após o início dos trabalhos constituintes, ficamos com um "núcleo duro" da bancada evangélica formado por 25 parlamentares, tratando-se, sobretudo, daqueles reunidos em torno da CEB. Desconsiderando questões referentes aos costumes, onde é ponto pacífico que a bancada assumiu posições conservadoras coerentes com as pregações de suas igrejas, veremos de perto cada um desses deputados e como eles se comportaram em matéria econômica e nas mais importantes votações concernentes aos direitos dos trabalhadores.

Atuante na Câmara dos Deputados desde 1982 e membro da Igreja Batista, Arolde de Oliveira[564] era um ex-militar com variada formação e passagem pela ESG. Nos governos ditatoriais desempenhou recorrentes funções administrativas em órgãos oficiais, tendo ficha ideológica limpa no SNI. Para sua eleição em 1986, contou com "o apoio ostensivo dos protestantes de Niterói (RJ)",[565] prevendo o SNI que na Constituinte se alinharia "aos setores mais conservadores". Segundo documento do escritório de *lobby* SEMPREL arquivado pelo SNI, Oliveira foi um "privatista"[566] e defensor da "flexibilidade para os investimentos estrangeiros". Na Constituinte posicionou-se, por exemplo, contra as propostas de limitação do direito de propriedade privada, remuneração extra de 50% para as horas extras de trabalho, nacionalização do subsolo, estatização do sistema financeiro, desapropriação da propriedade produtiva e estabilidade no emprego.[567]

---

564 Oliveira morreu em outubro de 2020 de COVID-19. Segundo o portal G1, em seus últimos meses de vida manifestou-se contra o isolamento social, recomendado pela Organização Mundial de Saúde para a contenção da epidemia, e a favor do medicamento cloroquina, sem eficácia para a doença ("SENADOR morto por Covid, Arolde de Oliveira defendia uso de cloroquina e era contra o isolamento". *G1*, Rio de Janeiro, 22 out. 2020. Disponível em: <https://g1.globo.com/rj/rio-de-janeiro/noticia/2020/10/22/senador-morto-por-covid-arolde-de-oliveira-defendia-uso-de-cloroquina-e-era-contra-o-isolamento.ghtml>. Acesso em: 08 abril 2024).

565 ARQUIVO NACIONAL. Serviço Nacional de Informações. *Bloco parlamentar evangélico, apoio irrestrito ao presidente Sarney*. Código de referência: BR DFANBSB V8.MIC, GNC.AAA.87063733.

566 ARQUIVO NACIONAL. Serviço Nacional de Informações. *Perfil da Constituinte*. Código de referência: BR DFANBSB V8.MIC, GNC.AAA.87061031.

567 As informações sobre a trajetória deste e dos demais parlamentares mencionados a seguir foram consultadas no *Dicionário Histórico-Biográfico Brasileiro - DHBB*. Rio de Janeiro: Centro de Pesquisa e Documentação de História Contemporânea do Brasil - CPDOC da Fundação Getúlio Vargas - FGV, [s.d.]. Disponível em: <https://www18.fgv.br/CPDOC/acervo/dicionarios/verbete-biografico>.

Eleito "graças ao seu prestígio como pastor",[568] o batista Enoch Almeida Vieira inicia carreira partidária em 1970, quando foi vereador em São Luís (MA), elegendo-se posteriormente deputado estadual em 1974 e federal em 1982 e 1986, sempre pelos partidos direitistas ARENA e PDS. Considerado um "governista oportunista", o SNI nutria grandes desconfianças sobre ele, havendo em seus arquivos registros que lhe atribuiriam no passado simpatias comunistas e atitudes em defesa de posseiros, em Barra do Corda (MA). Não obstante, segundo o SEMPREL era "considerado liberal"[569] e amigo íntimo de José Sarney. Foi contra a maior remuneração das horas extras, a jornada semanal máxima de quarenta horas, o turno de trabalho máximo de seis horas ininterruptas, a estatização do sistema financeiro, a nacionalização do subsolo, a criação de um fundo de apoio à reforma agrária e a desapropriação da propriedade produtiva.

Também batista, Eraldo Tinoco foi um intelectual conservador da educação. Antes de deputado, foi assessor-chefe da Secretaria da Educação e Cultura da Bahia no governo de Antônio Carlos Magalhães, da ARENA, entre 1971 e 1974. Alçado à administração federal no governo Geisel, foi diretor do Departamento de Pessoal e secretário de apoio do MEC. Voltando à Bahia, foi secretário de Educação entre 1979 e 1982 na segunda gestão de Magalhães. Foi mais um dos evangélicos a se eleger deputado federal ainda em 1982, concorrendo pelo PDS. Integrava o grupo "Carlista",[570] sob liderança do ex-governador da Bahia, e era favorável à "privatização da economia". Atuou contra a limitação do direito de propriedade, a remuneração superior para a hora extra, a jornada semanal de quarenta horas, o turno ininterrupto de seis horas, a nacionalização do subsolo, a estatização do sistema financeiro, o limite de 12% ao ano para os juros reais, a criação de um fundo de apoio à reforma agrária e

---

Acesso em: 27 ago. 2024. A referência completa dos verbetes de cada parlamentar encontra-se no anexo indicado ao final deste livro.

568 ARQUIVO NACIONAL. Serviço Nacional de Informações. *Bloco parlamentar evangélico, apoio irrestrito ao presidente Sarney*. Código de referência: BR DFANBSB V8.MIC, GNC.AAA.87063733.

569 ARQUIVO NACIONAL. Serviço Nacional de Informações. *Perfil da Constituinte*. Código de referência: BR DFANBSB V8.MIC, GNC.AAA.87061031.

570 ARQUIVO NACIONAL. Serviço Nacional de Informações. *Bloco parlamentar evangélico, apoio irrestrito ao presidente Sarney*. Código de referência: BR DFANBSB V8.MIC, GNC.AAA.87063733.

a desapropriação da propriedade produtiva. Conforme o Departamento Intersindical de Assessoria Parlamentar (DIAP),⁵⁷¹ na Constituinte "teve como principal objetivo reduzir a influência da esquerda na votação dos direitos sociais e ordem econômica".⁵⁷²

O batista Fausto Auromir Lopes Rocha, um dos eleitos com o apoio da Igreja da Unificação, fora deputado estadual em São Paulo pela ARENA em 1979 e pelo PDS em 1983, além de secretário de Desburocratização do governo Paulo Maluf. Ficha ideológica limpa, era também diretor da Associação Evangélica Beneficente (AEB) e da Associação Cristã de Moços (ACM). Posicionou-se contra a limitação do direito de propriedade privada, a estabilidade no emprego, a remuneração superior para o trabalho extra, a jornada de trabalho de quarenta horas, o aviso prévio proporcional, o turno ininterrupto de seis horas, a nacionalização do subsolo, a estatização do sistema financeiro, a criação de um fundo de apoio à reforma agrária e a desapropriação da propriedade produtiva. Ao lado de Manoel Moreira, era considerado pelo SNI líder da bancada evangélica.

O batista Roberto Vital Ferreira, médico e empresário dono de "três clínicas",⁵⁷³ foi vereador em Minas Gerais entre 1982 e 1986. Não tinha anotações em sua ficha ideológica junto ao SNI, que o considerava "liberal e conciliador". Também se dizia favorável à reforma agrária, apesar de ter votado contra a desapropriação da propriedade produtiva. Votou ainda contra a limitação do direito de propriedade privada, a jornada semanal de quarenta horas e a estatização do sistema financeiro.

O presbiteriano Rubem Soares Branquinho, ideologicamente inatacável pelo SNI, era, contudo, suspeito de "malversação de recursos públicos"⁵⁷⁴ quando secretário de Transporte e Serviços Públicos no estado do Acre, entre 1964 e 1971. As denúncias teriam inclusive sido comprovadas por comissão de sindicância, terminando o caso, porém, abafado pelo

---

571 Dirigido e composto por trabalhadores sindicalizados, o DIAP procura acompanhar a atividade legislativa no Brasil no que diz respeito sobretudo à transformação em norma das reivindicações da classe trabalhadora.

572 DIAP. *Quem foi quem na Constituinte*: nas questões de interesse dos trabalhadores. São Paulo: Cortez, Oboré, 1988, p. 55.

573 ARQUIVO NACIONAL. Serviço Nacional de Informações. *Bloco parlamentar evangélico, apoio irrestrito ao presidente Sarney*. Código de referência: BR DFANBSB V8.MIC, GNC.AAA.87063733.

574 *Ibid.*

governador Nabor Júnior, do MDB, por pressões do deputado federal Aluízio Bezerra, do mesmo partido. Visto pelo SNI como de "centro-direita", foi eleito "com o apoio ostensivo do setor de transportes do Amazonas", onde, segundo o SEMPREL, tinha "terras e plantações".[575] Foi contra a estabilidade no emprego, a jornada de quarenta horas, o turno ininterrupto de seis horas, o direito de greve, a desapropriação da propriedade produtiva e a criação de um fundo de apoio à reforma agrária.

O presbiteriano e ex-prefeito de Campo Grande (MS) pelo PDS, Levy Dias, começou sua vida legislativa como deputado estadual no Mato Grosso do Sul pela ARENA, em 1970. Foi um dos mais antigos deputados federais evangélicos, eleito em 1978 e nas subsequentes legislaturas. O SEMPREL o descreveu como "conservador, pecuarista e proprietário de terras" e com "compromissos com o setor agrário".[576] Foi contra a jornada de quarenta horas semanais, o turno ininterrupto de seis horas, a estatização do sistema financeiro, a criação de um fundo de apoio à reforma agrária e a desapropriação da propriedade produtiva.

Naphtali Alves de Souza, membro da Igreja Cristã Evangélica, prefeito de Morrinhos (GO) pela ARENA entre 1977 e 1983, era outro que tinha a ficha ideológica incólume. À moda dos Estados Unidos, e ao gosto dos economicamente liberais, pleiteava um texto constitucional "o mais sucinto possível".[577] Próximo do líder goiano Iris Rezende, seu primo, foi diretor do Consórcio Rodoviário Intermunicipal (CRISA) do governo daquele estado, por isso angariando apoio "por parte de Prefeitos, de empreiteiras e construtoras nacionais que atuam na área de estradas vicinais no Estado". Recebeu também ajuda monetária do seu irmão, o empresário Arédio Teixeira, ex-diretor do Agrobanco e então presidente da Empresa de Transporte Urbano do Estado de Goiás. Outros laços empresariais eram detectados pelo SNI, que dizia ser ele defensor dos "interesses dos agricultores e pecuaristas". Opôs-se à limitação do direito de propriedade, à nacionalização do subsolo, à estatização do sistema financeiro,

---

575 ARQUIVO NACIONAL. Serviço Nacional de Informações. *Perfil da Constituinte*. Código de referência: BR DFANBSB V8.MIC, GNC.AAA.87061031.
576 *Ibid.*
577 ARQUIVO NACIONAL. Serviço Nacional de Informações. *Bloco parlamentar evangélico, apoio irrestrito ao presidente Sarney*. Código de referência: BR DFANBSB V8.MIC, GNC.AAA.87063733.

à proibição do comércio de sangue, à criação de um fundo de apoio à reforma agrária, à desapropriação da propriedade produtiva, ao turno ininterrupto de seis horas e à jornada de trabalho de quarenta horas

Pastor da Igreja de Cristo, Gidel Dantas Queiroz, que assumiu uma série de cargos públicos no Ceará durante a ditadura, teve os Estados Unidos como importante referência intelectual. Em 1968 o vemos inscrito no curso de Desenvolvimento Comunitário na Agency For International Development, formando-se em Administração Pública pela Universidade de Miami em 1983. Foi diretor administrativo do DETRAN cearense de 1971 a 1979, quando foi empossado diretor-geral, cargo que exerceu até 1983, assumindo ainda outros cargos no governo do Ceará. Por todo o período, o estado foi regido pela ARENA, sob governadores nomeados pelos ditadores de 1964. No plano religioso, foi secretário-executivo da CEB entre 1960 e 1964 e professor de Psicologia Pastoral no Seminário da Igreja de Cristo no Brasil entre 1974 e 1979. Conforme o SNI, exibia "tendências à direita"[578] e era conhecido por seu anticomunismo. Foi contra a limitação do direito de propriedade privada, a remuneração superior para o trabalho extra, a jornada semanal de quarenta horas, a estatização do sistema financeiro e a criação de um fundo de apoio à reforma agrária.

A adventista Eunice Mafalda Michiles, antes de debutar na Câmara dos Deputados, foi deputada estadual no Amazonas pela ARENA, entre 1974 e 1978, suplente de senadora em 1978 e senadora em 1979. Do governador amazonense do PDS, José Lindoso, foi secretária do Trabalho e Serviço Social e diretora do Departamento de Assistência da Previdência Social. Ficha ideológica limpa, o SNI notava, porém, uma falha administrativa, tendo sido exonerada do cargo de professora da rede estadual do Amazonas em 1964 por ter falsificado documentos "para fins de prestação de contas",[579] quando trabalhou no Departamento de Assistência e Previdência Social de Maués (AM), demissão revertida pela Poder Judiciário em 1972. Atuou contra a limitação do direito de propriedade privada, a remuneração superior para o trabalho extra, a proibição do comércio de sangue e a desapropriação de propriedade produtiva.

---

578   *Ibid.*
579   *Ibid.*

Daso Coimbra, da Igreja Congregacional, era um político experiente e um dos mais antigos evangélicos na política partidária, eleito deputado estadual pelo Rio de Janeiro em 1955, pelo PTB, em 1963 pelo PSD, em 1967, 1971, 1975 e 1979 pela ARENA e em 1983 pelo PMDB. Por conta de seu passado no PTB, tinha restrições no campo ideológico, registrando-se que naqueles tempos chegou a apoiar a legalização do PCB e a participar de comemorações do aniversário do partido. Pouco depois, contudo, foi um dos principais organizadores da partidarização evangélica, fundando em 1965 um "Grupo Parlamentar Cristão",[580] sendo também vice-presidente do diretório da ARENA no Rio de Janeiro entre 1969 e 1970. Taxado de "conservador" pelo SNI, era favorável à função conferida às Forças Armadas pela Constituição de 1967: defensora da pátria, dos poderes constituídos e da lei e ordem. Conforme o SEMPREL, foi representante dos "interesses do setor hospitalar privado",[581] que teria facilitado sua eleição. Foi contra a limitação do direito de propriedade privada, a remuneração superior para o trabalho extra, a jornada semanal de quarenta horas, o turno ininterrupto de seis horas diárias, o aviso prévio proporcional, a proibição do comércio de sangue, a desapropriação da propriedade produtiva, a estabilidade de emprego e a estatização do sistema financeiro.

O bispo da Iurd Roberto Augusto Lopes, antes de político, foi professor e vice-diretor da Faculdade Teológica da Igreja Universal do Reino de Deus. Com ficha ideológica limpa, era avaliado pelo SNI como "conservador e anticomunista".[582] Foi opositor da limitação do direito de propriedade, da estabilidade no emprego e da criação de um fundo de apoio à reforma agrária. Em maio de 1989, em documento sobre a atuação da União Democrática Ruralista, o SNI relacionou uma série de constituintes fluminenses "que de alguma forma defendem a agricultura e a

---

580   *Ibid.*
581   ARQUIVO NACIONAL. Serviço Nacional de Informações. *Perfil da Constituinte.* Código de referência: BR DFANBSB V8.MIC, GNC.AAA.87061031.
582   ARQUIVO NACIONAL. Serviço Nacional de Informações. *Bloco parlamentar evangélico, apoio irrestrito ao presidente Sarney.* Código de referência: BR DFANBSB V8.MIC, GNC.AAA.87063733.

iniciativa privada, bandeira da UDR".[583] Aparece ali ao lado dos companheiros de bancada Arolde de Oliveira e Daso Coimbra.

Pastor Quadrangular, Jayme Paliarin era pecuarista e, conforme o SNI, defensor da "iniciativa privada".[584] Declarou-se contra a criação de um fundo de apoio à reforma agrária, a desapropriação da propriedade produtiva, a estabilidade do emprego, o aviso prévio proporcional e se absteve sobre a estatização do sistema financeiro. Foi indicado pelo presidente da CUT, Jair Meneghelli, como um dos constituintes contrários aos interesses dos trabalhadores, ao que respondeu depositando na tribuna da Câmara dos Deputados um penico endereçado a ele.[585]

Pastor da mesma Igreja, Mário de Oliveira foi outro evangélico eleito para a Câmara dos Deputados já em 1982. Sem problemas ideológicos com o SNI, era discreto e concentrado no "atendimento de suas bases religiosas e eleitorais".[586] Votou contra a estatização do sistema financeiro e outras iniciativas de interesse dos trabalhadores.

A vida partidária do pastor Antônio da Conceição Costa Ferreira começou em 1979, eleito vereador em São Luís (MA) pela ARENA. Além de primeiro-secretário da Assembleia de Deus em seu estado, era presidente do Gideões Internacional, organização que tinha também Josué Sylvestre em seus quadros. O SNI destacou suas "ligações com o grupo liderado pela família Sarney", tendo agido, na Constituinte, contra a limitação do direito de propriedade privada, o turno ininterrupto de seis horas, a estatização do sistema financeiro, e a desapropriação da propriedade produtiva.

---

583   ARQUIVO NACIONAL. Serviço Nacional de Informações. *Atuação política da União Democrática Ruralista no Rio de Janeiro e Espírito Santo*. Código de referência: BR DFANBSB V8.MIC, GNC.CCC.89017724.

584   ARQUIVO NACIONAL. Serviço Nacional de Informações. *Perfil da Constituinte*. Código de referência: BR DFANBSB V8.MIC, GNC.AAA.87061031.

585   "PALIARIN, JAIME". In: *Dicionário histórico-biográfico brasileiro – DHBB*. Rio de Janeiro: Centro de Pesquisa e Documentação de História Contemporânea do Brasil (CPDOC) da Fundação Getúlio Vargas (FGV), [s.d.]. Disponível em: <http://www.fgv.br/cpdoc/acervo/dicionarios/verbete-biografico/paliarin-jaime>. Acesso em: 06 maio 2021.

586   ARQUIVO NACIONAL. Serviço Nacional de Informações. *Bloco parlamentar evangélico, apoio irrestrito ao presidente Sarney*. Código de referência: BR DFANBSB V8.MIC, GNC.AAA.87063733.

Altomires Sotero Cunha foi pastor da Assembleia de Deus e empresário, sócio-gerente das empresas Tecidos Cunhatex e Aso Transportes Ltda, proprietário da loja de tecidos O Bicho da Seda e diretor-geral da Casa Publicadora das Assembleias de Deus no Brasil. Nos anos 1940, teve passagem pela Marinha e até mesmo pelo Partido Comunista Brasileiro (PCB), convertendo-se à fé pentecostal nos anos 1960. Tanto o SNI como o SEMPREL o viam como um representante dos interesses privados,[587] posicionando-se contra a criação de um fundo de apoio à reforma agrária, a limitação do direito à propriedade privada, a jornada semanal de quarenta horas e a estabilidade no emprego.

Da mesma Igreja, Antônio de Jesus Dias, pastor e ficha ideológica limpa, foi eleito com "votos da ala conservadora da Sociedade Goiana ao apresentar uma linguagem anticomunista e moralista".[588] Sendo assim, deu grande destaque à pauta moral, defendendo a manutenção da censura. Foi contra a limitação do direito de propriedade, a estatização do sistema financeiro, a remuneração superior para o trabalho extra, a jornada semanal de quarenta horas, o turno ininterrupto de seis horas, a criação de um fundo de apoio à reforma agrária e a desapropriação da propriedade produtiva.

Eliel Rodrigues se elegera pelo PMDB, partido ao qual se filiara não por afinidade, mas para evitar a competição com outros evangélicos no PDS,[589] segundo o SNI, "tendo recebido o apoio de protestantes da Igreja Assembleia de Deus, da qual é pastor".[590] Engenheiro no Ministério da Aeronáutica entre 1951 e 1979, tinha ficha ideológica imaculada e suas principais bandeiras foram a defesa da "manutenção da liberdade religiosa no País" e do restabelecimento do "equilíbrio moral e espiritual entre os brasileiros". O Serviço notava ainda sua proximidade com o então ex-governador Jader Barbalho. Já o SEMPREL dizia que o pastor contara em sua

---

587 ARQUIVO NACIONAL. Serviço Nacional de Informações. *Perfil da Constituinte*. Código de referência: BR DFANBSB V8.MIC, GNC.AAA.87061031.

588 ARQUIVO NACIONAL. Serviço Nacional de Informações. *Bloco parlamentar evangélico, apoio irrestrito ao presidente Sarney*. Arquivo Nacional. Código de referência: BR DFANBSB V8.MIC, GNC.AAA.8706373.

589 CHESNUT, *op. cit.*, p. 156.

590 ARQUIVO NACIONAL. Serviço Nacional de Informações. *Bloco parlamentar evangélico, apoio irrestrito ao presidente Sarney*. Código de referência: BR DFANBSB V8.MIC, GNC.AAA.8706373.

campanha "com a simpatia de empresários do setor de transportes"[591] e que era um "político liberal", defensor do "fortalecimento da iniciativa privada e do mercado interno". Foi contra a estabilidade no emprego, a limitação do direito de propriedade privada, a remuneração superior para o trabalho extra, a jornada semanal de quarenta horas, o turno ininterrupto de seis horas, o aviso prévio proporcional, a estatização do sistema financeiro, a criação de um fundo de apoio à reforma agrária e a desapropriação da propriedade produtiva.

Também assembleiano, João de Deus Antunes, antes de deputar, foi delegado de polícia no Rio Grande do Sul, funcionário da Superintendência Central de Informações da Secretaria de Segurança Pública do mesmo estado e estudante da Escola Nacional de Informações (EsNI). Segundo o SNI, seu "bom relacionamento com a "Comunidade de Informação""[592] lhe rendera a '"reserva" dos setores progressistas da classe política gaúcha". Contava, contudo, com forte apoio de sua Igreja, onde ocupou diversas funções dirigentes e cuja Convenção Nacional o indicou como um dos candidatos preferenciais. Outros dados são fornecidos pela Agência da Presidência da República em Porto Alegre, que registrou ser ele "considerado de direita"[593] e que fora o candidato mais votado do PDT no estado, com quase 51 mil votos. No âmbito religioso, estudou na escola de teologia Ministério Bernard Johnson em 1983, instalada em Campinas (SP) e dirigida pelo missionário estadunidense homônimo, e em cursos que o pentecostal norte-americano Morris Cerullo ministrou no Brasil em 1984, sendo esse importante elo ideológico entre o parlamentar e os membros do Partido da Fé Capitalista nos Estados Unidos. Atuou contra a limitação do direito de propriedade privada, a estabilidade no emprego, a estatização do sistema financeiro, a proibição do comércio de sangue,

---

591 ARQUIVO NACIONAL. Serviço Nacional de Informações. *Perfil da Constituinte*. Código de referência: BR DFANBSB V8.MIC, GNC.AAA.87061031.

592 ARQUIVO NACIONAL. Serviço Nacional de Informações. *Bloco parlamentar evangélico, apoio irrestrito ao presidente Sarney*. Código de referência: BR DFANBSB V8.MIC, GNC.AAA.8706373.

593 ARQUIVO NACIONAL. Serviço Nacional de Informações. *Publicações sobre o posicionamento do deputado federal João de Deus Antunes, PDT*. Código de referência: BR DFANBSB V8.MIC, GNC.GGG.87014365.

a criação de um fundo de apoio à reforma agrária e a desapropriação da propriedade produtiva.

O também assembleiano José Viana dos Santos fora vereador pelo PMDB em Ji-Paraná (RO), entre 1977 e 1978. Em tempos pré-golpe, exibia tendências esquerdistas, sendo próximo ao PCB e participando do Sindicato de Lavradores em Mutum (MT). Em princípios dos anos 1980 militou pelas eleições diretas em seu estado, portanto considerado pelo SNI como de "centro-esquerda".[594] Na Constituinte, avaliava-se que sua atuação se guiaria por um misto de conservadorismo no ramo dos costumes, pretendendo "restringir o uso do fumo, álcool, drogas e jogos no país",[595] e progressismo econômico, dizendo-se favorável à reforma agrária. De fato, foi a favor da desapropriação de propriedades produtivas, na contramão do restante da bancada. Na maioria das matérias de interesse para os trabalhadores, entretanto, convergiu com seus colegas, posicionando-se, por exemplo, contra a limitação do direito de propriedade privada, a estabilidade no emprego, a remuneração superior para o trabalho extra, a jornada semanal de quarenta horas e a estatização do sistema financeiro.

Também com um passado progressista, o pastor assembleiano Manoel Moreira, outro líder da bancada evangélica, firmava-se nos anos 1980 como nome importante do PMDB em São Paulo, próximo ao governador Orestes Quércia. Muito ativo na organização política de sua Igreja, registra o SNI que na convenção municipal do PMDB de 1988 "utilizou a influência dos seus colegas reverendos e filiou mais de dezoito mil pessoas ao diretório local".[596] Sua atuação em assuntos de interesse do trabalhador na Constituinte não foi das piores, combatendo, entretanto, a estabilidade, a remuneração superior para o trabalho extra e a estatização do sistema financeiro.

Mais um de ficha ideológica limpa e membro da Assembleia de Deus, o cantor gospel e empresário radialista Matheus Iensen, antes de se eleger pelo PMDB em 1986, era membro do partido de sustentação da ditadura. Foi contra a limitação do direito de propriedade, a nacionalização do subsolo, a estatização do sistema financeiro, a remuneração superior para o trabalho

---

594   *Ibid.*
595   *Ibid.*
596   ARQUIVO NACIONAL. Serviço Nacional de Informações. *Confederação Evangélica do Brasil*, CEB. Código de referência: BR DFANBSB V8.MIC, GNC.EEE.88020924.

extra, a jornada semanal de quarenta horas, o turno ininterrupto de seis horas, a criação de um fundo de apoio à reforma agrária e a desapropriação da propriedade produtiva. Foi ainda um dos autores da proposta que conferia mais um ano de mandato a José Sarney, adiando a primeira eleição direta para presidente da República pós-golpe de 1964 para 1989.

Milton João Soares Barbosa era presidente da Sociedade Beneficente da Assembleia de Deus em Salvador (BA), onde também dirigia o programa de rádio *Cristo no Lar*. Ideologicamente inatacável, era tido pelo SNI como "anticomunista"[597] e se elegera "com o apoio da comunidade que representa, da qual foi candidato oficial", defendendo a "reserva de mercado" e a "privatização da economia". Foi contra a limitação do direito de propriedade privada, a jornada de trabalho de quarenta horas, o turno ininterrupto de seis horas, a estatização do sistema financeiro e a criação de um fundo de apoio à reforma agrária.

O pastor da Assembleia de Deus Orlando Pacheco era presidente do Centro Evangélico de Missões Internacionais e conselheiro da Escola de Educação Teológica das Assembleias de Deus em Campinas (SP). Com ficha limpa, o SNI sabia pouco sobre ele, além de que fora "lançado politicamente pela Igreja Assembleia de Deus".[598] Na Constituinte, foi contra a limitação do direito de propriedade privada, a estabilidade no emprego público, a remuneração superior para o trabalho extra, a jornada semanal de quarenta horas e a nacionalização do subsolo.

O pastor assembleiano Salatiel Souza Carvalho foi outro que supostamente teve "votação maciça de setores protestantes".[599] Por seu carisma, foi escolhido pelo PFL "para atuar na linha de frente da verdadeira guerra ideológica" contra a candidatura de Miguel Arraes a governador de Pernambuco em 1986. Segundo o SNI, Carvalho chegou mesmo a afirmar na TV que Arraes "defenderia a luta armada como instrumento de conquistas sociais", referindo-se a escritos que o ex-governador produzira na década de 1960. A polêmica teria projetado Carvalho ainda mais entre o público conservador local, significando "um reforço de sua votação". Tal

---

597   ARQUIVO NACIONAL. Serviço Nacional de Informações. *Bloco parlamentar evangélico, apoio irrestrito ao presidente Sarney*. Código de referência: BR DFANBSB V8.MIC. GNC.AAA.8706373.

598   *Ibid.*

599   *Ibid.*

experiência eleitoral lhe valeria, mais tarde, a função de "coordenador nacional da campanha de Collor entre os evangélicos".[600] Reeleito em 1990, dois anos depois a SAE o descrevia como defensor dos interesses empresariais e religiosos, anotando ainda que era sócio da Rádio Maranata, em Recife (PE), de propriedade do seu sogro, o também pastor Isaac Martins Rodrigues.[601] Foi contra a limitação do direito de propriedade privada, a estatização do sistema financeiro, a criação de um fundo de apoio à reforma agrária e a estabilidade no emprego.

O voto dos constituintes evangélicos

Supunha o SNI que os políticos evangélicos defendiam, para além de seus pressupostos morais, "os princípios que colocam, de um modo geral, o cidadão mais importante que o Estado, como no liberalismo clássico".[602] De fato, a atuação evangélica na Constituinte foi norteada, predominantemente, pelos interesses do capital. Assim, as medidas econômicas às quais se opuseram os parlamentares evangélicos com maior grau de consenso foram temas muito sensíveis à classe burguesa brasileira naquela altura, como a estatização do sistema financeiro, a limitação da propriedade privada, a desapropriação de propriedades produtivas para fins de reforma agrária, a criação de um fundo para essa reforma e a jornada de trabalho semanal máxima de quarenta horas.

A primeira dessas propostas, a estatização do sistema financeiro nacional, de cunho intensamente antiliberal, foi apresentada, sob forma de emenda, pelo deputado Luiz Gushiken, do PT, terminando rejeitada, contribuindo a bancada evangélica com vinte dos seus 25 membros para enterrá-la.

Quanto à limitação do direito à propriedade privada, a Constituição de 1988 trouxe avanços, uma vez que, ao menos na letra da lei, esse direito

---

600   MARIANO, Ricardo; PIERUCCI, Antônio Flávio. "O envolvimento dos pentecostais na eleição de Collor". In: PIERUCCI, Antônio Flávio & PRANDI, Reginaldo (1996). *A realidade social das religiões no Brasil*. São Paulo: Hucitec, 1996, p. 203.
601   ARQUIVO NACIONAL. Secretaria de Assuntos Estratégicos da Presidência da República. *Sem título*. Código de referência: BR DFANBSB H4,MIC GNC.DIT.940077568.
602   ARQUIVO NACIONAL. Serviço Nacional de Informações. *Confederação Evangélica do Brasil, CEB*. Código de referência: BR DFANBSB V8.MIC, GNC.EEE.88020924.

deixava de ser absoluto. O progresso foi, contudo, modesto, pois essa relativização terminou sendo mais formal que prática, persistindo inúmeros obstáculos à sua efetivação no texto constitucional.[603] De todo modo, a nova Carta condicionou a manutenção desse direito ao cumprimento de funções sociais, abrindo margem para desapropriações em nome do interesse público. A proposta, contudo, encontrou a oposição, novamente, de vinte evangélicos.

Um grupo de parlamentares conservadores, em sua maioria membros da União Democrática Ruralista, pretendia vedar completamente a desapropriação de propriedades produtivas, enquanto outros constituintes tentavam abrir brechas para a desapropriação, sob o argumento do cumprimento de funções sociais por essas propriedades, possibilidade aberta pela flexibilização do direito de propriedade. Tais funções compreenderiam, por exemplo, a racionalidade no uso da terra, a preservação do meio ambiente e o respeito aos direitos do trabalhador rural. No texto final, contudo, prevaleceu a intocabilidade incondicional das terras produtivas para reforma agrária, mesmo quando tais funções não fossem observadas. Dos 25 evangélicos, 16 disseram não à possibilidade de desapropriação de latifúndios produtivos, opondo-se, também em número de 16, à criação de um fundo público para bancar as desapropriações para fins de reforma agrária.

A proposta de jornada de trabalho máxima de quarenta horas semanais foi apresentada pelos deputados Olívio Dutra, do PT, e Aldo Arantes, do PC do B. De acordo com os anseios patronais, a disposição foi derrotada, fixando a Constituição esse limite em 44 horas. Os evangélicos contribuíram com quinze votos para a sua rejeição.

Um "apoio irrestrito" ao governo Sarney

Mas a atuação da bancada evangélica na legislatura de 1987 não se resumiu aos trabalhos constituintes. Também um "apoio irrestrito ao presidente

---

603   TEIXEIRA, Samantha Ribas. *O direito (fundamental) à propriedade no âmbito constitucional e a sua relativização pelo instituto da função social da propriedade*. Comunicação apresentada no XXII Encontro Nacional do CONPEDI / UNICURITIBA. Curitiba (PR), 29 de maio a 01 de junho de 2013, p. 2.

Sarney"[604] era destacado pelo SNI, que naquele ano escreveu que os parlamentares evangélicos "hipotecaram o seu apoio" com a prometida, e efetivada, nomeação de Jeremias Soares de Oliveira para a Superintendência da Pesca, além de verbas e concessões para emissoras de rádio. Como resultado, Sarney pôde contar com o regular apoio da bancada aos seus projetos, como por exemplo a extensão de seu mandato presidencial para seis anos.

Jeremias Soares de Oliveira, pastor da Assembleia de Deus, começou carreira política em 1976, nomeado delegado regional do Trabalho pelo governador biônico do Rio Grande do Norte, Tarcísio Maia. Em 1983, conseguiu o cargo de procurador-geral em Roraima, indicado pelo brigadeiro Vicente Magalhães, que governava o então território. Desde sempre tido como "elemento de "direita",[605] causou surpresa em 1986 a sua ida para o PMDB, fato que se deveu à sua ligação com o deputado Vigolvino Wanderley Mariz e com o governador Geraldo José da Câmara Ferreira de Melo, ambos também saídos do PDS em direção ao partido de sustentação do governo Sarney. Quando nomeado em 1986, atuava como assessor dos constituintes da bancada evangélica que, desde a formação do bloco, procurava emplacá-lo em um cargo de alto escalão no Poder Executivo.

---

604 ARQUIVO NACIONAL. Serviço Nacional de Informações. *Bloco parlamentar evangélico, apoio irrestrito ao presidente Sarney*. Código de referência: BR DFANBSB V8.MIC, GNC.AAA.87063733.

605 ARQUIVO NACIONAL. Serviço Nacional de Informações. *Jeremias Soares de Oliveira. SS11 ARE*. Código de referência: BR DFANBSB V8.MIC, GNC.III.88008123.

12

O RETORNO DO VOTO DIRETO E A CONSOLIDAÇÃO DA PRESENÇA DO PARTIDO DA FÉ CAPITALISTA NO ESTADO

Proselitistas e privatistas

Os elos empresariais e a ação parlamentar da bancada evangélica em favor de proposições econômicas favoráveis ao capital tornam-se ainda mais claros nas três primeiras legislaturas após a restauração do voto direto para a presidência. Durante esses anos, houve uma ampla reforma do Estado brasileiro em bases economicamente liberais com múltiplas revisões da Constituição aprovada apenas dois anos antes da posse de Fernando Collor. A abertura ampliada da economia brasileira, a retirada do Estado do setor produtivo, com privatizações de empresas públicas, e a redução dos direitos dos trabalhadores serão os traços principais da política econômica a partir de então, aprofundados ao longo da presidência de Itamar Franco e sobretudo nos dois mandatos de Fernando Henrique Cardoso. Neste panorama, os evangélicos, em franco crescimento em número de fiéis e representantes políticos, fornecerão importante ajuda para a transformação em curso, apoiando as reformas dos dois presidentes que ajudaram a eleger.

O perfil de cada parlamentar eleito no período e as prestações de contas de suas campanhas também não deixam dúvidas sobre a conexão com diferentes setores empresariais. Combinados com o que foi apresentado no capítulo anterior, os dados indicam, portanto, que não se sustenta a hipótese de um oscilante fisiologismo dessa bancada, norteador de sua orientação econômica, havendo desde a Constituinte uma sistemática adesão às matérias legislativas de interesse do empresariado.

As eleições municipais de 1988

Nas eleições locais de 1988, o SNI notou, novamente, a grande presença de candidatos religiosos, católicos e evangélicos, tecendo as habituais críticas aos primeiros, quase todos afeitos à Teologia da Libertação e próximos ao PT. O serviço chegou a elaborar uma listagem com os principais candidatos religiosos em cada estado.

No Ceará, chamava atenção a candidatura à prefeitura de Fortaleza do constituinte Gidel Dantas, presidente da Confederação Evangélica Brasileira. No mais, notava-se que, sobretudo a Assembleia de Deus, a Igreja do Evangelho Quadrangular e a Igreja Batista apresentaram número significativo de candidatos a vereança em diversos estados.[606] Com efeito, o SNI apurara junto a membros da Assembleia de Deus que a Igreja pretendia intensificar "o que fez em 1986, elegendo candidatos em todas as cidades

---

606 ARQUIVO NACIONAL. Serviço Nacional de Informações. *Candidatura de religiosos nas eleições municipais 88, SS14 ABH*. Código de referência: BR DFANBSB V8.MIC, GNC. 000.88014545.

onde está implantada".⁶⁰⁷ Assim, a diretoria assembleiana elaborava listas de candidatos, escolhidos "através de reuniões da comunidade ou da hierarquia, que funcionam como verdadeiras pré-convenções", que receberiam "o apoio de todos os fiéis, independente do partido que concorrem", com a exceção dos "de orientação marxista e 'certos segmentos do PT'".

Também profundamente envolvida com o projeto eleitoral, a IEQ tinha uma forte base no norte, lançando como candidato a prefeito de Belém o deputado estadual Guaracy Batista da Silveira, do PDC. Segundo o SNI, antes de migrar para o partido, o pastor-político pertencera ao PDS e ao PFL, apresentando "uma tendência política de direita".⁶⁰⁸

De maneira coerente, portanto, Silveira fez parte da base de sustentação da ditadura. Neste espírito, em junho de 1984, pronunciou-se favoravelmente a João Figueiredo, que acabara de retirar a Proposta de Emenda Constitucional que estipulava a eleição direta para presidente em 1988, procurando assim enterrar as pretensões da oposição reunidas em torno da campanha "Diretas Já". Segundo o pastor, a atitude "democrática" de Figueiredo fora obstruída por "radicais que tentam levar o País ao caos político e social".⁶⁰⁹ Dizia Guaracy que ao fazê-lo, porém, a oposição cavara a própria cova. Confiando que a campanha não lograria êxito, o quadrangular concluía que a esquerda teria que engolir a vitória de Paulo Maluf nas eleições indiretas de 1985, para a tristeza "de alguns radicais comunistas e subversivos", o que não se confirmou.

Dois anos depois, o SNI informa que Guaracy Silveira lamentava a baixa possibilidade de eleição do ex-governador Alacid Nunes. Como vimos no Capítulo 8, Nunes seria importante peça na transferência de recursos públicos para a Assembleia de Deus.⁶¹⁰ Para Guaracy, no entanto,

---

607   ARQUIVO NACIONAL. Serviço Nacional de Informações. *Atuação de religiosos nas eleições municipais de Nov 88*. Código de referência: BR DFANBSB V8.MIC, GNC. GGG.88016511.

608   ARQUIVO NACIONAL. Serviço Nacional de Informações. *Atuação de religiosos nas eleições municipais de Nov 88*. Código de referência: BR DFANBSB V8.MIC, GNC. KKK.88007087.

609   ARQUIVO NACIONAL. Serviço Nacional de Informações. *Pronunciamento de parlamentares paraenses quando da votação da emenda Figueiredo, Humberto Rocha Cunha e outros. SS15*. Código de referência: BR DFANBSB V8.MIC, GNC.KKK.84004724.

610   CHESNUT, *op. cit.*, p. 150.

tratava-se de "um homem de brilho e de uma capacidade administrativa incontestável".[611]

Vimos ainda que o PDC era um dos partidos que a Igreja da Unificação apoiou em 1986, enquanto, no Capítulo 9, encontramos Guaracy frequentando reuniões unificacionistas. Coincidência ou não, durante a instalação do PDC no Pará, em 1987, o quadrangular retira-se do PFL para atuar na diretoria regional do novo partido, assumindo, segundo o SNI, a função de um dos principais organizadores da legenda no estado. Ainda conforme o serviço, a partir de então o PDC começa a se institucionalizar por todo o estado, atraindo muitos nomes, em grande parte saídos do PMDB e do PFL.[612]

Cabe ainda destacar que, em suas atividades legislativas, vemos o pastor ecoar noções semelhantes às dos políticos religiosos estadunidenses vistos na Parte II, que diagnosticavam religiosamente problemas muito sociais. Durante comemoração do centenário da abolição da escravatura, em maio de 1988, por exemplo, disse ele que a causa primordial da escravidão seria o "pecado".[613] Indicando assim filiação a uma determinada concepção de racismo, identificada por estudiosos como Sílvio Almeida[614] como individualista, na qual o racismo é tido como uma patologia ou anormalidade, circunscrita a determinado grupo, ou ainda, uma irracionalidade que deve ser juridicamente combatida. Outros traços dessa concepção seriam a desconsideração do papel da História na produção do racismo, bem como de reflexões mais profundas sobre os seus efeitos práticos. O fato ilustra, ainda, a adesão de Silveira ao universo doutrinário liberal, sendo a concepção individualista do racismo típica das teorias liberais sobre o Estado, onde não há espaço para o tratamento da questão racial como um fenômeno estrutural, ali abordada como uma excepcionalidade a ser corrigida pelo aprimoramento burocrático.[615]

---

611   ARQUIVO NACIONAL. Serviço Nacional de Informações. *Conjuntura política no estado do Para*. Código de referência: BR DFANBSB V8.MIC, GNC.KKK.86005885.

612   ARQUIVO NACIONAL. Serviço Nacional de Informações. *Primeira Convenção Regional do Partido Democrata Cristão no Pará, eleição do Diretório e da Comissão Executiva regionais*. Código de referência: BR DFANBSB V8.MIC, GNC.KKK.88006675.

613   ARQUIVO NACIONAL. Serviço Nacional de Informações. *Centenário da Abolição em Belém PA*. Código de referência: BR DFANBSB V8.MIC, GNC.KKK.88006604.

614   ALMEIDA, Sílvio. *Racismo Estrutural*. São Paulo: Jandaíra, 2019. Arquivo Kindle.

615   *Ibid*.

Apesar da estrela de Guaracy Silveira, a colheita de votos quadrangulares, entretanto, não se resumia ao norte, fazendo a Igreja sucesso eleitoral no sudeste e no sul. Nota publicada na revista *Aconteceu no mundo evangélico*, arquivada pelo SNI em 1988, dava conta de que no Rio Grande do Sul a IEQ lançaria setenta candidatos a vereador, dos quais 69 seriam pastores, estimando poder contar com os noventa mil seguidores no estado. A maioria desses candidatos sairia pelo PMDB, sendo os restantes, por volta de um terço, filiados ao PDS, PDT e PFL.[616] A preferência pelo PMDB surge também nas ações de Guaracy Silveira, que, conforme outro documento do SNI, pressionava os membros de sua igreja em Ananindeua (PA) a não se candidatarem por outros partidos além do PDC, do PTB "e outros, perfilados como linha auxiliar do PMDB".[617]

Já a Igreja Universal do Reino de Deus prosseguia em seus primeiros avanços eleitorais, tendo emplacado em Salvador (BA) o vereador Domingos Antônio Martins Bonifácio, pelo PDC. Segundo a SAE, o "Bom Domingos",[618] "vice-presidente nacional da Iurd", foi sufragado "basicamente com votos de seguidores da Igreja Universal".

As eleições presidenciais de 1989

As igrejas tiveram papel destacado na primeira eleição presidencial direta após 1964, convergindo os evangélicos, de modo geral, para candidaturas conservadoras. Exceções, porém, aconteceram, como no caso do Colégio Episcopal da Igreja Metodista, que chegou a dividir os candidatos em um grupo formado por neoliberais, ligado aos interesses empresariais e estrangeiros, e outro mais afinado com os trabalhadores.[619]

---

616 ARQUIVO NACIONAL. Serviço Nacional de Informações. *Boletins Aconteceu no mundo evangélico*. Código de referência: BR DFANBSB V8.MIC, GNC.CCC.88016421.

617 ARQUIVO NACIONAL. Serviço Nacional de Informações. *Atuação de religiosos nas eleições municipais de Nov. 88*. Código de referência: BR DFANBSB V8.MIC, GNC. KKK.88006861.

618 ARQUIVO NACIONAL. Secretaria de Assuntos Estratégicos da Presidência da República. *Sem título*. Código de referência: BR DFANBSB H4,MIC GNC.PPP.910011515.

619 TRABUCO, *op. cit.*, p. 349.

Entre os pentecostais, por outro lado, o conservadorismo foi consenso, ainda que não houvesse, a princípio, unanimidade entre as muitas igrejas, indecisas diante do extenso rol de presidenciáveis direitistas que se apresentou – embora estendessem suas mãos para o ex-governador de Alagoas Fernando Collor de Mello, do PRN, mais do que para qualquer outro. Assim, já no primeiro turno, o SNI reparava em uma "preferência nos meios evangélicos pentecostais"[620] por Collor, o único que a poucas semanas das eleições contava com o apoio declarado desse segmento, pelo menos no que dizia respeito ao Distrito Federal, região em que o documento se concentrava.

Entre a Iurd, por outro lado, o apoio a Collor foi inequívoco e de primeira hora, tal como a franca hostilidade ao PT. Diante do crescimento de Lula da Silva no segundo turno, Edir Macedo teria inclusive apelado para o dom pentecostal da revelação para inflar a candidatura do "caçador de marajás", que ameaçava perder fôlego. Após jejuns e súplicas de iluminações, o Espírito Santo o teria indicado Fernando Collor como o preferido de Deus, enquanto Lula não passaria de um Diabo barbudo. O apoio entusiasmado da Igreja compreendeu inclusive convites a Collor para a participação em programas de rádio, panfletagens em igrejas e cânticos como "O diabo na corda bamba, vamos collorir".[621] Também Mário Justino[622] confirma o furor iurdiano naqueles dias. Testemunha ocular, conta o ex-pastor que durante o pleito de 1989 os cultos religiosos "haviam se transformado em comícios eleitorais com o púlpito transformado em palanque onde se revezavam os candidatos próprios da Igreja e os que eram apoiados pelo bispo". Abertas as urnas, o êxito de muitas dessas candidaturas teria confirmado a impressão de que Macedo, de fato, era "um líder com extraordinário poder sobre seus seguidores".

Já a Assembleia de Deus chegou a travar aproximações com Paulo Maluf, do PDS. Sua presença foi documentada pelo SNI no Encontro das Escolas Bíblicas do Templo da Igreja Assembleia de Deus, "onde cerca de

---

620   ARQUIVO NACIONAL. Serviço Nacional de Informações. *Atuação política de grupos religiosos. SE143 AC*. Código de referência: BR DFANBSB V8.MIC, GNC.AAA.90073651.
621   SILVA, Elizete da. *A Igreja Universal do Reino de Deus e os reinos deste mundo*. In: I Encontro de História da Bahia (ANPUH), 2002, Ilhéus. Memória Eletrônica do I Encontro de História da Bahia (ANPUH). Ilhéus: UESC/ANPUH, 2002, p. 13.
622   JUSTINO, *op. cit.*

quinhentos pastores de todo o País o receberam com palmas e gritos de 'aleluia, aleluia'".[623] Apesar de também terem conversado com Ulysses Guimarães e Leonel Brizola, "o convite a Maluf foi especial, de acordo com um dos pastores presentes". Ali, o filho de libaneses Paulo Salim Maluf, ex-prefeito nomeado pela ditadura em 1969, eleito governador por voto indireto em 1978 e candidato do regime para as eleições presidenciais indiretas de 1985, "falou sobre sua identificação com os evangélicos e, em tom emocionado, assegurou que sua maneira de orar todos os dias é trabalhando, quando aproveitou para enumerar as obras realizadas em São Paulo".

No segundo turno, contudo, os assembleianos aderiram a Fernando Collor, confessando mais tarde o presidente da Convenção Geral das Assembleias de Deus no Brasil, José Wellington, que, com medo de Lula, sua Igreja agiu nacionalmente em prol de Collor, fato confirmado por Manoel Ferreira, líder do Ministério de Madureira, que taxou Lula de comunista e portador de um programa inspirado na Albânia.[624]

Já a Igreja do Evangelho Quadrangular limitou-se no primeiro turno a postar-se contra os candidatos Roberto Freire, do PCB; Lula, do PT; Brizola, do PDT; e Mário Covas, do PSDB,[625] formando nítida opção por Fernando Collor no segundo turno. O pastor e deputado estadual em São Paulo, Daniel Marins, por exemplo, enviou mala direta para quase dois milhões de eleitores com o texto "10 razões para não votarmos em Lula", pedindo voto para o cristão Fernando Collor e enfatizando o radicalismo do petista, sua simpatia pela luta armada e tendência a cercear as liberdades religiosas.[626]

Mas apesar da posição oficial da Igreja, soaram vozes dissonantes, ainda que concentradas nos níveis hierárquicos inferiores. Foi o caso do pastor Antônio Carlos Miranda, da IEQ de Assis (SP), que em entrevista ao jornal *A Gazeta de Assis*, em agosto de 1989, dizia-se preocupado "com o perigo de um confronto mais agressivo entre os presidenciáveis",[627] que poderia dificultar a transição democrática. Miranda tinha "medo de um

---

623   ARQUIVO NACIONAL. Serviço Nacional de Informações. *Resenha política de 03 de outubro de 1989*. Código de referência: BR DFANBSB V8.MIC, GNC.AAA.90073270.
624   MARIANO; PIERUCCI, *op. cit.*, p. 205.
625   TRABUCO, *op. cit.*, p. 350.
626   *Ibid.*, p. 353.
627   ARQUIVO NACIONAL. Serviço Nacional de Informações. *Igreja Católica e as eleições presidenciais*. Código de referência: BR DFANBSB V8.MIC, GNC.EEE.89022704.

novo golpe, idêntico ao violento golpe militar de 64". Entre os presidenciáveis, o único que recebia restrições do pastor era Roberto Freire, do PCB, por ter-se declarado ateu, reparando, porém, que "é melhor um ateu honesto do que um religioso falso".

Outras igrejas evangélicas também favoreceram Collor. A Igreja de Cristo, por exemplo, representada no Congresso Nacional por Gidel Dantas, realizou grandes eventos partidário-religiosos no Ceará, Piauí e Rio Grande do Norte. O próprio Dantas percorreu esses estados ao lado de seu irmão, Gineton Dantas de Queirós, e pai, Vicente de Queirós, ambos também pastores. Consumada a vitória de Fernando Collor, Gidel Dantas assumiria a função de vice-líder do governo na Câmara dos Deputados.[628]

A adesão destas agremiações a Collor foi justificada largamente pelo alegado risco do cerceamento da liberdade religiosa sob Lula. Há indícios, contudo, de que não apenas fatores religiosos motivaram a repulsa pentecostal ao petista, mas também questões relativas a concessões de rádio e televisão em negociação naquele pleito. Outros pontos sensíveis para os evangélicos em jogo naquela conjuntura seriam isenções fiscais; a liberdade para a evangelização de povos originários, com a divulgação da Bíblia nas línguas indígenas, importante baluarte da presença de evangélicos conservadores no país; e o reconhecimento da utilidade pública das organizações evangélicas, a exemplo do que fizera o governo de São Paulo com a Igreja da Unificação.[629]

O primeiro ano do governo Collor e a bancada evangélica

O curto governo de Fernando Collor, que renunciaria em dezembro de 1992 após graves denúncias de corrupção e de acentuado desgaste popular, teve como marca principal dois planos econômicos que falharam em estabilizar a moeda brasileira e a deflagração de um ambicioso projeto de abertura ao capital estrangeiro e de privatizações. Estes dois últimos

---

628 MARIANO; PIERUCCI; *op. cit.*, p. 204.
629 TRABUCO, *op. cit.*, p. 354.

pontos são os que mais nos interessam, pois, observando como se comportaram os parlamentares evangélicos, podemos dar mais alguns passos para a caracterização de sua atuação em matérias econômicas.

Uma das mais importantes votações neste período foi a da Medida Provisória 155, de 1990, que propunha um Plano Nacional de Desestatização (PND). Após sofrer alguns ajustes, a MP foi transformada no Projeto de Lei de Conversão finalmente aprovado em 10 de abril de 1990. Tendo também passado pelo crivo do Senado, o Plano foi finalmente transformado na lei 8031/90, sancionada por Fernando Collor em 12 de abril.

Durante a sua votação na Câmara, o deputado e sociólogo Florestan Fernandes, do PT, teceu duras críticas ao plano, argumentando que o termo "desestatização"[630] ocultaria "uma expropriação da riqueza nacional pelas classes privilegiadas". Isso porque, dentro de uma economia capitalista, a desestatização nunca redundaria na "criação de uma propriedade submetida ao controle democrático dos trabalhadores", significando, ao contrário, "o envolvimento do Estado no processo de acumulação de capital e, portanto, na produção da infraestrutura e de empresas que podem gerar essa infraestrutura e acelerar a acumulação de capital", fatos facilitados pelo estágio de desenvolvimento capitalista que o país vivia, já plenamente associado com "o grande capital internacional". Enfatizava Fernandes que, nesse quadro, o Plano redundaria em uma continuação da via "colonial e neocolonial de crescimento econômico" em detrimento da "autonomia no desenvolvimento capitalista", pois, entre outras coisas, um dos dispositivos da medida provisória facilitava a entrada do capital estrangeiro nas empresas estatais, elevando a sua possibilidade de participação a 49% e conferindo-lhe poder de veto.

Para essa votação, contudo, a composição da Câmara dos Deputados ainda era aquela empossada em 1987, havendo a renovação apenas nas eleições de outubro de 1990.[631] Com a exceção de Roberto Vital Ferreira,

---

630 DIÁRIO DO CONGRESSO NACIONAL. Ano XLV, n. 25, 12 de abril de 1990, pp. 51-52.
631 Os deputados eleitos em 1986 iniciaram seus mandatos em 1º de fevereiro de 1987, quase dois anos após o início do governo Sarney. Sendo assim, seus mandatos apenas terminaram em janeiro de 1991, um ano após o governo de Fernando Collor de Mello. Seu mandato, entretanto, fora definido pela Constituição com a duração de cinco anos, o que fez com que o fim da legislatura empossada em 1991 coincidisse com o término do governo de Itamar Franco, que assumiu após

que se ausentou, todos os parlamentares da bancada evangélica votaram a favor do PND. De inequívoco interesse para o capital, a lei 8031/90 seria o principal sustentáculo da série sem precedentes de privatizações de empresas públicas que prosseguiria ao longo dos mandatos de Itamar Franco e Fernando Henrique Cardoso.

Eleições gerais de 1990

Em outubro de 1990, o Brasil realizou eleições para a renovação dos legislativos federais e estaduais e para a escolha de governadores. Essas eleições marcaram o debute partidário da Renovação Carismática Católica, certamente como resposta à prevalência de católicos progressistas nos pleitos anteriores. Conforme a SAE, a RCC bancava nada menos que quinze candidatos ao legislativo federal pelas legendas PFL, PMDB, PSC e PSDB. Um deles era Osmânio Pereira de Oliveira, candidato pelo PSDB de Minas Gerais. Reeleito, em 1996 Oliveira aparece em matéria do *Jornal do Brasil* como "principal articulador da Igreja Católica no Congresso".[632] Naquela altura, reportou o jornal uma aproximação entre deputados católicos e a bancada evangélica em torno de questões de interesse mútuo no plano dos costumes, como a proibição do aborto e do casamento homoafetivo.

Não há espaço para a análise da ação legislativa da RCC, mas, a julgar pelo perfil de muitos dos seus candidatos, ela não diferiu muito da bancada evangélica. No Rio de Janeiro, por exemplo, apoiaram o conservador Francisco Dornelles, do PPB, para a Câmara dos Deputados. Já em São Paulo, o escolhido foi Salvador Zimbaldi, que, ao lado de Dornelles, foi um importante pilar do governo Fernando Henrique Cardoso.

Entre o ramo evangélico, a expansão partidária prosseguiu em todos os estados, conforme relatado pela SAE, que destacava a candidatura ao governo do Piauí de Francisco Barbosa de Macedo, pastor quadrangular

---

a renúncia de Collor. A partir da 50ª legislatura, iniciada em 1995, porém, os mandatos dos deputados federais passariam a coincidir com os dos presidentes da República, cujos mandatos foram reduzidos para quatro anos em junho de 1994.

632 KRIEGER, Gustavo. FELIX, Jorgemar. "Fé acima das diferenças de partido". *Jornal do Brasil*, Rio de Janeiro, 02 jun. 1996, p. 4.

filiado ao PMN.[633] Após o pleito, a SAE destacava alguns triunfos evangélicos, como a eleição para o Senado, pelo Mato Grosso do Sul, do presbiteriano Levy Dias, do PST, capitalizando sua "grande penetração junto à Comunidade Evangélica".[634] No Mato Grosso, o pecuarista Jaime Veríssimo Campos, candidato a governador e coordenador da campanha de Fernando Collor de Mello em 1989, segundo a Secretaria também vinha "tendo o apoio da Comunidade Evangélica em sua campanha", terminando eleito ainda no primeiro turno.

Em Goiás, os evangélicos se uniram à campanha do também evangélico Iris Rezende, do PMDB, cujo comitê central, conforme a SAE, era frequentado por muitos pastores evangélicos que estariam "percorrendo as igrejas 'Assembleia de Deus' nos diversos setores da Capital, conclamando seus companheiros a votarem nos candidatos a cargos majoritários da coligação: Iris Rezende, para Governador, e Onofre Quinan,[635] para Senador".[636] Mas o político do PMDB não obteve apoio unânime da Assembleia, manifestando o presidente da Convenção Regional, Abigail Carlos de Oliveira, a opinião de que o fato de ser ele o único candidato evangélico "não é condição determinante para os fiéis",[637] havendo outros que teriam mais beneficiado os evangélicos no estado. O que teria levado Abigail a romper com o preceito "irmão vota em irmão"? A documentação não revela, mas podemos inferir que ele nutrisse preferências pelo segundo colocado, o empresário agrário, próximo da União Democrática Ruralista, Paulo Roberto Cunha, candidato por uma ampla coalizão conservadora. Dificilmente estaria ele pensando no terceiro colocado, Valdi Camarcio, do PT, ou no quarto, Iram Saraiva, do PDT. De todo modo, algumas igrejas pentecostais distribuíram panfletos favoráveis à Rezende, exortando os

---

633   ARQUIVO NACIONAL. Secretaria de Assuntos Estratégicos da Presidência da República. *Sem título*. Código de referência: BR DFANBSB H4,MIC GNC.QQQ.900004753.

634   ARQUIVO NACIONAL. Secretaria de Assuntos Estratégicos da Presidência da República. *Sem título*. Código de referência: BR DFANBSB H4,MIC GNC.MMM.900009147.

635   Dono do Grupo Onogás (que, além do engarrafamento e distribuição de gás, atua no setor bancário por via da Onogás Crédito), Onofre financiaria a carreira política de sua esposa, Lídia Quinan.

636   ARQUIVO NACIONAL. Secretaria de Assuntos Estratégicos da Presidência da República. *Sem título*. Código de referência: BR DFANBSB H4,MIC GNC.RRR.900013290.

637   ARQUIVO NACIONAL. Secretaria de Assuntos Estratégicos da Presidência da República. *Sem título*. Código de referência: BR DFANBSB H4,MIC GNC.RRR.900013339.

crentes a não votar "em um incrédulo" e frisando que "A ordem de Deus é escolher e deve ser dentre os nossos irmãos".

No Rio de Janeiro chamou atenção "a força da Igreja Universal do Reino de Deus, que conseguiu eleger dois Deputados Federais e um Deputado Estadual",[638] angariando 112.096 votos. O deputado estadual em questão era ninguém menos que Eraldo Macedo Bezerra, irmão de Edir Macedo, reeleito pelo PMDB com quase 36 mil votos. Relatava-se que a receita do sucesso iurdiano, segundo lideranças ecumênicas ouvidas, era devida "à realização de um grande investimento na campanha eleitoral do RJ, onde está localizada a sua sede". Além da Iurd, a Assembleia de Deus, a Congregação Cristã do Brasil e a Igreja Batista elegeram, cada uma, um deputado federal. A deputada assembleiana, contudo, era Benedita da Silva, do PT, que para a Secretaria deveria seu êxito "mais à sua atuação político-partidário do que religiosa", posto que "o eleitorado religioso elegeu os candidatos filiados a partidos conservadores".

Tal como no Rio, em São Paulo a Igreja Universal se destacou. Ali, a SAE[639] documentou o importante apoio da Igreja a Luiz Antônio Fleury Filho, eleito governador pelo PMDB. Como visto no Capítulo 9, Fleury mantinha boas relações com religiosos conservadores, sendo articulista no jornal universitário da Igreja da Unificação.[640]

A bancada evangélica empossada na Câmara dos Deputados em 1991

Não é tarefa fácil relacionar os membros da bancada evangélica após a Constituinte. A informação é menos acessível, em vista da maior disponibilidade de informações bibliográficas e documentais sobre a atuação de políticos religiosos no período da redemocratização em relação aos anos

---

638   ARQUIVO NACIONAL. Secretaria de Assuntos Estratégicos da Presidência da República. *Sem título*. Código de referência: BR DFANBSB H4,MIC GNC.CCC.910020224.
639   ARQUIVO NACIONAL. Secretaria de Assuntos Estratégicos da Presidência da República. *Sem título*. Código de referência: BR DFANBSB H4,MIC GNC.PPP.910011515.
640   ARQUIVO NACIONAL. Secretaria de Assuntos Estratégicos da Presidência da República. *Sem título*. Código de referência: BR DFANBSB H4,MIC GNC.EEE.900024207.

subsequentes. As listagens aqui expostas são, portanto, aproximações, podendo haver imprecisões pontuais.

Na 49ª legislatura, eleita em finais de 1990, a bancada evangélica sofreu um decréscimo, trazendo 23 parlamentares, número que subiu para 24 em maio de 1991, com a posse de Eliel Rodrigues na vaga do deputado Manoel Ribeiro, do PMDB paraense.

Entre os reeleitos, além de Rodrigues, a bancada teve Costa Ferreira; Antônio Jesus; João de Deus Antunes, que mudara para o PDS; Manoel Moreira; Matheus Iensen, agora no PTB; Salatiel Carvalho; Mário de Oliveira, desta vez pelo PRN; Orlando Pacheco; Arolde de Oliveira; Eraldo Tinoco; Fausto Auromir Lopes Rocha, que migrara para o PRN; e Naphtali Alves de Souza.

Pela Igreja Universal do Reino de Deus, a que ganhou mais espaço, debutaram Alberto Felipe Haddad Filho (PRN-SP), Aldir Cabral (PTB-RJ), Luiz Moreira (PTB-BA) e Odenir Laprovita Vieira (PMDB-RJ). A Assembleia de Deus manteve sua maioria, reelegendo sete parlamentares e trazendo os novatos Benedito Domingos (PP-DF) e Valdenor Guedes (PTB-AP). Outros estreantes foram Francisco da Silva (PDC-RJ), da Congregação Cristã do Brasil; os luteranos Paulo Bauer (PDS-SC), Werner Wanderer (PFL-PR) e Hugo Biehl (PDS-SC); e o mórmon Moroni Torgan (PDC-CE).

A bancada ainda receberia um reforço esporádico do deputado constituinte Milton Barbosa, suplente empossado em agosto de 1992. Barbosa, porém, passou pouco tempo na Câmara, licenciado por longos períodos.

Partidariamente, há um recuo do PMDB, mas, se levarmos em conta as palavras de Guaracy Silveira, que indicam o PTB e o PDC como "linha auxiliar" do PMDB, os que gravitam em torno deste partido ainda são maioria, somando onze parlamentares. O PFL, cuja árvore genealógica remete ao PDS e à ARENA, continua bem representado, com seis deputados. A grande novidade, contudo, é a vinculação de três deputados ao novo Partido da Reconstrução Nacional (PRN), de Fernando Collor de Mello. A maioria da bancada vinculava-se, portanto, a grupos políticos sustentadores dos últimos três governos, atestando a sua vocação governista no interior de um Estado dominado em todo o período pelo empresariado. Vejamos cada um dos novos membros.

Alberto Felipe Haddad Filho, mais conhecido como Bebeto Haddad, era amigo íntimo de Edir Macedo que teria apresentado o bispo a

Fernando Collor de Mello, iniciando a cooperação da Iurd com sua candidatura e governo. Foi também intermediário na compra da Rede Record de TV pela Igreja em 1989. Era, ainda, "investidor e empresário nos setores de produção e distribuição de álcool, alimentos e transportes"[641] e pertencente, em 2005, ao conselho da Central Petroquímica Brasileira Ltda. A SAE sublinhou sua proximidade com setores agrários e sua defesa de "interesses industriais, comerciais e religiosos".[642] Animado com o projeto de privatização dos serviços públicos iniciados por Collor, a Secretaria anotou também que, em outubro de 1991, o deputado "congratulou-se com o Governo pela privatização da Usiminas".[643] Conforme noticiado em 1992 pela *Tribuna da Imprensa*, Haddad foi suspeito também de receber propina de empresários para votar a favor do projeto de desregulamentação dos portos,[644] que abria caminho para a privatização da atividade no país.

Membro da Iurd e delegado de polícia federal, Aldir de Araújo Cabral iniciou sua carreira partidária em 1990. Pouco após a posse, se licenciou para executar a função de secretário estadual de Trabalho e Ação Social no Rio de Janeiro, sob o governo de Marcello Alencar, do PSDB, ali ficando até 1996. Segundo a SAE, Cabral ganhara o cargo "decorrente do apoio que o governador recebeu ao comparecer a uma grande concentração política, promovida pelo bispo Edir Macedo antes das eleições de outubro de 94, em protesto contra a candidatura de Luiz Inácio Lula da Silva"[645] e, ao assumir, "nomeou vários evangélicos para cargos de primeiro escalão na secretaria".

---

641   "ALBERTO FELIPE HADDAD FILHO". In: Dicionário histórico-biográfico brasileiro (DHBB). Rio de Janeiro: Centro de Pesquisa e Documentação de História Contemporânea do Brasil (CPDOC) da Fundação Getúlio Vargas (FGV), [s.d.]. Disponível em: <http://www.fgv.br/cpdoc/acervo/dicionarios/verbete-biografico/alberto-felipe-haddad-filho>. Acesso em: 12 maio 2021.

642   ARQUIVO NACIONAL. Secretaria de Assuntos Estratégicos da Presidência da República. *Sem título*. Código de referência: BR DFANBSB H4,MIC GNC.DIT.910075829.

643   ARQUIVO NACIONAL. Secretaria de Assuntos Estratégicos da Presidência da República. *Sem título*. Código de referência: BR DFANBSB H4,MIC GNC.DIT.910075776.

644   "QUEM é quem e como devem votar os 49". *Tribuna da Imprensa*, Rio de Janeiro, 09 set. 1992, p. 3.

645   ARQUIVO NACIONAL. Secretaria de Assuntos Estratégicos da Presidência da República. *Sem título*. Código de referência: BR DFANBSB H4,MIC GNC.DIT.960079105.

A eleição de Luiz Moreira da Silva, também iurdiano, se dera, segundo a SAE, "com expressiva colaboração de adeptos".⁶⁴⁶ Empresário, médico e militar, foi presidente da Associação Baiana de Medicina e vice-presidente da Associação de Pequenos e Microempresários da Bahia. Eleito pelo PFL, tinha proximidade com Antônio Carlos Magalhães, tendo dirigido o Departamento Nacional de Telecomunicações da Bahia. É descrito pelo DIAP⁶⁴⁷ como "Adepto da economia de mercado", "contrário à reforma agrária" e favorável ao ensino superior privado com "bolsas para os alunos carentes".

O pastor Laprovita Vieira, comerciário, empresário e agricultor,⁶⁴⁸ era outro nome da Iurd. Em 1992, o jornal *Tribuna da Imprensa* o apontou como diretor – e elo de Edir Macedo – na empresa Unifacturing/Uniparticipações, atuante no mercado de compra de duplicatas e que, em 1991, teria adquirido o Banco Dime, que "segundo informações que circulam no mercado financeiro de São Paulo"⁶⁴⁹ passara ao controle do líder da Universal. Envolvido também nas negociações para a compra da Rede Record, no momento de sua eleição presidia a Iurd e dirigia a Rádio Copacabana, de propriedade da Igreja. Já a SAE o descrevia como "Pastor evangélico e empresário, defende os interesses de indústrias, religiosos e do setor de comunicações".⁶⁵⁰ Outro entusiasta da pauta liberalizante, em abril de 1994, nas discussões no Congresso sobre privatizações e a quebra de monopólios estatais, "criticou a falta de investimentos, de pesquisa e de produtividade das estatais, defendendo a abertura para o capital externo, como forma de dar qualidade ao setor e bons salários aos funcionários".⁶⁵¹

---

646   ARQUIVO NACIONAL. Secretaria de Assuntos Estratégicos da Presidência da República. *Sem título*. Código de referência: BR DFANBSB H4,MIC GNC.PPP.910011515.

647   DIAP. *Quem foi quem no Congresso nas matérias de interesse dos assalariados*: 1999-2003. Brasília, DIAP, 2002, p. 65.

648   "LAPROVITA Vieira". *Portal da Câmara dos Deputados*, [s.d.]. Disponível em: <https://www.camara.leg.br/deputados/74855/biografia>. Acesso em: 13 maio 2021.

649   "RELIGIOSO já tem o seu banco". *Tribuna da Imprensa*, Rio de Janeiro, 05 jun. 1992, p. 5.

650   ARQUIVO NACIONAL. Secretaria de Assuntos Estratégicos da Presidência da República. *Sem título*. Código de referência: BR DFANBSB H4,MIC GNC.DIT.910075829.

651   ARQUIVO NACIONAL. Secretaria de Assuntos Estratégicos da Presidência da República. *Sem título*. Código de referência: BR DFANBSB H4,TXT CEX.1968.

Empresário e advogado, o pastor assembleiano Benedito Augusto Domingos foi diretor-presidente da Fibral Indústria e Comércio de Vidros e Fibras Ltda., fundador da Centro-Oeste Turismo e Passagens Ltda. e da Empresa Auto-Posto B-4 Comércio de Derivados do Petróleo, além de vice-presidente da Federação das Associações Comerciais e Industriais do Distrito Federal.[652] Licenciou-se do cargo entre 1992 e 1993 para ser secretário de Joaquim Roriz no governo de Brasília, renunciando para assumir como vice-governador do Distrito Federal no novo mandato de Roriz em 1999. Iniciou sua vida política pela ARENA em 1979, nomeado administrador da região de Taguatinga no Distrito Federal. Como deputado, ilustrando sua adesão ao plano liberalizante em curso, manifestou-se na sessão legislativa de 8 de novembro de 1991 considerando "acertada a decisão do governo de privatizar empresas estatais".[653]

O também pastor da Assembleia de Deus, Valdenor Guedes Soares, antes de eleito, foi chefe da Divisão Ambiental Estadual do Meio Ambiente do Amapá, em 1990, no governo de Gilton Garcia, do PDS. Sobre ele, as informações são escassas.

Membro da Congregação Cristã no Brasil, o empresário Oliveira Francisco da Silva foi dirigente da farmacêutica Instituto Fleming do Brasil e proprietário da Rádio Melodia FM e Rádio Brasil AM, ambas no Rio de Janeiro.[654] Era visto pela SAE como defensor dos "interesses religiosos e do setor de comunicações",[655] coerentemente com a condição de pentecostal e proprietário de empresas de rádio. A SAE considerava ainda que o deputado "Acredita na política econômica do presidente Collor".[656]

O luterano Hugo Biehl iniciou carreira política ao ser eleito deputado estadual em 1983 pelo PDS de Santa Catarina. Na Câmara, defendeu os interesses agrários, tendo a maioria de suas intervenções no plenário se

---

652 "BENEDITO Domingos." *Portal da Câmara dos Deputados*, [s.d.]. Disponível em: <https://www.camara.leg.br/deputados/73656/biografia>. Acesso em: 13 maio 2021.
653 ARQUIVO NACIONAL. Secretaria de Assuntos Estratégicos da Presidência da República. *Sem título*. Código de referência: BR DFANBSB H4,MIC GNC.DIT.910075827.
654 "FRANCISCO Silva". *Portal da Câmara dos Deputados*, [s.d.]. Disponível em: <https://www.camara.leg.br/deputados/74845/biografia>. Acesso em: 13 maio 2021.
655 ARQUIVO NACIONAL. Secretaria de Assuntos Estratégicos da Presidência da República. *Sem título*. Código de referência: BR DFANBSB H4,MIC GNC.DIT.910075829.
656 ARQUIVO NACIONAL. Secretaria de Assuntos Estratégicos da Presidência da República. *Sem título*. Código de referência: BR DFANBSB H4,MIC GNC.DIT.910075450.

referido a este tema, de acordo com a SAE. Na sessão legislativa de 16 de outubro de 1991, por exemplo, elogiou o pacote agrícola havia pouco lançado pelo governo, asseverando que "com a retomada dos investimentos no campo, a produção será viabilizada e a crise superada".[657] O DIAP,[658] por sua vez, o viu como "um dos principais operadores da bancada ruralista na Câmara".

Político experiente, o luterano Paulo Bauer já em 1978 fazia parte da Comissão Diretora do Movimento Arenista Jovem, em Joinville (SC). Obteve seu primeiro mandato em 1987, como deputado estadual em Santa Catarina pelo PDS. Eleito para a Câmara dos Deputados em 1991, licenciou-se por longo período para ser secretário da Educação, Cultura e Desporto de Santa Catarina no governo de Vilson Kleinübing, do PFL. Reeleito em 1994, renunciou três anos depois para assumir como vice-governador catarinense pelo PFL. Foi ainda "empresário da área de alimentação",[659] administrador e gerente-geral da empreiteira Stein e vice-presidente e presidente da Eletrificação Rural de Santa Catarina, sociedade anônima de economia mista fundada em 1973.[660]

Outro luterano, Werner Wanderer, agricultor e empresário, estreia na política em 1965, quando foi prefeito no interior do Paraná pelo PTB, sendo ainda deputado estadual pela ARENA, PDS e PFL entre 1975 e 1991.[661] Em fevereiro de 1991, escreve a SAE que Wanderer encontrou-se com o prefeito de Medianeira (PR), também do PFL, prestando apoio ao projeto de reabertura da rodovia PR-495, conhecida como Estrada do Colono, que cortava o Parque Nacional do Iguaçu e foi fechada por decisão da justiça em setembro de 1986 por pressão de ambientalistas.[662] Com efeito, veremos adiante que produtores rurais paranaenses, talvez interessados na reabertura desse canal de escoamento, financiaram em peso sua campanha.

---

657 ARQUIVO NACIONAL. Secretaria de Assuntos Estratégicos da Presidência da República. *Sem título*. Código de referência: BR DFANBSB H4,MIC GNC.DIT.910075704.
658 DIAP, 2002, p. 314.
659 DIAP – INFORMATIVO MENSAL. n. 11, nov. 1990.
660 "PAULO Bauer". *Portal da Câmara dos Deputados*, [s.d.]. Disponível em: <https://www.camara.leg.br/deputados/73882/biografia>. Acesso em: 19 maio 2021.
661 "WERNER Wanderer". *Portal da Câmara dos Deputados*, [s.d.]. Disponível em: <https://www.camara.leg.br/deputados/73792/biografia>. Acesso em: 13 maio 2021.
662 ARQUIVO NACIONAL. Secretaria de Assuntos Estratégicos da Presidência da República. *Sem título*. Código de referência: BR DFANBSB H4,MIC GNC.NNN.910009096.

A SAE o descreveu também como defensor dos "interesses de pequenos e médios produtores rurais e de empresários do setor de comunicações".[663] Seu interesse pelos pequenos agricultores, entretanto, é posto em dúvida na edição de março/abril do informativo *O trabalhador rural*, editado pela Confederação Nacional dos Trabalhadores Agrícolas (Contag) e acumulado pela Presidência da República, onde aparece em uma lista de "inimigos dos trabalhadores rurais"[664] em função de sua proposta de alteração do artigo 190 da Constituição, que impunha limitações e condições para a aquisição de terras por estrangeiros.

Moroni Torgan, delegado da Polícia Federal e mórmon, foi secretário de Segurança do Ceará entre 1988 e 1990 no governo de Tasso Jereissati e vice-líder do governo Itamar Franco na Câmara dos Deputados em 1993. Em seu currículo policial constam cursos ministrados pelo FBI e pelo Departamento do Tesouro norte-americano.[665] Em 1991, a SAE o retratou como defensor dos interesses de sua Igreja e dos policiais e apontou que ele votara contra o governo na maioria das votações até então.[666]

A renovada bancada evangélica e o governo Collor

Já em seu segundo ano de governo, Fernando Collor de Mello sofria acentuado desgaste político por fatores como o insucesso do seu plano de estabilização econômica, o confisco da Caderneta de Poupança[667] e

---

663 ARQUIVO NACIONAL. Secretaria de Assuntos Estratégicos da Presidência da República. *Sem título*. Código de referência: BR DFANBSB H4,MIC GNC.DIT.910075829.

664 ARQUIVO NACIONAL. Secretaria de Assuntos Estratégicos da Presidência da República. *Sem título*. Código de referência: BR DF ANBSB H4,MIC GNC.DIT.940078119.

665 "MORONI Torgan". *Portal da Câmara dos Deputados*, [s.d.]. Disponível em: <https://www.camara.leg.br/deputados/74457/biografia>. Acesso em: 13 maio 2021.

666 ARQUIVO NACIONAL. Secretaria de Assuntos Estratégicos da Presidência da República. *Sem título*. Código de referência: BR DFANBSB H4,MIC GNC.DIT.910075829.

667 Medida integrante do pacote de estabilização econômica lançado em 1990, o governo federal bloqueou, por um ano e meio, quantias superiores a cinquenta mil cruzados depositadas em cadernetas de poupança e contas correntes a fim de limitar o dinheiro circulante e frear a inflação. Não apenas não logrou êxito como redundou em graves prejuízos para boa parte da população, privada de suas economias.

denúncias de corrupção. Refletindo na Câmara, a SAE notava uma grande redução no apoio incondicional ao governo. Em duas listagens,[668] formuladas em junho e novembro de 1991, o órgão desenhava um mapa do Congresso identificando parlamentares que não apoiavam o governo, aqueles que apoiavam condicionalmente e os que apoiavam de maneira irrestrita. Essas listas mostram que nenhum parlamentar da bancada evangélica era tido entre os que não apoiavam o governo (inclusive Moroni Torgan), sendo que dois deles, Benedito Domingos e Hugo Biehl, figuravam ainda no minúsculo grupo dos que o apoiavam incondicionalmente.

Outro índice útil para medir a adesão da bancada evangélica ao governo Collor de Mello, especificamente a seus projetos econômicos liberalizantes, é a presença de parlamentares evangélicos no Bloco da Economia Moderna (BEM), grupo de pressão formado por mais de 120 mandatários. Conforme a SAE, pelo menos sete deputados evangélicos eram integrantes do bloco: Aldir Cabral, Fausto Rocha, Eraldo Tinoco, Werner Wanderer, Arolde de Oliveira, Francisco Silva e Laprovita Vieira.[669]

Os seus principais articuladores foram os três ex-ministros da Fazenda Roberto Campos e Delfim Neto, ambos do PDS, e Francisco Dorneles, do PFL.[670] Sua direção, contudo, foi dividida entre Roberto Campos, João Mellão Neto, do PL, Luiz Eduardo Magalhães, do PFL, e Luiz Carlos Rauly, do PMDB.[671] Davam-lhe sustentação os partidos PDS, PDC, PRN, PL, PSD, PP e parte do PMDB, contando o bloco ainda "com o apoio das associações comerciais e industriais, federação dos bancos e entidades com base doutrinária sólida e projetos já definidos", no caso os laboratórios de ideias Instituto Liberal e Instituto Atlântico.[672]

---

668   ARQUIVO NACIONAL. Secretaria de Assuntos Estratégicos da Presidência da República. *Sem título.* Código de referência: BR DFANBSB H4,MIC GNC. DIT.910075772; e ARQUIVO NACIONAL. Secretaria de Assuntos Estratégicos da Presidência da República. *Sem título.* Código de referência: BR DFANBSB H4,MIC GNC.DIT.910075031.

669   ARQUIVO NACIONAL. Secretaria de Assuntos Estratégicos da Presidência da República. *Sem título.* Código de referência: BR DFANBSB H4,MIC GNC.DIT.910075829.

670   "BLOCO defenderá a livre iniciativa". *Jornal do Commercio,* Rio de Janeiro, 19 set. 1991, p. 3.

671   "PAINEL nacional". *Pioneiro,* Caxias do Sul, 30 set. 1991, p. 28.

672   DRUMMOND, Aristóteles. "Frente Ampla". *Jornal do Commercio,* Rio de Janeiro, 19 set. 1991, p. 3.

Conforme o economista Roberto Campos, o bloco vinha para "instaurar a economia de mercado no país",[673] com "a privatização, a desregulamentação, a abertura comercial e a reinserção do Brasil no sistema financeiro internacional". O mesmo Campos declarava o propósito de modernizar o Brasil reformando-se estruturas e mentalidades para "promover a cultura do mercado"[674] em substituição àquelas que travariam o desenvolvimento: "a cultura do privilégio, oriunda dos portugueses; a cultura da magia, vinda da África; e a cultura da preguiça, que tem sua fonte nos costumes indígenas".

De imediato, o BEM buscaria forçar uma revisão da Constituição, aprovada havia menos de três anos, planejando alterações ainda mais profundas para 1993. Neste ponto, o pomo da discórdia residiria no fato de que a Carta de 1988 incorporava demandas populares acumuladas ao longo dos 21 anos de ditadura, justamente no momento em que o neoliberalismo, e o ataque que esse promovia às políticas sociais, se firmava nos países capitalistas centrais, derivando daí, na periferia, um atrito entre a Constituição e tendências políticas hegemônicas que se prolongaria por toda a década de 1990.[675]

De maneira nada fortuita, então, no Congresso, o advento do BEM era comparado à criação do Centrão durante a Constituinte, impressão reforçada pelo fato de que muitos de seus membros, como Roberto Cardoso Alves (PTB) e Gilsom Machado (PFL), foram articuladores do bloco conservador em 1987.[676]

Inconformado com as derrotas passadas, o grupo voltava à carga, insistindo em modelar a Carta à sua imagem. Vontade confirmada por Pauderney Avelino, do PDC, que dizia ser um dos focos imediatos do BEM a aprovação das propostas de mudanças constitucionais preparadas pela

---

673   "LIBERAIS ortodoxos formam bloco". *Jornal do Brasil*, Rio de Janeiro, 19 set. 1991, p. 3.
674   BRANCO, Carlos Castelo. "Com uma sensação de estar saindo da crise". *Jornal do Brasil*, Rio de Janeiro, 05 out. 1991, p. 2.
675   BASTOS, Carlos Pinkusfeld; FERRAZ, Fernando. "A economia brasileira na primeira metade dos anos 1990: inflação, mudança estrutural e estabilização". In: ARAUJO, Victor Leonardo de; MATTOS, Fernando Augusto Mansor. *A economia brasileira de Getúlio a Dilma – novas interpretações*. São Paulo: Hucitec, 2021, p. 421.
676   BLOCO defenderá a livre iniciativa, *op. cit.*

equipe de Collor[677] e que incluíam a privatização do ensino, a reforma da Previdência e o fim da estabilidade do serviço público, por exemplo.

Neste ponto, a comunhão de interesses entre o governo federal e o BEM era confirmada pela SAE, que reportou que os ideais manifestos pelo grupo, "apoiar as iniciativas que acabem com a interferência do Estado na economia e permitam a entrada de capital estrangeiro no País",[678] estavam em "sintonia com as propostas do Executivo Federal de mudanças constitucionais". Compreenderiam elas "a privatização das estatais, a desregulamentação da economia, a abertura comercial e a reinserção do Brasil no sistema internacional, incluindo acordos com o FMI sobre a dívida externa".

As eleições municipais de 1992

Por razões desconhecidas, nos arquivos da SAE são escassas as informações sobre a participação de religiosos no pleito municipal de 1992. É possível, entretanto, supor o prosseguimento dos esforços evangélicos, bem como a continuidade da ascensão da Igreja Universal que, segundo a Secretaria, começara seus preparativos um ano antes, escolhendo "representantes para as Câmaras Municipais de importantes cidade do sul da Bahia, e até mesmo para prefeituras",[679] investindo por volta de oitocentos mil dólares.[680] Para tanto, podia contar com 98 templos no estado, 120 mil seguidores e "o apoio da Rádio Jornal da Cidade Ltda", a Rádio Bahia de Salvador, comprada pela Igreja.

---

677   *Ibid.*
678   ARQUIVO NACIONAL. Secretaria de Assuntos Estratégicos da Presidência da República. *Sem título.* Código de referência: BR DFANBSB H4, MIC GNC.DIT.910075651.
679   ARQUIVO NACIONAL. Secretaria de Assuntos Estratégicos da Presidência da República. *Sem título.* Código de referência: BR DFANBSB H4,MIC GNC.PPP.910011515.
680   Cotação em 16 de outubro de 1991, data provável da redação do documento.

As eleições de 1994

Nas eleições gerais de 1994, registrou a SAE ter havido uma articulação sem precedentes do movimento religioso partidarizado,[681] com grande empenho de católicos e evangélicos em orientar seus rebanhos contra o voto nulo.

Findo o governo Itamar Franco, que conseguira estabilizar a moeda por via do Plano Real, o ministro da Fazenda, Fernando Henrique Cardoso, candidatou-se à presidência, precisando derrotar o candidato do PT, Luiz Inácio Lula da Silva. A tarefa se mostrou mais fácil do que se esperava, muito em função da aprovação popular ao Plano Real e, em parte, da contumaz campanha religiosa contra Lula, iniciada meses antes do pleito. Em junho de 1994, a SAE reportou que o jornal oficial da Iurd, a *Folha Universal*, veiculou virulenta matéria contra o "Diabo barbudo". Intitulado *Sem ordem e sem progresso*, o escrito, assinado pelo pastor e dirigente Ronaldo Didini, acusava o PT de "usar a democracia como elo de ligação para o autoritarismo e a intolerância".[682] Enumerava-se graves defeitos do PT, como divisões internas, "em várias facções antagônicas"; o fato dos seus integrantes defenderem a ajuda financeira a Cuba; a "influência direta na formação de opiniões e conceitos através da infiltração de militantes na educação, nos meios de comunicação e no funcionalismo público";[683] a defesa do casamento entre pessoas do mesmo sexo e da legalização do aborto; o interesse em estatizar a economia e em não pagar a dívida externa; sua ligação com as comunidades eclesiais de base, "controladas pela ala progressista da Igreja Católica"; e o estímulo à invasão e ocupação

---

681 ARQUIVO NACIONAL. Secretaria de Assuntos Estratégicos da Presidência da República. *Sem título*. Código de referência: BR DFANBSB H4,MIC GNC.DIT.950078736.

682 ARQUIVO NACIONAL. Secretaria de Assuntos Estratégicos da Presidência da República. *Sem título*. Código de referência: BR DFANBSB H4,MIC GNC.DIT.940077267.

683 Vemos aqui a continuidade da retórica ventilada no interior dos encontros financiados pela Igreja da Unificação, nos documentos Santa Fé I e II e no relatório Rockefeller, segundo a qual as esquerdas manteriam uma ofensiva ideológica em vários níveis. É um prenúncio também de uma bandeira hasteada com progressiva intensidade pela extrema direita brasileira em tempos mais recentes, por exemplo alegando a presença de propaganda política no interior das salas de aula a fim de cercear a liberdade de expressão de professores e professoras e imprimir ao ensino brasileiro seu próprio viés ideológico.

de terras "consideradas improdutivas". Representaria o partido, portanto, "o radicalismo, o atraso e a destruição dos valores familiares e cívicos".

Por volta de um mês antes das votações, a Iurd mantinha sua "cruzada eleitoral"[684] contra Lula, mais interessada em combater aquele que pintava como "personificação do Diabo" do que em apoiar qualquer um, enquanto a Assembleia de Deus fazia movimentos em direção a Orestes Quércia (PMDB), cujo candidato a vice-presidente era Iris Rezende. Em termos legislativos, as igrejas envolvidas na Conferência Nacional dos Pastores do Brasil, que como vimos era formada sobretudo pela Iurd, a Assembleia, os batistas e a IEQ, pretendiam eleger ao menos doze deputados federais.

A Secretaria relatou também que, a fim de melhor articular suas candidaturas, a Iurd criara uma "coordenadoria política"[685] contribuindo para que a Igreja dobrasse seu número de deputados federais. Era dito, ainda, que Edir Macedo procurava estender seu alcance partidário inclusive no exterior, colhendo assinaturas para fundar um partido em Portugal a fim de disputar as eleições legislativas em 1995. De fato fundada naquele ano e inicialmente batizada Partido Social Cristão, a legenda acabou por se chamar Partido da Gente. Conforme apurado pela SAE, essa denominação seria uma forma de relacionar o partido ao governo Collor, "em virtude do seu slogan 'minha gente'",[686] "em agradecimento aos benefícios obtidos por Edir Macedo na concessão de canais de rádio e televisão". Planejava o bispo lançar o Partido da Gente também no Brasil, projeto que, entretanto, não saiu do papel, terminando extinto também em Portugal em 1999.

Ainda segundo a Secretaria, mantinha "cerrados contatos"[687] com o candidato Lula o presbiteriano Caio Fábio, crítico da Iurd e do Conselho Nacional dos Pastores do Brasil. Tais encontros, em número de quinze apenas nos dois anos anteriores, teriam levado a campanha petista a

---

684 ARQUIVO NACIONAL. Secretaria de Assuntos Estratégicos da Presidência da República. *Sem título.* Código de referência: BR DFANBSB H4,MIC GNC.DIT.950078736.
685 ARQUIVO NACIONAL. Secretaria de Assuntos Estratégicos da Presidência da República. *Sem título.* Código de referência: BR DFANBSB H4,MIC GNC.DIT.950078803.
686 ARQUIVO NACIONAL. Secretaria de Assuntos Estratégicos da Presidência da República. *Sem título.* Código de referência: BR DFANBSB H4,MIC GNC.DIT.960079184.
687 ARQUIVO NACIONAL. Secretaria de Assuntos Estratégicos da Presidência da República. *Sem título.* Código de referência: BR DFANBSB H4,MIC GNC.DIT.940078073.

intensificar aproximações com evangélicos em comitês a eles dedicados, ativos desde a campanha de 1989.

A despeito desses esforços, o voto evangélico migrou para Fernando Henrique Cardoso. Pesquisa do Datafolha entre 16 de agosto e 5 de setembro de 1994 mostrou a preferência de 40,3 % dos evangélicos pelo tucano, contra 18,6 % de Lula, obtendo o primeiro vantagem ainda maior entre os pentecostais, 41,9 % contra 17,4 %.[688] Aqui, salta aos olhos o fato de ambos os candidatos terem recebido entre os evangélicos um percentual de votos menor do que aquele conseguido entre população total, 54,24% e 27,07%. Do lado de Fernando Henrique Cardoso, uma explicação provável é o fato de Orestes Quércia, como vimos apoiado pela Assembleia de Deus, ter atingido 8,3 % na pesquisa dos votos evangélicos, quase o dobro dos 4,38% somados pelo TSE, havendo também muitos indecisos: 13,8%. Já para Lula, a diferença certamente reporta-se à sua grande rejeição, que chegou a 51,7% entre todos os evangélicos e 55,1% no meio pentecostal.[689]

A bancada evangélica e o primeiro mandato de Fernando Henrique Cardoso

Tal como fizeram com Collor, os parlamentares religiosos foram leais aliados do programa econômico liberalizante de Fernando Henrique Cardoso. Conforme o *Jornal do Brasil* de 11 de abril de 1995, a bancada evangélica visitara o presidente no dia anterior "para dar seu apoio às reformas constitucionais".[690]

Conseguindo bons resultados no último pleito, o grupo aumentou para aproximadamente 28 representantes. Em termos partidários, há desta vez uma grande heterogeneidade, ainda que circunscrita ao universo de partidos conservadores, sem a supremacia de qualquer legenda. O PFL e o PP são os preferidos, tendo cada um seis deputados evangélicos, seguidos de perto pelo PMDB, com cinco, e pelo PPR, com quatro. Em termos

---

688 PIERUCCI; PRANDI, *op. cit.*, p. 227.
689 *Ibid.*, p. 236.
690 "LANCE-Livre". *Jornal do Brasil*, Rio de Janeiro, 11 abr. 1995, p. 6.

confessionais, permanece a superioridade da Assembleia de Deus, que contribuiu com nove deputados, enquanto a Igreja Universal do Reino de Deus crescia rapidamente, elegendo outros seis, e os batistas continuavam fortes, com cinco membros.

Alto também foi o índice de reeleição, tendo voltado ao Congresso quatorze deputados evangélicos. Foram eles Benedito Domingos, Costa Ferreira, Salatiel Carvalho, Valdenor Guedes, Laprovita Vieira, Luiz Moreira, Aldir Cabral, Francisco Silva, Mário de Oliveira, Eraldo Tinoco, Arolde de Oliveira, Hugo Biehl, Paulo Bauer e Werner Wanderer. Os estreantes foram os assembleianos Carlos Apolinário (PMDB-SP), João Iensen (PTB-PR), Philemon Rodrigues (PTB-MG), Raimundo Santos (PPR-PA) e Silas Brasileiro (PMDB-MG); os iurdianos Paulo de Velasco (PSD-SP), Wagner Salustiano (PPR-SP) e Jorge Wilson (PMDB-RJ); os batistas Carlos Magno (PFL-SE), Herculano Anghinetti (PSDB-MG) e Lamartine Posella (PP-SP). A Igreja Presbiteriana fez os deputados Elias Abrahão (PMDB-PR), José Carlos Lacerda (PPR-RJ) e Lídia Quinan (PMDB-GO). Um último estreante foi Ildemar Kussler (PSDB-RO), cuja filiação religiosa é desconhecida.

O empresário Carlos Apolinário possuía uma fábrica de produtos plásticos e empresas de rádio.[691] Iniciou sua vida política em 1983 como deputado estadual em São Paulo pelo PMDB, reeleito até 1995. Em entrevista a eles concedida em maio de 1992, quando ainda era deputado estadual em São Paulo, os sociólogos Mariano e Pierucci[692] destacam a aversão de Apolinário à esquerda e a sua participação na eleição de Fernando Collor, uma vez que "a esquerda no mundo todo proíbe a liberdade religiosa".

Filho de Matheus Iensen, João Iensen começou como deputado estadual no Paraná em 1991. Em 1994, resolveu concorrer para o legislativo federal, cargo ao qual o pai não tentara se reeleger, dele herdando provavelmente muitos votos. Empresário do ramo radiofônico, tal como o pai, aparecia desde 1976 como sócio-cotista do Sistema Iensen de Comunicações, empresa por trás da rádio evangélica Marumby.[693]

---

691 "CARLOS Apolinário". *Portal da Câmara dos Deputados*, [s.d.]. Disponível em: <https://www.camara.leg.br/deputados/73438/biografia>. Acesso em: 17 maio 2021.
692 MARIANO; PIERUCCI, *op. cit.*, p. 207.
693 "JOÃO Iensen". *Portal da Câmara dos Deputados*, [s.d.]. Disponível em: <https://www.camara.leg.br/deputados/73774/biografia>. Acesso em: 17 maio 2021.

O pastor assembleiano Philemon Rodrigues inicia sua vida partidária em 1986 como diretor-administrativo da Secretaria de Educação de Minas Gerais no governo de Hélio Garcia, do PMDB. Prosseguiu em cargos de confiança do governo mineiro na gestão de Newton Cardoso (1987-1991) e no segundo mandato de Hélio Garcia (1991-1995).

A carreira partidária do cantor da Assembleia de Deus Raimundo Santos começou em 1984, quando assumiu a função de assessor jurídico da Prefeitura de Paragominas (PA). Em seguida, foi deputado estadual no Pará pelo PFL em 1987 e em 1991, desta vez pelo PRN. Advogado, representou o banco Bamerindus em Paragominas e foi presidente da Associação Comercial, Agrícola e Pastoril da mesma cidade.[694] Em 1990, enquanto investigava a aceitação do primeiro Plano Collor entre líderes partidários, a SAE registrou que Raimundo Santos, então na Assembleia Legislativa do Pará, era um dos parlamentares "que se manifestam de forma incisiva em favor do plano".[695]

Agricultor, empresário e pecuarista, o assembleiano Silas Brasileiro iniciou na política como prefeito de Patrocínio (MG) em 1989.[696] A SAE o descreveu como membro da bancada ruralista e "muito ligado ao setor cafeeiro",[697] fatos confirmados pelo DIAP,[698] que o tinha como "grande cafeicultor". Recentemente, foi inclusive diretor-executivo e presidente do Conselho Nacional do Café. Em 2003, foi secretário da Agricultura Pecuária e Abastecimento no governo de Minas Gerais sob Aécio Neves, do PSDB. Como se verá, tinha fortes ligações também com o setor empreiteiro.

O pastor da Igreja Universal Paulo de Velasco era advogado, comunicador e empresário. Seu primeiro mandato foi como deputado estadual em São Paulo, pelo PST, em 1991. Transferindo-se para o PSD ainda em 1991, foi segundo vice-presidente da Executiva Nacional do partido em 1994, por ele também elegendo-se deputado federal no mesmo ano. Passaria posteriormente para

---

694 "RAIMUNDO Santos". *Portal da Câmara dos Deputados*, [s.d.]. Disponível em: <https://www.camara.leg.br/deputados/74084/biografia>. Acesso em: 17 maio 2021.

695 ARQUIVO NACIONAL. Secretaria de Assuntos Estratégicos da Presidência da República. *Sem título*. Código de referência: BR DFANBSB H4,MIC GNC.KKK.900007738.

696 "SILAS Brasileiro". *Portal da Câmara dos Deputados*, [s.d.]. Disponível em: <https://www.camara.leg.br/deputados/74765/biografia>. Acesso em: 17 maio 2021.

697 ARQUIVO NACIONAL. Secretaria de Assuntos Estratégicos da Presidência da República. *Sem título*. Código de referência: BR DFANBSB H4,MIC GNC.MMM.990017269.

698 DIAP, 2002, p. 170.

o PRONA, conseguindo um segundo mandato na Câmara dos Deputados em 1998. No ramo empresarial, foi diretor da empresa Interplan, gerente de treinamento e comercial da Gold Invest, Indústria e Comércio de Ouro e superintendente comercial da Zurich Trade do Brasil.[699]

O Iurdiano Wagner Salustiano, também empresário, debutou no mundo partidário nas eleições de 1994. O DIAP[700] o descreveu como um "governista" que "apoia incondicionalmente as teses e propostas de FHC".

O último iurdiano debutante foi Jorge Wilson de Matos. Segundo a *Folha de S.Paulo*, seu filho, Jorge Wilson de Matos Júnior, foi um dos iurdianos empregados por Aldir Cabral em 1995, quando esse ocupava o cargo de secretário estadual de Trabalho e Ação Social do governo do Rio de Janeiro.[701]

O médico batista Carlos Magno Costa Garcia entrou na política em 1983, empossado prefeito de Estância (SE) pelo PDS. Em 1990, faz-se deputado estadual naquele estado, agora pelo PFL. Em setembro de 1995, a SAE o arrolou como um dos apoiadores da bancada ruralista em Sergipe.[702]

Herculano Anghinetti, agricultor, corretor de seguros e membro da Igreja Batista, iniciou sua vida partidária em 1994.[703] Foi membro da bancada ruralista até seu último mandato, entre 2003 e 2007. Em tempos recentes, se afastou do legislativo, fazendo política a partir da Associação Brasileira Pró-Desenvolvimento Regional Sustentável (Adial Brasil), órgão de defesa de interesses patronais fundado em 2006 e onde é presidente-executivo. Descrita como um espaço de reunião das "principais empresas brasileiras de vários setores e portes, que compartilham a certeza de que políticas de incentivos fiscais são fundamentais para a conquista da verdadeira independência, do crescimento e desenvolvimento das empresas e o

---

699 "DE Velasco". *Portal da Câmara dos Deputados*, [s.d.]. Disponível em: <https://www.camara.leg.br/deputados/73554/biografia>. Acesso em: 18 maio 2021.
700 DIAP, 2002, p. 356.
701 FILHO, Aziz. "Secretário é acusado de privilegiar a Universal". *Folha de S.Paulo*, São Paulo, 06 jan. 1996. Disponível em: <https://www1.folha.uol.com.br/fsp/1996/1/06/brasil/25.html>. Acesso em: 18 maio 2021.
702 ARQUIVO NACIONAL. Secretaria de Assuntos Estratégicos da Presidência da República. *Sem título*. Código de referência: BR DFANBSB H4,MIC GNC.PPP.980011873.
703 "HERCULANO Anghinetti". *Portal da Câmara dos Deputados*, [s.d.]. Disponível em: <https://www.camara.leg.br/deputados/74660/biografia>. Acesso em: 18 maio 2021.

equilíbrio regional",[704] a associação tem como filosofia a noção de que os impostos são entraves ao desenvolvimento econômico, pleiteando menos tributos sobre as atividades empresariais.

Fundador e presidente da Igreja Batista Palavra Viva, o pastor Lamartine Posella passa a deputar na Câmara dos Deputados apenas em princípios de 1997, tomando posse como suplente. É autor do livro *O Céu na Terra: um projeto de conquista* (São Paulo: Naós, 1998), panfleto em defesa da tutela evangélica sobre a sociedade em geral.

O pastor da Igreja Presbiteriana Central Elias Abrahão, antes de entrar no legislativo, foi secretário municipal do Meio Ambiente em Curitiba, entre 1986 e 1988, na prefeitura de Roberto Requião, do PMDB; coordenador do Meio Ambiente da Secretaria de Desenvolvimento Urbano do Estado do Paraná, entre 1989 e 1990, no governo de Álvaro Dias, do PMDB; e secretário de Educação do Estado do Paraná, entre 1991 e 1994, nas gestões de Requião e Mário Pereira, esse último também do PMDB.

O empresário presbiteriano José Carlos Lacerda começou a frequentar o Estado em 1970, eleito vereador no Rio de Janeiro pela ARENA. Transferindo-se para o MDB, foi reeleito e posteriormente empossado como deputado estadual. Aderindo ao PFL, foi vice-prefeito da cidade fluminense de Duque de Caxias em 1988. Entre 1996 até sua morte em 1997, trabalhou no governo do estado do Rio de Janeiro sob Marcelo Alencar, do PSDB, permanecendo por pouco tempo, portanto, na Câmara dos Deputados.

Também presbiteriana, a empresária Lídia Quinan não tinha experiência partidária prévia. Foi vice-presidente da distribuidora de gás Grupo Onogás e da organização financeira Onocrédito, além de membro do conselho consultivo do órgão patronal Associação Comercial e Industrial de Goiás.[705]

Ildemar Kussler também estreava no Congresso. Cumpriu apenas a metade do mandato, renunciando em janeiro de 1997 para assumir a prefeitura de Ji-Paraná (RO).

---

704 "QUEM Somos". *Adial Brasil*, [s.d.]. Disponível em: <https://adialbrasil.org.br/adial-brasil/#missaovisaovalores>. Acesso em: 18 maio 2021.

705 "LÍDIA Quinan". *Portal da Câmara dos Deputados*, [s.d.]. Disponível em: <https://www.camara.leg.br/deputados/73667/biografia>. Acesso em: 19 maio 2021.

Principais votações na Câmara dos Deputados

Procurando aprofundar ainda mais a internacionalização da economia e o programa privatizador iniciado por Fernando Collor, Fernando Henrique Cardoso precisou desfigurar diversas disposições da Constituição de 1988. Isso não é tarefa simples, pois as emendas constitucionais requerem três quintos dos votos na Câmara dos Deputados para serem aprovadas. A facilidade com que Fernando Henrique Cardoso conseguiu emplacar mais de uma dezena delas explica-se pela força política angariada por sua expressiva votação, por acordos e negociatas travadas com o Congresso e pelo interesse da classe dominante em que tais medidas saíssem do papel. Para tanto, o presidente contou com a adesão praticamente unânime da bancada evangélica.

Passarei agora a observar o comportamento desses parlamentares diante de algumas das mais importantes votações ocorridas na Câmara dos Deputados entre 1995 e 1999.

A primeira delas é a Proposta de Emenda Constitucional nº 5/95, aprovada em segundo turno na Câmara dos Deputados, em maio de 1995, por 349 a 105 e transformada na emenda constitucional nº 6. Seu efeito foi revogar a diferenciação constitucional entre empresa brasileira e empresa brasileira de capital nacional. A emenda teve importante papel no projeto de aprofundamento das privatizações e de abertura da economia nacional ao capital estrangeiro por abrir caminho para que empresas estrangeiras, desde que constituídas sob as leis brasileiras e com sede aqui, pudessem explorar os recursos minerais e hídricos nacionais, que no texto constitucional original estavam reservados a brasileiros e empresas brasileiras de capital nacional. Mais do que isso, a emenda removia qualquer diferenciação legal entre empresas brasileiras e empresas brasileiras de capital nacional, intensificando ainda mais a internacionalização de nossa economia.

Toda a bancada evangélica votou a favor da medida, com a exceção de Aldir Cabral e Erado Tinoco, licenciados, Lamartine Posella, que apenas tomaria posse em janeiro de 1997, e Philemon Rodrigues, que se absteve.[706]

---

706   DIÁRIO DO CONGRESSO NACIONAL. Ano L, n. 85. 24 de maio de 1995. Disponível em: <http://imagem.camara.gov.br/Imagem/d/pdf/DCD24MAI1995.pdf#page=>. Acesso em: 22 maio 2021.

A Proposta de Emenda Constitucional nº 7/95, aprovada em segundo turno na Câmara em maio de 1995, com 360 votos a favor e 113 contra, e transformada na Emenda Constitucional nº 7, franqueava os portos brasileiros para a navegação de cabotagem de navios estrangeiros, monopolizada por embarcações nacionais na Constituição de 1988.

Novamente, todos os membros da bancada evangélica votaram a favor da proposição do Poder Executivo, com a exceção dos ausentes na votação anterior.

Embora nenhum de seus membros tenha se pronunciado a respeito da matéria nas discussões em plenário, o deputado Salatiel Carvalho pediu a palavra para tratar de outro assunto: a greve dos petroleiros, deflagrada em 3 de maio e, conforme a Federação Única dos Petroleiros, "a mais longa greve da história da categoria".[707] Reivindicando a observância de acordos firmados com o governo no ano anterior e em protesto às investidas privatizadoras de Fernando Henrique contra a Petrobrás, a greve, declarada abusiva pelo Tribunal Superior do Trabalho, sofreu violenta repressão do governo, que procedeu a cortes salariais, suspensões, demissões, ocupações de refinarias pelo Exército e pesadas multas aos sindicatos. Não obstante, Carvalho tomou o púlpito da Câmara para parabenizar Fernando Henrique por seu "comportamento firme e sereno"[708] e "lucidez" ao acionar o ministro da Justiça para que se tomasse as "devidas providências", que, frisou o deputado, iam "desde a demissão sumária até a prisão".

A PEC nº 3/95, aprovada em segundo turno na Câmara em 6 de junho de 1995, por 357 votos contra 136, e transformada na Emenda Constitucional nº 8, em 15 de agosto, tinha como função precípua habilitar empresas privadas a explorarem serviços de telecomunicações no país. Assim, no trecho em que a Constituição de 1988 dizia que a União apenas poderia conceder a empresas estatais o fornecimento desses serviços, removia-se esse condicionante. A proposta foi, novamente, acolhida de maneira unânime pelos evangélicos, com as mesmas ausências das votações anteriores.

---

707   1995: A maior greve dos petroleiros. *FUP – Federação Única dos Petroleiros*, 2019. Disponível em: <https://www.fup.org.br/ultimas-noticias/item/24271-1995-a--maior-greve-dos-petroleiros>. Acesso em: 22 maio 2021.

708   DIÁRIO DO CONGRESSO NACIONAL. Ano L, n. 91, 01 de junho de 1995. Disponível em: <http://imagem.camara.gov.br/Imagem/d/pdf/DCD01JUN1995.pdf#page=>. Acesso em: 22 maio 2021.

Nos debates que precederam a votação, Philemon Rodrigues deixou claro que concordava com os planos de Fernando Henrique Cardoso, declarando-se "pela modernização do Estado", pedindo apenas que os líderes do governo frequentassem mais a Câmara para expor "com clareza aos partidos as propostas do governo".[709]

Laprovita Vieira também tomou o púlpito, mas dessa vez para declarar o apoio do seu partido, o PP, à proposta governamental. Limitou-se a dizer que "o país não precisa mais se preocupar com investimentos, que competem à iniciativa privada. Portanto, tem de investir em saúde, educação, segurança e transporte"[710] e que ele e seus colegas de partido entendiam "que os monopólios estatais devem realmente ser flexibilizados".

A PEC 6/95, aprovada em segundo turno na Câmara por 360 a 129, em junho de 1995, e transformada na Emenda Constitucional nº 9 de 1995, avançou o esvaziamento da Petrobrás e a abertura econômica ao capital estrangeiro. Punha-se fim ao monopólio da estatal na exploração do petróleo em solo nacional, permitindo à União contratar empresas privadas para as atividades de pesquisa e extração e para o refino, a importação, a exportação e o transporte marinho de petróleo, gás e derivados.

Desta vez não houve unanimidade. Apesar da maioria esmagadora da bancada votar a favor, três membros se manifestaram contra: Philemon Rodrigues, Paulo de Velasco e Elias Abrahão. João Iensen faltou à votação e os outros três deputados evangélicos ausentes nas votações anteriores assim permaneceram pelas mesmas razões.

Mas, apesar das discordâncias, nenhum parlamentar evangélico participou dos debates que precederam a votação. Apenas dois deles pediram a palavra naquela sessão legislativa, ambos para tratar de outras questões.

José Carlos Lacerda manifestou-se para divulgar o livro *Medicina familiar: base para um sistema de saúde no Brasil*, editado pela ESG, sugerindo a ligação do deputado com esse órgão. Segundo Lacerda, uma das propostas do livro era fazer frente à insuficiência de recursos públicos para o

---

709 DIÁRIO DO CONGRESSO NACIONAL. Ano L, n. 94, 07 de junho de 1995. Disponível em: <http://imagem.camara.gov.br/Imagem/d/pdf/DCD07JUN1995.pdf#page=>. Acesso em: 22 maio 2021.

710 Aqui vemos ecoar um dos principais argumentos de economistas liberais para reduzir o Estado: a suposta maior eficiência em atender os serviços básicos quando liberado de investir nos setores produtivos.

atendimento médico das "populações carentes" a fim de garantir o cumprimento de "alguns dos Objetivos Nacionais Permanentes" entre eles a "paz social e a própria segurança nacional".[711]

Arolde de Oliveira aproveitou para pronunciar-se sobre a PEC 3/95, que retirava o monopólio estatal nas telecomunicações. Exortou os deputados a se "ocupar, imediatamente, em dar consequências práticas a essa decisão",[712] ou seja, pedia celeridade na produção de uma Lei Ordinária para "regulamentar a desregulamentação do setor de telecomunicações" *(sic)*. Sobre a PEC, dizia que ela veio para remover empecilhos constitucionais a "medidas modernizadoras", permitindo a transição "do atual modelo estatizado e monopolista para esse novo modelo de competição". Defendia também a necessidade de revisão da estrutura tarifária corrente, em atenção à "remuneração do capital investido", a fim de "estimular investimentos". Almejava, portanto, a construção de condições para que vigorasse "um sistema de preços justo e estável, com a mínima interferência por parte do poder concedente para que os efeitos da competição sejam os mais positivos possíveis". Mas seria apenas em dezembro de 1996 que o governo encaminharia ao Congresso um projeto para a Lei Geral de Telecomunicações, sob a forma do PL 821/1995, que buscava regular a nova organização das telecomunicações e fixar condições para a privatização do sistema Telebrás. Aprovado, transformou-se na Lei n. 9.472, endossada por Fernando Henrique em 16 de julho de 1997.

Em julho de 1996, a Câmara aprovou em segundo turno, por 318 votos a 136, a PEC 33/1995, feita Emenda Constitucional nº 20. Assim, possibilitava-se a reforma da Previdência, uma das prioridades do governo, que supunha haver um desequilíbrio nas contas públicas ameaçando a estabilização monetária. Para o trabalhador, a reforma dificultou o acesso à aposentadoria ao instituir o tempo de contribuição, no lugar do tempo de

---

711 Tais objetivos foram formulados pela ESG no interior de sua Doutrina de Segurança Nacional, com raízes na Guerra Fria e baseando-se na ideia de uma guerra total, com conflitos no campo ideológico, dividindo o mundo entre áreas de influência dos Estados Unidos e da União Soviética. Abraçada pela ditadura de 64, sua menção indica a afiliação do parlamentar a uma linha doutrinária autoritária.

712 DIÁRIO DO CONGRESSO NACIONAL. Ano L, n. 103, 21 de junho de 1995. Disponível em: <http://imagem.camara.gov.br/Imagem/d/pdf/DCD21JUN1995.pdf#page=>. Acesso em: 23 maio 2021.

serviço, como fator principal para os cálculos, além de firmar idades mínimas para o setor público. Abriu-se caminho, também, para a instituição de um Regime de Previdência Complementar para o setor público, que forneceu à iniciativa privada, por via de empresas financeiras, a oportunidade de gerir e extrair lucros de fundos de pensão.

Novamente, a medida foi amplamente abraçada pelos políticos evangélicos, deles recebendo apenas dois votos contrários: de Raimundo Santos e Francisco Silva. Não votaram novamente Aldir Cabral, Eraldo Tinoco e Lamartine Posella, além de José Carlos Lacerda, que faltou. Nenhum evangélico pediu a palavra nessa sessão legislativa.[713]

Outra importante medida do primeiro mandato de Fernando Henrique Cardoso foi a reforma administrativa, aprovada em 1998, que procurou, entre outras coisas, eliminar a estabilidade dos servidores públicos de acordo com avaliações de desempenho. No entanto, o presidente não conseguiu a sua aplicação prática, pois a PEC previa a produção de uma lei complementar para regular tais avaliações, que não chegou a sair do papel.

A reforma foi enviada pelo Poder Executivo ao Congresso sob a forma da PEC 173/95, aprovada em segundo turno na Câmara em novembro de 1997, por 354 votos contra 134, e tornada a Emenda Constitucional nº 19 em junho de 1998.

Novamente, não houve unanimidade. A esmagadora maioria da bancada, porém, endossou a emenda de Fernando Henrique, com apenas dois votos contrários, de Benedito Domingos e Philemon Rodrigues. Não votaram Eraldo Tinoco, ainda licenciado, Ildemar Kussler, que renunciou em janeiro de 1997, e os faltantes Costa Ferreira e Elias Abrahão.

O deputado Carlos Magno chegou a entregar à presidência da Câmara "declaração de voto em separado contra a quebra da estabilidade do servidor público"[714] por acreditar que da "instabilidade resulta forçosamente a insegurança dos servidores e, daí, a vulnerabilidade a pressões de natureza política ou administrativa". Não deixou, contudo, de manifestar apoio à

---

713   DIÁRIO DA CÂMARA DOS DEPUTADOS. Ano LI, n. 130, 18 de julho de 1996. Disponível em: <http://imagem.camara.gov.br/Imagem/d/pdf/DCD18JUL1996.pdf#page=>. Acesso em: 24 maio 2021.

714   DIÁRIO DA CÂMARA DOS DEPUTADOS. Ano LII, n. 211, 20 de novembro de 1997. Disponível em: <http://imagem.camara.gov.br/Imagem/d/pdf/DCD20NOV1997.pdf#page=>. Acesso em: 23 maio 2021.

emenda, "providência importante no contexto da reforma do Estado", e aos seus pressupostos, uma "Nova visão" na qual "a prioridade até então admitida na execução é substituída por uma postura reguladora", redefinindo a ação estatal, que se retirava das atividades econômicas e, por isso, poderia ser "centrada nos aspectos sociais".

As eleições municipais de 1996

Neste pleito, a Igreja Universal do Reino de Deus manteve ascendentes esforços eleitorais, preparando pastores-candidatos a todo o vapor. Em princípios de 1996, por exemplo, filiou mais de dez deles ao PTB do Rio Grande do Sul.[715] Em Belo Horizonte, notava a SAE, os esforços da Iurd converteram-se em grandes resultados, fazendo a vereadora mais votada, Maria Helena Alves Soares, do PFL. Com a eleição de Soares, a bancada evangélica na cidade aumentava para oito membros.[716]

Também se mexiam os batistas. Em janeiro de 1996, o presidente da Aliança Batista Mundial, Nilson Fanini,[717] um dos maiores interessados no projeto partidário evangélico, ambicionando a Presidência da República nas próximas eleições, dizia em matéria do *Jornal do Brasil* que parlamentares evangélicos mantinham articulações para "uma aliança entre várias igrejas"[718] com o fim de lançar candidatos às prefeituras e, no futuro, para os governos estaduais e federal. Conforme Fanini, que lançou o *slogan* "Ano 2000, maioria evangélica no Brasil", "candidatos agnósticos não devem administrar o país, porque faltariam a eles valores cristãos, como a solidariedade humana".

---

715   ARQUIVO NACIONAL. Secretaria de Assuntos Estratégicos da Presidência da República. *Sem título*. Código de referência: BR DFANBSB H4,MIC GNC.GGG.980018844.
716   "EVANGÉLICA é campeã". *Jornal do Brasil*, Rio de Janeiro, 08 out. 1996, p. 10.
717   Conforme vimos no Capítulo 8, frequentador da Escola Superior de Guerra.
718   RAMOS, Mônica. "Fanini sonha com o Planalto". *Jornal do Brasil*, Rio de Janeiro, 08 jan. 1996, p. 3.

As eleições de 1998

Em março de 1998, preocupada com as eleições vindouras, a SAE anotou que "lideranças evangélicas",[719] sem especificar quais, se encontraram no auditório da TV Record, no Rio de Janeiro, para coordenar ações partidárias. Presidida pelo bispo Carlos Rodrigues, que se firmava como principal articulador político da Iurd, foi ali proposta a "união de todos os evangélicos", anunciando-se que qualquer político eleito pela Iurd "terá compromissos indistintamente com todas as denominações de igrejas evangélicas, defendendo suas necessidades em conjunto", e que os candidatos da Igreja usariam um único *slogan*: "Fé para vencer". Dizia a Secretaria, ainda, que os evangélicos adotaram para aquelas eleições o lema "conheceis o seu voto e o seu voto vos libertará".[720]

No âmbito presidencial, porções paulistanas da Iurd, que se distanciava de Fernando Henrique Cardoso, aderiram à candidatura de Enéas Carneiro, do PRONA. Já no legislativo, almejava a Igreja aumentar sua presença na Câmara federal de quatro para dez deputados e eleger outros vinte para a Assembleia Legislativa de São Paulo. Sua campanha era embalada por grandes atos partidário-religiosos, como o ocorrido em 19 de abril na Praça da Apoteose, Rio de Janeiro, com cinquenta mil pessoas. Segundo a Secretaria, ali ocorrera um culto religioso precedido por "ampla panfletagem, conclamando os fiéis a votarem em 'homens de Deus para cargos públicos'". Intitulado *Carta aberta aos cidadãos do Reino*, o panfleto dizia que "Deus quer usar pessoas escolhidas por Ele nas funções políticas de nosso país, para fazer cumprir a Sua Palavra".

Registrou a Secretaria que, no debate político daquele ano, as questões priorizadas pelas igrejas evangélicas, mas também pela Católica, foram o desemprego e a educação. Da parte da Iurd, a abordagem do desemprego desconsiderava motores sociais, situando sua solução no plano espiritual, à

---

719 ARQUIVO NACIONAL. Secretaria de Assuntos Estratégicos da Presidência da República. *Sem título*. Código de referência: BR DFANBSB H4,MIC GNC.CCC.990021609.

720 A frase é uma adaptação eleitoreira do versículo bíblico constante no Evangelho de João "Conhecereis a verdade, e a verdade vos libertará". Segundo o *Estado de Minas*, a apropriação da frase pela direita partidária permanece, liberalmente proferida pelo ex-presidente Jair Bolsonaro, para se esquivar de críticas, e por sua base aliada durante as eleições de 2018 (MENDONÇA, 2020).

semelhança do que fazia na mesma época a direita religiosa estadunidense, e coerentemente com os princípios da Teologia da Prosperidade. Assim, preocupada com os altos índices de desemprego no bairro paulistano de Santo Amaro, onde estava a sua catedral, a Igreja de Macedo promovia uma "Corrente dos doze bispos, de fé e oração, em favor da vida financeira de todos os trabalhadores e contra o desemprego que assola o povo". Já quanto à educação, a Iurd ancorava-se mais na realidade material, embora a solução proposta residisse não na democratização da educação pública, mas na filantropia cristã, por via das ações da Associação Beneficente Cristã (ABC), como vimos no Capítulo 10.

No que se refere ao pleito presidencial, as negociações entre Fernando Henrique Cardoso e a Iurd foram estorvadas por multas conferidas pela Receita Federal à TV Record e à própria Igreja. De qualquer forma, o coordenador político e futuro deputado federal bispo Rodrigues encontrou Fernando Henrique no mesmo mês de junho para barganhar ao menos uma neutralidade. Como contrapartida, os evangélicos pediam uma maior participação das suas instituições em obras de assistência social feitas em convênio com o governo, naquele momento concentradas nas instituições católicas.[721] De maneira inédita, entretanto, essa neutralidade parece ter sido concedida também ao candidato do PT, Luiz Inácio Lula da Silva, pois, em finais de maio de 1998, Edir Macedo se encontrara com Lula "para fechar um pacto de não agressão".[722]

A Assembleia de Deus, por outro lado, manifestou apoio à reeleição de Fernando Henrique Cardoso, convidado para o 2º Congresso Mundial das Assembleias de Deus, em São Paulo. Na ocasião, segundo o *Jornal do Brasil*, José Wellington Bezerra, presidente nacional das Assembleias, ofereceu ao político uma "proposta inovadora"[723] para resolver os problemas com o MST: "Cada brasileiro que se converte à Igreja Evangélica é um sem-terra a menos, porque não queremos a terra, queremos o céu". Fernando Henrique Cardoso, por sua vez, comunicou a certeza de que os

---

721 FRANCO, Ilmar. "FH recebe bispo de Edir Macedo". *Jornal do Brasil*, 19 jul. 1998, p. 3.
722 LOPES, Eugênia. "Governo propõe trégua na previdência". *Jornal do Brasil*, Rio de Janeiro, 19 jun. 1998, p. 4.
723 CASTRO, Gleise de. "Presidente é ovacionado por 600 mil evangélicos". *Jornal do Brasil*, 29 set. 1997, p. 3.

presentes eram "cidadãos que têm a bandeira do Brasil lá em cima. Deus no coração e o cumprimento da cidadania como Norte".

Conforme o *Jornal do Commércio*, os assembleianos Benedito Domingos e Salatiel Carvalho, esse último "coordenador da bancada evangélica aliada ao governo",[724] eram alguns dos mais engajados na reeleição de Fernando Henrique Cardoso, organizando atos públicos, como o planejado para o Rio de Janeiro no mês de agosto. Já o *Jornal do Brasil* relatou um encontro entre lideranças evangélicas e o aliado de Fernando Henrique Cardoso e presidente da Câmara dos Deputados, Michel Temer, para fechar acordo em torno da reeleição. Além da Assembleia de Deus, compareceram líderes batistas, presbiterianos e quadrangulares para formalizar o apoio, a ser declarado em grande ato no Rio de Janeiro coordenado pelo presidente da Convenção Nacional das Assembleias de Deus, Manoel Ferreira.[725]

A bancada evangélica e o segundo mandato de Fernando Henrique Cardoso

A 51ª Legislatura, iniciada em 1999 com fim em 2003, caracterizou-se pela maior expansão da bancada evangélica até então. Foram por volta de 42 os deputados eleitos, integrantes daquilo que chamo de "núcleo duro da bancada evangélica", ou seja, desconsiderando uma minoria que não votou de maneira contumaz com o bloco, como Gilmar Machado (PT-MG), Walter Pinheiro (PT-BA), Paulo Baltazar e Miriam Reid, ambos do PSB fluminense. A nova Câmara trouxe também uma importante mudança: desbancando o predomínio da Assembleia de Deus desde a legislatura de 1987, a Igreja Universal do Reino de Deus passa a ser a força principal na bancada evangélica, com quatorze deputados. Não obstante, a Assembleia mantém uma grande representação, com doze mandatários. Já os batistas se veem aumentados para sete. Em termos partidários, a legenda mais

---

724 "FHC adota cautela na viagem à PB". *Jornal do Commercio*, Rio de Janeiro, 17 jul. 1998, p. A-14.
725 FRANCO, *op. cit.*

presente é, de longe, o PFL, com doze membros, seguida do PPB, com sete, e de um PMDB que não para de encolher, fazendo apenas cinco deputados.

Reelegeram-se Aldir Cabral, Jorge Wilson, Luiz Moreira, Paulo de Velasco, Wagner Salustiano, Costa Ferreira, Philemon Rodrigues, Raimundo Santos, Salatiel Carvalho, Silas Brasileiro, Mário de Oliveira, Arolde Oliveira, Eraldo Tinoco, Lamartine Posella, Francisco Silva, Lídia Quinan, Hugo Biehl e Werner Wanderer. Ausente na última legislatura, Moroni Torgan também voltou à Câmara.

Os novatos foram os iurdianos Almeida de Jesus (PMDB-CE), Carlos Rodrigues (PFL-RJ), Valdeci Paiva (PSDB-RJ), Jorge Pinheiro (PRONA-DF), Marcos de Jesus (PL-PE), Paulo Gouvêa (PTB-RS), Reginaldo Germano (PFL-BA), Wanderval Santos (PTB-SP) e Oliveira Filho (PL-PR); os assembleianos Agnaldo Muniz (PDT-RO), Silas Câmara (PL-AM), Cabo Júlio (PL-MG), José Aleksandro (PFL-AC), Amarildo Martins da Silva (PPB-TO), Neuton Lima (PFL-SP) e Nilton Capixaba (PTB-RO); o quadrangular Josué Bengston (PTB-PA); os batistas Eber Silva (PDT-RJ), Gerson Gabrielli (PFL-BA), Lincoln Portela (PST-MG), Lino Rossi (PSDB-MT) e Magno Malta (PTB-ES); o presbiteriano Euler Morais (PMDB-GO); e João Caldas da Silva (PMN-AL), cuja vinculação religiosa exata é incerta.

Ao longo da legislatura, os 42 eleitos receberiam três novas adesões, com a chegada dos assembleianos Antônio Cruz (PMDB-MS), Carlos Nader (PFL-RJ) e Milton Barbosa (PSC-BA), empossados como suplentes entre 2000 e 2001.

Almeida de Jesus entrou na política partidária em 1997, eleito vereador de Fortaleza pelo PTB. Na Câmara dos Deputados, licenciou-se entre 2000 e 2001 para assumir secretariado em Fortaleza (CE) na prefeitura de Juraci Magalhães, do PMDB. Foi um dos muitos deputados da bancada evangélica investigados pela CPI dos Sanguessugas.[726]

---

726 Iniciada em junho de 2006, a CPI dos Sanguessugas investigou a compra superfaturada de ambulâncias. A bancada evangélica se destacou entre os deputados indiciados, sendo alguns de seus integrantes apontados como líderes do esquema. Dos eleitos em 1998, foram investigados Almeida de Jesus, Bispo Rodrigues, Reginaldo Germano, Wanderval Santos, Cabo Júlio, Amarildo Martins da Silva, Neuton Lima, Nilton Capixaba, Raimundo Santos, Josué Bengston, Lino Rossi e João Caldas da Silva, muitos terminando condenados ("CPI dos Sanguessugas divulga lista com 57 parlamentares investigados por fraudes", Jusbrasil, 2006. Disponível em: <https://www.jusbrasil.com.br/noticias/

Carlos Rodrigues, o "bispo Rodrigues", previamente à sua eleição em 1998 acumulou grande experiência partidária ao coordenar as iniciativas da Iurd nessa área. Muito ativo também nos empreendimentos midiáticos da Iurd, foi diretor das rádios Bahia e Record de São Paulo (SP), e da rádio Atalaia, de Belo Horizonte (MG), além de membro do Conselho Consultivo do jornal *Hoje em Dia*, de Belo Horizonte (MG).[727]

O pastor Valdeci Paiva entra na arena partidária em 1998. Muito envolvido com o material midiático da Iurd, apresentou o programa *Alerta Rio*, na Rede Record de Televisão, e o *Fala que eu te escuto*, na Rádio Copacabana, do Rio de Janeiro. Foi assassinado pouco após se tornar deputado estadual no Rio de Janeiro, em janeiro de 2003.

Também pastor iurdiano, Jorge Pinheiro era outro novato. Antes de eleger-se em 1998, apresentava o programa televisivo *Fala Brasília*, da Rede Record.

Marcos de Jesus, pastor da Igreja Universal, também debutava. Com ampla experiência nas empresas de comunicação do Grupo Iurd, foi apresentador nas rádios Tamandaré, Rádio 91.9 e SBT em Olinda (PE).

O pastor da Iurd Paulo Gouvêa seguiu o mesmo padrão exibido pelos seus companheiros, estreante na Câmara e tarimbado comunicador religioso. Foi radialista na Rádio Capital, apresentador do programa *A Voz da Comunidade*, na TV Pampa, e comentarista na Rádio FM 100.5, sempre em Porto Alegre (RS). Conforme o DIAP,[728] tinha relações com a indústria têxtil de Santa Catarina.

O também pastor e comunicador iurdiano, Reginaldo Germano, eleito para a suplência, assumiu pouco depois do início da legislatura. Pouco após seu mandato, deixou a Iurd e o Congresso, embora tenha permanecido filiado ao PP.

Wanderval Santos, o "bispo Wanderval", empresário e comunicador, também não tinha experiência partidária prévia. No passado, agira como diretor das rádios Bahia e Trans Difusão, e da TV Cabrália. Em 1997

---

cpi-dos-sanguessugas-divulga-lista-com-57-parlamentares-investigados-por-fraudes/5781>. Acesso em: 10 abr. 2024).

727 "CARLOS Rodrigues". *Portal da Câmara dos Deputados*, [s.d.]. Disponível em: <https://www.camara.leg.br/deputados/74676/biografia>. Acesso em: 19 maio 2021.

728 DIAP, 2002, p. 317.

apresentava o programa *ABC em Ação*, da Rede Record de Televisão, e o *Viva a Vida*, da Rádio São Paulo. Foi ainda vice-presidente da Associação Brasileira de Rádio e Televisão (Abratel).[729]

O pastor Oliveira Filho foi vereador em Curitiba (PR) entre 1997 e 1999. Começando sua vida profissional como taxista, logo conseguiu colocações na malha midiática da Igreja Universal, figurando como locutor, noticiarista e programador na Rádio Copacabana, repórter na Rede Record de Televisão, diretor e apresentador das rádios São Paulo, Record, Miramar, Placard, Atalaia e Gospel e diretor da Rádio Scala. Foi ainda membro do Conselho Fiscal na Companhia de Desenvolvimento de Curitiba.[730]

Agnaldo Muniz, sobre quem faltam informações, era membro do Conselho Fiscal do Conselho das Assembleias de Deus em Roraima e debutante na política partidária.

O empresário assembleiano Silas Câmara era outro estreante, acumulando, porém, mandatos na Câmara dos Deputados até os dias de hoje. Em sua extensa carreira, foi líder de vários partidos e blocos que frequentou. Conforme o DIAP,[731] sua atuação econômica parlamentar se pautou, sobretudo, por "temas relacionados à agricultura e política rural".

O ex-policial e pastor da Assembleia de Deus, Júlio Cesar Gomes dos Santos, o "Cabo Júlio", foi duas vezes condenado por participação no esquema da Máfia dos Sanguessugas, a sete e a quatro anos de prisão, começando em 2018 a cumprir pena.

O primeiro mandato de José Aleksandro foi como vereador em Rio Branco (AC) em 1992, reeleito em 1996. Foi ainda chefe de gabinete da Secretaria de Transportes e Obras Públicas da prefeitura de Rio Branco no governo de Jorge Kalume, do PDS.

Pastor e empresário do setor papeleiro, Amarildo Martins da Silva, antes de deputado federal, foi vereador em Palmas (TO) entre 1997 e 1999. Licenciando-se da Câmara em dois períodos, foi secretário de Esportes e Turismo do estado de Tocantins, no governo de Siqueira Campos (PFL), entre março e novembro de 2000, e secretário de Indústria e Comércio

---

[729] "WANDERVAL Santos". *Portal da Câmara dos Deputados*, [s.d.]. Disponível em: <https://www.camara.leg.br/deputados/74702/biografia>. Acesso em: 19 maio 2021.

[730] "OLIVEIRA Filho". *Portal da Câmara dos Deputados*, [s.d.]. Disponível em: <https://www.camara.leg.br/deputados/73464/biografia>. Acesso em: 19 maio 2021.

[731] DIAP, 2002, p. 48

no mesmo estado entre 2001 e 2002 ainda na gestão de Campos. Foi ainda presidente e fundador da Associação Beneficente Evangélica da Assembleia de Deus no Estado do Tocantins (ABEADETINS) entre 1994 e 1998.[732]

Neuton Lima entra na política partidária em 1989, eleito vereador em Indaiatuba (SP), nesse ano pelo PMDB e em 1997 pelo PDT. Foi fundador e presidiu a Associação dos Vereadores Evangélicos do Estado de São Paulo entre 1990 e 1997, e coordenador da Bancada Parlamentar da Igreja Assembleia de Deus na Câmara dos Deputados entre 1999 e 2002.

Eleito pela primeira vez em 1998, o assembleiano Nilton Capixaba era empresário agrário e, conforme o DIAP,[733] "comerciante no setor cafeeiro". Uma de suas primeiras medidas foi o PL 721/1999, que pretendia conceder isenção do Imposto sobre Produtos Industrializados (IPI) para maquinário agrícola.

Como visto no Capítulo 7, um dos mais importantes nomes da Igreja do Evangelho Quadrangular no Brasil, o pastor Josué Bengston foi empossado pela primeira vez em 1998, sendo reeleito subsequentes vezes até a legislatura 2015-2019, sempre pelo PTB. Mais extenso, porém, é seu currículo religioso, que acumula funções dirigentes em sua Igreja desde a década de 1970. Em 2016, quando era deputado federal pelo PTB e presidente da Igreja do Evangelho Quadrangular no Pará, durante a votação que aprovou a abertura do processo de impeachment da presidenta Dilma Rousseff, Bengston dedicou à "família Quadrangular" o seu voto pelo "sim". Pouco depois, em junho de 2017, foi condenado a cinco anos e seis meses de prisão no esquema da Máfia das Ambulâncias e, no ano seguinte, a Justiça federal determinou sua perda de mandato e direitos políticos por oito anos. A decisão se baseara em denúncia do Ministério Público Federal segundo as quais "o pastor direcionava verbas a municípios, onde licitações eram fraudadas e o dinheiro era depositado na conta dele e da igreja que faz parte, a Igreja do Evangelho Quadrangular".[734] É tio da senadora

---

732   "PASTOR Amarildo". *Portal da Câmara dos Deputados*, [s.d.]. Disponível em: <https://www.camara.leg.br/deputados/74444/biografia>. Acesso em: 20 maio 2021.

733   DIAP, 2002, p. 297.

734   "Deputado federal pastor Josué Bengston, envolvido na 'máfia das ambulâncias', é condenado a perda de mandato". *G1*, 2018. Disponível em: <https://g1.globo.com/pa/para/noticia/deputado-federal-pastor-josue-bengston-e-condenado--por-desviar-recursos-da-saude-no-para.ghtml>. Acesso em: 31 ago. 2021.

Damares Alves, também da IEQ, que foi ministra da Mulher, da Família e dos Direitos Humanos no governo de Jair Bolsonaro.

O pastor batista Eber Silva iniciou em 1998 seu primeiro e único mandato. A exemplo de Bengston, sua carreira religiosa em muito ofusca a partidária, desempenhando diversos cargos na hierarquia batista desde princípios dos anos 1990.

O empresário batista Gerson Gabrielli também entrava na política partidária em 1998. Foi presidente da Câmara dos Dirigentes Lojistas de Salvador e membro da Confederação Latino-Americana de Comércio Lojista.[735] Tem em sua conta o livro *A revolução dos pequenos* (Salvador: BDA, 1997), sobre pequenas e microempresas. Para o DIAP,[736] no Congresso representou "os interesses do segmento lojista".

Outro estreante, o pastor Lincoln Portela desde então permanece na política partidária, reeleito deputado federal até o presente. Com vasta carreira radiofônica, foi membro da Ordem de Ministros Batistas Nacionais de 1978 a 2006.

O batista Lino Rossi foi eleito vereador de Cuiabá (MT) pela primeira vez em 1996. Conforme o DIAP,[737] foi "fiel à orientação do governo FHC".

O pastor e cantor batista Magno Malta entrou na política em 1992, vereador em Cachoeiro do Itapemirim (ES), pelo PTB. Em seguida, fez-se deputado estadual pelo Espírito Santo em 1994 e federal em 1998. Chegando a senador em 2002, sua trajetória é ilustrativa do processo de projeção nacional de líderes religiosos locais.

O presbiteriano Euler Morais passa a se aplicar na política partidária em 1992, quando foi coordenador evangélico na campanha para a prefeitura de Goiânia. Economista, assina ampla bibliografia, versando principalmente sobre a agropecuária. Sua afinidade com a economia rural provavelmente lhe rendeu o cargo de coordenador-geral da Secretaria Nacional de Reforma Agrária do Ministério da Agricultura, em 1990, no

---

735 "GERSON SILVA GABRIELLI". In: *Dicionário histórico-biográfico brasileiro (DHBB)*. Rio de Janeiro: Centro de Pesquisa e Documentação de História Contemporânea do Brasil (CPDOC) da Fundação Getúlio Vargas (FGV), [s.d.]. Disponível em: <http://fgv.br/cpdoc/acervo/dicionarios/verbete-biografico/gabrielli-gerson>. Acesso em: 20 maio 2021.
736 DIAP, 2002, p. 57.
737 *Ibid.*, p. 131.

governo de Fernando Collor de Mello. Já entre 1991 e 1992 foi diretor-geral do Instituto de Desenvolvimento Agrário de Goiás, em Goiânia, e, de 1992 a 1994, diretor de reforma agrária e assentamento rural da Secretaria de Agricultura e Abastecimento do Estado de Goiás, em ambos os casos no governo de Iris Rezende.[738]

João Caldas foi vereador em Ibateguara (AL) em 1983, prefeito daquela cidade em 1989 e deputado estadual por Alagoas em 1995. Conforme o DIAP,[739] era "empresário da área de comunicação e produtor rural", fazendo parte da bancada ruralista.

O presbítero da Assembleia de Deus Antonio Cruz assumiu em agosto de 2001 com a morte do deputado Flávio Derzi. Começou na vida partidária como vereador em Campo Grande (MS), em 1989.

O "empresário"[740] assembleiano Carlos Nader, presidente do PFL em Barra Mansa (RJ), assumiu em outubro de 2001, eleito para a suplência em 1998.

O pastor assembleiano Milton Barbosa é um velho conhecido. Foi deputado constituinte em 1987, sendo considerado de direita até pelo SNI. Nesta ocasião, passou a frequentar a Câmara a partir de 2000, como suplente.

A bancada evangélica e os principais debates na Câmara dos Deputados entre 1999 e 2002

Com onze propostas de emenda constitucional aprovadas no primeiro mandato e apenas quatro no segundo, o impulso reformador de Fernando Henrique Cardoso reduz-se sensivelmente em face de diversos fatores, como o grande êxito do período 1995-1998, a crise econômica que assomava e a sua crescente impopularidade e decorrente perda de apoio parlamentar.

Assim, a adesão da bancada evangélica às emendas propostas pelo Executivo para a reforma liberal do Estado deixa de ser o melhor índice

---

738 "ROSSI, LINO". In: *Dicionário histórico-biográfico brasileiro (DHBB)*. Rio de Janeiro: Centro de Pesquisa e Documentação de História Contemporânea do Brasil (CPDOC) da Fundação Getúlio Vargas (FGV), [s.d.]. Disponível em: <http://www.fgv.br/cpdoc/acervo/dicionarios/verbete-biografico/rossi-lino>. Acesso em: 20 maio 2021.

739 DIAP, 2002, p. 31.

740 "CARLOS Nader". *Portal da Câmara dos Deputados*, [s.d.]. Disponível em: <https://www.camara.leg.br/deputados/73825/biografia>. Acesso em: 20 maio 2021.

para aferir o engajamento em matérias de interesse do capital dos evangélicos eleitos em 1998. Ainda que grande parte delas tenha sido arquivada, as propostas lançadas por esses deputados afinadas com o processo de liberalização econômica, porém, jogam mais luz sobre o feitio da ação parlamentar da bancada nesta legislatura. Vejamos algumas.

Vimos na Parte II que o trabalho forçado da população carcerária era uma das principais propostas do manifesto "Contract with the American Family", publicado em 1995 pela Christian Coalition, maior representante da direita cristã estadunidense na década de 1990. Talvez exprimindo os seus elos com a porção brasileira do Partido da Fé Capitalista, também por aqui a ideia foi acolhida por membros da bancada evangélica. Trata-se da Indicação 267, de 19 de maio de 1999, do deputado Eber Silva, que sugeria ao Poder Executivo "a implantação de presídios produtivos, com a obrigatoriedade de trabalho e de implementação de escolas profissionais nas casas prisionais".[741]

Em novembro de 1999, o deputado assembleiano Silas Brasileiro apresentou o Projeto de Lei 2062/1999, buscando reduzir as multas de mora aplicadas sobre financiamentos aos setores industrial e rural. Propunha ele que tais multas não superassem 2% do valor da prestação que, no caso dos financiamentos industriais, era fixada em até 10% pelo Decreto-Lei 413 de janeiro de 1969, cuja revogação era pleiteada.[742]

Simultaneamente, o parlamentar trazia o PL 2058/1999, com o qual pretendia inaugurar um "contrato especial de trabalho na agricultura e na construção civil".[743] Tal contrato se firmaria em "acordo ou convenção

---

741   DIÁRIO DA CÂMARA DOS DEPUTADOS. Ano LIV, n. 089, 20 de maio de 1999. Disponível em: <http://imagem.camara.gov.br/Imagem/d/pdf/DCD20MAI1999.pdf#page=>. Acesso em: 25 maio 2021.

742   BRASIL. Câmara dos Deputados. Projeto de Lei n. 2.062, de 1999. Dispõe sobre multas de mora nos financiamentos concedidos aos setores industrial e rural. Disponível em: <http://imagem.camara.gov.br/MostraIntegraImagem.asp?strSiglaProp=PL&intProp=2062&intAnoProp=1999&intParteProp=1#/>. Acesso em: 25 maio 2021.

743   BRASIL. Câmara dos Deputados. Projeto de Lei n. 2.058, de 1999. Dispõe sobre o contrato especial de trabalho na agricultura e na construção civil e determina outras providências. Disponível em: <http://imagem.camara.gov.br/MostraIntegraImagem.asp?strSiglaProp=PL&intProp=2058&intAnoProp=1999&intParteProp=1#/>. Acesso em: 25 maio 2021.

coletiva de trabalho" negociados pelos sindicatos diretamente com as empresas. A meta primária seria "flexibilizar as regras de contratação de trabalhadores", supondo que "a atual legislação laboral dificulta um melhor entendimento entre capital e trabalho" inibindo a celebração de novas formas de contratação que propiciariam "uma maior oferta de novos postos de trabalho".

Com efeito, segundo dados do DIAP,[744] os setores agrícola e empreiteiro foram os maiores doadores nas campanhas de Brasileiro em 1998, recebendo o deputado generosas ajudas da CBPO Engenharia, da Cooperativa Agropecuária do Alto Parnaíba e da empresa de produtos agrícolas Bolsa de Insumos de Patrocínio Ltda.

Assemelhava-se ao PL de Silas Brasileiro o requerimento 23/2001, de 15 de maio de 2001, enviado à Comissão de Desenvolvimento Econômico, Indústria, Comércio e Serviço pelo deputado Gerson Gabrielli, batista e pefelista. Sugeria-se "a realização de ciclo de debates para discutir a desoneração da folha de pagamento, com juristas, representantes do governo, das centrais sindicais, da indústria, do comércio, dos transportes, de serviços e das entidades patronais".[745]

Sintonizado com a solidariedade anticomunista da direita religiosa norte-americana com Taiwan e com interesses empresariais transnacionais, o assembleiano Salatiel Carvalho, pelo Requerimento 57 de 2002, pedia ao Ministério das Relações Exteriores que ao escritório de representação comercial de Taiwan fosse concedido status diplomático. O pedido entrava em choque com o fato de o Brasil não reconhecer oficialmente Taiwan como um país. Apesar de não questionar diretamente a decisão brasileira de aquiescer ao pedido chinês em não travar relações diplomáticas com Taiwan, o deputado trazia razões econômicas para que fosse dado mais um passo na direção de uma relativa formalização dessas relações a fim de intensificar as trocas econômicas com a ilha, "plataforma de

---

744 DIAP, 2002, p. 170.
745 BRASIL. Câmara dos Deputados. Requerimento n. 23/2001. Propõe a realização de Ciclo de debates para discutir a desoneração da folha de pagamento, com juristas, representantes do governo, das centrais sindicais, da indústria, do comércio, dos transportes, de serviços e das entidades patronais. Disponível em: <https://www.camara.leg.br/proposicoesWeb/fichadetramitacao?idProposicao=28330>. Acesso em: 25 maio 2021.

exportação de empresas oriundas principalmente do Japão e dos Estados Unidos"[746] – relações que já aconteciam em caráter extraoficial, daí a ausência do status diplomático do escritório.

Mas nem todas as propostas formuladas pela bancada evangélica deixaram de prosperar. É o caso, por exemplo, da PEC 203, redigida por Laprovita Vieira em 1995, porém aprovada apenas em fevereiro de 2002, após ser apresentada por Aloysio Nunes, do PSDB, que foi transformada na Emenda Constitucional nº 36 em 28 de maio de 2002.

Se o texto constitucional original estipulava que a propriedade de empresa jornalística e de radiodifusão sonora e de sons e imagens era privativa de brasileiros natos ou naturalizados há mais de dez anos, a emenda acrescentava como também aptas as pessoas jurídicas constituídas sob as leis brasileiras e que tenham sede no país. Definia-se, ainda, em 70% o percentual mínimo de participação do capital nacional nessas empresas, franqueando aos estrangeiros os restantes 30%. Cabe aqui notar que o obstáculo constitucional era uma pedra no sapato de organizações religiosas com interesses midiáticos, como a Igreja da Unificação. Conforme visto no Capítulo 9, por exemplo, o Conselho de Segurança Nacional baseava-se neste dispositivo para recomendar a Sarney o veto ao jornal *Folha do Brasil*, notando que "a Constituição veda a propriedade e a administração de empresas jornalísticas aos estrangeiros".[747]

A matéria, todavia, teve trâmite fácil na Câmara dos Deputados, em grande parte graças à cooperação do PT, que recomendou voto favorável. Assim, a proposta do pastor iurdiano, encampada pelo PSDB, foi aprovada por 402 deputados e recusada por apenas 23.

No que se refere à bancada evangélica, apenas Agnaldo Muniz votou contra. De resto, os outros 23 deputados contrários à proposta provieram sobretudo do PDT, fornecendo o PT apenas dois votos divergentes, dos deputados Babá e Milton Temer.

---

746   BRASIL. Câmara dos Deputados. Requerimento n. 57/2002. Requer o envio de indicação ao Ministério das Relações Exteriores sugerindo que o escritório de representação comercial de Taiwan no Brasil obtenha status diplomático. Disponível em: <https://www.camara.leg.br/proposicoesWeb/prop_mostrarintegra?codteor=37649&filename=REQ+57/2002+CREDN>. Acesso em: 25 maio 2021.

747   ARQUIVO NACIONAL. Conselho de Segurança Nacional. *Sem título*. Código de referência: BR DFANBSB N8.0.PSN, IVT.91.

O PC do B foi outro partido favorável, segundo o deputado Haroldo Lima por considerar que "foram estabelecidas diversas limitações e seguranças relativas aos interesses brasileiros no texto da medida",[748] admitindo, contudo, que se tratava de um avanço para o capital estrangeiro, que poderia "tentar galgar graus superiores".

O comportamento do PT e do PC do B, que formariam a coalizão vencedora nas eleições presidenciais de 2002, pode se referir às aproximações de ambos com a Igreja Universal do Reino de Deus, com cujo apoio o candidato Lula da Silva contou no pleito que ocorreria apenas dali a alguns meses. Ele pode ser expressão, também, de um traço que o PT e seus aliados traziam de maneira progressivamente pronunciada: um pragmatismo disposto a atender interesses do capital em troca de resultados muitas vezes questionáveis. A mudança de atitude do partido no final do segundo mandato de Fernando Henrique Cardoso foi reparada pelo próprio DIAP.[749] Segundo o departamento, convencido de que chegara a sua vez, o PT "modificou alguns pontos de vista sobre matérias em votação", trocando o "confronto pelo entendimento" e contribuindo "enormemente na construção do consenso".

Outra matéria sensível que passou pela Câmara nesse período foi a Medida Provisória nº 35, de 27 de março de 2002, estipulando o novo valor do salário mínimo em duzentos reais, em lugar dos 180 em vigor. Dessa vez, entretanto, o PT apresentou tenaz resistência às pretensões de Fernando Henrique Cardoso. Mas apesar dos esforços da oposição, que pretendia um aumento maior, o novo valor foi aprovado pelos deputados em 18 de junho daquele ano.

Segundo o petista Paulo Paim, o governo teria manobrado para reduzir ao máximo o reajuste, que, se aprovada a MP, seria 11,2% inferior ao do ano precedente, além de, também a exemplo de 2001, deixar de fora aposentados e pensionistas, cujo aumento salarial seria ainda menor. Diante desse quadro, o PT propunha um substitutivo, garantindo a elevação do mínimo ao patamar de cem dólares, conforme prometido em campanha por Fernando Henrique Cardoso, valor a ser estendido também aos aposentados e pensionistas.

---

748   DIÁRIO DA CÂMARA DOS DEPUTADOS. Ano LVII, n. 007, 27 de fevereiro de 2002. Disponível em: <http://imagem.camara.gov.br/Imagem/d/pdf/DCD27FEV2002.pdf#page=>. Acesso em: 24 maio 2021.

749   DIAP, 2002, p. 10.

A MP, todavia, terminou aprovada tal como apresentada pelo governo. Os resultados numéricos dessa votação, contudo, não constam no Diário da Câmara dos Deputados, provavelmente sendo feita por contraste. É inviável, portanto, mensurar a adesão da bancada evangélica, ainda que possamos deduzir que tenha sido alta, estando boa parte dela ainda integrada formalmente à base parlamentar governista, apesar dos recentes atritos com a Igreja Universal do Reino de Deus. É fato, também, que nenhum parlamentar evangélico se manifestou contrariamente à proposta do governo, tampouco pedindo a palavra para apoiar o substitutivo do PT.

O voto evangélico e os trabalhadores no segundo mandato de Fernando Henrique Cardoso

Outro termômetro útil sobre a bancada evangélica é fornecido pelo DIAP, que relacionou onze medidas de interesse dos trabalhadores que tramitaram entre 1999 e 2002, indicando o voto de cada deputado. No geral, a bancada se manifestou de maneira desfavorável, embora sem o mesmo consenso verificado no primeiro governo de Fernando Henrique Cardoso.

Verei três delas, todas propostas pelo Poder Executivo: o PL 5.483/01, que pretendia alterar o artigo 618 da Consolidação das Leis do Trabalho (CLT) para estabelecer a prevalência de convenção ou acordos coletivos de trabalho sobre a legislação; o PL 4.811/98, permitindo a contratação pela CLT no serviço público, "sem direito à negociação, estabilidade ou aposentadoria integral";[750] e o PL 4.694/98, restringindo o acesso à Justiça do Trabalho, induzindo a conciliação nos limites da empresa

Apreciado pela Câmara em outubro de 1999, o PL 4.694/98 obteve um considerável consenso entre os deputados evangélicos. O projeto abriu caminho para a criação de "comissões de conciliação prévia" nas empresas, "com poderes para conciliar e dar quitação a toda e qualquer demanda trabalhista". Assim, o trabalhador ficava impedido de acionar a Justiça do Trabalho caso não tivesse previamente passado por essas comissões. Na prática, forçava-se "uma conciliação privada, sob pressão do empregador".[751]

---

750   *Ibid.*, p. 12.
751   *Ibid.*, p. 14.

Desconsiderando as ausências, 26 evangélicos foram favoráveis, votando contrariamente apenas Paulo de Velasco, Agnaldo Muniz e Eber Silva.

O PL 4.811/98, votado em novembro de 1999, determinava que "os futuros servidores públicos que não fizerem parte das chamadas carreiras exclusivas de Estado serão contratados pela CLT, não terão direito à negociação coletiva, terão seus reajustes definidos por lei, poderão ser livremente demitidos e não terão direito à estabilidade no emprego", na prática pondo abaixo a estabilidade do emprego público. A bancada evangélica se posicionou majoritariamente a favor do projeto, lhe oferecendo 24 votos contra oito contrários e um bom número de ausências.

A flexibilização da CLT, proposta pelo PL 5.483/01, votado em dezembro de 2001, rachou a bancada evangélica, ainda que tenha prevalecido o apoio à matéria. O projeto permitiria que "todos os direitos previstos em lei"[752] pudessem ser "reduzidos ou eliminados desde que haja negociação coletiva e, portanto, concordância do sindicato". Estavam aí incluídos as férias de trinta dias, o 13º salário, a duração da jornada de trabalho e o repouso semanal remunerado, por exemplo. Apoiado por vinte deputados evangélicos, foi rejeitado por outros 15, tendo vários deles se ausentado. Além do teor altamente impopular da matéria, a proximidade das eleições de 2002 e a deterioração do apoio popular e parlamentar ao governo Fernando Henrique Cardoso podem ter contribuído para a adesão relativamente mais baixa da bancada ao pleito do governo.

As eleições municipais de 2000

O fim da SAE em 1999, cujos arquivos são ricos em informações sobre a política brasileira na última década do século XX, dificulta a recuperação de dados sobre as eleições municipais de 2000. Os jornais da época sugerem, porém, que a expansão partidária evangélica manteve o seu ritmo, sobretudo no que diz respeito à Iurd. Na cidade do Rio de Janeiro, por

---

[752] *Ibid.*, p. 13.

exemplo, a bancada evangélica dobrou de tamanho, partindo de três para seis vereadores, cinco deles pertencentes à Igreja de Edir Macedo.[753]

O resultado deveu-se a um planejamento que precedeu em meses o pleito. Já em março, o *Jornal do Brasil* notava que a Iurd se preparava para "repetir a ofensiva eleitoral bem sucedida em 1998".[754] Sua tática seria "destinar número determinado de templos a cada candidato e fazer, nos cultos, os pastores de cabos eleitorais".

As eleições de 2002

O pleito de outubro de 2002 para presidente da república, governadores e legislativos estaduais e federais trouxe como grande novidade a vitória de Luiz Inácio Lula da Silva, do PT, que desta vez conseguira o apoio de alguns setores evangélicos.

Não foi o caso, entretanto, da Assembleia de Deus, que preferiu permanecer ao lado do PSDB e de seu candidato José Serra, acordo selado com o presidente da Igreja, Manoel Ferreira, que se candidatara ao Senado no Rio de Janeiro pelo PPB, acabando derrotado. Em sessão solene em homenagem aos 91 anos da Igreja no Brasil, ocorrida na Câmara dos Deputados em 18 de junho de 2002, o deputado Neuton Lima comemorou a grande integração institucional e política da Igreja conseguida em nível nacional, redundando em uma melhor coordenação das candidaturas. Falava ele especificamente do estreitamento de contatos entre a Convenção Geral das Assembleias de Deus no Brasil e uma "Comissão de Política Nacional" da mesma Igreja,[755] provendo "um princípio ético e político agora muito

---

753 ABSALÃO, Tomás. "Eleição muda o perfil da Câmara dos Vereadores." *Jornal do Brasil*, Rio de Janeiro, 08 out. 2000, p. 6.
754 NOEL. Francisco Luiz. "Guerra santa pela prefeitura." *Jornal do Brasil*, Rio de Janeiro, 19 mar. 2000, p. 2.
755 Formada por diferentes ministérios autônomos, a Assembleia tem na sua Convenção Geral um importante ponto de encontro entre as múltiplas e independentes Igrejas. Da fala de Neuton Lima se depreende que uma das principais funções da Comissão de Política Nacional da Assembleia, da mesma forma, seja a integração dessas igrejas em torno de um programa político-eleitoral mais ou menos unificado.

mais eficaz"[756] e permitindo "a instrumentalização de todos os fiéis para apresentar o parlamentar, o político recomendado pela instituição".

Costurado com dificuldade pelo candidato a vice, o empresário José de Alencar, Lula conseguira, entretanto, o apoio do Partido Liberal (PL), que concentrava muitos evangélicos, sobretudo da Iurd. Conforme a *Tribuna da Imprensa*, "Os bastidores da aliança do PL com o PT foram muito mais turbulentos do que se noticiou"[757] em função da "vinculação forte com a Igreja Católica" de Lula. A questão apenas foi resolvida com um ultimato de Alencar, que ameaçou retirar-se do partido.

A disputa do voto evangélico incluiu também encontros com lideranças religiosas e a aproximação do petista com o pentecostal Anthony Garotinho, derrotado no primeiro turno, que angariou a preferência de boa parte deste público. Segundo o *Jornal do Brasil*, na reta final da campanha, em eventos organizados por Garotinho, pelo bispo Rodrigues, coordenador da bancada evangélica, e por "petistas evangélicos", Lula intensificava contatos com pastores, "que recomendarão aos fiéis que votem nele".[758]

Em outra matéria do JB, antecipando a eleição de Lula, Rodrigues anunciava uma mudança na ação partidária dos evangélicos, que passariam a "priorizar uma pauta voltada aos excluídos",[759] inaugurando o que chamou de "socialismo de resultados".

Os resultados dos consecutivos governos do PT são objeto de um debate que não cabe nessas páginas. Entretanto, parece ser ponto pacífico que não se tratou de um governo socialista, não havendo, por exemplo, propostas de profundas alterações na estrutura agrária brasileira e da posse dos meios de produção em geral, continuando a vigorar no campo o latifúndio e nas cidades a concentração das atividades econômicas nas mãos de oligopólios recheados de capital estrangeiro. Não se reverteu, da mesma forma, nenhuma das reformas liberalizantes iniciadas em 1990 e que desde então

---

[756] DIÁRIO DA CÂMARA DOS DEPUTADOS. Ano LVII, n. 082, 19 de junho de 2002. Disponível em: <http://imagem.camara.gov.br/Imagem/d/pdf/DCD19JUN2002.pdf#page=>. Acesso em: 29 maio 2021.
[757] "QUESTÃO de fé". *Tribuna da Imprensa*, Rio de Janeiro, 22 e 23 jun. 2002, p. 2.
[758] BREVE, Nelson. "Cultos vão ser usados na busca de votos". *Jornal do Brasil*, Rio de Janeiro, 12 out. 2002, p. A3.
[759] CARNEIRO, Sonia. "Um Congresso de 'neo-evangélicos'". *Jornal do Brasil*, Rio de Janeiro, 13 out. 2002, p. A-8.

conformam o cenário econômico e político do país. Tampouco socialistas foram os líderes evangélicos que aderiram à Lula, muitos dos quais, como Magno Malta e Marcelo Crivella, mais tarde abraçaram, com alegria inédita, o extremista de direita Jair Bolsonaro.

Interessa mais a este escrito o fato inconteste de que a ascensão partidária dos evangélicos se manteve vigorosa, tendo a sua bancada na Câmara dos Deputados aumentado para, aproximadamente, cinquenta parlamentares em 2002, quando foram também eleitos quatro senadores. Essa tendência não se reverteria nas décadas posteriores, contando a bancada evangélica de 2018 com por volta do dobro desse número na Câmara federal, além de sete senadores, números novamente incrementados em 2022.

Principais financiadores da bancada evangélica

O Departamento Intersindical de Assessoria Parlamentar (DIAP), desde princípios dos anos 1980, acompanha os deputados federais de perto, atento às suas práticas parlamentares em questões que interessam aos trabalhadores, publicando diagnósticos regulares, material que contém informações sobre os grupos privados financiadores de campanhas. Tais dados, infelizmente, estão disponíveis apenas para as eleições de 1994 e 1998, não havendo ali, e tampouco na página eletrônica do TSE, dados sobre as eleições anteriores. As informações disponíveis, não obstante, permitem uma visão aproximada dos grupos econômicos interessados na eleição da bancada evangélica.

De maneira preliminar, duas importantes observações sobre esses dados se fazem necessárias. Em primeiro lugar, com exceções pontuais, as campanhas evangélicas destacam-se por serem poucos dispendiosas, pelo menos de acordo com as informações entregues ao TSE, a partir das quais o DIAP se orientou. Em segundo lugar, em grande parte dos casos, os dados do financiamento simplesmente não foram disponibilizados pelo TSE, sugerindo graves falhas na prestação de contas dessas campanhas. Sobre este último ponto, cabe uma observação adicional: na legislatura iniciada em 1999, que teve um grande aumento da representação parlamentar da Iurd, foram os eleitos por essa Igreja que, em sua maioria, apresentam esse problema em suas contas de campanha.

Em valores absolutos, o setor agrícola foi o que mais investiu. A maior doadora foi a Usina Caeté, do grupo Carlos Lyra, envolvido em atividades sucroenergéticas em Alagoas. Em 1998, a Usina doou a exorbitante quantia de aproximadamente 260 mil dólares[760] para João Caldas da Silva. A Cooperativa Agropecuária do Alto Paranaíba presenteou a campanha de 1998 de Silas Brasileiro com 25 mil dólares, enquanto a Bolsa de Insumos de Patrocínio, negociadora de produtos agrícolas, contribuiu com dezessete mil dólares para a mesma campanha. Já a Cafeeira Espírito Santo transferiu doze mil dólares para Nilton Capixaba, também em 1998. Werner Wanderer, por sua vez, recebeu no mesmo ano oito mil dólares da Cooperativa Central Regional Iguaçu.[761]

Quase empatado com o agrícola, vem o setor de construção. A mais generosa foi a CBPO Engenharia, que em 1998 forneceu 32 mil dólares para Amarildo Martins, 4 mil para Salatiel Carvalho e 41 mil para Silas Brasileiro. Em seguida, a Norberto Odebrecht passou 8 mil (cotação de dezembro de 1998[762]) para Luiz Moreira em 1994, 11 mil para Carlos Magno no mesmo ano e 4 mil para Salatiel Carvalho em 1998. A Inepar S.A Indústria e Construções doou 41 mil para Werner Wanderer em 1998, a Andrade Gutierrez forneceu 33 mil para Amarildo Martins em 1998, a JC Construções e Comércio doou 24 mil para Silas Câmara em 1998, a Construtora Greca repassou 23 mil para Oliveira Filho no mesmo ano, a Técnica Nacional de Engenharia deu 16 mil para Amarildo Martins e 4 mil para Salatiel Carvalho em 1998, a COESA Engenharia forneceu 12 mil a Wagner Salustiano em 1998, a Sólida Engenharia deu 8 mil para Salatiel Carvalho em 1994 e, por fim, no mesmo ano, a CALDART Engenharia e a Construtora Ilha doaram, respectivamente, 6 mil e 4 mil dólares a Paulo Bauer.[763; 764]

---

760   Valores aproximados. Para chegar a eles, foi usada a cotação da moeda norte--americana de 31 de dezembro de 1998.
761   DIAP, 2002, pp. 31, 170, 213 e 297.
762   Os valores seguem a cotação do dólar de 1998 e não de 1994, uma vez que a publicação do DIAP que contém os dados sobre o financiamento foi lançada em 1998.
763   DIAP, 2002, pp. 170, 213, 228, 356 e 372.
764   DIAP. *Quem foi quem nas reformas constitucionais*. Brasília: DIAP, 1998, pp. 86, 244 e 332.

Bem próximo aos anteriores esteve o setor varejista, que contribuiu com mais de 274 mil dólares por via de inúmeras empresas, muitas de pequeno e médio porte. Listarei a seguir apenas as que forneceram os maiores montantes. A Modelar, empresa do comércio de móveis pertencente ao Grupo Onogás, de Onofre Quinan, transferiu para Lídia Quinan a quantia de 134 mil dólares em 1998. O Supermercado Moreira deu 57 mil dólares a Euler Morais em 1998, a Pharmacia Artesanal doou 25 mil dólares em 1994 para Carlos Apolinário e a empresa de comércio de móveis A Provedora repassou em 1998 12 mil a Gerson Gabrielli, que recebeu no mesmo ano contribuição de 9 mil da Dismel Distribuidora de Material Elétrico.[765; 766]

O setor bancário vem em seguida. Aqui também o Grupo Onogás é campeão, doando, novamente para Lídia Quinan, pela empresa Onocrédito, nada menos que 151 mil dólares em 1998. O Banco Itaú contribuiu com 24 mil para Eraldo Tinoco em 1994, que no mesmo ano ganhou 16 mil do Banco Econômico. A Golden Cross Seguradora, por sua vez, doou a Werner Wanderer 16 mil também em 1994.[767; 768]

Lídia Quinan recebeu maciças somas também diretamente da Onogás S.A. Comércio e Indústria, envolvida no engarrafamento e distribuição de gás em Goiás. Foram 193 mil dólares aplicados em suas campanhas de 1994 e 1998.[769; 770]

Empresas importadoras também contribuíram: a Thomas Goergen Comércio e Importação deu 130 mil dólares a Lamartine Posella em 1998; já a Magomi Importadora e Exportadora passou 50 mil para Carlos Apolinário em 1994.[771; 772]

O setor de transportes igualmente compareceu. Novamente, Lídia Quinan é a maior agraciada, recebendo 154 mil dólares em 1994 da Transportadora Contato, enquanto Philemon Rodrigues ganhou, em

---

765   DIAP, 2002, pp. 57, 108 e 110.
766   DIAP, 1998, p. 345.
767   DIAP, 2002, p. 110.
768   DIAP, 1998, pp. 76 e 231.
769   DIAP, 1999, p. 127.
770   DIAP, 2002, p. 110.
771   *Ibid.*, p. 342.
772   DIAP, 1998, p. 345.

1998, dezessete mil da Metalnave S.A. Comércio e Indústria, que atua no transporte de carga por navegação interior.[773; 774]

A indústria vem a seguir. A Hoechst do Brasil repassou a Werner Wanderer 41 mil dólares em 1998; a CAF Santa Bárbara, produtora de carvão vegetal, doou 27 mil a Philemon Rodrigues em 1998; a Comércio e Indústria Gráfica Conselheiro forneceu 17 mil a Paulo de Velasco em 1994; a Cruzadas Auto Peças deu a Werner Wanderer 12 mil em 1998; a Empresa Brasileira de Compressores, representante da Nidec Global Appliance, deu a Paulo Bauer 10 mil dólares em 1994; a Federação das Cooperativas de Eletrificação do Paraná doou a Werner Wanderer 4 mil em 1994; e a Champion Papel e Celulose transferiu para Neuton Lima a quantia de 2 mil dólares em 1998.[775; 776]

Por último, o setor de serviços, sobretudo através de firmas de propaganda e de consultoria empresarial, forneceu mais de 70 mil dólares, em especial para a campanha de Lamartine Posella em 1994, que recebeu 43 mil da Lavoro Consultoria. Outros beneficiados com quantias menores foram Salatiel Carvalho, Wanderval Santos, Herculano Anghinetti e Wagner Salustiano.[777; 778]

---

773   *Ibid.*, p. 127.
774   DIAP, 2002, p. 166.
775   *Ibid.*, pp. 166, 213 e 348.
776   DIAP, 1998, pp. 231, 332 e 348.
777   *Ibid.*, p. 360.
778   DIAP, 2002.

CONCLUSÃO

"Nós somos um império agora, e quando agimos, nós criamos a nossa própria realidade".[1] Ditas por um conselheiro do presidente George W. Bush em outubro de 2004, as palavras sintetizam a pretensão dos círculos governamentais estadunidenses de estender seu domínio não apenas sobre a realidade material, mas também sobre a totalidade do mundo simbólico, confundindo-as. Coerentemente, portanto, a manipulação de consciências é componente básico da geopolítica dos Estados Unidos desde que passou a despontar como líder do mundo capitalista, operação que se desenrola também, como vimos, no campo religioso.

Esse auxílio de organizações religiosas, sobretudo evangélicas, ao domínio político e econômico norte-americano, porém, tem sido largamente ignorado, muito devido à abdicação de boa parte da academia às ferramentas teóricas concebidas por intelectuais marxistas e à persistente influência do pensamento weberiano.

A recusa em conferir centralidade à luta de classes na análise social levou, assim, intelectuais como Paul Freston a deslocar seu eixo de estudo sobre a relação entre evangélicos brasileiros e política para questões internas do movimento religioso,[2] minimizando sua interface com o mundo exterior – opção que o fez negar não apenas a proximidade desse setor com

---

1   SUSKIND, Ron. "Faith, Certainty and the Presidency of George W. Bush". *The New York Times*, Nova York, 17 out. 2004. Disponível em: <https://www.nytimes.com/2004/10/17/magazine/faith-certainty-and-the-presidency-of-george-w-bush.html>. Acesso em: 22 jan. 2024.
2   FRESTON, *op. cit.*, p. 15.

organizações partidárias conservadoras estadunidenses como também o pendor direitista de seus parlamentares, "distinção maniqueísta", sustentando Freston que faltaria nas análises que assim sugeriram "um exame da 'bancada' evangélica *em comparação com a de seus pares não evangélicos*". Contudo, se compreendermos que direita e esquerda são ainda categorias analíticas válidas e que o legislativo brasileiro sempre contou com uma maioria de parlamentares do primeiro tipo, por que deveríamos esperar que os políticos evangélicos fossem ainda mais comprometidos com a conservação da ordem econômica que seus colegas leigos, livres do compromisso de garantir interesses eventualmente oscilantes das organizações religiosas cujo imperativo primordial é, naturalmente, a sua expansão? Não basta verificar que a ação da bancada evangélica desde seu surgimento, se não inteiramente, é ao menos *predominantemente* orientada à proteção dos interesses empresariais?

Ricardo Mariano, por sua vez, ao se contrapor à tese do sociólogo e economista norte-americano David Martin – que, em seu *Tongues of Fire: the Explosion of Protestantism in Latin America*, buscou recuperar ideias de Weber para sugerir a contribuição do pentecostalismo nos países pobres no estímulo à economia de mercado – nega, corretamente, a aplicação desse pressuposto ao caso. Erra, porém, ao considerar que o pentecostalismo não tem potencialidade de alavancar o capitalismo na periferia, afirmando que, embora, sobretudo em sua forma atual, ele seja retoricamente pró-capitalista, "concluir que tal teologia, ou os religiosos que a defendem, impulsione e fortaleça efetivamente esse sistema econômico, vai uma longa distância".[3]

A investigação do fenômeno sob o prisma das lutas de classes, por outro lado, mostra que os pentecostais, ao lado de outras organizações religiosas conservadoras, são uma força auxiliar em direção à liberalização dos mercados periféricos, embora não da maneira prevista por Weber. Para tanto, é preciso que levemos em conta a conexão dependente desses mercados às economias hegemônicas, sobretudo a estadunidense, e o impacto cultural dessas entidades, que não se resume ao universo dos costumes, conformando consciências obedientes às normas do capitalismo contemporâneo.

---

3 MARIANO, *op. cit.*, p. 185.

Não bastasse isso, novas e contundentes evidências sobre o pendor direitista e pró-capitalista dessas organizações religiosas se acumularam recentemente no Brasil, como o seu entusiasmado alinhamento ao governo de Jair Bolsonaro e Paulo Guedes, moralmente conservador e ultraliberal na economia.

Um reluzente exemplo de adesão de lideranças cristãs ao programa econômico pró-capitalista posto em marcha foi sua atuação durante a pandemia de Covid-19, quando o presidente deliberadamente sabotou o isolamento social preconizado pela Organização Mundial de Saúde a fim de evitar impactos negativos na economia, preservando a lucratividade empresarial. Taxado de negacionista e irresponsável por muitos órgãos de imprensa e por todos os dotados de um mínimo de bom senso, o governante pôde contar, entretanto, com uma força-tarefa evangélica para legitimar sua política genocida. Pastores, em sua maioria pentecostais, trataram de evocar o atentado sofrido por Bolsonaro durante a campanha presidencial, interpretando-o como um sacrifício pelo bem maior que conferiria ao mandatário o direito de pedir o mesmo à população.[4]

Tal apoio se consubstanciou inclusive na presença de algumas dessas lideranças no interior do próprio governo, como a ministra da Mulher, da Família e dos Direitos Humanos, a pastora Damares Alves, com passagem pela Igreja Batista da Lagoinha e pela Igreja do Evangelho Quadrangular, sobrinha de Josué Bengston, líder quadrangular frequentemente mencionado nestas páginas. Isso sem falar no ministro da Justiça, André Mendonça, presbiteriano indicado para ocupar no Supremo Tribunal Federal uma vaga que o presidente prometera para um jurista "terrivelmente evangélico".

A radicalização do conservadorismo partidário evangélico, porém, recusa-se a refluir mesmo após a derrota de Bolsonaro, havendo fortes indícios da participação de algumas dessas igrejas na organização do fracassado movimento de 8 de janeiro de 2023. Conforme a Polícia Federal, alguns dos golpistas presos durante a invasão e depredação do Congresso Nacional, do Palácio do Planalto e do Supremo Tribunal Federal alegaram terem sido recrutados e/ou financiados por organizações como a Igreja Batista, a Presbiteriana Renovada e a Assembleia de Deus.

---

4 PY, Fábio. *Pandemia cristofascista*. São Paulo: Recriar, 2020.

Sua infiltração em espaços públicos também ocorre de maneira crescentemente explícita. Em agosto de 2023, por exemplo, passou a atuar junto a membros da Assembleia Legislativa do Estado de São Paulo, sob os ventos favoráveis da eleição do ex-ministro de Bolsonaro Tarcísio de Freitas ao governo do estado, o ministério internacional Capitol Ministries. Fundada em 1996 nos Estados Unidos pelo pastor Ralph Drollinger, negacionista climático e líder da luta contra os direitos dos homossexuais, a organização é especializada na evangelização de políticos e chegou ao Brasil com o apoio de lideranças batistas.

Outras organizações de perfil mais discreto muito provavelmente continuam seu trabalho de doutrinação e interferência na política partidária. É o caso da Igreja da Unificação, rebatizada como Federação da Família para a Paz Mundial e Unificação e cujas atividades atuais, em função do véu de sigilo que sempre a envolveu, chegam até nós de maneira apenas fragmentária. Seu nome figura, por exemplo, em meio a notícias sobre o assassinato do ex-primeiro-ministro japonês Shinzo Abe, em julho de 2022, cuja motivação alegada pelo assassino, Tetsuya Yamagami, foi a ruína econômica de sua mãe, que doara suas posses para a Igreja, cujas operações teriam sido facilitadas por Abe. Ainda que a alegação seja de difícil comprovação, o ex-premiê teria, de fato, conforme noticiado pela imprensa na época do assassinato, participado como palestrante de eventos unificacionistas semelhantes àqueles documentados neste livro.

Seja como for, caso o ponto de vista aqui elaborado seja mesmo capaz de diagnosticar mais precisamente o problema, resta um enorme desafio às forças progressistas: uma vez que o fim da religião não parece figurar no horizonte próximo, continuando ela a atender variadas necessidades de porções da classe trabalhadora contemporânea, é necessário quebrar o monopólio das grandes organizações de fé comprometidas com interesses opostos aos da coletividade, restituindo aos trabalhadores o controle de espaços onde se desenrolam práticas religiosas surgidas no interior desta classe. Assim, no mundo periférico, onde o evangelicalismo estadunidense se enraizou, caberia regatar o sentido igualitário daquele pentecostalismo popular praticado por trabalhadores na Azuza Street em princípios do século XX.

Infelizmente, ocorreu justamente o contrário nas últimas décadas, em que foi preservada a expansão de grandes organizações religiosas centralizadas ao redor de lideranças conservadoras, fenômeno que não ocorreu sem o auxílio daqueles investidos nos mais altos cargos do Executivo brasileiro, por toda a segunda metade do século XX e também em momentos mais recentes, inclusive nas gestões do Partido dos Trabalhadores. Essa mão amiga de um PT que se despiu de suas propostas derivadas de análises sociais embasadas no materialismo histórico, ao lado da mencionada prevalência atual na academia de escolhas teóricas que se afastam desse ponto de vista, são sintomas contundentes da consolidação de uma esquerda liberal incapaz de compreender adequadamente o problema aqui discutido e muito menos de enfrentá-lo a contento.

Essa tendência não dá sinais de arrefecimento no terceiro mandato de Luiz Inácio Lula da Silva, cujo governo declarou no início de 2024 que apoiaria o Projeto de Emenda Constitucional formulado pelo deputado Marcelo Crivella a fim de ampliar a imunidade tributária religiosa. Se atualmente a Constituição concede isenções sobre o patrimônio e os lucros relacionados com as atividades finalísticas das igrejas, a proposta do sobrinho de Edir Macedo pretende estender a benesse também para as compras e contratações de serviços necessários para a formação desse patrimônio. Compreendendo que o monopólio dessas grandes organizações sobre as atividades religiosas decorre em grande parte de um processo de acumulação de riquezas, sob a forma de templos, estações de rádio e TV etc., a PEC não terá outro efeito além de intensificar ainda mais tal concentração.

Por tudo o que foi dito, a principal conclusão desta análise não poderia ser outra além a de que urge reorganizar o campo progressista em torno de ideias que postulem o enfrentamento do capital e não uma acomodação, de todo modo inviável, às suas demandas. Trata-se de um processo que deve passar, obrigatoriamente, pela formação de novas estruturas partidárias e/ou pela redefinição das já em atividade, mas, de maneira coerente com o postulado gramsciano segundo o qual a política também é feita fora dessas estruturas, da mesma forma pela criação de novas células organizativas populares, afinadas com as necessidades emancipatórias da classe trabalhadora, e pelo fortalecimento daquelas já existentes.

Nada disso será possível, entretanto, caso não superemos a sufocante onipresença do paradigma liberal nas análises sociais, que teve como um de seus efeitos esmaecer as diferenças entre mandatários de esquerda e de direita, embasando o artificioso maniqueísmo dessa distinção. A capitulação de amplos setores da academia e da esquerda partidária a essas ideias forneceu ao Partido da Fé Capitalista oportunidades inéditas de expansão, não sendo por acaso que a sua consolidação no Brasil tenha ocorrido após a queda do Muro de Berlim, o que convenceu muitos sobre a inevitabilidade do capitalismo. É justamente o paradigma liberal que permite ao Partido da Fé Capitalista continuar se espalhando pelo Brasil e ganhar força política sem uma contestação eficaz.

REFERÊNCIAS BIBLIOGRÁFICAS E FONTES

Leia o código QR ao lado e consulte todas as referências bibliográficas e as fontes utilizadas neste livro.

Este livro foi composto com as fontes Baskerville e Minion Pro.
O papel do miolo é o Pólen Natural 80g/m².

A Gráfica Viena concluiu esta impressão para a Da Vinci Livros em dezembro de 2024, mês em que os cristãos celebram o nascimento de Jesus, figura central do Novo Testamento. Em muitas igrejas, as mensagens de paz e compaixão de Jesus vêm sendo gradualmente ofuscadas por narrativas de poder, vingança e sangue presentes no Antigo Testamento.